Wilfried Rott

DIE INSEL

Wilfried Rott

DIE INSEL

Eine Geschichte West-Berlins 1948–1990

C. H. Beck

Mit 36 Abbildungen

Gesetzt auf der Minion Pro und der MetaPlus Medium
bei der Janß GmbH, Pfungstadt
Druck und Bindung: GGP Media GmbH, Pößneck
Gedruckt auf säurefreiem, alterungsbeständigem Papier
(hergestellt aus chlorfrei gebleichtem Zellstoff)
Printed in Germany
ISBN 978 3 406 59133 4

www.beck.de

Inhaltsverzeichnis

Vorwort

Ein drittes Deutschland

Deutschland war vereinigt, die DDR hatte aufgehört zu bestehen – aber West-Berlin existierte auch nach dem 3. Oktober 1990, dem «Tag der Deutschen Einheit». Erst zwei Monate später wurde mit der Kommunalwahl für ganz Berlin das politische Ende West-Berlins eingeleitet und mit der ersten Sitzung des Gesamtberliner Abgeordnetenhauses am 11. Januar 1991 besiegelt. Bis zuletzt erwies sich West-Berlin als «Gemeinwesen der besonderen Art».[1]

Nicht erst mit ihrem späten Ende offenbarte sich die Halbstadt inmitten der DDR als eines der merkwürdigsten politischen Gebilde des 20. Jahrhunderts, das mit all seinen Eigenheiten oft die Grenzen des Bizarren streifte. West-Berlin galt als Land der Bundesrepublik Deutschland – und wurde doch nicht von ihr regiert. Es war ein Land, in dem Gesetze galten, die ohne Mitwirkung der Bevölkerung zustande kamen, denn die Bürger West-Berlins durften nicht an den Bundestagswahlen teilnehmen und konnten sich an kein Verfassungsgericht wenden. Alle Macht ging von den alliierten Stadtkommandanten der Amerikaner, Briten und Franzosen aus, unter deren Aufsicht ein Regierender Bürgermeister mit beschränkter Vollmacht agierte. Auf den Personalausweisen prangte kein Bundesadler und ihre männlichen Inhaber mußten keinen Wehrdienst leisten. Wie auf einer Insel der Merkwürdigkeiten lebten die Menschen, und das Festland erreichten sie nur nach langer, von DDR-Schikanen bedrohter Transitfahrt.

West-Berlin war neben Bundesrepublik und DDR ein drittes Deutschland, wurde aber als solches kaum erkannt, geschweige denn benannt. Nichts sollte der in der DDR üblichen Bezeichnung von West-Berlin als «besonderer politischer Einheit» Vorschub leisten, mit der die SED staatsrechtliche Konsequenzen verband. Statt dessen wurde eine Identität mit der Bundesrepublik angestrebt oder behauptet und gar von einer

«Halbinsel» West-Berlin gesprochen.[2] Dieser lange Prozeß der Verdrängung ist einer der Gründe, warum sich West-Berlin trotz seiner Besonderheit im deutschen Gedächtnis nur schwer behauptet. Aufmerksamkeit fanden allein jene Momente, in denen in der Stadt Weltgeschichte geschrieben wurde. Die Blockade von 1948 und der Mauerbau von 1961 sind wohldokumentierte Ereignisse. Aber schon der Mauerfall von 1989 wird vor allem aus östlicher Sicht und damit als der große Befreiungsakt der Menschen in der DDR beschrieben.

West-Berlin mit seiner einmaligen Geschichte droht in seiner Gesamtheit einem Vergessen anheimzufallen, das einer «Vernichtung von Geschichte» (Adorno) gleichkommt. Doch wird im Fall von West-Berlin keineswegs «für sich schon Nichtiges», sondern Besonderes vernichtet.[3] Daran ist Berlin zum Teil selbst schuld. Die Baugeschichte der Stadt mit ihrer Abfolge von Abrissen und Neubauten beweist einen permanenten Willen zur Destruktion des Überkommenen. Im neuen vereinigten Berlin ist kein Platz für die Erinnerung an West-Berlin. Der Ostteil der Stadt negiert die Geschichte der anderen Hälfte und betont demonstrativ, daß in «seiner» Geschichte Luftbrücke, Blockade, Transit und West-Alliierte keine Rolle spielten. Im Westteil ist es nicht sonderlich opportun, sich zum «alten» West-Berlin zu bekennen oder dafür zu interessieren. Die Scheu ist groß, der Nostalgie für Torten im Café Kranzler und den Kurfürstendamm-Boulevard mit Harald Juhnke verdächtigt zu werden.

Zwanzig Jahre nach dem Ende West-Berlins ist es hoch an der Zeit, dessen Geschichte vor dem Vergessen zu bewahren und «ab urbe condita» zu erzählen, von den Anfängen der gewaltsamen Teilung hin zu der freudigen Vereinigung. Es gilt, einen Mikrokosmos lebendig werden zu lassen, in dem sich banale Stadt- mit dramatischer Weltgeschichte mischte und das Erhabene neben dem Peinlichen bestand. West-Berlin war nicht nur deutschlandpolitisches Sorgenkind und stadtgewordene Verkörperung der «querelles allemandes». Es mag als «die Last» schlechthin in der deutsch-deutschen Geschichte gesehen werden, wie es der Publizist Peter Bender empfand[4], war aber doch weit mehr. Es war eine verwirrende Welt für sich, eine Stadt, in der der Reisende auf einem zentralen Fernbahnhof ankam, der nur zwei Gleise hatte und auf den Namen «Bahnhof Zoo» hörte. Wer hier dem Zug entstieg, war im Westen und doch im Osten, denn der Bahnhof unterstand der Verwaltung der DDR-Reichsbahn. Und vor dem «Bahnhof Zoo» erwartete den Ankömmling ein durch die Mauer eingezäuntes Biotop mit einem ganz spezifischen Menschenschlag. Dieses

West-Berlin in seiner vierzigjährigen Existenz und seiner Gesamtheit von Politik, Wirtschaft und Kultur gilt es in seiner Vielfalt und Einmaligkeit wieder zu entdecken.

Dies kann nur in dem Bewußtsein geschehen, daß die Geschichte West-Berlins zwar abgeschlossen, das Wissen über sie aber ständig im Fluß ist. In dieser Stadt, wo die Mauer als Grenze so trennend wie sonst nirgends zu sein schien, bestand zugleich ein geheimes osmotisches Verhältnis zwischen den beiden Stadthälften. Der Fall des mehr als dreißig Jahre nach seiner Tat als Stasi-Mitarbeiter überführten Todesschützen des Studenten Benno Ohnesorg offenbart nicht nur, daß das Wissen über West-Berlin unweigerlich immer ein vorläufiges ist. Er zeigt auch, was in dieser Stadt, und nur in ihr, möglich war.

Kapitel 1

Geburt einer Halbstadt

Drei Tage im September

Glasscheiben zersplittern. Abgeordnete und Journalisten werden attackiert. Der Hausherr der Berliner Stadtverordnetenversammlung muß durch den Hintereingang das Weite suchen. Ein Offizier schützt mit gezogener Pistole junge Männer vor der Festnahme. Ein Reporter rettet sich durch einen Sprung aus dem Fenster vor Schlägen. – Es waren gewaltgeprägte Szenen, die sich in dem Neuen Stadthaus in Berlin Mitte am 6. September 1948 abspielten. Eine Jahrzehnte später am Ort des turbulenten Geschehens angebrachte Gedenktafel deutet die Ereignisse: «Die politische Einheit Berlins wurde damit zerstört.»

Ein merkwürdig verkehrter Sturm auf die Bastille leitete die Geburt West-Berlins ein. Keine Zwingburg wurde genommen, sondern der Sitz des in freier Wahl bestimmten Stadtparlaments, der Stadtverordnetenversammlung, und der Stadtregierung, des Magistrats. Keine Entrechteten, Besitzlosen übten Gewalt, sondern wohlorganisierte Demonstranten, die teilweise mit Betriebs-LKWs, vor allem aus sowjetisch verwalteten Betrieben, in die Parochialstraße, zum Neuen Stadthaus gekommen waren. Sie kannten das Gebäude von ähnlichen vorangegangenen Aktionen. Es ist der 1936 errichtete ehemalige Verwaltungsbau der Berliner Feuersozietät, der mitsamt unaufdringlichem Dekor im Stil der damaligen Zeit den Bombenhagel überstanden hat und nun, da das nahe Rote Rathaus zerstört ist, in kommunale Dienste genommen wurde.

Gelenkt wurden die Demonstranten unübersehbar von der aus der Fusion von KPD und SPD hervorgegangenen SED, geschützt wurden sie von der sowjetischen Besatzungsmacht und begünstigt von der Polizei, die hier noch immer dem Kommando des vom Senat abgesetzten ehemaligen Wehrmachtsoffiziers und Ritterkreuzträgers Paul Markgraf unterstand, der sich als Vollstrecker von SED und Sowjets verstand und im Ostteil der

1 Von der SED organisiert und von der sowjetischen Besatzungsmacht geschützt, stürmen Demonstranten am 6. September 1948 das Neue Stadthaus im Ostsektor Berlins. Der Großteil der Abgeordneten weicht vor der Gewalt in den Westteil aus. Die Geburtsstunde West-Berlins hat damit geschlagen.

Stadt weiter seines eigentlich verlorenen Amtes waltete.[1] Die Einrichtung einer Bannmeile rund um das Neue Stadthaus war von den Sowjets abgelehnt worden – und nicht wenige der Stadtverordneten und Magistratsmitglieder hielten unter diesen Bedingungen jede weitere Arbeit im Neuen Stadthaus für unmöglich. Aber der Vorsitzende der Stadtverordnetenversammlung Otto Suhr und der als Oberbürgermeister agierende Ferdinand Friedensburg wollten noch einmal die Probe aufs Exempel machen und nicht kampflos in einen der westlichen Sektoren ausweichen. Junge Männer aus den Jugendorganisationen von SPD und CDU, durch weiße Armbinden gekennzeichnet, sollten für Ordnung sorgen – und wurden durch diese Kennzeichnung leichte Beute der Markgraf-Polizei, vor der sie sich teilweise in die Zimmer der westalliierten Verbindungsoffiziere flüchteten, was ihnen kaum Schutz verschaffte. Nur der französische Capitain Hectore Ziegelmeyer verteidigte sie mit gezogener Pistole und begrenztem Erfolg. Beim Verlassen des Stadthauses wurden sie doch festgenommen.

Angesichts der Tumulte vertagte Otto Suhr die Sitzung der Stadtverordnetenversammlung auf unbestimmte Zeit, während gleichzeitig die Parole unter den Stadtverordneten ausgegeben wurde, sich am verabredeten Ort zu treffen. Zurück blieben die SED-Fraktion und ihre Demonstranten. Mit schneidendem Zynismus stellte der SED-Fraktionsvorsitzende Karl Litke fest, daß doch nichts gegen eine Sitzung spräche, wo doch – nun – Ruhe und Ordnung im Haus herrsche. Das bescherte Zustimmung im Saal wie auf der Tribüne und mündete im Absingen der «Internationale». Danach durchkämmte die Markgraf-Polizei, verstärkt durch russische Soldaten, das Haus und nahm etwa 60 Personen fest. Unter ihnen war der Reporter des *Tagesspiegels* Wolfgang Hanßke, verdächtig als Vertreter eines der SED wie den Sowjets gleichermaßen mißliebigen Blattes. Nach sieben Jahren Straflager in Sibirien kam er mit schweren Haftschäden 1955 nach Berlin zurück, unfähig, wieder in seinem Journalistenberuf zu arbeiten.[2]

Wenige Stunden später versammelten sich die Mitglieder der anderen Fraktionen – SPD, CDU, LPD – am vereinbarten Ort im britischen Sektor. Es war die «Taberna Academica», hinter deren klangvollem Namen sich die Mensa der Technischen Universität verbarg. Von ursprünglichen Plänen, die Kellerräume des ausgebrannten und zerschossenen Reichstags als Zufluchtsort zu wählen, mit dessen Enttrümmerung erst wenige Tage zuvor begonnen worden war, hatte man Abstand genommen. Noch war dies nicht die Sitzung eines Westberliner Stadtparlaments, sondern noch immer die Stadtverordnetenversammlung von Groß-Berlin. Auf ihrer ersten Sitzung im Westteil der Stadt mußte sie zu Protokoll geben, daß angesichts des Drucks von SED und sowjetischer Besatzungsmacht vorerst keine Sitzungen mehr im Ostteil der Stadt stattfinden werden. Untermalt wurden die Beratungen vom pausenlosen Dröhnen viermotoriger Flugzeuge, die den Westteil der Stadt mit dem Nötigsten versorgten. Seit dem 24. Juni sind die Westsektoren durch die sowjetische Blockade eingeschnürt, sind sie auf dem Landweg nicht zu erreichen.

Die Einmütigkeit der Versammlung wurde von einem fraktionslosen Stadtverordneten der Ost-CDU gestört. Helmut Brandt kritisierte, daß die Sitzung im britischen Sektor von langer Hand vorbereitet und eine Tagung im Neuen Stadthaus durchaus möglich gewesen wäre. Brandt, dessen Worte im Protest der anderen Abgeordneten fast untergingen, wurde sein Einsatz für den östlichen Standpunkt letztlich schlecht gelohnt. Er mußte die von ihm bestrittene Willkür und Repression der SED am eigenen Leib erfahren. Als er sich 1950 gegen den Justizterror in der sowjetischen Zone wandte, wurde er verhaftet, verbrachte acht Jahre in DDR-Gefängnissen, ehe er von der Bundesrepublik freigekauft wurde.

Auch unter den Politikern von SPD, CDU und LPD war es durchaus umstritten, ob man sich völlig aus dem Osten zurückziehen solle. Entschiedener Verfechter eines Rückzugs, einer raschen Verlagerung aller Magistrats-Dienststellen in den Westen war der Mann, der sich einen Tag später über den Rundfunk zu Wort meldete und dessen Stimme unter allen Berliner Politikern das größte Gewicht hatte: Ernst Reuter. Die Ereignisse vom Vortag sind ihm «ein Spektakelstück der SED, eine tragikomische Mischung von Kaltschnäuzigkeit, zynischer Geschäftigkeit und Talmirevolution ... von bestellten Demonstranten ohne Funken ehrlicher Erregung».[3]

Ernst Reuter wußte aus seiner eigenen revolutionären Vergangenheit zu vergleichen, und diese Vergangenheit führte dazu, daß er bloß als Stadtrat für Verkehr und Versorgungsbetriebe sprach, obwohl er am 24. Juni 1948 mit überwältigender Mehrheit zum Oberbürgermeister gewählt worden war. Aber der sowjetische Stadtkommandant Generalmajor Alexander Kotikow hatte dieser Wahl seine Anerkennung verweigert, was derart unpopulär war, daß Kotikow das sowjetische Veto zunächst zu verschleiern trachtete. Erst später bekannte er sich zu der Ablehnung und verband sie mit einer rufschädigenden Begründung, indem er Zweifel an der antifaschistischen Vergangenheit von Ernst Reuter säte. Dieser war 1935 nach zweimaliger, ihn körperlich in Mitleidenschaft ziehender KZ-Haft über London in die Türkei emigriert. Kotikow behauptete nun, Reuter habe im Exil mit dem NS-Regime kollaboriert, was schon damals nicht bewiesen und später klar widerlegt wurde.

Aber die Sowjets hatten guten Grund, Reuter mit allen Mitteln als Oberbürgermeister zu verhindern. Denn sie kannten ihn seit Jahrzehnten genau – und umgekehrt wußte Reuter über sie Bescheid. Schließlich hatte er sich als deutscher Kriegsgefangener in Rußland 1917 den Bolschewiki angeschlossen, war nach Rücksprache mit Lenin und unter Oberaufsicht von Stalin als deren Volkskommissar in die deutsche Wolgaregion entsandt worden, wo er die Landwirtschaft ebenso effektiv organisierte wie den ersten Sowjetkongreß der deutschen Wolgakolonie. Als einer, der neben Lenin und Stalin auch andere Ikonen der Oktoberrevolution wie Bucharin, Tschitscherin und Sinowjew persönlich kannte, war Reuter aus der Sowjetunion nach Deutschland zurückgekehrt. Hier brachte es der junge Revolutionär unter dem Kampfnamen «Friesland» bis zum Generalsekretär der KPD, wurde allerdings 1922 aus der Partei ausgeschlossen. In der

Folge kam er über Umwege zur SPD, wurde zu einem entschiedenen Vertreter eines demokratischen Sozialismus und aus eigener Anschauung und Erfahrung klarer Gegner des autoritär-repressiven Kommunismus stalinistischer Prägung. Verständlich, daß die Sowjets einen solchen Mann nicht an der Spitze Berlins sehen wollten, der noch dazu nicht davor zurückschreckte, aus persönlicher Kenntnis dem allmächtigen Stalin die «Mentalität eines Feldwebels» nachzusagen.[4]

Die sowjetische Militäradministration konnte Reuter das Amt verweigern, an seinem Ruf kratzen – die ihm eigene Autorität vermochten sie ihm nicht zu rauben. Er war ein Mann von großer Bildung, umfassender politischer Erfahrung und Begabung, die er schon in den 20er Jahren als Verkehrsreferent im neugeschaffenen Groß-Berlin unter Beweis gestellt hatte, wo er die Fusion der zuvor selbständigen Betriebsgesellschaften für Hoch- und Untergrundbahnen, Straßenbahnen und Omnibusse zur «Berliner Verkehrs-Aktien-Gesellschaft» (BVG) zum damals größten Kommunalverkehrsunternehmen der Welt durchsetzte. Danach hatte er in Magdeburg bewiesen, daß er eine große Kommune zu führen und zu organisieren wußte.

Den Geschichte machenden Beweis seiner auch ohne Amt dominierenden Persönlichkeit erbrachte Reuter drei Tage nach den Unruhen im Stadthaus. Für den 9. September war schon seit Tagen eine Protestversammlung vor dem Reichstag angesetzt und mit kräftiger Werbung in Rundfunk und Presse propagiert worden. Nun versammelten sich 300 000 Menschen – manche Schätzungen sprechen gar von 400 000 – in einer dramatischen Kulisse. Der zerstörte Reichstag bildete Podium und Hintergrund für die Redner. Davor lag ein schier grenzenloses, devastiertes Areal, das nichts mehr vom einst grünen Tiergarten verriet. In den vorangegangenen Kältewintern hatten die Berliner schweren Herzens das Wald- und Parkareal zwischen östlicher und westlicher Stadthälfte abgeholzt, teilweise in Ackerland verwandelt. Als einziges Bauwerk im weiten Areal erhob sich das aus Steinen der Reichskanzlei errichtete sowjetische Ehrenmal. Mit Blick auf den Reichstag zeigten die Kundgebungsteilnehmer dem Soldaten der Roten Armee auf der Spitze des Siegesmals den Rücken, der mit geschultertem Gewehr den Arm in unterwerfender Geste von sich streckt.

Zuerst ergriffen der amtierende Oberbürgermeister Ferdinand Friedensburg, Otto Suhr und der SPD-Vorsitzende Franz Neumann das Wort. Ihre Ansprachen sind vergessen. Ernst Reuters Rede wurde dagegen zur

Legende. Ton- und Filmaufnahmen haben den gespannten, pathetischen Tonfall festgehalten, den spätere Generationen zunehmend als melodramatisch empfanden, der sich aber durch Ort und Zeit erklärt. Vor dem Menschenmeer verlieh Ernst Reuter seiner Stimme einen hohen Ton und eine getragene Diktion, die ihr sonst fehlten. Körpersprache und Habitus milderten das Pathos. Die Gestik verzichtete auf große Bewegungen und im Jackett saßen statt eines Einstecktüchleins etliche Schreibgeräte und verrieten den akribischen Verwaltungsmann.

Reuter war in seinen jungen Jahren Wanderredner für die Kirchenaustrittsbewegung gewesen, weil er die preußische Verbindung von Thron und Altar für verhängnisvoll hielt. Nun konnte er seine deklamatorischen Fähigkeiten wieder einsetzen und er, der Sohn gut protestantischer Eltern und Bruder eines Pastors, wußte die Kraft biblischer Sprache und Bilder zu nutzen. Er sprach davon, wie sowjetische Generäle das Ehrenwort brechen, ehe der Hahn drei Mal kräht, er warf der SED vor, sich für dreißig Silberlinge an eine fremde Macht zu verkaufen. Ihren Höhepunkt erreichte die Rede mit der Diktion und Kraft eines alttestamentarischen Propheten: «Ihr Völker der Welt, schaut auf diese Stadt ...»

Jahrzehnte später gibt es Verwunderung darüber, wie Reuter nach dem Mißbrauch des Wortes «Volk» durch die Nationalsozialisten dieses so unbefangen in den Mund nehmen und vom «Volk von Berlin» sprechen konnte. Es mag der Wunsch virulent gewesen sein, dem «Völker, hört die Signale», das erst kürzlich im Neuen Stadthaus gesungen worden war, etwas entgegenzusetzen. Es mag auch einfach ein Denken bestimmend gewesen sein, das von politischen Korrektheitsdebatten und dem Streit um «Volk» und «Bevölkerung» noch nichts weiß, das ihn so sprechen ließ. Unbefangen apostrophierte er die Lettern «Dem deutschen Volk» auf dem Reichstag als «stolze Inschrift». Es war aber auch wohlüberlegtes politisches Kalkül. Reuter beließ es nicht bei einem humanitären Appell von Mensch zu Mensch oder an die Menschheit schlechthin. Er appellierte an die Völker der Siegermächte Amerika, England und Frankreich und merkwürdigerweise auch an das Volk von Italien. Damit war die Rede auch ein Signal an die Militärgouverneure, die in diesen Tagen über das Schicksal der Westsektoren zu entscheiden hatten. Reuter nahm die Internationalisierung des Berlin-Konflikts vorweg, die Wochen später von den westlichen Besatzungsmächten durch die Anrufung der Vereinten Nationen erfolgte.

Der Auszug aus dem Neuen Stadthaus wie die Rede von Ernst Reuter drei Tage später bedeuteten nicht die definitive Spaltung der Stadt, die sich

2 Vor der Ruine des Reichstags beschwört Ernst Reuter am 9. September die Völker der Welt: «Schaut auf diese Stadt!» 400 000 Zuhörer geben den Worten des im Grunde machtlosen Politikers Gewicht.

in vielen kleinen Schritten vollzog. Aber sie waren Marksteine im Strom der Geschichte, an denen sich die Ereignisse ballen und Entwicklungen manifest werden. Was am 9. September von Reuter formuliert wurde, das ist der Geist, der auf Jahre das sich langsam entwickelnde West-Berlin prägen wird. Das Bewußtsein eines stellvertretenden Kampfes für die Freiheit, gegen Umzingelung und Abschnürung und die kämpferische Attitüde der Selbstbehauptung. In anderen Reden hat Reuter dies noch deutlicher formuliert, wenn er vom «Pfahl im Fleisch» der Ostzone sprach oder West-Berlin mit Stalingrad verglich, auch wenn noch keine Mauer deutlich machte, wie eingekesselt die Stadt war. Aber nie hat er den Anspruch, das wahre und freie Berlin zu verkörpern, wirksamer, effektvoller vertreten. Hier legte er die Grundlage für ein sich gegen den Osten behauptendes West-Berlin.

Dispute an Dahlemer Kaminen

Privater und doch eminent politisch war Ernst Reuter wenige Wochen später zu erleben. Ein gepflegtes Mittagessen mit Damen und anschließendem Gespräch der Herren am flackernden Kamin war angesagt.[5] Auch solches war trotz Brennstoff- und Lebensmittelrationierung während der Blockade möglich, vorausgesetzt der Gastgeber ist US-Botschafter und kann über eine großbürgerliche Villa im vornehmen Stadtteil Dahlem verfügen. Immerhin durften sich an diesem Tage alle West-Berliner über kulinarischen Zugewinn freuen. Ausgewählten Bäckereien und Gaststätten wurde von den Militärregierungen erlaubt, wieder Kuchen zu backen.[6] Das gepflegte Ambiente in Dahlem diente vor allem als Camouflage. Robert Murphy, Berater von US-Präsident Eisenhower und als Sonderbotschafter nach Berlin gesandt, konnte sich in privatem Rahmen über Berliner Befindlichkeiten informieren, ohne Mißtrauen oder Kontrolle der anderen Alliierten zu provozieren, was bei einem offiziellen Gespräch der Fall gewesen wäre. Neben anderen hatte Murphy den an der Amtsausübung gehinderten Oberbürgermeister Reuter und den an seiner Stelle des Amtes waltenden Ferdinand Friedensburg geladen – und konnte erleben, wie die Vertreter der Westhälfte der zu diesem Zeitpunkt bereits nahezu definitiv gespaltenen Stadt ihrerseits im Dissens lagen.

In der Sache ging es darum, ob die Dienststellen des Magistrats in die westlichen Sektoren verlagert werden sollten, auch wenn dies die Spaltung der Stadt vorantreiben würde. Reuter plädierte vehement für den Umzug und hatte mit der Transferierung seiner Magistratsabteilung bereits einen entscheidenden Schritt in diese Richtung getan. Friedensburg aber wollte so lange wie möglich im sowjetischen Sektor ausharren. Es war der 31. Oktober 1948, der Reformationstag, und in lutherischer Konsequenz saßen sich zwei Männer gegenüber und konnten nicht anders, als verschiedener Meinung zu sein. Zwei Prinzipien prallten aufeinander und Politik erwies sich einmal mehr als Gemenge von Überzeugung und Charakter.

Reuter wie Friedensburg waren gleichermaßen untadelige Demokraten und von universeller Bildung – und doch höchst gegensätzlich. Der massige Ernst Reuter, der mit der unverwechselbaren Baskenmütze die Mitte zwischen bürgerlichem Hut und proletarischer Kappe hielt, konnte sich seiner Sache sicher sein, war er doch das mit großer Mehrheit gewählte Stadtoberhaupt. Friedensburg dagegen war ein schlanker Mann von grandseigneuralem Habitus, ebenfalls erfahren in der Verwaltung, bei dem sich Prinzipienfestigkeit mit kaum noch von Lavieren zu unterscheidender Verhandlungsbereitschaft paarte. Er wollte ein Diplomat mit Überzeugung sein, war dazu aber wenig begabt. Von seinem Wesen war er derart unzulänglich mit ausgleichendem Geschick ausgestattet, daß ihm seine Amtskollegin Louise Schröder «zwei linke Hände und zwei linke Füße» attestierte.[7] Selbst sein eigener Sohn spricht von einem «Hauch von Tragik» über dem Leben seines Vaters, der einfach unfähig zu tagespolitischen Kompromissen gewesen sei, was ihm den Vorwurf der Eigenmächtigkeit eingetragen habe.[8]

Ein starkes Ego besaßen Reuter wie Friedensburg, doch überschritt bei Friedensburg das ausgeprägte Selbstbewußtsein immer wieder die Grenze zur Selbstgefälligkeit, mit der er möglicherweise die eigene, schwache Position überspielte. Denn er war nicht mehr als der Vertreter der Vertreterin. Für Ernst Reuter führte eigentlich Louise Schröder (SPD) stellvertretend die Geschäfte, doch war sie wegen Gesundheitsproblemen aus der blockierten Stadt ausgeflogen worden und mußte für Monate pausieren. Friedensburg (CDU) agierte als Stadtoberhaupt mit so viel Gefallen an dem Amt, daß der Verdacht aufkam, er verzögere den Umzug nach West-Berlin auch deshalb, um die dann anstehende Amtsausübung durch den nicht mehr durch ein sowjetisches Njet gehinderten Reuter so weit wie möglich hinauszuschieben.

Das Verhältnis der beiden Politiker war bei hoher Gegensätzlichkeit dennoch von einem formalisierten Respekt geprägt. Reuter, der in jungen Jahren Mitglied einer Studentenverbindung gewesen war, verband mit dem überzeugten Burschenschaftler Friedensburg ein immer die Formen wahrender Komment des Umgangs. Es bedurfte schon etlicher Gläser Wein, damit die Debatte zwischen ihnen heftig wurde, auch wenn ein englischer Beobachter ausdrücklich anmerkte, daß die Herren mit gelöster Zunge, aber nicht beschwipst geredet hätten.[9] Ihr Streit blieb offen, wurde erst durch den Gang der Ereignisse zugunsten von Reuter entschieden, während ein fast gleichzeitig angesetzter Kampf einen deutlichen, großen Verlierer hatte. In der Waldbühne erlitt Boxidol Max Schmeling eine klare Punktniederlage gegen den Halbschwergewichtsmeister Richard Vogt und beendete damit seine sportliche Karriere.

Grundsätzlichen und fast zeitlosen Charakter hatte der Streit zwischen Friedensburg und Reuter durch die Frage: Berlin – Bollwerk oder Brücke? Für Reuter war klar, daß Berlin ein Vorposten zu sein habe, und er fand darin in den USA einen mächtigen Unterstützer. Dafür war Reuter auch bereit, die Spaltung der Stadt hinzunehmen, weil sie nach seiner Überzeugung letztlich doch in einer Wiedervereinigung unter westlichen Vorzeichen enden würde. Friedensburg dagegen setzte auf eine Verständigung mit den Sowjets, wollte alles vermeiden, was aktiv zu einer Spaltung der Stadt führen könnte, und sah sich Jahre später als früher Vertreter einer Entspannungspolitik. Der Lauf der Ereignisse im Herbst 1948 machte seine Position obsolet. Die wenige Wochen später erfolgende gewaltsame Einsetzung eines Magistrats im sowjetischen Sektor schuf ein fait accompli, das die Debatte beendete.

Am eigenen Leibe mußte Friedensburg erfahren, daß seine Verständigungsposition unhaltbar geworden war, als sich Ende November die Ereignisse überstürzten und er am 1. Dezember wie üblich um 8.30 Uhr mit dem Dienstwagen vor dem Neuen Stadthaus vorfuhr. Ein höflich-stotternder Polizei-Inspektor hinderte ihn am Betreten seines Amtssitzes im Sowjetsektor, während drinnen Handwerker damit beschäftigt waren, die Namensschilder von ihm und seinen Magistratskollegen abzumontieren.[10] Etwas kleinlaut mußte er nun in der Fasanenstraße seinen Amtssitz einrichten, dort, wohin Ernst Reuter mit seiner Verwaltung bereits Wochen zuvor gegen den Widerstand Friedensburgs umgezogen war.

«Opernputsch» und Ost-Magistrat

Ein trüber Tag war der 30. November 1948 für Berlin. Dicht lag der Nebel über der Stadt. Für den Westteil hieß dies: Nur zehn Transportflugzeuge mit gerade mal 80 Tonnen Fracht landeten an diesem Tag. Die Luftbrücke, über die bis zu 12 000 Tonnen täglich eingeflogen werden konnten, wurde zum schmalen Steg. Im Osten verdüsterte das Grau des Tages, was die Organisatoren als glanzvolles Ereignis konzipiert hatten. «Das werktätige Berlin» – so die offizielle östliche Lesart – zog ins Stadtzentrum zu einer «außerordentlichen Stadtverordnetenversammlung». Unter dem Firnis einer basisdemokratischen und legalistischen Rhetorik verbarg die Zusammenkunft im Admiralspalast am Bahnhof Friedrichstraße einen wohlorganisierten Putsch, der von langer Hand geplant, allerdings letztlich etwas überstürzt in Szene gesetzt worden war. Bereits am 13. September hatte Wladimir Semjonow, politischer Berater der Sowjetischen Militäradministration, gegenüber der SED-Führung den Fahrplan festgelegt. Der SED-Vorsitzende Wilhelm Pieck notierte: «gemeins. Versammlung – Stadtverordnete, Bezirksverordnete, Parteien und nahestehende Org. aus ganz Berlin einberufen – gut vorbereiten, damit Mehrheit. Absetzung der reakt. Magistratsmehrheit u. Einsetzung provis. Gesamtmagistrats».[11]

Diese Planung wurde nun mit handverlesenen und genau abgezählten «Volksmassen» in die Tat umgesetzt. 1638 «Vertreter des Volkes» versammelten sich in dem Gebäude, das sonst der Staatsoper als Ausweichquartier für ihr zerbombtes Stammhaus diente. Noch gab es die aus einer freien Wahl hervorgegangene Stadtverordnetenversammlung und deren Magistrat, die nur mehr im Westteil zusammenkamen. Nun aber sollten im Admiralspalast ein anderer Magistrat, ein anderes Stadtparlament und ein anderer Oberbürgermeister durch Akklamation der «Massen» bestimmt werden.

Der Ort des Umsturzes hat in der noch kurzen Nachkriegsgeschichte bereits historische Patina gewonnen. In ihm war im April 1946 nach der Zwangsvereinigung von KPD und SPD die SED gegründet worden. Daß der Admiralspalast einmal ein Vergnügungsetablissement mit freizügigen Revuen und angeschlossenem Bordell war, störte dabei wenig. Ahnungs- oder stillos wurde auch kein Anstoß daran genommen, daß wieder einmal in Berlin ein Opernhaus den Rahmen für eine politische Veranstaltung abgab, obwohl die Tagungen des Pro-Forma-Reichstags des Dritten Reichs in der Kroll-Oper erst wenige Jahre zurücklagen.

Die SED und hinter ihr die sowjetische Besatzungsmacht führten Regie bei dem Ereignis, das als «Opernputsch» in die Geschichte einging und die Spaltung Berlins besiegelte. Der Besetzungszettel verzeichnete gerade mal 23 in demokratischer und freier Wahl bestimmte Teilnehmer. Es waren die Mitglieder der SED-Fraktion, die an den Sitzungen der Stadtverordnetenversammlung seit deren Wechsel in den britischen Sektor nicht mehr teilgenommen hatten. Zu ihnen gesellten sich 236 Vertreter des «Demokratischen Blocks», dem neben der beherrschenden SED noch die (Ost)CDU und die (Ost)LPD angehörten. Ferner fanden sich 229 Vertreter der «demokratischen Massenorganisationen» (FDGB, Kulturbund, FDJ u. a.) ein. 1151 Delegierte wurden erst wenige Stunden zuvor in zumeist sowjetisch kontrollierten Betrieben bestimmt. Alle zusammen waren sie kaum mehr als Statisten in einem Spektakel, bei dem sie vor allem zum richtigen Zeitpunkt die Hand zu heben hatten.

Die Versammlung beschloß, was auf der Landes-Delegierten-Konferenz des SED-Landesvorstands Groß-Berlin zwei Tage zuvor festgelegt worden war: allgemeine Lohnerhöhung in allen Dienststellen, Sofortmaßnahmen gegen die «Wintersnot», Förderung der Aktivisten- und Aufbaubewegung, Durchführung des «Sozialisierungsgesetzes», konkret die Enteignung der Berliner Elektrokonzerne.[12] Da sich der gewählte Magistrat geweigert hatte, diese Forderungen zu erfüllen, wurde er kurzerhand für unfähig und unzuständig erklärt und abgesetzt. Als «Oberbürgermeister von Berlin» wurde Friedrich Ebert präsentiert, von der Versammlung einstimmig akklamiert und von einem Ost-Polizeioffizier mit einem Chrysanthemenstrauß bedacht. Ebert hatte in dem nun neugebildeten Magistrat von überwiegend unbekannten Personen immerhin einen berühmten Namen, nämlich denselben wie sein Vater, der erste Reichspräsident der Weimarer Republik. Sohn Ebert, bis dahin Landtagspräsident in Brandenburg, war keineswegs erste Wahl, sondern eine so ziemlich im letzten Moment gefundene Notlösung. Doch kam es auf die Person in diesem Amt nicht sonderlich an, weil sie doch vor allem Vollstrecker von Beschlüssen der SED-Leitung war. Ebert erlebte dies im Laufe seiner Amtszeit und beklagte es intern, verfolgte aber nach außen konsequent die Parteilinie, die sich nicht zuletzt gegen seine eigenen politischen Wurzeln richtete, nämlich gegen die Sozialdemokratie. Schon bei der Zusammensetzung des Ost-Magistrats wurde dies deutlich. Zwei SED-Stadträte des bisherigen Magistrats wurden nicht übernommen. Beide waren ehemalige Sozialdemokraten.[13]

Eine Anmutung von großer Oktoberrevolution im November mit zustimmenden Volksmassen sollte eine anschließende, vom kommunistisch kontrollierten Gewerkschaftsbund FDGB initiierte Kundgebung vor der Berliner Universität Unter den Linden verbreiten. Auf einem LKW stellte sich der neue Magistrat der Menge vor. Sie sollte den Volkswillen repräsentieren und war wohlorganisiert. Arbeitern und Angestellten in den sowjetzonalen Betrieben waren von Betriebsräten «Nachteile» bei Nichtteilnahme angedroht worden. Bei der Ankunft Unter den Linden kontrollierten Gewerkschaftsfunktionäre die Präsenz.[14] Anschließend war in der östlichen Propaganda mal von 300 000, dann aber auch gar von 500 000 Teilnehmern die Rede. Realistisch ist wohl die im Westen verbreitete Zahl von 80 000, denn mehr Menschen haben auf dem Areal vor der

Universität gar nicht Platz. Ein den «Massen» weitgehend unbekannter Magistrat präsentierte sich, versprach, was schon im Admiralspalast versprochen worden war, und ließ sich auch hier noch einmal bestätigen. Noch am selben Abend polemisierte im (Ost)Berliner Rundfunk ein Journalist mit einer in den folgenden 40 Jahren nicht erlahmenden Heftigkeit. Karl Eduard von Schnitzler zieh den rechtmäßigen Magistrat der Untätigkeit und behauptete, daß sich Reuter und Konsorten vor dem «Volkszorn unter den vermeintlichen Schutz britischer Panzerwagen und amerikanischer Jeeps» zurückgezogen hätten.

Einen grotesk anmutenden Brief schickte Ottomar Geschke von der SED, nunmehr Vorsitzender der im Admiralspalast bestimmten Stadtverordnetenversammlung, nach dem Putsch an die Stadtkommandanten. Mit größter Selbstverständlichkeit wurde darin die «Wahl» der neuen Gremien durch die «Vertreter des Volkes» mitgeteilt, wobei deren Zahl gleich von 1638 auf 2000 Mitglieder erhöht wurde. Weiter «erlaubte» sich Geschke, die Erwartung auszusprechen, daß der Putschmagistrat, «der sein Amt bis zur Ausschreibung freier einheitlicher demokratischer Wahlen in ganz Berlin» ausüben werde, von den Stadtkommandanten die «notwendige Unterstützung» erfahre.[15]

Die freien Wahlen in Gesamt-Berlin ließen 41 Jahre auf sich warten, doch die Antwort der westlichen Stadtkommandanten erfolgte sofort in Form eines deutlichen Protests. Dagegen teilte der stellvertretende sowjetische Stadtkommandant Gardeoberst Iwan Jelisarow Geschke mit, daß die sowjetische Zentralkommandantur den neuen Magistrat als das «einzig rechtmäßige Stadtverwaltungsorgan» anerkenne. Die Spaltung in zwei Stadtregierungen, zwei Stadtparlamente und in Folge auch in zwei Stadtverwaltungen war damit vollzogen. In den Westsektoren blieb bei allem Willen zur nunmehr unvermeidlichen Eigenständigkeit doch das Gefühl der Hilflosigkeit, das sich in Spottnamen für den Ebert-Magistrat wie «Berlin-Sowjet» Luft machte.

Spalterwahl

Mit den rasch zusammengewürfelten «Delegierten» für die Veranstaltung im Admiralspalast und mit dem Verlegenheitskandidaten Friedrich Ebert als Oberbürgermeister trägt der Putsch vom 30. November 1948 Züge von Überstürzung. Dies verwundert. Denn bereits am 20. September 1948 hatte das Zentralsekretariat der SED das Szenario für einen Putsch ausgearbeitet und diesen auf den 30. September festgelegt. Was zu der Verzögerung geführt hat, geht aus den schriftlichen Quellen nicht hervor. Aber offensichtlich gab man sich der Vorstellung hin, daß es zu einer Machtübernahme in ganz Berlin kommen könnte, wenn die Westalliierten dem sowjetischen Druck der Blockade nachgeben würden. Auf der anderen Seite gab es einen zwingenden Termin, der es der SED unmöglich machte, ihre Pläne zu einer undemokratischen Aneignung der Macht zumindest im sowjetischen Sektor länger hinauszuschieben. Für den 5. Dezember waren gemäß der Berliner Verfassung Wahlen angesetzt.

Allerdings hatte der sowjetische Stadtkommandant Alexander Kotikow bereits am 20. September dem Magistrat mitgeteilt, daß diese Wahlen nicht im sowjetischen Sektor stattfinden dürften, so lange nicht die rigiden Bedingungen der Sowjets erfüllt würden.[16] Es drohte – aus östlicher Sicht – die Situation, daß im Westen eine gewählte Stadtverordnetenversammlung bestand, im Osten aber ein Machtvakuum herrschte. Für die SED bedeutete dies den Abschied von der Vorstellung, in ganz Berlin die Macht ausüben zu können. Sie mußte sich nun auf den Osten beschränken. Allerdings bemühte sich die SED, die Verantwortung für die Spaltung dem Westen anzulasten.

Noch im Juli 1948 hatte sich die SED auf die bevorstehende Wahl vorbereitet und sie als selbstverständlich betrachtet. Vom Landesverband Groß-Berlin erging ein Rundschreiben an alle Kreisvorsitzenden, an die Leiter der kommunalpolitischen Abteilungen, Fraktionsvorsitzenden und SED-Stadtverordneten, in dem zu intensiven Aktionen im Blick auf die Wahl im Herbst aufgefordert wurde. Im Laufe der nächsten Monate änderte sich die Haltung. Ausschlaggebend dürfte die Einsicht in die fehlende sowjetische Unterstützung für eine Machtübernahme in Gesamt-Berlin sowie die eigene politische Schwäche gewesen sein. Die Mitgliederzahlen der SED in den Westsektoren gingen dramatisch zurück. Mitte Oktober mußte Wilhelm Pieck vor dem SED-Parteivorstand einräumen, daß es schwer sei, «innerhalb der Arbeiterschaft die einheitliche Kampffront» herzustellen, und daß die Mitgliedschaft überaltert sei.[17] Die SED fürchtete, aus einer Wahl in Gesamt-Berlin als Splitterpartei hervorzugehen. Zugleich zerstob die Hoffnung, die Blockade West-Berlins könnte die West-Alliierten zum Abzug veranlassen. Im Gegenteil:

Mit jeder Woche verfestigte sich deren Präsenz, nahm zugleich die Sympathie für die Sowjets und die in ihrem Schutz agierende SED rapide ab. So wurde das Ruder herumgeworfen und Anfang November entschieden, mit «allen Mitteln und Methoden» gegen die nunmehr auf den 5. Dezember festgesetzten Wahlen vorzugehen.

Eines der Mittel war das Wort von der «Spalterwahl», das hinfort die Propaganda der SED bestimmte. Die Auseinandersetzungen um West-Berlin waren immer ein Konflikt um Worte und ein Streit mit Worten. Die Auslegungen grundlegender, für den Status von West-Berlin relevanter Dokumente erfolgte in geradezu scholastischer Weise. West-Berlin wurde vom Osten propagandistisch mit pejorativen Begriffen wie «Frontstadt» oder «Agentennest» belegt. Die «Spalterwahl» gehörte in diesen denunziatorischen, in seiner Griffigkeit nicht unwirksamen Wortschatz.

In vollständiger Lesart lauteten die SED-Vorwürfe im Parteijargon, daß sich Magistrat und Stadtverordnetenversammlung «in ein Werkzeug britisch-amerikanischer Behörden» verwandelt hätten, die eine antidemokratische Politik der Spaltung Berlins betrieben.[18] Dies wurde zur Formel verkürzt: «Für die Einheit Berlins – Gegen Spalterwahlen». Unter diesem Motto schwärmten die SED-Funktionäre von Walter Ulbricht bis Otto Grotewohl in West- wie Ost-Bezirke zu Kundgebungen, erlebten aber, daß vor allem im Westen das Echo gering war und die Veranstaltungen der anderen Parteien weit besser besucht wurden.

Die SED mußte feststellen, daß das sich nun herausbildende West-Berlin eine politische Identität entwickelt hatte, die ihr keine Chancen mehr bot. Propagandistisch konnte zwar Ernst Reuter als «Handlanger» der Westmächte denunziert werden, doch blieb dies wirkungslos, und die von Reuter vertretene Absagepolitik an sowjetische und kommunistische Machtansprüche wurde von der Bevölkerung voll unterstützt. Resigniert stellte der Vorsitzende des Berliner SED-Landesverbandes Hermann Matern fest: «Unser Einfluß wächst nicht, weil kein Vertrauen zu uns vorhanden ist.»[19] Übergriffe und Blockade hatten die Sowjets unrettbar in Mißkredit gebracht. Vergeblich versuchte die SED hier gegenzusteuern, nachdem Walter Ulbricht erklärt hatte: «Von einer systematischen Aufklärung über die Sowjetunion … hängt unser zukünftiger Sieg in Berlin ab.»[20] Ein Artikel im *Neuen Deutschland* unter der Überschrift «Über die Russen und uns» konnte das Blatt schon deshalb nicht wenden, weil die zaghaft eingeleitete Debatte schnell und plötzlich wieder abgewürgt wurde.

Auch der Versuch der SED, über die nationale Frage eine von ihr dominierte Einheit in der Stadt zu erreichen und damit Einfluß im Westteil zu gewinnen, schlug fehl. Weder die «Volkskongreßbewegung», aus der später die «Nationale Front» der DDR hervorging, noch nationalistisch firmierende Zeitungs- und Parteigründungen wie die *National-Zeitung* und die National-Demokratische Partei Deutschlands (NDPD) stießen außerhalb der sowjetischen Besatzungszone auf ein nennenswertes Echo. Auch im Westen forderten alle Parteien die deutsche Einheit, schon allein, weil ihnen ein gespaltenes Deutschland auf Dauer unvorstellbar schien. Doch wurde die Einheit immer weniger ein Wert an sich, waren nationalistische Parolen offensichtlich durch die Erfahrungen des Dritten Reiches nachhaltig diskreditiert. Walter Ulbricht selbst mußte feststellen: «Das Schlimmste in Berlin und in den Westsektoren Berlins ist, daß es in der Arbeiterklasse fast kein Nationalbewußtsein gibt.» Das Wort aus dem Munde eines ideologisch eingeschworenen Internationalisten bestätigte sich im Laufe der Jahre fortwährend. West-Berlin war kein Ort, an dem nationalistische Bestrebungen einen besonderen Nährboden fanden.

Als letztes Mittel gegen die Wahlen in West-Berlin blieb der SED daher nur, diese zu stören und zum Boykott aufzurufen. «Keine Beteiligung an den undemokratischen und friedensfeindlichen West-Berliner Spalterwahlen!», lautete die Parole. In Ost-Berlin wurde für den Wahltag ein «Aktivistentag» angesetzt. Statt an die Urne sollten die «Werktätigen» von West-Berlin am Wahltag zu einem Aufbautag nach Ost-Berlin gehen. Der Rundfunk versuchte den Boykottaufruf musikalisch zu popularisieren und sendete ein satirisches Lied im Berliner Ton: «Diesmal wollen sie Dir keilen, du sollst nach de Wahl hin eilen, nämlich bei de Spalterwahl … Weeste, wat sie von Dir wollen: dett wa uns zersplittern sollen, nur dett is der janze Sinn. Wenn de tiefen Risse klaffen, könn' die Brüder noch mehr raffen. Jehste mit, biste hin.» Am 30. November, dem Tag des «Opernputschs», wurde das Lied ausgestrahlt und war ein Beweis mehr dafür, daß der Putsch planmäßig vorbereitet war, wurde doch darin bereits der Ebert-Magistrat gelobt: «Wozu Wahlklamauk und Spaltung, wir ham ja ne Stadtverwaltung. Die schmeißt nicht de Brocken hin.»

Die gemeinschaftlich erlebte doppelte Bedrohung durch Blockade und SED-Pression ließ im West-Berliner Wahlkampf für den Urnengang am 5. Dezember wenig Platz für Gegensätze. Während die SPD es relativ leicht hatte, weil sie mit Ernst Reuter eine Persönlichkeit besaß, die dieser Stimmung entsprach und ein Symbol des Widerstands gegen die Bedrängnisse war, taten sich die anderen Parteien schwer, eigene Positionen zu vertreten. Die Liberaldemokraten versuchten durch Vorwürfe an die West-Alliierten wegen deren angeblich zu später und unzulänglicher Opposition gegen die sowjetische Blockadepolitik mit berlinspezifischen Argumenten Profil zu gewinnen. Sonst dominierten jene Kontroversen, die auch in Bonn bestimmend waren, wo seit September der Parlamentarische Rat damit befaßt war, eine provisorische Verfassung für einen westdeutschen Staat auszuarbeiten. Die Bonner Themen wie Föderalismus oder Zentralismus, die zukünftige Eigentumsordnung oder das Elternrecht wurden auch in Berlin von Bonner Politikern zur Sprache gebracht. Die CDU beschwor derart heftig das gegen den Marxismus zu verteidigende christliche Menschenbild, daß die Berliner spöttelten, sie wüßten nicht, ob die CDU-Wahlkampfglocke in die Kirche oder zur Urne rufe. Farblich unterlief die SPD das CDU-Argument, daß auch sie «Rote» seien wie die SED, und wählte Marineblau zur Grundfarbe ihrer Plakate.

Carlo Schmid, ein maßgeblicher Kopf der Sozialdemokraten, zeigte, wie tiefste Verwurzelung im Südwesten Deutschlands nicht daran hinderte, in dem so weit östlich gelegenen Berlin den richtigen Ton für die verunsicherte Stadt zu treffen. «Der Westen lebt von Berlin», rief er den Menschen im Titania-Palast zu. Die Stadt habe den Deutschen wieder die Möglichkeit gegeben, ein echtes Selbstwertgefühl zu finden. Schmid, ein bildungsbürgerlicher Freund einer pathosnahen Sprache, erhob Berlin in sakrale Höhen: «Fahrten nach Berlin sollten unternommen werden, wie man Pilgerfahrten an geweihte Stätten unternimmt.»[21] Allerdings hatte Schmid zugleich einen boshaften Schlenker parat. «Neulich ist ein solcher Pilgrim hier in Berlin aufgezogen – mein Kollege Dr. Adenauer.» Genüßlich verwies Schmid darauf, daß Konrad Adenauer drei Jahre lang nicht in der Stadt war und zudem bei dem weit zurückliegenden ersten Nachkriegsaufenthalt nicht Berlins wegen gekommen war, sondern die Gründung Nordrhein-Westfalens beim Alliierten Kontrollrat besprochen hatte. Der SPD-Politiker konnte es sich auch nicht entgehen lassen, Adenauers Schweigen in der Hauptstadtfrage zu einem Berlin-Bekenntnis zu benutzen: «Berlin ist und bleibt die Hauptstadt der deutschen Republik!»

Adenauer hatte nämlich auf die Frage, wie er zu Berlin als deutscher Hauptstadt stehe, kurz zuvor ausweichend geantwortet. Er könne dazu «angesichts der außenpolitischen Lage» nichts sagen. Die Unehrlichkeit dieser Aussage wußte keiner besser einzuschätzen als der Berliner CDU-Vorsitzende Jakob Kaiser. Ihm hatte Adenauer bereits 1946 mit kühler

Eindeutigkeit beschieden, daß es «für den Westen wie für den Süden Deutschlands ganz ausgeschlossen ist, daß nach einer Wiedererrichtung Deutschlands die politische Zentrale des neuen Deutschlands in Berlin ihren Sitz findet.» Dabei sei es «ganz gleichgültig ob und von wem Berlin und der Osten besetzt» sei.[22] Obwohl in vielem ein Kontrahent zu Adenauer, machte Kaiser nicht nur mit bei dem Schweigekartell in der Hauptstadtfrage, sondern gab auch bei der Wahlveranstaltung mit Adenauer den servilen Begrüßaugust mit dem Hinweis, «es sei ein besonderer Erfolg der standhaften Berliner Bevölkerung, daß sie durch ihr Ausharren sogar Dr. Adenauer dazu geneigt gemacht habe, Berlin zu besuchen».[23] Den Berlinern mit ihrer «Uns kann keener»-Mentalität behagte solche Devotheit gar nicht und sie machten am 5. Dezember den Wahlzettel für die CDU zum Denkzettel. Gleich bei seinem ersten offiziellen Berlin-Besuch hatte Adenauer gezeigt, daß er, selbst wenn er sich nach Berlin aufmachte, mental in dieser Stadt doch nie ankam.

Begleitet wurde der Wahlkampf von Befürchtungen vor kommunistischen Übergriffen, die durch Willküraktionen von sowjetischer Militärpolizei und Entführungen in den sowjetischen Sektor genährt wurden. Mit Polizeiposten vor den Wohnungen der führenden Politiker und vor den Wahllokalen sollten Zwischenfälle vermieden werden. Zu nennenswerten Störaktionen kam es dann nicht, auch nicht zu der nach Polizeiinformationen von der SED geplanten Vernichtung von Wahlurnen. Den Gerüchten zufolge beabsichtigten SED-Mitglieder die Stimmzettel in mit Phosphor präparierten Umschlägen abzugeben, die sich nach dem Einwerfen in die Urne entzünden sollten. Es wurden keine Brandfälle aus Wahllokalen gemeldet und wenn, hätten nur noch West-Feuerwehren helfen können. Schon seit dem 20. November hatten die Feuerwehren des Ostsektors die Anweisung, nicht mehr in die Westsektoren auszurücken.

Von 8 bis 20 Uhr waren die Wahllokale geöffnet, und erst Stunden später, weit nach Mitternacht, wurden die Ergebnisse bekannt. Für den Wahlsonntag waren erhöhte Stromkontingente bewilligt worden, um auch zu später Stunde noch Stimmen zählen zu können. Am Ende gab es strahlende Gesichter bei der SPD und lange bei der CDU. Mit 64,5 Prozent der Stimmen lag die SPD dicht an der Zweidrittelmehrheit. Die CDU dagegen erzielte noch weniger Stimmen als bei der Wahl von 1946. Von 22,2 Prozent sank sie auf 19,4 Prozent. Adenauers Auftritt hatte, wenn überhaupt, wohl eher negativ gewirkt. Die Warnung vor dem marxistischen Menschenbild und die Beschwörung christlich-abendländischer Werte waren verpufft. Das Ergebnis war für die CDU besonders enttäuschend, weil sie in den Westsektoren mit bürgerlichen Bezirken wie Charlottenburg oder Zehlendorf bessere Voraussetzungen hatte als in Gesamt-Berlin. Obwohl die SED zur Wahl gar nicht angetreten war, mußte auch sie eine Schlappe hinnehmen. Alle Boykottaufrufe hatten nicht gefruchtet. Die Wahlbeteiligung lag mit 86,3 Prozent zwar unter den 92 Prozent von 1946, war aber keineswegs auffällig niedrig.

Mit dem 5. Dezember 1948 hatte Berlin zwei Regierungen und zwei Parlamente. Die politische Teilung der Stadt war endgültig vollzogen. Im Westen durften sich Reuter und sein später in Senat umbenannter Magistrat nun als legitime und gewählte Vertretung der Bevölkerung verstehen, während der Herrschaft in Ost-Berlin bis zuletzt der Makel der Illegitimität anhaftete. Beide Stadthälften wären ohne die Unterstützung der jeweiligen Besatzungsmächte nicht denkbar gewesen. Im Westen wurden sie aber mit der Blockade von Besatzungs- zu Schutzmächten. Im Osten dagegen waren die Sowjets vor allem Stütze der herrschenden SED. Diese hatte nicht erreicht, was Otto Grotewohl auf dem Vereinigungsparteitag von KPD und SPD im Admiralspalast nach einem Augenzeugenbericht «krachend» in den Saal gerufen hat.[24] Die Hoffnung, so stark zu sein, «daß wir auf die Bajonette der Russen nicht mehr angewiesen sind», war am 5. Dezember endgültig zerstoben.

In beiden Stadthälften blieb bei den Regierenden der Anspruch virulent, doch einmal Gesamt-Berlin zu beherrschen. Ernst Reuter äußerte immer wieder die Hoffnung, dereinst durch das Brandenburger Tor zu ziehen und auch im Osten Freiheit und Demokratie zur Herrschaft verhelfen zu können. Solche Bekundungen waren aber kaum mehr als jener Schuß Utopie, der zum Überleben in einem eigentlich unmöglichen Zustand gehört. Im Osten wurde man nicht müde, dies als revanchistisch zu denunzieren, den kapitalistischen Einmarsch in Ost-Berlin an die Wand zu malen. Zumindest in den Reihen der SED waren derartige Pläne mit freilich umgekehrtem Vorzeichen tatsächlich geschmiedet worden und zwar im Umfeld des «Opernputschs». Der spätere Verteidigungsminister der DDR, Heinz Hoffmann, damals Sekretär der Berliner SED-Landesleitung, bekannte Anfang Februar 1949: «Es gab Genossen, die nach dem 30. November ... der Meinung waren, daß eines Tages die Kräfte des sowjetisch besetzten Berlin mit Hilfe der sowjetischen Armee durch das Brandenburger Tor marschieren, um die Befugnisse des Magistrats unter Führung von Friedrich Ebert auf ganz Berlin auszudehnen.»[25] Allerdings schränkte er ein: «Wir müssen Schluß machen mit dieser illusionären Politik des Wartens auf die Hilfe der sowjetischen Besatzungsmacht.»

Beide Seiten waren nunmehr damit beschäftigt, sich im Status quo zurechtzufinden. Verwaltungen mußten aufgebaut werden, was besonders im Osten schwierig war, weil viele Magistratsangestellte, oft unter Mitnahme von unter den Mänteln verborgenen Unterlagen, in den Westen gewechselt waren und es an qualifiziertem Verwaltungspersonal fehlte. West-Berlin dagegen hatte zunächst noch mit der Blockade und danach mit enormen wirtschaftlichen Problemen zu kämpfen. Man begann sich im eigentlich nicht für möglich Gehaltenen, in einer geteilten Stadt, einzurichten. Wie bei allen schmerzhaften Trennungen blieb die Frage nicht aus, wer daran die Schuld trage.

Suche nach dem Schuldigen

Nach östlicher Lesart war die Schuldfrage eindeutig: «Die imperialistischen Westmächte und ihre deutschen Komplizen trugen die volle Verantwortung dafür, daß aus der alten deutschen Hauptstadt zwei Städte mit eigener Verwaltung und Währung entstanden waren.»[26]

Dies ging natürlich an der Wirklichkeit vorbei. Auf viel zu vielen Ebenen, mit zu vielen Akteuren im Vorder- und im Hintergrund trugen sich die Ereignisse zu, als daß sie so eindimensional zu erfassen wären. Zu kurz griff daher auch der Protest der West-Alliierten nach dem Sturm auf das Stadthaus am 9. September beim sowjetischen Oberbefehlshaber. Schuld war in ihrer Sicht die «Einmischung der sowjetischen Behörden in die mit ihrer Billigung erfolgte Sprengung des Stadtparlaments durch pöbelhafte Elemente, die willkürliche Entlassung von ordnungsgemäß gewählten städtischen Beamten ohne Genehmigung der westlichen Kommandanten sowie unzählige einseitige Verletzungen der Vier-Mächte-Abkommen von Berlin».[27] Weder vollzog sich die Spaltung allein aus lokalen Gründen noch war sie ein zeitlich fixierbares, in einem Moment fokussierbares Ereignis.

Auf höchster Ebene fand die alliierte Zusammenarbeit bereits am 28. März 1948 ein Ende. Die Trennung erfolgte im Gebäude des Berliner Kammergerichts, das 1944/45 für die gnadenlosesten Prozesse Roland Freislers vor dem Volksgerichtshof hatte herhalten müssen. In ihm hatte sich der für ganz Deutschland zuständige Alliierte Kontrollrat eingerichtet. Spätestens mit der Entscheidung der Westalliierten, aus ihren Zonen einen eigenen Staat zu formen, verlor dieses Gremium der Militärgouverneure seinen Sinn. Die West-Gouverneure weigerten sich, ihre Pläne im Kontrollrat zu erörtern, worauf der den Vorsitz führende Sowjetmarschall Wassili Sokolowski mit hochrotem Kopf seine Papiere zusammenraffte und die Sitzung für beendet erklärte. Ein neuer Termin wurde nicht anberaumt und es fand auch keine Kontrollratssitzung mehr statt.

Ein ähnliches Schauspiel vollzog sich drei Monate später in der stillen und etwas abgelegenen Kaiserswerther Straße in Dahlem. Alle Macht in Berlin sollte von diesem Klinkerbau mit seinem monumentalisierenden Travertin-Vorbau ausgehen. In ihm war der Sitz der Kommandantur, der Vier-Mächte-Verwaltung Berlins. Den von den Sowjets vorgegebenen Namen hatten die Westalliierten akzeptiert, nicht aber den ursprünglichen Sitz im sowjetischen Sektor. In Dahlem tagte man auch nach dem finalen Kontrollratseklat weiter, doch wurde die Zerrüttung der Beziehungen zunehmend sichtbar. Immer länger wurden die Sitzungen, immer seltener wurden die einstimmig zu fassenden Beschlüsse. Schließlich endete es wie bei Ehen, die von Anfang an weniger Liebes- denn Zweckgemeinschaft waren und deren Zerwürfnis mit Zank um Haare im Waschbecken beginnt und beim Scheidungsrichter endet. Am 16. Juni 1948 erschien der sowjetische Kommandant Kotikow erst gar nicht, schickte seinen Vertreter Oberst Iwan Jelisarow. Nach 13 Stunden ergebnisloser Debatte waren Geduld oder Kräfte des US-Kommandanten Oberst Frank L. Howley erschöpft. Mit der Bemerkung, er sei müde, gehe nach Hause und sein Stellvertreter William Babcock werde ihn ablösen, verließ er die Sitzung. Nach sowjetischer Darstellung gab es auch noch «ungebührliche Ausfälle an die Adresse der sowjetischen Vertreter», was bestens zu Howley passen würde, der alle Sowjets schlichtweg für «Hurensöhne» hielt.[28]

Zum Zankapfel wurde die Frage, wie lautstark Howley beim Hinausgehen die Türe zugeschlagen habe. Jelisarow sah die akustische Schmerzgrenze über- und das Höflichkeitsniveau deutlich unterschritten und verlangte eine Entschuldigung für die «rowdyhaften Manieren». Der französische Kommandant, General Jean Ganeval, wollte keine Unhöflichkeit in Howley's Verhalten erkennen, was wieder Jelisarow so erzürnte, daß er kurz vor Mitternacht die Sitzung verließ, vorher aber noch zu Protokoll gab, daß das Gremium nicht mehr beschlußfähig sei, weil die US-Delegation ausgezogen sei.

Uneinigkeit und Uneinheitlichkeit hatten in der alliierten Verwaltung der Stadt bestanden, seit sie Berlin mit dem Londoner Protokoll vom 12. September 1944 unter sich aufgeteilt hatten. Anders als die Westalliierten behauptete die Sowjetunion, daß Berlin zu ihrer Besatzungszone gehöre, übernahm aber nicht die Verantwortung für die ganze Stadt, sondern verlangte, daß jede Besatzungsmacht ihren Sektor aus ihrer Besatzungszone versorgte. Damit waren die Westsektoren von ihrem natürlichen Umland abgeschnitten. Noch ehe Berlin selbst gespalten wurde, war bereits eine Trennung zwischen dem Westteil und seiner selbstverständlichen Umgebung erfolgt, war Berlin schon lange vor der Blockade mit den Worten Ernst Reuters «eine von ihrem natürlichen Hinterland abgeschnittene belagerte Festung» geworden.

Je größer die Gegensätze zwischen den Weltkriegsverbündeten wurden, je mehr sie darauf bedacht waren, ihr Machtgebiet zu konsolidieren, desto schwieriger wurde die Situation in Berlin. Immer stärker gingen die Sowjets dazu über, Anordnungen für die ganze Stadt zu treffen, die von den Westalliierten zurückgewiesen wurden, was den noch für Groß-Berlin zuständigen und von den Weisungen der Alliierten abhängigen Magistrat zum Diener zweier einander widersprechender Herren machte. Diese Situation eskalierte, als die wertlos gewordene alte Reichsmark durch eine neue Währung abgelöst werden sollte. Am Abend des 22. Juni 1948 erreichte Louise Schröder und Ferdinand Friedensburg ein Anruf, sie möchten ins Stadthaus kommen, um dort eine Botschaft der Sowjetischen Militäradministration (SMAD) entgegenzunehmen. Gegen Mitternacht konnte die kränkelnde Louise Schröder nicht länger ausharren. Der zurückbleibende Friedensburg mußte um 0.45 Uhr den Befehl entgegennehmen, die Währung der sowjetischen Besatzungszone in ganz Berlin einzuführen.

Wenige Stunden später gaben die drei westlichen Stadtkommandanten gleichlautende Erklärungen ab: Der Befehl habe keine Gültigkeit für ihre Sektoren. Am nächsten Tag erteilten sie ihrerseits die Anordnung zur Einführung der Westmark, der Währung ihrer Beatzungsgebiete. Banknoten im Wert von über 200 Millionen D-Mark, in den USA gedruckt, im britischen Sektor eingelagert, kamen in Umlauf, zunächst mit einem aufgestempelten «B» für Berlin. Nun kursierten in West-Berlin verschiedene Währungen. Erst ab März 1949 war die D-Mark alleiniges Zahlungsmittel. Bei allem Wirrwarr und den damit verbundenen Nachteilen für Pendler zwischen den beiden Stadthälften blieb das entscheidende Faktum, daß die Währung der Westzonen auch in West-Berlin galt, was alles andere als selbstverständlich war. Ludwig Erhard wollte bei den Planungen für die Einführung der D-Mark die Berliner Politiker abblitzen lassen. Es bedurfte nachhaltiger Bemühungen von Reuter, auch für seine Stadt, zumindest für die Westhälfte, diese Währung durchzusetzen.

«Wer die Währung hat, hat die Macht», lautete die kurze Formel, mit der Reuter die Bedeutung der Währungsfrage für Berlin benannte. Entsprechend lautete auch das Motto einer vom SPD-Vorstand für den 24. Mai 1948 angesetzten Großkundgebung: «Unsere Währung. Berlin frei, nie kommunistisch!» In einem Sonderblatt der Zeitung *Sozialdemokrat* zu dieser Kundgebung hieß es: «Niemand von uns wird sich darüber freuen, daß es zur Zweiteilung in der Frage des Geldes gekommen ist. Aber erstens ist das nichts anderes als ein Ausdruck der bereits seit langem vorhandenen faktischen Trennung. Und zweitens gehört schon ein gerüttelt Maß Verantwortungslosigkeit dazu, den wirtschaftlichen Aufbau im weitaus größeren Teil Deutschlands zu hintertreiben, wenn man ihn für ganz Deutschland noch nicht erreichen kann.» Verfasser war ein 34-jähriger Journalist, der zu dieser Zeit Vertreter des Hannoveraner SPD-Vorstandes in Berlin war – Willy Brandt.

Helden wider Willen

Weihnachten ohne Kerzenschein, dafür aber elektrisches Licht dank einer Sonderzuteilung Strom. Unorthodox sah der Wunschzettel der West-Berliner Ende 1948 aus. Nach sechs Monaten Blokkade waren sie der Stromsperren und der Abende im Kerzenlicht reichlich müde. An kleinen Freuden hielten sie sich fest. An der Zuteilung eines 14 Gramm schweren Suppenbrühwürfels mit zehn Prozent Fettgehalt auf ihre Fleischkarte oder mit dem Erhalt von zwei Kakao-Tabletten für eine Kaffee-Ersatz-Marke. Schüler hatten sich daran gewöhnt, neben ihren Heften Heizmaterial zur Schule zu bringen. In den Klassenzimmern rauchten weniger die Köpfe, sondern vor allem die Kanonenöfen, deren Abzugsrohre aus den Fenstern der Klassenzimmer lugten.

Entbehrungsreich erlebten die Menschen in den Westsektoren, wie die «sehr ernsten Folgen» aussahen, mit denen die Sowjets gedroht hatten, falls die Westmark eingeführt werde. Land- und Wasserwege nach West-

Berlin waren unterbrochen. Über zwei Millionen Menschen wurden zum Faustpfand in einem Machtkampf zwischen den Westmächten und Stalin, der nach wie vor von ungeklärten Fragen umgeben ist. Über die letzten Motive Stalins herrscht noch immer Unklarheit; ebenso darüber, warum die Blockade bei aller Unbill für die Westsektoren der Stadt doch von den Sowjets schlecht vorbereitet und nur halbherzig ausgeführt wurde. Die Gründe sind nicht auf lokaler Ebene zu suchen, sondern in der weltpolitischen Konstellation. Vermutlich sollte vor allem die Gründung eines Weststaates torpediert und der entscheidende Versuch unternommen werden, den sowjetischen Einfluß auf Gesamt-Deutschland zu sichern. Willy Brandt brachte die Rolle Berlins in diesen Wochen auf den Punkt: «Berlin war das Schutzschild, hinter dem die Bundesrepublik aufgebaut wurde.»[29] Stalin praktizierte, was später Nikita Chruschtschow in derber Offenheit formulierte: «Berlin ist der Hodensack des Westens. Wenn ich will, daß der Westen schreit, quetsche ich Berlin.»[30] Die empfindliche Stelle war leicht zu treffen: Regelungen über den Landzugang nach Berlin waren anders als die Vereinbarung über die Luftkorridore zwischen den Alliierten nicht extra schriftlich vereinbart.

So veranlaßte die Sowjetische Militäradministration (SMAD) «wegen technischer Störungen» am 24. Juni die Sperrung der Land- und Wasserwege zwischen West-Berlin und Westdeutschland. Die Blockade begann und sollte erst elf Monate später enden. Die Sowjetunion spekulierte darauf, daß sie die Westalliierten ohne militärischen Konflikt aus Berlin «rausschmeißen» könne. Statt dessen wurden im US-Hauptquartier in Heidelberg Pläne ausgearbeitet, die Autobahn nach Berlin mit einer 6000 Mann starken Kampfeinheit freizuhalten. Sie sollte sich mit Panzern, Artillerie und Pionieren samt Material für den Brückenbau von Helmstedt nach Berlin begeben. Im Fall eines sowjetischen Widerstands sollte die US-Airforce die sowjetischen Flughäfen angreifen. Deren Chef, General Curtis LeMay, meinte im Nachhinein, daß er sie wie nichts weggeputzt hätte: «We would have cleaned them up pretty well, in no time at all.»[31]

In Washington wollte man von diesen Plänen absolut nichts wissen, und so wartete bald auf General LeMay die weit schwierigere Aufgabe, auf dem Luftweg zu erreichen, was auf dem Landweg unmöglich war: Den freien Zugang für Mensch und Güter nach West-Berlin zu sichern. Motor dieses Gedankens wurde nach anfänglichem Zögern General Lucius D. Clay, der nun neben Reuter zur zweiten das Geschick von West-Berlin schicksalhaft prägenden Gestalt wurde. Der US-Oberbefehlshaber in Europa und

Militärgouverneur in Deutschland war anfänglich skeptisch, ob es gelingen könne, 2,2 Millionen Menschen aus der Luft zu versorgen. Abschreckend war für ihn das Scheitern Hermann Görings bei der Versorgung der 6. Armee in Stalingrad durch die Luftwaffe. Der britische Militärgouverneur in Deutschland, Sir Brian Robertson, brachte ihm die Idee näher, die von Clays Erinnerung an einen China-Aufenthalt im Jahr 1943 gestützt wurde. Damals erlebte er, wie unter der Leitung von General Willam H. Tunner per Luftbrücke 70 000 Tonnen an Gütern von Indien über den Himalaya nach China gebracht wurden. Nun holte Clay Tunner nach Berlin, der auch diese weitaus größere Luftbrücke perfekt organisierte.

Die prägende Kraft des Unternehmens war freilich Lucius D. Clay, der mit der Aktion Washington fast überrumpelte und die Luftbrücke kraft Amt und Persönlichkeit durchsetzte. Eigentlich war Clay Anfang 1948 bereits von seinem Posten in Europa abberufen, hatte schon begonnen, einigen Hausrat aus seinem Quartier in Dahlem nach Amerika zu verschiffen. Erst drei Monate vor Beginn der Blockade wurde in Washington entschieden, Clay auf seinem Posten zu belassen. Er war zu diesem Zeitpunkt von der aufreibenden Tätigkeit mitgenommen, aber von eiserner Selbstdisziplin und Energie. In zwei Jahren hatte er 15 Kilo abgenommen, ernährte sich vor allem von schwarzem Kaffee und Zigaretten. Mittagessen war ihm reine Zeitverschwendung, und erst spät am Abend verließ er seinen Amtssitz.[32]

Clay war der einzige Vier-Sterne-General im US-Militär, der nie eine Kampfeinheit befehligt hatte, obwohl er dies wollte. Aber sein Organisationstalent war vor allem für General Dwight D. Eisenhower unverzichtbar. Aus einer angesehenen Senatorenfamilie in Georgia stammend, paßte nicht nur der römische Vorname Lucius bestens zu einem Prokonsul der Vereinigten Staaten im besetzten Deutschland. Als «Autokrat von Natur»[33] wurde er beschrieben, von herrschaftlichem Wesen, mit dem er sich die Menschen auf Distanz hielt, nichts Privates von sich preisgab. Sein enormes organisatorisches Talent paarte sich mit starker Willenskraft und der Bereitschaft zu ungewöhnlichen Aktionen, was er erstmals bewies, als er an der High School seinen Chemie-Lehrer aus dem Fenster warf und seinerseits dafür aus der Schule geworfen wurde.

Clay war ein so sehr politisch denkender Militär, daß er sich den Ruf erwarb, einer der gewandtesten Politiker zu sein, die je die Uniform der US-Army getragen haben.[34] So nüchtern und unpersönlich er sich auch gab, so wußte er doch das Wesen der Menschen besser einzuschätzen als die kommunistischen Machthaber, denen ihre Ideologie jede psychologische Einsicht verstellte. Während Stalin nicht bedachte, welch verheerenden Schaden die Blockade einer Großstadt dem Ansehen der Sowjetunion zufügen mußte, sah Clay im Widerstand gegen sie die Möglichkeit, Stimmung für den Kampf gegen den Kommunismus, gegen die Sowjets zu machen – und zwar in Berlin wie zu Hause in den USA, wo tiefe nationale Mythen berührt wurden. Hier vermengte sich die Idee vom Kreuzzug gegen das Böse mit einem Topos der Eroberung des Wilden Westens: Es galt, einen Vorposten, einen outpost, zu halten, der – die kalauernde Parallele bot sich unweigerlich an – von den Roten umzingelt und bedroht war. Die Vorstellung war so zwingend, daß in den USA Hilfsmittel für den eben erst besiegten Kriegsgegner in West-Berlin gesammelt wurden bis hin zu den legendären Süßigkeiten, die den Flugzeugen den Spitznamen «Rosinenbomber» eintrugen.

Die «Moral der Berliner» beschäftigte Clay während der Blockade genauso wie später nach dem Bau der Mauer. Er wußte, daß alle organisatorischen Leistungen verpuffen, wenn sie nicht von den Menschen getragen werden, denen sie gelten. Grundlegend war daher eine vielzitierte, aber kaum dokumentierte Unterredung zwischen Clay und Reuter Ende Juni 1948 im Harnack-Haus in Dahlem, bei der es darum ging, ob die Berliner die Mühsal der Blockade auch bei unzulänglicher Versorgung durchstehen würden. Nichts ist überliefert, daß Clay von der historischen Aura des Orts der Unterredung irgendwie berührt war. Im noblen Gästehaus der Kaiser-Wilhelm-Gesellschaft hatten sich Widerstandskämpfer des 20. Juli im Rahmen der «Mittwochsgesellschaft» noch am 12. Juli 1944 bei einem Vortrag des Physikers Werner Heisenberg getroffen. Nun galt es, hier erneut Widerstand zu organisieren.

Willy Brandt, Augen- und Ohrenzeuge der Unterredung, berichtet von Skepsis, Unglauben und Staunen Reuters, als ihm Clay die Pläne für eine Luftbrücke darlegte. Reuter war selbst ein begabter Organisator, aber er wußte auch, was eine Stadt zum Leben braucht. Dies alles mit der Luftflotte einzufliegen, lag jenseits des Vorstellungsvermögens des Kommunalpolitikers, und doch gab er nach der Erinnerung Brandts die Zusage: «Tun Sie, was Sie tun können. Wir werden tun, wozu wir uns verpflichtet fühlen.»[35] In Clays Erinnerungen klingt es weniger nach Kantischer Ethik, sondern kapp und militärisch: «General, I can assure you, that the Berliner will take it.»[36]

Reuter konnte nur hoffen, daß die Menschen in West-Berlin ihm bei dieser Pflichterfüllung beistehen würden, und er wußte, wie schwer es für sie sein mußte – nicht nur aus materiellen Gründen. Erlebten sie doch mit der Blockade ihre eigene Machtlosigkeit. Die Umstände, nicht das Wesen, machten sie in den nächsten Monaten zu Helden wider Willen, wie Reuter konstatierte. Es war ein Heroismus ohne aggressiven Elan. Die Leistung der West-Berliner bestand im Aus- und Durchhalten – und im Widerstehen gegen verlockende Angebote zur Preisgabe ihrer Unabhängigkeit.

Als die Sowjetunion nämlich erkannte, daß ihr die Blockade weltweit einen unermeßlichen Ansehensverlust bescherte, an ihr der Makel zu haften begann, West-Berlin aushungern zu wollen, offerierte sie der West-Berliner Bevölkerung Lebensmittel. Voraussetzung war, sich im Ostteil der Stadt für die Ausgabe von Lebensmittelkarten registrieren zu lassen. Mit großem propagandistischen Aufwand wurde berichtet, daß die sowjetischen Frachter «Wolotschajewsk» und «Pulkawo» mit Weizen an Bord von Leningrad aufgebrochen seien. Frühkartoffeln aus der Tschechoslowakei wurden angekündigt. Von 225 Tonnen Butter und 100 000 Tonnen Getreide für Berlin war die Rede[37], von Frischfisch für Berlin in polnischen Kühlhäusern. Aus der sowjetischen Zone wurden Lebensmittel nach Berlin geschafft, um dem erwarteten Ansturm in extra dafür eingerichteten Läden gerecht zu werden. Außerdem sollte gezeigt werden, wie gut Ost-Berlin versorgt sei, während West-Berlin darbe. Der Chef des sowjetischen Geheimdienstes in Berlin, Generalmajor Alexej M. Wul, mußte aber nach Moskau melden, daß die sowjetische Lebensmittelhilfe von den Bewohnern West-Berlins kaum in Anspruch genommen werde, und gab dafür der «wütenden Propagandakampagne» der SPD die Schuld.[38]

Die West-Berliner wanderten nicht zu den im Osten aufgestellten Futtertrögen ab. Selbst auf dem Höhepunkt der Blockade waren es nur zehn Prozent der rund 400 000 Lebensmittelkarten-Bezieher in West-Berlin. Wer sich im Osten registrieren ließ, wurde scheel angesehen, gehörte zu «Herrn Schimpf und Frau Schande», wie jene bezeichnet wurden, die auf das östliche Angebot eingingen. Erleichtert wurde die Zurückhaltung, weil im Osten die Rationen geringer waren als im Westen. Wie ungenügend selbst für einen privilegierten Künstler in Ost-Berlin die Versorgungslage war, zeigt die von Bert Brecht im April 1949 an Lion Feuchtwanger in den USA gerichtete Bitte, ihn mit CARE-Paketen zu versorgen, zu adressieren an eine West-Berliner Anschrift.[39] Als gar die Fettzuteilung im Westen deutlich erhöht wurde, sahen sich die Verantwortlichen im Osten außerstande mitzuziehen. So rigide den Ländern in der sowjetischen Zone auch Ablieferungsvorgaben gemacht wurden, so reichte doch alles nicht aus. Hätten sich tatsächlich alle West-Berliner im Osten für Lebensmittelkarten registrieren lassen, die Versorgung im Osten wäre zusammengebrochen. Auch so hatte der Lebensmitteltransfer nach Berlin aus der sowjetischen Zone desaströse Folgen, gab es in Thüringen und Sachsen Hungersnöte. Dies beförderte die Fluchtbewegung und einen bis ans Ende der DDR anhaltenden Unmut in den gegenüber Ost-Berlin benachteiligten Gebieten.

Nahrungs-, Rohstoffversorgung und Transportmengen – das war die eine Seite von Luftbrücke und Blockade, die in Statistiken penibel erfaßt ist. Die enorme Menge von insgesamt 2343301 Tonnen Gütern aller Art, die Zahl von 277000 Flügen in 322 Tagen sind imposante Posten auf dem Erfolgskonto, aber doch vor allem für Statistiker und Logistiker interessant.

Für die West-Berliner prägend war das konkrete, alltägliche Erleben von Beschränkungen – und ihre Bewältigung. In den elf Monaten der Luftbrücke sammelte sich ein Erfahrungsschatz, der in Anekdoten zum erzählerischen Allgemeingut wurde, das vor allem zu den runden Jubiläen der Blockade in Radio und Fernsehen gerne ausgebreitet wurde. Es sind die Geschichten von Abenden im Kerzenschein, von ausgekühlten Wohnungen, in denen sich alle um einen mit der wenigen vorhandenen Kohle geheizten Ofen versammelten. Es sind die Erinnerungen an Hamsterfahrten ins Umland, die oft tragisch endeten, weil die mühsam erworbenen Güter von Ost-Polizisten beschlagnahmt wurden. Unvergessen blieben Trockenmilch und Trockenkartoffel. Nur in der Karikatur brachte ein Storch den Eltern ein «Trockenbaby», das erst mit Wasser zum Leben erweckt wird. Die Wirklichkeit waren Entbindungen in kaum geheizten, mangelhaft beleuchteten Krankenhäusern, wie jene von Rut Brandt, die während der Blockade ihren ersten Sohn zur Welt brachte, was Vater Willy zu höchstem Lob für die jungen Mütter der Blockadezeit anstachelte. In ihnen sah er den Sinn des Durchhaltens während der Blockade verkörpert, den «Triumph des Lebens über den Tod».[40]

Die Menschen, die trotz Blockade in West-Berlin blieben, entwickelten sich zu einer Schicksalsgemeinschaft eigener Art, deren Bewußtsein ein Lied zum Ausdruck brachte. Zu Weihnachten 1948, genau sechs Monate nach Beginn der Blockade, ertönte über den Sender RIAS erstmals das Lied vom «Insulaner». Jahrelang gehörte es als Erkennungsmelodie im

3 «Die Insulaner» mit Kurt Neumann trafen nach 1948 den Ton der West-Berliner. «Der Insulaner verliert die Ruhe nicht ...» war jahrelang heimliche Stadthymne und etwas sentimental verklärter Ausdruck der Selbstbehauptung trotz zunehmender Isolierung.

RIAS zum Programm der Kabarettgruppe des Texters und Komponisten Kurt Neumann, dem Schöpfer des populären Songs. Im ruhigen musikalischen Zeitmaß, ohne Aufgeregtheit drückt es das Lebensgefühl der Blockade-Stadt aus: «Der Insulaner verliert die Ruhe nicht, der Insulaner liebt kein Getue nicht, der Insulaner hofft unbeirrt, daß seine Insel wieder'n schönes Festland wird.» Insulaner – das waren eigentlich die Bewohner der Südseeinseln, die James Cook auf seinen Reisen für die Europäer entdeckte. In West-Berlin mußten die Menschen einer Großstadt sich selbst plötzlich als Inselbewohner entdecken. Das Schicksal des Kabaretts «Die Insulaner» sagt viel über Wahrnehmung und Bewußtseinswandel der Stadt aus. Im Bundesgebiet fand es kein Echo und nach dem Mauerbau stellte Neumann das Programm ein, die Kennmelodie verschwand aus dem Radioprogramm. Der Traum, in West-Berlin von der Insel zum Festland zu werden, war in unendlich scheinende Ferne gerückt. Der Versuch,

«Die Insulaner» 1968 wiederzubeleben, scheiterte. «Die Zeit hatte uns überholt», mußte RIAS-Unterhaltungschef Hans Rosenthal feststellen, der das Comeback angeregt hatte.[41]

Bei allen Entbehrungen bedeutete die Blockade für West-Berlin wie für die Alliierten ein gar nicht für möglich gehaltenes Miteinander. Piloten des Zweiten Weltkriegs, oft überstürzt aus der Reserve gerufen und aktiviert, flogen nun lebensrettende Güter in die Stadt, die sie noch drei Jahre zuvor mit Bomben belegt hatten. Die als feindliche Sieger erlebten Besatzungsmächte wurden für die West-Berliner Bevölkerung zu Helfern. Der hohe materielle und auch personelle, mit Menschenleben bezahlte Einsatz der Luftbrücke veränderte das Ansehen der Alliierten, die nun zu Schutzmächten mutierten. Es war ein radikaler Wandel, wenn den Luftwaffen der USA und Großbritanniens gedankt wurde, nachdem deren Bomber die Stadt nicht lange zuvor in ein solch gigantisches Ruinenfeld verwandelt hatten, daß selbst deutsche Stadtplaner meinten, man solle sie gar nicht wieder aufbauen.

Die Dankbarkeit der West-Berliner schloß sogar die bis dahin recht ungeliebten Franzosen mit ein. Mit Flugzeugen konnten sie die Luftbrücke nicht unterstützen, die sie für ihre Auseinandersetzungen in Indochina brauchten, so daß ihr Beitrag zur Luftbrücke von ihnen selbst als «diskret» und «symbolisch» bewertet wird.[42] Spektakulär war der in nur drei Monaten errichtete Flughafen Tegel im französischen Sektor. 19000 Berliner, davon 40 Prozent Frauen, schufen in Acht-Stunden-Schichten rund um die Uhr die mit 2400 Metern damals längste Landebahn Europas. Bezahlt wurde der Bau des Flughafens vor allem von den USA, während die Franzosen die Handwerker und Arbeiter und die Planungsideen zur Verfügung stellten.[43] Radikal wurde Platz für den Flugbetrieb geschaffen und ein störender, 160 Meter hoher hölzerner Sendemast des unter sowjetischer Kontrolle stehenden Berliner Rundfunks kurzerhand gesprengt. Empört meldete sich der sowjetische Stadtkommandant Alexander Kotikow beim französischen Stadtkommandanten Jean Ganeval mit der Frage, wie er dies machen konnte. Ganeval soll mit dem Bonmot reagiert haben: «Mit Dynamit, Herr Kollege.» Paradox, daß zur selben Zeit die Demontage der Borsig-Werke im französischen Sektor gegen heftigen Widerstand von Gewerkschaft und Magistrat vorangetrieben wurde. Britisches Understatement und propagandistischer Aufwand der USA lassen leicht den hohen Anteil der Briten am Gelingen der Luftbrücke übersehen. Ein Drittel der eingeflogenen Güter wurde

4 Im französischen Sektor errichten 1948 Berliner Arbeitskräfte, fast zur Hälfte Frauen, in nur 90 Tagen die längste Landebahn Europas. Der von den USA finanzierte Flughafen Tegel wird wichtiger Teil der Luftbrücke.

von britischen Maschinen transportiert. 41 britische Piloten verloren ihr Leben, während die USA 31 tote Piloten zu beklagen hatten.

Dem Ansehensgewinn der Alliierten entsprach umgekehrt eine den Berlinern zuwachsende Reputation vor allem in den USA. Ihr Ausharren und Durchhalten kam dem zur offiziellen amerikanischen Politik werdenden Antikommunismus und der Eindämmungspolitik gegenüber dem sowjetischen Machtanspruch entgegen und wurde dafür teilweise instrumentalisiert. Die grundsätzliche Sympathie für Berlin in den USA war jedoch unübersehbar. Ausgerechnet Berlin, das als Hort von deutschem Militarismus, Nationalismus und Machtanspruch galt, wurde zum Inbegriff eines neuen, anderen Deutschland. Die Berliner der Blockade wurden zum Beispiel dafür, daß es ein Deutschland geben kann, in dem die Menschen nicht einer Ideologie nachlaufen und bereit sind, für Freiheit und Demokratie Entbehrungen auf sich zu nehmen. Den Ansehensgewinn Berlins mußte Konrad Adenauer auf seiner ersten USA-Reise zum eigenen Mißvergnügen erleben. Ein anderer Deutscher war schon vor ihm dagewesen und dieser, nicht der Bundeskanzler der jungen Bundesrepublik, galt als Inbegriff des neuen Deutschland: Ernst Reuter. Ihm wurde sogar die Ehre zuteil, als erster Deutscher nach dem Krieg eine Briefmarke der US-Post zu schmücken, die ihn als «Champion of Liberty» ehrte.

In den Westzonen wuchs die Sympathie für die Berliner nicht im gleichen Maße, war die Zuwendung ambivalent. Einer privaten Unterstützungswelle stand Distanz öffentlicher Institutionen und der Wirtschaft entgegen. Wie restriktiv die Länder ihre Hilfe gewährten, wie sehr sie angesichts eigener wirtschaftlicher Probleme mit Zuwendungen knauserten, wurde erst später öffentlich in vollem Umfang bekannt, genauso wie das eigennützige Verhalten der Wirtschaft. Dieses führte dazu, daß Getreide im Westen zu Mehl gemahlen und per Luftbrücke nach Berlin geschickt wurde, während in der eingeschlossenen Stadt die Mühlen unbenutzt zu verrotten drohten.[44]

Überwältigend war vor allem zu Beginn der Blockade die private Opferbereitschaft in den Westzonen. Lebensmittelhändler spendierten Zucker, Arbeiter traten ihre Tagesrationen ab, Pfadfinderinnen sammelten Lebensmittel und ein «Hilfstag Berlin» brachte in Hessen fast eine Million D-Mark in die Hilfskasse. Ein «Hilfswerk Berlin» mußte eingerichtet werden, um alle Unterstützungsmaßnahmen zu koordinieren. Als die Hilfe allerdings institutionalisiert und zum Steuerzuschlag und vor allem als «Notopfer Berlin» in Form eines extra auf die Briefe zu klebenden Portozuschlags sehr anschaulich wurde, wandelte sich das Bild. Jeder Brief mit der kleinen blauen Marke im Wert von 2 Pfennigen erinnerte daran, daß West-Berlin zu einem zwar unverschuldeten, aber teuren Kostgänger geworden war.

Obwohl in Berlin mit jedem Tag der Luftbrücke, mit dem permanenten Dröhnen der Flugzeuge deutlich wurde, daß das Schicksal der Stadt über die Köpfe der Menschen hinweg entschieden wurde und die Möglichkeiten einer Einflußnahme äußerst gering waren, hielt sich doch teilweise die Meinung, man könne selbst über die eigene Zukunft bestimmen. Bei der ersten, folgenreichsten Gründung einer vom Osten unabhängigen und ihm Paroli bietenden Institution in West-Berlin, der Freien Universität, meldeten sich noch einmal Stimmen, die meinten, daß lokales Verhalten entscheidend sei, und übersahen, daß Washington und Moskau das letzte Wort hatten.

Die ertrotzte Universität

«Eine Universität wollen Sie gründen? Und ich weiß nicht, wo ich morgen früh die Milch für die Babies in Berlin herkriegen soll.»[45] Kurz nach Beginn der Blockade kam im Sommer 1948 selbst für den Akademiker Ernst Reuter erst das Essen und dann die Bildung. Das Begehren der bei ihm vorsprechenden Studenten nach einer neuen Universität hatte etwas Aberwitziges, wo die Stadt grundsätzlich ums Überleben kämpfte. Dennoch wäre ihr Hinweis kaum notwendig gewesen, daß doch gerade Reuter immer wieder davon sprach, der Mensch lebe nicht vom Brot allein. Nur die Umstände der materiellen Not, nicht aber grundsätzliche Vorbehalte bedingten die Skepsis von Reuter. Denn die universitäre Situation in der Stadt wurde von Monat zu Monat prekärer, nachdem sie von Anfang an problematisch gewesen war.

Berlin hatte Unter den Linden eine renommierte Universität, derer sich die sowjetische Besatzungsmacht mit dem Argument bemächtigt hatte, daß ihre zwar weitgehend zerstörten, aber angestammten Gebäude im sowjetischen Sektor Berlins lägen und dieser Teil der sowjetischen Besatzungszone sei. Der Magistrat von Berlin verlor alle Zuständigkeit, die an die Deutsche Verwaltung für Volksbildung übertragen wurde. Diese erhielt ihre Direktiven von der Sowjetischen Militäradministration (SMAD). Der Leiter war Paul Wandel. Unter dem Tarnnamen «Kassner» hatte Wandel in der sowjetischen Emigration an der Kominternschule in Kuschnarenkowo unterrichtet und galt schon dort als ein ebenso gebildeter wie die offiziellen Parteidirektiven unnachgiebig vollstreckender Funktionär. Unter diesem «vollendeten Typ des intelligenten Stalinisten» (Wolfgang Leonhard), der 1949 der erste Minister für Volksbildung und Jugend der DDR wurde, konnte die Universität Unter den Linden nicht bleiben, was sie war: Die Verbindungen zu Vergangenheit und Tradition wurden gekappt, der Name «Friedrich-Wilhelms-Universität» gestrichen. Bei der Wiedereröffnung war nur mehr von der «Berliner Universität» die Rede, im allgemeinen Sprachgebrauch von der Linden-Universität. Das späte, sich nicht mit einem herkömmlichen Semesterauftakt deckende Datum des Neuanfangs, der 29. Januar 1946, deutet darauf hin, daß es zwischen der SMAD und den Westalliierten Probleme wegen des sowjetischen Zugriffs auf die Universität gab. Wie auch bei der Neuordnung des

Rundfunkwesens hatten die Amerikaner zunächst offensichtlich kein klares Konzept, glaubten an die Vier-Mächte-Zuständigkeit und unterschätzten den sowjetischen Willen zur Vereinnahmung des Hochschul- und Bildungswesens.

Versuche des ersten Rektors, des renommierten Pädagogen Eduard Spranger, unzerstörte Gebäude in den Westsektoren für die Universität zu nutzen, wurden von der Verwaltung für Volksbildung radikal unterbunden. Der Idee, Bauten des Olympiageländes universitär umzuwidmen, stellten sich auch die Briten entgegen, die hier ihr Hauptquartier einrichteten. Spranger wurde schließlich seines Amtes enthoben, kehrte Berlin den Rücken und war auch später nicht bereit, in der Stadt wieder ein akademisches Amt zu übernehmen. Nicht einmal ein Jahr nach der Wiedereröffnung verkündete der *Tagesspiegel* am 18. Oktober 1946 den «Abschied von der Berliner Universität» und urteilte: «Sie ist eine Parteiuniversität. Wir streichen sie aus der kulturellen Liste Deutschlands.»

Es gab unübersehbare Zeichen des neuen Kurses, wie die Berufung von Alfred Meusel als «erstem marxistisch-leninistischem Historiker» an eine deutsche Universität. Auch ein ehemaliges NSDAP-Mitglied wie der frühere Gaukulturwart Friedrich Möglich konnte nun als prokommunistischer Professor mit antifaschistischer Legende Karriere machen. Politische Pflichtvorlesungen sollten der ideologischen Formierung der Studenten dienen, wobei sich etwa der spätere DDR-Dissident Robert Havemann durch seine streng stalinistischen Vorträge besonders profilierte. Gravierender war die an der Berliner Universität geübte Zulassungspraxis. Sie war von Willkür und dem klaren Bemühen bestimmt, nicht-bürgerlichen Studenten den Vorzug zu geben, um das bei den Studentenwahlen klar ersichtlich werdende Übergewicht der nicht-kommunistischen Studenten zu beseitigen.

Zum Skandalon wurde die Repression gegenüber politisch unliebsamen Studenten, von denen manche von der Straße weg gefangengenommen wurden oder einfach verschwanden. Als der Student Georg Wrazidlo im Café Kranzler und seine Kommilitonen Gerda Rösch und Manfred Klein im Foyer des Deutschen Theaters verhaftet wurden, versuchten Mitglieder des Studentenrates sich bei der SMAD in Karlshorst nach deren Schicksal zu erkundigen. Die Antwort des Chefs der Volksbildungsabteilung, des Generals Pjotr Solotuchin, war so lakonisch wie zynisch: «Die Studenten sollen sich so benehmen, daß es nicht notwendig ist, sie zu verhaften.» Monate später verurteilte sie ein sowjetisches Militärtribunal zu jeweils fünfundzwanzig Jahren Zwangsarbeit wegen Bildung einer angeblichen «Untergrundbewegung an der Universität Berlin» oder unterstellter Spionage. Erst 1956 kamen Rösch, Klein und Wrazidlo wieder frei.

Öffentlichen Protest gab es, als drei Studenten ohne ordentliches Relegationsverfahren die Studienerlaubnis entzogen wurde. Betroffen waren die Studenten Otto Hess, Otto Stolz und Joachim Schwarz, teilweise politisch Verfolgte während des Dritten Reichs und Herausgeber der mit amerikanischer Lizenz erscheinenden Zeitschrift *colloquium*. Diese war durch klare antikommunistische Positionen hervorgetreten. Mit der Entfernung der Herausgeber von der Universität sollte das *colloquium* mundtot gemacht werden. Wie bei der wenig später einsetzenden Blockade bedachte die sowjetische Seite allerdings nicht, daß Repression Widerstand provoziert und sich in der Selbstbehauptung mächtige Identitäten herausbilden. Weit mehr als 1500 Studenten versammelten sich am 23. April 1948 zu einer Protestversammlung am damaligen Hotel Esplanade im Westteil der Stadt. Die Freie Universität hat mehrere Väter – Studenten, Magistrat und Amerikaner –, aber noch mehr Geburtstage. Der Tag des Protests am Hotel Esplanade kann als deren erster gelten. An ihm wurde von Otto Stolz erstmals öffentlich die Gründung einer «freien Universität» im Westteil der Stadt vorgeschlagen, akklamiert von den protestierenden Studenten, unter denen sich auch Edzard Reuter, der Sohn von Ernst Reuter, befand.

Der Magistrat signalisierte seine Zustimmung zu solchen Plänen, und die Amerikaner prüften zunächst fast klandestin die Möglichkeit einer solchen Universitätsgründung. Schrittweise wurden die Bemühungen öffentlich und bald wurde ein studentischer Gründungsrat eingerichtet. Während noch über die anstehenden Probleme wie Standort, Bibliotheken, Finanzierung, Berufungen oder Satzung beraten wurde, kam es zur Blockade West-Berlins, die mit ihren Beschränkungen mit einem Schlag alle Planungen in den Bereich der Utopie zu verweisen schien.

Wie sollte eine Universitätsgründung gelingen, wo es an allem fehlte? Für die Geisteswissenschaftler und Juristen gab es keine Bücher, für die Mediziner keine Leichen. Professoren aus den Westzonen waren nicht zu gewinnen für eine Stadt, die bestenfalls als Huckepack-Passagier in einem Rosinenbomber zu erreichen war. Das Interesse der von Studenten umworbenen Professoren erlahmte meist, wenn sie hörten, daß in West-Berlin nicht das Polster der Verbeamtung auf sie wartete, weil es zu dieser Zeit in Berlin den Beamtenstatus nicht gab. Die anfängliche Skepsis von Ernst Reuter, mit der er der Forderung der Studenten nach einer Universitätsgründung begegnete, ist verständlich. Und doch war er es, der sich bald vehement dafür einsetzte und erkannte, daß es ein unübersehbares Zeichen des Überlebenswillens und der Handlungsfähigkeit sei, gerade während der Blockade eine Universität ins Leben zu rufen. Und er wußte davon auch die Amerikaner zu überzeugen. Am 30. August 1948, dem nunmehr zweiten Geburtstag der Freien Universität, gab General Clay in einem persönlichen Brief an Reuter seine Zustimmung.

Der Magistrat konnte nun offiziell die organisatorischen Vorbereitungen treffen. Als Standort wurde Dahlem gewählt, wo die Kaiser-Wilhelm-Gesellschaft mit etlichen hochrenommierten Instituten bereits das Feld vorbereitet hatte. Auf die moralische Kontamination des Geländes, die von Giftgasversuchen bis zu hemmungsloser NS-Eugenik reichte, wurde keine Rücksicht genommen, was der allgemeinen Unbefangenheit im Umgang mit historisch belasteten Gebäuden in dieser Zeit entsprach, in der sich im Osten Görings Luftfahrtministerium in ein Haus der Ministerien und das Luftgaukommando in Dahlem in das US-Hauptquartier verwandelte.

Die Pläne für die Gründung der Freien Universität stießen keineswegs auf allgemeine Zustimmung. Protest von Studentenschaften der sowjetisch besetzten Zone, etwa aus Leipzig, waren fast obligat und zeigten, wie weit dort jene Formierung der Universitäten nach SED-Vorstellungen bereits vorangetrieben war, gegen die sich Berliner Studenten zur Wehr setzten. Überraschend waren die ablehnenden nicht-kommunistischen Stimmen. Der Vorsitzende der Süddeutschen Rektorenkonferenz Walter Hallstein legte ein entschiedenes Veto ein. Der spätere Vordenker des Alleinvertretungsanspruchs der Bundesrepublik warnte von Frankfurt aus, daß mit der Gründung einer zweiten Universität in Berlin die Linden-Universität «zur reinen Universität des Ostens» würde und damit keine «Stütze für die Elemente bedeutet, die Verbindung mit dem Westen halten wollen».

In Berlin – und in regem Briefwechsel mit Hallstein – vertrat Hans Peters offensiv diese Ansicht. Peters war Professor für Staatsrecht an der Linden-Universität und für die CDU Mitglied der Stadtverordnetenversammlung. Auch er war rigoros der Meinung, daß keine Position im Osten aufgegeben werden dürfe, sollte die Spaltung vermieden werden. Dabei verlangte er von den Studenten mehr als von sich selbst. Unzufrieden mit den Berliner Verhältnissen, wechselte der katholische Professor 1949 in das Kernland der neuen, rheinischen Republik Adenauers, wurde Professor in Köln. Trotz des hohen Ansehens von Peters blieb seine Intervention ohne Folgen unter anderem deshalb, weil sie sich mit der Beschreibung der Linden-Universität als einer «Oase des Friedens», mit einer bis ins Bizarre gehenden positiven Einschätzung der politischen Lage und einem etwas querulatorischen Unterton größere Glaubwürdigkeit nahm. Möglicherweise wurde Peters durch den Weggang auch erspart, am eigenen Leib die Unhaltbarkeit der eigenen Positionen erleben zu müssen, die jener von ihm an die Linden-Universität geholte Lehrbeauftragte Helmut Brandt erlitt. Brandt, der sich gegen den Auszug der Stadtverordnetenversammlung in den Westen am 9. September 1948 gewandt hatte, verschwand 1950 für Jahre in DDR-Gefängnissen.

Die Freie Universität war von jenem Geist der Stunde Null erfüllt, wo nichts vorgegeben ist und alles möglich scheint. Aus diesem Geist heraus waren Studenten bereit, mit dem Elementarsten auszukommen, selbst Hand bei der Einrichtung der oft in Baracken untergebrachten provisorischen Lehrräume anzulegen. Vor allem war der Weg offen für rechtliche Grundlagen, wie es sie bisher in Deutschland nicht gab. Hier sollte eine Universität geschaffen werden, die nicht als nachgeordnete Einrichtung der Bildungsverwaltung an der kurzen Leine der Politik geführt wird. Als Körperschaft des öffentlichen Rechts mit einer Beteiligung gewählter Studentenvertreter sollte eine Universität neuen Typs und großer Unabhängigkeit entstehen. Ein Kuratorium bildete die Spitze, und in ihm hatte der Regierende Bürgermeister nur neben anderen, auch neben Studentenvertretern, Sitz und Stimme. Außerdem erhielt die Freie Universität das Recht, ihre Finanzen selbst zu verwalten. Am 4. November 1949 stimmte der Magistrat der für damalige Verhältnisse revolutionären Universitätsverfassung zu, was in den Augen der Rechtskundigen einen weiteren Geburtstag der Neugründung bedeutete.

Als offizieller Geburtstag gilt der 4. Dezember 1948, an dem der Gründungsfestakt stattfand, doch war dies kaum mehr als ein Verlegenheitstermin. In dem ständig ausgebuchten Titania-Palast fand sich zwischen Hausfrauennachmittagen und Symphoniekonzerten diese Lücke an einem unwirtlichen Samstagvormittag. Noch vor Beginn der Veranstaltung schien es, daß das Papier, auf dem die studentischen Rechte festgeschrieben waren, geduldiger wäre als erwachende Ordinarienherrlichkeit. Der amtierende Rektor Edwin Redslob wollte von einer «Studentenuniversität» nichts wissen und wies den Studenten Plätze ab Reihe 22 zu. Erst nach Protesten fanden auch sie Platz auf der Bühne. In Vertretung von General Clay sprach Oberst Howley. Er gab sich charmanter als bei den Sitzungen in der alliieren Kommandantur und ließ während seiner Rede zum Erstaunen nicht weniger eine Hand in der Hosentasche. Höhepunkt waren die Worte des Gründungsrektors, des Historikers Friedrich Meinecke, die aus einer anderen Welt zu kommen schienen. Der 86-Jährige verkörperte all das, was der jungen Universität fehlte: Würde und Geschichte. Die Umstände verliehen der Rede Meineckes etwas Entrücktes. Der RIAS übertrug sie vom Krankenbett des Gründungsrektors in den Titania-Palast, wo nun zu hören war, wie Meinecke vom «Wettstreit» der Berliner Universitäten sprach und nichts von «Kampf» wissen wollte.

Etwas Unzeitgemäßes haftete der Veranstaltung an. Seit fast einem Monat fanden bereits Lehrveranstaltungen statt und es war schon etliche Wochen her, daß die Studenten Karol Kubicki und Helmut Coper, beide später Ordinarien an der Freien Universität, per Münzwurf entschieden, wer von ihnen mit der Nummer «1» in die Universitätsmatrikel eingetragen werde. Ein wenig überholt wirkte auch das demonstrative Fernbleiben der eingeladenen Rektoren aus den Westzonen. Ereignisse vor und nach der Gründungsfeier zeigen nämlich, daß nicht die Freie Universität zur Spaltung führte, die Trennung der Stadt sich vielmehr auf ganz anderer Ebene vollzog. Eine knappe Woche zuvor war in Ost-Berlin der «Opernputsch» über die Bühne gegangen, und einen Tag später fand die Wahl vom 6. Dezember statt, die wegen der sowjetischen Interventionen nur noch in den Westsektoren durchgeführt werden konnte. In der nunmehr geteilten Stadt mußte die Linden-Universität ihren akademischen Alleinvertretungsanspruch als «Berliner Universität» aufgeben.

Kapitel 2

Nach der Blockade

Begrenzte Freude

Etwas Jubel, kaum Trubel und nicht die Spur von Heiterkeit – so erlebte West-Berlin am 12. Mai 1949 das eigentlich heiß ersehnte Ende der Blockade. Eine Woche zuvor hatten sich die Außenminister der vier Siegermächte über die Aufhebung der Blockade geeinigt. Da schon seit einiger Zeit die Sowjets merklich das Interesse an einer längeren Abschnürung West-Berlins verloren hatten, fehlte das stimulierende Element der Überraschung. Auch sonst lag bei aller Erleichterung doch Skepsis in der Luft. «Ich traue der ganzen Geschichte nicht», meinte ein als vox populi zitierter Taxifahrer in einer Reportage.[1] Die Umständlichkeiten rund um das Hochgehen der Schranken in Helmstedt gaben ihm recht. Letztlich konnten sich doch um 0.00 Uhr in dem von Journalisten und Militärs bevölkerten Helmstedt die ersten amerikanischen Autos auf den Weg nach Berlin machen. Bald folgten die LKWs, und das Rennen machte ein Anhängergespann, das um 14.35 Uhr am Grenzkontrollpunkt Dreilinden eintraf. Herzlicher wurde wohl nie eine Gurkenladung in Empfang genommen.

Das Ende des Schreckens war damit erreicht, aber noch lange nicht das Ende der Verletzlichkeit. Die Zugangswege nach Berlin waren weiter vertraglich nicht abgesichert, der Verkehr lief nur schleppend an. Immer wieder kam es zu Behinderungen bis hin zu einer «kleinen Blockade», und es war ein klares Signal für die Unbeständigkeit der Situation, daß die Luftbrücke weiterbestand. Erst Ende September landeten die letzten Flugzeuge, von denen ein britisches die Aufschrift trug: «Psalm 21, Vers 11». Wer in der Bibel nachschlug, der konnte entschlüsseln: «Denn sie gedachten dir Übles zu tun, und machten Anschläge, die sie nicht ausführen konnten.»

An den Grenzübergangsstellen im Westen herrschte mehr Festtagsstimmung als in West-Berlin. Egon Bahr, als Zeitungsreporter mit dem ersten Bus von Hamburg nach Berlin unterwegs, berichtete vom englischen Offizier, der erst den Schlagbaum hob und dann die Schaulustigen zum Whisky einlud, aber auch, daß einem LKW auf sowjetischer Seite die Durchfahrt verweigert wurde.[2] Er hatte zehn Tonnen Exemplare der Illustrierten *Welt im Bild* geladen, die auf mehreren Seiten über den Marshall-Plan berichtete.

West-Berlin, ausgemergelt und erschöpft, hatte sich ein wenig hübsch gemacht und ließ die Straßenbahnen beflaggt fahren. Am freudigsten erlebten die Kinder das Ende der Blockade. Sie hatten schulfrei. Die Erwachsenen ließen bei den Reden im und vor dem Rathaus Schöneberg deutlichen Ernst walten, schon allein deshalb, weil dies auch ein Totengedenken war. SPD-Chef Franz Neumann verlas die Namen der ums Leben gekommenen 72 Piloten. Auch Clay würdigte sie nochmals als die Helden der Luftbrücke und nannte als weitere Helden die Menschen von Berlin. Um 14 Uhr tönte aus dem Osten der Klang von Fabriksirenen nach West-Berlin. Auch im anderen Teil der Stadt wurde gefeiert, hatten die Kinder schulfrei, allerdings erst nach einer Belehrung, die ihnen erklärte, was auch vor der Humboldt-Universität auf einer Veranstaltung des «Demokratischen Blocks» verkündet wurde. Das Ende der Blockade sei ein «Triumph der Verständigungspolitik» und Ergebnis der «beharrlichen und ständigen Friedensbemühungen der Sowjetunion».[3] In der Folge hat es nach östlicher Lesart nie eine Blockade gegeben, sondern nur eine von den West-Alliierten provozierte «Selbstblockade», und die Luftbrücke war «Instrument imperialistischen Profit- und Aggressionsstrebens»[4], eine Aktion zur Erprobung militärisch-logistischer Möglichkeiten und zur Ankurbelung der US-Flugzeugindustrie.

Viel ist in den Berichten aus der Zeit nach der Blockade von Müdigkeit und Erschöpfung die Rede. So unterschiedliche politische Temperamente wie Willy Brandt und Ferdinand Friedensburg stimmen fast wortwörtlich in ihrem Urteil überein.[5] Kaum wollte sich das Hochgefühl eines Sieges einstellen, geschweige auf Dauer behaupten, denn «Heroismus kann man nicht auf unabsehbare Zeit als Dauerzustand voraussetzen», wie Ferdinand Friedensburg ernüchtert feststellte.[6]

Zu einem solchen Befund paßte ein Abschied, der unübersehbar deutlich machte, daß eine Ära zu Ende ging. General Clay verließ am 14. Mai 1949 die Stadt. Schon längst hatte er vor, aus der Armee auszuscheiden, schob dies hinaus, weil erst die Verabschiedung des Grundgesetzes abgewartet werden sollte, dann vor allem das Ende der Blockade. Er wollte ebenso lange ausharren wie die Berliner. Ein vorzeitiges Verlassen der Stadt wäre ihm wie Verrat vorgekommen und hätte möglicherweise die von ihm für eminent wichtig gehaltene Moral der West-Berliner untergraben.

Korrekt bis zum letzten Moment ließ er einen Scheck für den Besitzer der für ihn requirierten Villa in Dahlem zurück, womit der offensichtlich reichliche Zugriff auf die Weinvorräte des Hauses abgegolten wurde. Dann aber setzte sich Clay über das Protokoll hinweg, begab sich, noch Militärgouverneur für Deutschland, ins Rathaus Schöneberg zu Ernst Reuter. Die beiden Männer waren sich durch die gemeinsamen Aufgaben nähergekommen, so weit dies bei Männern möglich ist, die gleichermaßen strikt Privates von Öffentlichem trennten. Clay, der nicht Deutsch konnte, fand es angenehm, sich mit Reuter ohne Dolmetscher verständigen zu können, auch wenn Reuter immer klagte, daß er im Englischen nicht im selben Maße zu Hause sei wie in Altgriechisch, Türkisch oder Russisch. Bei Reuter paßte auch Clays Gewohnheit, deutsche Männer meist generell mit «Doktor» anzusprechen. Neben Dankesworten hatte Reuter für Clay eine Überraschung bereit. Die Fahrtroute des Generals zum Flughafen Tempelhof war veröffentlicht worden, und so standen Hunderttausende am Straßenrand und jubelten dem «Vater der Luftbrücke» zu. Der nüchterne Militär räumte eine leichte Rührung ein: «I felt a little emotional.»[7] Sein Gesicht sprach von stärkeren Emotionen: Clay liefen Tränen über die Wangen.

Das Verhältnis zu den Alliierten begann sich zu ändern, zu neutralisieren, teilweise zu verschlechtern. Es wurde Teil eines nun deutlich werdenden Problem-Quartetts. Zu ihm gehörten außerdem die Lage der Wirtschaft, das Verhältnis zur Bundesrepublik und die Frage, was eigentlich die Zweckbestimmung von West-Berlin sein solle. Jedes der Probleme wechselte in Relevanz und in den Valeurs. Keines von ihnen verschwand in der rund vierzigjährigen Geschichte West-Berlins, keines konnte verschwinden, weil sie unmittelbar durch die Lage und politische Situation West-Berlins bedingt waren. Summe der Probleme war die Stimmung der Bevölkerung, die entsprechend der jeweiligen Problemlage starken Schwankungen unterworfen war – und dies nicht nur bei den großen Krisen wie Blockade, Aufstand des 17. Juni 1953 oder Mauerbau. Die Gefühlskurve der West-Berliner Bevölkerung wurde von den politisch Verantwortlichen mit Aufmerksamkeit und oft mit Sorge beobachtet. Diese Stimmung war schließlich von größter Wichtigkeit für das, was als «Überlebensfähigkeit» West-Berlins zur Kernfrage für das Schicksal der Halbstadt wurde.

Kleine Ursachen – große Wirkung

Als kurz nach dem Ende der Blockade ein West-Berliner Bittsteller beim britischen Stadtkommandanten Generalmajor Geofrey K. Bourne vorsprach, wurde in einem weit über das Anekdotische hinausgehenden Vorgang deutlich, wie sehr wirtschaftliche Krise, Macht der Alliierten, Stimmung der Bevölkerung und sogar das Verhältnis zur Bundesrepublik verwoben waren. Dem Gast wurde von Generalmajor Bourne nicht einmal ein Stuhl angeboten. Für den Stadtkommandanten war Heinz Zellermayer nicht mehr als ein Bittsteller, mochte er auch Obermeister des Berliner Gastronomie- und Hotelierverbandes sein, mochte er auch in Erscheinung und Auftreten einem britischen Gentleman der Upper Class entsprechen. Zu absurd mußte Geofrey K. Bourne das Anliegen des Gastronomen erscheinen. Zellermayer schlug vor, die Sperrstunde für Berliner Gaststätten einfach abzuschaffen, verlangte für das daniederliegende West-Berlin, was in Großbritannien mit seiner rigiden 23-Uhr-Sperrstunde undenkbar war. Entsprechend knapp fiel die Reaktion aus: «Unmöglich. Sie scheinen wohl vergessen zu haben, wer den Krieg gewonnen hat!»

Damit war fürs erste geklärt, daß in West-Berlin nach wie vor die Alliierten das Sagen hatten, jedoch bei weitem nicht, wie lange Berlins Gaststätten geöffnet haben durften. Zellermayer wandte sich an den amerikanischen Stadtkommandanten Oberst Frank Howley, von dem bekannt war, daß er einem Whiskey nicht abgeneigt sei. Howley fand die Idee nicht uninteressant, hatte aber Sicherheitsbedenken. Wo Kneipen lange geöffnet haben, wird lange getrunken – und die Betrunkenen könnten sich zusammenrotten, Schlägereien anzetteln. Zellermayer wußte die Sicherheitsbedenken zu zerstreuen. «Unruhe entsteht nicht, wenn die Leute trinken dürfen. Unruhe entsteht, wenn der Wirt die Schluckspechte wegen der Sperrstunde aus dem Lokal werfen muß.» Zellermayer verwies darauf, daß den West-Berlinern in ihrer zur Insel gewordenen Halbstadt wenigstens die Freuden eines unbegrenzten Gaststättenbesuchs gewährt werden sollten. Howley hatte seinerseits noch weitere Gründe, an der Idee zunehmend Gefallen zu finden. Mit einer unbegrenzten Öffnung der Gaststätten ließe sich sehr handfest amerikanische Frei- und Großzügigkeit demonstrieren, könnte die sich oft im Rhetorischen und Abstrakten verlierende, vielbeschworene Freiheit Abend für Abend erlebbar werden. Schließlich mußte es dem Sowjethasser Howley gefallen, dem Osten wieder einmal ein Schnippchen zu schlagen.

Die Frage der gastronomischen Öffnungszeiten war nämlich nicht banal genug, um nicht in den Konkurrenzkampf der Systeme und Mächte zu geraten. Nach ihrem Einmarsch in Berlin hatten die Sowjets die Sperrstunde auf 21 Uhr mit einer um 22 Uhr folgenden Ausgangssperre festgesetzt. Die westlichen Alliierten hatten die Regelung übernommen, doch verlängerten die Sowjets später die Öffnungszeiten um eine Stunde. Darauf zogen die Westalliierten in ihren Sektoren nach, was wiederum auf östlicher Seite eine Verlängerung um eine Stunde zur Folge hatte. Es war ein Wettkampf um die Trinker, der schließlich bei der Sperrstunde um 24 Uhr endete. Die Blockade setzte der Sperrstunden-Lizitation ein Ende. Nach den elf Luftbrückenmonaten lag die Gastronomie danieder und der Vorstoß von Zellermayer war keineswegs allein dem Wohlergehen der Berliner geschuldet, sondern mindestens so sehr den Mitgliedern seines Gaststättenverbandes, die, weitgehend der Vorkriegsgrundlagen ihres Geschäfts beraubt, ums Überleben kämpften.

Howley ließ sich so weit überzeugen, für eine probeweise Aufhebung der Sperrstunde einzutreten, doch bedurfte es dazu eines Beschlusses der Kommandantur. Die Briten blieben bei ihrem «No», wurden aber durch das «Oui» der Franzosen und das «Yes» der Amerikaner überstimmt. Am 20. Juni 1949 wurde die Sperrstunde probeweise aufgehoben und dies einige Wochen später durch Beschluß der Stadtverordnetenversammlung zu einer rechtlich abgesicherten Dauerregelung.

Die possenhaft-anekdotischen Umstände könnten überdecken, daß es hier um mehr ging als die Bereicherung West-Berlins um ein folkloristisches Element. Die Aufhebung der Sperrstunde hatte weitreichende Folgen und gehört zu jenen Umständen, die West-Berlin von der Bundesrepublik unterschieden. Die Bundeshauptstadt Bonn selbst lieferte den Kontrast. Wo West-Berlin auf jede Regelung verzichtete, wurde in Bonn «ordnungsbehördlich» und ausnahmsweise die Aufhebung der Sperrstunde für bestimmte Tage wie Silvester oder Karneval festgelegt und eine extra Vorschrift über Ort und Zeit für den «Pützchens Markt» erlassen.

Aber auch zu Ost-Berlin gab es einen Unterschied. Dort blieb es nicht nur bei der alten Sperrstundenregelung. Gastwirtschaften gerieten unter den Generalverdacht, daß in ihnen Agitation und Verschwörung gegen das SED-Regime betrieben wird. Mit aberwitzigen Steuerforderungen wurden Gastwirte zur Aufgabe ihrer Kneipen genötigt, und die immer weniger werdenden, die noch weiter privatwirtschaftlich betrieben werden konnten, gerieten unter Kontrolle oder in Abhängigkeit der staatlichen HOG (Handelsorganisation Gaststätten). Zusammen mit den nicht sehr gastfreundlichen Usancen im Gaststättengewerbe («Sie werden plaziert!») führte dies dazu, daß sich die Geselligkeit aus dem öffentlichen Raum ins Private verlagerte. Treffen in Wohnungen waren übliche Praxis, auch diese oft noch von Spitzeln der Staatssicherheit beobachtet. Nach der Wende stellten West- wie Ost-Berliner fest, wie verschieden ihre Lebensgewohnheiten geworden waren. Der Osten fand die Menschen im Westen wenig gastlich, wenig privat, weil Treffen und Beisammensitzen vorrangig ihren Platz in Gaststätten und Kneipen hatten. Der Westen dagegen staunte über die Scheu des Ostens, sich dem öffentlichen Betrieb in den Lokalen hinzugeben.

Für West-Berlin hatte die fehlende Sperrstunde nicht zu quantifizierende, aber doch evidente Folgen. Sie ermöglichte eine inoffizielle Debattenkultur, die zur Studenten- und in der Folge zur Alternativkultur gehörte. Aus ihr entstand auch jene Palaver- und Herumhängerszene, die in den 70er Jahren im Lied der «Gebrüder Blattschuß» mit dem Refrain «Kreuzberger Nächte sind lang» ein musikalisches Markenzeichen fand. Touristen aus der Bundesrepublik wurden angelockt, erlebten das ihnen ungewohnte, ungezwungenere Leben in West-Berlin. Die offizielle Tourismuswerbung hielt sich allerdings zurück. Das Bild von dem in Kneipen die Nacht zum Tag machenden West-Berlin war höchst zweischneidig. Nährte es doch den in der Bundesrepublik ohnedies ewig nagenden Verdacht, daß hier mit Bundessubventionen das Wohlleben finanziert werde. So blieb es bei eher dezenten Hinweisen auf die ewig geöffneten Kneipen, die auch ohne große Propaganda zum Ziel der Kegelclubs aus der westdeutschen Provinz wurden.

Bankrott und Notstandsgebiet

Das Elend der Gastronomie und Hotellerie in West-Berlin im Frühsommer 1949 war symptomatischer Teil einer allgemeinen Misere. Was während der Blockade verdrängt wurde, ließ sich in der nun einsetzenden unheroischen Zeit nicht länger übersehen: Die Halbstadt war nicht, was Berlin gewesen war, und es dämmerte die Erkenntnis, daß sie es auch gar nicht sein könne. Schlagartig wurde der erst vier Jahre alte Foxtrott von Heino Gaze «Berlin kommt wieder» zu einem Lied aus fernen Zeiten. Und wenn unter demselben Titel Politiker, Juristen, Volkswirtschaftler und Publizisten 1950 Zukunftshoffnungen formulierten, so klang dies stark nach einem mutmachenden Pfeifen in einem als sehr finster erkannten Wald.[8]

Es war nicht allein, daß das Regierungsviertel der einstigen Reichshauptstadt im Ostteil der Stadt lag, so wie das Banken-, das Zeitungs- oder das Modeviertel. Gravierender war, daß die Grundlagen für diese Wirtschaftszweige weitgehend entfielen. Der Verlust der Hauptstadtfunktion machte ein Heer von Beamten überflüssig. Das nach 1918 als gravierend empfundene Ende des kaiserlichen Hofes mit dazugehörigen Bediensteten und Zulieferern war marginal im Vergleich zu der Situation nach 1949. Berlin war nicht mehr die Metropole, von der aus das Deutsche Reich und der Staat Preußen regiert und verwaltet wurde, und in weiteste Ferne war die Aussicht gerückt, wieder Zentrum eines vereinigten Deutschland zu sein, nachdem sich West wie Ost nach dem Ende der Blockade darauf einstellten, ihren Teil des Landes als Teilstaat zu etablieren.

West-Berlin besaß fast schlagartig nicht mehr den Standortvorteil einer Metropole. Es gab in der Stadt keine Nähe zur Macht mehr, deretwegen früher Firmen ihre Zentralen in Berlin einrichteten, die für einen permanenten Zustrom von Geschäftsreisenden sorgte, die hier Verhandlungen führten, Kontakte knüpften und an den Schaltstellen der Macht ihre Interessen verfolgten und Gaststätten und Hotels prosperieren ließen. Nun war West-Berlin mit dem Makel des Standortnachteils behaftet, war keine Reise mehr wert, wurde im wichtigsten US-Reiseführer für Europa gar als zu meidender «hot spot» beschrieben.[9] West-Berlin war eine Insel und das bundesdeutsche Festland war mindestens 140 Kilometer entfernt und nur auf immer wieder bedrohten Zugangswegen zu erreichen. Eine Distanz, die den Unternehmen zusätzliche Kosten bescherte. Ein Geschäftsverkehr mit dem Umland, mit den traditionellen Einzugs- und Absatzgebieten im Osten war kaum noch möglich. Die für die Halbstadt so entbehrungsreich durchgesetzte D-Mark schränkte den Handel mit dem Osten ein, weil nunmehr alles Valuta-Geschäfte waren.

Die unsichere politische Lage schreckte die Wirtschaft zusätzlich. Zu nah und zu bedrängend war das kommunistische System. Schon 1945 waren von den sowjetischen Besatzern die Banken enteignet worden. Es folgten Betriebe der Großindustrie und 1948 die SED-Forderung, in ganz

Berlin Schlüsselindustrien zu verstaatlichen. Unternehmen, die nicht nur in der sowjetischen Zone, sondern auch jenseits von Oder und Neiße ihre Betriebsstätten verloren hatten, zeigten wenig Neigung, an einem Ort zu investieren, der alles andere als gesichert war. 1949 waren es bereits über 150 Großbetriebe, Aktiengesellschaften, Banken und Versicherungen, die aus Berlin abgewandert waren und ihre Zelte im Westen aufgeschlagen hatten. So gewichtige Namen wie AEG, Deutsche Kabelwerke, Wintershall AG, Knorr-Bremse, Salzdetfurth AG, Graetz AG, Allianz-Versicherung und Siemens waren seit Kriegsende nach Westdeutschland abgewandert.[10] Das gründlich untersuchte Beispiel Siemens zeigt, daß sich Entwicklungen, die schon in den 20er Jahren eingesetzt hatten, durch die politischen Verhältnisse verstärkten.[11]

Der Industriestandort West-Berlin war gleich mehrfach derangiert. Erst hatte der Bombenkrieg viele Anlagen zerstört und dann hatte eine doppelte, gelegentlich sogar dreifache Demontage durch die Besatzungsmächte das Potential entscheidend reduziert. Erst hatten die Sowjets abgebaut, dann die Amerikaner und Briten, und als die Franzosen ihren kleinen Sektor übernahmen, betrieben sie in dem ohnedies schon ausgeplünderten Gebiet eine rigide Reparationspolitik. Die Kapazität der chemischen Industrie etwa betrug danach nur noch knapp die Hälfte von 1936, die des Maschinenbaus schrumpfte gar auf ein Zehntel.[12] Allerdings gab es in West-Berlin nach wie vor die für eine industrielle Produktion entscheidende Facharbeiterschaft.

Aber noch während der Blockade zeigte sich, daß nicht einmal unbeschädigte Anlagen und qualifiziertes Personal ausreichten, um sich gegen die wirtschaftlich-politischen Interessen in Westdeutschland durchzusetzen. Die Staatsdruckerei in Berlin, technisch und personell intakt, erhielt keine Aufträge für Banknoten oder Postwertzeichendruck, mochte West-Berlin noch so dringlich um Aufträge bitten. Keine Ausrede war der Verwaltung für das Post- und Fernmeldewesen zu billig, um sich vor Auftragsvergaben nach West-Berlin zu drücken. Einmal wurden Sicherheits- und Terminfragen vorgeschoben, dann wieder fehlte es an «Zeit und einer Sachbearbeiterin», um den von Ernst Reuter persönlich vorgetragenen Wunsch nach Druckaufträgen erledigen zu können.[13]

Eine schleichende Auszehrung der Stadt während der Blockade bilanzierte ein Kommentator: «Schauspieler verließen uns, Kaufleute, Techniker ... schmerzliche Verluste für eine Stadt, in deren Ostsektor die ganze kommunistische Intelligenz der Ostzone zum Angriff konzentriert war.»[14]

Der verzweifelte Appell «Helft uns ... gebt Gastspiele, besucht uns» wurde von der Enttäuschung grundiert, daß mit höflichen Entschuldigungen, Krankheit, Terminschwierigkeiten oder Reisehindernissen genau diese Unterstützung für West-Berlin ausblieb.

Alptraum, Bankrott und Katastrophe lauteten denn die Befunde für die wirtschaftliche Situation West-Berlins im Frühsommer 1949.[15] Die Öffnung der Verkehrswege nach Westen bedeutete zunächst vor allem den Import von minderwertiger Ware, die den Berliner Markt überschwemmte und die örtliche Produktion unterminierte. Aus dem Osten kamen Elektroprodukte zu Dumpingpreisen, durch die gut 10 000 West-Berliner arbeitslos wurden.[16] Die Leistungskraft der Wirtschaft sank rapide, die Zahl der Arbeitslosen stieg ebenso schnell. Hatte der Wert der Industrieproduktion der Westsektoren zu Beginn der Blockade noch 136 Millionen D-Mark betragen, so erreichte er im April 1947 mit 73 Millionen nurmehr etwas mehr als die Hälfte.[17] Im gleichen Zeitraum war die Zahl der Arbeitslosen von 50 000 auf 156 000 gestiegen und schnellte im Dezember 1949 gar auf 287 000. Endlos reihten sich die Menschenschlangen vor den Arbeitsämtern und signalisierten, daß ein Viertel der arbeitenden Bevölkerung ohne Arbeit und auf Unterstützung angewiesen war.[18] Die volle Dramatik wurde im Vergleich mit der jungen Bundesrepublik deutlich. Diese hatte im September bereits nahezu den Produktionsindex der Industrie von 1936 erreicht, während West-Berlin gerade mal ein Fünftel der Leistung von 1936 schaffte.

Notdürftig wurden Arbeitslose zu öffentlichen Arbeiten herangezogen, was zwar keine wirtschaftliche Besserung bedeutete, aber doch rund 50 000 Menschen und dem Stadtbild zugute kam. Die zur Legende gewordenen «Trümmerfrauen» machten sich daran, die geschätzten 75 Millionen Kubikmeter Schutt abzutragen, die der Bombenkrieg hinterlassen hatte. Mit ihren um das Haar geknoteten Tüchern prägten sie das Stadtbild ebenso wie durch ihre Arbeit. Trümmerberge wurden aufgeschüttet, die das Aussehen der Stadt so sehr veränderten, daß die «anthropogen bedingte Umwandlung des Reliefs durch Trümmeraufschüttungen» Gegenstand wissenschaftlicher Untersuchungen wurden.[19] Die unendlichen Ruinenlandschaften in West-Berlin wurden zum Menetekel für das Elend dieser Stadt, unübersehbarer als in den nicht weniger zerstörten Städten im übrigen Deutschland. Waren anderswo die Stadtkerne mit ihrer alten Bausubstanz ausgelöscht worden, so hatten sich die in moderner Stahlskelett- oder massiver Ziegelbauweise errichteten Bauten Berlins als zur Ruine verkommene Karkassen erhalten, standen «aufrecht vor dem Beobachter» (Isaac Deutscher).[20] Das Elend der Stadt war auf ebenso eindrucksvolle wie bedrückende Weise unübersehbar. Nicht erst der Blick in die vom Minus bestimmten Haushaltsbücher West-Berlins zeigte, daß diese Stadt offensichtlich Hilfe von außen brauchte. Nur zwei Kräfte kamen dafür in Frage: die aufstrebende Bundesrepublik und die USA. Beide freilich drängten sich keineswegs darum, diese Bürde auf sich zu nehmen.

Schwierige Bundesgenossen

«Korruption oder Unfähigkeit?», fragte im Sommer 1949 ein polemischer Artikel in westdeutschen Zeitungen zu der West-Berliner Wirtschaftsmisere und gab auch gleich die Antwort: beides.[21] Dem Berliner Magistrat wurde unter Berufung auf hohe Beamte der Militärregierung die «flagrante Verschwendung» öffentlicher Mittel vorgeworfen. Er betrüge die Wähler, vergeude Geld für völlig ungerechtfertigte politische Zwecke, damit sich die Taschen der Bürokraten und ihrer Freunde füllten.

Der Artikel ließ sich von Ernst Reuter guten Gewissens als «ungeheuerlichste und schamloseste Verleumdung»[22] zurückweisen und wäre nichts als eine wider alle Tatsachen allzu absichtsvoll gegen die SPD vorgetragene Polemik, wenn nicht in ihm indirekt der Anteil der Alliierten wie auch der Bundesrepublik an der Berliner Misere deutlich würde. West-Berlin, eben noch in der heroischen Rolle des Verteidigers westlicher Freiheit, war plötzlich zum Spielball geworden, drohte zu einem lästigen Stör- und nicht zuletzt Kostenfaktor für die Alliierten wie für die sich formierende Bundesrepublik zu werden.

Besonders unglücklich wurde die Situation für West-Berlin, weil nach dem Weggang von General Clay ein Interregnum in der US-Besatzungsadministration herrschte, in dem, freundlich ausgedrückt, «unpolitische Finanzexperten» das Sagen hatten.[23] Treffender läßt sich von uninspirierten Pfennigfuchsern sprechen, die nur daran dachten, nach den enormen Kosten der Luftbrücke nun den US-Haushalt nicht weiter mit Ausgaben für Berlin zu belasten. Urplötzlich wurden die Zuschüsse gestrichen, und von der nunmehr nur aus den Westalliierten bestehenden Kommandantur erging die Order, den West-Berliner Haushalt zu kürzen, was den totalen Bankrott der Stadt bedeutet hätte. Ernst Reuter beantwortete die Forderung mit dem Hinweis, daß nicht der Haushalt, sondern die Wirtschaft zu sanieren sei, daß Investitionen zu fördern seien, Geld ausgegeben werden müsse.[24]

West-Berlin war aber nicht nur finanzieller Bittsteller in Bonn und bei den Alliierten, sondern auch ein politischer, wollte die Stadt doch Land der Bundesrepublik werden. Zwar hatte sich im Februar 1949 der Parlamentarische Rat, das Vorläuferparlament der Bundesrepublik, darauf geeinigt, daß Groß-Berlin als Bundesland anerkannt und in den Geltungsbereich des Grundgesetzes einbezogen werden solle. Aber schon im Mai hatten die drei Westmächte diesen Passus suspendiert. Unermüdlich mühte sich Ernst Reuter um die Anerkennung als Bundesland, doch machte die abwehrende Haltung der Bonner Politik wie der Alliierten seine Bemühungen zu «Bettel- und Canossafahrten nach Bonn».[25]

Das noch vor kurzem als Heldenstadt gefeierte West-Berlin war mit seinen Forderungen zum unliebsamen Störenfried geworden. Es paßte nicht in den modus vivendi, auf den sich die Außenminister der vier Siegermächte in Paris im Frühsommer 1949 geeinigt hatten. Er lief auf eine Bewahrung des status quo hinaus. Jede Seite konnte nun ihren Teil Deutschlands nach ihrer Vorstellung politisch gestalten. Für Berlin bedeutete dies in den Worten Willy Brandts die «Ablösung der Bewegungskriegführung durch den politischen Stellungskrieg».[26] Hier trafen nun sogar wieder alle vier Stadtkommandanten zu Konsultativtreffen zusammen, allerdings unabhängig von der Kommandantur und wenig effektiv. US-Stadtkommandant Frank Howley pöbelte nach seiner Art auch in dieser Runde ein wenig, aber nur noch für kurze Zeit. Von seinem Amt abberufen, nahm er an der letzten von nur vier Sitzungen nicht mehr teil, ohne daß ihm eine Träne nachgeweint worden wäre, wie ein britischer Beobachter feststellte.[27]

Die Frage, ob West-Berlin ein Land der Bundesrepublik sein solle und wie eng die Bindungen zwischen beiden sein könnten, war zum geringsten Teil eine Sachfrage. Primär ging es um Macht, Interessen und Personen. Auf deutscher Seite standen sich zwei in Wesen wie Überzeugung grundverschiedene Männer gegenüber: Konrad Adenauer und Ernst Reuter. Der eine tief im rheinischen Katholizismus verwurzelt, der andere aus protestantisch-norddeutschem Elternhaus. Hier der in der Zentrumspartei großgewordene Adenauer, dort der Sozialdemokrat mit kommunistischer Vergangenheit, für Adenauer schlicht einer jener «Roten», die er auch bei seinem ersten Besuch als Bundeskanzler in West-Berlin ungeachtet der Anwesenheit von Ernst Reuter scharf attackierte.[28] Mißverständnisse, Reibereien, Meinungsverschiedenheiten bis zur kaum camouflierten Feindseligkeit prägten das Verhältnis der beiden Politiker. Auch wenn man sich immer wieder bemühte, ein sachliches Verhältnis zu finden, so herrschte doch ein ewiges, durchaus auf Gegenseitigkeit beruhendes Mißtrauen, das im Falle Adenauers durch eine immer wieder durchschlagende grundsätzliche Abneigung gegen Berlin verstärkt wurde.[29]

Der in Bonn residierende Bundeskanzler kannte Berlin sehr gut, und doch blieb es ihm fremd. Als Präsident des Preußischen Staatsrates zur Zeit der Weimarer Republik hatte er zuletzt eine Dienstwohnung im Zentrum der Macht nahe dem Brandenburger Tor. Auf den Eisenbahnfahrten nach Berlin soll er, so ein Wort von Willy Brandt, an der Elbe die Vorhänge zugezogen haben, um die «asiatische Steppe» nicht zu sehen. Nachlaßhüter Adenauers beteuern zwar, daß dies nicht der Fall gewesen sei, nicht sein konnte, weil Adenauer immer den Nachtzug benutzte, doch trifft das Brandt-Wort die Mentalität des Bundeskanzlers.[30] Für ihn war der Osten Deutschlands ewig Kolonialland, an dem er alle Üppigkeit des Südens vermißte. 1934 wohnte er für ein Jahr in Neubabelsberg am Griebnitzsee in bester märkischer Landschaft und fühlte sich in seinem Vorurteil bestätigt, als er den Garten der Villa bearbeitete, der nach dem Weggang des jüdischen Vorbesitzers wohl recht verwahrlost war. «Der Boden besteht aus reinem Sand. Man muß seine Ansprüche sehr herunterschrauben», schrieb er einem Vertrauten.[31] Kein Wort des Respekts, daß aus solcher Kargheit mit Preußen der mächtigste Staat Deutschlands herangewachsen war.

Nach der Gründung der DDR im Oktober 1949 hatte Adenauer noch einmal Gelegenheit, seine ganze Verachtung für den deutschen Osten auszuleben, indem er die SED-Machthaber nach ihrem Wohnsitz nur als die «Herren von Pankow» titulierte und in seiner Artikulation völlig mißachtete, daß der Berliner Stadtteil «Panko» ausgesprochen wird. Adenauer aber redete von «Pankoff», russifizierte den Namen, was selbst die West-Berliner kränkte, für die das ohne «w» gesprochene Pankow doch noch immer Teil ihrer Stadt war.

Reuter brachte den Gegensatz zwischen sich und Adenauer auf die Formel: «Er ist Rheinländer und ich bin ein Preuße.»[32] Aber es waren nicht nur landsmannschaftliche Prägungen und Animositäten, sondern vor allem gravierende sachliche Differenzen, die immer wieder zum Konflikt führten. Reuter stand mit seinem Wunsch nach einer starken Bindung an die Bundesrepublik und einer massiven Präsenz des Bundes in diametralem Gegensatz zu Adenauer. Wenn er Bundeskanzler wäre, so Reuter, würde er nach Berlin gehen und hier die Bundesregierung etablieren, und erhielt dafür einen «Anschnauzer» aus Bonn.[33] Auch im direkten Gespräch wurde Reuter von Adenauer gerüffelt, als er dem Bundeskanzler vorhielt, die Wiedervereinigung sei dessen primäre Aufgabe. Adenauer erwiderte ungerührt und nicht ohne Zynismus: «Herr Reuter, ich habe andere Aufgaben ... Es ist zum Beispiel meine Aufgabe, die Duisburg-Meidricher-Hütte vor der Demontage zu schützen. Ich habe für die Aufrechterhaltung der Währung zu sorgen und den Wiederaufbau durchzuführen. Ich habe auch die Aufgaben, die Sie genannt haben. Aber die von mir genannten sind dringlicher.»[34]

Konkret schieden sich die Geister zwischen Bundesrepublik und West-Berlin an der Frage, ob West-Berlin zwölftes Land des neuen Weststaates sein sollte. Adenauer sträubte sich vehement, weil er in der jungen, fragilen Bundesrepublik keinen Platz für West-Berlin sah. Nach den Worten eines seiner Mitarbeiter fand Adenauer «es im tiefsten Sinne preußisch und den totalitären Einflüssen seiner Umgebung ausgesetzt».[35]

Dabei hatte er mächtige und enge Verbündete, nämlich die französische Besatzungsmacht. Deren Politik gegenüber dem besetzten Deutschland war vom Willen getragen, ein Wiedererstarken des Landes zu verhindern, und sie war geleitet von der Vorstellung, daß es möglichst dezentral zu organisieren sei. Für Frankreich ist die Metropole Paris Quell aller staatlichen Autorität, die Summe aller politischen, wirtschaftlichen und kulturellen Kräfte des Landes. Ein Deutschland, das auf ein solches Zentrum verzichten mußte, schien in französischen Augen strukturell entscheidend geschwächt. In dieser Politik der «décentralisation» war für ein starkes Berlin kein Platz, schon gar nicht, weil es als Herz Preußens galt, das durch Kontrollratsbeschluß am 25. Februar 1947 aufgelöst worden war. Der französische Begriff für «Entnazifizierung» war «déprussianition», und so sollte nach den französischen Plänen die Hauptstadt von Preußens einstigem Glanz und Gloria keine nennenswerte Rolle im Nachkriegsdeutschland spielen.

Mochten auch die französischen Politiker dem Drängen Ernst Reuters auf eine stärkere Anbindung West-Berlins an die Bundesrepublik mit Freundlichkeit und Courtoisie begegnen. In der Sache blieben sie konsequent. Da half auch nichts, daß Duncan Wilson von der britischen

Militärregierung Willy Brandt versicherte, die Briten stünden auf der Seite West-Berlins.[36] Bis zum letzten Atemzug der Halbstadt 1989/90 blieb Frankreich mit unerbittlicher Konsequenz dabei, daß West-Berlin nicht Teil der Bundesrepublik sei. Von Paris, nicht von Bonn reisten die französischen Präsidenten nach West-Berlin, wofür sich Bundeskanzler Helmut Schmidt auf subtile Weise rächte. Er pflegte die Kontakte mit den Franzosen in West-Berlin nicht in deren Sektor, sondern wählte dafür etwa die «Maison de France» im britischen Sektor am Kurfürstendamm.

Adenauer, dezidierter Freund der Franzosen und Betreiber einer entschiedenen Westbindung der Bundesrepublik, unternahm nicht nur nichts, um auf eine Änderung der mit seinen Vorstellungen harmonierenden französischen Haltung hinzuwirken, sondern unterstützte sie. «Absolut feindlich» stehe der Bundeskanzler der Idee gegenüber, Berlin den Status eines Bundeslandes zu geben, wurde dem französischen Hohen Kommissar André François-Poncet aus dem Umkreis Adenauers mitgeteilt.[37] Verbittert urteilte Ernst Reuter über das Verhalten des Bonner Regierungschefs: «Manchmal liegt Paris näher als Berlin.»[38]

Alles Bemühen half nichts, auch wenn Berlin im Grundgesetz als Land der Bundesrepublik bezeichnet wurde. Die Alliierten meldeten sofort ihre Vorbehalte an und rückten davon nicht ab. Alles, was West-Berlin zugestanden wurde, waren Abgeordnete im Bundestag, die freilich zu einer eunuchischen Existenz verdammt waren. Sie durften im Plenum ihre Stimme erheben, aber sie zählte nicht, wurde nur im Protokoll registriert. Auch wurden sie nicht in West-Berlin gewählt, sondern vom Abgeordnetenhaus entsandt. Tief resigniert meinte Ernst Reuter: «Man hat uns zu Bonn nicht zugelassen, man läßt uns nicht einmal mitwählen, nicht einmal diese Geste der Anerkennung für diese Stadt hat man zur Verfügung.»[39] Trotzig erklärte er, daß er das Aktenstück «Staatsrechtliche Stellung Berlins» nicht mit dem Vermerk zur Wiedervorlage in zwei Jahren versehe. Denn «das wird täglich in unserer Erinnerung sein!»[40] Tatsächlich blieb die Frage, welchen Status West-Berlin denn auch im Verhältnis zur Bundesrepublik einnimmt, bis 1989 auf der Tagesordnung. Auch wenn West-Berlin immer mehr de facto Teil der Bundesrepublik wurde, es blieb ein «Stiefkind des Grundgesetzes».[41]

Die Alliierten trugen ihrerseits kräftig dazu bei, daß die Halbstadt im Stande der Unmündigkeit gehalten wurde. Als Anfang Oktober 1949 die Verfassung von West-Berlin verabschiedet wurde, suspendierten die

Alliierten sofort die Paragraphen, die West-Berlin zum Land der Bundesrepublik erklärten. Zwar gewann die Stadt mit den von den Hansestädten übernommenen Begriffen wie Senat, Regierender Bürgermeister oder Abgeordnetenhaus nominell den Charakter eines Landes, rückte vom Status einer Stadtregierung ab. Rechtlich konnte sie sich dennoch nicht mit den Stadtstaaten Hamburg oder Bremen messen.

Schon Mitte 1949 hatten die Westalliierten gezeigt, daß sie in West-Berlin das Sagen behalten wollten. Mit einem sogenannten Kleinen Besatzungsstatut wurde der Stadt statt erhoffter Souveränität weiter Bevormundung beschert. Der Schein der Unabhängigkeit wurde gewährt, während die Alliierten die Kontrolle behielten. Verfahren wurde nach dem Prinzip «gib und nimm». Die Stadtregierung erhielt legislative, exekutive und richterliche Gewalt, doch wurden ihr in den wirklich relevanten Bereichen die Befugnisse gleich wieder genommen: Finanzen, innere Sicherheit und Wohlfahrt – hier mußte immer das Plazet der Alliierten eingeholt werden. Den Westalliierten lag weniger daran, das Wohlergehen der Stadt zu fördern als neue Probleme mit der Sowjetunion zu vermeiden. Der Schutz durch die Alliierten zeigte nun seine negative Kehrseite und nagte am Selbstbewußtsein, weil er den von Ernst Reuter heftig bekämpften Eindruck entstehen ließ, daß die gewählte Stadtregierung nicht mehr als eine Marionette der Alliierten sei.

Mit der Gründung der DDR Anfang Oktober 1949 verschärfte sich die Frage nach der Rolle von West-Berlin, doch wurde dies in Bonn und von den Alliierten weit weniger deutlich wahrgenommen als in der Stadt selbst. Dringlich appellierte die Stadtverordnetenversammlung schon einen Tag danach an die Alliierten, die Eingliederung Berlins als Land der Bundesrepublik zu erlauben. An die Bundesregierung erging die Aufforderung, durch die sofortige Verlegung oberster Organe die Hauptstadtrolle Berlins demonstrativ herauszukehren. Daß solche Forderungen durch eine Massenkundgebung vor dem Rathaus Schöneberg eindrucksvoll unterstrichen wurden, half nichts. Bonn und die Alliierten waren sich einig in Adenauers Urteil, daß eine Einbeziehung West-Berlins als zwölftes Land «nicht ratsam und unnötig» sei.[42]

Am 21. Oktober 1949 kam es zu einer feierlichen Entschließung des Bundestages, in der er sich zu den westdeutschen Verpflichtungen gegenüber Berlin bekannte. Es fällt schwer, darin nicht ein erstes und besonders markantes Beispiel jener ambivalenten Bekundungen westdeutscher Politik zur Wiedervereinigungs- und Berlin-Frage zu sehen, deren Rhetorik von großer Folgenlosigkeit begleitet war und die am Ende in Formelhaftigkeit mündeten und im Ruch der Heuchelei standen. Adenauer forderte zwar Reuter auf, eine Wunschliste aufzustellen, welche Bundesbehörden nach Berlin verlegt werden sollten. Reuter nannte zwanzig Einrichtungen, nicht zuletzt solche mit vielen Beamten und Angestellten, um die Arbeitslosigkeit zu senken. Realisiert wurde jedoch allein eine Außenstelle des Bundesministeriums für gesamtdeutsche Fragen.[43]

Unübersehbar war Berlin nicht länger der Ort, an dem sich auf absehbare Zeit das Schicksal Deutschlands entscheiden würde, und entsprechend reduzierte sich die Aufmerksamkeit für die Stadt. Nichts macht dies deutlicher als der Wegzug der Militärgouverneure für Deutschland aus Berlin nach Bonn. Dort residierten die Machthaber der Alliierten nun als Hohe Kommissare – und passend hatten sie sich ein Domizil auf dem Petersberg bei Bonn hoch über dem Rhein gewählt, nahe bei Adenauers Wohnsitz in Rhöndorf. Damit nahm eine Entwicklung ihren Lauf, die sich in den nächsten Jahren verstärken sollte. Berlin rückte vom Zentrum des Kalten Krieges an seine Peripherie. Der West-Ost-Konflikt wurde zu einer globalen Auseinandersetzung der Systeme mit wechselnden Schauplätzen. Nur gelegentlich, vor allem mit dem Bau der Mauer, stand West-Berlin im Fokus der Konfrontation. Was als Beruhigung verstanden werden könnte, versetzte die Stadt aber in Unruhe. Wie ein Vertreter der US-Militärverwaltung feststellte, erzeugte der Verlust an Besonderheit «eine Atmosphäre, die von den Berlinern (die durchaus etwas für Krisen übrig haben und gerne im Mittelpunkt stehen) nicht geschätzt wird».[44]

Sinnsuche

Nicht mehr Hauptstadt, nicht einmal Land der Bundesrepublik – West-Berlin sah sich mit der Frage konfrontiert, die es bis an sein Ende nicht mehr loslassen sollte: Was ist diese Halbstadt überhaupt? Wohl selten war ein politisches Gebilde derart mit der Frage nach Begründung und Sinn seiner Existenz konfrontiert. Die klassischen Fundamente von spezifischer Sprache, Geschichte oder Kultur entfielen. West-Berlin war in all dem identisch mit seiner Umgebung. Was es abgrenzte, war der Zusatz «West» in seinem Namen. Es gehörte zu einem sich gegensätzlich zum Osten verstehenden Wertesystem, das im Begriff der «Freiheit» seinen Kernpunkt hatte. Der Kapitalismus, das freie Spiel von Geld- und Warenströmen, war der eine Aspekt davon. Demokratie, die freie Entscheidung der Bürger über ihr Gemeinwesen, war der andere. Zwar hat auch der des Materialismus unverdächtige Ernst Reuter bald in der Funktion als «Schaufenster des Wohlstands» die Sinnstiftung für West-Berlin gesehen, doch war klar, daß dieses Ziel in der noch darbenden Stadt nicht so schnell zu erreichen sein würde. Ein Symbol der politischen Freiheit konnte West-Berlin aber sofort sein, ohne auf materielle Besserung warten zu müssen. Diese Freiheit läßt sich etwa in freien Wahlen, freier Presse oder Versammlungsfreiheit leben, aber schwer nach außen sichtbar machen. So wurde West-Berlin als Symbol der Freiheit seinerseits wieder ein Ort der Symbole, von denen die Freiheitsglocke das sinnfälligste war.

Über zehn Tonnen schwer wurde sie am 24. Oktober 1950 am Rathaus Schöneberg hochgezogen. Als Nachbildung der «Liberty Bell» in Philadelphia sollte sie als «Berliner Freiheitsglocke» weit über die Stadt hinaus ein Signal gegen Unterdrückung geben. Zur Freiheitsglocke gehört auch ein «Freiheitsschwur», der mitsamt den Unterschriften von Millionen Amerikanern auf 300 000 Seiten im Fuß des Rathauses eingeschreint wurde. Er hebt mit den Worten an «Ich glaube an die Unantastbarkeit und an die Würde jedes einzelnen Menschen ...» und endet mit dem Gelöbnis, «jedem Angriff auf die Freiheit und Tyrannei Widerstand zu leisten, wo auch immer sie auftreten mögen». Die Paraphrase auf Passagen der amerikanischen Unabhängigkeitserklärung atmet noch etwas den Geist der Reeducation, mit dem die Deutschen zur Demokratie erzogen werden sollten, kündet aber vor allem vom Geist des «Kreuzzugs für die Freiheit» (crusade for freedom), den Luftbrücken-General Lucius D. Clay initiiert hatte. Quer durch die USA war die Freiheitsglocke gereist, von Philadelphia nach Los Angeles und wieder zurück nach New York, und auf all den Stationen unterschrieben insgesamt 16 Millionen US-Bürger den Freiheitsschwur und spendeten 1,3 Millionen Dollar.[45]

Im Laufe der Jahre tönten die Freiheitsglocke und ihr Begleittext etwas hohler, nachdem das Stillhalten des Westens beim Aufstand des 17. Juni, beim Ungarn-Aufstand und beim Bau der Mauer gezeigt hatte, daß der Kampf gegen Unfreiheit an den Grenzen der Realpolitik haltmachte. Beeinträchtigt wurde der Ruf der Freiheitsglocke auch, als bekannt wurde, daß sie nur bedingt ein Geschenk der US-Bevölkerung war und auch CIA und US-Informationsdienst am «Kreuzzug für Freiheit»

5 Nach einer Fahrt quer durch die USA trifft im Oktober 1950 die «Freiheitsglocke» in West-Berlin ein. Ihr dumpfer Ton erklang zusammen mit dem «Freiheitsschwur» im Programm des RIAS und ertönte auch am «Tag der Deutschen Einheit» am 3. Oktober 1990.

und der Glockenaktion beteiligt waren. So wurde sie zuletzt als ein verstaubtes Symbol des Kalten Krieges wahrgenommen, doch schlug noch einmal ihre unerwartet große Stunde, als sie die Feierlichkeiten am «Tag der Deutschen Einheit» am 3. Oktober 1990 mit ihren dumpfen Schlägen begleiten durfte.

All dies ändert nichts daran, daß die Glocke bei ihrer Ankunft in West-Berlin aus Überzeugung als Symbol der Freiheit begrüßt und von rund 40 000 Menschen vor dem Schöneberger Rathaus als Vergegenständlichung der so schwer zu fassenden Freiheit verstanden wurde. Für spätere Generationen, für die alle Formen der Liberalität selbstverständlich und das «anything goes» Prinzip geworden sind, ist die Freiheit, um die in den fünfziger und sechziger Jahren gekämpft wurde, ein fremder Begriff, vielleicht nur dem wirklich vorstellbar, der die Unfreiheit erlebt oder sich von ihr bedroht gefühlt hat.

Ernst Reuters Freiheitsbegriff war fundamental von einem relativistischen Freiheitsbegriff entfernt, der nichts anderes als Beliebigkeit meint. Er hatte in Marburg beim Neukantianer Hermann Cohen studiert, und für ihn galt wie für die ebenfalls in Marburg vom Neukantianismus beeinflußte Hannah Arendt: «Der Sinn von Politik ist Freiheit.» Nie war für Ernst Reuter diese Freiheit abstrakt, sondern immer konkret. Wenn er Anfang 1948[46] erklärte, daß der Kampf um die Freiheit ein wichtiger Teil des Lebenskampfes der Berliner Bevölkerung sei, so war Auslöser dafür das Kidnapping des in den Ostteil gelockten Journalisten Dieter Friede. Auf weltpolitischer Bühne wurde der kommunistische Umsturz in Prag mit dem im März 1948 vermutlich durch einen Sturz vom Palais Czernin getöteten Außenminister Jan Masaryk zum warnenden Zeichen: «Wir haben in Berlin sehr wohl verstanden, daß dieser Fenstersturz von Prag auch eine Mahnung für uns sein wird.» Reuter wußte auch, daß sein Kampf um Freiheit mit einem hohen persönlichen Einsatz verbunden war. Die Drohungen von SED-Seite waren unmißverständlich: «Mit Ihnen werden wir noch ganz anders verfahren, wenn es so weit ist.»[47]

Die Freiheitsglocke übertönte die anderen Symbole der Freiheit und ließ sogar deren eigentliche Aussage vergessen, obwohl sie weit stärker in das Leben der Menschen eingriffen und Teil des Alltags wurden. Mit dem zentralen Henry-Ford-Bau der Freien Universität wurde ein Gebäude geschaffen, das für freie Lehre und Forschung stand, so wie die Amerika-Gedenkbibliothek für das Recht auf freie Information. Die Kongreßhalle schließlich stand für den freien Gedankenaustausch. Sie alle waren wesentlich von den USA finanziert, wurden aber als Orte der Freiheit zu einer Selbstverständlichkeit, die ihren Symbolcharakter vergessen ließ. Als die Kongreßhalle teilweise einstürzte und diskutiert wurde, ob dieser durch den Neubau eines Internationalen Kongreßzentrums (ICC) etwas überflüssige Bau wieder aufgebaut werden solle, war nur noch davon die Rede, daß die Kongreßhalle Symbol der Freundschaft zu den USA sei. Von Freiheit war im West-Berlin der achtziger Jahre nicht mehr vorrangig die Rede.

Einkehr in die Normalität

Bei der Anprobe für einen neuen Smoking meinte Ernst Reuter am 2. Dezember 1950 zu seinem Schneider, daß er das festliche Kleidungsstück vielleicht gar nicht mehr brauchen werde.[48] Denn am nächsten Tag fanden in West-Berlin Wahlen statt, und Reuter ahnte, daß seine SPD vom Wahlsieg des Jahres 1948 weit entfernt war. Die Stimmung in der Stadt hatte sich gewandelt. Von der Opposition wurde er schon mal als «aus der Türkei herbeigelaufener kommunistischer Generalsekretär»[49] denunziert, aber auch in der eigenen Partei rumorte es, erhoben sich deutlich die Stimmen, denen Reuter nicht mehr genug mit der Basis der Arbeiterschaft und der Partei verbunden war. Der klassenbewußte Franz Neumann empörte sich, daß Reuter auf den Einladungen für einen Empfang des Bundespräsidenten «Abendkleid und dunklen Anzug» gewünscht hatte.[50] Otto Suhr, Präsident der Stadtverordnetenversammlung, monierte, daß die Arbeiter in Reuter immer mehr den «Akademiker» sähen und Reuters Presseamt immer vom «Prof. Dr. Reuter» spräche.[51] Ein etwas eigenartiger Vorwurf von Akademiker zu Akademiker, denn Suhr war selbst Professor. Der Ton in der West-Berliner Politik hatte Ende 1950 nichts mehr vom konsensualen Stil der Blockadezeit. Er war rauher und, wie Beobachter meinten, deutlich schlechter geworden, was ein Zeichen dafür war, daß es der Stadt besser ging. Man fühlte sich wieder unbeschwert und gesichert genug, um sachliche wie persönliche Auseinandersetzungen auszutragen.

Als am 14. März 1950 West-Berlin per Bundesgesetz zum Notstandsgebiet erklärt wurde, bedeutete dies zwar die Festschreibung der Notlage, aber zugleich auch die Wende zum Besseren. Bei öffentlichen Ausschreibungen sollten Berliner Unternehmen bevorzugt behandelt werden, doch war weit wichtiger, daß sich gleichzeitig eine verbindliche Perspektive für die finanzielle Unterstützung durch Bonn abzeichnete, nachdem noch im Januar der Bundesfinanzminister die Zuschüsse für West-Berlin reduzieren wollte.[52] Auch die heißersehnten und dringend benötigen ERP-Mittel aus dem Marshall-Plan wurden für Berlin bereitgestellt, was angesichts der entschiedenen Widerstände in der Bundesrepublik einen großen Erfolg bedeutete. Um die für die Bundesrepublik vorgesehenen ERP-Mittel nicht mit West-Berlin teilen zu müssen, war sogar von Bremens Bürgermeister Wilhelm Kaisen der Vorschlag gemacht worden, West-Berlin wie das zum entmilitarisierten Freistaat erklärte Triest als eigenen Teilnehmerstaat in den Kreis der ERP-Empfänger aufzunehmen[53], was nichts anderes als die Vorwegnahme späterer sowjetischer Forderungen nach einer «besonderen politischen Einheit Westberlin» bedeutet hätte.

Das Leben in West-Berlin normalisierte sich Mitte 1950 sichtbar. Das seit 1945 geltende Fahrverbot für Autos an Sonn- und Feiertagen wurde aufgehoben und erstmals fand mit dem Treffen Stuttgart-Offenbach wieder ein Endspiel um die deutsche Fußballmeisterschaft im Olympia-Stadion statt. Das legendäre Kaufhaus des Westens (KaDeWe) öffnete wieder seine Tore. Noch wurde nur eine Etage in dem durch einen Bomberabsturz im Krieg zerstörten Haus genutzt, diese aber von den Kunden sofort gestürmt. Auch bei dem zunächst mit viel Propaganda und Aggression gegen den Westen betriebenen Deutschlandtreffen der Freien Deutschen Jugend (FDJ) zeigte die Stadt nach erster Aufgeregtheit ihr neugewonnenes Selbstbewußtsein. Das Gerücht, daß die SED-Jugend, unterstützt durch die DDR-Volkspolizei, in West-Berlin einmarschieren wolle, machte die Runde. Von einer Erstürmung der Rathäuser und einer Entführung Ernst Reuters war die Rede. Schon wurde verlangt, daß die Alliierten an den Sektorengrenzen Panzer auffahren lassen sollten, doch nahm Reuter dieser Aufgeregtheit die Spitze. Mit einer «Rotznaseninvasion» werde man schon alleine fertig.[54] Als das Treffen schließlich stattfand, wurde die Parole ausgegeben «Schleusen auf». Die West-Berliner wurden aufgefordert, die jungen Menschen mit Kaffee und Kuchen freundlich zu bewirten. Die Rechnung ging auf: Über 70 000 FDJ-Mitglieder kamen friedlich in den Westteil der Stadt, der nun begann, «Schaufenster des Westens» zu sein. Noch erfolgreicher war die Taktik der offenen Tür ein Jahr später, als bei den «Weltfestspielen der Jugend und Studenten» die DDR-Führung wieder die Jugend des Landes nach Berlin rief, diesmal aber sogar mit Straßensperren verhindern wollte, daß die Jugendlichen in den Westteil gingen. Dennoch kamen hunderttausende junge Menschen nach West-Berlin und gaben ihm für einige Tage mit Blauhemden und sächsischem Dialekt ein besonderes Gepräge.

Nur schwach war der Aufwind, den die Stadt verspürte, aber er reichte aus, daß sich die dominierende SPD erstmals in jenem «Flügelschlagen» übte, das für sie auf Jahrzehnte charakteristisch sein sollte, ihr aber kaum Auftrieb gab, sondern zu einem nur selten durch Aufschwünge unterbrochenen Gleitflug führte, der schließlich in den 80er Jahren mit einem Absturz endete. Der linke Flügel in der SPD erhob sich gegen die von Ernst Reuter vertretene Politik, die ihr zu sehr an Bonner Vorgaben orientiert zu sein schien.

Sprachrohr dieser Bewegung war der SPD-Landesvorsitzende Franz Neumann, der nicht nur politisch, sondern auch persönlich ein Antipode zu Ernst Reuter war. Neumann stammte aus einer Arbeiterfamilie in Berlin-Friedrichshain, war jung von unten in die Partei eingetreten, während Reuter als ostfriesischer Beamtensohn den Weg von oben her zu ihr gefunden hatte. Mutig und energisch hatte sich Neumann der Vereinigung von

SPD und KPD widersetzt und in den Westsektoren 1946 die Urabstimmung über die Vereinigung durchgesetzt, die mit einer klaren Absage an die KPD endete. Neumann war in Arbeiterkreisen nicht zuletzt deshalb populär, weil er es verstand, die Anliegen der kleinen Leute zu vertreten. Während der Blockade brachte er einen Sack Kartoffeln ins Stadtparlament und warf ihn auf den «Tisch des Hauses», um seine Polemik gegen die schlechte Qualität der Kartoffeln zu unterstreichen.[55] Reuter fand solches Verhalten schlicht unangemessen. Auch im Bonner Parlament, dem Neumann von 1949 bis 1969 angehörte, pflegte er seinen unorthodoxen Stil, so daß er einmal wegen «ungebührlichen Verhaltens» vom Bundestagspräsidenten für den Rest der Sitzung aus dem Saal gewiesen wurde.

Innerhalb der SPD galt Neumann vielen als charismatischer Arbeiter und bodenständige Verkörperung wahrer Sozialdemokratie. Andere hielten ihn für einen provinziellen, phantasielosen und dogmatischen Funktionär. Letztlich gehörte dem klassenbewußten Rauhbein das Herz der Partei und sie wählte ihn zum Spitzenkandidaten für die Wahl vom 3. Dezember. Die SPD führte dann einen farblosen Wahlkampf, in dem sie darauf verzichtete, ihr größtes Plus, die Popularität von Ernst Reuter, gebührend herauszustellen. So kam es, wie Ernst Reuter geahnt hatte: Die SPD sackte von 64 Prozent der Stimmen auf 44 Prozent ab. Die nichtsozialistischen Parteien CDU und FDP legten zu, so daß sie rein rechnerisch, wenn auch knapp, die Mehrheit für eine Koalition erlangten. Als es bei den Verhandlungen für eine Dreier-Koalition zu Auseinandersetzungen kam, wurde von CDU und FDP ein gemeinsames Regierungsbündnis vorbereitet, und die SPD erwog in heftigen Flügelkämpfen den Gang in die Opposition.

Auslöser des Konfliktes war ein Problem, das in abgewandelter Form zu einem Merkmal West-Berliner Mentalität wurde und hier vom linken Flügel der SPD vertreten wurde. Man schätzte den Schutz der Alliierten, man wünschte die Bindung an die Bundesrepublik und erfreute sich deren finanzieller Unterstützung – aber man empfand dies alles zugleich als Einengung und Bevormundung, die einen daran hinderte, einen eigenen Weg zu gehen. Konkret ging es um den Fortbestand dreier Berliner Reformen, die unter der sozialdemokratischen Vorherrschaft entwickelt worden waren und das Beamtenrecht, die Sozialversicherung und die Einheitsschule betrafen. In diesen Fällen wichen die Regelungen in West-Berlin von der CDU-bestimmten Gesetzgebung der Bundesrepublik ab. Ernst Reuter bekannte sich klar dazu, im Interesse einer möglichst starken Bindung an den Bund auf West-Berliner Sonderwege zu verzichten, sich Bonner Gesetzgebung anzupassen und in Zukunft durch Übernahme der Bundesgesetze für Rechtsgleichheit zu sorgen. Linke Sozialdemokraten sahen darin einen Verrat ihrer Positionen und wollten lieber in die Opposition gehen als an dem mitzumachen, was sie als eine Selbstdemontage betrachteten.

Ausgerechnet Konrad Adenauer war es, der der SPD in West-Berlin die Entscheidung über die Regierungsbeteiligung abnahm. Er sprach sich öffentlich für eine Fortsetzung der Koalition der CDU mit der SPD aus. Der ehrgeizige Ferdinand Friedensburg mußte endgültig seine Pläne begraben, Reuter als Stadtoberhaupt abzulösen, nachdem dem schwierigen Mann auch in West-Berlin parteiintern signalisiert wurde, daß man ihn für das höchste Amt in der Stadt nicht favorisiere.

Damit war aber noch lange nicht klar, ob Ernst Reuter seinen neuen Smoking als Regierender Bürgermeister würde tragen können. Noch war das Abgeordnetenhaus gespalten, gab es keine Koalitionsvereinbarung. Bei der Bürgermeisterwahl wiederholte sich Geschichte. Wie schon zwanzig Jahre zuvor in Magdeburg standen sich Ernst Reuter und Walther Schreiber als Konkurrenten um das kommunale Spitzenamt gegenüber, das damals an Reuter ging.[56] Am 12. Januar 1950 gab es ein glattes Patt zwischen den beiden. Reuter wie der CDU-Gegenkandidat Schreiber erhielten je 62 Stimmen. Per Los zwischen ihnen zu entscheiden, wie Otto Suhr als Präsident des Abgeordnetenhauses vorgeschlagen hatte, lehnten die Abgeordneten allerdings ab. Mühselig verhandelten die Koalitionspartner SPD, CDU und FDP sechs Tage lang, wobei die SPD erhebliche Zugeständnisse machen mußte, um wieder mit Ernst Reuter den Regierenden Bürgermeister stellen zu können. Bei seiner Wahl entlud sich der Groll der SPD-Linken über Reuters nachgiebige Haltung mit 36 Enthaltungen und elf Gegenstimmen der 127 Abgeordneten.

Die innerparteilichen Querelen waren damit keineswegs beigelegt, sondern beschäftigten die SPD noch über Jahre. Verschärft wurden sie, weil sich zum Konflikt zwischen Ernst Reuter und Franz Neumann auch noch massive Animositäten gesellten, die der Präsident des Abgeordnetenhauses Otto Suhr gegen Ernst Reuter entwickelte. Suhr war ein kluger politischer Kopf, aber nicht frei von menschlichen Schwächen. Wie Reuter war er Norddeutscher und ließ dies mit der Diktion der «s-pitzen S-teine» auch deutlich anklingen. Wegen seiner Zuträgereien bei Engländern und Amerikanern war er in den Ruf einer «Klatschbase» geraten. Wie Ferdinand Friedensburg rieb er sich an Ernst Reuter und dessen hohem Ansehen, in dem er eine ungerechtfertigte Zurücksetzung der eigenen Person sah. Eigentlich hielt er sich als Präsident des Abgeordnetenhauses für so etwas wie einen «Stadtpräsidenten», ja «Staatspräsidenten».[57] Der Regierende Bürgermeister war für ihn nicht mehr als ein Oberstadtdirektor – eine Meinung, von der nichts mehr verlautete, als er selbst 1955 für kurze Zeit das höchste Amt der Stadt bekleidete.

Die Konflikte in der SPD eskalierten und mündeten in einer Reihe von Senats-Krisen. Sie alle waren ein Zeichen dafür, daß sich das schleichende Gift der Provinzialisierung auszubreiten begann, das West-Berlin immer wieder lähmen sollte. Mit seinen Reisen in die USA, nach London, Oslo oder Kopenhagen bewahrte Ernst Reuter der Stadt nach außen internationale Reputation und wurde vom *Time Magazine* als «eine der wenigen wirklich großen Gestalten Westeuropas»[58] bezeichnet. Zu Hause trug solches Lob zu Reuters allgemeiner Popularität bei, verärgerte aber parteiinterne Kritiker, die beklagten, daß er beliebter sei als seine SPD.

Eine merkwürdige Mischung aus Selbstgefälligkeit und Selbstgenügsamkeit bestimmte das Bewußtsein in West-Berlin. Der Berliner, kein Menschenschlag von ausgeprägter Bescheidenheit, neigte jetzt zu einem Stimmungskompositum von heroischem Selbstbewußtsein aus Blockadetagen, Erinnerung an die Größe der einstigen Reichshauptstadt und einer gewissen Biederkeit, die darauf gerichtet war, sich unter den schwierigen Bedingungen einzurichten. Die «Helden auf Urlaub»[59] verlangten Respekt für ihre Besonderheit selbst in einer marginalen Frage wie der nach den Autokennzeichen.

Für West-Berlin galten die Buchstaben «KB» für «Kommandantura Berlin», während in Ost-Berlin mit gesamtstädtischem Anspruch «GB» für «Groß-Berlin» verwendet wurde. Als 1951 in Westdeutschland Gespräche darüber begannen, wie die bisher nach den Besatzungszonen benannten Kfz-Schilder internationalen Standards angeglichen werden können, meldete West-Berlin seinen Sonderanspruch an, während es gleichzeitig darum rang, als Bundesland so sehr wie möglich Teil der Bundesrepublik zu sein. Demonstrativ stempelte der Berliner Verkehrssenator ein Auto-Nummernschild mit dem traditionellen Kennzeichen «IA» der alten Reichshauptstadt – und mußte sich prompt aus Bonn belehren lassen, daß für derlei Extratouren kein Platz sei. Schließlich habe das «I» für das Land Preußen gestanden, das nicht mehr existiere. Wolle man in West-Berlin mit dem Bundesgebiet konform gehen, müsse man das «B» für Berlin akzeptieren. Mit geradezu obsessiver Eigensinnigkeit wollte man in West-Berlin von dem «IA»-Kennzeichen jedoch nicht lassen. Das Abgeordnetenhaus forderte die Wiedereinführung der Traditions-Marke und der Senat verlangte die Aufnahme einer extra Berlin-Klausel in die Bundesverordnung für die Kfz-Kennzeichen – allerdings vergeblich. West-Berlin erhielt das «B» – und in Ost-Berlin erlebte das preußische «I» als Kennzeichen noch lange vor der Preußenrenaissance der DDR eine Wiederauferstehung.[60]

Solches Beharren auf Sonderregelungen für West-Berlin war es, das der Stadt in Westdeutschland den Ruf querulatorischer Eigensinnigkeit einbrachte. Übersehen wurde dabei, daß die West-Berliner Sonderwünsche und Sonderwege durch den Verlust traditioneller Bedeutung und herkömmlicher Bindungen bestimmt waren. Was im Großen verlorenging, sollte im Kleinen behauptet werden.

Kalter Krieg mit großen Worten

Mit 5000 Taufliegen der Gattung Drosophila im Gepäck flog der Nobelpreisträger und Genetiker Hermann Muller am 25. Juni 1950 von Frankfurt nach West-Berlin, um am «Kongreß für kulturelle Freiheit» teilzunehmen.[61] Die Insekten sollten der deutschen Genetik den Anschluß an die internationale Forschung ermöglichen und paßten in ihrer Ungewöhnlichkeit zu dem spektakulären Unternehmen. Andere Kongreßteilnehmer, die in einer «intellektuellen Luftbrücke» (Arthur Koestler) mit C-47-Maschinen der US-Airforce nach West-Berlin eingeflogen wurden, brachten ihre renommierten Namen mit, wie der Schriftsteller Tennessee Williams oder der Schauspieler Robert Montgomery. Zu ihrem geistigen Gepäck gehörte eine antitotalitäre Einstellung, oft durch den eigenen Bruch mit dem Kommunismus geprägt, wie beim Genetiker Muller oder beim Schriftsteller Arthur Koestler.

Nicht ohne Emphase pries der Organisator des Kongresses, Melvin J. Lasky, West-Berlin als Insel der Freiheit, in der sich «die großen Fragen, in denen Freiheit und Totalitarismus auseinandergehen, zur äußersten Dramatik gesteigert haben».[62] Neben der hohen Symbolik des Ortes standen praktische Schwächen West-Berlins als neuralgischem Vorposten. Auf dem Landweg konnten die wenigsten Teilnehmer anreisen, weil sie Repressionen, gar Verhaftungen fürchten mußten. Der Kongreß wurde vom Osten mit aggressiver Neugier beobachtet, und es wurde von der DDR-Regierung versucht, die Veranstaltung zu torpedieren, indem sie etwa Melvin J. Lasky als «amerikanischen Polizeispitzel» diskreditierte und ihm vorwarf, für einen Brand in einem Ost-Berliner Kulturhaus verantwortlich zu sein.[63] Der Beschuldigte beantwortete dies mit dem für ihn typischen Sarkasmus: «Ja, das stimmt. Wir haben versucht, das Haus anzuzünden, indem wir Glühwürmchen als Kartoffelkäfer tarnten und aus einem Hubschrauber abwarfen.»[64]

Melvin J. Lasky, ein kleiner Mann aus einer jüdisch-polnischen Einwandererfamilie in New York, galt Walter Ulbricht als «der Mann, der den Kalten Krieg begonnen hat.»[65] Den Ruf eines entschiedenen intellektuellen, antistalinistischen Kalten Kriegers hatte sich Lasky mit erst 27 Jahren erworben, als er im Oktober 1947 zum ersten Mal in Berlin beim «Ersten Deutschen Schriftstellerkongreß» auftrat. Auch wenn ein sowjetischer Autor den Gast aus den USA geringschätzig als «unbekannten Schriftsteller» abwertete, hatte sein Redebeitrag den Kongreß paralysiert. Zunächst schien er bestens in den von der sowjetischen Militärverwaltung konzipierten und beförderten Kongreß zu passen. Die auf Einheit und Versöhnung gestimmte Versammlung bedachte die Ausführungen des Amerikaners mit stürmischer Zustimmung und Bravo-Rufen[66], solange er über Einschränkungen der Meinungsfreiheit in den USA sprach. Als er jedoch vom «Druck der Zensur» und der Unterdrückung künstlerischer Freiheit in der Sowjetunion redete, verzeichnete das Protokoll «starke Unruhe; Entrüstung bei einem Teil der Kongreßteilnehmer».[67] Wo bis dahin allgemeine Bekundungen über humanistisches Wollen und Sollen der Schriftsteller die Szene bestimmt hatten, wurden auf einmal klare Fronten sichtbar. Für Intellektuelle galt, was der Literaturwissenschaftler Hans Mayer resümierte: «Der Kalte Krieg hatte begonnen.»[68]

Nach seinem fulminanten Auftritt blieb Lasky in West-Berlin. Er liebte die Stadt und hielt diesen äußersten Vorposten des Westens für den geeigneten Ort für seine intellektuellen Bemühungen, die er mit der Gründung einer Zeitschrift realisierte. Einer Anregung Klaus Manns folgend, erhielt sie den Titel *Der Monat.* Gedruckt wurde die Zeitschrift in Westdeutschland, weil die Gefahr bestand, daß sie auf den Transitstrecken beschlagnahmt würde. Der Mann, von dem es heißt, «er wußte immer was er wollte und sollte»[69], machte die Dahlemer Redaktion des *Monats* zu einem intellektuellen Brennpunkt. Das Zimmer von Lasky war mit seinem Chaos von Zeitungen, Büchern, Briefen und Manuskripten ein «Museum angewandter Neugier»[70] und ein anziehender Magnet für kluge Köpfe. Die Liste der Autoren liest sich wie ein Who is who europäischer Intelligenz mit Namen wie Manès Sperber, George Orwell, Raymond Aron, Hannah Arendt, Albert Camus, Jean-Paul Sartre, Ludwig Marcuse und Karl Jaspers. Bert Brecht verweigerte sich, und so erschien *Der Monat* mit einer leeren, von ihm nicht gefüllten Seite.

Mit dem wachsenden Ansehen des *Monats* als Organ führender Autoren mit nicht-kommunistischer Haltung, aber mit oft kommunistischer Vergangenheit wurde Lasky zu einer von sowjetfreundlichen Intellektuellen befehdeten Person. In seiner ideologischen Eindeutigkeit war er eine höchst umstrittene Erscheinung mit einem Schuß Rätselhaftigkeit. Wie kam es, daß Lasky zunächst in Berlin für Zeitschriften tätig war, die sich nie einen Auslandskorrespondenten hätten leisten können?[71] Woher stammten die Mittel für sein Zeitschriftenprojekt? Diverse US-Einrichtungen wurden im Laufe der Zeit genannt, ehe sich 1967 herausstellte, daß die CIA als Geldgeber fungierte. Spätestens jetzt riß die Debatte nicht mehr ab, ob Lasky ein gekauftes Sprachrohr des US-Geheimdienstes gewesen sei. Namhafte linksliberale Redakteure des *Monats* wie Klaus Harpprecht und Michael Naumann betonten zwar überzeugend, daß nie redaktioneller Druck auf sie ausgeübt worden sei. Hartnäckig hält sich aber das Bild vom militanten Antikommunisten mit «tödlichem Blick» und «wölfischem Charakter».[72] Lasky hatte eine für einen Antikommunisten verblüffende Physiognomie mit Bart und hoher Stirn, die denken ließ, er sei der Ahnengalerie bolschewistischer Revolutionäre entstiegen. Von kleinem Wuchs, hatte er die bei diesem Menschentyp nicht seltene Gewohnheit, sich durch besonders straffe Haltung zusätzliche Größe zu verleihen, doch war ihm Aggressivität fremd, Entschiedenheit aber vertraut. 1989 konnte er in Berlin den Fall der Mauer erleben, zeigte dabei aber keinen Triumphalismus und behandelte die Gegner von einst mit souveräner Gelassenheit, ja Freundlichkeit.

Als 1949 Intellektuelle wie T.S. Eliot oder Bertrand Russel in New York ein «Committee for Cultural Freedom» gründeten, war es Lasky, der konsequent die Idee eines Kongresses für kulturelle Freiheit betrieb. West-Berlin war für ihn nicht nur wegen seines Signalcharakters der ideale Ort. Hier fand er im Ex-Kommunisten Ernst Reuter einen Befürworter seiner Idee, die auch eine sichtbare Antwort auf die die Stadt quälende Frage nach dem Sinn ihrer Existenz war. Mit großem medialen Geschick inszeniert, wurde der Kongreß mit 1900 Teilnehmern am 26. Oktober 1950 im Titania-Palast mit einem Donnerschlag eröffnet, den auch der klug kalkulierende Lasky nicht vorhergesehen hatte. Am Tag zuvor hatten nordkoreanischen Truppen die Grenze zum Süden überschritten und schickten sich an, Seoul zu erobern. Der Kalte Krieg war heiß geworden und die Reden der Intellektuellen verloren den Anflug eines Glasperlenspiels, wurden schlagartig zu einer Auseinandersetzung mit der harten Realität und «erhitzten die Debatten in steigendem Maße».[73]

Der «Kongreß für kulturelle Freiheit» war zwar öffentlich, aber nicht eigentlich für die West-Berliner gedacht. Dem «schwergeprüften Volk» von Berlin müsse man den Zusammenhang von Freiheit und Friede nicht erklären, meinte Arthur Koestler und wandte sich dezidiert über die Köpfe der Berliner hinweg an die Intellektuellen im Westen.[74] Mit einer öffentlichen Kundgebung am Funkturm wurde der Kongreß doch noch ein West-Berliner Ereignis. Die relativ geringe Zahl von 15 000 Teilnehmern zeigte, daß nach überstandener Blockade die Bedrohung kultureller Freiheit nicht jenen Mobilisierungseffekt besaß wie noch zwei Jahre zuvor die existentielle Bedrohung, die Hunderttausende vor dem Reichstag zusammenkommen ließ.

Vorhang auf für Großstadtträume

Als «Licht in einer glanzlosen Zeit» pries Bundespräsident Theodor Heuss das wiederaufgebaute Schiller-Theater bei seiner Eröffnung am 5. September 1951 – und saß 24 Stunden später an diesem Ort im Finstern. Als sollte an die von Stromsperren geprägte und noch nicht lange zurückliegende Blockade erinnert werden, gab es in dem mit Prominenz, Beethoven und Philharmonikern eröffneten Theaterbau einen Stromausfall. Heuss, durch einen eingegipsten Arm ohnedies behindert, mußte sich im Dunkeln den Weg zu seinem Ehrenplatz ertasten. Als Schillers «Wilhelm Tell» endlich über die Bühne ging, gab es Licht und Dunkel, wie es die Regie nicht vorgesehen hatte. Hier blitzten Scheinwerfer plötzlich auf und blendeten die Zuschauer, dort versagten sie ihren Dienst und umdüsterten den Tyrann Geßler mehr als beabsichtigt. Die Ursache der willkürlichen Lichtspiele war banal: Ein Transformator samt angeschlossenem Sicherungskasten spielte verrückt, war schlicht überlastet.

6 Als Repräsentationstheater gedacht, wurde das Schiller-Theater 1951 mit Schillers «Wilhelm Tell» eröffnet. Später errang es vor allem mit wegweisenden Aufführungen des zeitgenössischen Theaters großes Renommee.

Symbol für das anspruchsvolle Vorhaben West-Berlins, sich mit kulturellen Leuchttürmen zu schmücken?

Ehrgeizig, fast aberwitzig war es, daß die Stadtregierung, kaum war die Blockade zu Ende, den Beschluß faßte, das ausgebombte Schiller-Theater wieder aufzubauen. Es war kein Geld in der Kasse und die Hoffnung auf Verbesserung der Lage äußerst vage. Aber der Anspruch auf Behauptung gegenüber Ost-Berlin ließ alle haushalterischen Bedenken in den Hintergrund treten. West-Berlin wollte seinen kulturellen Standortnachteil auf demonstrative Weise überwinden. Denn es war unübersehbar: Der Ostteil der Stadt hatte weit bessere Voraussetzungen für einen attraktiven Theaterbetrieb. Zwar waren die repräsentativen Bühnen, das Schauspielhaus und die Staatsoper, zerbombt. Aber inmitten des Ruinenmeers hatte der Bombenkrieg eine theatralische Insel nahe am Bahnhof Friedrichstraße ausgespart. Der Admiralspalast, das Theater am Schiffbauerdamm, das Große Schauspielhaus und vor allem das Deutsche Theater und die Kammerspiele hatten den Krieg heil überstanden. Schnell wurde das Deutsche Theater in einen staatstheaterähnlichen Rang erhoben, konnte sich mit dem Ahnherrn Max Reinhardt eine theatergeschichtliche Aura verleihen und eine Bedeutung erringen, die es vor 1945 in Konkurrenz zu dem von Gustaf Gründgens geleiteten Schauspielhaus nicht hatte.

In West-Berlin dagegen waren die zwar sehr großen, aber doch im innerstädtischen Konzert zweitrangigen Bühnen Schiller-Theater und Städtische Oper zerbombt. Erhalten waren kleinere Bühnen, von denen das Hebbel-Theater als größte bei reichlich schlechten Voraussetzungen nun die erste Bühne der Stadt geben mußte. Das relativ schmale, hochgeschossene Theater war eng, nicht sehr repräsentativ und sein oberster, enorm steiler Rang verlangte vom Besucher die alpinistischen Qualitäten der Schwindelfreiheit und Trittsicherheit. Der einstige Standortvorteil, nahe am Potsdamer Platz zu liegen, wurde nun für ein West-Berliner Theater zum Nachteil, wo sich die Halbstadt für Verwaltung und Kultur ihre neuen Zentren im Westen schuf. Das Hebbel-Theater lag in Kreuzberg, einem kleinbürgerlichen bis proletarischen Bezirk, der nun dicht an der Sektorengrenze in eine Randlage geriet und einen sozialen Abstieg antrat.

Der auch in der Bevölkerung verbreitete Wunsch nach einem repräsentativen Theater für West-Berlin war nahezu Notwendigkeit, sicher auch Teil der sich anbahnenden Politik, mit markanten Bauten kulturelle Leuchttürme zu errichten und auf ihre propagandistische Wirkung nach Osten zu setzen. Für dieses Kulturprojekt gab es keine amerikanische Unterstützung, und so war es eine äußerste Kraftanstrengung, fünf Millionen Mark aus dem mageren Haushalt für ein derart ehrgeiziges Projekt aufzubringen. Noch schwieriger aber war es, den mit dem neuen Haus verbundenen hohen Anspruch durch einen angemessenen Leiter zu erfüllen.

Es gab große Namen aus der Glanzzeit der Theaterhauptstadt Berlin, von denen einer alle anderen überragte: Gustaf Gründgens. Als ehemaliger Generalintendant des Schauspielhauses am Gendarmenmarkt war er die personifizierte Erinnerung an die Theaterhauptstadt Berlin und in seinem hervorragenden Rang als Schauspieler, Regisseur und Theaterleiter unbestritten. Die Verhandlungen mit Gründgens, der in seine Heimatstadt Düsseldorf als Generalintendant des dortigen Theaters zurückgekehrt war, gerieten zu einem Hin und Her, das von Ungeschicklichkeiten der West-Berliner Verwaltung ebenso zeugt wie von Empfindlichkeiten und Eitelkeiten von Gründgens. Schon 1949 war der West-Berliner Magistrat an den Theatermann herangetreten, der sich aber abwartend verhielt. Schließlich verhandelte Ernst Reuter selbst mit Gründgens, der letztlich mit einem Absagebrief alle Träume einer neuen Ära Gründgens in Berlin zerplatzen ließ.

Was einmal theatralische «Provinz» war, schien nun attraktiver zu sein als die einstige Theaterhauptstadt Berlin, was auch Heinz Hilpert bewies. Der ehemalige Leiter des Deutschen Theaters liebäugelte noch mit einer Position in Berlin, blieb aber dann in Göttingen.

Ein großer Name bot sich selbst an, drängte sich geradezu auf: Jürgen Fehling. Als Regisseur hatte er sich im Dritten Reich vor allem mit einer das Regime bloßstellenden Inszenierung von «Richard III.» einen hervorragenden Ruf erworben. Aber ebenso eilte ihm der Ruf voraus, für jede Leitungsaufgabe allein wegen seines anarchisch-cholerischen Temperaments ungeeignet zu sein. Als er am 4. Februar 1948 die Leitung des Hebbel-Theaters übernahm, wandten sich schon 15 Tage später 36 Mitarbeiter an den US-Theateroffizier John Bitter und erklärten, daß Fehling «untragbar» sei.[75] Auch in seinem Bemühen, Leiter der ersten Bühne in West-Berlin zu werden, zeigte er sein extremes, in Krankheit mündendes Wesen. Er vergrätze das Ensemble des Hebbel-Theaters derartig, daß die Schauspieler die weitere Zusammenarbeit verweigerten, und fiel über den Konkurrenten Fritz Kortner mit ungebremstem, auch antisemitischem Ressentiment her.[76] «Dies ist kein Theater, sondern ein Puff. Dieses Haus gehört in meine Hände!», rief er, der sich ungerechtfertigt um das Intendantenamt gebracht sah, nach einem Besuch des Schiller-Theaters und forderte die Zuschauer auf, das Theater zu stürmen.[77]

Fritz Kortner hatte mit einer «Don Carlos»-Inszenierung im Oktober 1950 alle Chancen auf eine Intendanz des Schiller-Theaters verspielt. Die zeitkritische Produktion provozierte mit ihrer präzisen Nüchternheit und mahnenden Erinnerung an das Dritte Reich. Zum Skandal wurde die Aufführung, als die königliche Garde ihre Gewehrsalven direkt ins Publikum abfeuerte. Nach der offiziellen Lesart war eine technische Panne daran schuld, weil die Drehbühne vorzeitig zum Stillstand gekommen sei. Aus dem Umkreis von Kortner wurde jedoch kolportiert, daß der Emigrant Kortner dem in seinen Augen durch Mitläuferschaft und Beteiligung an dem NS-Regime korrumpierten Publikum einen Schuß vor den Bug geben wollte.[78] Fast gleichzeitig erschütterte ein weiterer Theaterskandal die Stadt. Das Wiener Burgtheater gastierte mit Henrik Ibsens «John Gabriel Borkmann» mit Werner Krauß in der Titelrolle. Anstandslos war der durch seine Mitwirkung am «Jud Süß»-Film diskreditierte Schauspieler im Bundesgebiet aufgetreten, aber in West-Berlin kam es zu Protesten der Jüdischen Gemeinde und zu Demonstrationen von Studenten vor dem «Theater am Kurfürstendamm». Es gab Tumulte, Schlägereien und ein erstes Wetterleuchten der politischen Unruhen, die sich knapp zwanzig Jahre später am selben Ort bei den Studentenprotesten manifestierten. Es verblüfft, daß Ernst Reuter, der die Seele von West-Berlin so genau kannte, diesmal über die eigene Stadt rätselte. West-Berlin, so seine Erkenntnis, ist eben doch anders als das Bundesgebiet.

Nur wenige Wochen nach den Unruhen um Fritz Kortner und Werner Krauß stieg gewissermaßen weißer Rauch aus dem Rathaus Schöneberg, war ein Intendant für das Schiller-Theater benannt, der keine Turbulenzen befürchten ließ. Die Berufung von Boleslaw Barlog war eine pragmatische Lösung und ein frühes Beispiel der für West-Berlin typischen Timidität, die vor großen, unbequemen Lösungen zurückschreckt, sich schwierige Künstler vom Leib hält, mit dem Mittelmaß begnügt oder Führungskräfte weit über den Zenit ihrer Schaffenskraft im Amt hält. Barlog hatte menschlich und künstlerisch das Talent, everybody's darling zu sein, politisch gesehen «Lieblingskind vieler maßgebender Kräfte».[79] Der Mann mit dem schwarzhaarigen Wuschelkopf wußte selbst, daß er keiner der ganz Großen war, sprach in der ihm eigenen selbstgewissen Bescheidenheit davon, daß er am Schiller-Theater nur den Trockenmieter für Gründgens mache, was er dann mit einer über zwanzigjährigen Amtszeit vehement widerlegte.

Erstaunlich ist die Karriere von Boleslaw Barlog, die vom Posthelfer und Hilfsbademeister zum Intendanten eines Staatstheaters führte. Theaterbesessen war er über allerlei Handlangerdienste Regieassistent bei Heinz Hilpert geworden und 1940 beim Film gelandet. Ideologie und Theorie waren dem quirligen Theatermann reichlich fremd. Er war ein Theaterleiter, für den zunächst die elementaren Grundsätze galten, daß der Lappen hochgehen und das Publikum zufrieden sein muß. Blendend hat er diese Bedingungen erfüllt, als er nach dem Krieg ein ehemaliges Kino unter schwierigsten Bedingungen in ein Theater verwandelte und im Süden der Stadt, in Steglitz, mit dem «Schloßparktheater» einen Publikumsmagneten schuf. Er hatte ein sicheres Gespür für schauspielerische Talente und große Namen, inszenierte mit Hildegard Knef, Klaus Kinski, Hans Söhnker oder O. E. Hasse. Selbst ein Regisseur für alle Gelegenheiten, holte er aber auch Günter Rennert, Walter Felsenstein oder Rudolf Noelte an sein Haus, die ihm an Stringenz und Stilwillen überlegen waren.

Wo die meisten anderen nach 1945 von arbeitslosen Theaterleuten gegründeten Bühnen bald von der Szene abtraten, da gab es bei Barlog Erfolgsserien mit über 100 Aufführungen. Mit «Des Teufels General» schaffte er sogar 302 Aufführungen, wobei ein Kunststück darin bestand, den widerstrebenden Verleger Peter Suhrkamp die Aufführungsrechte abzuhandeln und vor der Vertragsunterzeichnung noch eine Debatte über Militarismus in Ost und West mit dem in Suhrkamps Zehlendorfer Haus zufällig anwesenden Bert Brecht mit Anstand zu überstehen.[80]

Mit dem Wohlwollen der Kritik war es allerdings vorbei, als Barlog auch noch das Schiller-Theater übernahm. «Mittelmäßigkeit»[81] gehörte noch zu den freundlicheren Urteilen über den Chef der beiden Staatstheater. Andere Kritiker zählten ihn zu jenem «Kroppzeug»[82], das in West-Berlin zurückgeblieben sei, nachdem die Größen des Kulturbetriebs mit der Blockade der Stadt den Rücken zugekehrt hätten. Auch Joachim Tiburtius, der als neuer Senator für Volksbildung 1951 Barlog von seinem Vorgänger übernommen hatte, machte aus seiner Abneigung keinen Hehl und sprach unverblümt von einem «ungebildeten Striese».[83]

Für die Eröffnungsvorstellung am 6. September 1951 wählte Barlog den «Wilhelm Tell», der als Freiheitsdrama hohe Symbolkraft besaß. Sich selbst besetzte Barlog als Regisseur und erwies sich, dem Spezialisten für das Heitere und Leichte, einen Bärendienst, so daß er selbst am Ende von einem «verpfuschten Anfang»[84] sprach. Nicht der Regisseur wurde gelobt, sondern das eindrucksvolle Bühnenbild des Brecht-Freundes Caspar Neher, auch wenn es unter den Eskapaden der Beleuchtung besonders zu leiden hatte. Bei Barlog wie etlichen seiner Schauspieler wurde bemängelt, daß sie, vom «Nudelbrett» des Schloßparktheaters kommend, der großen Bühne nicht gewachsen seien. Mit dem ältesten und dem jüngsten Schauspieler offenbarte die biedere Produktion, daß sie mehr dem Gestern als der Zukunft verpflichtet war. Der 84-jährige Albert Bassermann, während des Dritten Reiches in der Emigration, trat noch einmal als Attinghausen in Berlin auf, erschütterte mit seiner Mahnung «Einigkeit, Einigkeit, Einigkeit» das Publikum in der geteilten Stadt, genoß die Zustimmung wenige Monate vor seinem Tod und löste sonst zwischen seinen Auftritten unermüdlich in der Garderobe Kreuzworträtsel. Die Besetzung des Knaben Tell mit dem dreizehnjährigen Götz George war kein visionärer Vorgriff auf dessen spätere Erfolgskarriere, sondern eine Reverenz Barlogs an den Vater des Jungen, Heinrich George. Der war Vorgänger Barlogs am Schiller-Theater, hatte das Haus während des Dritten Reiches fünf Jahre lang geleitet.

Ehe noch das überwiegend aus offiziellen Gästen bestehende Publikum zu der am Ende mit höflichem Applaus bedachten Eröffnungsvorstellung im Schiller-Theater Platz genommen hatte, saß der Hausherr schon zwischen allen Stühlen. Ausgerechnet der nicht zuletzt wegen seiner apolitischen Haltung ins Amt berufene Boleslaw Barlog geriet in einen Ost-West-Konflikt, der die Spaltung des Theaterlebens in der Stadt bedeutete. Unbekümmert, selbstverständlichen kollegialen Gepflogenheiten folgend, hatte Barlog die Intendanten der Theater in Ost-Berlin zur Eröffnung des Schiller-Theaters eingeladen. Aber am Tag der Premiere mußte er sie auf Anweisung des Senators Tiburtius wieder ausladen und ihnen per Telefon mitteilen, daß sie selbst bei regulärem Kartenkauf keinen Zutritt zum Theater erhalten und notfalls durch «Aufsichtsorgane» des Senats aus dem Theater entfernt würden.[85] Auch für alle weiteren Premieren gelte ein solches Hausverbot.

Diese rüde Zurückweisung mußte unweigerlich bei den Chefs der Ost-Berliner Bühnen als Affront und als klare Absage an einen letzten Rest Gemeinsamkeit in der Stadt verstanden werden. Sie wandten sich mit ihrer Reaktion nicht an den das Debakel auslösenden Senat von West-Berlin. Die Intendanten der großen Bühnen schrieben an den «Lieben Kollegen Barlog» einen als privat deklarierten Brief. Tonfall und Länge verliehen der Epistel allerdings deutlich offiziösen Charakter, und dem entsprach es, daß sie wenige Wochen später im *Neuen Deutschland* veröffentlicht wurde.[86] Barlog wurde aufgefordert, zur Wiederbewaffnung in der Bundesrepublik Stellung zu nehmen, sich für ein «gesamtdeutsches Kulturgespräch» zu engagieren, die «Stimme für die Kultur, gegen die Zerstörung zu erheben». Der Intendant des Schiller-Theaters reagierte nicht und erklärte später, daß er den Brief nur halb gelesen und dann in den Papierkorb geworfen habe.[87] Trotzdem war er in eine propagandistische Zwickmühle geraten. Zwar gab es keine verwertbare politische Stellungnahme von ihm, doch instrumentalisierte Ost-Berlin nun die in West-Berlin gegen Barlog erhobenen Vorwürfe, daß er einen solchen Brief dem Senator hätte vorlegen sollen. Von «Polizeiaufsicht für Barlog» sprach das *Neue Deutschland*[88] und ließ sich die Gelegenheit nicht entgehen, das Bild vom Intendanten am Gängelband der West-Berliner Kulturverwaltung zu entwerfen, wo doch sonst den Bühnen in Ost-Berlin vom Westen vorgehalten wurde, dem Diktat der Parteifunktionäre zu unterliegen.

Senator Tiburtius hatte sich mit seiner rüden Ausladung der Ost-Berliner Intendanten eine Niederlage eingehandelt. Aber nicht er, sondern

Boleslaw Barlog stand im Regen der öffentlichen Kritik wegen zu viel Nähe zum östlichen Kulturbetrieb, und der Senator ließ ihn dort stehen. Später drang er sogar auf die Entlassung Barlogs, weil dieser über ihn gesagt hatte, er sei «ein Arschloch, dem man mit einer Latte mit rostigen Nägeln über den Schädel hauen sollte».[89] Es gehört zu den West-Berliner Eigenarten, daß derartige Animositäten letztlich doch irgendwie in einem Miteinander endeten. Für beständige Feindschaften war die Stadt zu klein, das personelle Geflecht zu eng. Daß Boleslaw Barlog am Ende sogar die Totenrede auf den von ihm liebevoll «Senator Tibby» genannten Politiker hielt, lag auch am Wesen der beiden, bei dem Grundsätzlichkeit nur temporäre Geltung besaß.

Joachim Tiburtius war ein Mann von mächtiger Erscheinung, die sich mit großen rhetorischen Gaben verband, wobei im Schwall der Worte oft genug unterging, was der Senator wirklich meinte. Vom Herkommen eigentlich Professor der Volkswirtschaft, war er doch ein engagierter Freund der Künste und ließ sich dabei pragmatisch von dem leiten, was schon seine Dissertation vorgegeben hatte, die den Titel trug «Der Begriff des Bedürfnisses». Den einen gilt Tiburtius als der bedeutendste Kultursenator West-Berlins[90], den anderen ist er ein typischer Vertreter jenes «intellektuellen Mittelmaßes»[91], das die «Provinz-Kultur» West-Berlins bis zu den Umbruchzeiten der 68er-Unruhen prägte.

Mit seinem Amt hatte Tiburtius einen Konflikt übernommen, der bis in die Blockadezeit zurückreichte. Es herrschte ein «latenter Kulturkampf»[92], in dem jede Stadthälfte versuchte, sich kulturell zu profilieren, die Überlegenheit des eigenen Systems zu beweisen, wobei sehr handfest verfahren wurde. Im Oktober 1948 wurde in der (Ost) *Berliner Zeitung* spekuliert, daß das West-Berliner Konzertwesen bald daniederliegen würde, weil es keinem Konzertunternehmer gelingen werde, sein Publikum in einen ungeheizten Saal zu locken.[93] Der Westen glaubte, sich mit Boykott zur Wehr setzen zu müssen. Die Philharmoniker erhielten Auftrittsverbot im Osten, und in einer vor allem vom *Tagesspiegel* betriebenen Kampagne wurde dazu aufgerufen, keine Theater im Ostsektor zu besuchen, doch traf dies keineswegs die allgemeine Stimmung der Stadt. Friedrich Luft, als «Stimme der Kritik» im RIAS und in der *Neuen Zeitung* maßgeblicher Kritiker in West-Berlin, zeigte zunächst Unverständnis für die «Radikalisierung des Bruderkampfes der Künste».[94] Doch die Fronten verhärteten sich, und ehe noch Wasserleitungen und Telefonverbindungen zwischen den beiden Stadthälften gekappt wurden, begann eine schleichende kulturelle Spaltung der Stadt. Auf den West-Berliner Theaterplakaten wurden die Bühnen im Osten nicht mehr genannt. Die Aufführung des stalinistischen Propagandastücks «Der große Verrat» des österreichischen Kommunisten Ernst Fischer samt «königlichem Einzug der SED-Funktionäre»[95] am 18. Juli 1950 fand Friedrich Luft derartig degoutant, daß er hinfort bis auf Ausnahmen keine Aufführungen im Ostteil der Stadt mehr besuchte. Der Brief des Intendanten des Deutschen Theaters Wolfgang Langhoff an Friedrich Luft, er möge künftig wegen Mangels an objektiver Berichterstattung nicht mehr an Veranstaltungen seines Hauses teilnehmen, war also gar nicht mehr nötig. Die Sektion «Darstellende Kunst» der Akademie der Künste (Ost) wies allerdings mit einer Presseerklärung auf die mit solcher Abgrenzungspolitik verbundene Gefahr eines Auseinanderdriftens der Stadthälften hin. Sie erklärte sich zum «schärfsten Gegner einer radikalen Spaltung Berlins auf kulturellem Gebiet. Wir spielen für ganz Berlin.»[96] Das ZK der SED war von dieser Äußerung wenig angetan, deklarierte sie als «höchstpersönlich». Schließlich war der Grat äußerst schmal, auf dem sich West wie Ost in Berlin in ihrer Kulturpolitik bewegten. Auf der einen Seite sollte die eigene Leistung propagandistisch herausgestrichen werden, auf der anderen Seite mußte der Eindruck vermieden werden, damit die Teilung zu fördern.

Noch schwebte in den Köpfen die Vorstellung, man könne politisch gespalten, aber doch kulturell vereint sein, so wie es in den ersten Nachkriegsjahren der Fall war. «Wer kümmerte sich darum, daß das Deutsche Theater im Osten lag, das Hebbel-Theater im Westen? Es spielte keine Rolle, ob man in den Ostsektor mit der U-Bahn ein paar Stationen weiter fahren mußte. Man hatte kein schlechtes Gewissen, wenn man zu Konzerten oder Theateraufführungen in den Ostsektor ging.»[97] Schon wenige Jahre später war das Bild disparater. Selbst Ferdinand Friedensburg, ein bis zur Verbohrtheit an einem Gesamt-Berlin festhaltender Politiker, urteilte Anfang der 50er Jahre: «Nur ein winziger Teil der Bevölkerung in beiden Teilstädten besucht die Theater jenseits der Sektorengrenze.»[98] Es waren nicht erst die 1952 von Ost-Berlin verhängten rigiden Beschränkungen für den Verkehr zwischen den beiden Stadthälften, die Distanz schufen. Nach Friedensburgs Beobachtung kam sich der Westbesucher in der Komischen Oper in Ost-Berlin als Fremdling vor, ebenso der Ostbesucher im Schloßparktheater in West-Berlin. Es war eine Erfahrung, die nach dem Fall der Mauer ungleich heftiger gemacht wurde, als sich die kulturaffinen Milieus der beiden Stadthälften keineswegs mischen wollten, sich fremd und abgegrenzt in den Foyers der Theater und Konzertsäle gegenüberstanden, jetzt sogar deutlich in der Kleidung, oft sogar im Habitus voneinander unterschieden.

Vor allem mit der Staatsoper, seit je erste Opernbühne in Berlin, hatte der Osten eine Institution von großer Attraktivität für Künstler wie Publikum aus der anderen Stadthälfte und war bereit, dafür erhebliche finanzielle Opfer zu bringen. Vor allem Sänger wurden mit lukrativen Angeboten an das Haus gebunden, und das Publikum aus dem Westen durfte sich an den niedrigeren Eintrittspreisen erfreuen. Mit der im Westteil zum Kurs von 1:5 eingetauschten Ostmark wurde ein Opernbesuch im Ostteil zu einem billigen Vergnügen. Daß solcher Zuspruch propagandistisch als Zeichen der Systemüberlegenheit ausgenutzt wurde, störte Publikum wie Sänger wenig, die die politischen Implikationen gerne mit dem Satz «Hier gilt's der Kunst» beiseite schoben.

Senator Tiburtius und die den Senat tragenden Parteien im Abgeordnetenhaus sahen sich in die Enge getrieben und düpiert. In der DDR baute die SED mit spätstalinistischer Rücksichtslosigkeit ihr Regime aus, ließ unliebsame Gegner verhaften und in Moskau durch Genickschuss hinrichten, erhöhte mit forcierter Sozialisierung den Druck auf die Bevölkerung, was sich in steigenden Flüchtlingszahlen bemerkbar machte. Aber über allem sozialistischen Grau strahlte der Glanz vor allem der Oper – und dies noch mit westlicher Hilfe. Denn ein Großteil des Personals kam aus dem Westen. Allein an der Komischen Oper hatten 1952 rund 80 Prozent der Beschäftigten ihren Wohnsitz in West-Berlin.[99] Entscheidend für Tiburtius war nicht die Wohnsitzfrage, schließlich wohnten die Chefs der beiden Ost-Opern, Walter Felsenstein und Ernst Legal, auch im Westen. Entscheidend für Tiburtius war, daß fest an der Städtischen Oper verpflichtete Künstler auch an der Staatsoper auftraten und damit dem eigenen Haus in West-Berlin Konkurrenz machten.

Aggressiv und defensiv zugleich versuchte Tiburtius rigoros zu verhindern, daß Künstler sowohl im Westen als auch im Osten tätig waren. Als «Sängerkrieg» ging dieser Kampf in die Berliner Geschichte ein, obwohl auch andere Künstler wie der 1. Konzertmeister der Philharmoniker oder die Schauspielerin Berta Drews, Witwe von Heinrich George, davon betroffen waren. Tiburtius scheiterte letztlich daran, daß die Sänger nicht einfach zur Aufgabe von Verträgen gezwungen werden konnten und daß das Publikum seine Lieblinge bejubelte, egal wo sie auftraten. Vor allem zeigten die westdeutschen Kulturminister keinerlei Willen, sich an einem solchen Boykott zu beteiligen und damit den innerdeutschen Kulturaustausch zu gefährden. Wenn aber den westdeutschen Künstlern Auftritte im Osten gestattet wurden, waren diese den West-Berliner Künstlern schwer zu verweigern. Es half nichts, daß Tiburtius schmollte und grollte und in die für West-Berlin typische Gekränktheit über mangelnde Solidarität Westdeutschlands mit der Halbstadt verfiel.

Mit der Wiedereröffnung der Staatsoper 1955 war der Sängerkrieg beendet und vorläufig entschieden. Dem mit Glanz, Staatsführung und Wagners «Meistersingern» eingeweihten Repräsentationshaus hatte der Westen nichts entgegenzusetzen, wo sich die Städtische Oper noch immer mit dem Ausweichquartier «Theater des Westens» bescheiden mußte. Selbst eine erste Ausschreibung für einen Wiederaufbau der Städtischen Oper scheiterte 1953 am fehlenden Geld.[100] Erst 1959 konnte mit einem Neubau begonnen werden und erst 1961 fand die weit zurückreichende, sich im West-Ost-Konflikt verschärfende Rivalität zwischen den Opernhäusern der Stadt mit dem Mauerbau ein Ende. Ost-Berlin verlor mit einem Schlag künstlerisches und technisches Personal aus dem Westen, das an der Staatsoper etwa die Hälfte ausmachte. Während der Spielbetrieb an Komischer Oper und Staatsoper zu kollabieren drohte, wurde im Westen die wiederaufgebaute Städtische Oper als «Deutsche Oper» glanzvoll eröffnet. Die große, nach Osten gerichtete Geste dieses Hauses mit seiner 70 Meter langen Waschbetonfront lief allerdings ins Leere. Mit 1900 Plätzen auch für Besucher aus dem Osten gedacht, war das Haus von den erhofften Besuchern abgeschnitten und war nun eine reine West-Oper, die, mit viel Geld ausgestattet und mit Ambition betrieben, in den Kreis der großen Opernhäuser der Welt aufstieg, während die Staatsoper den internationalen Anschluß verlor.

Insel im Krisenmeer

«Der Osten ist nah und der Westen ist fern», hatten die «Insulaner» während der Blockade gesungen, und mit den 50er Jahren rückte auch der scheinbar so nahe Osten für die West-Berliner in unerreichbare Ferne. Seit 1952 gab es keinen Strom mehr aus Ost-Berlin, waren die Telefonleitungen zwischen den Stadtteilen gekappt, liefen Gespräche zwischen Ost- und Westberlin handvermittelt über Frankfurt am

Main. Vor allem aber wurde West-Berlinern der Zugang in die DDR verwehrt. Nur noch nach Ost-Berlin durften sie. Bis dahin ganz selbstverständliche Besucher- und Pendlerströme kamen zum Erliegen. Selbst die etwa 10 000 Grabstellen von Angehörigen konnten die West-Berliner nicht mehr aufsuchen. Ihre Kleingärten im Umland mußten sie völlig abschreiben. An die 35 000 Anträge auf Entschädigung für die auf DDR-Gebiet liegenden Laubenkolonien wurden bei den West-Berliner Bezirksämtern gestellt.[101]

An der Verödung seiner großen, traditionsreichen Bahnhöfe konnte West-Berlin erkennen, wie es von den traditionellen Verkehrsströmen abgeschnitten wurde. Schon im April 1951 fuhr der letzte Zug vom Görlitzer Bahnhof ab. Im Mai 1952 endete auch auf dem legendären Anhalter Bahnhof der Betrieb, war die ehemalige Kathedrale des modernen Schienenverkehrs nurmehr eine gigantische Ruine. Verantwortlich für das Bahnhofssterben in West-Berlin war die (DDR)Reichsbahn, bei der durch sowjetische Verfügung von 1945 die Eisenbahn-Betriebsrechte in ganz Berlin lagen. Die Reichsbahn fuhr die Traditionsbahnhöfe nicht mehr an, leitete die Züge für West-Berlin über die Stadtbahn zum Bahnhof Zoo, der damit zum Fernbahnhof West-Berlins wurde und mit dazu beitrug, das etwas diffuse neue urbane Zentrum um die Gedächtniskirche mit Substanz zu füllen. Möglich wurde die Abnabelung der West-Berliner Bahnhöfe durch den Ausbau des Eisenbahnrings um Berlin. Derartig eilig hatte es die Reichsbahn unter Druck der sowjetischen Militärverwaltung mit der Umfahrung West-Berlins, daß das Unternehmen zu einer Mischung aus Groteske und Desaster wurde. Erst mußte nämlich der Eisenbahnabschnitt Biesenhorst-Karow wiederhergestellt werden, der kurz davor durch sowjetische Demontage abgerissen worden war. Dann wurde die Restlücke im Ring ohne Rücksicht auf die schwierigen Geländeverhältnisse geschlossen, so daß schon wenige Tage nach Eröffnung der Umgehungsbahn Schienen brachen und Dämme weggespült wurden.[102] Pannen und Opfer, die von der DDR wie der Sowjetunion hingenommen wurden, so lange das Hauptziel, West-Berlin zu isolieren, einigermaßen erreicht wurde.

«Senatsreserve» lautete ein Mittel, mit dem im Westen gegen eine totale Abschnürung West-Berlins vorgebaut wurde. Spektakulär wäre diese Aktion durch ihren Umfang gewesen, wäre sie nicht so geheim wie möglich abgewickelt worden. Was in Erfüllung einer «Berlin Kommandantura Order» (BKO) im August 1949 seinen Anfang genommen hat, war bis zum Ende West-Berlins 1990 «top secret». Die Bevorratung für den Krisenfall geschah erst auf Anweisung der Alliierten, dann in Zusammenarbeit mit dem Senat, der eine eigene, hundertköpfige Dienststelle für das etwas geheimnisumwobene Unternehmen betrieb. Unübersehbar waren die 1,5 Millionen Tonnen Steinkohle, die für eine fünfmonatige Versorgung der Stadt sorgen sollten. Seit die vom ehemaligen Bergassessor Ferdinand Friedensburg während der Blockade in West-Berlin veranlaßten Bohrungen nach Kohle absolut unergiebig verlaufen waren, war es offensichtlich, daß das Bunkern von Brennmaterial für den Notfall vorrangig war.

Andere Güter, vor allem langlebige Lebensmittel, wurden unauffällig in großen Lagerhallen im Westhafen gehortet. Diskret ließ sich das Zahngold in einem Senatstresor aufbewahren. Was genau wo gelagert wurde, blieb unbekannt. Offiziell wurde nur angedeutet, daß die Warenliste von Arzneimitteln bis Zündhölzer reiche, auf 200 Plätze im Stadtgebiet verteilt sei und die Lagerung 64 Hektar Freifläche und 42 Hektar Hallen-, Kühl- und Gefrierflächen beanspruche.[103] Überraschung stellte sich ein, wenn offenbar wurde, daß in einem Weltkriegs-Hochbunker am Anhalter Bahnhof Fischkonserven aufbewahrt wurden und mitten in Kreuzberg in einem nüchternen Allerweltsbau Unmengen von Glas für den Notfall bereitgehalten wurden.

Wechselhaft war das Geschick der Senatsreserve, die zur Freude des Handels immer wieder erneuert werden mußte. Allmählich wurde davon Abschied genommen, Kleidung für die West-Berliner bereitzuhalten, die, wie sich beim Abverkauf zeigte, herzlich unmodisch war. Auch die für den Dienstverkehr der Beamten gedachten Fahrräder wurden schließlich abgestoßen, dies durchaus zur Freude der Konsumenten, die die preiswerten stabilen Gefährte zu schätzen wußten. Zunehmend wurden vor allem Grundstoffe bevorratet, in Spezialfällen auch Fertigprodukte bereitgehalten wie im Fall der «Nachttöpfe für Kleinkinder aus Kunststoff, neutral», bei deren Ausschreibung ausdrücklich darauf hingewiesen wurde: «Raumsparende und langjährige Lagerung muß durch entsprechende Verpackung gewährt sein.»[104]

Je länger die aus der Erfahrung wirklicher Not geborene Vorratshaltung andauerte, desto kritischer wurden die Stimmen. In den 80er Jahren schwand unter der Bevölkerung von West-Berlin das Verständnis für eine Senatsreserve, die nur noch ein Relikt des Kalten Krieges zu sein schien, das noch dazu pro Jahr an die hundert Millionen Mark verschlang. Vergessen war dann schon, daß nach 1950 die Senatsreserve nichts anderes war als die staatliche Form alltäglicher Übung in vielen Haushalten. In den

Fluren der Wohnungen fanden sich Hängeböden, in den Kellern extra Regale, in denen Lebensmittel für den Notfall bereitgehalten wurden: Mehl, Zucker, Knäckebrot, getrocknete Erbsen und Ähnliches, meist sorgfältig datiert, damit es wie bei der großen Senatsreserve rechtzeitig gegen neue Ware ausgetauscht werden konnte. Auch wenn die Verhältnisse stabiler wurden, war nicht in Vergessenheit geraten, wie schlecht es einem noch vor kurzem gegangen war.

Anfang der fünfziger Jahre war West-Berlin noch weit davon entfernt, ein attraktives Schaufenster des Westens zu sein. Der Kurfürstendamm belebte sich, aber er flackerte eher als daß er strahlte. Was den Besucher aus dem Ostsektor oder der DDR an der Sektorengrenze erwartete, war Kommerz in seiner billigsten Form: Buden oder gar nur Marktstände, in denen in der DDR knappe Waren zu Niedrigpreisen angeboten wurden. Daß West-Berlin dennoch zum Magneten für Menschen aus der DDR wurde, hatte einen anderen Grund. Die Stadt war für sie nicht so sehr Schaufenster des Westens, sondern das Tor zum Westen. Im Frühsommer 1952 war die Zonengrenze zur Bundesrepublik hermetisch abgeriegelt worden. Der seit Anfang des Jahres stark angestiegene Flüchtlingsstrom aus der DDR fand in West-Berlin den einzigen Ausweg aus dem zunehmend als belastend empfundenen Leben in der DDR. Der «Aufbau des Sozialismus» und die Kollektivierung der Landwirtschaft verschärften die Situation. Hatte bis zur Jahresmitte 1952 etwa die Hälfte der Flüchtlinge den Weg über Berlin gewählt, so waren es im Juli schon 77 Prozent, im August 85 Prozent und Anfang 1953 fast 100 Prozent. Allein im Februar kamen 60 000 Flüchtlinge nach West-Berlin, so viele wie sonst in einem ganzen Jahr.

Selbst der krisenbewährte Ernst Reuter saß angesichts der Flüchtlingsflut hilflos an seinem Schreibtisch, zitterte nach eigenem Bekunden, weil er nicht mehr wußte, wie er und die Mitarbeiter der Flüchtlingshilfe trotz fünfzehnstündigem Arbeitseinsatz die Aufgabe bewältigen könnten.[105] Theoretisch war die Frage geklärt. Die Flüchtlinge sollten überwiegend ins Bundesgebiet ausgeflogen und entsprechend festgelegten Quoten auf die Bundesländer verteilt werden. West-Berlin hatte danach nur vier Prozent der Flüchtlinge aufzunehmen und doch waren viel mehr in der Stadt. Denn die Flüchtlinge wurden «nach der Aufnahmefähigkeit» der Länder ausgeflogen, was bedeutete, daß zeitweise überhaupt nichts mehr lief. Die Stimmung in West-Berlin drohte zu kippen, weil sich die Stadt von einem Flüchtlingsstrom über Gebühr heimgesucht sah. Außerdem hielten sich in West-Berlin rund hunderttausend Menschen auf, die von den Bundesbehörden nicht als Notaufnahme-Fälle anerkannt wurden, aber keineswegs daran dachten, in die DDR zurückzukehren, sondern meist illegal und als Schwarzarbeiter in West-Berlin blieben.

Es fiel schwer, in dieser Situation «Vorposten der Freiheit» zu bleiben, vor allem, weil es am nötigen Rückhalt im Bundesgebiet fehlte. Während man in Berlin die Not der Flüchtlinge unmittelbar erlebte, die meist nur mit dem Nötigsten den Weg in den Westen antraten, wahrte man in Bonn Distanz und hielt sich an das Klassikerwort, daß sich vom sichren Port gemächlich raten läßt. Aus- und Durchhalteappelle gingen an die Menschen in der DDR, und jene, die kamen, gerieten unter Generalverdacht. Von ihnen war in der West-Presse von der «Ausfuhr der Überzähligen» oder vom «Zustrom asozialer Elemente» die Rede. Das offizielle Bonn scheute sich nicht, von der Unterwanderung durch kommunistische Elemente zu sprechen. Der mißtrauische Adenauer sah in allem die «Herren in Pankoff» am Werk, die die Auswanderung nach seiner Meinung förderten. Zum Eklat geriet die Auseinandersetzung, als der Chefredakteur des Bayerischen Rundfunks, Walter von Cube, gegen die Aufnahme der Flüchtlinge polemisierte. Geschehe dies dennoch, so sei dies «selbstmörderische Humanität».[106] Ernst Reuter legte im Gegenzug ein flammendes Bekenntnis ab, gesprochen aus der Warte des «geliebten, aber gepeinigten Berlin». «Zu uns kommen sie geflohen», erklärte Reuter, «und wer kann uns sagen, wir sollten sie nicht aufnehmen? Wer kann uns sagen, wir sollten die brüderliche Hand nicht hinreichen denen, die unterdrückt, verfemt sind, die alles verloren haben, was ihnen Sinn und Inhalt ihrer Existenz bedeutet?» Erboste Replik Reuters in Richtung München: «Der Selbstmord fängt da an, wo die Humanität aufhört.»[107]

Mit der Eröffnung des zentralen Notaufnahmelagers Marienfelde im April 1953 entspannte sich die Situation, allerdings waren dem Bau des im herben Stil des damaligen sozialen Wohnungsbaus errichteten Lagers endlose Querelen mit Bonn vorausgegangen. Schließlich hatte man sich über die Finanzierung und den Standort im Süden geeinigt, der nah genug am Flughafen Tempelhof und fern genug von östlicher Zonen- und Sektorengrenze war. Die Weiterleitung der Flüchtlinge ins Bundesgebiet kam wieder in Schwung. Das Flüchtlingsproblem war gemildert, aber keineswegs gelöst. Versorgungsengpässe in der DDR hielten die Flüchtlingszahlen unvermindert hoch, was nicht nur in West-Berlin weiter Sorge bereitete. Auch in Moskau verunsicherten die hohen Flüchtlingszahlen ein nach dem Tod Stalins instabiles Führungsgremium, das sich allerdings in dem Punkt einig war, daß die Abwanderung derart katastrophal sei, daß die DDR nur noch durch die Anwesenheit sowjetischer Truppen zu halten sei.[108] Dringlichst ging an die DDR-Führung die Anweisung, die Lage im Lande so weit zu verbessern, daß der Exodus ein Ende findet. In der Einschätzung, daß in der DDR Ende Mai 1953 eine Katastrophe drohte, lag die Moskauer Führung richtig. Sie irrte sich jedoch, wenn sie das Flüchtlingsproblem für den möglichen Auslöser der schließlich tatsächlich mit einem Volksaufstand eintretenden Krise hielt.

In West-Berlin wurde die stetig hohe Flüchtlingszahl zwar als schwierig empfunden, doch meinte man, das Problem nach den organisatorischen Verbesserungen im Griff zu haben. Ende Mai hielt Reuter die Lage für derart gefestigt, daß er sich endlich einen lange ersehnten und dringend benötigten Urlaub gönnte. Mit Frau und neuem VW-Käfer fuhr er nach Italien.

Kapitel 3

Stadt zwischen zwei Welten

Volksaufstand und Ätherkrieg

Am Spätnachmittag des 17. Juni 1953, um 17.28 Uhr, geriet West-Berlin ins Schußfeld sowjetischer Kanonen. Soldaten der Roten Armee brachten zwei nach Westen gerichtete Geschütze in der Nähe des Reichstags in Stellung, während zur selben Zeit ihre Kameraden und Ordnungskräfte der DDR den Volksaufstand in Ost-Berlin und der DDR niederschlugen. Zwei Stunden später ging am Spreeufer ein sowjetischer Panzerwagen in Stellung. Das Schußfeld seines Geschützrohrs lag ebenfalls im Westen, so wie das der Panzer und der Panzerabwehrkanonen, die noch um 21.10 Uhr in der Nähe der Invalidenstraße positioniert wurden. Meinten die Sowjets wirklich, daß sie sich gegen einen Angriff aus dem Westen zur Wehr setzen müßten? Wollten sie demonstrieren, daß einen Krieg heraufbeschwört, wer ihren Sektor angreift? Oder wollten sie zur Schau stellen, daß nach östlicher Lesart Aufwiegler des Volkaufstands aus West-Berlin kamen?

Am Morgen des 17. Juni wurde das Politbüro der SED nach Karlshorst an den Sitz der sowjetischen Militärverwaltung beordert. Dort trug man ihm die von nun an geltende Version vor: Der Aufstand sei ein «faschistischer Putsch» gewesen. Das SED-Zentralorgan *Neues Deutschland* machte diese These von den «faschistischen Provokateuren» aus dem Westteil der Stadt öffentlich und in Walter Ulbrichts offizieller Lesart war es ein Putsch, in Gang gesetzt von «Agenten der westlichen Geheimdienste und anderer gekaufter Subjekte, die vor allem von Westberlin aus massenhaft in die Hauptstadt … eingeschleust wurden.»[1] In eiliger Willfährigkeit griffen namhafte Schriftsteller diese Lesart auf. Stefan Heym schrieb von «Mobs von faschistischen Stoßtrupplern in Ringelsöckchen und Cowboyhemden». Erich Loest sprach von «heruntergekommenen Jugendlichen, Strolchen, Bubis mit chromblitzenden Rädern, Mädchen, denen man nicht im Dunkeln begegnen möchte».[2] Daß keine Macht der Welt so unvernünftig sein würde, ihre Insurgenten und Agents Provocateurs derart auffällig dem Erkennen preiszugeben, wurde im propagandistischen Taumel ignoriert.

Örtlich betrachtet, gingen die Ereignisse des 17. Juni knapp an West-Berlin vorbei. Demonstranten zogen zwar durchs Brandenburger Tor, blieben aber an dieser Nahtstelle zwischen West und Ost im Ostsektor. In den Vormittagsstunden des 17. Juni waren auch etliche applaudierende West-Berliner dabei, als die rote Fahne von Demonstranten vom Brandenburger Tor geholt wurde. Aber die West-Berliner Polizei war bemüht, einen cordon sanitaire zwischen die Sektoren zu legen, sperrte die Potsdamer Straße Richtung Osten und versuchte, die zum Brandenburger Tor führende Charlottenburger Chaussee von Menschen frei zu halten. Ironie der Geschichte, daß gerade diese Straße wenige Wochen später den Namen «Straße des 17. Juni» erhielt.

Wo der Volksaufstand in den Westen vordrang, war dies eher zufällig und unerheblich. Im französischen Sektor konnte der Stadtkommandant nicht verhindern, daß Demonstranten aus dem Stahlwerk Hennigsdorf im Norden durch sein Gebiet marschierten und dabei die Hinweisschilder auf die Sektorengrenze einfach überrannten. Am Abend verirrten sich einige sowjetische Panzer in den französischen Sektor, doch drehten sie schnell um, als sie den Irrtum erkannten. Auf dem Revier 29/30 der West-Berliner Polizei wurden die Gegenstände gesammelt, die von den noch im Aufstand ordnungsliebenden Demonstranten abgegeben wurden. Sie stammten aus der Wache der Volkspolizei im Columbiahaus am Potsdamer Platz, das bei den Unruhen in Flammen aufging. In der polizeilichen Asservatenkammer verschwanden unter anderem ein Panzerschrank, vier Pistolen, ein an die Regierung der DDR adressiertes Päckchen, zwei aus dem Ersatzstoff «Lederol» gefertigte Mäntel, Brotbeutel mit und ohne Feldflasche, eine FDJ-Fahne und diverse Akten.

Der spektakulärste Fall ereignete sich nahe der Oberbaumbrücke. Er begann im östlichen Bezirk Friedrichshain und endete im westlichen Bezirk Kreuzberg. Otto Nuschke, Chef der Ost-CDU, mit Dienstwagen und zwei Fahrern unterwegs, wurde in der Warschauer Straße erkannt. Eine Menschenmenge umstellte den Wagen. Für Walter Ulbricht waren es «faschistische Banditen», die den Wagen zwangen, Richtung US-Sektor zu fahren. Die beiden Begleiter von Nuschke machten keine Angaben darüber, wer ihren Chef in den Westen abdrängte. Die Pressestelle der Ost-

CDU sprach von «offensichtlich Westberliner Jugendlichen», doch mußte Nuschke selbst eingestehen: «Ich weiß nicht – diese Leute sind ja nun nicht so unterschieden, daß die, die aus dem Ostsektor stammen, ein anderes Gesicht haben oder eine andere Hautfarbe haben als wie die aus dem Westen!»

Daß eine derartige Aktion auf westlicher Seite kaum geschätzt oder gar beabsichtigt war, zeigte das Verhalten der West-Berliner Polizei. Sie versuchte, die Menge von Nuschke und seinem Wagen fernzuhalten, wurde aber dabei teilweise überwältigt, so daß das Auto beschädigt wurde und Nuschke wie sein Fahrer einige wohl recht harmlose Schläge abbekamen. Ein unmittelbar nach seiner Ankunft im Westen aufgenommenes Photo zeigt ihn zigarrerauchend in bester Verfassung. Anschließend wurde Nuschke erst von der Polizei, dann von amerikanischen Sicherheitskräften vernommen und zum Verbleiben aufgefordert. Dies verweigerte Nuschke und erklärte in einem RIAS-Interview, daß die sowjetischen Panzer nicht schießen, sondern nur demonstrieren. Solches fand Bert Brecht, der die Panzer winkend begrüßt hatte, äußerst imponierend.[3] Nach drei Tagen kehrte Nuschke wieder nach Ost-Berlin zurück.

Der Aufstand vom 17. Juni kam nicht nur für die Machthaber in Moskau und Ost-Berlin überraschend, sondern auch für die Verantwortlichen in Washington und Bonn. Aus West-Berliner Sicht schien die Lage vor dem 17. Juni sogar ausgesprochen entspannt. Das zuletzt drängend gewordene Problem der vielen Flüchtlinge aus der DDR war einigermaßen bewältigt. Die führenden Politiker waren verreist und das allgemeine Interesse galt den am 18. Juni beginnenden 3. Internationalen Filmfestspielen mit Gary Cooper als Stargast und dem Endspiel um die Deutsche Fußballmeisterschaft, das am 21. Juni im Olympia-Stadion stattfinden sollte.

Von dem Aufstand ebenso überrascht wie die Regierungen waren die vielfältigen antikommunistischen Organisationen in West-Berlin, die sich die Gelegenheit nicht entgehen ließen, bei dem Ereignis mitzumachen, indem etwa Flugblätter der Streikenden und Protestierenden nachgedruckt wurden. Der Mitarbeiter des SPD-Ostbüros Siegfried Berger war sogar als Streikführer aktiv. Initiatoren des Aufstands waren dies entgegen der Propaganda des Ostens aber keineswegs.[4] In West-Berlin selbst wurden sie an ihren Aktivitäten gehindert. Eine von der «Kampfgruppe gegen Unmenschlichkeit» an der Sektorengrenze geplante «Ballonaktion», wurde von der britischen Militärregierung untersagt und fand nicht statt, «da niemand an dem angekündigten Ort erschienen ist», wie der Polizeibericht festhielt. Es kam jedoch dazu, daß von einem Lautsprecherwagen der SPD am Potsdamer Platz die Volkspolizisten aufgefordert wurden, die Waffen niederzulegen und überzulaufen. Mit Erlaubnis des den Alliierten unterstehenden Polizeipräsidenten erfolgte auch ein Aufruf in russischer Sprache an die Soldaten der Roten Armee.

Noch am Vormittag des 17. Juni trafen sich die Stadtkommandanten der Westsektoren, weil sie fürchteten, die Ereignisse könnten auf ihre Gebiete übergreifen. Sorge bereitete ihnen eine für den Abend angesetzte Solidaritätskundgebung in Kreuzberg, unmittelbar an der Sektorengrenze. Der als Bürgermeister amtierende Gesundheitssenator Walter Conrad und Polizeipräsident Johannes Stumm wurden vor «ernsthaften Konsequenzen» gewarnt, sollten sich Westberliner an den Unruhen im Osten beteiligen. Die von der SPD organisierte Kundgebung auf dem Oranienplatz versammelte 35 000 Menschen und verlief ohne Zwischenfälle.

Um die Version vom Putsch faschistischer Kräfte aus West-Berlin zu untermauern, wurde noch am 17. Juni der arbeitslose Maler Willy Göttling aus West-Berlin in Ost-Berlin zum Tod verurteilt und vermutlich sofort hingerichtet. Hinweise auf Akten zu Göttling, der Frau und zwei Kinder hinterließ, gibt es im Gegensatz zu anderen standrechtlichen Erschießungen Aufständischer bis heute nicht. Vermutlich war es eine willkürliche Abschreckungsaktion, die West-Berlin diskreditieren und zugleich die mörderischen Vorgaben aus Moskau erfüllen sollte. Um 11 Uhr hatte der sowjetische Hochkommissar für Deutschland Wladimir H. Semjonow aus Moskau den Befehl erhalten, zwölf Rädelsführer zu erschießen und die Mitteilung über ihre Exekution überall in der Stadt auszuhängen.[5]

Eine Einrichtung gab es jedoch in West-Berlin, die in Ost-Berlin zwar nicht sichtbar war, ohne die aber der Aufstand anders verlaufen wäre, vielleicht gar nicht stattgefunden hätte: den RIAS. Dahinter verbirgt sich eine genuin Westberliner Institution. Das Kürzel steht für «Rundfunk im amerikanischen Sektor», und amerikanisch war nicht nur der Sektor, aus dem er sendete, sondern auch die Finanzierung und die Aufsicht.

Bei der Übername ihres Sektors hatten die Amerikaner 1945 zunächst gar nicht die Gründung eines eigenen Senders geplant, sondern an eine Viermächte-Verantwortung auch in Rundfunkangelegenheiten geglaubt. Die sowjetische Seite dagegen dachte nicht daran, ihre einmal in Berlin eroberte Position aufzugeben oder zu teilen. Sie weigerte sich, das von ihr besetzte Gebäude des ehemaligen Reichsrundfunks, das «Haus des Rundfunks», zu räumen, obwohl dieses im britischen Sektor lag. Weiter sendete von hier der «Berliner Rundfunk», der sich mit Journalisten wie Markus Wolf oder Karl-Eduard von Schnitzler rasch zu einem Agitations- und Propagandasender entwickelte, so daß die Amerikaner ihrerseits 1946 einen eigenen, zunächst als DIAS (Drahtfunk im amerikanischen Sektor) bezeichneten Sender gründeten. Später in RIAS umbenannt, residierte er seit 1948 am Kufsteiner Platz, der später dem RIAS-Unterhaltungschef zu Ehren in Hans-Rosenthal-Platz umbenannt wurde. Der wuchtige, gerundete Bau mit dem kantigen RIAS-Schriftzug auf dem hohen, steilen Dach wurde ein Markenzeichen West-Berlins, sein Programm lange das meistgehörte in West- und vor allem in Ost-Berlin und in der DDR, wo er den *Berliner Rundfunk* in eine Minderheitenposition verwies.[6]

Als Einrichtung der «United States Information Agency» (USIA) stand der RIAS von Anfang an auch bei westlichen Beobachtern unter dem Generalverdacht, ein Propagandasender zu sein. Der Osten bewies seine Gabe, mit einem polemischen Begriff die Debatte zu bestimmen, indem er vom «Spionagesender» sprach, gipfelnd in einem Urteil des Obersten Gerichts der DDR im Juni 1955, das den RIAS zu einer «Spionage-, Sabotage- und Verbrecher-Organisation» erklärte. Niemand schien sich daran zu stören, daß ein Rundfunksender, dessen Aufgabe grundsätzlich das öffentliche Ausstrahlen und nicht das geheime Ausspähen ist, als geheimdienstliche Einrichtung apostrophiert wurde. Tatsächlich hat es zwar Überlegungen gegeben, vom RIAS Botschaften für Agenten in der SBZ/DDR versenden zu lassen, doch wurde diese Idee verworfen, um das Ansehen des Senders nicht zu gefährden.

Der Aufstand traf den RIAS wie alle Institutionen unvorbereitet, jedoch reagierte der Sender mit höherer Aufmerksamkeit als andere. Schon am 15. Juni erwähnte der RIAS um 19.30 Uhr kurzfristige Proteststreiks in Ost-Berlin und wiederholte die Meldung bis zum nächsten Tag, während Agenturen und Zeitungen davon keine Notiz nahmen, weil sie am Wahrheitsgehalt zweifelten. Immer blieb der RIAS den anderen Medien voraus, besonders dem *Spiegel*, der auch Tage nach Beginn des Aufstands noch behauptete, die Sowjets hätten die Aktionen organisiert und seien von «Westberliner Stoßtrupps» zum Aufstand gedrängt worden.[7]

Das ausschließlich deutsche Personal des RIAS war zunächst allein in der Verantwortung, weil die US-Stellen nicht erreichbar waren. So mußte der Chefredakteur Egon Bahr, der spätere Vordenker der Brandtschen Entspannungspolitik, allein darüber entscheiden, ob die «freie

Stimme der freien Welt», wie sich der RIAS nannte, auch Sprachrohr der Aufständischen sein soll. Mit leuchtenden Augen, so die Erinnerung von Egon Bahr, stand eine Abordnung der Streikenden vor ihm und forderte, daß ihr Appell zum Generalstreik über den RIAS verbreitet werde.[8] Bahr war sich bewußt, daß er nicht vom amerikanischen Sektor zum Streik im sowjetischen Sektor aufrufen konnte, ohne ernste politische Folgen zu provozieren. So wurde nur ein Fünf-Punkte-Katalog von Forderungen gesendet. Kritisch wurde die Lage, als der RIAS am Morgen des 17. Juni die Aufforderung der Streikenden verbreitete, sich am Strausberger Platz zu treffen. Nun war der amerikanische Direktor des RIAS, Gordon Ewing, zur Stelle, ein Mann von eleganter Erscheinung und distinguiertem Verhalten, dessen gepflegter Oberlippenbart allerdings nach Schilderung Bahrs zitterte, als er das Büro des Chefredakteurs betrat. Der US-Hochkommissar, Botschafter James B. Conant, hatte Ewing angerufen und gefragt: «Will denn der RIAS den Dritten Weltkrieg beginnen?» Das wollte auch Bahr nicht. Der Aufruf wurde ab sofort nicht mehr gesendet.

RIAS-Programmdirektor Eberhard Schütz, ein BBC-geschulter, aus dem englischen Exil nach Deutschland zurückgekehrter Journalist, wandte sich mit einem Kommentar an die Aufständischen: «Macht euch die Unsicherheit der Funktionäre zunutze, verlangt das Mögliche, aber jeder einzelne muß wissen, wie weit er gehen kann.» Egal, ob man darin eine behutsame Solidarität mit den Streikenden oder deren offene Unterstützung sieht: Kommentare wie diese waren für das RIAS-Programm und seine Wirkung nicht bestimmend. Entscheidend waren in bestem angloamerikanischen Journalismus: facts, facts, facts – und dies bereits im Vorfeld des 17. Juni. In den Wochen vor dem Aufstand hat der RIAS die Menschen in der DDR umfassend und ohne Beschönigung über die Probleme in ihrem Land informiert, etwa über die Auseinandersetzung über die den Aufstand auslösenden Normenerhöhungen. Daß der Volksaufstand sich nicht auf Berlin beschränkte, sondern in mindestens 700 Orten gestreikt und demonstriert wurde, wäre ohne die weitgehend flächendeckende Information durch den RIAS nicht möglich gewesen.

«Eine wichtige Rolle» in der Verbreitung des Aufstands in der ganzen DDR attestierte dem RIAS im Herbst ein Bericht des State Department zu den Unruhen vom 17. Juni.[9] Ähnlich meint Egon Bahr, ohne den RIAS hätte der Volksaufstand «so» nicht stattgefunden. Beide Feststellungen besagen wenig, weil sie offen lassen, in welcher Weise diese Wirkung erzielt wurde. Tondokumente und die akribischen Protokolle des damaligen

Nachrichtenchefs des RIAS und nachmaligen Leiters des ZDF-Fernsehmagazins «Kennzeichen D» Hanns-Werner Schwarze zeigen, daß im nachrichtlichen und reportierenden Teil des Programms sachbezogen und kundig gearbeitet wurde. Der Eintrag des Romanisten Victor Klemperer in seinen Tagebüchern über einen «triumphierenden RIAS» wird von den Dokumenten nicht gestützt. Eher gehört diese oft zitierte Bemerkung zu den Passagen, in denen er, der mit SED und DDR das «kleinere Übel» gewählt zu haben meinte, das andere Übel größer macht als es war, um sich vor sich selbst rechtfertigen zu können.

Eine groteske Fußnote im Streit darüber, ob der RIAS den Aufstand des 17. Juni beförderte, ob er zu sehr von antikommunistischem Impetus getragen wurde, lieferte der Ausschuß gegen antiamerikanische Umtriebe des Senators Joseph McCarthy. Der schickte sein vermutlich in homosexueller Liaison verbundenes und gefürchtetes Büttel-Paar Roy M. Cohn und David G. Shine nach Europa, wo sie kurz nach dem 17. Juni auch den RIAS inspizierten und auf die Kündigung des jungen Klaus Bölling, dem späteren Regierungssprecher von Bundeskanzler Helmut Schmidt, drängten. Seine längst beendete SED-Mitgliedschaft wurde ihm zum Verhängnis.[10] Selbst der US-Aufseher des RIAS, Gordon Ewing, wurde zur Vernehmung geladen. Dagegen protestierten neun leitende RIAS-Mitarbeiter, die mit Rücktritt drohten. Dies wiederum wurde vom Herausgeber des *Tagesspiegels* Erik Reger als «wichtigtuerische Erklärung» und Einmischung in innenpolitische Angelegenheiten der USA gegeißelt, verbunden mit der Bemerkung, der RIAS sei gewiß nicht kommunistisch, wohl aber Sympathisant der SPD.

Der Vorwurf an den RIAS, in das Geschehen in der DDR eingegriffen zu haben, wirkte in der Berichterstattung der öffentlich-rechtlichen Sender bis ans Ende der DDR fort. WDR-Chefredakteur Fritz Pleitgen sprach noch im Herbst 1989 von einer Langzeitwirkung des 17. Juni auf sein Berufsverständnis. Er habe Zurückhaltung bei der Kommentierung der Vorgänge in der DDR «gepredigt», um bloß nicht durch «Maulheldentum die Machthabenden zu blutigen Reaktionen herauszufordern».

Die Stärke des RIAS beruhte auch auf der Schwäche der anderen Medien. Nicht nur, daß die Zeitungen und andere Radiostationen ihm meist nachrichtlich hinterherhinkten. Das Gegenstück des RIAS in Ost-Berlin, der Berliner Rundfunk, erreichte die Hörer nicht. Entgeistert mußte der FDJ-Vorsitzende Erich Honecker am 16. Juni feststellen, daß selbst im Gebäude des FDJ-Zentralrats RIAS gehört wurde. «Ihr geht natürlich dem

Klassengegner auf den Leim!», soll Honecker geschnarrt haben und wurde von seiner späteren Ehefrau Margot lachend belehrt: «Wer soll uns denn informieren, wenn die DDR-Sender nur Paul-Lincke-Operettenmelodien spielen.»[11] Am nächsten Morgen empörte sich Bert Brecht im Berliner Ensemble darüber, daß der Berliner Rundfunk mit «Puppchen, du bist mein Augenstern» und «Immer nur lächeln» unterhält, während der RIAS informiert.[12] Brecht bekam einen Wutanfall und schickte eine Delegation ins Funkhaus in die Nalepastraße. Der Chef vom Dienst empfing sie freundlich, hielt aber wenig von dem Vorschlag, daß Brecht, Helene Weigel, Ernst Busch und das ganze Ensemble sofort das Programm übernehmen. Seine Reaktion: Es gibt keine Krisensituation. Einmischung in das Programm ist nicht geboten. Es blieb bei der Mischung aus doktrinärer Agitation und belangloser Unterhaltung, die bis zum Ende der DDR in Funk und Fernsehen anhielt und eine konsequente Hör- und Sehabstinenz des angepeilten DDR-Publikums bewirkte.

Eine vertraute Stimme, die alle 14 Tage im RIAS in der Sendung «Wo uns der Schuh drückt» erklang, war am 17. Juni nur aus der Ferne zu hören. Ernst Reuter wurde in Wien von den Nachrichten über Streik und Demonstrationen in Ost-Berlin überrascht, wo er auf der Rückreise von einem Italien-Urlaub an einem Treffen des Internationalen Städtetags teilnahm. Sein Versuch, sofort nach Berlin zu fliegen, scheiterte, was Gerüchte aufkommen ließ, daß die Alliierten einen unbequemen Mahner möglichst lange aus der Stadt fernhalten wollten, doch dürften tatsächlich organisatorische und technische Pannen der Grund gewesen sein. Reuters Rede auf einer Kundgebung in Wien wurde am Abend des 17. Juni vom RIAS übertragen.[13] Er sprach von der allein von der sowjetischen Besatzungsmacht getragenen «verfluchten Tyrannei» im Osten, so wie er nach seiner Rückkehr am 18. Juni wieder über den RIAS die Überzeugung äußerte, daß auf Dauer ein Volk nicht mit Standrecht, Bajonetten und Panzern niedergehalten werden könne.

Wäre Reuter während des Aufstands in Berlin gewesen, hätte er auf jeden Fall treffendere, die Menschen berührendere Worte gefunden als der in den kritischen Tagen als sein Stellvertreter agierende Gesundheitssenator Walter Conrad. In einer hektisch einberufenen, hilflosen Sondersitzung des Abgeordnetenhauses am Abend des 17. Juni wurde Conrads Rede nach dem Urteil eines Beobachters zum «Höhepunkt der Katastrophe», weil sich die affektierte Sprechweise des Gesundheitssenators mit belanglosen Phrasen verband.[14]

7 Trauerfeier für die Opfer des 17. Juni 1953 vor dem Schöneberger Rathaus mit Konrad Adenauer, Jakob Kaiser und Ernst Reuter. Von den sieben Särgen war der des in Ost-Berlin hingerichteten Willy Götting leer.

Es ist ein müder, erschöpfter Reuter, der auf einem Photo zu sehen ist, das ihn bei der Fahrt zu der Trauerfeier für die Opfer des Aufstands vor dem Rathaus Schöneberg zeigt. Dies war nicht sein Tag, sondern diesmal der von Konrad Adenauer. Der hatte es zwar zunächst abgelehnt, nach Berlin zu fahren, hatte wieder einmal «außenpolitische Bedenken» und einen Paris-Besuch vorgeschoben. Außerdem standen in Bonn am 17. Juni Wahlgesetz und kommende Wahlen im Vordergrund, und wie später beim Mauerbau hatte derlei für Adenauer Priorität.[15] Erst nach heftiger Überredung durch seine Entourage eilte er am 23. Juni direkt aus einer Kabinettssitzung zur Trauerfeier nach Berlin, zu der sich über 100 000 Menschen versammelt hatten. Vor ihnen standen sechs Särge. Ein siebenter war leer, Symbol für den hingerichteten Willy Göttling. Redner waren Ernst Reuter und Jakob Kaiser, der als Minister für gesamtdeutsche Fragen in den Tagen des Aufstands mit mäßigenden Worten hervorgetreten war, vom Osten dennoch als «Agentenminister» denunziert wurde. Adenauers Ansprache wurde zum Höhepunk der Veranstaltung. Beifall und Sympathie schlugen ihm entgegen, als er beteuerte, daß man nicht rasten und ruhen werde, «bis ganz Deutschland wieder vereint ist in Frieden und Freiheit».[16]

Für solche Worte und den streng antikommunistischen Kurs wurde Adenauer belohnt. Bei den Bundestagswahlen 1953 errangen CDU/CSU mit 45,8 Prozent der Stimmen einen überragenden Erfolg. Die SPD fiel auf 28,8 Prozent zurück. In West-Berlin, wo wegen des alliierten Vorbehalts keine Bundestagswahlen stattfanden, stellte das Ergebnis Reuter vor die Frage, ob er in Berlin bleiben solle. Es erreichte ihn eine Anfrage, den Vorsitz der Bundes-SPD zu übernehmen. Reuter blieb unentschieden, wollte Berlin in der schwierigen Lage nicht zurücklassen. Ob er nach dem Schock des 17. Juni, nach dem Rückschlag für die SPD von Depression oder Resignation heimgesucht wurde, ist umstritten. Äußerlich war er voller Aktivität, innerlich aber wohl erschöpft und mutete sich am 27. September noch eine fünfstündige Aufführung von Wagners «Götterdämmerung» zu, deren Trauermarsch zu einem tragischen Präludium für die nächsten Stunden wurde. Übelkeit befiel Reuter danach; er erlitt am Tag darauf einen Herzanfall und starb am 29. September mit 64 Jahren.

Es ist schwer, den Tod von Ernst Reuter nicht in Zusammenhang mit dem Geschehen rund um den 17. Juni zu sehen. Nach der Wut über die Niederschlagung des Aufstands unmittelbar vor der Haustür West-Berlins stellte sich in der Stadt Resignation ein, machte sich ein Gefühl der Ohnmacht breit, dem diesmal nicht wie zu Blockade-Zeiten das Bewußtsein heroischer Selbstbehauptung entgegenzusetzen war. Daß die Teilung der Stadt aufgehoben, daß im Osten die sowjetische Herrschaft abgeschüttelt werden könnte, zerstob unter der Anordnung des während des Aufstands stärksten Mannes im Kreml, Lawrenti Berija: «Niederschlagen. Unbedingt! Erbarmungslos! Unverzüglich!»[17] Die Hoffnung auf eine baldige Einheit von Stadt und Land schwand. Was blieb, war nur noch der Glaube, daß dies in einer in unbestimmte Ferne rückenden Zukunft erreicht werden könnte. Was verlorenging, war das Bewußtsein, im Mittelpunkt der Weltpolitik zu stehen. Resigniert stellte Reuter kurz vor seinem Tod fest, daß selbst die Erinnerung an die von ihm mitgeschlagenen großen Schlachten des Kalten Krieges schon dem Vergessen anheimfalle.[18]

Eine Demütigung erfuhren die Sieger über den Volksaufstand in der DDR, als Ende Juli mit US-Hilfe eine Paketaktion mit Lebensmitteln für Bewohner der DDR anlief. Ernst Reuter war es gewesen, der schon Anfang Juni, also vor dem Aufstand, ein solches Unternehmen als Reaktion auf gravierende Versorgungsschwierigkeiten in der DDR angeregt hatte. Aber erst unter dem Eindruck der Ereignisse vom 17. Juni wurde sein Vorschlag in Bonn aufgegriffen, doch gab es dafür zunächst nicht die erforderliche Unterstützung Washingtons. Erst als die Sowjets ziemlich rüde das Angebot einer Getreidespende ablehnten, wurde das Frachtschiff «American Inventor» mit der ersten Ladung von in West-Berlin auszugebenden Lebensmittelspenden auf den Weg geschickt.

Fünfeinhalb Millionen Lebensmittelpakete wurden verteilt, und fast geschlossen machten die Bewohner Ost-Berlins davon Gebrauch. Aber auch aus entlegenen Teilen der DDR strömten die Menschen zum Ärger ihrer Machthaber in die Stadt, obwohl ihnen örtliche Funktionäre androhten, sich jeden «genau zu merken», der sich ein Paket in West-Berlin abholte. Ein «geheimer Informator» berichtete unter dem Decknamen «Riga» nach Ost-Berlin, daß sich die Menschen mit westlicher Presse versorgten und eine Stimmung herrsche, als ob alle «aus Opposition und auf Bestellung kämen». Vier Jahre war es her, daß West-Berlin durch die Blokkade von seiner natürlichen Versorgung abgeschnitten worden war und die Bevölkerung mehrheitlich das Angebot ausschlug, sich im Ostsektor zu versorgen. Nun war es West-Berlin, wo sich Menschen aus dem Osten mit Nahrung eindeckten, und die Stadt war nicht nur Schaufenster, sondern einen Monat lang fast ein Gratiskaufhaus des Westens. Der Osten war von der Aktion wie von ihrem Erfolg überrascht und reagierte mit heftigster Propaganda und Panzerbewegungen in und um Ost-Berlin. Erst Ende August war der Repressionsapparat gegen Paketabholer so weit entwickelt, daß die am 27. August angelaufene zweite Paketaktion nach wenigen Tagen aufgegeben werden mußte.

Dem Aufstand folgte ein Aufstehen. Auf einer Sondersitzung erhoben sich die Abgeordneten des Deutschen Bundestages zum Gedenken an die Toten. Die kommunistischen Abgeordneten blieben sitzen. Schon am 3. Juli beschloß der Bundesrat, den 17. Juni zum «Tag der deutschen Einheit» und gesetzlichen Feiertag zu erklären. In West-Berlin wurde zehn Tage später ein Teil der Charlottenburger Chaussee in «Straße des 17. Juni» umbenannt. Vier Monate danach wurde der Name auf die gesamte Straße ausgedehnt, die im Dritten Reich ein schnurgerader Teil der Ost-West-Achse war und die in ihrer Mitte von der durch Albert Speer vom Reichstag hierher versetzten und erhöhten Siegessäule unterbrochen wird. Nahe der West-Berliner City wurde sie zur abendlichen Flanierstrecke käuflicher Damen, während der Abschnitt durch den Tiergarten vor allem von Touristen befahren wurde, die das Brandenburger Tor sehen wollten und an ihm nicht weiterkonnten. Die Straße zum Gedenken an die deutsche Einheit war zum Zeichen der Teilung geworden, seit sie nach dem Mauerbau von 1961 zur Sackgasse geworden war, an der es kein Weiterkommen gab.

Reden und Kranzniederlegungen an Mahnmalen und Gedenksteinen zur Erinnerung an den 17. Juni gerieten in West-Berlin wie auch im Bundesgebiet bald zum Ritual. Der Gedenktag schwand aus «Gedankenlosigkeit und Resignation» aus dem Bewußtsein, wurde vor allem in Westdeutschland zu einem zusätzlichen Ausflugtag, wie Willy Brandt als Regierender Bürgermeister feststellte.[19] So unangemessen diese Entwicklung gewesen sein mag, so verständlich war sie doch. Nicht nur, daß das Gedenken einer Niederlage galt. Bei dem Ereignis, dessen gedacht wurde, war der Westen, der es zum nationalen Einheitstag erklärte, nur Beobachter, nicht Teilnehmer gewesen. Nirgends war dies so deutlich wie in West-Berlin. Am 21. Juni reichte es beim Endspiel um die Deutsche Fußballmeisterschaft noch für eine Gedenkminute. Aber schon am Tag des Totengedenkens vor dem Rathaus Schöneberg am 23. Juni zeigten die Filmfestspiele, wie ungerührt das Leben weiterging. Drei Stunden nach der Feier wurde im Kino «Marmorhaus» am Kurfürstendamm der Film «Ein Herz spielt falsch» mit O. W. Fischer und Ruth Leuwerik gegeben. Danach traf sich die Festivalgesellschaft zu einer Gartenparty.[20]

Zwischen Provinz und Weltstadt

Einmalig. Erstmalig. Vorbildlich. Zukunftsweisend. – Die Urteile konnten gar nicht lobend genug sein für einen Bau, der üblicherweise nicht mehr als kommunalpolitische Aufmerksamkeit beansprucht. Und doch kam West-Berlin im September 1954 mit der Eröffnung einer neuen Stadtbibliothek seinem ewigen Traum nahe, die leidige Rumpfexistenz durch Außerordentlichkeit zu kompensieren.

Der schlanke Bau der «Amerika-Gedenkbibliothek» im Stil der inzwischen klassischen Moderne war inmitten einer sich auf nahezu provinzielle Normalität einstellenden Phase West-Berliner Geschichte ein Leuchtzeichen aus der Epoche der spezifischen Allianz von West-Berlin und den USA und, ein Jahr nach seinem Tod, ein Vermächtnis von Ernst Reuter. 1950 waren Reuter in Anerkennung des Durchhaltevermögens der Stadt während der Blockade Sondermittel aus dem Marshall-Plan zur «Gründung eines kulturellen Zentrums» offeriert worden. Welcher Kulturbau es sein solle, war Berlin überlassen.

Der Neubau einer Philharmonie war eine vielfach favorisierte Option. Ein Schatzhaus für das West-Berlin zugefallene Kronjuwel der Berliner Philharmoniker versprach Glanz und war notwendig. Nachdem die alte Philharmonie im Bombenkrieg zerstört worden war, spielte das Weltorchester in unzulänglichen Ausweichquartieren. Ernst Reuter, obwohl ein großer Musikfreund, setzte eine andere Priorität: eine große öffentliche Bibliothek für alle Berliner. Ihn motivierte nicht nur seine persönliche Leidenschaft für das Lesen, sondern auch der alte Anspruch der Arbeiterbewegung «Bildung macht frei», der schon zu Reuters Zeiten in der eigenen Partei an Gewicht verlor und später, wie der lieblose Umgang mit der «Amerika-Gedenkbibliothek» zeigt, völlig in Vergessenheit geriet. Von konservativer Seite wurde der Idee einer Großbibliothek wenig Sympathie entgegengebracht, weil diese die «Herumlungerei» fördern könnte.

Bei den Amerikanern fand die Bibliotheksidee volle Zustimmung. Wie Außenminister Dean Acheson bei der Grundsteinlegung am 29. Juni 1952 sagte, zeige eine Bibliothek, «wie sehr die Freiheit, die wir erstreben, im Grunde eine recht einfache, anspruchslose und persönliche Sache ist». Die Freiheit der Information ließ sich mit einer für Deutschland, ja für Europa völlig neuen Form der Bibliothek konkret erfahren. Die «Amerika-Gedenkbibliothek» sollte eine «public library» sein, wie sie in den USA schon gang und gäbe war. So neu war die Idee, daß keiner der 193 eingereichten Entwürfe für den Neubau den Vorstellungen der Amerikaner entsprach. Beharrlich hielt sich in den Köpfen der deutschen Architekten die Vorstellung, daß Bücher nach Katalogen bestellt werden müssen und tendenziell mißlaunige oder bevormundende Bibliothekare hinter einer Theke ihres Amtes walten und den Lesern die Bücher zuteilen.

«Wissen für alle» hieß, daß gezielt ein Standort im bildungsfernen Arbeiterbezirk Kreuzberg gewählt wurde, an dem sich zwei U-Bahnlinien kreuzen. Nur 1300 Meter von der Sektorengrenze entfernt, sollte es eine Bibliothek für ganz Berlin sein, was durch eine Sichtverbindung bis hin zu «Unter den Linden» verstärkt wurde, die erst durch den Mauerbau 1961 unterbrochen wurde. Für all diese Vorteile wurden in stadttypischer Art ohne Sentimentalität Tote umgebettet, Gräber planiert und ein ehrwürdiger historischer Friedhof verkleinert, um Platz für den Neubau zu schaffen. «Öffentliche Bibliothek» hieß vor allem, daß das Herzstück, die

Bücher, nicht länger nur den Bibliothekaren zugänglich waren, sondern allen Lesern. In einer fast 1500 Quadratmeter großen Lesehalle gab es keine Trennwände, sondern nur freistehende Regale mit bei der Eröffnung 80 000 Bänden. Die Leser konnten hier stöbern, schmökern und selbst das gewünschte Buch zur Ausleihe bringen. Was im Einzelhandel noch auf sich warten ließ, war in der «Amerika-Gedenkbibliothek» schon verwirklicht: Selbstbedienung im Supermarkt löste den Tante-Emma-Laden ab.

Menschenschlangen und Gedränge beim ersten Publikumstag am 20. September 1954 zeigten, wie sehr dem Bedürfnis der Leser entsprochen wurde. Weite Wege aus West wie Ost wurden nicht gescheut, um das neue Bibliotheksgefühl erleben zu können, und der Leser Hans Lohmann, der den Leseausweis Nr. 00 001 erhielt, hatte bei seinem Arbeitgeber Zahnschmerzen vorgetäuscht, um als Erster dabei zu sein.

So aufbruchsorientiert die Inbetriebnahme der «Amerika-Gedenkbibliothek» auch war: Sie bedeutete doch das Ende einer Ära. In ihrer großen Geste, in ihrem klaren Bekenntnis zu offensiver Bildungs- und Kulturpolitik war sie noch ein Werk von Ernst Reuter. Was ihr folgte, war für einige Jahre von bescheidenerem Charakter und zeigte schon bei der Eröffnung im kleineren Kreis von 300 Ehrengästen das vorerst angesagte Mittelmaß. Nun war der CDU-Mann Walther Schreiber Regierender Bürgermeister, seit Dezember 1953 Nachfolger Reuters. Das Auftreten des uncharismatischen Mannes, der seine preußische Beamtentradition in Stil und Rede nie verleugnete, ja geradezu ostentativ pflegte, hatte vor dem Hintergrund des großen Wurfs der «Amerika-Gedenkbibliothek» etwas Unangemessenes – und war doch treffender Ausdruck des Wandels, der sich in der West-Berliner Politik nach dem Tod Ernst Reuters vollzogen hatte. Ohne Emphase agierte und redete Schreiber, verweigerte jedes Schielen nach Popularität oder guter Presse. Nach seinem Tode wurde eine verkehrsreiche Kreuzung mehrerer Straßen in Steglitz nach ihm benannt. Doch ist der Walther-Schreiber-Platz nur ein Ort, aber keine Adresse, weil kein einziges Haus an ihm liegt. Für den szenebewußten Autor und Musiker Sven Regener war es schlicht «der Arsch der Welt».[21] Das Urteil, daß die Benennung des Unorts nach Walther Schreiber eine «angemessene Ehrung» gewesen sei[22], ist ein etwas vergiftetes Lob für den Mann, der zwar beharrlich und nicht erfolglos in Verhandlungen mit den Alliierten und Bonn zum Wohl der Stadt agierte, über die engeren Interessen der Stadt hinaus aber keine Ziele verfolgte, die sich auf Dauer mit seinem Namen hätten verbinden können. Zu Walther Schreiber gehört keine große Initiative, kein Projekt, geschweige denn eine Vision. «Verprovinzialisierung» lautete der Vorwurf der SPD, die nun Opposition war, wo es bis dahin nur Allparteienregierungen in West-Berlin gegeben hatte. Ziemlich unbedankt endete die politische Karriere des redlichen, aber glanzlosen Politikers alter Schule. Die SPD verweigerte die Zustimmung zu seiner Ehrenbürgerschaft, und die CDU versagte ihm die Entsendung nach Bonn als Bundestagsabgeordneter.

«Berlin muß regiert, nicht verwaltet werden!» Mit markigen Worten attackierte Otto Suhr als Spitzenkandidat der SPD für die Wahl zum Abgeordnetenhaus im Herbst 1954 seinen Kontrahenten Walther Schreiber. Es blieb ein seltener Fall verbalen Muskelspiels, bei einem Mann, der selbst im Wahlkampf die großen Worte scheute. Gegen seinen Willen hatte die SPD den Wahlkampf auf seine Person und weniger auf Sachthemen konzentriert. Ausgerechnet mit dem wenig populären Otto Suhr vollzog die SPD genau jene Personalisierung im Bemühen um Wählerstimmen, die sie dem beliebten Ernst Reuter verweigert hatte. Erstmals nahm an einer West-Berliner Wahl auch die SED teil. Auch eine prominente Kandidatin wie die Brecht-Gattin Helene Weigel[23] konnte nicht verhindern, daß sie marginal blieb und nicht den Einzug ins Abgeordnetenhaus schaffte. Bei der Wahl am 5. Dezember 1954 konnte die SPD keinen Zugewinn verbuchen, wohl aber die CDU, die vom Aufwind der Adenauer-Regierung profitierte. Die SPD erreichte nur ein Mandat mehr als die absolute Mehrheit, womit sich nach Meinung aller Beteiligten eine Stadt in so heikler Lage wie West-Berlin nicht regieren ließ. So kam es zu einer großen Koalition mit Otto Suhr als Regierendem Bürgermeister.

Der Mann, der einst Ernst Reuter vorgehalten hatte, zu sehr den «Akademiker» herauszukehren, trat nun selbst mit dezidiert professoraler Attitüde auf, dachte nicht daran, den Habitus des Hochschullehrers und Direktors der «Hochschule für Politik» abzulegen. Seine auch in der Kleidung durchschlagende Förmlichkeit trug ihm die Nachrede ein, daß er selbst zum Pyjama noch seine charakteristische Fliege trage. Die bewegende Rede war ihm fremd. Ihm lag das Dozieren, bei dem seiner Meinung nach die Sache überzeugen mußte. Der Spitzname «Professor Bürgermeister» war das Äußerste, was Otto Suhr an Popularität widerfuhr. Wie wenig er dem Volk aufs Maul zu schauen verstand, wurde deutlich, als er den Titel der Rundfunksendung des Regierenden Bürgermeisters änderte. Aus dem handfesten «Wo uns der Schuh drückt» wurde ein poetisches «Was uns am Herzen liegt». Er selbst suchte keine persönliche Anerkennung, hielt nichts vom Beifall der Massen. Mit akribischer Arbeit, die ihm den Ruf eintrug, «fleißigster Bürgermeister von Berlin» zu sein[24], und mit klaren Konzepten versuchte er die Sache West-Berlins voranzutreiben, wobei den guten Absichten oft die Realitäten entgegenstanden.

Gerade dort, wo Suhr «große Politik»[25] für Berlin anstrebte, zwangen die politischen Umstände dazu, klein beizugeben. Der Versuch, mit Ost-Berlin über technisch-praktische Fragen ins Gespräch zu kommen, verlief ergebnislos. Statt eine «Öffnung nach Osten» zu erreichen, mußte Otto Suhr sehr konkret erleben, wie eng sein Spielraum war. Als er die zu West-Berlin gehörende Exklave Steinstücken aufsuchen wollte, wurde ihm der Zugang von einem DDR-Grenzposten verwehrt.[26] Selbst auf West-Berliner Gebiet herrschte für ihn keine Freizügigkeit, da die DDR aus ihren Betriebsrechten der Deutschen Reichsbahn auch territoriale Zuständigkeit für das Bahngelände ableitete. Beim Versuch, den zerstörten Anhalter Bahnhof in Kreuzberg zu betreten, verweigerte der Dienststellenleiter der Reichsbahn den Zutritt: «Für Herrn Suhr liegt hier keine Genehmigung vor.»

Es sind Kleinlichkeiten, die doch Zeichen der generellen Einschränkungen und Zurückweisungen sind, die West-Berlin trotz aller Bemühungen seines Regierenden Bürgermeisters in der Amtszeit von Otto Suhr erfahren mußte. Persönlich war Suhr trotz einer sich abzeichnenden tödlichen Erkrankung bemüht, gegen die Berlin-Müdigkeit in der Bundesrepublik wie auf internationaler Ebene anzukämpfen. Er brachte West-Berlin ins Gespräch, knüpfte Kontakte zu Botschaftern, zu Außenminister Heinrich von Brentano, erreichte, daß Staatsbesuche auch nach Berlin kamen. Auch wenn dies kaum mehr als Gesten waren, so halfen sie doch, das Gemüt der West-Berliner zu stärken, auf das 1955 manch schwarzer Schatten fiel.

Die Hoffnungen auf Fortschritte in Richtung auf eine Wiedervereinigung und damit eine Erlösung West-Berlins aus seiner Insellage wurden Schritt für Schritt enttäuscht. Große Erwartungen hatten sich auf das erste Treffen der Staats- und Regierungschefs der Siegermächte des Weltkriegs seit der Potsdamer Konferenz gerichtet. Die Zusammenkunft in Genf im Juli 1955 schien unter einem guten Stern zu stehen. Im Mai hatten die Siegermächte einen Staatsvertrag unterzeichnet, der Österreich wieder seine Souveränität zurückgab. Bewegung auch in der deutschen Frage schien möglich. Aber das Ergebnis blieb unverbindlich, und beim Rückflug nach Moskau machte KPdSU-Parteichef Nikita Chruschtschow den Abschied der Sowjetunion von der Wiedervereinigungspolitik öffentlich, indem er einen Zwischenstopp in Ost-Berlin einlegte, dort ein klares Bekenntnis zu einer Zweistaatentheorie ablegte und die «sozialen Errungenschaften» der DDR für unverrückbar erklärte. Zwei Monate später wurde diese Position in verbindlichster Schriftform zementiert. Im Kleinen Marmorsaal des Kreml wurde ein Vertrag zwischen der Sowjetunion und der DDR unterzeichnet, in dem der DDR die Souveränität auf dem Gebiet der sowjetischen Besatzungszone eingeräumt wurde, auch für ganz Berlin. Angst machte sich in West-Berlin breit. Otto Suhr mußte mit dem Hinweis beruhigen, daß er von den West-Alliierten die Zusicherung erhalten habe, daß der Vier-Mächte-Status für Gesamt-Berlin gelte. Weiter fuhren Patrouillen von Amerikanern, Franzosen und Briten in Ost-Berlin, und sowjetische Militärfahrzeuge waren regelmäßig in West-Berlin zu sehen – allerdings nunmehr unbewaffnet.

Otto Suhrs Versuch einer Öffnung nach Osten war endgültig gescheitert, denn es begann nun, was bis zum Fall der Mauer andauern sollte: ein bis in Subtilitäten und manchmal geradezu Absurditäten reichender Kampf um Statusfragen. Ost-Berlin war nicht an praktischen Lösungen interessiert, sondern an staatlicher Anerkennung. West-Berlin wiederum war sorgsam darum bemüht, keinen Schritt zu unternehmen, der seinen Status unter der Obhut der Alliierten gefährden könnte.

Ernüchtert mußte Otto Suhr nach dem ersten Jahr seiner kurzen Amtszeit feststellen, daß 1955 außenpolitisch ein Jahr der Illusionen und Enttäuschungen gewesen sei.[27] Resignation aber stellte sich nicht ein, unbeirrt wurde an der Perspektive der Wiedervereinigung festgehalten, die allein West-Berlin aus seiner nach wie vor als unnormal empfundenen Lage befreien konnte. Willy Brandt, Nachfolger Otto Suhrs als Präsident des Abgeordnetenhauses, sprach am 21. Oktober 1955 zum ersten Mal im Rathaus Schöneberg die sogenannten «Mahnworte», die fortan am Beginn jeder Sitzung des Abgeordnetenhauses gesprochen wurden. «Ich bekunde unseren unbeugsamen Willen, daß Deutschland mit seiner Hauptstadt Berlin in Frieden und Freiheit vereinigt werden muß.» 35 Jahre später wird die Koalition von SPD und Grünen diese Bekundung in Frage stellen, schien ihr mit dem Status Quo das Ende der Geschichte erreicht und die Anormalität zur Normalität geworden zu sein. Wenige Monate später fiel die Mauer und die für unzeitgemäß erklärten Worte fanden ihre Erfüllung.

Nicht nur Sowjetunion und DDR ließen West-Berliner Hoffnungen zerstieben, sondern auch Gegenwind aus Bonn. Otto Suhrs Einsatz für eine Direktwahl der Berliner Bundestagsabgeordneten scheiterte fast unauffällig. Spektakulär war dagegen eine Initiative, den Regierungssitz von Bonn nach Berlin zu verlegen. Nicht von Berlin, sondern von Hamburg und Bonn gingen die Bemühungen im Herbst 1956 aus. Der Hamburger CDU-Bundestagsabgeordnete und Verleger der *Zeit* Gerd Bucerius brachte Mitte Oktober den Antrag ein, daß Berlin der Sitz des Bundestages und der leitenden Bundesorgane werden solle. Schon zum 1. Mai 1957 sollten Bundespräsident, Bundeskanzler und die Ministerien in Berlin ihren Sitz haben. Marion Gräfin Dönhoff assistierte als Politik-Chefin der *Zeit* wortreich und vehement: «Jetzt oder nie! Noch in diesem Jahr muß Berlin Hauptstadt werden.» Nach zehnjährigem «Wiedervereinigungsgeschwätz» sei der Moment gekommen, konkrete Aktionen zu ergreifen.

Weitere treibende Kraft der Hauptstadtinitiative war Willy Brandt, der aufsteigende Stern der West-Berliner SPD, der als Bundestagsabgeordneter den Plan entschieden verfolgte und mit einem Buch «Von Bonn nach Berlin» untermauerte. In ihm zählte er die Flug- und Eisenbahnverbindungen nach Berlin auf, benannte die Quadratmeterflächen der öffentlichen Gebäude, die möglichen Beamtenwohnungen und Hotelbetten in der Stadt mit dem Ergebnis, daß ein Umzug auch praktisch möglich sei. Die neuralgische Frage der Zugangswege sah Brandt verblüffend problemlos, obwohl er selbst jahrelang den Landweg nach West-Berlin aus Furcht vor einer Verhaftung gemieden hatte und erst seit etwas mehr als einem Jahr die Eisenbahnverbindung zwischen West-Berlin und dem Bundesgebiet nutzte.[28]

Die weltpolitischen Umstände schienen für die Bewegung «Zurück nach Berlin» günstig. Die Sowjetunion war von den poststalinistischen Umwälzungen unter Chruschtschow geschwächt. Doch schon vierzehn Tage nachdem Bucerius seinen Antrag im Bundestag eingebracht hatte, wendete sich das Blatt. In Ungarn brach die antisowjetische Revolution aus, die damit endete, daß die Sowjetunion den Aufstand gewaltsam niederschlug. Eine Hauptstadt inmitten der DDR mit der großen sowjetischen Truppenkonzentration wurde zu einer praktischen Unmöglichkeit, und nüchtern erklärte die Bundesregierung am 28. November 1956, sie halte zwar an Berlin als Hauptstadt fest, glaube jedoch, daß «zum gegenwärtigen Zeitpunkt die Verlegung ihrer Regierungstätigkeit nach Berlin nicht zu verantworten» sei. Öffentlich blieb es Bundespräsident Theodor

Heuss überlassen, den West-Berlinern die bittere Pille zu verabreichen. Ausgerechnet auf der Festsitzung des Abgeordnetenhauses zur zehnjährigen Wiederkehr seines ersten Zusammentretens disqualifizierte er die Initiative als «Balladenpolitik». Nun war es für Adenauer, der sich in dieser Angelegenheit bedeckt hielt, ein Leichtes, die Aktion «Zurück nach Berlin» abzuwürgen. Adenauer setzte, als Bucerius noch einmal in der *Zeit* mit hohen Worten den Hauptstadtumzug einforderte, zynisch nach. Zu lyrisch seien ihm die Ausführungen von Bucerius, zu gemütsbetont. «Dann lob ich mir eher noch ein Epos oder eine Ballade, aber mit lyrischen Ergüssen kann man die Frage nicht lösen.»[29]

Am Ende blieb von der Initiative «Zurück nach Berlin» nur der Wunsch nach mehr Bundespräsenz und nach Verlegung des Ministeriums für gesamtdeutsche Fragen. Versüßt wurde der Abschied von konkreten Hauptstadtambitionen mit dem Verweis auf die gesteigerte und verbesserte Berlin-Hilfe und dem Versprechen auf verstärkte Zuwendungen. Statt politischer Perspektive gab es hinfort mehr Geld für West-Berlin. Die Weichen waren damit gestellt, alle Hauptstadtambitionen für Jahrzehnte begraben und versiegelt. Erst mehr als 30 Jahre später brach die Frage erneut auf, und für den Antrag im nunmehr gesamtdeutschen Bundestag, Berlin als Parlaments- und Regierungssitz zu bestimmen, konnte der einstige Bucerius-Antrag fast unverändert übernommen werden.

Die Enttäuschung über den Verlust an politischer Perspektive wurde in West-Berlin relativ gefaßt hingenommen, weil die ewige Sinnfrage der Stadt, das Suchen nach einer Begründung seiner exponierten Existenz, dennoch vorerst beantwortet schien. Mit den verbesserten finanziellen Bedingungen wurde West-Berlin zwar nicht politisch, aber materiell Teil der Bundesrepublik und hatte die Aussicht, endgültig am Wirtschaftswunder teilzuhaben. Das «Notopfer Berlin», dessen blaue Marken auf den Briefen zu einem Kainsmal des Kostgängers West-Berlin geworden waren, wurde abgeschafft. Die Finanzierung West-Berlins erfolgte aus dem allgemeinen Steueraufkommen, und die Zuwendungen aus dem Bundeshaushalt geschahen mit fast diskreter Selbstverständlichkeit. Das Geld aus Bonn erlaubte West-Berlin die Finanzierung seiner nunmehrigen Antwort auf die Frage nach dem Sinn seiner Existenz. Nun konnte es Leuchtturm des Westens für den Osten sein.

Aufbau-West gegen Aufbau-Ost

Strahlender als gewünscht gestaltete sich die Eröffnung der schon im Vorfeld gleichermaßen mit Superlativen wie Schmähungen bedachten Internationalen Bauausstellung «Interbau» am 6. Juli 1957. Im schattenlosen Garten des Schlosses Bellevue waren 3000 Festgäste ungeschützt einer sengenden Sonne ausgesetzt, die selbst im Schatten die Temperatur auf 35 Grad emporschnellen ließ. Eine Gesellschaft von Vertretern des Bundes, der Länder, der Stadt, ausländischer Vertretungen und einer großen Architektenschar rettete sich in eine Lokkerung der Kleiderordnung und eine Umwidmung der offiziellen Festprogramme zu Papierhelmen, so daß die Veranstaltung hemdsärmeliger als gedacht ausfiel und ein Hauch von Kindergeburtstag über dem Ereignis lag. Es bedurfte schon des schwäbisch-pastoralen Tonfalls von Bundespräsident Heuss, um angemessene Würde zu erzeugen und in einer als wohltuend kurz empfundenen Rede die Idee der Bauausstellung bewußt zu machen. Eine Absage an das Gestern, eine Vorwegnahme des Morgen sollte die «Interbau» mit ihren 35 neuerrichteten Wohnhäusern bedeuten. Vor allem sollte es ein Projekt von großer Internationalität, ein Zeichen wiedergewonnener Weltläufigkeit sein. «Baumeister der Fremde» nannte Heuss etwas blumig die zahlreichen an der «Interbau» beteiligten ausländischen Architekten mit illustren Namen wie Le Corbusier, Alvaro Aalto oder Oscar Niemeier. Otto Suhr als Regierender Bürgermeister sprach von «Verbundenheit mit der abendländischen Welt». Die in lockerer, durchgrünter Bauweise errichteten Gebäude sollten ein Zeichen sein, daß Deutschland im Konzert des gegenwärtigen Bauens wieder mitspielen dürfe, sich von seiner Vergangenheit gelöst habe und nicht mehr Paria der zivilisierten Welt sei.

Die Unerbittlichkeit, mit der dieses Ziel gerade in West-Berlin verwirklicht wurde, ging in den wohlmeinenden, aber auch absichtsvoll camouflierenden Eröffnungsreden unter. Die «Interbau» im Hansaviertel am Rande des Tiergartens war vollendeter Ausdruck einer Baupolitik, die seit der nicht zuletzt von Bonn unterstützten Erholung der Stadt konsequent betrieben wurde. Sie war getragen von einer klaren Absage an das überkommene Stadtbild, an das Gewachsene. Sie wollte vorbildlich modern sein und einen klaren Gegenentwurf zum Bauen im Ostteil liefern. Die oft in Brutalität

8 Mit der «Interbau» sollte 1957 moderne Stadtplanung und zukunftsweisende Architektur demonstriert werden. Das «Hansa-Viertel» wurde zum bestaunten Gegenstück des Ost-Berliner Bauwesens.

ausartende Rücksichtslosigkeit gegenüber der vorgegebenen Stadt und ihrer Geschichte wurde von Theodor Heuss überspielt, indem er davon sprach, daß das alte, im Krieg weitgehend zerstörte Hansaviertel «geschichts- und gesichtslos» gewesen sei. Tatsächlich aber hatte es sich um ein gutbürgerliches Quartier gehandelt; nicht Villenviertel, aber auch alles andere als ein Areal von Mietskasernen. Mitnichten war die «Interbau» eine «gesamtdeutsche Leistung», wie Heuss verkündete. Im Blick auf die Millionenhilfe aus Bonn war sie höchstens eine gesamt-westdeutsche Leistung, aber unübersehbar Teil und Höhepunkt einer absichtsvoll gegen die DDR und Ost-Berlin gerichteten Baupolitik. Die mit Zentralheizungen fortschrittlich erwärmten Wohnungen der West-Berliner Neubaugebiete waren etwas paradox eine Frucht des Kalten Krieges.

Schon 1952 deklarierte der spätere Bundeswohnungsbauminister Paul Lücke bei einem Besuch West-Berlins: «Wer die Frage des Wohnungsbaus nicht löst, wird mit dem Kommunismus nicht fertig.» Ähnlich erklärten örtliche Politiker in West-Berlin das Bauen zum «wichtigen Faktor im politischen Kampf Berlins» und sahen den Sinn des Wiederaufbaus darin, West-Berlin den «Charakter des felsenfesten Leuchtturms unbeirrbarer Hoffnung für alle Zonenbewohner»[30] zu verleihen. Der Wettkampf der Systeme mit Ziegeln, Beton und Baukränen wurde auch vom Osten vehement betrieben. Die Wohnungsnot in West-Berlin wurde als Folge der «Kriegspolitik Adenauers» dargestellt, und die vehemente Bautätigkeit in Ost-Berlin war Verwirklichung der Absichtserklärung der Berliner Parteiorganisation der SED, auf allen Gebieten die eigene Überlegenheit gegenüber dem kapitalistischen West-Berlin in kürzester Frist zu beweisen.[31]

Der Osten eröffnete den Kampf auf breiter Front, an der rund zwei Kilometer langen Stalinallee (heute Karl-Marx-Allee), an der die 1950 festgelegten «Grundsätze des Städtebaus» der DDR exemplarisch verwirklicht werden sollten. In streng axialer Anordnung wurden «Arbeiterpaläste» errichtet, deren Wohnungen gutbürgerlichen, fortschrittlichen Standards entsprachen. Äußerlich wurde zwar mit dekorativen Zitaten und einigen markanten Bauten auf die lokale, preußische Bautradition Bezug genommen, doch änderten sie nichts am grundsätzlichen «Zuckerbäckerstil» nach sowjetischen Vorgaben. Der Protest der Arbeiter der Stalinallee gegen Normenerhöhungen, der zum Volksaufstand des 17. Juni 1953 führte, offenbarte relativ bald, daß zwischen dem wirtschaftlich Möglichen und dem Gewollten eine große Kluft bestand. Der Propagandaeffekt des monumentalen Bauwerks war dennoch beachtlich.

Die Antwort des Westens fiel zunächst bescheiden aus. Die 1953 begonnene Ernst-Reuter-Siedlung im Wedding war mit einigen Zeilenbauten und einem Punkthochhaus von betonter Schlichtheit. Wichtig war: Sie lag direkt an der Sektorengrenze und sollte dem Osten unmittelbar vor Augen führen, wie sich auch ohne äußerlichen Aufwand Wohnungen modernen Zuschnitts bauen ließen. Daß für diesen Bau mit seinen über 400 Wohnungen in Stadtstrukturen eingegriffen wurde, auch alte Bausubstanz geopfert werden mußte, war für niemanden ein Problem. Die Neubauten lösten alte, feuchte Mietskasernen des Arbeiterviertels ab, in denen noch immer Außentoilette und Ofenheizung selbstverständlich waren. Mit ihrem Abriß sollte eine «Gefahr für den sozialen Frieden ... insbesondere im Blickwinkel auf den aggressiven Bolschewismus in Berlin» gebannt werden.[32] Mit etlichen Bauvorhaben wurde dieses demonstrative Bauen an der Grenze zum sowjetischen Sektor in größerem Maßstab fortgesetzt, und erst wenige Tage vor der Eröffnung der «Interbau» wurde in der Kommandantenstraße in

Kreuzberg dicht an der Sektorengrenze die 100000. nach dem Krieg in West-Berlin gebaute Wohnung den Mietern übergeben.

Das Hansaviertel, obwohl als ultimative Antwort auf das Bauen im Ostteil der Stadt konzipiert, war dagegen von diesem durch den Tiergarten getrennt und in seiner Lage kein unmittelbares Gegenüber zur anderen Stadthälfte. Der Verzicht auf eine situative Konfrontation mit Ost-Berlin ist mit den Anfängen dieses Projekts zu erklären, das ursprünglich nicht mehr als ein lokales Vorhaben zum Wiederaufbau eines weitgehend zerstörten Viertels war. Als jedoch Bonn für den Auf- und Ausbau der ehemaligen Hauptstadt Geld bereitstellte, bot sich die Chance, aus dem Hansaviertel ein Vorhaben von nationaler, ja internationaler Größe zu entwickeln. Die Voraussetzungen dafür waren städtebaulich nicht ganz so problemlos wie von den Planern gewünscht. Das Hansaviertel war nicht die Tabula rasa, als die sie gerne hingestellt wurde. Etliche der Vorkriegsbauten waren erhalten und bewohnt. Die unterirdischen Versorgungseinrichtungen für Wasser, Abwasser und Strom ließen sich nicht nach Belieben verlegen, so daß doch alte Straßenzüge zu berücksichtigen waren. Das größte Problem aber war die Grundstücksfrage. Das Hansaviertel war ein zersplittertes Areal mit nicht weniger als 160 Parzellen, die teilweise weitverzweigten Erbengemeinschaften gehörten, so daß mit mehreren hundert Eigentümern verhandelt werden mußte. Das West-Berliner Bodenrecht sah Enteignungen nur für den äußersten Notfall vor, weil alle Vorhaben, mit den überkommenen Besitzverhältnissen großzügiger umzugehen, von der sozialistische Verhältnisse witternden amerikanischen Besatzungsmacht abgelehnt wurden. So blickten die West-Berliner Stadtplaner durchaus neidvoll nach Osten, wo Rücksichten auf Grundstücksbesitzer nicht genommen werden mußten.

Die Planungen für das Hansaviertel gerieten immer wieder ins Stocken; der Eröffnungstermin der «Interbau» mußte erst auf 1955, dann auf 1956 und schließlich auf 1957 hinausgeschoben werden. Als endlich im August 1955 mit dem Bau des ersten 17-geschossigen Hochhauses begonnen wurde, wurden diese Arbeiten bald eingestellt, weil die Finanzierung noch immer nicht geklärt war. Bausenator Rolf Schwedler griff nun bei der extra für die «Interbau» gegründeten «Hansa AG» personell und organisatorisch durch, so daß endlich die Arbeiten in Gang kamen.[33]

Rolf Schwedler, ein Mann von großer, oft rücksichtsloser Energie und Durchsetzungskraft, war seit 1955 im Amt und wie geschaffen, um die Otto Suhr nachgesagte «Bauwut» in die Tat umzusetzen. An die 1000

Richtfeste absolvierte der Mann, unter dessen Ägide 400 000 Wohnungen gebaut wurden, der in seiner Umtriebigkeit aber selten Zeit hatte, noch zum Richtschmaus mit obligatem Eisbein zu bleiben. Er ließ einen Autobahnring bauen, verlängerte die U-Bahn um 32 Kilometer und war unermüdlich im Einsatz, West-Berlin zu dem zu machen, was zu seiner Zeit als moderne Stadt galt. Schwedler stimmte mit dem gleichzeitig ins Amt gekommenen Innensenator Joachim Lipschitz überein, daß jede neue Wohnung, jede neue Straße, jede neue Brücke in West-Berlin die Überlegenheit im ökonomischen Wettbewerb mit dem Osten unter Beweis stelle.[34]

Schwedler war die Verkörperung des ungehemmten Aufbauwillens West-Berlins, aber auch ein Protagonist West-Berliner Merkwürdigkeiten. Volle 18 Jahre übte er sein Amt aus, diente unter vier Regierenden Bürgermeistern und offenbarte damit bei aller Motorik doch auch die Unbeweglichkeit, die sich in West-Berlin breitmachte. Sein politisches Ende signalisierte eine unerfreuliche Zukunft der Stadt: Er war der erste von immer zahlreicheren Politikern, die über einen Bauskandal stolperten. Fast läßlich war daneben eine Eskapade, die er politisch überlebte, mit der er aber zu dem in Westdeutschland etwas belächelten Bild West-Berlins als Ort urbaner Provinzialität beitrug. Alkoholisiert und mit dem Selbstbewußtsein der Lokalgröße, bemächtigte er sich zusammen mit einigen Trinkkumpanen des von seiner Besatzung kurz verlassenen Funkstreifenwagens «Dora 25», ließ die Scheinwerfer des Autos strahlen und das Blaulicht blinken, rüffelte die herbeieilenden Polizisten mit dem Hinweis, er sei der Bausenator. Aber er war an diesem Abend noch mehr: Vertreter des abwesenden, für die Polizei zuständigen Senators Heinrich Albertz. Der Hinweis, daß er im Besitz seiner geistigen Kräfte gewesen sei und im Ernstfall Kaffee getrunken hätte, half nichts. Er verlor das Amt eines stellvertretenden Sicherheitssenators und er wie die Stadt ernteten überregional reichlich Spott über die possenhaften Facetten, die sich hinter dem großstädtischen Anspruch verbargen.

Rücksichtnahme auf Überkommenes war Schwedler fremd, auch wenn er sich gerne nachsagen ließ, für den Wiederaufbau des barocken Schlosses Charlottenburg verantwortlich zu sein. Tatsächlich aber waren Ideen, das ausgebombte Schloß aufzugeben, zwar nach Kriegsende kurz erwogen worden, doch hatte Margarete Kühn von der West-Berliner Schlösserverwaltung den Erhalt des Gebäudes über Jahre entschieden betrieben. Schwedler stellte bloß die schließlich für den Innenausbau erforderlichen Mittel bereit. Vehement trat er aber für den Abriß der Ruine der

Kaiser-Wilhelm-Gedächtniskirche ein und befand sich damit in Übereinstimmung mit Architekt Egon Eiermann, der sich schließlich zu dem Kompromiß bereitfand, die Ruine des Turms, den «hohlen Zahn», mit seinem Neubau zu verbinden. Schwedler setzte Prämien dafür aus, den Stuck von den Gründerzeitbauten abzuschlagen, und realisierte mit all seinem Willen zur Moderne auf sehr direkte Art den herrschenden Geist von Städtebau und Architektur. Der Traum von einer autogerechten Stadt wurde geträumt und die Zukunftsfähigkeit West-Berlins sollte mit Autobahnschneisen unter Beweis gestellt werden.

Woher kam es, daß das gedachte wie das realisierte Bauen in West-Berlin von solcher Heftigkeit, von so wenig Rücksicht auf das Überkommene geprägt war? Es wäre zu einfach, die Antwort zu personalisieren und etwa auf die umstrittene Figur von Bausenator Rolf Schwedler zu reduzieren. Er war weniger Motor denn Vollstrecker eines Zeitgeistes, der auch im Aufbau westdeutscher Städte wirkte, wenn auch nicht mit vergleichbarer Radikalität, weil in Berlin spezifische Umstände gegeben waren. Die Stadt hat von jeher ein beachtlich unsentimentales Verhältnis zum Überkommenen. Abreißen und wieder Aufbauen waren Usus und wurden als Ausdruck von Vitalität verstanden. Mit seinen ausgedehnten Arealen von sprichwörtlichen Mietskasernen machte die Stadt es über weite Strecken schwer, sie zu lieben. Vielmehr entwickelte sich eine Aversion gegen das «steinerne Berlin», in dem nach Heinrich Zille ein Mensch mit einer Wohnung genauso wie mit einer Axt getötet werden konnte.

Die amorphe Struktur der Stadt forderte förmlich dazu auf, sich an ihr planerisch zu versuchen. 1920 war aus sieben Stadtgemeinden, 59 Landgemeinden und 27 Gutsbezirken Groß-Berlin gebildet worden. Nicht einmal das Areal des Stadtschlosses der Hohenzollern war bis dahin Teil von Berlin, sondern selbständiger Gutsbezirk gewesen. Aber aus der Vielfalt wurde kein geordnetes Ganzes. Selbst der Bezirk «Mitte» entwickelte keine zentrierende Kraft, auch wenn in ihm Staat und Stadt residierten und verwalteten. Der «neue Westen» entfaltete um Gedächtniskirche und Kurfürstendamm seit 1900 ein anziehendes Eigenleben, wodurch sich in dem ohnedies polyzentrischen Gebilde Groß-Berlin eine Bipolarität ihrer Zentren ergab, neben denen die alten Stadt- und Landgemeinden als «Kieze» ein tief verwurzeltes Eigenleben führten.

Die Spaltung der Stadt zerriß sie, traf sie aber doch nicht derart ins Mark, wie es bei Metropolen wie Paris, London oder Wien der Fall gewesen wäre, die sich aus einem Zentrum entwickelt hatten und auf dieses orientiert blieben. Ost-Berlin hatte mit der alten «Mitte» einen selbstverständlichen Orientierungspunkt, in dem Partei und Staat sich metropolitan ansiedeln konnten, auch wenn dieser Stadtteil den Makel hatte, dicht am odiosen West-Berlin zu liegen, und damit die grenznahen Bereiche zu vernachlässigten Brachen und Rudimenten wurden. West-Berlin mußte sich erst eine städtische Ordnung schaffen. Bauen und Planen waren daher auch schlichte Notwendigkeit, deren Mühsal sich schon darin zeigt, daß nie ein wirkliches Zentrum der Halbstadt entstand. Die «City» rund um die Gedächtniskirche und den Bahnhof Zoo wurde noch am ehesten zu so etwas wie einem gefühlten Mittelpunkt der Stadt, war aber nie mehr als Einkaufs- und Unterhaltungsgegend. Das Rathaus Schöneberg als Sitz von Parlament und Regierung des Stadtstaates war letztlich eine zufällige Notlösung, weil hier ein intaktes, großes Rathaus vorhanden war, das grenzfern auch Sicherheitsansprüchen genügte. Eigene Zentrumsqualität konnte der Ort nicht entfalten, was sich nach dem Mauerfall zeigte, als das Rathaus Schöneberg in bezirkliche Bescheidenheit zurückfiel und nur noch als Erinnerungsort historischer Ereignisse Bedeutsamkeit beanspruchen konnte. Das dritte Zentrum am Fehrbelliner Platz blieb immer nur ein Ort der Verwaltung, der seine Existenz den gut erhaltenen Bauten des Dritten Reiches verdankte.

Alles Planen und Bauen war letztlich von der Sinnfrage West-Berlins bestimmt. Was sollte es sein? Vorwegnahme der zukünftigen Hauptstadt? Halbstadt, die doch ein Ganzes sein will? Oder ein Torso, der immer darauf wartet und vorbereitet sein will, mit dem anderen Teil der Stadt zur Einheit zu verschmelzen?

Eine Antwort, die keine dieser Fragen wirklich beantwortete, aber generell West-Berlin einen besonderen Charakter verleihen sollte, lautete: Die Halbstadt muß Modell, Vorbild und Avantgarde sein. Leuchtturm möglichst nicht nur gegenüber Ost-Berlin, sondern auch für Westdeutschland, möglichst noch darüber hinaus. Immer wieder wurden solche Pläne entwickelt bis hin zu dem, aus West-Berlin die erste «Automatenstadt» Deutschlands zu machen. Das Hansaviertel war ein Beispiel dieser Modellhaftigkeit, das die Grenzen aufzeigte und letztlich ein Scheitern bedeutete.

Die Bauten der «Interbau» wurden weder für die Stadt noch für die Bundesrepublik zum Modell. Sie wurden bewundert, kritisch geprüft und bestaunt. Von einer halben Million deutscher Besucher ist zum Abschluß die Rede und von über 100 000 internationalen Gästen. Aber das Hansaviertel fand keine direkte Nachahmung, nicht einmal in West-Berlin. Das lag zum einen daran, daß es mehr eine Konzentration zeitgenössischer Stadtplanung und Architektur war denn eine Vorwegnahme von Zukünftigem. Zum anderen konnte das Neubaugebiet am Tiergartenrand auch deshalb kein Vorbild sein, weil es schlicht zu teuer war.[35] Statt des sonst veranschlagten Kubikmeterpreises von 65 D-Mark ergaben sich im Hansaviertel Kubikmeterpreise von bis zu 118 D-Mark.

Die Idee, mit dem Hansaviertel im Bauwettbewerb mit dem Ostteil der Stadt einen Sieg davonzutragen, lief ins Leere. Bei der Eröffnung der «Interbau» hatte Ost-Berlin sein Bauen im Stil der Stalin-Allee schon aufgegeben. Aus einer groß angekündigten «Deutschen Bauausstellung der DDR» wurde weniger eine Vorzeigeausstellung vorbildlichen Bauens in Ost-Berlin als eine antiwestliche Propagandaschau, die etwa mit verzerrten Modellphotos die «Interbau» als «Baumodenschau» diskreditierte. Von einer «aus verstaubten Restbeständen anderer Messen zusammengestellten Dürftigkeit» sprach ein West-Beobachter angesichts dessen, was im Juli 1957 in einer Sporthalle am Strausberger Platz zu sehen war. Die Ost-Berliner Zeitungen polemisierten gegen die «Interbau», die unermüdlich als Spekulationsobjekt für Wohlhabende dargestellt wurde.[36] Jedoch wurden auch Architekten und Baufachleute auf der «Interbau» gesichtet, die der Magistrat von Ost-Berlin entsandte. Sie interessierten sich vor allem für jene Bauten, die in Ansätzen in industrieller Bauweise realisiert wurden.[37]

Denn in Ost-Berlin hatte man nach Stalins Tod 1953 den sowjetischen Kurswechsel im Bauen nachvollzogen. Industrielle Montagebauweisen verdrängten den traditionellen Ziegelbau. Seit 1956 wurde der Fertigteilmontagebau angewandt, der wenige Jahre danach vom Großplattenbau abgelöst wurde. Mit der damaligen Technik bedeutete dies praktisch den Abschied von gestaltendem Städtebau. Die Neubauten etwa an der Heinrich-Heine-Straße unweit von Kreuzberg wirken wie eine Streichholzschachtel-Parade. Der Grund war nicht planerische Einfallslosigkeit, sondern technische Unzulänglichkeit. Der für die Montage eingesetzte Turmdrehkran «Baumeister» konnte keine rechtwinkelig zueinanderstehenden Wohnblöcke ausführen.[38]

Nicht nur ästhetisch, auch materiell blieb Ost-Berlin im Bauwettbewerb der Systeme zurück. In West-Berlin erhöhte sich der Wohnungsbestand von 1950 bis 1961 um 214 000 Wohnungen, während in Ost-Berlin nur 48 000 neue Wohnungen gebaut wurden. Diese höhere Wohnungsbauleistung gilt heute als «kleiner Abschnittssieg im großen Kalten Krieg».[39] Das privatwirtschaftliche System in West-Berlin, getragen von der Wirtschaftskraft der aufstrebenden Bundesrepublik, erwies sich als effizienter als das immer an der Grenze der Mangelwirtschaft balancierende planwirtschaftliche System der DDR. Die Schattenseiten westlicher Baupolitik zeigten sich erst später bei der zunehmenden Zahl von Bauskandalen in West-Berlin, das im übrigen in seiner Wohnbauleistung im Vergleich zum Bundesgebiet keineswegs führend war.[40]

Schaufenster der Kultur

Große Dankesworte und eine kleine Freiheitsglocke aus Porzellan waren nicht die einzigen Geburtstagsgeschenke, die Kultursenator Joachim Tiburtius am 5. April 1955 für den Dirigenten Herbert von Karajan bereit hielt. Auch ein Vertrag als Chef des Berliner Philharmonischen Orchesters gehörte zu den Präsenten, die coram publico im Anschluß an ein umjubeltes Konzert überreicht wurden. Die Gratulation paßte bestens zu dem vorher gehörten «Till Eulenspiegel» von Richard Strauss, denn der vorgebliche Kontrakt mit dem Dirigenten war ein Schelmenstreich. Tiburtius, berühmt dafür, die Aussage seines Hauptsatzes im Nebensatz wieder aufzuheben, hatte wieder einmal Bestimmtheit suggeriert, wo Ungewißheit herrschte. Was er überreichte, war ein Muster ohne Wert, eine vorläufige Vereinbarung ohne Verbindlichkeit. Der eigentliche Vertrag wurde erst ein Jahr später nach mühseligen Verhandlungen unterzeichnet, erst seitdem leitete Karajan als Chefdirigent das höchstrangige kulturelle Vorzeigeprodukt West-Berlins, das Berliner Philharmonische Orchester, kurz die Berliner Philharmoniker, und wurde Nachfolger des bereits ins Legendäre entschwebenden Wilhelm Furtwängler.

Die Berufung Karajans war ein Höhepunkt in dem Bemühen der Stadt, eine auch bei der «Interbau» zu beobachtende Dreieinigkeit zu erreichen. Internationales Ansehen und Renommee, Einmaligkeit in der Bundesrepublik und zugleich eine eindeutige örtliche Anbindung, die West-Berlin zum unverkennbaren Markenzeichen machen sollte. Schon 1951 war die Gründung der «Berliner Festwochen» und der «Internationalen Filmfestspiele Berlin» («Berlinale») von diesem Impetus getragen, der am besten bei der «Berlinale» verwirklicht wurde. Die Stadt stellte einen urbanen Rahmen, ein enthusia-

9 Herbert von Karajan (Mitte) wurde zusammen mit dem Berliner Philharmonischen Orchester zum kulturellen Aushängeschild der Stadt, hier vertreten durch den Regierenden Bürgermeister Otto Suhr (rechts) und den Volksbildungssenator Joachim Tiburtius (links).

stisches Publikum, das süchtig danach war, Gary Coopers Schlaksigkeit und Gina Lollobrigidas Üppigkeit persönlich in Augenschein zu nehmen. Ideal kombinierte Hildegard Knef Lokalverbundenheit mit Hollywood. Ein Kind der Stadt, das internationale Karriere gemacht hat, erwärmte das Herz der Berliner ganz besonders. Allerdings waren gerade die über Stadt und Land hinausgehenden Ansprüche des Festivals höchst fragil. Nur mühsam bequemte sich die Internationale Vereinigung der Filmproduzenten dazu, das Festival anzuerkennen, und erst fünf Jahre nach der Gründung erhielt die «Berlinale» den begehrten Status eines A-Festivals und spielte damit endlich in derselben Liga wie Cannes und Venedig. «Berlinale» wie «Berliner Festwochen» wurden unter den Intendanten Walter Schmiding sowie vor allem unter seinem Nachfolger Ulrich Eckhardt innovativ und mit intensiven Kontakten zu den östlichen Ländern ausgebaut.

Je glanzvoller West-Berlin sein Schaufenster einrichtete, desto mehr geriet es in eine Zwickmühle. Es weckte nicht nur Konkurrenz, sondern auch Neid und Unbehagen. Die zu neuer Eigenständigkeit findenden Länder der Bundesrepublik wollten nicht ihren frischen Glanz von West-Berlin überstrahlt sehen. In der Auseinandersetzung um die Kunstwerke der Berliner Museen konkretisierte sich dieser Konflikt. Im Laufe des Krieges waren Gemälde, Plastiken aber auch wertvoller Bibliotheksbesitz an bombensichere Orte ausgelagert worden. Die West-Alliierten sammelten die in ihre Hände gefallenen Kunstschätze in Wiesbaden und Celle und übergaben sie treuhänderisch an die Länder Hessen und Niedersachsen. Diese sträubten sich dagegen, die Kunstwerke an ihren angestammten Standort Berlin zu transferieren, auch wenn nicht nur historische Gründe dafür sprachen, sondern ebenso organisatorische Voraussetzungen, weil sich in Berlin nach wie vor der Großteil des Museumspersonals befand. Da das Land Preußen 1947 aufgelöst worden war, besannen sich Hessen und Niedersachsen darauf, Teil des von ihnen wenig geliebten Landes gewesen zu sein. Sie mißachteten auch, daß mit den Standorten Celle und Wiesbaden der Anspruch der preußischen Museumssammlungen, für ganz Deutschland bestimmt zu sein, nicht mehr erfüllt werden konnte. Für die Menschen in der DDR waren sie weitgehend unzugänglich geworden. Derart kleinlich wurde der Kampf um den Besitz geführt, Kunstwerke derart begrenzt in einem komplizierten System befristeter Leihverträge nach West-Berlin verborgt, daß der Eindruck unabweisbar ist, daß hier alte historische Rechnungen beglichen wurden. Hessen mit dem von Preußen arg gebeutelten Frankfurt und Niedersachsen mit der Demütigung Hannovers durch Preußen, hatten Gelegenheit, sich an den ungeliebten Usurpatoren noch nicht so weit zurückliegender Tage schadlos zu halten.

Was zunächst übersehen wurde: Rund 150 Kunstwerke gehörten nicht dem Land Preußen und damit auch nicht möglichen Nachfolgeländern, sondern dem «Kaiser-Friedrich-Museums-Verein». Diese kleine mäzenatische Vereinigung strengte 1953 mit Billigung von Konrad Adenauer einen Prozeß um seine Habe an, zu dem der legendäre, damals noch Rembrandt zugeschriebene «Mann mit dem Goldhelm» gehörte. Nach gewonnenem Rechtsstreit verfügte der Verein, daß seine Gemälde und Statuen wieder nach Berlin gebracht werden, was den Beginn der vollständigen, wenn auch zögerlichen Transferierung aller Kunstwerke von Wiesbaden und Celle, darunter die berühmte «Nofretete», nach West-Berlin bedeutete.

Zwar beschloß der Bundestag am 27. Januar 1955 einstimmig die Zusammenführung aller Kunstwerke der ehemals Staatlichen Museen unter dem Dach einer «Stiftung Preußischer Kulturbesitz». Aber dem daraus folgenden Gesetz verweigerte der Bundesrat seine Zustimmung, und die Länder Hessen, Niedersachen und Baden-Württemberg bestritten vor dem Bundesverfassungsgericht dessen Rechtmäßigkeit. Als Karlsruhe das Stiftungsgesetz für rechtens erklärte, weigerten sich Hessen, Niedersachsen und Bayern, dem Stiftungsrat beizutreten. Selbst nach ihrem Beitritt blieb das finanzielle Engagement dieser Länder, vor allem Bayerns, marginal. Fast skurril mutet die Weigerung Niedersachsens an, den Welfenschatz herauszurücken. Es waren die Reste einer Sammlung, die der Welfenherzog Ernst-August von Braunschweig-Lüneburg in der Zwischenkriegszeit auf dem internationalen Kunstmarkt zu Geld gemacht hatte und von dem nur durch das Engagement der Staatlichen Museen in Berlin 44 bedeutsame Stücke in Deutschland verblieben waren. Nun beanspruchte Niedersachsen diese für sich, stellte sie in der Burg Dankwarderode aus, von wo sie 1963 gegen den Widerstand der Stadt Braunschweig und des Landes Hannover schließlich doch ins Kunstgewerbemuseum nach West-Berlin kamen.

So mühselig und oft demütigend der Kampf West-Berlins um die Rückführung der Bestände der Staatlichen Museen auch war, so sehr er auch Mißgunst und Gegnerschaft eingetragen hat: Am Ende bedeuteten die Kunstwerke einen unschätzbaren Zugewinn an nationalem und internationalem Ansehen. Die Büste der Nofretete wurde zu einer Ikone der Halbstadt und ein magnetgleiches Werbeobjekt. Ähnliches galt für den «Mann mit dem Goldhelm», bis das Gemälde 1986 an Aura verlor, als wissenschaftliche Analysen ergaben, daß es nicht von Rembrandt selbst, sondern nur aus seiner Werkstatt stammt.

Der distanzierte Maestro

Höchst changierend ist die Bindung des Mannes an West-Berlin, der für Jahrzehnte zu einem Vorzeigekünstler der Stadt wurde und doch mit ihr nur bedingt verbunden war: Herbert von Karajan. Mit der Berufung zum Chef der Berliner Philharmoniker war ihm eines der wertvollsten Kulturgüter anvertraut, die West-Berlin besaß. Er wußte sehr wohl, daß ihm hier ein einzigartiges Instrument zu Gebote stand. Denn mit dem Feuerwehrorchester von Kleinkleckersdorf – was wäre da von der Magie des Maestro geblieben, wie ein Philharmoniker resümiert.[41] Karajan verhalf dem Orchester zu internationalem Ansehen, doch vermied der oft fast allgegenwärtige Dirigent auch, daß sich sein Ruhm ausschließlich mit Berlin und dessen Philharmonikern verband. Wien, Mailand, Luzern, London und Bayreuth waren die letzten Stationen Karajans vor seiner Berufung an die Spitze der Berliner Philharmoniker, mit denen er seiner kometenhaften Karriere einen weiteren Höhepunkt hinzufügen konnte, ohne auf ihm zu verweilen. Noch während der Vertragsverhandlungen war deutlich geworden, daß der Maestro nicht daran dachte, sich auf Berlin zu beschränken, sondern sein Imperium in Richtung Wien und Salzburg ausbauen wollte. Die Bindung an Berlin war für ihn Vertrag, keine Herzensbindung. Nie wird er in der Stadt ein festes Quartier aufschlagen, immer im Hotel Kempinski residieren und dinieren. Häuser, Wohnungen hat er anderswo: in Salzburg, St. Tropez oder St. Moritz. Seine Steuern zahlte er in Graubünden oder in diversen Steueroasen.[42] West-Berlin, das Karajan aus öffentlichen Mitteln die Grundlage für seine lukrativen Geschäfte legte, ging fiskalisch leer aus. Ein Schicksal, das die Stadt mit Karajans Geburts- und Sterbestadt Salzburg teilte, das nach dessen Tod nicht einen Schilling Erbschaftssteuer verbuchen durfte.[43] Auch das Berliner Publikum, vor dem er doch vertraglich auftreten mußte, war nicht nach seinem Geschmack. Zu zögerlich kam ihm hier der Beifall, während er «instant applause» wünschte. Das nach seiner Meinung auf den Händen sitzende Abonnementspublikum in Berlin strafte Karajan schließlich dadurch ab, daß er nicht mehr vor ihm auftrat und nur noch abonnementfreie Konzerte dirigierte.[44]

Berlin bedeutete für Karajan den Höhepunkt seiner Karriere im Dritten Reich, aber zuvor auch einen Tiefpunkt seiner Laufbahn. «Entbehrungsvolle Monate der Arbeitslosigkeit» verbrachte er hier nach eigenen, spärlichen Angaben 1934 bis 1935. Nach dem Krieg ist die Rede davon, daß er in dieser Zeit in «mysteriöse Machenschaften» verwickelt war, und es ist zu fragen, in welchen Kreisen er sich damals bewegte und wie seine Beziehungen zu dem mit dem NS-Regime merkwürdig verquickten, ebenso erfolgreichen wie dubiosen Musikeragenten Rudolf Vedder waren, den Furtwängler schlicht einen «Gauner» nannte.[45]

Selbst abgesehen von diesen unaufgeklärten dunklen Stellen blieben so viele braune Flecken an Karajan haften, daß die Entscheidung für ihn gerade auf dem mit seiner Berufung angestrebten internationalen Parkett einige Trittunsicherheit mit sich brachte. Karajan galt von den im Dritten Reich reüssierenden Großen seiner Zunft als besonders belastet. Noch

1989 rollten US-Justizbehörden erneut den «Fall Karajan» auf, wohl wegen der schon nach dem Krieg erhobenen, nie bewiesenen Vorwürfe, daß er Musikerkollegen ausspioniert und Juden und Kommunisten denunziert habe.

Gleich Karajans Einstand bei den Berliner Philharmonikern bescherte politische Turbulenzen. Die Konzertreise in die USA war von Demonstrationen («They helped Hitler murder millions») begleitet, doch halfen der künstlerische Erfolg und der politische Schutzschirm über solche Mißhelligkeiten hinweg. Wieder ließ sich Karajan das Wohlwollen der Mächtigen gefallen, wußte mit der Patronage der Reise durch Bundeskanzler Adenauer gut zu leben, über die sich Furtwängler, für den Karajan nach dessen Tod eingesprungen war, mokiert hätte.

Es war diese bei der USA-Reise demonstrierte und gemehrte internationale Verflechtung Karajans, die ihn für das ewig um Renommee ringende West-Berlin so attraktiv machte. Er bescherte denn auch glanzvolle und für alle Beteiligten höchst lukrative Konzertreisen, wobei es im Erfolgsrausch fast unterging, daß die Reiserouten bestimmte Länder aussparten, weil in ihnen Karajan als unerwünschte Person galt. Erst nach Karajans Tod konnte sich das Orchester den Wunsch erfüllen, ein Versöhnungskonzert in Israel zu geben.

Mindestens so wichtig wie die internationale Verflechtung und für die Berliner Philharmoniker noch bedeutsamer war Karajans Rolle im Schallplattengeschäft. Der Plattenproduzent Walter Legge hatte den wegen seiner NS-Vergangenheit zum Outcast gewordenen Musiker im Nachkriegs-Wien als Chef für sein London Philharmonia Orchestra gewonnen, mit ihm unzählige Aufnahmen gemacht, von denen nicht wenige bis heute als mustergültig gelten. Mit den Berliner Philharmonikern hatte Karajan schlagartig ein renommierteres Ensemble zur Verfügung und das Orchester seinerseits einen Chef, der ihm versprach, es an dem durch die Einführung der Langspielplatte enorm expandierenden Schallplattenmarkt zu beteiligen.

Das Kalkül ging so glänzend auf, daß Karajan dabei zum hundertfachen Millionär und die Philharmoniker zu Spitzenverdienern wurden, die den Politiker, der ihnen dies vertraglich beschert hatte, sogar zum Ehrenmitglied machten. Nach den zwei Dirigenten Furtwängler und Knappertsbusch wurde dem Nicht-Musiker, dem Senator und Professor der Ökonomie Joachim Tiburtius diese Ehre zuteil.

Das Orchester erlebte sein «Wunder Karajan» auf Grund eines bis heute im Detail geheimen Vertrags zwischen dem West-Berliner Senat und dem Maestro. Der rastlose, das Ubiquitäre streifende Karajan war fest an ein Orchester und einen Ort gebunden und das, wie sich allmählich herausstellte, auf Lebenszeit. Es sollte Jahrzehnte dauern, bis das Orchester erkannte, welche Bindung dieses «lebenslänglich» bedeutete und wie schwer es war, die keineswegs nur goldenen Fesseln abzustreifen. Bis dahin profitierten alle prächtig von der Zusammenarbeit. Karajan verwandelte die Philharmoniker in seine Privatkapelle, die Musiker waren nicht mehr nur die vom Senat bezahlten Mitarbeiter des Berliner Philharmonischen Orchesters, sondern auch Mitglieder der «Berliner Philharmoniker», die als eigene Firma sämtliche Mediengeschäfte betrieben. Der Senat zahlte die laufenden Kosten, die Musiker schöpften den reichlichen Mehrwert ab. So hilflos die Stadtregierung zusehen mußte, wie sie weitgehend die Verfügungsgewalt über das von ihr alimentierte Orchester verlor, so mußte sie es doch geschehen lassen, weil Karajan seinen lebenslangen Vertrag hatte – und der Senat wollte es geschehen lassen. Der politische Zugewinn bestand darin, daß nach den Worten des englischen Autors Norman Lebrecht «Karajan Berlin gab, wonach die (West)Deutschen verlangten: eine strahlende Ikone, die alles ausstach, was die finsteren Kommunisten jenseits der Mauer aufzubieten hatten».[46]

In kürzester Zeit wurde Karajan zu einem solch singulären Vertreter West-Berliner Kultur mit Alleinvertretungsanspruch, wie es ihn in anderen Bereichen, etwa dem Theater, nicht gab. Das «Schaufenster West-Berlin» kam einem Mann gerade recht, der sich selbst am liebsten zur Schau stellte. Ein Manko allerdings blieb: Es fehlte der rechte Rahmen. Die alte Philharmonie nahe dem Anhalter Bahnhof war rettungslos zerbombt. Es wurde in allerlei Ausweichquartieren vom Titania-Palast bis zum Konzertsaal der Hochschule der Künste gespielt. Im Vergleich zum goldglänzenden Wiener Musikvereinssaal, auf den Karajan immer ein sehnsüchtiges Auge warf, waren dies kaum mehr als gigantische Besenkammern mit problematischer Akustik. Fast 20 Jahre sollten vergehen, bis mit dem Neubau der Philharmonie ein glanzvoller Rahmen geschaffen wurde, der sogar zeitweise im Volksmund als «Zirkus Karajani» mit dem Zampano des West-Berliner Kulturbetriebs namentlich verbunden war.

KAPITEL 4

Unwetter ziehen herauf

Ein Mann steigt nach oben

Provinzielle Schlammschlachten und Kabalen standen am Anfang der in West-Berlin beginnenden Karriere einer Zentralgestalt der deutschen Nachkriegsgeschichte – doch gerade West-Berlin machte diesen Aufstieg schwer. Willy Brandt war kein Sonntagskind, dem die Erfolge wie selbstverständlich zuflogen. Als ein gleich mehrfach Fremder kam er 1946 in die Stadt, die er, seit 1933 Emigrant in Norwegen, nur von einem kurzen konspirativen Aufenthalt im Jahr 1936 kannte. Er trug als Presseattaché der norwegischen Militärmission Uniform. 1948 legte er sie ab, wurde deutscher Staatsbürger, blieb aber offiziell Karl Herbert Frahm. Erst im Juli 1949 bestätigte der Berliner Polizeipräsident die Namensänderung in Willy Brandt.[1] Ein Auswärtiger war Willy Brandt auch in den Anfängen seiner politischen Tätigkeit in Berlin. Er war Chef des Berliner Verbindungsbüros der SPD, die Kurt Schumacher von Hannover aus leitete. Aber Willy Brandt begann in der Stadt Wurzeln zu schlagen, fühlte sich auf der «Insel im roten Meer» wohl, wie er einem Freund schrieb. Er folgte nicht dem Vorschlag Schumachers, in Schleswig-Holstein für den Bundestag zu kandidieren, sondern ließ sich vom Abgeordnetenhaus in West-Berlin zum Bundestagsabgeordneten wählen. Außerdem wurde er Kreisvorsitzender der SPD im Bezirk Wilmersdorf.

Die wachsende Bindung an Berlin war nicht zuletzt eine Bindung an Ernst Reuter. Es war alles andere als Opportunismus, was Brandt die Nähe zu Reuter suchen ließ. Denn der war zwar unstrittig der bedeutendste Politiker der Stadt, aber innerhalb der SPD keineswegs der mächtigste. Reuters politische Position, die er mit Geschick und der Kraft seiner Autorität durchsetzte, war in der Bundes-SPD wie in der SPD von West-Berlin eine Minderheitenposition. Schmerzlich mußte Brandt dies erfahren, als er 1952 zur Wahl zum SPD-Landesvorsitzenden antrat. Der «junge Mann von

Ernst Reuter», wie er genannt wurde, unterlag gegen Franz Neumann mit nur 93 gegen 196 Stimmen.

Brandt soll die Niederlage tief getroffen haben, doch gab er die Bemühungen um die Führung in der SPD nicht auf, ja, zum wohl einzigen Mal, so Ernst Reuters Sohn Edzard, führte Brandt erbittert und massiv einen richtigen Kampf.[2] Gegner war Franz Neumann mit seiner «Keulenriege». Der treffend doppeldeutige Name meint sowohl den Berliner «Keule», was Kumpel bedeutet, aber natürlich auch die Schlagwaffe. Brandts Zirkel wurde dagegen wegen seiner Nähe zu den West-Alliierten «amerikanischer Club» oder nach den bevorzugten Rauchinstrumenten «Pfeifenclub» genannt, was darüber hinwegtäuscht, daß auch hier nicht mit Glacéhandschuhen operiert wurde. Bei einem Streit im Parteivorstand ging Parteisekretär Theo Thiele, der zur Reuter-Brandt Riege zählte, mit einer Bierflasche auf Neumann los und drohte ihm «den Schädel kaputtzumachen».[3]

Brandt wählte eine sanftere, aber mühselige Methode. Er ging an die Basis, suchte systematisch die Ortsverbände auf, um dort in oft alkoholfreudigem Klima für sich und seine Politik zu werben, scheute auch Kaffee- und Kuchennachmittage mit Rentnern nicht. Alles war wohlorganisiert von Klaus Schütz, einem jungen Mann, der, von Brandt fasziniert, seine Universitätslaufbahn abgebrochen und sich ganz in den Dienst seiner Sache gestellt hatte und später für zehn Jahre Regierender Bürgermeister sein sollte. Als Brandt 1954 wiederum gegen Neumann für den Landesvorsitz der SPD kandidierte, fehlten ihm nur noch zwei Stimmen, nach Meinung von Schütz nur, weil «irgendein Arschloch von den Delegierten» abwesend war.

Brandt focht seinen Kampf weiter und sah sich nach dem Tod von Ernst Reuter im September 1953 als dessen Sachwalter. Dabei hatte er die Unterstützung von Reuters Witwe Hanna, die ihn bat, die Rede auf der Trauerfeier für ihren verstorbenen Mann zu halten. Brandt gewann auch das Einverständnis der Familie Reuter, neben Richard Löwenthal, unterstützt von wissenschaftlichen Hilfskräften, Autor der ersten großen Biographie über Ernst Reuter zu sein. Etwas chaotische Zustände bei der Realisierung des Projekts sollen vor allem durch Brandts wenig disziplinierte Arbeitsweise verursacht worden sein.

Die Ehepaare Brandt und Reuter hatten sich privat relativ nahegestanden mit gegenseitigen Besuchen, auch wenn die beiden Männer zwar im Politischen viel Übereinstimmung besaßen, in ihrem Wesen aber grundverschieden waren. Da der etwas beamtenhafte Reuter, dort der in

10 Als strahlend modisches Paar machte das Ehepaar Brandt auf lokalem (hier auf dem Berliner Presseball 1957) wie internationalem Parkett eine glänzende Figur. Bei allgemeinem Wohlwollen gab es auch Kritik von traditionellen SPD-Genossen: «Und so was nennt sich Sozialdemokrat».

der eigenen Partei als bohemienhaft geltende Brandt. Ein Photo, das beide zeigt, dokumentiert diesen Unterschied. Reuter im dunklen Zweireiher, Brandt im Trenchcoat mit elegantem Hut. Zwei Welten, zwei Zeiten scheinen sich zu begegnen. Reuter ist noch im Gestern von Kaiserreich und Weimarer Republik verwurzelt, während Brandt an einen amerikanischen Filmstar á la Humphrey Bogart erinnert. Es ist nicht Attitüde, die Brandt so sein ließ, sondern das souveräne Bewußtsein des Mannes mit lupenreiner proletarischer Herkunft, mit dem er überkommene Vorstellungen einer Arbeiterpartei über den Haufen warf. Als er 1957 auf dem Berliner Presseball im Smoking auftrat, seine Frau Rut mit schulterfreiem Kleid nach neuester Mode an seiner Seite, scherte es ihn wenig, daß Genossen munkelten: «Und so was nennt sich Sozialdemokrat.»

Der Unterschied zwischen Ernst Reuter und Willy Brandt wurde offenbar, als Reuter seinem «jungen Mann» den Posten eines Stadtrats für Verkehr und Betriebe anbot und Brandt ablehnte. Reuter reagierte ratlos, einige meinen auch, verbittert. In seinen Augen war dies das Königsressort, in dem er sich selbst einst bewährt hatte. Aber es war nicht der Kommunalpolitiker Reuter, dem Brandt nacheiferte, sondern der Mann, der von sich sagen konnte, daß er sein eigener Außenminister sei. Für Brandt, der den Überblick bevorzugte, in großen Zusammenhängen dachte, war eine solche sich schließlich in der Bundespolitik vollendende Perspektive verlockend. Der Regierende Bürgermeister von West-Berlin war eine Größe sui generis im staatspolitischen Gefüge. Durch den Vier-Mächte-Status war er der Repräsentant West-Berlins gegenüber den Alliierten, war der Gastgeber, wenn deren Staatschefs in die Stadt kamen.

Zunächst gelang es Willy Brandt, 1955 zum Präsidenten des Abgeordnetenhauses gewählt zu werden, nachdem Otto Suhr aus diesem Amt zum Regierenden Bürgermeister aufgerückt war. Nun hatte er ein repräsentatives Büro im Rathaus Schöneberg und verstand es, in Informationsgesprächen bei Kaffee und Cognac die Journalisten für sich zu gewinnen. Herzen und Federn der schreibenden Zunft flogen ihm zu. Da Otto Suhr zunehmend kränkelte, konnte Brandt als sein Vertreter öffentliche Aufmerksamkeit auf sich ziehen, doch versuchte sein Kontrahent Franz Neumann bis zuletzt einen Regierenden Bürgermeister Willy Brandt zu verhindern.

Auch wenn es erst 1957 nach dem Tod von Otto Suhr zum letzten Gefecht kam, hatte Neumann schon im Herbst 1956 den Krieg verloren. Am Abend des 5. November bewies Brandt, daß er viel von Ernst Reuter gelernt hatte, auch dessen von ihm bewunderte Fähigkeit, als «Volkstribun» aufzutreten. Hunderttausende waren vor dem Rathaus Schöneberg aus Protest gegen die sowjetische Niederschlagung des Ungarnaufstands versammelt. Die Stimmung war aufgeheizt. Die Vertreter der Parteien, vor allem Franz Neumann, wurden wegen ihrer belanglosen Äußerungen ausgepfiffen. Beachtung fand allein Willy Brandt, der unvorhergesehen kurzerhand das Mikrophon ergriff und mit markigen Worten vom Balkon des Schöneberger Rathauses die Menschen für sich gewinnen konnte. Der Aktionsdrang der Menge war nicht zu stoppen. Als sie sich in Richtung sowjetische Botschaft Unter den Linden bewegte, setzte sich Brandt in einem Lautsprecherwagen der Polizei an ihre Spitze und vermochte den Marsch zum Mahnmal für die Opfer des Stalinismus in Charlottenburg umzuleiten. Nach dem dort von ihm angestimmten Lied vom guten Kameraden löste sich die Versammlung friedlich auf. An der Straße des 17. Juni gelang es Brandt gleich danach, eine aufgebrachte Menge vom Marsch zum Brandenburger Tor abzuhalten.

Brandt war damit zum Liebling, nahezu zum Held der öffentlichen Meinung geworden, die ihm in Form der bürgerlichen Presse breite Unterstützung zu geben begann. Als sich 1957 das Ableben Otto Suhrs abzeichnete, mühte sich die innerparteiliche, proletarische Opposition noch einmal vehement, Brandt als Regierenden Bürgermeister zu verhindern, und schreckte diesmal vor übler Nachrede und Unterstellungen nicht zurück. Schon 1952 hatte sich die «Keulenriege» nicht gescheut, gegen Reuter, Brandt und andere Emigranten das Ressentiment zu schüren, diese könnten durch ihre lange Abwesenheit die Berliner Verhältnisse gar nicht verstehen.[4] Es war Franz Neumann, im offiziellen Sprachgebrauch ein «Parteifreund», der öffentlich Brandts Namensänderung und seine norwegische Uniform nach Kriegsende problematisierte. Schließlich brachte die «Keulenriege» auch den Vorwurf ins Spiel, Brandt habe bei den kommunistischen Interbrigaden im spanischen Bürgerkrieg gedient und in norwegischer Uniform gegen die Wehrmacht gekämpft.

Die Vorwürfe verfingen so wenig wie die Versuche von Franz Neumann, einen Gegenkandidaten zu gewinnen. Am 3. Oktober 1957 wurde Brandt mit klarer Mehrheit zum Regierenden Bürgermeister gewählt, und er schaffte es wenige Monate später, auch den Landesvorsitz der SPD zu erringen, womit er anders als seine Vorgänger die Macht im Land wie in der Partei in seiner Person vereinigte. Diesen Erfolg verdankte Brandt mehreren Faktoren. Zunächst seinem politischen Talent, seinem aufs Große zielenden Ehrgeiz, seinen umsichtigen Mitarbeitern, vor allem Klaus Schütz, aber auch dem provinziellen Unvermögen seiner Gegner. Irrtum und Legende ist es, daß Brandt seinen Aufstieg der Springer-Presse schuldete. Zwar machte die auflagenstarke *Berliner Morgenpost* keinen Hehl aus ihrer Sympathie für Brandt, und das Boulevardblatt *BZ* titelte «Das ist der richtige Mann für uns». Aber beide Blätter gehörten mehrheitlich der Familie Ullstein. Axel Springer war zu diesem Zeitpunkt nur Minderheitsgesellschafter.[5]

Aufbruch und Bedrohung

Recht rauh konnte der frische Wind sein, den Willy Brandt als Regierender Bürgermeister aufwirbelte. Als der Rathaus-Referent der SPD, Karl Germer, zum neuen Amt gratulierte, die vertraute Anrede des «Du» verwendete und seine weiteren Dienste anbot, fiel die Antwort so kühl wie abschlägig aus. «Ich muß bei der Knappheit der zur Verfügung stehenden Stellen darauf verzichten, Sie hier in der Senatskanzlei weiter zu verwenden.»[6]

Statt des «Genossen-Du» galt nun die Anrede «Sie», und der Politiker, der sich gerne vom Mann auf der Straße «Willy» rufen ließ, legte offiziell größten Wert auf die Anrede «Regierender Bürgermeister». Üblicherweise wächst der Mann mit dem Amt. Willy Brandt schaffte die Umkehrung: Das Amt wuchs mit dem Mann. Er gab ihm fast präsidialen Charakter. Rote Teppiche wurden bei Staatsbesuchen auf den Treppen der weitläufigen, von wilhelminischer Geltungssucht zeugenden großen Empfangshalle des Rathauses Schöneberg ausgelegt und humanes Dekor in Gestalt von zwei Polizisten mit Tschako und weißem Koppelzeug vor dem Amtszimmer des Regierenden postiert.

Mit solchem Imponiergehabe wurden institutionelle Schwächen überspielt. Nicht nur daß der Regierende Bürgermeister von Berlin auf Grund der alliierten Vorbehalte im Zustand der Bevormundung amtierte. Er konnte seine Senatoren nicht einfach ernennen, sondern mußte sie vom Abgeordnetenhaus wählen lassen. Willy Brandt stellte deshalb 1958 den hochqualifizierten, aber in der West-Berliner SPD nie heimischen Heinrich Albertz erst gar nicht zur Wahl als Senator für Arbeit und Soziales, nachdem die SPD-Fraktion schon im Vorfeld ihr «Nein» signalisiert hatte. Brandt ernannte ihn daraufhin im Mai 1959 zum Chef der Senatskanzlei, womit Albertz als rechte Hand von Brandt erst recht eine einflußreiche Position gewann, sich den Ruf eines «preußischen Zuchtmeisters» erwarb.

Brandt wußte, daß die Macht eines Regierenden Bürgermeisters nicht allein auf dem Zuspruch der Wähler beruhte, sondern mindestens so sehr auf einer Zustimmung seiner eigenen Partei. Konsequent wurde die Machtbasis erweitert, was vor allem hieß, daß der Einfluß seiner Gegner rund um Franz Neumann verringert wurde. Bis hinunter zur Kassiererebene wurde durchgegriffen: «Alles, was damals als ‹links› galt, das mußte weg.» (Annemarie Renger)[7] Es sind Wunden, die hier aufgerissen wurden, die auf der Insel West-Berlin, wo man sich schwer aus dem Wege gehen konnte, irgendwie jeder jeden kannte und man voneinander wußte, besonders schmerzten und lange und folgenreich nachwirkten. Neumann wurde auf sein Bundestagsmandat reduziert, wo er in Bonn, weit weg von West-Berlin, als Hinterbänkler seine politische Laufbahn beendete. Für Herbert Wehner ein Fall von «politischem Brudermord», während Brandt von sich meinte, ihm fehle die Fähigkeit, «hart zu Menschen zu sein».[8]

Eine realistische Selbsteinschätzung mag Willy Brandt immer schwerer gefallen sein, weil er zu einer öffentlichen Figur geworden war, die nur noch begrenzt mit der realen übereinstimmte. Brandt war in der SPD der erste, der, von seinen Genossen skeptisch beäugt, konsequent die Medien nutzte, von ihnen ein wirksames Bild entwerfen ließ. West-Berlin machte das leicht. Die auflagenstärksten Zeitungen *Berliner Morgenpost* und *BZ* verfielen gegenüber Brandt und seiner Familie in ungehemmte Hofberichterstattung. Noch waren dies keine Springer-Zeitungen. Aber seit sich Axel Springer und Willy Brandt Ende 1957 kennenlernten und sich auf Anhieb verstanden, wirkte der Minderheitsgesellschafter Springer nachdrücklich auf Verleger Rudolf Ullstein ein, positiv über Brandt zu berichten. Noch gab es nicht den Begriff der «Home-Story», doch wurde die Familie Brandt reichlich mit Berichten über ihr Privatleben bedacht, wurde gezeigt, wie Willy Brandt auch zu Hause fleißig Akten bearbeitete, sich aber auch um Garten und Söhne kümmerte. Jahrzehnte später entwirft Sohn Lars ohne Bitternis, aber deutlich, ein anderes Bild. Er spricht von «menschlicher Knauserigkeit»[9] im Hause des Regierenden Bürgermeisters, erzählt von einem Vater, der ihn in der Kindheit kein einziges Mal küßte oder ihm auch nur übers Haar strich. Die Berichte über die Familie Brandt gaben den Berlinern aber auch Gelegenheit, ein Stück Souveränität und Weltläufigkeit zu beweisen. Die Ressentiment-Appelle der «Keulenriege» verfingen bei ihnen nicht. Im Gegenteil. Das Fremde beeindruckte: Im Hause Brandt wird Norwegisch gesprochen – wie interessant. Frau Rut hat einen fremdländischen Akzent – wie apart.

Anfang 1958 erhielt ausgerechnet mit dem Antrittsbesuch Brandts beim sowjetischen Stadtkommandanten Andrej Tschamow das glänzende Bild des «Regierenden» unschöne Kratzer. Der Ort der Begegnung war das Gebäude in Karlshost, in dem 1945 die Kapitulation der deutschen Wehrmacht stattgefunden hatte. Schnell stellten sich Assoziationen von Sieg und Niederlage ein – und Brandt wollte es nicht gelingen, seinen Besuch zum Erfolg zu deuten. Die politischen Machtverhältnisse ließen es auch gar nicht anders zu, als daß Tschamow unter Beweis stellte, wer hier der Sieger war. Etwas fatal waren die äußeren Umstände des Besuchs. Brandt wurde von seinem Gastgeber auf russische Art mit Kaviar und reichlich Wodka traktiert. Merklich alkoholisiert kehrte er in sein Amtszimmer im Rathaus Schöneberg zurück. Intensiv beschwor Brandts Pressesprecher die Chefredakteure, den Vorfall nicht publik zu machen. Als eine Zeitung doch über Brandts mangelnde Nüchternheit berichtete, sah die «Keulenriege» noch einmal die Chance, ihren Gegner zu diskreditieren, und setzte das Wort von «Weinbrand-Willy» in die Welt.[10] Die üble Nachrede war in der Sache nicht überraschend, weil Brandts Freude an hochprozentigen Getränken stadtbekannt war. Noch beim Verkauf des Senatsgästehauses in Grunewald im Jahr 2004 sprachen erhebliche Restbestände von Brandts Trinkvorräten eine deutliche Sprache.

Die etwas peinlichen Umstände des Besuchs in Karlshorst hatten allerdings den Vorteil, etwas davon abzulenken, daß der Besuch inhaltlich ergebnislos verlief. Die von Brandt wie zuvor schon von Otto Suhr gehegte Hoffnung, Erleichterungen im innerstädtischen Verkehr zu erreichen, wurde massiv enttäuscht. Auch Brandts Versuch, mit Ost-Berlin über Erleichterungen für die Menschen in der geteilten Stadt ins Gespräch zu kommen, scheiterte. Strengstens auf Statusfragen achtend, jede offizielle Anerkennung Ost-Berlins vermeidend, wirkten Brandts Versuche unbeholfen, ja unfreundlich. Er schrieb «an die Verwaltung des Ostsektors, z. Hd. von Friedrich Ebert» und ließ den Brief von einem Regierungsrat Schultze unterzeichnen.[11]

Chruschtschow-Ultimatum – Berlin-Krise 1958

Ein ruhiges, von eindrucksvoller Normalität geprägtes Jahr schien 1958 für West-Berlin zu werden, nachdem Willy Brandt für internationales Ansehen gesorgt hatte. Das Geschehen wurde von innerstädtischen Ereignissen bestimmt, die von Aufstieg und Stabilisierung kündeten. Der Grundstein für die Akademie der Künste wurde gelegt und damit für die «Interbau» ein in seiner vollendeten Moderne zeitloser und beeindruckender Schlußstein gesetzt. Das Hotel «Kempinski» am Kurfürstendamm baute aus und firmierte nun unter dem Traditionsnamen «Kempinski Bristol». Es ist jenes Hotel, das Willy Brandt in einem Gespräch die Gelegenheit zu einer kleinen Bosheit gegenüber Konrad Adenauer gegeben hatte. Adenauer erzählte, daß sich der sowjetische Ministerpräsident Bulganin erkundigt habe, ob es noch das «Kempinski» gebe. Worauf Brandt in Anspielung auf Adenauers latente Berlin-Ignoranz konterte: «Und, wußten Sie es?»

Selbst ein Akt der Zerstörung konnte zum Zeichen eines Neuanfangs werden. Die Ruinen der in der Reichspogromnacht 1938 abgebrannten Synagoge in der Pestalozzistraße in Charlottenburg wurden gesprengt, um Platz für ein neues jüdisches Gemeindezentrum zu machen und ein klares Zeichen dafür zu setzen, gerade in Berlin wieder jüdischem Leben Raum zu geben. Bei der Eröffnung der Filmfestspiele 1958 verkündete Willy Brandt eine neue internationale Offenheit der Stadt – eine Einladung an die Sowjetunion sollte dies unterstreichen, doch lehnte diese ab. Ein kleines Zeichen dafür, daß die Signale in Moskau nicht auf Entspannung standen.

Die Signale mehrten sich, daß Nikita Chruschtschow nach gewonnenem Machtkampf in der KPdSU zu einer Politik der Stärke überging. «Sputnik», der erste Satellit im Weltraum, erhöhte das Prestige der Sowjetunion und gab ihr das Gefühl der Überlegenheit über den Westen, die Chruschtschow für seine Politik zu nutzen gedachte. Im Januar hatte er dem Verleger Axel Springer bei dessen dilettantischem und schlecht vorbereitetem Moskau-Besuch eine rüde Abfuhr für alle Wiedervereinigungsfragen erteilt. Springers Antichambrieren im Kreml endete mit einer Demütigung, zu der auch wenig hoffnungsvolle Aussagen über West-Berlin gehörten. Auf dem 5. Parteitag der SED im Juli 1958 und noch deutlicher auf einer Kundgebung in der Werner-Seelenbinder-Halle im Oktober 1958 erneuerte Walter Ulbricht, zweifellos mit Unterstützung aus Moskau, die These, daß West-Berlin Teil der DDR sei und diese das Recht auf Kontrolle der Zugangswege erhalten müsse.

Hinter so viel zur Schau gestellter Stärke stand eine Schwäche der DDR, die Tag für Tag im abgelegenen Marienfelde offenbar wurde. Das vermeintlich großzügig ausgelegte Notaufnahmelager für Flüchtlinge aus der DDR platzte aus allen Nähten, weil immer mehr Menschen der DDR den Rücken kehrten, die damit auszubluten begann. Berlin war zur offenen Wunde im gesamten System des Kommunismus geworden, zum Prüfstein für dessen Gelingen. «Unsere marxistisch-leninistische Theorie muß sich in der DDR selbst beweisen»[12], hielt der stellvertretende sowjetische Ministerpräsident Anastas Mikojan den Genossen in Ost-Berlin vor. Schließlich sei in Deutschland der Marxismus entstanden. «Wenn sich der Sozialismus hier nicht als überlegen und lebensfähig erweist, dann haben wir nicht gesiegt.»[13]

Chruschtschow tröstete sich und Walter Ulbricht mit dem Hinweis, daß es spätestens 1961 soweit sei, daß die DDR den Lebensstandard der Bundesrepublik überholen werde: «Das wird wie eine Bombe einschlagen. Deshalb müssen wir Zeit gewinnen.»[14] Mit einem aggressiven Paukenschlag forderte Chruschtschow am 27. November 1958 die Westmächte ultimativ in der Berlin-Frage heraus. Sein sogenanntes «Berlin-Ultimatum» war für ihn auch ein aus der Defensive geführter Befreiungsschlag. Er forderte die Verwandlung West-Berlins in eine «Freie Stadt», die Liquidierung des Besatzungsstatuts und die Übertragung der sowjetischen Rechte auf die DDR.[15] Sollte dies nicht innerhalb von sechs Monaten geschehen, würde die Sowjetunion mit der DDR einen Friedensvertrag abschließen und einseitig ihre Rechte an sie übertragen.

West-Berlin befand sich im Wahlkampf für die Abgeordnetenhauswahl am 7. Dezember, als urplötzlich alle innerstädtischen Kontroversen zu Nebensächlichkeiten wurden, weil die Stadt vor eine Existenzfrage gestellt war wie einst bei der Blockade. Wieder hatte die Stadt das Glück, einen Mann an der Spitze zu haben, der der Größe und Schwierigkeit seiner Aufgaben gewachsen war. Willy Brandt, zum Staatsmann begabt, konnte seine Fähigkeiten nun unter Beweis stellen und erwies sich in Format und Haltung seinem legendären Vorbild Ernst Reuter als ebenbürtig. Er wurde ein entschiedener Verfechter der Rechte West-Berlins, die er auf die griffige Formel brachte «Berlin bleibt frei», womit alles andere gemeint war als die Idee einer «freien Stadt». Die von Chruschtschow propagierte «freie, entmilitarisierte Stadt» war in seinen Augen nicht mehr als eine «vogelfreie Stadt». Wie sollte die von alliiertem Militär entblößte Halbstadt zu halten sein, wenn sie von sowjetischen Truppen umstellt wäre? Die im Westen durchaus erwogene Idee, sich mit symbolischer Militärpräsenz in West-Berlin zu begnügen, gab Brandt dem Spott preis: «Ein Leutnant und sechs Mann»[16] genügten nicht einmal, um die amerikanische Flagge zu schützen, weil sie im Konfliktfall einfach verhaftet würden.

Brandt sprach aus, was die West-Berliner dachten. Das zeigte die Wahl am 7. Dezember, die mit einer Wahlbeteiligung von 93 Prozent zu einem Plebiszit über das Chruschtschow-Ultimatum wurde. Die SPD errang die absolute Mehrheit. Brandt ging dennoch mit der CDU eine Koalition ein, weil dies die Bindung an Bonn stärkte, wo seit dem Herbst 1957 Adenauer mit absoluter Mehrheit regierte. Innerhalb der Stadt war es weit weniger mühsam, die Krise zu bestehen als außerhalb, wie Brandt rückblickend feststellte.[17] Es war die «erstaunliche Stabilität»[18] in West-Berlin in allen Krisen, die selbst Historiker verblüfft. Standfestigkeit und Behauptungswillen manifestierten sich nun alltäglich, normaler als zu Blockade-Zeiten. Das Heldenhafte war geschwunden, ohne daß in der Sache selbst etwas aufgegeben wurde. Die Menschen in West-Berlin zeigten einmal mehr, was Hannah Arendt 1950 nach einer Reise durch Deutschland festgestellt hat: «Wenn die

Menschen in Berlin auch nur halbwegs eine Chance sehen, dann sind sie bereit, ihr Leben teuer zu verteidigen.»[19]

Für Chruschtschow bedeutete diese Haltung der West-Berliner Bevölkerung eine weitgehend unbeachtete erste Niederlage in der bis zum Mauerbau 1961 anhaltenden Berlin-Krise. Während im Westen noch darüber diskutiert wurde, wie weit nicht doch auf die Forderungen eingegangen werden solle, war sich der Kreml-Herr dessen bewußt, daß seine Vorschläge für die West-Berliner Bevölkerung eine Zumutung darstellten. Er rechnete damit, daß unter dem von ihm erzeugten Druck die Menschen aus West-Berlin abwandern würden. Über Halvard Lange, einen langjährigen norwegischen Außenminister, ließ Chruschtschow Brandt ausrichten, daß im entvölkerten West-Berlin die Wirtschaft zusammenbrechen und die Stadt wie eine faule Frucht der DDR zufallen würde. Noch Jahrzehnte später wunderte sich Willy Brandt über dieses irrige Kalkül[20], das zeigte, daß im Kreml seit der Blockade, was die Einschätzung von Freiheitswillen und Widerstandskraft der West-Berliner Bevölkerung betraf, nichts dazugelernt worden war. Am Ende gab es einen paradox gegenläufigen Effekt: Nicht aus West-Berlin setzte die Abwanderung ein, sondern die Flucht aus der DDR verschärfte sich, weil die Befürchtung wuchs, der Ausweg in den Westen könnte versperrt werden.

So sehr sich Brandt der Unterstützung in West-Berlin sicher sein konnte, so schwierig war es außerhalb. In Bonn gab es für den Krisenfall kein Konzept, aber mancherlei unkoordinierte Pläne und Überlegungen. Selbst Wohlmeinende wie der Leiter der Ostabteilung des Auswärtigen Amts, Georg Ferdinand Duckwitz, beschwor Brandt, auf die Pläne für eine Freie Stadt, allerdings für ganz Berlin, einzugehen: «Etwas Besseres werden Sie nicht bekommen.»[21] Adenauers wegen seiner NS-Vergangenheit umstrittener Kanzleramtschef Hans Globke entwickelte einen komplizierten, letztlich auch auf eine Freie Stadt hinauslaufenden Plan, der allerdings nach Bekundung von Willy Brandt während der Berlin-Krise keine Rolle spielte, sondern erst weitaus später ein Fall für Adenauer-Exegeten wurde.

Das Chruschtschow-Ultimatum war eine internationale Krise, die die Welt so dicht an die Katastrophe führte wie später nur noch die Kuba-Krise. Die Stadt und vor allem der Regierende Bürgermeister wurden mit einem Schlag wieder auf die große Bühne der Weltpolitik katapultiert. Vier Tage nach seiner triumphalen Wahl sprach Willy Brandt vor den Außenministern der Westmächte in Paris. In einer viertelstündigen Rede in fließendem Englisch legte er dar, daß die West-Berliner standhalten würden und Verhandlungen unter dem Druck eines Ultimatums ablehnten. US-Außenminister John Foster Dulles schüttelte ihm nach diesem Bekenntnis die Hand und beteuerte: «We wouldn't let you down.» (Wir werden Sie nicht im Stich lassen.) Es war ein tragisch befristetes Gelöbnis, denn der bereits krebskranke Dulles mußte wenige Monate später sein Amt aufgeben. Im Laufe der Berlin-Krise wird die anglo-amerikanische Position nachgiebiger, kompromißbreiter werden, muß West-Berlin fürchten, daß ein «status quo minus», eine Verschlechterung seiner Position ausgehandelt wird.

Durch die Standhaftigkeit nach dem Chruschtschow-Ultimatum wurde Willy Brandt zu einer national und international bekannten und anerkannten Persönlichkeit. Er wurde, wie sein treuer Adlatus Klaus Schütz feststellte, auf eine einmalige politische Höhe katapultiert. Verstarkt wurde der Effekt, weil Brandt die Möglichkeit erhielt, global für die Unterstützung West-Berlins zu werben. Konrad Adenauer finanzierte ihm eine Reise in die USA und nach Asien mit Stationen in Colombo, Rangoon, Karatschi und Neu-Delhi. In den USA waren die Konfetti-Parade in Manhattan, der Empfang bei US-Präsident Eisenhower, die Gespräche mit einflußreichen Kongreßabgeordneten und ein letztes Treffen mit Außenminister Dulles nur einige der Höhepunkte. Den krisengebeutelten Menschen in West-Berlin taten die Bilder gut, die zeigten, welch bedeutsamen Platz ihre Stadt in der damals noch als sehr weit empfundenen Welt einnimmt. Immer hat das Ehepaar Brandt ein Stück der Heimatstadt im Gepäck und zeigte dies auf gewinnende Weise. Sieben Kreationen von Berliner Modeschöpfern führte Rut Brandt mit sich und in solcher Toilette vermochte die First Lady aus Berlin Eindruck zu machen. Die *Washington Post* berichtete, wie die «blauäugige Blondine» begeisterte und neben der für ihre modische Akkuratesse berühmten Herzogin von Windsor durchaus bestehen konnte.[22]

Ehemann Willy ließ sich durch die überreich gespendete äußere Anerkennung nicht täuschen. Er spürte, wie die Amerikaner in ihrer Haltung in der Statusfrage unsicher wurden und unter «free access» nur noch die Verbindung zwischen ihren Garnisonen in Berlin und dem Bundesgebiet verstanden. Den zivilen Zugang sollten die Deutschen in West und Ost selbst regeln. Die Frage, welcher Beamte welchen Stempel in westliche Pässe drücken würde, schien das Risiko eines Krieges nicht wert zu sein, das ständig über der Berlin-Krise lastete.

Unterdessen erhöhte Chruschtschow permanent den Druck und

wurde nicht müde, West-Berlin mit immer neuen Vorwürfen als «Geschwür am Körper Europas» darzustellen, das beseitigt werden müsse. Vehement verlangte er nun, daß die «feindliche Propaganda» auf West-Berliner Boden eingestellt werden und Spionage, Sabotage, Subversion und Diversion von West-Berlin aus sowie die «Wühltätigkeit» gegen die DDR und den Ostblock allgemein ein Ende finden müsse.

Spionagenest West-Berlin

450 Meter lang erstreckte sich Mitte der 50er Jahre rund drei Meter unter der Erdoberfläche ein Tunnel von Rudow im äußersten Südosten West-Berlins nach Altglienicke im Ost-Berliner Stadtteil Treptow. Der amerikanische und der britische Geheimdienst hatten sorgfältig getarnt die etwa zwei Meter hohe Röhre gegraben und damit die von der Ost-Propaganda immer wieder beklagte geheimdienstliche «Wühltätigkeit» von West-Berlin aus sehr wörtlich betrieben. Elf Monate lang wurden drei Telefonkabel mit je 275 Doppeladern angezapft, über die die Sowjets den Telefon- und Telexverkehr abwickelten. Über eine halbe Million Telefongespräche wurden auf diese Weise abgehört. Tag und Nacht waren die Übersetzer und Auswerter in London und Washington damit beschäftigt, die Materialfülle zu bewältigen. Dann machte schlechtes Wetter der effizienten Abhöraktion ein Ende. Nach tagelangem Regen rückten am 22. April 1956 sowjetische Soldaten an, um die durch die Feuchtigkeit beschädigten Telefonleitungen zu reparieren. Dabei stießen sie auf den Spionagetunnel, der von seinen Betreibern rechtzeitig verlassen worden war. Die Aufregung bei den sowjetischen Soldaten und den sie begleitenden DDR-Militärs war groß. Allerdings waren auch sie nur ahnungslose Akteure in einem wohlüberlegten Unternehmen, das keine andere Aufgabe hatte, als die Entdeckung des Tunnels so zufällig und überraschend wie möglich erscheinen zu lassen. Denn der sowjetische Geheimdienst hatte von dem Tunnel gewußt, ehe er noch gebaut worden war. Der Mitarbeiter des britischen Geheimdienstes George Blake hatte als Doppelagent von der ersten Planungsphase an den KGB über das Unternehmen unterrichtet. Um den für die Sowjets so nützlichen «Maulwurf» nicht zu gefährden, mußte aber eine Situation abgewartet werden, bei der der Tunnel «zufällig» entdeckt werden konnte. So war der Tunnel mehr als

elf Monate in Gebrauch und der Großteil des abgehörten Materials war authentisch und zutreffend.

Die Sowjets luden nach der Aufdeckung der unterirdischen Abhöranlage Journalisten in ihr Hauptquartier nach Karlshorst und nutzten den Spionagetunnel für eine Propagandakampagne, bei der es der DDR überlassen blieb, diese um eine skurrile Fußnote im Kalten Krieg zu bereichern, wie sie nur in Berlin möglich war. Der «Staranwalt» der DDR, Friedrich Karl Kaul, der auch eine Zulassung im Westen hatte, klagte in West-Berlin gegen den Senat. Da die DDR nicht als Kläger auftreten konnte, wurde der Prozeß im Namen des Landwirts Paul Noack geführt. Der Tunnel lag unter seinem Grundstück, das erheblich gelitten hatte. Die Klage wurde mit der Begründung abgewiesen, daß der Senat von der Aktion der alliierten Geheimdienste nichts gewußt habe, also für sie keine Verantwortung trage. Kaul zog nun vor das West-Berliner Kammergericht und begründete seine Klage damit, daß der West-Berliner Senat den Tunnelbau nicht verhindert und damit den internationalen Fernmeldevertrag von Buenos Aires durch Unterlassung verletzt habe. Die Berufung wurde mit demselben Argument wie in der ersten Instanz zurückgewiesen und Kaul gab den Fall verloren, nachdem er zuvor sogar eine Zeitlang überlegt hatte, die USA zu verklagen.

Der Spionagetunnel bedeutete einen Ausnahmefall, weil in ihm das Treiben der Geheimdienste offenbar wurde, das sonst naturgemäß im Verborgenen ablief. Der Krieg der Spione auf Berliner Boden betraf die Menschen in der Stadt wenig. Natürlich wußten sie, daß Berlin in dem weltweiten Späherkrieg ein besonderes Areal darstellte – und das sofort nach dem Ende des Weltkriegs. Super-Doppelagent George Blake war hier nach 1945 aktiv. Richard Helms, später Direktor der CIA, sammelte in Berlin seine ersten Spionageerfahrungen. Hier konnten auf vergleichsweise engem Raum Amerikaner, Russen, Franzosen und Engländer Geheimdienstmissionen unterhalten. Natürlich war es den Sowjets ein Ärgernis, daß sich inmitten der DDR fremde Geheimdienste tummelten, und die Forderung nach «Auflösung der Spionagezentralen» in West-Berlin wurde notorisch wiederholt, auch wenn das wechselseitige Ausspionieren in Berlin eine Selbstverständlichkeit war. Als Friedrich Luft, damals Journalist bei der von den Amerikanern herausgegebenen *Neuen Zeitung* den Intendanten des Deutschen Theaters Wolfgang Langhoff aufsuchte, um ihm von der Aufführung eines sowjetischen Propagandadramas abzuraten, erlebte er eine Überraschung. Zurück in der Redaktion, wußte der leitende amerikanische Redakteur von der Visite im Osten, von der Luft niemanden unterrichtet hatte. Langhoff hatte wohl telefonisch in Karlshorst über den ihm verdächtig erscheinenden Besuch berichtet – und die Amerikaner hatten dieses Gespräch abgehört.[23]

Ein wirklicher Dorn im Fleische waren die elektronischen Überwachungsanlagen der Alliierten in West-Berlin. Die spektakulärste, die «Teufelsberg Field Station», befand sich auf der mit 115 Metern höchsten Erhebung von West-Berlin. Über den Ruinen der nie vollendeten Wehrtechnischen Fakultät des Dritten Reiches waren zwölf Millionen Tonnen Bombentrümmer aufgeschüttet worden. Teilweise gemeinsam mit den Briten, in deren Sektor die «Teufelsberg Field Sation» lag, betrieb hier die NSA, der größte Nachrichtendienst der USA, eine Antennenanlage, die es erlaubte, weit in die Tiefe des Warschauer Pakts hinein den Funkverkehr abzuhören. Zwei Mal erhielt die Station auf dem Teufelsberg die «Travis Trophy» der NSA für außerordentliche Leistungen.

Der Ort großer Erfolge war aber auch seit 1985 der einer schweren Niederlage. Dem Türken Hüsseyin Yildrim, der in den «Andrew Baracks» der US-Armee in Lichterfelde in einer Autowerkstatt arbeitete, in der auch zahlreiches Personal vom Teufelsberg verkehrte, gelang es, US-Soldaten zur Weitergabe von Geheimmaterial der höchsten Sicherheitsstufe zu bewegen. In einer schlichten Sporttasche mit doppeltem Boden schmuggelte er die heiße Ware aus dem Kasernengelände. Unter anderem lieferte er seinen Auftraggebern im Osten die US-Planspiele für einen atomaren Erstschlag gegen den Warschauer Pakt.[24] Von all dem sowie von den toten Briefkästen am Innsbrucker Platz oder in der Mommsenstraße erfuhren die West-Berliner erst Jahre später. Für sie war die «Teufelsberg Field Station» ein unübersehbarer Teil des Kalten Krieges. Die mit dreifachem Zaun und drohenden Warnhinweisen abgeschirmte Anlage war als geheimnisumwitterter Ort ein beliebtes Ausflugsziel. Wenn der Wind durch die Antennenmasten rauschte und den nüchternen Zweckbau in eine übergroße Äolsharfe verwandelte, dann durften sich die Ausflügler mit etwas Phantasie dem Erlebnis hingeben, hier ein wenig vom weltweiten Wispern der Geheimdienste zu erlauschen.

Experten sind sich einig, daß im Krieg der Spione der Osten erfolgreicher als der Westen war. Daß letztlich der Unterlegene im Kampf der Geheimdienste den Kalten Krieg insgesamt für sich entschieden hat, ist eine Paradoxie, die an der Relevanz des enormen geheimdienstlichen Aufwands erhebliche Zweifel weckt. Der Westen hatte im Wettstreit der

Agenten mit einem grundsätzlichen strukturellen Nachteil zu kämpfen. Es war relativ einfach, in die offene westliche Gesellschaft einzudringen, sie mit Spähern zu durchsetzen. Dagegen herrschten im Osten eine strenge Abschirmung nach außen und eine rigide Kontrolle nach innen. Dies zeigte sich auch in Berlin. Fast hilflos wirkten oft die Versuche der westlichen Geheimdienste, vor allem der CIA, im Osten Fuß zu fassen. Als Vize-Präsident Johnson nach dem Mauerbau West-Berlin besuchte, erstattete ihm Bill Graves, der Leiter des Berliner CIA-Büros, Bericht. Danach hatte die CIA Agenten in der KGB-Zentrale in Karlshorst, in der tschechischen und in der polnischen Militärmission. Graves erweckte den Eindruck, Ost-Berlin sei mit Westagenten durchsetzt. Haviland Smith, der spätere Leiter des Berliner CIA-Büros, spöttelte im Nachhinein über diesen Bericht, es sei das Blaue vom Himmel gelogen worden. Das angebliche U-Boot in der Polnischen Militärmission sei der Mann gewesen, der an der Straßenecke die Zeitungen verkaufte, und die Präsenz in Karlshorst habe aus einem Dachdecker bestanden, der die Dachziegel auf der Militärmission verlegte.[25]

Zentral ging es bei der Polemik gegen die von West-Berlin ausgehende «Wühlarbeit» darum, eine partielle Neutralisierung der Stadt zu erreichen und die Kontrolle über Meinungs- und Handlungsfreiheit der Westhälfte zu gewinnen. Die östlichen Vorwürfe gegen West-Berlin übergingen die eigenen Propagandaaktivitäten, jene «Hetze, die der Provokateur Ulbricht und seine Trabanten ... betreiben», wie Willy Brandt sagte.[26] Besonders galten die Vorwürfe der östlichen Seite den von ihr als «verbrecherisch» bezeichneten Organisationen, die von West-Berlin aus operierten. Gemeint waren damit nicht-staatliche Einrichtungen, die es sich zur Aufgabe gemacht hatten, Mißstände in der DDR zu dokumentieren, Nachrichten über Willkür zu sammeln, Flüchtlinge zu beraten oder gar Propagandaaktionen zu betreiben. Am bekanntesten waren die «Kampfgruppe gegen Unmenschlichkeit» (KgU), der «Untersuchungsausschuß freiheitlicher Juristen» (UfJ) und das Ostbüro der SPD, die alle von West-Berlin aus operierten. Am aggressivsten agierte die KgU, die weitgehend von den USA finanziert wurde und neben der Nachrichtenbeschaffung auch gemäß der letztlich erfolglosen Destabilisierungsstrategie der CIA Sabotageakte ausführte. Im September 1951 wurden in der DDR rund 180 Personen wegen solcher Spionagefälle verhaftet und zur Todesstrafe oder langer Lagerhaft verurteilt. Primär wegen seiner Hilfeleistung für DDR-Bürger und der Nachrichtenbeschaffung war die KgU lange Jahre eine in West-Berlin wohlgelittene Organisation, die von Rotem Kreuz, Caritas und Senat unterstützt wurde. 1951 sollen amerikanische Dienststellen erwogen haben, Willy Brandt zum Leiter der KgU zu machen, woran dieser aber nicht interessiert gewesen sein soll.[27] In der Folge radikalisierte sich die KgU und geriet zunehmend in den Strudel interner Auseinandersetzungen. Im März 1959 löste sie sich selbst auf, was während des bedrohlichen Chruschtschow-Ultimatums eine Entlastung für West-Berlin bedeutete.

Schon 1953 hatte Walter Ulbricht betont, daß das Ostbüro der SPD für die DDR gefährlicher sei als KgU und UfJ. 1958 wurde in einem internen Lehrbuch der Staatssicherheit den Propagandaschriften des Ostbüros höchste Gefährlichkeit bescheinigt, weil sie in der Sprache der Arbeiter abgefaßt seien und auf umfassenden Informationen beruhten, die zu durchaus treffenden Schlußfolgerungen führten.[28]

Zu diesem Zeitpunkt hatte die Bedeutung des Ostbüros der SPD schon seinen Zenit überschritten. Es war 1946 gegründet worden, hatte seit 1950 seinen Sitz in Bonn und unterhielt in West-Berlin eine wichtige Außenstelle. Es erfüllte seine Aufgabe, Parteimitgliedern erst in der SBZ, dann in der DDR zu helfen, durchaus erfolgreich. Es beriet Flüchtlinge, sammelte Informationen, verbreitete Propagandaschriften und betrieb eine Zeitlang, allerdings äußerst erfolglos und mit hohen Menschenverlusten, subversive Aktionen in der DDR. 1958 waren die vergleichbaren Ostbüros von CDU und FDP bereits abgewickelt, und das SPD-Ostbüro geriet durch erfolgreiche Agentenarbeit der Staatssicherheit in Mißkredit. Mehrere darauf angesetzte Stasi-Agenten wurden enttarnt. Das Ostbüro, das SPD-Genossen in und aus der DDR helfen sollte, war plötzlich zur Gefahrenquelle für die Menschen geworden, die mit ihm zu tun hatten. «Macht endlich die Bude zu», titelte das Boulevardblatt *BZ*.

Das Ostbüro der SPD wurde dem Chruschtschow-Ultimatum nicht unmittelbar geopfert, wenige Jahre danach aber umso unbarmherziger abgewickelt. Eine Institution, die über Jahre wertvolle Hilfe für die SPD geleistet hatte, behutsam und sorgfältig in ihrer Nachrichtenbeschaffung war, bei ihren später eingestellten subversiven Aktionen so unprofessionell verfuhr, daß sie einen hohen Blutzoll zahlte – eine solche Institution paßte nicht zur neuen Ostpolitik und wurde ziemlich plötzlich zum ungeliebten Schmuddelkind. Nun übernahm auch der Westen die Propagandaformeln des Ostens und Herbert Wehner sprach nicht ohne Verachtung von einem «Agentenschuppen».[29] Bei Willy Brandt siegte das politische Kalkül über die Erinnerung und er behauptete 1982, mit den Aktivitäten des Ostbüros unmittelbar nichts zu schaffen gehabt zu haben.[30]

Tatsache ist, daß Willy Brandt als Leiter des Berliner Sekretariats des SPD-Parteivorstandes eine Art Oberaufsicht über die Aktivitäten des «Ostbüros» führte.[31] Brandt half 1949 dem Ostbüro, einen Plan zu entwickeln, nach dem über den RIAS die Namen von SED- und KGB-Spitzeln genannt und vor ihnen gewarnt werden sollte.[32] Brandt stellte dem Ostbüro auch seinen Wagen mit Fahrer zur Verfügung. Mit ihm fuhr Heinz Kühne am 9. Februar 1949 zu einem Treffen mit einem Informanten und wurde dabei Opfer eines spektakulären Entführungsfalls. Kühne war eigentlich Schiffskoch, der, als Journalist Herbert Hinze getarnt, als Kurier und Informationsbeschaffer für das Ostbüro tätig war. Kühne wurde bei dem Treffen am 9. Februar offensichtlich erst mit Alkoholika traktiert, dann per Injektionsspritze bewußtlos gemacht und schließlich gewaltsam über die Zonengrenze gebracht. Monate später meldete er sich aus Ost-Berlin, wo er nach schweren Mißhandlungen nun heftige Angriffe gegen das Ostbüro und Willy Brandt startete.[33]

Wieviele Menschen genau von West- nach Ost-Berlin entführt wurden, ist nie genau aufgearbeitet worden. Bereits 1947 hatte Bürgermeister Ferdinand Friedensburg von 5413 verschwundenen Personen gesprochen. Spektakuläre Fälle betrafen den Chef des bundesdeutschen Verfassungsschutzes Otto John, der am 20. Juli 1954 unter bis heute ungeklärten Umständen nach Ost-Berlin kam, oder die UfJ-Mitarbeiter Walter Linse und Erwin Neumann. 1960 kamen die Entführungen weitgehend zum Erliegen, nicht zuletzt weil die Staatssicherheit zu weniger auffälligen Mitteln griff, um mit den politischen Gegnern in West-Berlin fertig zu werden.

Auch wenn Chruschtschow sich noch 1961 wortreich bei Adenauer über Umtriebe gegen die DDR beschwerte, die in West-Berlin ihren Ausgangspunkt hatten: Zu diesem Zeitpunkt waren die Vorwürfe bereits obsolet und beide Seiten begannen, ihre Methoden zu ändern. Der Osten setzte auf Unterwanderung, deren Ausmaß und Wirkung umstritten ist, grundsätzlich aber feststeht. Auch die Diskreditierung von unliebsamen Personen gewann zunehmende Bedeutung. Der Westen verabschiedete sich von den Plänen, mit Subversion und Propaganda den Osten zu destabilisieren. Chruschtschows entschiedenes Auftreten und das Beharren auf seiner Machtposition zeigten, daß der Status quo verhärtet war und nur noch mit den Mitteln der großen Politik Änderungen zu erreichen waren. Für die Organisationen, die mit Broschüren und Flugblättern in der DDR für einen Wandel sorgen wollten, war kein Platz mehr. Als Regierender Bürgermeister sprach Willy Brandt nun von «Mistvereinen».[34] Im Juni 1959 sollte eine vom Berliner Innensenator erstellte Broschüre «Tätigkeit von angeblichen Spionage- und Diversionsgruppen in Westberlin» an die Presse verteilt werden, wurde dann aber doch nicht veröffentlicht, sondern ist bis heute eine strenggehütete, unzugängliche Verschlußsache.[35]

Eine nachhaltige Folge der Debatten und Propagandaaktionen rund um angebliche Wühlarbeit, Spionagezentren und Diversionsagenturen war die endgültige Etablierung des Wortes «Frontstadt». Unermüdlich verwendeten die DDR und die Sowjetunion dieses Wort zur Diskreditierung West-Berlins, verbunden mit der Suggestion, daß dieses das Selbstverständnis West-Berlins im Kalten Krieg wiedergebe. Tatsächlich lassen sich für die Verwendung des Wortes in West-Berlin kaum Belege finden. Selbst die akribische DDR-Forschung weiß nur einen Artikel aus dem *Tagesspiegel* vom 3. Februar 1952 zu zitieren: «Die echte Sonderstellung Berlins ist eben die der Frontstadt im Kalten Krieg.» Zu diesem Zeitpunkt war dies eine sprachliche Neuschöpfung, möglicherweise in Anlehnung an die amerikanische «frontier town», womit eigentlich eine Grenzstadt gemeint ist. Das Wort «Front» suggerierte Krieg und paßte daher bestens in das östliche Argumentationsschema, daß es zwischen den Systemen um Krieg und Frieden gehe, wobei dem Westen die Rolle des Kriegstreibers zugewiesen wurde.

Das Wort von der «Frontstadt» begann sich nur allmählich auch im Westen einzubürgern und erhielt seit den sechziger Jahren einen vorwurfsvoll-spöttischen Unterton. West-Berlin, das war danach noch immer die Stadt des Kalten Krieges, in der ein Geist von Konfrontation herrschte, wo sonst eine Politik der Annäherung angesagt war. Endgültig zur verächtlichmachenden Vokabel wurde das Wort vom «Frontstädter». Mit ihm belegten gerne die fern der unmittelbaren Ost-West-Konfrontation lebenden Westdeutschen die Menschen aus West-Berlin, die mit diesem Wort als notorisch Gestrige zu diffamieren oder zumindest zu verspotten waren.

Krise ohne Ende

600 000 Menschen vor dem Berliner Reichstag und der führende Politiker der Stadt appellierten an die Welt: «Schaut auf das Volk von Berlin, dann wißt ihr, was die Deutschen wollen.»[36] Die Situation am 1. Mai 1959 erinnerte an die legendäre Rede von Ernst Reuter am selben Ort am 9. September 1948, übertraf sie noch in der Teilnehmerzahl und hatte doch nicht annähernd den Effekt und war bald dem Vergessen anheimgegeben. Zwar gab es wieder eine Bedrohung. Diesmal in Gestalt des drei Wochen später ablaufenden Berlin-Ultimatums von Chruschtschow. Aber es war eine vergleichsweise abstrakte Gefahr, von den Alliierten und Bonn unentschieden und mit Erfolg hinhaltend behandelt. Die existentielle Bedrohung von 1948 fehlte, als mit putschistischer Gewalt das Neue Stadthaus gestürmt worden war. Auch Willy Brandt, der Redner vom 1. Mai, wußte, daß mit Appellen und Massendemonstrationen das Schicksal von West-Berlin nicht gewendet werden konnte. Aber er wußte auch, daß diese für die Menschen in der Stadt Stärkung in unsicheren Zeiten bedeutete.

Am 27. Mai 1959 lief das Berlin-Ultimatum ab, und es war in den Erinnerungen Brandts «ein Tag wie jeder andere. Es geschah nichts.»[37] Nicht ohne Bitternis ergänzte er: «Es geschah eben auch nichts, was die Lage nachhaltig erleichtert hätte.» Das Verstreichen des Ultimatums überraschte nicht wirklich. Schon im März 1959 hatte Chruschtschow gegenüber dem britischen Premierminister Macmillan die Erfüllung seiner Berlin-Forderungen nicht länger mit einem bestimmten Datum verbunden. Dies bedeutete aber nichts anderes, als daß die Berlin-Krise prolongiert wurde, denn in der Sache beharrte der Kremlchef auf seinen Forderungen. Es gab nur eine von US-Präsident Eisenhower als durchaus erleichternd aufgenommene «breathing space», eine Atempause. Dies bedeutete, daß West-Berlin als Krisenherd, als möglicher Auslöser eines Weltkrieges auf der Tagesordnung der Weltpolitik blieb.

Gleichzeitig führte die Stadt eine verblüffend selbstsicher gelebte Doppelexistenz. Denn es gab auch das West-Berlin, das ungeachtet aller Bedrohung, ja, durch sie fast angestachelt, seine Rolle als Leuchtturm, als Metropole mit gesamtstädtischem Anspruch voll ausspielte. Unbeeindruckt von der Bedrohung entwickelte sich die Wirtschaft West-Berlins parallel zur Hochkonjunktur im Bundesgebiet sehr vorteilhaft. Zwar hatte es unmittelbar nach dem Chruschtschow-Ultimatum verstärkt Abhebungen von privaten Sparkonten gegeben[38], doch boomte die Wirtschaft nach einer kurzen Phase der Irritation. Die West-Berliner Industrieproduktion stieg von 1958 bis 1961 um fast fünfzig Prozent. Auf solch solider materieller Grundlage konnten nun ehrgeizige, in ihrer Größe auf Besucher aus Ost-Berlin zielende Bauvorhaben wie die Deutsche Oper in Charlottenburg begonnen werden. Auch das anspruchsvolle Projekt eines «Kulturforums» unweit des Potsdamer Platzes, das sich als Gegenstück und Ergänzung der Museumsinsel in Ost-Berlin verstand, wurde in Angriff genommen.

Willy Brandt verkörperte diese Doppelrolle der Stadt und agierte auf weltpolitischer wie auf kommunaler Ebene, wobei ihn von Neigung wie Thematik die globale Problematik primär beschäftigte. Ständig mußte er fürchten, daß die Westalliierten und die Bundesrepublik sich doch darauf einlassen könnten, Sonderregelungen für West-Berlin zu finden. Unermüdlich leistete er Überzeugungsarbeit, daß West-Berlin nicht losgelöst von der Bundesrepublik gesehen werden dürfe, weil jede Sonderlösung auf Dauer die Lebensfähigkeit der Halbstadt untergraben würde.

Auf der Genfer Außenministerkonferenz konnte Brandt den West-Berliner Standpunkt im Sommer 1951 überzeugend darlegen – und mußte doch mit Sorge die Uneinigkeit unter den Westmächten beobachten. Vor allem der britische Premierminister Macmillan zeigte eine selbst von den USA skeptisch betrachtete Kompromißbereitschaft, ging allerdings nicht mehr so weit wie sein Außenminister Selwyn Lloyd, der nach den ersten Drohungen Chruschtschows 1958 einknickte, die Anerkennung der DDR vorschlug und für den Fall einer Störung der Verbindungswege nach Berlin nahelegte, eine eventuell notwendige Luftbrücke für West-Berlin durch die Bundesrepublik finanzieren zu lassen, denn es gebe «jetzt ein unabhängiges und reiches Westdeutschland».[39] Wenn dieses eine Blockade mit einer kostspieligen Operation verhindern wolle, warum solle es dann nicht auch dafür bezahlen?

Washington und Paris lehnten derartige Überlegungen als defätistisch ab, wobei vor allem Frankreichs Präsident Charles de Gaulle eine auch Adenauer beeindruckende Unerschütterlichkeit unter Beweis stellte, der zu keinerlei Zugeständnissen in der Frage des Status von West-Berlin bereit war. Zurückhaltend verhielt sich die Regierung in Bonn, die, wie Willy Brandt anmerkte, «nicht der drängendsten eine war».[40] Als für den

1. Juli 1959 die Wahl des Bundespräsidenten durch die Bundesversammlung anstand, empfahl die Bundesregierung die Verlegung an einen westdeutschen Ort, um eine in ihren Augen unnötige Provokation der Sowjets zu vermeiden, versteckte sich dabei hinter den Alliierten, die angeblich die Bedenken teilten. Als der US-Außenminister Herter Willy Brandt versicherte, daß dem nicht so sei, ging dieser an die Öffentlichkeit, riskierte im Interesse West-Berlins die Desavouierung von Adenauer.[41] Nun war es für Bundestagspräsident Eugen Gerstenmaier, den großen Gegenspieler Adenauers in der CDU, keine Frage mehr, die Bundesversammlung nach West-Berlin einzuberufen, wo sie mit der Wahl von Heinrich Lübke ohne Zwischenfälle über die Bühne ging.

Gerstenmaier mußte seinen Einsatz für West-Berlin mit einem bitteren Preis bezahlen. Die Staatssicherheit der DDR setzte Rechercheure an, die Material zu sammeln hatten, das die Rolle Gerstenmaiers als Mann des Widerstands im Dritten Reich ins Zwielicht rücken sollte. 1964 erschien im *Spandauer Volksblatt* ein Dossier über Gerstenmaier, das diesen nach Urteil des SED-Zentralorgans *Neues Deutschland* als «Handlanger faschistischer Gewaltherrschaft» entlarvte. Das Material war dem späteren WDR-Redakteur Ansgar Skriver von einem Mitarbeiter der Staatssicherheit zugespielt worden, der es nach Rücksprache mit «maßgeblichen Leuten» des SPD-Vorstandes in Bonn an das *Spandauer Volksblatt* übermittelte. In der Folge war Gerstenmaier damit beschäftigt, sich zwar erfolgreich, aber doch mühselig gegen die versuchte Rufschädigung zur Wehr zu setzen, stolperte aber am Ende über seinen Eigensinn vor allem in materiellen Dingen.

Symbolischen Beistand erhielt Willy Brandt während der Berlin-Krise, als ihm eine Ärztin einen Elefantenzahn überbrachte. Er kam vom Urwalddoktor Albert Schweitzer aus Lambarene mit der Bemerkung, er wisse, daß der Berliner Bürgermeister Zähne zu zeigen habe.[42] Konkretere und folgenreiche Unterstützung erfuhr West-Berlin durch einen Mann, der bereits als erfolgreichster Zeitungsverleger galt und sich anschickte, sein Presseimperium auszubauen: Axel Springer. Zwei Tage vor dem Ablauf des Chruschtschow-Ultimatums wurde in der Kochstraße der Grundstein für ein Verlags- und Druckzentrum gelegt. Symbolik begleitete das Gebäude von Anfang an, denn nicht einmal die architektonischen Planungen waren definitiv, sondern noch utopische Träume von einem 130 Meter hohen Hochhaus. Erst 1966 wurde das Gebäude vollendet in einer spätestens seit dem Bau der Mauer nicht zu überbietenden exponierten Lage.

Das unmittelbar an der Grenze stehende Verlagshaus provozierte damit den Mythos, der Verleger habe den symbolträchtigen Ort am Zusammenprall zweier Systeme bewußt gewählt. Es ist verständlich, daß Axel Springer selbst die Legende zu glauben begann, zu suggestiv war der Ausblick vom 19. Stock, wo er Vorstands- und Aufsichtsratssitzungen abhielt und eine Wohnung besaß. Auf der einen Seite ging der Blick hin zur blitzenden und leuchtenden City-West. Auf der anderen Seite herrschte Dunkelheit in dem sparsam erhellten Ost-Berlin, dem über bescheidene Straßenbeleuchtung hinausgehende aufhellende Elemente wie Reklame völlig fehlten, sieht man vom gleißenden gelben Licht ab, mit dem Natriumdampflampen den Todesstreifen entlang der Mauer beleuchteten.

Die Tatsachen rund um Springers Verlagshaus wissen allerdings nichts von einer Wegscheide zwischen dem Reich der Finsternis und der Helligkeit, sondern sprechen von dem, was Springers Berlin-Engagement generell auszeichnete: eine Mischung von kaufmännischem Kalkül, unternehmerischer Perspektive, Patriotismus und einem Rest von Irrationalität und Sentiment. Ursprünglich dachte Springer keineswegs an einen Bau an der Sektorengrenze, sondern erwog einen Ausbau des Druckhauses Tempelhof. Der Verleger mußte nahezu überredet werden, doch lieber die in seinem Besitz befindlichen Gründstücke an der Kochstraße zu nutzen und hier zu bauen.[43]

Seit 1956 hatte Springer Grundstücke an einer Adresse aufgekauft, die einmal die erste des deutschen Zeitungswesens war. Wo Springer weitgehend Brache erwarb, standen einst die Häuser der mächtigsten Zeitungsverleger des Deutschen Reiches Ullstein, Mosse und Scherl. Noch waren in ihm der Respekt und die Bewunderung vorhanden, die er als Sohn eines Provinzverlegers in Altona für die Mächtigen des Pressewesens in Berlin empfunden und deren Erfolg seinen Ehrgeiz angestachelt hatte. Springer war aber auch davon überzeugt, eine erfolgversprechende unternehmerische Entscheidung mit seinem Immobiliengeschäft zu treffen. Würde Berlin wieder Hauptstadt werden, «Reichshauptstadt», wie Springer in verblüffender Unbefangenheit sagte, so wäre er der erste am Platz, der nun als Erbe der einstigen Zeitungszaren in dem zu alter Größe aufstrebenden Berlin sein Verlagsgeschäft betreiben würde.

Auch der Hamburger *ZEIT*-Verleger Gerd Bucerius dachte nicht anders. Der Mann, der 1956 eine Hauptstadtinitiative für Berlin startete und mit ihr scheiterte, wollte sich eine gute Ausgangsposition in der zukünftigen Hauptstadt sichern. Er erwarb bereits 1953 trotz knapper Kasse einen zehnprozentigen Anteil an der Ullstein AG in Berlin, «um für den Fall der Wiedervereinigung gerüstet zu sein».[44] Mitte der fünfziger Jahre war solcher Glaube an eine bald kommende deutsche Einheit alles andere als exzeptionell. Mitte August 1955 meinte US-Außenminister Dulles gegenüber Adenauer, «daß die Einigung Deutschlands in der Luft liegt»[45], und auch in der Bundesrepublik war es um diese Zeit noch weitverbreitete Meinung, daß «die deutsche Einheit um die Ecke liegt», wie sich der spätere Regierende Bürgermeister Klaus Schütz erinnert.[46]

Mit seinem Berlin-Engagement stieß Springer im eigenen Unternehmen keineswegs auf Zustimmung. Im Management wie in den Redaktionen vermochte man der Aussicht auf eine Verlagerung der Verlagsaktivitäten nach Berlin nicht viel abzugewinnen. Viel zu sehr hatte man sich in Hamburg eingerichtet, viel zu fern war Berlin mit all seinen Unwägbarkeiten. Unermüdlich verlangte Springer, daß das, was ihm in Berlin ins Auge sprang, auch in seinen Blättern thematisiert werden müsse: die Einschränkungen der Freiheiten in der DDR, der Unrechtscharakter des DDR-Regimes und vor allem der fortwährende Flüchtlingsstrom.

Im fundamentalen Gegensatz zwischen Springer und seinen westdeutschen Mitarbeitern personifizierte der Verleger geradezu den sich ständig vergrößernden Abstand zwischen dem Bundesgebiet und West-Berlin. Er selbst wurde Teil des «dritten Deutschland», zu dem sich West-Berlin in wechselnder Weise entwickelte. Für die in wirtschaftswunderliche Saturiertheit verfallende Bundesrepublik wurde fern und abstrakt, was in West-Berlin existentiell zu erleben war. Aus Berliner Sicht, schreibt der Springer Biograph Hans-Peter Schwarz, war die deutsche Teilung so unnatürlich, das DDR-Regime so skandalös und auch die Sowjetunion so gefährlich, wie sie tatsächlich waren.[47]

Springer war sich der Gefährlichkeit seiner vorgeschobenen Position in West-Berlin bewußt. Er hatte hier zwar Wohnungen, ja später ein herrschaftliches Anwesen am Wannsee, aber doch immer auch Domizile in anderen Ländern, die ihm, mit Geld- und Goldvorräten ausgestattet, im Fall eines sowjetischen Vordringens Zuflucht bieten sollten. Ein Problem sah Springer allerdings nicht voraus: Daß er sich in Berlin in der Höhle eines noch schlummernden Löwen niederließ. Schon meldeten sich seine zukünftigen Gegner, die 1968 mit SDS- und Apo-Aktionen gegen seinen Verlag revoltierten, als am 3. Januar 1959 in West-Berlin ein Anti-Atom-Kongreß stattfand. Er war weitgehend von der SPD finanziert und wurde zu einem ersten Aufstand der studentischen Organisation der Partei, des

SDS (Sozialistischer Deutscher Studentenbund). Helmut Schmidt, der als einziger prominenter SPD-Politiker auf dem Kongreß auftrat, konnte sich nicht durchsetzen, verließ wütend die Versammlung, die mit ihrer deutschlandpolitischen Entschließung eine klare Annäherung an die DDR vollzog. Genau dies aber wurde von der SPD abgelehnt. Schmidt, die CDU und nicht zuletzt die Springer-Presse sahen hinter der Resolution, an deren Zustandekommen Ulrike Meinhof vehement mitgewirkt hatte, Drahtzieher in der DDR. Diese Anschuldigungen, die als Kalte-Kriegs-Rhetorik vom SDS zurückgewiesen wurden, waren höchst zutreffend. Der Kongreß war unter anderem von Klaus Rainer Röhl, dem späteren Ehemann von Ulrike Meinhof, auf Einladung der SED in einer Villa in Caputh am Schwielowsee vorbereitet und der Erfolg am selben Ort bei reichlich Alkohol gefeiert worden.[48]

Unauffällig zeigte sich zunächst der später größte Kontrahent Axel Springers, Rudi Dutschke. Er pendelte seit 1960 vom heimatlichen Luckenwalde nach West-Berlin, wiederholte hier sein Abitur, um an der Freien Universität studieren zu können. Anfang 1961 ließ er sich endgültig in West-Berlin nieder. Ironie der Geschichte: Der später von der Springer-Presse dämonisierte Dutschke verdiente zunächst neun Monate lang sein Geld als Sportreporter für Springers Berliner Boulevard-Blatt *BZ*, verschwieg diese Episode aber selbst gegenüber Freunden später hartnäckig.[49]

Zwischen Entspannung und Katastrophe

10 000 Meter über dem Ural entschied sich am 1. Mai 1960 das Schicksal West-Berlins. Ein US-Spionageflugzeug wurde von Raketen getroffen und abgeschossen. Der Pilot Francis G. Powers konnte sich retten und kam in sowjetische Gefangenschaft, aus der er ein knappes Jahr später auf der Glienicker Brücke zwischen Potsdam und Berlin im Austausch gegen den sowjetischen Meisterspion Rudolf Abel entlassen wurde. Mit dem ersten Schritt in die Freiheit betrat er ausgerechnet West-Berliner Boden. Am 15. Mai 1960 sollte in Paris eine Gipfelkonferenz beginnen, auf der es auch um West-Berlin gegangen wäre und zu der die Alliierten und Bonn mit uneinheitlichen Positionen angetreten wären. Ungünstige Regelungen für West-Berlin waren nicht auszuschließen. Chruschtschow jedoch ließ die Konferenz mit einem Eklat scheitern,

ehe sie noch zusammentrat. Er zeigte sich beleidigt, weil die USA es ablehnten, sich für den Spionageflug zu entschuldigen. Später war etwa von Adenauer die Rede, daß Chruschtschow glücklicherweise diesen «Unsinn»[50] begangen habe und damit die West-Berlin-Frage vorerst vom Verhandlungstisch war.

Einem Choleriker wie Chruschtschow, der mit seinem Schuh im Zorn das Rednerpult der UN-Vollversammlung traktierte, war zwar jede Form unüberlegter Erregtheit zuzutrauen. Aber es scheint doch unwahrscheinlich, daß er sich die Chance, die Berlin-Frage vertraglich in seinem Sinne zu lösen, derart leichtfertig entgehen ließ. Vielmehr deutet einiges darauf hin, daß der Eklat von Paris eine Gelegenheit war, von seinem sukzessiven Rückzug von seinen überzogenen Berlin-Forderungen abzulenken, die letztlich auf keinen Fall von den Westmächten in vollem Umfang akzeptiert worden wären. Möglicherweise erhoffte sich Chruschtschow von der anstehenden Wahl in den USA einen Präsidenten, mit dem leichter zu verhandeln wäre als mit der starr gewordenen Eisenhower-Regierung. Der Kremlchef verlegte sich endgültig vom möglichen Verhandeln aufs Drohen und versuchte, den neugewählten Präsidenten Kennedy bei der ersten Begegnung im Juni 1961 in Wien einzuschüchtern. Mit der Zurückweisung, die Kennedy kurz danach Chruschtschow erteilte, hätte dieser letztlich zuvor auch in Paris durch die Eisenhower-Regierung rechnen müssen. Durch Geheimdienstberichte erstaunlich gut informiert[51], mußte er wissen, daß Großbritannien und die USA für den Fall der Beschränkung der Zugangswege nach Berlin Pläne ausarbeiten ließen, die auch vor dem Einsatz von Atomwaffen nicht zurückschreckten.

Chruschtschow wollte nicht gelingen, womit er den verhaßten Stalin übertreffen wollte, nämlich die Alliierten aus West-Berlin zu verdrängen, mochte er auch am 21. Juni 1961 noch einmal damit drohen, einseitig einen Friedensvertrag mit der DDR zu unterzeichnen. Einen Monat später machte Kennedy in einer Rundfunk- und Fernsehansprache unmißverständlich klar, daß die USA keine alliierten Rechte in Berlin aufzugeben bereit seien.[52] Eindrücklich unterstrich er die Garantien für West-Berlin, wenn er betonte, die USA würden «für mehr als zwei Millionen Menschen die Selbstbestimmung über ihre Zukunft und die freie Wahl ihrer Lebensformen gewährleisten». Zu den Worten gesellten sich Taten. Kennedy ordnete die Verstärkung der aktiven Streitkräfte um mehr als 200 000 Mann an, was Chruschtschow seinerseits mit der Einberufung von Reservisten für die Rote Armee beantwortete. Die Krise um Berlin, die immer mehr zu einer Krise um West-Berlin wurde, erreichte ein bedrohliches Ausmaß – vorausgesetzt, Chruschtschow meinte seine Drohungen ernst und bluffte nicht.

Die weitere Entwicklung zeigte, daß der sowjetische Partei- und Regierungschef es nicht wegen Berlin zum Äußersten kommen lassen wollte. Wie Stalin fürchtete er trotz aller Drohgebärden doch den großen Krieg und er sah eine Möglichkeit, auf andere Weise als mit der Berlin-Frage die USA in Bedrängnis zu bringen. Auf Kuba konnte er zusammen mit den siegreichen Revolutionären Castros die USA direkt vor deren Haustür bedrohen. So wird denn das Ende der Kuba-Krise im Oktober 1962 auch das Ende der Berlin-Krise bedeuten. Vor der Verlagerung des Kalten Krieges aus Mitteleuropa mußte Chruschtschow allerdings noch das hinter seinen ultimativen Berlinforderungen stehende Problem des über West-Berlin laufenden Flüchtlingsstroms aus der DDR lösen. Eigentlich sollten dazu die Bindungen West-Berlins an die Alliierten und die Bundesrepublik gekappt werden. Da dies nicht gelingen wollte, sah Chruschtschow keinen anderen Ausweg, als die Verbindungen West-Berlins zur DDR zu unterbrechen. Die Abwanderung war nämlich nicht nur nicht zu stoppen, sondern nahm weiter zu, weil sich Gerüchte überschlugen, daß der Ausweg über West-Berlin versperrt werden könnte. Ulbrichts heuchlerisches Wort vom 15. Juni 1961, niemand habe die Absicht, eine Mauer zu errichten, stachelte die Fluchtbewegung eher an, als sie einzudämmen. Scharfe Kontrollen der Volkspolizei signalisierten, daß die DDR die existenzbedrohende Abwanderung unterbinden wollte. Nicht weniger als 5000 Grenzpolizisten waren im Frühjahr 1961 in Berlin im Einsatz.[53] Wer sich mit zuviel Handgepäck verdächtig machte, wurde verhaftet, und so kamen immer mehr Flüchtlinge nur noch mit dem nach West-Berlin, was sie am Leibe trugen. Angesichts der repressiven Haltung der DDR-Regierung gegenüber Fluchtwilligen erwog Herbert Wehner, damals Vorsitzender des Bundestagsausschusses für gesamtdeutsche Fragen, im internen Gespräch mit Brandt, ob die Menschen in der DDR nicht zur Flucht aufgerufen werden müßten, solange dies noch möglich sei, verwarf den Gedanken aber selbst, um nicht den Vorwand für eine totale Abschnürung zu liefern.[54]

Im Jahr 1959 hatten 145 000 Menschen der DDR den Rücken gekehrt. 1960 waren es schon unglaubliche 200 000. Seit dem 10. Juli 1961 stieg die schon enorm hohe Flüchtlingszahl rapide an. Täglich kamen über 1000 Flüchtlinge. Am 11. August waren es 1532 und am 12. August, dem Tag vor dem Mauerbau, waren es 2500.[55] Die Schlagzeilen mit den emporschnellenden Flüchtlingszahlen changierten zwischen Erfolgsmeldungen über die Attraktivität des Westens und Entsetzen über die möglichen Konsequenzen eines solchen Exodus. Noch am 12. August appellierte Adenauer an die Menschen in der DDR, nicht in Panik zu geraten, und betonte, daß die Bundesrepublik nichts tun werde, um Menschen zur Flucht zu veranlassen.[56]

In einem Gespräch am 1. August 1961 vereinbarten Chruschtschow und Ulbricht, die Zugänge nach West-Berlin zu «vermauern».[57] In verblüffend lockerem Ton zeigte sich Chruschtschow der weltpolitischen, möglicherweise einen Krieg provozierenden Bedeutung der Aktion bewußt. Spöttisch verwies er Ulbricht darauf, daß angesichts der anhaltenden Unattraktivität der DDR und der dadurch bedingten Abwanderung großer Bevölkerungsteile keine andere Möglichkeit besteht. Chruschtschow wußte: Indem der sozialistische Herrschaftsbereich stabilisiert wurde, wurde auch die Schwäche des Systems offenbar. Die Mauer in Berlin zeigte, daß sich der Sozialismus unter sowjetischer Herrschaft nur behaupten ließ, wenn die Menschen gewissermaßen in Gewahrsam genommen wurden. So bedeutete das Zerschneiden des Grenzzauns zwischen Österreich und Ungarn 1989 zwar den Anfang vom Ende des Eisernen Vorhangs. Erst der Mauerfall in Berlin beseitigte ihn und war von weltweit anerkannter Grundsätzlichkeit.

Im weitgehend ahnungslosen West-Berlin wuchsen durch die ständigen Drohungen der Sowjets und der DDR Sorgen und Ängste. 1960 hatten in einer vom Senat in Auftrag gegebenen Umfrage schon zwei Drittel der Befragten die Lage als «recht unsicher» oder «nicht ungefährlich» bezeichnet. Anfang August 1961 war das Urteil sorgenvoller. Nun hielten zwei Drittel der Befragten die Lage für «ziemlich ernst» oder sogar «sehr ernst»[58], und sie lagen damit ziemlich richtig. Denn fast unmerklich schloß sich Anfang August 1961 der Ring um West-Berlin. Die Truppen der NVA wurden von der Sowjetunion mit modernen Waffen ausgestattet, sollten sich aber beim Mauerbau nur in Bereitschaft halten. Mit der militärischen Abschirmung zwischen West- und Ost-Berlin waren Betriebskampfgruppen und Polizei beauftragt, um die Aktion als souveränen Akt der DDR erscheinen zu lassen. Die Sowjetunion verstärkte ihre militärische Präsenz. Zwischen dem 4. und 5. August wurden 4600 sowjetische Soldaten zusätzlich in die DDR verlegt, um mit massiven Mitteln eingreifen zu können, sollten die Alliierten irgendwie versuchen, auf das Territorium der DDR vorzudringen. Die in West-Berlin gerne an Stammtischen kolportierte Behauptung, die Amerikaner hätten sofort mit Bulldozern und Panzern die Grenzsperren beseitigen sollen und die Mauer wäre nie gebaut worden, gehört wohl in den Bereich der Legenden, auch wenn selbst General Clay daran geglaubt hat, es sei nur der rechtzeitige Zeitpunkt für das Niederreißen der Mauer versäumt worden.[59] Denn die östlichen Planungen sahen vor, daß jede westliche Aktion, bei der DDR-Territorium tangiert würde, militärisch zu beantworten sei. Wie ernstgemeint die Abwehrbereitschaft der Sowjets war, läßt sich daran erkennen, daß der Oberkommandierende der Truppen des Warschauer Pakts, Marschall Andrej Gretschko, im Vorfeld der Aktion genau feststellen ließ, wieviele Krankenhausbetten bereitstünden, wieviele Krankenhäuser sich im Fall von Kampfhandlungen in Lazarette umwandeln ließen.[60]

Meist wußten die einzelnen mit den Vorbereitungen für die Grenzsperre beauftragten militärischen und paramilitärischen Verbände nichts vom Gesamtplan, getreu dem Prinzip von Stalins Bürgerkriegsgeneral Frunse, daß jeder nur so viel zu wissen habe, wie zur Erfüllung seiner Aufgaben nötig sei. Der Zeitpunkt des Mauerbaus war den Beteiligten bis relativ kurz vor der Verwirklichung unbekannt. Vermutlich am 5. August gab zwar die Konferenz der Ersten Sekretäre der kommunistischen Parteien der Warschauer-Pakt-Staaten in Moskau der DDR-Regierung die Zustimmung zur Sperrung der Grenzen innerhalb Berlins, doch war damit der genaue «Tag X» noch nicht festgelegt. Erst knapp vor dem 13. August fiel wohl die definitive, nach außen gut abgeschirmte Entscheidung. Eine verblüffende, aufschlußreiche Randerscheinung: Zu den Mitwissern dürfte außerhalb des engsten Führungszirkels auch SED-Fernsehpropagandist Karl-Eduard von Schnitzler gehört haben. Von ihm wird berichtet, daß er sich noch zwei Tage vor dem Mauerbau in West-Berlin reichlich mit Westwaren versorgt habe, wohl wissend, daß auch für ihn die «Falltüre West-Berlin», so seine Worte, dichtgemacht würde.[61]

Nachdem der Termin festgelegt war, lief alles streng nach dem zwischen den Sowjets und der DDR ausgearbeiteten Plan. Um 1 Uhr nachts wurden die sowjetischen Divisionen und die NVA durch das sowjetische Oberkommando in Wünsdorf in Bereitschaft versetzt. Für Teile der 20. sowjetischen Gardearmee sowie für vier NVA-Divisionen, die Berlin umstellt hatten, galt höchste Alarmbereitschaft. Laut Befehlslage standen den eingesetzten Polizei- und Militäreinheiten ganze 30 Minuten zur Schließung und weitere 180 Minuten zur Absperrung von 68 der insgesamt

81 Übergangsstellen nach West-Berlin zur Verfügung. Gegen 1.30 Uhr besetzte die Polizei die Bahnhöfe an den Sektorengrenzen. Wenig später wurde der S- und U-Bahnverkehr zwischen Ost- und West-Berlin gekappt. Ab 2 Uhr früh nahmen bewaffnete Kräfte erste Schwerpunkte der Grenze unter Kontrolle. Neben Polizei waren dies auch Betriebskampfgruppen, die für jeden Mann 60 Schuß Munition für ihre Kalaschnikows erhalten hatten. Ab 3 Uhr wurde die gesamte Grenze zwischen Ost-Berlin und West-Berlin gesperrt. Gleichzeitig begannen «pioniertechnische» Absperrmaßnahmen, wurden spanische Reiter aufgestellt, Drahtsperren errichtet und Straßen aufgerissen.

Am Morgen des 13. August, als Stacheldraht an der Sektorengrenze entrollt war, als Preßlufthämmer am Brandenburger Tor einen Graben zogen, wußte alle Welt, was die Geheimdienste schon seit einiger Zeit prophezeit hatten: Berlin war endgültig gespalten. Der Ostteil und damit die DDR waren hermetisch abgeriegelt und das eingemauerte West-Berlin war endgültig, auf lange Zeit und mehr denn je eine Insel.

Kapitel 5

Eine Stadt wird eingemauert

Die Realität des Unglaublichen

Es war ein Sonntag in einem schwülen Sommer, als am 13. August 1961 Berlin von einem Blitzschlag der Weltgeschichte getroffen wurde. Aber erst am Dienstag konnten die Bezieher der wichtigsten Abonnement-Zeitungen West-Berlins, der *Berliner Morgenpost* und des *Tagesspiegels*, in ihren Blättern lesen, was die Welt seit zwei Tagen in Atem hielt. Nichts war nach dem 13. August wie vorher, nur der ungewöhnliche Gang des West-Berliner Zeitungswesens blieb unverändert. *Berliner Morgenpost* und *Tagesspiegel* erschienen wie immer nicht am Montag, weil die Verleger auf diese Weise Sonntagszuschläge für ihr Personal sparten. Die «zynische Perfektion»[1] (Heinrich Albertz), mit der die Teilung der Stadt vollzogen wurde, überforderte alle Beteiligten, auch die Journalisten in West-Berlin. Der Kommentator des *Tagesspiegels* schrieb hilflos, daß der 13. August ein Tag sei, den «die Berliner und die Menschen in der Zone so bald nicht vergessen werden».[2] Ein Allerweltssatz, der in ähnlicher Form zum Bestand von Grundschulaufsätzen über Kindergeburtstage und Klassenfahrten gehört, offenbarte, daß sich die angemessenen Worte für das Unerhörte selbst bei professionellen Schreibern nicht einstellen wollten.

Sprach- und Hilflosigkeit waren die allgemeinen Reaktionen auf den Mauerbau. Für die Berliner verwirrend und sie empörend, gesellte sich dazu bei führenden Politikern Tatenlosigkeit, eine geradezu «provokante Passivität» (Peter Bender).[3] Nur Willy Brandt, von Nürnberg im Schlafwagen nach Kiel unterwegs, unterbrach sofort den Wahlkampf für die Bundestagswahl im September und flog nach Berlin, als ihn um fünf Uhr morgens die Nachricht erreichte, daß die Absperrung Ost-Berlins begonnen hatte.

Brandt kam in eine Stadt, in der gleichermaßen Empörung wie

Lähmung herrschten. Vor allem an den neuralgischen Punkten der Sektorengrenze wie Potsdamer Platz und Brandenburger Tor versammelten sich aufgebrachte Menschen und drohten, gegen die Sperranlagen vorzugehen. Wasserwerfer wurden von der West-Berliner Polizei aufgefahren, die die Menschen in den Westen zurückdrängten. Innensenator Lipschitz mußte für jene Ruhe sorgen, welche von den politisch Verantwortlichen in Washington, London und Bonn gepflegt wurde. Es herrschte allgemein totaler Attentismus, wurde alles getan, um jedes Risiko zu vermeiden. Zwanzig Stunden, so erinnerte sich Willy Brandt, vergingen, bis vom Senat erbetene Militärstreifen an der innerstädtischen Grenze erschienen. Vierzig Stunden verstrichen, bis eine Rechtsverwahrung beim sowjetischen Kommandanten auf den Weg gebracht war, und ganze zweiundsiebzig Stunden dauerte es, bis – mit Wendungen, die kaum über die Routine hinausreichten – in Moskau protestiert wurde.[4]

Kennedy war am 13. August zum Segeln in Neuengland, Macmillan war zu Moorhuhnjagd und Golfen in Schottland und beide fühlten sich durch die Nachricht aus Berlin eher gestört denn betroffen. Nun ist auch Spitzenpolitikern kein Vorwurf zu machen, wenn sie an einem Sonntag zur Ferienzeit Urlaub machen. Weniger erklärlich ist, daß sie auf den Krisenfall überhaupt nicht vorbereitet waren oder ihn allein unter politischen Aspekten sahen. Als es US-Diplomaten unter reichlich chaotischen Umständen gelang, ihren Präsidenten telefonisch zu erreichen, sah er keine kritische Lage. Schließlich spielte sich alles auf Ost-Berliner Territorium ab, war West-Berlin nicht unmittelbar tangiert, für das er eine Garantie-Erklärung abgegeben hatte. Macmillan reagierte in der Tradition seines Appeasement-Vorgängers Chamberlain und rief den Journalisten über den Zaun des vornehmen Urlaubsdomizils in Gleneagles zu: «Niemand denkt daran, deswegen in den Krieg zu ziehen.»[5]

Lange Zeit galt das Versagen der Geheimdienste als Erklärung für die Ahnungs- und Hilflosigkeit bei den Alliierten wie in Bonn. Das entsprechende Selbstlob in einem DDR-Propagandalied lautete entsprechend: «Im Sommer einundsechzig, am 13. August, da schlossen wir die Grenzen und keiner hat's gewußt.» Nunmehr zugängliche Dokumente des Bundesnachrichtendienstes (BND) beweisen, daß zumindest Bonn bereits Ende Juli 1961 davon unterrichtet wurde, daß mit einer «wirksamen Blockierung» West-Berlins durch die DDR gerechnet werden müsse. Der BND hielt von den in West-Berlin und Bonn erwogenen möglichen Maßnahmen des Ostens eine gewaltsame Sperrung der Sektorengrenze und die

Abriegelung West-Berlins für die wahrscheinlichste.[6] Adenauer hätte also vom Mauerbau keineswegs überrascht sein müssen und noch weniger Willy Brandt. Ihm war am 6. oder 7. August der Bericht des Ostbüros der SPD über Truppenkonzentrationen um Berlin zugeleitet worden. Er hatte den Bericht abgezeichnet und an den Leiter der Senatskanzlei, Heinrich Albertz, weitergeleitet.[7] Brandt verleugnete diesen Umstand später dezidiert und verwies lieber auf die scheinbare Ahnungslosigkeit des BND. Dessen Mitteilung vom 11. August hatte Heinrich Albertz am 14. August auf seinem Schreibtisch und sie lautete: «Besonderes liegt nicht vor».[8] Der Geheimdienst hatte zwar die Sperrung der Sektorengrenze vorhergesehen, Tag und Stunde freilich nicht gewußt.

Schwer erklärlich, fast rätselhaft ist, wieso es in Washington, London, Bonn oder West-Berlin keinerlei Überlegungen für den gewiß bizarren, aber nicht auszuschließenden Fall gab, daß es zu einer totalen Absperrung West-Berlins gegenüber DDR und Ost-Berlin kommen könnte. Die USA und Großbritannien hatten sogar die Möglichkeit eines Atomkriegs einschließende Planungen, was bei einer Unterbrechung der Zugangswege nach Berlin geschehen könnte. Aber die Schubladen der Planungsstäbe waren leer, wenn es um eine Abriegelung der DDR ging, wie sie mit dem Mauerbau eintrat. Dabei machte sich auch der *Spiegel* schon im Vorfeld des 13. August Gedanken, daß angesichts der enormen Flüchtlingszahlen die Sowjetunion und die damals auch für den *Spiegel* noch «sogenannte» DDR darangehen könnten, West-Berlin gegenüber dem Osten hermetisch abzuriegeln.[9]

Erklären läßt sich die fast vorsätzliche Unvorbereitetheit auf den Krisenfall, der mit dem Mauerbau eintrat, nur damit, daß er keine alliierten Rechte betraf, weil er sich allein auf östlichem Territorium abspielte. Kennedy hatte im Mai 1961 drei Essentials in bezug auf West-Berlin verkündet: die alliierte Präsenz und die Zugangswege, die Unversehrbarkeit des Territoriums und die Lebensfähigkeit. Alle drei bezogen sich auf den Westteil der Stadt, nicht auf die Rechte und Pflichten der Westmächte in ganz Berlin. Egon Bahrs entsetzte Reaktion darauf: «Das ist fast eine Einladung für die Sowjets, mit dem Ostsektor zu machen, was sie wollen.»[10] Alles Bemühen von Willy Brandt war vergeblich gewesen. Noch im April hatte er mit seiner Familie das Pergamon-Museum im Ostsektor besucht, um die Einheit der Stadt zu unterstreichen. Nun aber beschränkten sich die Westmächte auf ihre Sektoren und sahen daher nach dem Mauerbau keinen Handlungsbedarf. Völlig unbeachtet blieb dabei, daß die Teilung tief in das Alltagsgefüge eingriff, die Menschen in beiden Stadthälften unmittelbar berührte. Für die Überlegung, daß die Seele einer Stadt bis in den Grund verletzt werden könnte und sich daraus Probleme bis hin zu einem Volksaufstand ergeben könnten, war kein Platz in der großen Politik.

Willy Brandt wußte sich angesichts der Spannungen in West-Berlin und der allgemeinen Tatenlosigkeit keinen anderen Ausweg, als die Stadtkommandanten aufzusuchen. Sonst empfing er sie im Rathaus oder besuchte sie in ihren Residenzen – nun kam er zu ihnen als Bittsteller in die Kommandantur im friedlichen Dahlem, wo man ihn eine halbe Stunde warten ließ. Als er schließlich um 11 Uhr in den Sitzungssaal der Stadtkommandanten gebeten wurde, fand er, eigentlich auf der Suche nach rascher Hilfe, eine zum Raum gewordene stillstehende Zeit. An der Wand hing noch immer das Porträt von General Alexander Kotikow, dem sowjetischen Stadtkommandanten von 1948, und der einst von ihm unter Protest geräumte Stuhl war freigehalten, als könnte jederzeit sein Nachfolger eintreten. Die Illusion, daß von einem Augenblick zum anderen eine gemeinsame Verantwortung der vier Siegermächte für die gesamte Stadt möglich wäre, wurde hier konserviert, auch noch in dem Moment, als der Mauerbau lehrte, daß sie keinerlei Grundlage mehr besaß.

Brandt war wütend über die «Scheißer»[11], denen er in der Kommandantur begegnet war. Am Abend des 13. August soll er in empörter Enttäuschung gesagt haben: «Kennedy haut uns in die Pfanne!»[12] Brandt sah keinen anderen Ausweg, als sich in einem Brief direkt an den Präsidenten zu wenden. Der Schritt war kühn und ignorierte protokollarische Regeln, indem er an Bonn vorbei geschrieben wurde. Auch war es fast dreist, daß sich «der kleine Brandt an den großen Kennedy»[13] (Egon Bahr) wandte. Die Notlage und eine gewisse Vertrautheit zwischen ihm und Kennedy ermutigten Brandt, sich über diplomatische Konventionen hinwegzusetzen. In Washington freilich wurde das Schreiben als anmaßend empfunden und Kennedy soll sich empört darüber gezeigt haben, was sich dieser «Bastard in Berlin» erlaube.[14]

Auch inhaltlich weckte der Brief von Brandt bei Kennedy wenig Freude. Die Wünsche des Regierenden Bürgermeisters blieben nur knapp unter der Schwelle von Forderungen. Besonders erbost war Kennedy über den kaum verhüllten Vorwurf der Tatenlosigkeit. Schließlich sah er sich schon im eigenen Land mit dem Vorwurf der «Schlappschwanzigkeit» konfrontiert. Besonders Brandts entschiedenes «No words but action» erregte das Mißfallen Kennedys und blieb nicht nur ihm, sondern wie sich zeigen sollte, auch seinem Vizepräsidenten Johnson in deutlicher Erinnerung.[15]

Mit dem abgeschickten, aber noch unbeantworteten Brief besaß Brandt aber ein wertvolles Faustpfand, als er bei grauem und stürmischem Wetter am 16. August bei der Großkundgebung vor dem Rathaus Schöneberg zu rund einer viertel Million Menschen sprach. Der Senat hatte lange gezögert, zu einer Massenversammlung aufzurufen, und wußte, daß jede Entscheidung gefährlich war. Wurde auf eine politische Demonstration verzichtet, konnte die empörte Stimmung in der Bevölkerung leicht zu unkontrollierten Aktionen führen. Eine Kundgebung wiederum drohte in Protestmärschen an die Zonengrenze zu münden und dort eventuell Übergriffe an der noch neuen Absperrung zur Folge zu haben. So standen denn tausende Polizisten bereit, um Demonstrationszüge zu den neuralgischen Orten der Stadt zu verhindern.

Willy Brandt hatte eine aufgebrachte Menge vor sich mit Plakaten wie «Vom Westen betrogen», «Wo bleiben die Amerikaner?» oder «Hau auf die Pauke, Willy!». Es galt, die Empörung der Menschen aufzugreifen, sie aber zugleich zur Ruhe zu mahnen. Die rhetorische Aufgabe glich einer Quadratur des Kreises, und noch zehn Minuten vorher war die Rede nicht fertig.[16] Brandt löste die eigentlich unlösbare Aufgabe. Er artikulierte den Unmut der Menschen über das offensichtliche Unrecht des Mauerbaus und vermochte den Eindruck zu erwecken, daß es nicht bei Passivität bleiben müsse, sondern Aktionen gegen die DDR und die Sowjetunion möglich seien, ohne gleich an den Abriß der Mauer zu denken. Im Grunde waren Brandts Hände so leer wie seine vagen Versprechungen auf Gegenmaßnahmen zum Mauerbau. Aber er konnte von seinem dringlichen Brief an den US-Präsidenten erzählen und den Menschen die Gewißheit vermitteln, daß die Probleme der Stadt auf allerhöchster politischer Ebene angegangen würden.

Die Antwort Kennedys vom 18. August 1961 fiel freilich enttäuschend aus. Betont nüchtern sprach der Präsident von «Partnern», wo Brandt von «Freunden» geschrieben hatte. Die Vorschläge aus Berlin wurden ohne Wenn und Aber zurückgewiesen. Schwer fiel es in West-Berlin, Kennedys Hinweis einzusehen, daß der Mauerbau die Schwäche des kommunistischen Systems offenbare, nicht dessen Stärke. Immerhin deutete Kennedy nun Aktionen an, legte aber größten Wert darauf, daß der Präsident einer Weltmacht völlig eigenständig handelt und nicht von den Vorschlägen eines deutschen Bürgermeisters geleitet wird.

Kennedy reagierte auch deswegen so barsch, weil er sich öffentlich desavouiert sah, nachdem Brandts Brief in bundesdeutschen Zeitungen erschienen war. Dies wiederum war ein Werk Adenauers, dessen Kanzleramt den Brief an die Presse lanciert hatte.[17] Während sich der Bundeskanzler noch über den Mißerfolg seines Kontrahenten im Bundestagswahlkampf mokierte, löste sich Washington von seiner bisherigen Tatenlosigkeit. Die Meldungen aus West-Berlin häuften sich, daß die Menschen in der Stadt das Vertrauen in die USA verlieren und die Stimmung gegen die USA umschlagen könnte.[18] So entschloß sich Kennedy, seinen Vizepräsidenten Lyndon B. Johnson, den Luftbrücke-Helden Lucius D. Clay und eine Kampfeinheit der US-Armee nach West-Berlin zu schicken.

Hoher Herrenbesuch

Der 36-stündige Besuch von US-Vizepräsident Johnson in West-Berlin verlief äußerlich effektvoll, inhaltlich unergiebig und atmosphärisch unerquicklich. Johnson war außenpolitisch unerfahren und Botschafter Bohlen und General Clay mußten ihn auf dem Flug nach Berlin sachkundig machen.[19] Mit der Ankunft am Nachmittag des 19. August schlug Johnson und Clay eine Woge der Begeisterung entgegen. Der Vizepräsident genoß den für ihn unerwarteten und überwältigenden Jubel und das Bad in der Menge. Ungehemmt konnte er seiner Leidenschaft nachgeben, keine Hand ungedrückt, keine Schulter unbeklopft zu lassen. Stand für seine Fahrten durch die Stadt kein offener Wagen zur Verfügung, so tobte er zuerst und behalf sich dann auf radikale Weise. Er öffnete die Tür des Autos und beugte sich winkend so weit wie möglich hinaus. Währenddessen kauerte ein US-Berufsdiplomat zu seinen Füßen und umklammerte die Beine des Vizepräsidenten, um einen Sturz aus dem fahrenden Fahrzeug zu verhindern.[20]

Inhaltlich hatte Johnson nicht mehr zu bieten als zuvor sein Präsident. Auf einer außerordentlichen Sitzung des Abgeordnetenhauses bekräftigte er die Sicherheitsgarantien für West-Berlin in feierlicher Form. Im Gespräch mit Brandt kritisierte Johnson mehr als deutlich den Brief an Kennedy, und Brandt geriet in eine fast kleinlaute Defensive. Vor dem Rathaus Schöneberg wiederholt Johnson in seiner Rede Kennedys Zusagen für West-Berlin. Erleichterungen für die Menschen in beiden Teilen der Stadt konnte Johnson nicht offerieren. Die wichtigste Botschaft überbrachte der US-Ostexperte

11 Zur Beruhigung der Bevölkerung eine Woche nach dem Mauerbau vor dem Rathaus Schöneberg: Lucius D. Clay, Lyndon B. Johnson und Willy Brandt (von links). Vizepräsident Johnson sorgte für Begeisterung, aber auch Irritation mit seiner texanischen Rauhbeinigkeit. Unter ihr litt besonders der als Dolmetscher fungierende RIAS-Direktor Robert H. Lochner (zwischen Clay und Johnson).

Botschafter Charles Bohlen. Wenn Brandt etwas zu kritisieren habe, möge er keine Briefe schreiben, sondern den Präsidenten anrufen. Direkten Telefonzugang zum US-Präsidenten – eine größere Aufwertung Brandts und damit West-Berlins konnte es nicht geben.

Eine effektvolle Gabe der US-Regierung durfte Johnson den West-Berlinern präsentieren. Am 20. August begrüßte er gegen 13 Uhr an der Grenze zur DDR eine rund 1500 Mann starke Kampftruppe des in Mannheim stationierten 18. US-Infanterie-Regiments. Zum ersten Mal seit 1945 hatte sich ein US-Militärkonvoi unter Kampfbedingungen durch Deutschland bewegt. Der Kommandeur der US-Truppen in Europa, General Bruce Clark, hatte dafür einen Befehlsstand in Braunschweig eingerichtet und war in ständigem Kontakt mit dem Weißen Haus.[21] Als die Truppe unbehelligt nach sechsstündiger Fahrt Berlin erreichte, fuhr Johnson mit ihr unter nahezu frenetischem Beifall der West-Berliner in einem Triumphzug durch die Hauptstraßen der Stadt, bei dem den Soldaten wie einer siegreich heimkehrenden Armee Blumen und Küsse zugeworfen wurden.

Von der unerquicklichen Seite des Johnson-Besuchs merkten die Menschen in West-Berlin nichts, dafür umso mehr der Regierende Bürgermeister Brandt. Selbst Johnsons US-Dolmetscher war deutlich indigniert über die texanische Rauhbeinigkeit seines Vizepräsidenten, der weniger als Vertreter einer befreundeten Macht denn als rüder Kolonialherr auftrat. Erst fand er an den Schuhen von Willy Brandt Gefallen und wünschte solche für sich, und Brandt mußte den Inhaber eines Schuhgeschäfts mobilisieren, aus dessen Kollektion sich Johnson ein Paar Schuhe für seine unterschiedlich großen Füße zusammenstellte. Der Hinweis, daß Sonntag und also in West-Berlin die Geschäfte geschlossen seien, beeindruckte Johnson auch nicht, als sein Wunsch nach einem Service aus der Königlichen Porzellanmanufaktur (KPM) von Brandt nicht gleich erfüllt wurde. Auf die entschuldigenden Erklärungen Brandts reagierte Johnson mit einer boshaften Anspielung auf dessen Brief an Kennedy: «No words but action.»[22] So wurde denn dafür gesorgt, daß der Gast das feine Geschirr bekam, auf daß seine Gattin «Lady-Bird» mit Töchtern und Freundinnen auf der LBJ-Ranch in Texas ihren Kaffee aus bestem deutschen Porzellan nippen konnte.[23] Bezahlt wurde von Johnson nicht, der alles als selbstverständliche, ihm zustehende Gabe verstand.

Einen kleinen, von ihm selbst wohl gar nicht wahrgenommenen öffentlichen Moment der Peinlichkeit mußte Johnson allerdings erleben. Als bei seinem Berlin-Besuch eine Polizeikapelle nach «Star-Spangled Banner» und «Deutschlandlied» auch «Das ist die Berliner Luft» schmetterte, erklärte ihm sein Dolmetscher, daß dies so etwas wie die Berliner Nationalhymne sei. Johnson verstand nur «Nationalhymne» und legte zum Erstaunen und zur Belustigung der Umstehenden die rechte Hand auf das Herz, als würde es sich um eine offizielle, staatstragende Melodie handeln.[24]

Einen Tag nach der Abreise des US-Vizepräsidenten kam Konrad Adenauer am 22. August nach Berlin – und kam vor allem zu spät. Protesttransparente erwarteten ihn auf dem Flughafen Tempelhof, die darüber spotteten, daß er nun, zehn Tage nach dem Mauerbau, «schon» in die bedrohte Stadt komme. Nur Adenauer selbst und die allertreuesten seiner Fürsprecher vermochten den Empfang in West-Berlin als herzlich zu empfinden. Sonst ist allgemein von Kühle und Distanz die Rede. Daß es doch Menschen gab, die dem Kanzler freundlich zuwinkten, wurde in der Presse eher staunend zur Kenntnis genommen.[25]

Die späte Reise in die eingemauerte Stadt ist der Abschluß einer einzigen Folge von Fehlern, die Adenauer seit dem Morgen des 13. August beging. «Kalte Staatsräson»[26] wird dem Kanzler entschuldigend für sein Verhalten unterstellt, doch ist davon höchstens die Kälte zutreffend. Zu keinem Zeitpunkt zeigte Adenauer wirkliche Anteilnahme für die Menschen in Berlin oder der DDR. Keine Rede war bei ihm davon, was für die vielbeschworenen, nun hinter der Mauer eingesperrten «Brüder und Schwestern» getan werden könne. Wohl zutreffender, wenn auch überscharf formuliert, sind Urteile wie «Unfähigkeit», «Hilflosigkeit» oder gar «Heimtücke».[27]

Adenauer beging vom ersten Augenblick an, als er am Morgen des 13. August von CDU-Vertrauten aus Berlin über den Mauerbau informiert wurde, einen grundlegenden Fehler, den er nie einsah oder korrigierte. Er erkannte nicht, daß hier eine nationale Schicksalsfrage berührt wurde, daß sich hier «millionenfache Psychodramen» abspielten, für die er keine Antenne besaß, wie selbst sein wohlwollender Biograph Hans-Peter Schwarz konstatiert.[28] Adenauer war rund um die Berlin-Krise völlig in seinem herkömmlichen Denken befangen, wobei es ihm vor allem darum ging, in Anpassung an die Alliierten eine Politik der Konfliktvermeidung zu betreiben.

Es mag das hohe Alter von nunmehr 85 Jahren gewesen sein, das Adenauer daran hinderte, flexibel zu reagieren und ihn in alten Verhaltensmustern verharren ließ. Wie schon beim 17. Juni 1953 weigerte er sich strikt, nach Berlin zu reisen. Mehr denn je mag die Angst eine Rolle gespielt haben, sich in das unsichere, von einem kommunistischen Regime umgebene West-Berlin zu begeben. Entschuldigend wird gemunkelt, der Kanzler hätte bei einem Besuch der gefährdeten Stadt von DDR-Kräften festgenommen werden oder durch eine Unterbrechung der Flugverbindung festsitzen können. Das erste Argument war hinfällig, weil Adenauer gar nicht daran dachte, den Ostteil der Stadt zu besuchen, und eine Störung des Flugverkehrs durch die Sowjets hätte den sofortigen Konfliktfall mit den Alliierten bedeutet.

Adenauer schottete sich nach dem 13. August völlig ab. Selbst Vertraute hatten keinen oder nur begrenzten Zutritt. Offensichtlich wollte er sich gegen die vielen Mahner, die ihn zum Aufbruch nach Berlin drängten, abschirmen. Als Adenauer schließlich ein Wort zum Mauerbau verlauten ließ, zielte es allein auf Zurückhaltung und erinnerte mit seiner Beschwörung von «Ruhe» und «Festigkeit» an die nach der verlorenen

Schlacht von Jena und Auerstedt 1806 für Preußen ausgegebene Parole «Ruhe ist die erste Bürgerpflicht». Adenauer erklärte die zurückhaltende Wortwahl und sein Fernbleiben von Berlin mit dem Hinweis, er habe nicht die Stimmung noch weiter anheizen und zur Eskalation beitragen wollen.[29] Gleichzeitig demonstrierte allerdings Willy Brandt in Berlin, daß es möglich war, den hilflosen Zorn der Bevölkerung aufzunehmen und doch mit Geschick unbedachte Reaktionen zu verhindern. Sein Verbleiben in Bonn begründete Adenauer nachträglich auch damit, daß der Regierungschef in einer Krisenzeit am Regierungssitz präsent sein müsse. Unter den viel zu vielen Erklärungen und Ausflüchten für sein Verhalten nach dem Mauerbau ist diese Begründung die unzutreffendste und wurde von Adenauer selbst widerlegt.

Noch am 14. August verließ er Bonn und begab sich nach Regensburg, um dort den Wahlkampf ungerührt weiterzubetreiben, den Willy Brandt wegen der Berlin-Krise unterbrochen hatte. Am Abend holte er zum Doppelschlag unter die Gürtellinie seines politischen Gegners aus und sprach von «Brandt alias Frahm». Damit spielte er auf die in jener Zeit besonders in einer katholischen Bischofsstadt noch immer ehrenrührige uneheliche Geburt von Brandt an wie auch auf seine Emigration, die nach wie vor in weiten Kreisen als landesverräterisch betrachtet wurde. «Würdelos» nannte Brandt diesen Angriff und außerdem «unverständlich». Schließlich hatte er am 13. August angeboten, in diesen kritischen Tagen alles Persönliche zurückzustellen.[30] Aber Adenauer war in einem kritischen Augenblick deutscher Geschichte nicht Staatsmann, sondern Machtmensch und Parteipolitiker, unfähig dazu, von seinem auf Polemik und Konfrontation abgestimmten Wahlkampf abzulassen.

Den Brief Willy Brandts an Kennedy vom 16. August nutzte Adenauer, um die Angriffe auf eine höhere Ebene zu transferieren. Nun wurde dem Regierenden Bürgermeister von Berlin vorgeworfen, an Bonn vorbei eigenmächtig Außenpolitik zu betreiben und dies noch in unangemessenem Ton gegenüber dem US-Präsidenten. Adenauer beging an eben jenem 16. August einen politischen Fauxpas, der ihm massiv geschadet hätte, wäre er in seinem vollen Umfang publik geworden. Während das Kabinett noch über die Entwicklung in Berlin diskutierte, verließ er die Sitzung, um den sowjetischen Botschafter Andrei Smirnow zu empfangen[31], der in einer langatmigen Erklärung mit Zuckerbrot und Peitsche agierte. Adenauer, statt sofort auf die Berliner Ereignisse einzugehen und einen Protest gegen den Mauerbau vorzutragen, erwiderte statt dessen zuerst ausgiebig die Höflichkeiten mit diplomatischen Artigkeiten seinerseits.[32] Grüße an Chruschtschow wurden entboten, Erinnerungen an Gespräche in Moskau belebt. Erst nach längerer Zeit sprach Adenauer über Berlin und tat dies auf vorsichtige Weise. Was Millionen Menschen bewegte, war für ihn eine «lästige und unangenehme Sache, die über das Nötige hinaus hochgespielt worden sei». Statt Protest gab es von Adenauer nur die Bitte, daß er der sowjetischen Regierung «sehr dankbar» wäre, wenn sie verhindern würde, «daß etwas passiert».

Die Öffentlichkeit erfuhr über das Gespräch aus einem Kommuniqué, das Smirnow vorbereitet hatte, und in das Adenauer nur einen Satz einfügen ließ, der an Uneindeutigkeit mit den Orakelsprüchen von Delphi konkurrierte: «Der Herr Bundeskanzler nahm die Gelegenheit wahr, um Botschafter Smirnow seine Meinung über die Lage in Berlin zu sagen.» Die Öffentlichkeit zeigte sich irritiert und enttäuscht über einen wachsweichen Kanzler, und sie wäre wohl empört gewesen, wäre der volle Inhalt des Gesprächs bekannt geworden, wie ihn Adenauers umstrittener Hausmeier Globke festgehalten hat.[33]

Während Adenauer mit Smirnow sprach, fand in West-Berlin die Protestkundgebung vor dem Rathaus Schöneberg statt, auf der Willy Brandt zeigte, daß auch eine entschiedene Haltung möglich war, ohne deshalb gleich Öl ins Feuer zu gießen. Aber Adenauer war, auch als er davon hörte, unfähig, das Ausmaß der Ereignisse richtig einzuschätzen, und seine Sprache verriet ihn. Er nannte die Dinge nicht einmal beim Namen, sondern sprach von der «Geschichte im Ostsektor»[34], nannte den Mauerbau schlicht eine «unangenehme Sache», die «wahrhaft scheußlich» sei.[35]

Durch Kennedys kühle Antwort auf den Brief von Brandt sah sich Adenauer in seiner Zurückhaltung bestärkt und fand Anlaß, die außenpolitische Kompetenz seines Wahlkampfgegners herabzusetzen. Als allerdings bekannt wurde, daß Kennedy mit der Entsendung von Vizepräsident Johnson und einem Kampfbataillon deutliche Zeichen setzte, versuchte Adenauer umzuschwenken. Nun, wo er endlich wußte, daß es die Alliierten nicht bei lahmen Protesten beließen, versuchte er, auf den fahrenden Zug aufzuspringen. Als Johnson auf dem Weg nach Berlin in Bonn Station machte, bat Adenauer darum, mit dem Vizepräsidenten fliegen zu dürfen. Johnson zog sich mit seinem Bonner Botschafter in die Herrentoilette zurück, den wohl abhörsichersten Raum des als Kanzleramt dienenden Palais Schaumburg. Botschafter Bohlen und General Clay blieb es überlassen, Adenauer das Ergebnis des Konklaves an ungewöhn-

12 Erst mehr als eine Woche nach dem Mauerbau kam Konrad Adenauer nach West-Berlin. Die Begegnung mit Willy Brandt, den er wenige Tage zuvor im Wahlkampf als «Brandt alias Frahm» diffamiert hatte, fiel entsprechend kühl aus.

lichem Ort zu verkünden: Nein, man wolle nicht in den bundesdeutschen Wahlkampf eingreifen und daher sei ein Mitflug nicht möglich.[36] Adenauer reagierte Clay zufolge wütend[37], sah darin seinerseits eine Benachteiligung im Wahlkampf, weil die USA sich eben Brandt als Kanzler wünschten.[38] Wahrscheinlich spielte auch eine Rolle, daß der US-Regierung der Ansehensverlust des von Kennedy ohnedies als Mann von gestern eingestuften Adenauers nicht verborgen geblieben war. Johnson wollte wohl den zu erwartenden Jubel durch den unbeliebten Kanzler nicht beeinträchtigt sehen.

So blieb Adenauer nichts anderes übrig, denn als Nachzügler am 22. August nach Berlin zu fliegen. Mit einer Visite an der Bernauer Straße, am Potsdamer Platz und am Brandenburger Tor sowie im Flüchtlingslager Marienfelde kam der Besuch kaum über den Charakter eines Pflichtprogramms hinaus. Wieder fand Adenauer für das Ungeheuerliche keine rechten Worte. Auf einer Pressekonferenz zeigte er sich «beeindruckt» davon, daß man mitten durch diese große Stadt «eine solche Zone – wie soll ich sie nennen – des Schweigens oder des Todes, wie man sie nennen will – gelegt hat».

Zurück in Westdeutschland widmete sich Adenauer wieder voll und ganz dem Wahlkampf, der für ihn nicht zuletzt durch einen in den Umfragewerten erkennbaren dramatischen Ansehensverlust der letzten Tage zum Überlebenskampf wurde. Bei den Wahlen am 17. September siegte er zwar über Willy Brandt, verlor aber seine absolute Mehrheit und mußte mit der FDP unter der Bedingung koalieren, noch vor der nächsten Wahl zurückzutreten. Bei der Regierungsbildung 1961 gab es einen kleinen Eklat wegen Berlin. Der Berlin-freundliche Bundespräsident Heinrich Lübke weigerte sich einige Zeit, die Ernennungsurkunde für Außenminister Gerhard Schröder zu unterzeichen, weil von ihm eine ganze Reihe defätistischer Äußerungen über West-Berlin kursierten, die in der von Franz Josef Strauß geteilten Meinung gipfelten, es sei billiger, die West-Berliner in der Lüneburger Heide anzusiedeln, als wegen der Zugangswege einen Krieg zu führen.[39] Mit dem Ausscheiden aus dem Kanzleramt am 15. Oktober 1963 vollendete sich Adenauers politischer Niedergang, der ausgerechnet rund zwei Jahre zuvor in dem für ihn so problematischen Berlin begonnen hatte.

Aufsehenerregend geriet mit Panzern und Hubschraubern der dritte Besuch eines hohen Herrn in West-Berlin nach dem Mauerbau. Aber der Jubel bei der Ankunft wie bei der Abreise nach rund achtmonatigem Aufenthalt von Lucius D. Clay verbarg eine gewisse Problematik seiner Mission. Als überzeugter Republikaner hatte er sich vom demokratischen Präsidenten Kennedy in die Pflicht nehmen lassen und seine erfolgreiche Tätigkeit in der Konservendosenindustrie unterbrochen. Clay genoß das volle Vertrauen Kennedys, der ihm ausdrücklich und schriftlich beteuerte, daß er auf ihn zähle, wenn es um das Wohl Berlins gehe. Die Lebenskraft West-Berlins wie das Vertrauen der Deutschen seien der Preis, den es gemeinsam zu erringen gelte.[40]

Für nicht wenige in der Umgebung des Präsidenten war Clay allerdings ein Mann von gestern, ein Hardliner im Kampf gegen den Kommunismus, während nun eine entschiedene, aber doch flexible Haltung angesagt war. Hinter den Kulissen wurde geringschätzig über diesen Mann geredet, der als Fossil der Truman-Zeit galt mit ihrer Idee des «Roll Back», der Zurückdrängung der sowjetischen Herrschaft. Kennedy hatte Clay avisiert, ihn in den Rang eines Botschafters zu erheben, und mußte mit einiger Verlegenheit diese Zusage nach einem Einspruch des Außenministeriums zurücknehmen. Obwohl nur «Special Representative» des Präsidenten, ließ sich Clay dennoch auf eine Mission ein, bei der er keine eigene Vollmacht besaß. Wahrscheinlich schätzte er die auf ihn zukommenden Einschränkungen und Behinderungen seiner Arbeit falsch ein. Die US-Diplomaten in Deutschland empfanden ihn als «Störenfried».[41] Zu spät mußte er, der einst wie ein römischer Prokonsul als US-Oberbefehlshaber in Europa und Militärgouverneur in Deutschland nahezu eigenmächtig handeln konnte, erkennen, wie wenig souverän er nun agieren konnte. Er war vom Befehlshaber der US-Truppen in Europa und vom Oberkommandierenden der NATO in Brüssel abhängig, die wenig davon hielten, daß ein ehemaliger General der Kriegs- und Nachkriegszeit in bewährt draufgängerischer und autokratischer Manier wieder in Berlin seines Amtes walten wollte.

Clay machte nie einen Hehl daraus, daß nach seiner Meinung noch am 13. August alle Sperranlagen an der Sektorengrenze durch US-Militär hätten beseitigt werden sollen. Er sah aber auch ein, daß, jenseits der politischen Implikationen, die Befehlsstrukturen zwischen Berlin und Washington und die Abstimmung mit Briten und Franzosen gegenüber seinen Tagen unendlich kompliziert geworden waren. Etwas resigniert schrieb er nach einem Monat in Berlin an Kennedy, daß es auch in seinen Augen nun zu spät sei, irgend etwas gegen die Mauer zu tun.[42] Clay war jedoch nicht gewillt, weitere Übergriffe der Sowjetunion und der DDR hinzunehmen. Mut bewies er am 21. September 1961, als er persönlich in einem Hubschrauber über DDR-Gebiet flog, obwohl von östlicher Seite mit dem Abschuß gedroht worden war.

Ziel des kühnen Unternehmens war Steinstücken, eine Exklave des amerikanischen Sektors, die inmitten der DDR lag. Nur den knapp 200 Bewohnern war der Zugang gewährt und bereits 1951 war von der DDR vergeblich versucht worden, dieses Miniterritorium von nicht einmal einem halben Quadratkilometer Größe zu annektieren. Nach dem Mauerbau waren etliche Menschen nach Steinstücken geflohen, zuletzt 20 Mann der DDR-Grenztruppe. Als die DDR nun Steinstücken hermetisch abschloß und den Flüchtlingen die Ausreise verwehrte, griff Clay ein. Zunächst schlug er dem US-Stadtkommandanten in Berlin vor, eine Patrouille auf dem Landweg nach Steinstücken zu senden. Vor allem der Nato-Oberkommandierende in Europa, General Lauris Norstad, der noch nie in Berlin gewesen war, verweigerte die Zustimmung dazu wie auch zur Entsendung einer Hubschrauberpatrouille. Nun orderte Clay für sich persönlich einen Hubschrauber, was ihm nicht verwehrt werden konnte. Die DDR, über deren Territorium der Flug führte, beobachtete den Flug genauestens, eröffnete aber nicht das Feuer. Clay hielt sich eine dreiviertel Stunde in Steinstücken auf und plauderte mit den Bürgern der Exklave. Nachträglich gab es Proteste nicht nur von östlicher Seite. Auch die Briten erhoben in Washington Einspruch gegen die in ihren Augen unbesonnene Aktion Clays. Der machte noch nach seinem Flug nach Steinstücken einen

Spaziergang über den Kurfürstendamm, wo er von ihm zujubelnden Menschen heftig bedrängt wurde.[43]

Clay beließ es nicht bei seinem persönlichen Flug, sondern veranlaßte regelmäßige Hubschrauberflüge nach Steinstücken, wofür extra in der Exklave ein kleiner Flugplatz angelegt wurde, über den die bis dahin festsitzenden Flüchtlinge ausgeflogen werden konnten. Diese «kleine Luftbrücke» hätte leicht zur farcehaften Wiederholung der großen Luftbrücke von 1948 werden können, schließlich war Steinstücken bestenfalls ein Stachel, gewiß kein Pfahl im Fleisch der DDR. Aber die grundsätzliche Dimension der Aktion rechtfertigte sie, weil sie demonstrierte, daß die USA nicht gewillt waren, auch nur ein Minimum ihrer Rechte abzugeben.

Vier Wochen später, am 25. Oktober, leitete Clay die wohl unmittelbarste Konfrontation amerikanischer und sowjetischer Militärmacht ein. Er ließ zehn Panzer in hohem Tempo auf den Grenzübergang Friedrichstraße, den Checkpoint Charlie, zufahren, wo sie erst unmittelbar an der Grenzmarkierung in einer durch die breiten Panzerketten des Modells M 48 möglichen abrupten Bremsung zum Stehen kamen. Als Wochenschaufilm wird die Aktion zu einer Ikone des Kalten Krieges.

Der Anlaß für die Panzerauffahrt scheint fast nichtig und der Vorwurf begleitet Clay weit über seinen Tod hinaus, hier unnötig mit dem Feuer gespielt zu haben. Die noch Jahrzehnte nach dem Ereignis vertretene Ansicht, er habe eigenmächtig gehandelt, wird aber durch Dokumente des US-Außenministeriums widerlegt.[44] Bereits am 5. Oktober hatte Clay vorgeschlagen, notfalls mit Panzern den Zugang zu Ost-Berlin zu erzwingen, und war darin auch von Außenminister Dean Rusk unterstützt worden.[45] Vorausgegangen war dem Panzereinsatz eine Art Katz-und-Maus-Spiel zwischen US-Militärs und der Volkspolizei. Diese bestand seit Anfang Oktober auf einer Ausweiskontrolle von US-Personal in Zivil, auch wenn es sich in einem mit Militärkennzeichen versehenen Fahrzeug befand. Clay lehnte dies entschieden ab und schickte jeweils am Sonntag versuchsweise einen Militär in Zivil an die Sektorengrenze, um zu testen, ob die Volkspolizei trotz Protest auf der Ausweiskontrolle bestünde. Jedes Mal wurde dem sich weigernden Amerikaner die Einreise verwehrt, worauf Clay sie von bewaffneten Militärpolizisten eskortieren ließ und den unkontrollierten Grenzübergang erzwang. Dies widersprach zwar dem Grundsatz, daß die Alliierten nur unbewaffnet die Sektorengrenze überschreiten durften, doch riskierte Clay den Regelverstoß, um Entschlossenheit zu demonstrieren.

13 General Lucius D. Clay demonstrierte am 27. Oktober 1961 am Checkpoint Charly militärische Stärke, um alliierte Zugangsrechte nach Ost-Berlin zu sichern. Gefährlicher als die Kanonen waren die Räumschilde der Panzer, die einen Mauerdurchbruch ermöglichen sollten.

Journalisten kamen nun immer am Wochenende, um das Geschehen zu beobachten oder mit dem Mikrophon zu belauschen.[46] So sind Tondokumente überliefert, auf denen die zur Ausweiskontrolle angehaltenen Amerikaner einen sowjetischen Offizier zu sprechen wünschen und ihnen ein DDR-Polizist antwortet: «Wir sind es, die hier die Maßnahmen durchführen.» Rückblickend spricht viel dafür, daß es tatsächlich Ulbricht war, der versuchte, das Souveränitätsrecht der DDR auszudehnen, doch ging Clay davon aus, daß eigentlich die Sowjets dahinterstünden.

Dem Chef der US-Mission in Berlin, Alan E. Lightner, fiel die Aufgabe zu, am 25. Oktober die Probe aufs Exempel zu machen. Mit seiner Frau unterwegs zu einem Besuch des Gastspiels der tschechischen «Laterna Magica», wurde ihm die unkontrollierte Einreise verweigert. Gleich mehrfach überschritt daraufhin Lightner mit der US-Eingreiftruppe die Grenze, um die amerikanische Unnachgiebigkeit zu demonstrieren. Als die DDR am 25. Oktober davon unbeeindruckt zwei nicht-uniformierten Offizieren in einem Fahrzeug der US-Mission die Einreise verweigerte, setzte Clay die in Bereitschaft stehenden M 48-Panzer in Marsch. Gefährlich an ihnen waren nicht die mit scharfer Munition geladenen Kanonen, sondern ihre Räumschilde. Clays Auftrag war klar: Wenn die DDR weiter die Einreise von US-Militärs blockiert, haben die Panzer die Sperren zu beseitigen, über Parallelstraßen der Friedrichstraße zurückzufahren und dabei die Mauer zu durchbrechen. Diese Taktik, «aus der Mauer Schweizer Käse» zu machen, wie es im Jargon der US-Soldaten hieß, war zuvor trainiert worden.

Über die Gewaltbereitschaft der US-Einheiten durch Geheimdienstberichte informiert, mobilisierten die Sowjets noch in der Nacht zum 26. Oktober 33 ihrer T-54 Panzer, die zunächst in der Nähe des Brandenburger Tors in Bereitschaft gingen. Am 27. Oktober rollten die Panzer bis auf wenige hundert Meter an die Grenze am Checkpoint Charlie heran und wurden von den Amerikanern zunächst für NVA-Panzer gehalten. Erst die Spähaktion eines US-Leutnants verschaffte den im Dahlemer Befehlsbunker rund um Clay versammelten Diplomaten und Militärs Gewißheit, daß es sich bei den Panzern mit den übermalten Hoheitszeichen tatsächlich um sowjetische T-54 handelte. Für Clay hatte sich damit der Sinn der Mission erfüllt, weil die Sowjets ihre Verantwortung nach dem Vier-Mächte-Status unter Beweis gestellt und letztlich eben nicht der DDR die Verfügungsgewalt in Ost-Berlin überlassen hatten. Nun konnte direkt zwischen Amerikanern und Sowjets verhandelt werden. Am 28. Oktober wurden die Panzer vom Grenzübergang an der Friedrichstraße abgezogen.

Noch Jahrzehnte nach dem Vorfall schwankt das Bild von General Clay im Urteil von Historikern und Journalisten. Ist er den einen ein Mann von kluger Kühnheit, der die Sowjetunion dazu gebracht hat, in Berlin ein Bekenntnis zur Vier-Mächte-Verantwortung abzulegen, so sehen andere in ihm einen politisch dilettierenden General, der einer Täuschung erlegen sei.[47] Wo Clay meinte, die Sowjetunion allein zum Gegner zu haben, war dies nach später bekanntgewordenen Dokumenten auch die DDR. Ulbricht nutzte den Umstand, daß Chruschtschow mit seinem 22. Parteitag voll beschäftigt war, wo er die baldige Ankunft des Sozialismus verkünden, die Entstalinisierung voranbringen und den Konflikt mit China bewältigen wollte. Für Ost-Berlin ging es um eine Ausweitung der Souveränitätsrechte der DDR, wozu Chruschtschow nicht generell nein sagte, wohl aber zur Zurückhaltung riet. Am Ende erreichte Ulbricht zwar einen gewissen Erfolg, weil in der Folge DDR-Volkspolizei Amerikaner in Zivil am Checkpoint Charlie in begrenzter Form kontrollierte und dabei ein groteskes Schauspiel vorführte. US-Busse mit Soldaten in Zivil und ihren Frauen, die zum Shopping am Alexanderplatz unterwegs waren, wurden nach Überschreiten der Grenzlinie angehalten. Nun wurden die Ausweispapiere gegen die Fensterscheiben des Busses gedrückt und DDR-

Grenzpolizisten übten sich in einer kaum wirklich auszuführenden Kontrolle. Denn die Amerikaner mußten ihre Papiere nicht aushändigen und die Fahrzeuge nicht verlassen. Der Preis, den Ulbricht und die DDR dafür zu zahlen hatten, war hoch. Denn Ende Oktober 1961 war eben klar geworden, daß nicht sie, sondern allein die Sowjetunion letztlich in Ost-Berlin das Sagen hatte.

Fünf Monate blieb Clay noch in West-Berlin und wurde zu einem intensiven Begleiter, Förderer und Bewunderer einer erstaunlichen Konsolidierung. In seinen Berichten nach Washington schrieb sich der legendäre General dabei eine wichtige stabilisierende Rolle zu. Er habe den Menschen Vertrauen gegeben. Bei einem Opernbesuch hätte am Ende der Vorstellung das Publikum erst den Sängern applaudiert, dann aber mindestens so heftig dem anwesenden Clay. Folgt man seiner Darstellung[48], hatte er Ende 1961 dem US-Präsidenten mitgeteilt, daß er seine Mission als erfüllt betrachte und um Abberufung bitte. Mit Kennedy sei vereinbart gewesen, daß Clay selbst erst Willy Brandt von seinem Rücktritt unterrichte, damit dieser die Information in behutsamer Weise an die Bürger West-Berlins vermitteln könne. Dann aber wurde die Nachricht auf einer Pressekonferenz am 10. April 1962 doch recht unsensibel publik gemacht. Brandt war irritiert, die Menschen in West-Berlin schockiert. Rasch stellten sich verschiedene Deutungen von Clays Rückzug ein. Er sei ein Bauernopfer an die Sowjets, um diesen Verständigungsbereitschaft zu signalisieren, lautete die eine. Eine andere nahm die Vieldeutigkeit des Wortes «resign» auf und sah nicht einfach einen Rücktritt vom Amt, sondern auch Resignation im Spiel. Clay sei der Uneindeutigkeit der Washingtoner Berlin-Politik, die immer zwischen Anpassung und Unnachgiebigkeit oszillierte, überdrüssig gewesen.

Einen ungewöhnlichen Abschied feierte Clay am 1. Mai 1962 vor dem Reichstag. Ausgerechnet am Kampftag der Arbeiter stand ein Mann im Mittelpunkt, der sich fürderhin wieder ganz seinen Vorstandsaufgaben in der Großindustrie widmen wollte. Aber weder die Berliner noch Clay fanden dies befremdlich und fühlten sich nur in ihrer Hochstimmung gestört, als vom Osten die Reden von Brandt und Clay per Lautsprecher übertönt werden sollten. Schon 1949 war die frühere Kronprinzenallee nach Clay benannt worden. Nun wurde er noch mit der Ehrenbürgerwürde geehrt, ehe er am 2. Mai die Stadt verließ, die ihn geprägt und der er so entscheidend beigestanden hatte. Ein Jahr später sollte er noch einmal in sie zurückkehren, dann nicht mehr Hauptperson, sondern als Nebendarsteller in dem großen Schauspiel des Kennedy-Besuchs.

14 Tief verunsichert beging West-Berlin den 1. Mail 1962. Ein letzter Auftritt des Luftbrücken-Heros Lucius D. Clay war kein Trost. Er verließ am nächsten Tag die Stadt. Abwandern oder ausharren war die bange Frage angesichts der erst wenige Monate alten Mauer.

Veränderter Alltag

Unabhängig von allen Entscheidungen, Drohungen und Arrangements auf höchster politischer Ebene mußte sich West-Berlin nach dem 13. August 1961 auch im Alltag neu orientieren. Als wäre ihr ein Brett vor den Kopf genagelt worden, suchte die Stadt unsicher auf allen Ebenen nach neuen Wegen, nachdem so viel gewohnte und vertraute versperrt waren. An die Stelle der bisherigen Begrenztheit war plötzlich eine definitive Endlichkeit getreten, die rundum in Gestalt der Mauer gegenwärtig war. Straßenbahnen, Busse, U- und S-Bahnen hatten schlagartig weit vor den gewohnten Zielen ihre Endstationen oder fuhren vertraute Bahnhöfe nicht mehr an. Dreifach beeinflußte der Mauerbau die Bevölkerungsbewegungen in Berlin. Die Menschen aus dem Osten konnten nicht mehr in den Westen, jene aus dem Westen so gut wie nicht in den Osten – und die West-Berliner standen vor der Frage, ob sie noch weiter nach Westen, in die Bundesrepublik gehen sollten.

Der bei aller Beschränktheit bis zum Mauerbau selbstverständliche

Verkehr zwischen den Stadthälften war jetzt radikal unterbunden, was vor allem Besucher aus dem Ostteil betraf. Denn längst hatte es sich eingebürgert, daß überwiegend die Menschen aus Ost- nach West-Berlin kamen, weil dies für sie weitaus attraktiver war als ein Ostbesuch für den West-Berliner. Nicht ungeschickt, fast raffiniert, versuchte die DDR ihr Faustpfand zu nutzen, daß sie Besuchsmöglichkeiten regeln und gewähren konnte. Generell galt nun, was für die Toten schon seit April galt, für die bei der Überführung nach Ost-Berlin ein Einreisedokument ausgestellt werden mußte.[49] Von der DDR ausgegebene Aufenthaltsgenehmigungen waren jetzt für einen Besuch im Ostteil erforderlich. Zunächst verlautbarte der DDR-Ministerrat am 22. August 1961, daß in «Reisebüros der DDR» in West-Berlin Aufenthaltsgenehmigungen für Ost-Berlin ausgestellt würden.[50] Aus statusrechtlichen Gründen wurde die Errichtung von DDR-Reisebüros in West-Berlin von der Alliierten Kommandantur sofort untersagt, worauf die DDR am 26. August zwei Büros in den S-Bahnhöfen Zoo und Westkreuz eröffnete und damit gleich einen doppelten Souveränitätsgewinn zu erzielen versuchte. Sie wollte, völkerrechtlich vom Westen nicht anerkannt, Hoheitsrechte in West-Berlin ausüben und zugleich ihren Anspruch manifestieren, daß die ihr übertragenen Betriebsrechte an S- und Reichsbahn auch eine Territorialgewalt über das Bahngelände bedeuteten. Egon Bahr und Heinrich Albertz, den wichtigen Mit- und Vordenkern Brandts, ging es vor allem um die Chance der Begegnung von West- und Ostberlinern. Albertz sah bereits im Kauf einer S-Bahnkarte eine Anerkennung der DDR-Regierung und hätte es ideal gefunden, den Fahrschein gleich als Passierschein zu benutzen.[51] Brandt erkannte aber, daß solche Überlegungen wenige Tage nach dem Mauerbau nicht zu vermitteln waren. Noch am 26. August entschieden Senat und Alliierte Kommandantur, das Vorgehen der DDR nicht zu akzeptieren, und die West-Berliner Polizei versiegelte die auf den S-Bahnhöfen eingerichteten Dienststellen.

Dies war für den Senat eine enorm schwierige Entscheidung, weil er sich in einem unaufhebbaren Dilemma befand. Hätte er der DDR freie Hand gelassen, wäre dies einer völkerrechtlichen Anerkennung gleichgekommen. Verwehrte er aber die Ausgabe von Aufenthaltsgenehmigungen, so versagte er zugleich den Bürgern seiner Stadt, Freunde und Verwandte zu besuchen, ja, er schränkte im Grund ihr Recht ein, sich in Gesamtberlin frei zu bewegen. Die Zerrissenheit war am Bahnhof Zoo zu erleben, wo einige gegen die Einrichtung von DDR-Büros protestierten, andere wiederum darauf drängten, eine Aufenthaltserlaubnis für Ost-Berlin zu erhalten.

Erst 28 Monate später sollte es mit dem ersten Passierscheinabkommen zu Weihnachten 1963 wieder für wenige Tage eine Reisemöglichkeit für West-Berliner in den Ostteil der Stadt geben. Über 700 000 Menschen nutzten bei über einer Million Besuchen damals die Chance, was zeigt, wie enorm der Bedarf war. Dennoch waren sich im Sommer 1961 öffentliche wie veröffentlichte Meinung darin einig, den Senat in seiner harten Haltung gegenüber den DDR-Avancen für Einreisegenehmigungen zu unterstützen. Der Senat müsse bei solchen und allen ähnlichen Versuchen der DDR nein sagen, kommentierte die *BZ*, und in einer Umfrage fanden drei Viertel der Befragten die Senatsentscheidung absolut richtig.[52] Man schnitt sich unmittelbar nach dem Mauerbau sozusagen lieber ins eigene Fleisch, als jenen, die die Mauer errichtet hatten, irgendwie entgegenzukommen.

Tief griff das Ausbleiben der Menschen aus dem Ostteil der Stadt vor allem ins wirtschaftliche Leben West-Berlins ein. Besonders jene sehr spezifischen Betriebe, die sich nahe der Sektorengrenze etabliert hatten und ein nicht eben glanzvolles Gesicht des Kapitalismus zeigten, waren betroffen. Kioske, Wechselstuben, Ersatzteilhändler und Einzelhandelsbetriebe, die überwiegend mit Billigware ihr Geschäft machten, verloren plötzlich ihre Klientel. Eine Milliarde Ostmark hatten bis dahin die Wechselstuben in der Weddinger Badstraße jährlich umgesetzt. Zu 80 Prozent aus Ost-Berlin kamen die Besucher der grenznahen Kinos, die befördert von einem «Gesamtberliner Kulturprogramm» hier zum Kurs von 1:1 ihre Eintrittskarten erwerben konnten.[53] Apotheken verkauften im Osten nicht erhältliche Medikamente, Textilhändler boten preiswerte Westware an. Sie alle verloren mit einem Schlag ihre Kunden, was Betriebsschließungen zur Folge hatte und Wirtschaftshilfen nötig machte. Die oft nur provisorischen Bauten standen leer, wurden später abgerissen oder von Gastarbeitern genutzt, die sich aus Kostengründen in den wenig attraktiven Randzonen im östlichen West-Berlin niederließen und nun hier ihre spezifischen Restaurants und Einzelhandelsgeschäfte einrichteten.

Nicht nur die oft als Schmuddelecken der Stadt empfundenen Bereiche an der Mauer waren vom Ausbleiben der Ost-Besucher betroffen, sondern auch viele öffentliche Einrichtungen. Bewegende Briefe trafen in der einst bewußt grenznah eingerichteten Amerika Gedenkbibliothek

(AGB) ein. Da entschuldigte sich ein Vater für seinen Sohn, der die ausgeliehenen Bücher nicht mehr zurückgeben könne, weil er bei einem Fluchtversuch festgenommen wurde. Dort bedauerte ein Leser, daß er die Bücher der AGB bei seiner gelungenen Flucht durch den Teltowkanal nicht mitnehmen konnte.[54] Mit den Büchern blieben die Menschen aus, die aus dem Osten kommend pro Jahr rund eine viertel Million Werke in Bibliotheken in West-Berlin ausgeliehen hatten. Die Museen verloren rund ein Fünftel ihrer Besucher und die Theater etwa 600 000 Gäste. Die Besucherorganisation «Freie Volksbühne» mußte schlagartig auf ihre Ost-Mitglieder verzichten, wodurch sämtliche Kalkulationen für ihr bereits in Planung befindliches neues Theater Makulatur wurden. Gebaut wurde dennoch.

Fast tragisch unzeitgemäß war denn die Eröffnung der voller Ambitionen im Blick auf die gesamte Stadt konzipierten Deutschen Oper am 24. September, nur etwas mehr als vier Wochen nach dem Mauerbau. Nicht länger sollte es in West-Berlin eine einfache Städtische Oper geben, die in einem Ausweichquartier im Theater des Westens spielte. Nunmehr sollten die Aufführungen in einem großzügigen Neubau stattfinden – allerdings an der Stelle der alten Städtischen Oper. Der Titel des Hauses war etwas anmaßend, denn schon gab es die Deutsche Oper am Rhein der beiden Städte Düsseldorf und Duisburg. Aber der Anspruch des Berliner Hauses kannte keine Rücksichtnahme. Die Deutsche Oper Berlin sollte die Oper schlechthin der Bundesrepublik werden mit dem internationalen Anspruch, zum Kreis der ersten Häuser in Wien, London, Mailand oder New York zu gehören.

Mit rund 1900 Plätzen war die Oper auch für Besucher aus Ost-Berlin und der DDR gedacht. Nach dem 13. August war das große Haus plötzlich ein zu großes, was bei der Eröffnung nicht auffiel. Bei ihr drängten sich die geladenen Gäste, Prominenz der Stadt, des Bundes mit dem Bundespräsidenten an der Spitze und des diplomatischen Corps. Auch Flüchtlinge aus dem Osten waren darunter. Was fehlte, waren fünf Bundesminister, die zum Verdruß West-Berlins ihre Teilnahme an der Eröffnung kurzfristig abgesagt hatten. Zwar hatte das Bundeskabinett bereits am 20. September beschlossen, daß bei der Eröffnung der Deutschen Oper im Blick auf den Ostteil des Landes «jeder Eindruck übertriebener Festlichkeit» vermieden werden müsse. Ein allzu glanzvolles Fest hätte einen unangenehmen triumphalistischen Anstrich haben können, während gleichzeitig in Ost-Berlin Staatsoper und Komische Oper kurz davorstanden, den Spielbetrieb einzustellen, weil künstlerisches und technisches Personal aus dem Westen durch die Mauer schlagartig ausgesperrt war.

Das Fernbleiben der Minister war aber mit solchen Rücksichten schwer zu erklären, da die eher mausgrauen, zumeist längst in Vergessenheit geratenen Politiker der Veranstaltung kaum glamouröse Lichter aufgesetzt hätten. So besitzt die Darstellung der *Frankfurter Allgemeinen Zeitung* hohe Plausibilität, daß es Rücksichtnahme auf die britische Besatzungsmacht war, in deren Sektor die Deutsche Oper lag.[55] Diese soll auf eine möglichst geringe Bundespräsenz gedrungen haben. Am 27. September beschäftigte sich das Bundeskabinett mit dem Unmut, den die Absage der Minister ausgelöst hatte, doch nennt das Protokoll der Sitzung keine Gründe für die Bonner Zurückhaltung.[56]

Enttäuscht zeigte sich die Kritik von der architektonischen Qualität des Opernbaus. Für 30 Millionen D-Mark war Originelleres erwartet worden. Statt dessen bot der Architekt Fritz Bornemann eine Summe und Vollendung dessen, was der Theaterbau im Bundesgebiet in den 50er Jahren hervorgebracht hatte. Die Sicht auf die Bühne war von überall ausgezeichnet. Die Anordnung der Sitzplätze hatte etwas demokratisch Egalitäres. Die Akustik war dank der Holztäfelung aus afrikanischem Palmenholz exzellent. Aber insgesamt verströmte das Haus die Anmutung einer emotionslosen Nüchternheit, die absichtsvoll, aber für viele Besucher enttäuschend, zu der opulenten Kunstform Oper kontrastierte. Wer in die Oper geht, um nicht nur in Musik zu schwelgen, sondern auch das Auge an Stuck und Gold zu erfreuen, war und ist in diesem Haus am falschen Platz.

Radikale Einschnitte in den Besucherverkehr von West nach Ost wie von Ost nach West waren zwei Aspekte der Bevölkerungsbewegung nach dem Mauerbau. Der Wegzug von Menschen aus West-Berlin in die Bundesrepublik war der dritte, der gerne auf die griffige Formel gebracht wird: Die Panzer rollten nicht in die Halbstadt, aber die Möbelwagen aus ihr fort. Die Anschaulichkeit des Bildes überdeckt, daß es nur für einen begrenzten Zeitraum mit der Wirklichkeit übereinstimmte und zunächst primär von der östlichen Propaganda verwendet wurde. Auch ohne Statistiken und Melderegister zu bemühen, ist es evident, daß sich West-Berlin nie ernsthaft entvölkerte. Chruschtschows an Brandt über den norwegischen Politiker Halvard Lange übermittelte Prognose, West-Berlin werde ihm, wenn schon nicht als reife Frucht, so doch als leere Hülle in die Hände fallen, erfüllte sich nicht.

Eine kritische Phase gab es allein in den ersten Monaten nach dem Mauerbau, als dem Senat bei jeder Sitzung eine neue, streng vertrauliche Übersicht über die Fortzüge aus Berlin auf den Tisch gelegt wurde. «Die Bilanz war katastrophal», resümierte Klaus Schütz rückblickend.[57] Bedrohlich waren die Zahlen vor allem, wenn sie bei einer angenommenen gleichbleibenden Entwicklung in die Zukunft hochgerechnet wurden, wobei die West-Berliner Behörden zunächst über keine verläßlichen Angaben verfügten, wenn etwa als «Zuzügler» registriert wurde, wer sich vermutlich bereits als Flüchtling in der Stadt befunden, aber erst nach dem Mauerbau angemeldet hatte. Ein realistisches Bild läßt sich auch nur schwer gewinnen, weil die Frage der Abwanderung Thema eines Propagandakampfes zwischen Ost und West wurde. Die Ost-Presse wurde nicht müde, mit griffigen Überschriften die Situation als bedrohlich darzustellen. «Unaufhörlich rollen die Räder», hieß es in der *Berliner Zeitung*, und das *Neue Deutschland* schrieb «Das Schaufenster bekommt Räder.»[58] Demgegenüber bemühte sich der Senat um beruhigende Darstellungen, die oft beschönigend waren, auch wenn umgekehrt die vom *Spiegel* verbreitete Darstellung einer zum Absterben verurteilten Stadt unzutreffend war.[59]

Generell gab es im zweiten Halbjahr 1961 eine Abwanderungstendenz, die nicht durch reale Zuwanderungen ausgeglichen wurde. Unklar ist dabei, ob es sich primär um eher jüngere, für das Erwerbsleben wichtige Personen handelte oder um Rentner. Zahlenmäßig betrug der Bevölkerungsverlust von August bis Oktober 1961 rund 13 000 Personen gegenüber weniger als 3000 Personen im Vergleichszeitraum des Vorjahrs. 50 000 Menschen im Jahr weniger wären für West-Berlin katastrophal gewesen. Dennoch sprach Brandt Ende Oktober zur Beruhigung der Bevölkerung davon, daß die Entwicklung nicht besorgniserregend sei.[60] Dies war zu diesem Zeitpunkt absichtsvolle Schönfärberei, griff in der Sache der Entwicklung aber nur wenig vor. Schon im 2. Vierteljahr 1962 begann sich die Bilanz von Weg- und Zuzügen auszugleichen und im vierten Quartal 1963 gab es bereits einen deutlichen Zugewinn.[61]

Insgesamt betrug der Bevölkerungsschwund von August 1961 bis Dezember 1963 weniger als 1,5 Prozent und erreichte nicht die noch im Herbst 1961 befürchteten sechs Prozent. Allein die Bilanz der sprichwörtlich gewordenen Möbeltransporte verbesserte sich nur langsam, und erst Ende 1963 gab es ein ausgeglichenes Verhältnis zwischen Fort- und Zuzügen. Kritisch daran war, daß unter den Menschen, die mit ihrem Hab und Gut die Stadt verließen, unverhältnismäßig viele aus den wohlhabenden Bezirken kamen. Wer es sich sozusagen leisten konnte, verließ die Stadt. Darunter waren gewiß auch Rentner, doch bedeutete dies insgesamt einen nicht leicht auszugleichenden Verlust an Menschen mit höherer Qualifikation und nach der Blockade ein erneutes Schwinden an Bürgerlichkeit, was bis weit ins nächste Jahrtausend nachwirken sollte.

Eine Folge dieser Entblößung von gutsituierten Bewohnern war eine radikale Entwicklung auf dem Immobilienmarkt. Zurück blieben ansehnliche Häuser und Villen, deren plötzliches Überangebot die Preise enorm drückte. Erzählungen, wie dieser oder jener damals ein «Schnäppchen» machte oder man selbst eines hätte machen können, gehören zum erzählerischen Grundbestand West-Berlins auch weit über den Mauerfall hinaus.

Insgesamt zeigt sich, daß es nach dem Mauerbau den befürchteten Ein- oder gar Zusammenbruch nicht gegeben hat. Es gab kritische Monate, es gab eine Delle in der wirtschaftlichen und demographischen Entwicklung, deren äußere Zeichen die sich letztlich offenbarende Stabilität überdeckten. Wie während und nach der Blockade bewährte sich die Tendenz zur Unerschütterlichkeit, die hinter der berlinischen Selbstgefälligkeit des «Mir kann keener!» steckt. Meinungsumfragen nach dem Mauerbau zeigen, daß zwei Drittel der Menschen in West-Berlin nicht an einen Wegzug dachten, und selbst für den Fall eines erhöhten sowjetischen Drucks wollte die Hälfte in der Stadt bleiben.[62] Selbst das beweglichste Hab und Gut, ihr Geld, beließen die Menschen in der Stadt. Zwar überstiegen von August bis November 1961 die Abhebungen die Einzahlungen, doch waren davon vor allem Großspareinlagen betroffen. 1962 wurde bereits pro Kopf der Bevölkerung mehr gespart als im Bundesgebiet, wenn auch das Sparvermögen in West-Berlin insgesamt unter dem von Westdeutschland blieb und die Menschen in der Halbstadt weniger wohlhabend waren.

Bedrohte Hilflosigkeit

Ein erschütterndes, aber instruktives Beispiel für das Verhältnis von äußerer Aufgeregtheit und innerer Gelassenheit nach dem 13. August liefert der tragische Tod von Peter Fechter. Er wurde am 17. August 1962 um 14.10 Uhr beim Versuch, die Mauer zu überwinden, von Grenzpolizisten angeschossen und blieb schwer verletzt auf der östlichen Seite liegen. Vor allem Desorganisation bei der DDR-Grenzwache, die ohne Befehl des gerade zum Mittagessen abwesenden diensthabenden Offiziers den Grenzstreifen nicht betreten durfte, führte dazu, daß Fechter vor den Augen der Menschen im Westen unter Schmerzensschreien verblutete, erst nach einer halben Stunde Erste Hilfe von östlicher Seite erhielt und eine weitere Viertelstunde später in ein Krankenhaus gebracht wurde, wo er verstarb.

Der Vorfall löste im Westteil Berlins eine Welle der Empörung aus, vor allem weil die US-Soldaten vom nahen Checkpoint Charlie keine Hilfe leisteten. Sie verwiesen darauf, daß sie keine entsprechenden Anweisungen hätten, und einer der Soldaten soll dies mit dem Satz getan haben: «It's not our problem.»[63] Zu Recht herrschte die Meinung, daß dies unter General Clay nicht passiert wäre. Als sich ein ähnlicher Zwischenfall an der Grenze zum britischen Sektor zugetragen hatte, war von Clay zu hören: «Würde das am amerikanischen Sektor passieren, hätten wir den Burschen in zehn Minuten draußen.» US-Stadtkommandant General Watson hatte noch vor kurzem Panzer an den Checkpoint Charlie geschickt. Doch damals stand Präsident Kennedy hinter der Aktion. Diesmal kannte der als kühler Pedant geltende Militär[64] nur den Befehl, erst zu kämpfen, wenn die Sowjets die Grenze überschreiten. Die schlichte Idee, einen Arzt zu dem Verletzten zu schicken, hatte in dem Kopf des Stadtkommandanten keinen Platz. Erst nach dem Zwischenfall machte Watson den Vorschlag, eine Erste-Hilfe-Station am Checkpoint Charlie einzurichten, was auch geschah, nachdem das Genehmigungsverfahren Pentagon und Weißes Haus durchlaufen hatte.

Der hilflose Tod von Peter Fechter am hellichten Tag führte zur schwersten Vertrauenskrise zwischen West-Berlin und den USA, die erst durch den Besuch von Präsident Kennedy ein Jahr später behoben werden konnte. Die Titelgeschichte im *Time Magazine* vom 31. August 1961 mit der Überschrift «Mauer der Schande» erhielt durch die Ereignisse vom 17. August einen durchaus US-bezüglichen kritischen Unterton. Weltweit erfuhr die Öffentlichkeit vom Versagen der US-Militärs und von wütenden Protesten in West-Berlin.

Auch wenn die nationale wie internationale Presse davon sprach, daß nach dem Tod von Peter Fechter die Stimmung in West-Berlin übergekocht sei, so trifft dies doch nicht ganz die Verhältnisse. Es waren nur etwa 10 000 Menschen, die sich an den Demonstrationen im Lauf der vier unruhigen Tage beteiligten, und sie kamen überwiegend aus den grenznahen Bezirken Wedding, Neukölln und Kreuzberg, wo sie unmittelbar mit der Mauer konfrontiert waren. Es waren sozial schwache Bezirke, in denen viele gewaltbereite Jugendliche lebten, die als «Rowdys» das Erbe der «Halbstarken» der fünfziger Jahre angetreten hatten. Sie stellten vor allem gegen Ende, als der Protest mit den Angriffen auf die sowjetischen Busse und «Ami go home»-Rufen radikale Formen annahm, das Gros der Demonstranten.

Die Bevölkerung war Umfragen zufolge ebenfalls überwiegend empört, lehnte aber Gewaltaktionen ab. Gemäß den Gesetzen der Aufmerksamkeit fand diese relative Gelassenheit der West-Berliner außerhalb der Stadt wenig Beachtung, während jede Form der Ungewöhnlichkeit genauestens und oft mit Befremden registriert wurde. Die kritischen Urteile über das West-Berlin nach dem Mauerbau sind meist von jenem durch Abstand geschaffenen sicheren Port aus gefällt, von dem sich nach Friedrich Schiller gemächlich raten läßt. Mit der Distanz eines Politikers jenseits des Atlantiks konnte Kennedy die Sperrung der Sektorengrenze mit dem Hinweis kommentieren, daß Chruschtschow nachgegeben habe. «Wenn er noch die Absicht hätte, ganz Berlin zu besetzen, hätte er diese Mauer nicht gebaut.»[65] Wenn in West-Berlin dennoch Unsicherheit und Aufgeregtheit herrschten, so wirkte dies wie das Verhalten eines Patienten, der über die Mühsal der Therapie klagt, wo sie zwar nicht zu seiner vollen Genesung, aber doch zu seiner Stabilisierung führt.

Nähe erzeugt Betroffenheit. Sie fragt nicht nach der geschichtlichen Wahrheit, wie der Schriftsteller Wolf Dietrich Schnurre 1962 schrieb: «Abstand ... kann sich der Chronist jedoch als Berliner nicht leisten.»[66] Schnurre war neben dem ebenfalls in Berlin lebenden Günter Grass derjenige aus der Schriftstellervereinigung Gruppe 47, der sich nach dem 13. August heftig protestierend zu Wort meldete. Noch am 14. August schrieb Grass an Anna Seghers in Ost-Berlin, verwies auf seinen Respekt vor ihr und ihrem Buch «Das siebte Kreuz», um dann das darin geschilderte Konzentrationslager mit der DDR zu vergleichen: «Der Kommandant des Konzentrationslagers heißt ... heute Walter Ulbricht.» Grass forderte Anna Seghers auf, ihre Stimme gegen die Mauer zu erheben. Zwei Tage später verfaßte er zusammen mit Schnurre einen Aufruf an die Mitglieder des Deutschen Schriftstellerverbandes und forderte sie auf, entweder «die Maßnahme Ihrer Regierung gutzuheißen oder den Rechtsbruch zu verurteilen».[67] Dagegen ließ etwa Martin Walser vom fernen Bodensee seine Stimme nicht vernehmen und Heinrich Böll reagierte mit rheinischer Gelassenheit, nicht die DDR, sondern seine Kollegen Grass und Schnurre zurechtweisend. Gehöre doch nach seiner Meinung nicht der geringste Mut dazu, Selbstverständliches zu sagen.[68]

In West-Berlin erreichten die Menschen sehr direkt die Nachrichten aus dem Osten, die ihnen zeigten, wie bedrückend dort der Mauerbau und seine Folgen empfunden wurden. Sie konnten kaum gelassener sein als jene Ost-Berliner, die bei einer Repertoirevorstellung von «Fidelio» in der Staatsoper den Gefangenenchor mit einem Beifallssturm unterbrachen, als er sang «O welche Lust, in freier Luft den Atem leicht zu heben ...»[69] Überreaktionen waren in West-Berlin nicht auszuschließen, wie der Fall von Wilhelm Schulte zeigt, dem vom Bezirksamt die Pflegeerlaubnis für sieben bei ihm untergebrachte Pflegekinder entzogen wurde, weil er mit seinen politischen Äußerungen das Wohl der Kinder gefährde. Schulte, der keiner Partei angehörte, hatte sich mit kritischen Bemerkungen zur Bundesrepublik zu Wort gemeldet und für eine «Freistadt Berlin» als Brücke und Friedensstifter zwischen Ost und West plädiert.[70] Als er vor dem Verwaltungsgericht gegen die Entscheidung des Bezirksamtes klagte, kam das Gericht zu dem Schluß, daß es sich bei seinen Schriften, die im übrigen auch Kritik an der DDR enthielten, um «kommunistische Propagandathesen in anderem Gewande» handle.[71] Im Urteil wurde Schulte nicht nur vorgehalten, was er geschrieben hatte, sondern auch, worüber er nicht geschrieben hatte, nämlich über negative Seiten der DDR wie die «unentgeltliche Enteignung von gewerblichen Betrieben ... den Mangel an Presse- und Meinungsfreiheit». Selbst Günther Matthes, der integre und in juristischen Fragen besonders penible Kommentator des *Tagesspiegels*, rechtfertigte das merkwürdige Urteil: «Wäre der gleiche Fall in Frankfurt entschieden worden, wir stünden nicht an, das Urteil ... bedenklich zu finden.» Im Blick auf West-Berlin gelte aber: «Im Brennpunkt schmelzen auch gewichtige Argumente.»[72]

Der Fall von Michael Schulte machte schlaglichtartig deutlich, wie sehr sich das Empfinden der West-Berliner, die sich immer als Teil der Bundesrepublik betrachteten, von dem der Menschen in Westdeutschland unterschied. Der Mauerbau beförderte diese Entwicklung hin zu einem nicht staatsrechtlich, aber doch mentalen «dritten Deutschland» neben Bundesrepublik und DDR, das sich tendenziell von Westdeutschland nicht verstanden und gewürdigt fühlte. In einer Meinungsumfrage vom Sommer 1962 offenbarten die West-Berliner, daß sie etwa die Einsatzbereitschaft der Westdeutschen für ihre Stadt gering schätzten und ihre bundesrepublikanischen Mitbürger für satt und gedankenlos hielten.[73] Umgekehrt zeigten gerade die Gebildeteren unter den Westdeutschen nur begrenzte Sympathien für die West-Berliner und beurteilten sie als egoistisch.

Dieses Mißverhältnis läßt sich mit jener Kritik vergleichen, die in kriegerischen Zeiten «Etappe» und «Front» aneinander üben. Selbst zwanzig Jahre später und nach Fortschritten in der Entspannungspolitik konstatierte Richard von Weizsäcker für West-Berlin den «täglichen Anschauungsunterricht mit der Teilung» und sah es als West-Berliner Aufgabe, dies in der deutschen Öffentlichkeit zur Sprache zu bringen.[74] Anfang der 1960er Jahre ging es nicht nur um Anschauung, sondern auch um eine bis zum Ende der Kuba-Krise als massiv empfundene Bedrohung. Denn West-Berlin war nach wie vor Spielball in der Auseinandersetzung von West und Ost und Chruschtschow wurde nicht müde, immer wieder Forderungen zu stellen und Drohungen zu äußern. Unverblümt warnte Walter Ulbricht West-Berlin vor den von ihm erhofften Zeiten, da der Zivilverkehr durch die Luftkorridore nicht mehr in Tempelhof, sondern in Schönefeld in der DDR landen würde: «Das ganze Gesindel aus den Spionage- und Sabotageorganisationen, dem RIAS, den widerwärtigen Frontstadtzeitungen usw. müssen verschwinden.»[75] Überhaupt war West-Berlin permanent mit einer Vernichtungs- und Auslöschungsrhetorik konfrontiert, die selbst den Theaterkritiker Friedrich Luft traf, dessen «Stimme der Kritik» im RIAS der DDR ein derartiges Ärgernis war, daß unverblümt verlangt wurde, sie nicht nur zu ignorieren, sondern «auch zum Verschwinden» zu bringen.[76]

Es ist nicht nur Boulevard-Aufgeregtheit, wenn im *BZ*-Kommentar «Inspektor sagt» formuliert wurde: «Die Kommunisten haben mit brutaler Gewalt unsere Stadt gespalten. Jetzt greifen sie nach West-Berlin.»[77] Auch der Senat war von Sorge erfüllt, und selbst der meist zu großer Bedächtigkeit neigende Heinrich Albertz sprach von einem «partiellen Notstand».[78] Erst seit Oktober 1961 war die West-Berliner Polizei mit Genehmigung der Alliierten mit Karabinern und Schnellfeuergewehren ausgestattet, um den Schußwaffen der DDR-Grenzpolizisten Paroli bieten zu können. Allerdings durfte sie den Flüchtlingen erst Feuerschutz gewähren, wenn diese die Grenze überquert hatten, was immer wieder zu Momenten quälender Hilflosigkeit führte.

Große Sorge bereitete ein Szenario, das bei aller Bedrohlichkeit einem grotesken Film entstammen könnte: Eine Infiltration West-Berlins durch östliche Kräfte, bei der die Insurgenten einfach mit der S-Bahn anreisten. Anlaß dazu war das der DDR von den Sowjets eingeräumte Betriebsrecht auf der gesamten Berliner S- und Reichsbahn, das von der DDR auch immer wieder als territoriales Verfügungsrecht verstanden wurde. Als etwa nach dem Mauerbau die Kreisbüros der SED in West-Berlin geschlossen wurden, nutzte die SED Reichsbahneinrichtungen zu Treffen der Partei.[79] Mühelos, so die Befürchtung, ließen sich über die S-Bahn Mitglieder der Betriebskampfgruppen in großer Zahl nach West-Berlin einschleusen.

Zur möglichen Gegenwehr war schon im Mai 1961, und dies sogar auf ausdrückliches Drängen Adenauers, mit dem Aufbau einer Freiwilligen Polizeireserve (FPR) begonnen worden. Sie rekrutierte sich zunächst meist aus Mitarbeitern des öffentlichen Dienstes, die überwiegend Weltkriegserfahrungen als Soldat hinter sich hatten. Obwohl selbst unbewaffnet, übte die drei- bis fünftausend Mann umfassende FPR doch an leichten Maschinengewehren. Im Falle eines militärischen Angriffs sollte sie zusammen mit britischen Einheiten einen Ring um den Fehrbelliner Platz verteidigen, wo sich ein ausgebauter Bunker befand, in dem im Krisenfall eine Notstandsregierung getagt hätte.[80]

Kapitel 6

Nach dem Schock

Krisenmanagement nach Plan

Nicht einmal vier Wochen nach dem 13. August begann bereits eine Kommission des Berliner Senats, Vorschläge für die wirtschaftliche Stärkung West-Berlins zu erarbeiten, um die Zukunft der Stadt zu sichern. Dabei galt es, eine schwierige Balance zu wahren. Die Wirtschaft mußte angekurbelt werden, doch waren dafür auch ausreichend Arbeitskräfte nötig, was gleich aus zwei Gründen schwierig war. Zum einen drohte Abwanderung statt der erforderlichen Zuwanderung. Zum anderen trat West-Berlin mit Westdeutschland in Konkurrenz, das in einer Zeit der Vollbeschäftigung ebenfalls um Arbeitskräfte warb. So erschienen auch in West-Berliner Zeitungen Stellenanzeigen für westdeutsche Arbeitsplätze. Mit der schon während der Blockade brüchigen Solidarität auf ökonomischem Gebiet war diesmal kaum zu rechnen, weil die Krise weniger augenfällig war. Dabei war sie gefährlicher, weil schleichend und unabsehbar. Die Blockade von 1948/49 konnte nicht ewig dauern, dagegen schien in immer weitere Ferne zu rücken, daß die Mauer fallen könnte.

Ende September 1961 lag ein auch finanziell durchgerechneter Katalog von Maßnahmen vor, der aus einer Mischung von Vergünstigungen für die Unternehmen wie für die Arbeitnehmer bestand. Mehr als eine Wunschliste konnte dies nicht sein, denn West-Berlin vermochte die Kosten unmöglich zu erwirtschaften und war auf Hilfe aus Bonn angewiesen. Bereits am 12. September hatte die Bundesregierung denn auch eine Einmalzahlung beschlossen, den sogenannten «500-Millionen-Topf». Wie diese Mittel verwendet werden sollten, war Gegenstand recht mühsamer Verhandlungen, die zeitweise für die Berliner Vertreter durchaus deprimierend verliefen. Während West-Berlin langfristige Ziele im Auge hatte, fürchtete Bonn dauernde Zahlungsverpflichtungen und bevorzugte eine einmalige Geldgabe.

Besonders umstritten war ein Vorschlag, den der Senatsdirektor beim Finanzsenator Ernst Sünderhauf gemacht hatte. Danach sollte jedem Beschäftigten eine «Berlin-Prämie» in Höhe von 50 Mark gezahlt werden.[1] Die Idee genügte, daß der *Spiegel* nur wenige Wochen später schon das Scherzwort von der «Zitterprämie» verwendete.[2] Damit wurde suggeriert, daß eine solche Zahlung eine Belohnung dafür wäre, in bedrohter Lage in der ummauerten Stadt auszuharren. Gerechtfertigt wurde die später als «Berlin-Zulage» bezeichnete lohnabhängige Zahlung mit dem Hinweis auf die höheren Lebenshaltungskosten in West-Berlin. Tatsächlich waren viele Waren in dem konkurrenzarmen, geschlossenen Wirtschaftsraum der eingemauerten Stadt teurer als im Bundesgebiet, und die Fahrten zu Freunden, Verwandten oder zur Erholung waren aufwendiger als für Bundesbürger, die sich dafür meist nicht allzu weit von der Haustüre entfernen mußten. Die Spötter übersahen es, die Verteidiger hatten es meist vergessen: Es handelte sich um eine Wirtschaftshilfe. Senatsdirektor Sünderhauf sprach es noch unbefangen aus, daß damit das niedrigere Lohnniveau in West-Berlin ausgeglichen werden sollte. Betrug der Durchschnitts-Stundenlohn in Hamburg 5,24 Mark, so lag er in West-Berlin bei 4,50 Mark.[3] Wenn also die Arbeitnehmer später acht Prozent ihrer Bruttobezüge noch zusätzlich als «Berlin-Zulage» erhielten, so war dies eine versteckte Zahlung an die Arbeitgeber, die damit weiter bei der Entlohnung einen Kostenvorteil gegenüber dem Bundesgebiet besaßen.

Bonn beharrte zudem auf der lohnunabhängigen Zahlung einer «Erholungsprämie» an jeden Bewohner West-Berlins, wobei es den Empfängern selbst überlassen blieb, ob sie unter «Erholung» einen Ausflug ins Fichtelgebirge oder einen Aufenthalt in der Eckkneipe verstanden. Der Senat nahm diese Zahlung in Höhe von 100 Mark für Erwachsene und 50 Mark für Kinder unter 15 Jahren nur widerwillig hin. Schließlich gab es dieses Geld für nichts anderes, als daß sich der Empfänger in West-Berlin aufhielt, wobei sich die subtile Frage ergab, wer eigentlich ein «Berliner» sei, ob etwa auch die Insassen von Gefängnissen in den Genuß der Gratifikation kommen sollten. Auch war die Frage zu klären, ob die «Erholungsprämie» den SED-Mitgliedern in West-Berlin zugute kommen sollte, die ja den Mauerbau unterstützten und damit für die Unbill der West-Berliner mitverantwortlich waren. Allein im Bezirk Schöneberg gab es rund 10 000 problematische Fälle, deren individuelle Prüfung und Klärung sich bis Mitte 1962 hinzog. Obwohl es warnende und protestierende Stimmen gab, daß mit der Prämie «besoldete Berufsberliner» herangezogen würden[4], änderte dies nichts am Bonner Beschluß und am Erfolg der Erholungsprämie. Umfragen zeigten, daß die Menschen in West-Berlin über das Bargeld in ihrer Hand sehr erfreut waren.

Mühselig gestalteten sich die Verhandlungen, die Berlin-Hilfe durch ein Bundesgesetz langfristig abzusichern. Kompliziert waren die Fragen der Steuerpräferenzen für Unternehmer wie Arbeitnehmer. Seit Ende 1961 war in West-Berlin mit Karl Schiller ein neuer Wirtschaftssenator im Amt, der energisch auf investitions- und absatzfördernde Maßnahmen drang, sich aber damit nur partiell durchsetzen konnte. Mit Wirkung vom 1. Juli 1962 traten nach langem Hin und Her zwischen Bonn und Berlin und oft zähen Beratungen in Bundestag und Bundesrat mehrere Gesetze zur Berlin-Hilfe in Kraft. Die ersten großen Bemühungen zur ökonomischen Stabilisierung von West-Berlin waren damit abgeschlossen, zugleich auch erste Weichen dafür gestellt, daß die Unternehmen die Präferenzen in Anspruch nahmen, den innovativen Teil ihrer Produktion aber weiter in Westdeutschland beließen und West-Berlin zur «verlängerten Werkbank» wurde. Die Idee, West-Berlin zur Modellstadt einer weitgehend automatisierten Wirtschaft zu entwickeln, in der die neuen Möglichkeiten einer rechnergesteuerten Produktion voll genutzt wurden, versandete. Eine Initiative von Karl Schiller, dies mit einem «Institut für Automation» zu unterstützen, fand in Bonn trotz intensiver Vorarbeiten keine ausreichende Unterstützung.[5] Die grundsätzlichen Wirtschaftsprobleme West-Berlins, seine nun verschärften Standortnachteile, waren auf Dauer nicht zu lösen. Vieles war ein Strohfeuer, das aber doch half, den befürchteten Kollaps der Halbstadt zu vermeiden.

Wesentlich schwieriger gerieten die Bemühungen, den Kultur- und Wissenschaftsstandort auszubauen. Der Klassiker-Satz, daß Kunst nach Brot gehe, erwies sich in der Praxis als weitaus weniger zwingend denn im Textbuch oder auf der Bühne. So zutreffend die Bemerkung eines Zeitungskommentars war, daß Kultur eine Sache der Kulturschaffenden sei und sich dem direkten staatlichen Einfluß entzöge[6], so konnte der Senat doch auf diesem Gebiet die Hände nicht in den Schoß legen, sondern mußte Voraussetzungen dafür schaffen, daß Künstler ein anregendes Umfeld in der Stadt vorfanden.

Ein konkretes Beispiel, das die Möglichkeiten und zugleich die Schwierigkeiten des Kulturstandorts West-Berlin offenbarte, war die 24. Tagung der Gruppe 47. Eigentlich sollte sie dem Usus der Gruppe entsprechend an einem ländlichen Ort stattfinden. Hans Werner Richter, dem

Initiator und Mentor der Gruppe, schien das auserkorene Bad Niederau am Neckar ein Jahr nach dem Mauerbau denn doch weit weniger passend als West-Berlin. Der darauf angesprochene CDU-Senator für Volksbildung Joachim Tiburtius gewährte, möglicherweise von Willy Brandt animiert, dem in konservativen Kreisen mißtrauisch beäugten Literatentreffen die gewünschte Unterstützung. Er gab Geld und stellte mit dem «Alten Casino» am Wannsee einen idyllischen und literarisch geprägten Ort zur Verfügung. Unweit der großen, burgähnlichen Villa der Gründerzeit hatte Heinrich von Kleist seine letzten Lebensstunden verbracht und fand hier sein Grab. In dem Haus selbst hatte Carl Zuckmayer den «Fröhlichen Weinberg» verfaßt und damit seine literarische Erfolgskarriere begonnen. Für Hans Werner Richter war es ein idealer Ort, weil sich hier eine fast bukolische Idylle inklusive Blick auf den Wannsee mit der spezifischen Urbanität des von ihm geliebten Berlin verband. Für den Emigranten Wolfgang Hildesheimer aber war eine Tagung in der alten Reichshauptstadt zu «manifest» und er sagte seine Teilnahme ab.[7] Einige Teilnehmer waren vom großstädtischen Tagungsort irritiert und zeigten damit die ungebrochen tiefe Verwurzelung der deutschen Literatur in der Provinz mit einer thüringischen Kleinstadt als Inbegriff der deutschen Klassik.

Obwohl die Tagung der Gruppe 47 in Berlin ein gelungenes Exempel für eine Ergänzung von privater Initiative und öffentlicher Förderung darstellte, zeigte die heterogene Reaktion der Teilnehmer doch, daß sich Künstler der Plan- und Vorhersehbarkeit entziehen. Die Überlegungen des Senats für einen kulturell-wissenschaftlichen Aufbruch im eingemauerten West-Berlin konzentrierten sich denn rasch auf den Bereich der Wissenschaft, bei dem Institutionen und die Bereitstellung materieller Voraussetzungen überschaubare Planungsparameter bedeuten.

Trotz oder vielleicht gerade wegen einer «Inflation von Ideen»[8] (Willy Brandt) kamen die konkreten Überlegungen nur mühsam voran. Allzu hochfliegend waren etliche der Vorschläge, zu denen eine «Weltuniversität Berlin» ebenso gehörten wie eine «Welt-Dokumentationszentrale», ein «Institut für Urbanistik», ein «Zentrum für Entwicklungshilfe» oder spezielle Akademien für Schwerpunktindustrien. Der Vorschlag, West-Berlin zu einer «Welthauptstadt der Wissenschaft» auszubauen mit einem von möglichst vielen Staaten aus Ost wie West getragenen internationalen Informations- und Forschungszentrum, fand breite Zustimmung von FDP-Chef Erich Mende bis zum Kuratorium Unteilbares Deutschland. In West-Berlin stieß die Idee aber auf Ablehnung, weil damit eine Entwicklung hin zu einer «freien Stadt» befördert werden könnte, nicht aber die gewünschte Bindung an die Bundesrepublik. Vor Studenten der Freien Universität warnte Willy Brandt davor, von einer «Weltuniversität» zu reden, weil Berlin als deutsche Stadt «die eigentliche Hauptstadt» bleiben müsse.[9]

Auf wenig Gegenliebe stießen Vorschläge, die das Wörtchen «zentral» enthielten. Die Bundesländer konnten den Vorhaben, für kulturelle Einrichtungen in West-Berlin eine gemeinsame Trägerschaft von Bund und Ländern zu schaffen, in gewohnter Weise nichts abgewinnen. So wurde denn die anspruchsvolle «Welt-Dokumentationszentrale» in eine «Leitstelle für politische Dokumentation» umbenannt und der Freien Universität angegliedert.

Durch innerstädtische Querelen kamen die Planungen für eine Kulturstadt West-Berlin nur langsam voran. Bestehende Institutionen leisteten aus Eigeninteresse zumindest hinhaltenden Widerstand gegen konkurrierende Neueinrichtungen, und Senatoren verzettelten sich in Kompetenzstreitigkeiten. Was öffentlich an neuen Ideen bekannt wurde, war meist nicht durchdacht und schon gar nicht berechnet. So übten nicht nur Bundestagsabgeordnete an der schleppenden Planung Kritik, sondern auch der Regierende Bürgermeister mußte sich mühsam um eine Konkretisierung der Ideen bemühen.[10]

Als Senator Tiburtius endlich im Juni 1962 einen vom Senat gebilligten Bericht vorlegte[11], erwies er sich einmal mehr als Meister der eindeutigen Uneindeutigkeit und bestätigte, daß er «nichts, aber auch gar nichts von Verwaltung und Geld versteht».[12] Als «Warenhauskatalog» wurde die Vorschlagsliste kritisiert, die auch als Wunschzettel gelten konnte, denn für jedes Vorhaben hieß es in dem Bericht: «Kosten noch nicht ermittelt.» Ein wenig resigniert stellte Willy Brandt fest: «Die eigentliche Arbeit liegt noch vor uns.»[13] Als Adolf Arndt, Nachfolger von Joachim Tiburtius als Senator für Kunst und Wissenschaft, im November 1963 einen Bericht über Fortschritte im Kulturprogramm vorlegte, war dieser vor allem ein ernüchterter Rückschritt gegenüber allzu hochfliegenden Plänen seines Vorgängers. Es hieß Abschied nehmen von der Idee, in West-Berlin könnte in Kunst und Wissenschaft etwas geschehen, «was es nirgendwo sonst auf der Welt gibt» (Willy Brandt).[14] Aber es konnte doch erreicht werden, daß mit der Fortführung schon bestehender Ausbaupläne für die Universitäten oder für das Kulturforum mit Philharmonie und Neuer Nationalgalerie, mit gezielten Förderprogrammen für Künstler und mit markanten Persönlichkeiten West-Berlin nicht nur nicht verdorrte, sondern für Jahre zu einem Ort wurde, an dem sich das politisch-kulturelle Leben in besonderer Weise entfaltete.

Enttäuscht von dem pragmatischen Ergebnis der Planungen für ein «Kulturzentrum» West-Berlin konnte nur sein, wer das Denk- oder Wünschbare auch für das Machbare gehalten hatte. Letztlich war das Scheitern hochfliegender Pläne ein Hinweis, ja eine Warnung, daß den Problemen der Stadt nicht mit ins Utopische ausgreifenden, oft großspurigen Vorhaben beizukommen war. Auch wenn in Zukunft realistischer geplant wurde, so gab es doch weiter die maßgebliche Denkweise, daß West-Berlin nur mit einer «Aufgabe» zu helfen sei. Die seit den Anfängen West-Berlins immer wieder gestellte Hölderlin-Frage «Wohin denn ich?» lag über der Stadt. «Berlin wirkt wie jemand, der geradewegs und sicher voranschreitet, nur daß man nicht weiß *wohin*», notierte der polnische Schriftsteller Witold Gombrowicz in sein Tagebuch.[15]

Seit sich die Aufgabe als Schaufenster oder Leuchtturm mit dem Mauerbau weitgehend erledigt hatte und die Brückenfunktion weniger denn je wahrgenommen werden konnte, drängten sich keine plakativen Antworten auf. Obwohl sich die Brüchigkeit von Aufgabenstellungen für West-Berlin eben erst erwiesen hatte, wurde sofort wieder nach Sinnstiftung von oben verlangt. Es war eine von führenden Politikern wie Intellektuellen vorgetragene Forderung, denen das «Dasein als Aufgabe»[16] nicht ausreichend schien. Jahrzehnte sollte es dauern, bis Dietrich Stobbe als Regierender Bürgermeister die schlichte Erkenntnis äußerte, die Identität der West-Berliner sei darin begründet, «daß wir hier sein wollen».[17]

Kultureller Aus- und Hausbau

Als wollte West-Berlin beweisen, daß es trotz Mauerbau kein Kind von Traurigkeit sei, gab es nur wenige Wochen nach der Eröffnung der Deutschen Oper im nun freigewordenen Theater des Westens eine heitere Ergänzung. Am 25. Oktober 1961 hatte die deutsche Erstaufführung des Musicals «My fair Lady» Premiere und wurde zu einem rauschenden, sehr berlinischen Erfolg. Das heikle Problem, das Gegeneinander von Englisch und Cockney auch in einer Übersetzung zu bewahren, wurde gelöst, indem der Berliner Dialekt als Kontrast zum Hochdeutschen verwendet wurde. Mit Karin Hübner und Paul Hubschmid stand ein Traumpaar von Publikumslieblingen auf der Bühne. Als im Herbst 1963 Dernière der Erfolgsproduktion gefeiert wurde, hatte eine Million Besucher das Musical gesehen, hatte es eine von mehreren Reisebüros organisierte «Luftbrücke» für westdeutsche Besucher gegeben. Die Langspielplatte zur «Lady» des Theaters des Westens wurde über 250 000 Mal verkauft. Produzent Hans Wölffer durfte sich mit dem schmeichelhaften, von ihm dementierten Gerücht auseinandersetzen, daß ihn das Stück zum mehrfachen Millionär gemacht habe. Es war ihm nicht nur gelungen, von Berlin aus die Gattung «Musical» in Deutschland populär zu machen, Wölffer leistete auch einen entscheidenden Beitrag zu der Glitzer-Boulevard-Kultur, die sich rund um den Kurfürstendamm entwickelte. In der Folge wechselten mit abnehmendem Erfolg die Betreiber, die auch mit Publikumslieblingen wie Johannes Heesters, Marika Rökk, Zarah Leander, Freddy Quinn oder Vico Torriani den Niedergang nicht aufhalten konnten. 1977 endete reichlich desaströs die Zeit des Theaters des Westens als Privatunternehmen und nur eine typisch West-Berliner Lösung sicherte in den Folgejahren Bestand und Erfolg des Hauses: Es gab öffentliche Subventionen und das Theater des Westens wurde letztlich eine städtische Musical-Bühne.

Die Deutsche, ehemals Städtische Oper war dem für sie wenig geeigneten Theater des Westens entronnen, sah sich aber im Neubau an der Bismarckstraße mit Forderungen konfrontiert, die mindestens so groß waren wie das frischbezogene Quartier. Gleich in den ersten nach dem Mauerbau erstellten Plänen für «Berlin als Kulturzentrum» war eine Umwandlung der Deutschen Oper in eine «Nationaloper» vorgeschlagen worden, versehen mit dem etwas ahnungslosen Zusatz «ähnlich der in Bayreuth».[18] Bei allen fundamentalen Unterschieden zwischen den auf einen Komponisten bezogenen Sommerfestspielen und einem städtischen Opernhaus mit Repertoirebetrieb wäre die Deutsche Oper um ein Haar dicht an die Wagner-Festspiele herangerückt. 1960 hatte sich nämlich der mit seiner modernen Bild- und Regiesprache reüssierende Richard-Wagner-Enkel Wieland um die Leitung der Deutschen Oper beworben.[19] Daß man sich nicht für den genialischen Regisseur entschied, wird von manchen auf eine Intrige zurückgeführt[20], kann aber auch als eine bei der Berufung von künstlerischem Leitungspersonal in West-Berlin immer wieder zu beobachtende Ängstlichkeit vor allzu unbequemen Persönlichkeiten gedeutet werden. Der offizielle Grund der Absage, daß sich Wieland Wagner schwer neben Bayreuth noch einem so großen

Opernhaus widmen könne, klingt plausibel. Daß Gustav Rudolf Sellner zum Intendanten ernannt wurde und nicht Wieland Wagner, erwies sich auf jeden Fall als glücklicher Schachzug. Mit ihm stand ein Theaterpraktiker mit hohem künstlerischen Sachverstand an der Spitze des Hauses, der selbst inszenierte, aber souverän genug war, andere Spitzenkräfte zu gewinnen, darunter auch Wieland Wagner, der hier bis zu seinem frühen Tod 1966 auch bei Werken Regie führte, die nicht von seinem Großvater stammten.

Schon bei der noch von Sellners Vorgänger Carl Ebert verantworteten Eröffnungsvorstellung konnte die Deutsche Oper mit Mozarts «Don Giovanni» unter Dirigent Ferenc Fricsay und einem von Dietrich Fischer-Dieskau angeführten Sängerensemble den Anspruch hoher Perfektion erfüllen, auch wenn sie fast zu sehr «Nationaloper» war, denn es wurde nicht in der Originalsprache, sondern auf Deutsch gesungen. Von Anbeginn nicht nur hoch, sondern zum Leid- und Neidwesen westdeutscher Opernhäuser überdurchschnittlich subventioniert, wurde die Qualität gewahrt und über Jahre hinweg eine fast makellose Erfolgsgeschichte, mit unvermeidlichen Tiefen, aber auch glanzvollen Höhen, geschrieben. Sellner löste auch das an diesem Haus ewig latente Problem eines adäquaten Generalmusikdirektors. Er holte den bis dahin vor allem im symphonischen Bereich hervorgetretenen jungen Lorin Maazel und engagierte daneben vielversprechende Dirigenten, aber auch einen Altmeister wie Karl Böhm.

Mit Auslandsgastspielen machte Böhm die Deutsche Oper Berlin zu einem Aushängeschild sowohl der Stadt als auch der Bundesrepublik. Bange wurde in der Presse gefragt, ob die Deutsche Oper Berlin so kurz nach ihrer Gründung bei ihrem ersten Gastspiel in Tokio 1963 dem hohen Anspruch gerecht werden könne, Repräsentant der Bundesrepublik zu sein.[21] Noch verschlug es den Beobachtern den Atem, daß sich ein 260-Mann starkes Ensemble mit Solisten, Chor, Orchester und Bühnentechnikern von Berlin über Hamburg und den Nordpol auf die andere Seite des Globus begab. Fast wäre das ehrgeizige Unternehmen daran gescheitert, daß für einige Solisten beim Geld Ensemblegeist und die Freundschaft zur Deutschen Oper aufhörten. Vier Sänger zogen vor das Bühnenschiedsgericht, weil ihnen die tägliche Aufwandsentschädigung zu gering erschien, obwohl sie dem Spesensatz des Regierenden Bürgermeisters für Auslandsreisen entsprach. Letztlich ging es doch komplett nach Tokio, und der Abstecher nach Fernost wurde für die Deutsche Oper und damit für West-Berlin zu einem großen, von weiteren Gastspielen gefolgten Triumph.

Beispielhaft vorangegangen, genauer: vorangeflogen war das traditionelle Vorzeigeobjekt der Berliner Musikkultur, das Berliner Philharmonische Orchester. Schon im Herbst 1957 waren die Philharmoniker in voller Besetzung nach Japan gereist bei Flugzeiten von bis zu 40 Stunden. Die Musiker durften sich von begeisterten Kritiken im damals noch sehr fernen Osten geschmeichelt fühlen und geehrt durch den Umstand, daß sie bei ihren Auslandseinsätzen von jenem Flugkapitän gesteuert wurden, der auch zu Adenauers bevorzugten Piloten gehörte.[22] Was dem Vorzeigeensemble allerdings fehlte, war ein anständiges Zuhause. Die Ersatzquartiere für das zerbombte Stammhaus nahe dem Anhalter Bahnhof waren unzulänglich. Im Titania-Palast war die Akustik ungenügend, und der Konzertsaal der Hochschule der Künste war zu klein. Im Dezember 1956 traf eine Jury mit der denkbar knappen und durch Krankheit eines Jurors wohl eher zufälligen Mehrheit von einer Stimme die Entscheidung für den Entwurf von Hans Scharoun zum Neubau einer Philharmonie. Es folgten lange Debatten darüber, wo und wie das preisgekrönte Objekt errichtet werden sollte. Zuerst war ein Standort nahe der neuen West-Berliner City rund um Bahnhof Zoo und Kaiser-Wilhelm-Gedächtniskirche vorgesehen. Schließlich fiel die Entscheidung, die neue Philharmonie in dem noch in Planung befindlichen Kulturforum anzusiedeln, das sich in der Nähe von Sektorengrenze und Potsdamer Platz befand und damit deutlich mehr an einem Gesamt-Berlin orientiert war.

Die Planung für ein Kulturforum war Teil des sonst in Senatsschubladen abgelegten Wettbewerbs «Hauptstadt Berlin» von 1957. Die Idee stammte ebenfalls von Hans Scharoun und war ein Rudiment seiner Nachkriegsstadtplanung für Berlin, mit der er der gewachsenen Stadt eine radikale Absage erteilte. Einem nicht erlebbaren, wohl nur auf Plänen wirklich ersichtlichen Urstromtal der Spree folgend, sollte ein Berlin von klar getrennten Bereichen für Arbeit, Wohnen und Kultur entstehen. Schonungslos spottete der Publizist Wolf Jobst Siedler, daß hier der Neandertaler zum Generalbaumeister erklärt werde.[23] Kritische Stimmen vermerkten, das Beste an diesen Planungen sei gewesen, daß sie nie verwirklicht wurden. Das letztlich doch noch realisierte Kulturforum wurde mit all seinen Problemen ein Beweis für eine sachfremde, an der Wirklichkeit scheiternde Stadtplanung. Nicht Glanzstück, sondern Sorgenkind wurde das Kulturforum, und die Stadtgeschichte wurde zum Stadtgericht. So sehr ein Urteil letzter Instanz immer wieder durch Neuplanungen hinausgeschoben wurde, so ist doch der negative Ausgang des Prozesses eindeutig. Fast fünfzig Jahre nach dem Beginn der Bauarbeiten gehört das Kulturforum noch immer zu den Problemgebieten der Stadt, für das keine befriedigende Lösung gefunden wird.

Notgedrungen wandelte Scharoun auf den Spuren von Hitlers Baumeister Albert Speer, der für diesen Ort den «Runden Platz» einer Nord-Süd-Achse der gigantomanischen zukünftigen Reichshauptstadt «Germania» vorgesehen und dafür bereits mit dem Abriß des villenartigen Quartiers begonnen hatte, ehe Bomben das Areal verwüsteten. Der Rohbau des «Hauses des Fremdenverkehrs» hatte an dieser Stelle den Krieg überdauert und diente Billy Wilder in seinem Film «Eins, Zwei, Drei» stellvertretend als Kulisse für Ost-Berlin. Für die Verwirklichung des Kulturforums wurde es erst 1963 abgerissen, um Platz zu machen für die ebenfalls zu diesem gehörende Staatsbibliothek.

Im September 1960 war es soweit, daß Scharouns unorthodoxer Bau mit der Grundsteinlegung der Verwirklichung entgegenging. Am 1. Dezember 1961 konnte das Richtfest gefeiert werden, das durch den erst wenige Monate zurückliegenden Mauerbau überschattet war, was in den etwas ungelenken Reimen des Richtspruchs anklang, die der Polier Fritz Puphals vortrug:

> Wir denken auch der treuen Kameraden,
> die beigetragen zu dem Fundament,
> und heute nicht mitfeiern dürfen,
> weil sie die Mauer von uns trennt.

Anders als die Deutsche Oper, die für Besucher aus ganz Berlin gedacht war, wollte und mußte die Philharmonie nicht mit Ost-Berlin konkurrieren. Zwar war 1954 in der DDR als Gegenstück zu den Berliner Philharmonikern das Berliner Sinfonieorchester (BSO) gegründet worden, das sich unter dem Dirigenten Kurt Sanderling rasch eines guten Rufs erfreute, doch besaß dieses bis zum Wiederaufbau des Schauspielhauses am Gendarmenmarkt im Jahr 1984 kein eigenes Domizil. Scharoun sah in seinem Kulturforum weniger ein Gegenstück, sondern eine Ergänzung zu den Kulturbauten in Berlin-Mitte, die er durch ein «Band des Geistes» verbunden meinte, das allerdings, wie sich nach dem Fall der Mauer zeigte, auch ohne Barriere keine rechte Verbindung zwischen den kulturellen Zentren im Westen und im Osten der Stadt herstellte.

Noch fast volle zwei Jahre vergingen, ehe die Philharmonie am

15 Als ein Konzertsaal noch nie dagewesenen Zuschnitts errang die Philharmonie von Hans Scharoun internationale Anerkennung und Nachahmung. Die Optik begeisterte, doch enttäuschte die Akustik und erreichte erst nach Jahren die später gerühmte Vollendung.

15. Oktober 1963 mit aller angemessenen Feierlichkeit eröffnet wurde und mit ihrem einmaligen Konzertsaal Bewunderung und Verblüffung bescherte, mit einer unzulänglichen Akustik allerdings auch einige Enttäuschung. Die geradezu für einen solchen Anlaß obligate von Herbert von Karajan dirigierte 9. Symphonie Beethovens erklang im Saal nicht in erwarteter Fülle. Ein Mitschnitt offenbart mehr von dem perfekten Spiel der Philharmoniker, als es dem Publikum damals in der Philharmonie vergönnt war. Erst nachträgliche Umbauten erbrachten den gewünschten Klang in dem Saal, dessen architektonische Qualitäten von Anfang an ins Auge sprangen. Scharoun selbst prägte das poetische Bild von den «Hängen eines Weinbergs» und dem Dirigentenpult im «Tal», womit er seiner Leidenschaft huldigte, von «Landschaften» zu sprechen, wo es sich eigentlich um urbanes Bauen in Beton handelte.

Das Ungewöhnliche der Philharmonie ist die Anordnung der Sitzreihen, die sich von allen Seiten hin zum Orchester erstrecken. 120 der 2218 Plätze befinden sich direkt auf dem Podium im Rücken des Orchesters und frontal zum Dirigenten. Nach Scharouns Worten sollten nicht mehr «Produzent» und «Konsument» wie im traditionellen Konzertsaal konfrontiert sein, sondern im Rund einer Arena zu einer Gemeinschaft verschmolzen werden, deren nicht exakt der geometrischen Mitte entsprechendes Zentrum die Musik bilden sollte. Der Dreiklang der «neuartigen Beziehung von Mensch, Raum, Musik»[24] war allerdings nicht von vollendeter Harmonie. Die Zuhörer auf den Plätzen gegenüber dem Dirigenten sehen zwar nicht wie sonst Konzertbesucher den Rücken des Maestros, sondern sein Gesicht. Aber sie hören die Musik seitenverkehrt, als wären an der Stereo-Anlage die Boxen vertauscht. Auch ist es für den Dirigenten ungewohnt und oft irritierend, die Gesichter des Publikums zu sehen, die nicht immer von der gewünschten Aufmerksamkeit geprägt sind. Für Hans Knappertsbusch, 75-jähriges Ehrenmitglied der Berliner Philharmoniker, war die Vorstellung, in einer Art Manege zu dirigieren, derart irritierend, daß er ein bereits angesetztes Konzert absagte und für den Rest seiner Tage nicht in der Berliner Philharmonie auftrat. Andere Senioren wie Otto Klemperer dirigierten zwar, sparten aber nicht mit Bemerkungen, die von Kritik bis zu Spott über akustische Mängel reichten.

Über zehn Jahre wurde umgebaut und nachgebessert, bis die Vollendung des Raums mit der des Klangs übereinstimmte. Motor der Veränderungen war der Hausherr Herbert von Karajan selbst, der unter Hinweis auf sein – allerdings nur ein Semester währendes – Maschinenbau-Studium auch technische Kompetenz für sich beanspruchte. Vehement hatte er von Anfang an für den innovativen Entwurf von Scharoun plädiert und konnte beim Bau seiner prometheischen Neigung frönen, Welten nach seinem Willen zu schaffen. In Berlin war es die zentrale Position des Dirigenten, die ihn faszinieren mußte, da er wie kaum ein anderer in der gewiß nicht an Ich-Schwäche leidenden Zunft der Pultstars zur Selbstdarstellung neigte. Treffend sprach der Volksmund vom «Zirkus Karajani», weil der Philharmonie mit ihrem zeltartigen Äußeren und dem Dompteur im Inneren tatsächlich etwas Zirzensisches eigen war.

Noch strahlte das Gebäude nicht so glänzend wie von Scharoun gewünscht, weil auf die goldene Außenhaut zunächst verzichtet wurde und ockerfarben gestrichener Sichtbeton über Jahre als Notlösung diente. Der Faszination tat dies keinen Abbruch. «Ich sehne mich nach diesem Raum»[25], schrieb Max Frisch an Hans Scharoun aus der Ferne, und die Berliner gaben sich dem Wunderbau in vollen Zügen hin. Sie standen zu jeder Tages- und Nachtzeit und bei jedem Wetter in langen Schlangen um

Karten an. Selbst der sonst mehr gemiedene denn besuchte Zyklus «Musik des 20. Jahrhunderts» war plötzlich ausverkauft.

Die Besucher erwartet damals wie heute ein für manche verstörend weitläufiges Foyer, das mit piranesihaften Treppen und Säulen rätselhaft wirkt und doch auf geheimnisvolle Weise jeden Besucher seinen Platz finden läßt. Farbige Glasbausteine als künstlerisches Dekor verströmen die Modernität ihrer Zeit, aber auch ein kathedralenartiges Licht. Doch versöhnt das Innere mit mancher Unzulänglichkeit des Hauses. Auf merkwürdige Weise eignet dem großen Saal etwas Klaustrophobisches, als gäbe es kein Draußen. Türen waren Scharoun eine ungeliebte Notwendigkeit und sind daher versteckt positioniert. Mit diesem Bau hatte West-Berlin, wonach es sich so dringend sehnte: Ein Bauwerk von absoluter Besonderheit, das vielen Konzertsälen als Vorbild diente, von keinem aber in seiner zwingenden Vollkommenheit erreicht wurde.

Ein skurriles Nachspiel gab es im Februar 1965, als die Grundsätzlichkeit der Sparsamkeit und die Lächerlichkeit des Streitobjekts einen schrillen Mißton ergaben. Der Senat hatte, nachdem die Baukosten von veranschlagten acht Millionen Mark auf 16 Millionen hochgeschnellt waren, noch einmal eine Million zu genehmigen für «Ergänzungen des Mobiliars und der Außenanlagen».[26] 14380 Mark waren dafür vorgesehen, das Vorzimmer des Chefdirigenten in einen Raum für die Gastdirigenten umzubauen. Dafür mußte Karajan sein Badezimmer abtreten. Er wollte sein kleines Reich für sich, deswegen aber nach einem Konzert nicht nur im Applaus baden. So wurde für ihn ein drei Quadratmeter großes Duschbad gebaut, und schnell machte das Gerücht von der «Exklusiv-Wanne» für Karajan die Runde, gab es Spott in Berlin und Kritik in Westdeutschland. Der Ruf, daß West-Berlin ein verschwendungsfreudiges Subventionsgrab sei, erhielt neue Nahrung durch die Vorstellung von goldenen Wasserhähnen für einen exzentrischen Maestro, obwohl es sich in Wirklichkeit um Sanitäreinrichtungen handelte, die Sozialwohnungsniveau nicht überschritten.

Während Skeptiker nach dem Mauerbau schon das Menetekel an die neue, um West-Berlin errichtete Wand geschrieben sahen, daß Untergang und Verdorren angesagt seien, bewies die Stadt eine überraschende Vitalität und Aufbruchstimmung, die auch durch Zufälle gesteuert war. Bereits im Juli 1959 war vom Bundesverfassungsgericht endgültig entschieden worden, daß die Errichtung einer «Stiftung preußischer Kulturbesitz» rechtens sei, und damit die Klagen einiger Bundesländer abgewiesen. Aber erst wenige Wochen nach dem Bau der Mauer konnte die Stiftung ihre Arbeit aufnehmen. Die Aufgabe, das Kulturgut des ausgelöschten preußischen Staates treuhänderisch bis zu einer Vereinigung mit der DDR zu bewahren und auszubauen, verlangte konkrete Schritte. Angemessene Räume mußten für die wertvollen Gemälde, Skulpturen, Handschriften, Bücher und Archivalien errichtet werden, die sich vor dem Krieg überwiegend an Standorten in Berlin-Mitte befunden hatten.

Konnte für die Gemäldegalerie der Alten Meister auf einen Altbau in Dahlem zurückgegriffen werden, so war für die Kunst des 20. Jahrhunderts ein neues Museum zu errichten. Für letztere wurde eine Neue Nationalgalerie geplant, die am anderen Ende des Kulturforums zusammen mit der Philharmonie dessen Eckpfeiler bilden sollte. Ludwig Mies van der Rohe mit diesem Bau zu beauftragen, war einer der seltenen Versuche, einen durch die Nationalsozialisten aus dem Land gedrängten Künstler wieder an die zurückgelassene Heimat zu binden. Es war ein Akt der Wiedergutmachung, durchaus zu eigenem Nutzen. Es gab in Berlin keinen nennenswerten Bau des Architekten, der in den USA stilbildend gewirkt hat. Die Neue Nationalgalerie wurde auch zu einem Bekenntnis zur Moderne der Weimarer Zeit, das in seiner strengen Sachlichkeit dem Bau des «Organikers» Scharoun antipodenhaft entgegengesetzt wurde.

Die staatlichen Bühnen, deren Saat fast voreilig Anfang der fünfziger Jahre mit dem Wiederaufbau des Schiller-Theaters gelegt worden war, durften in den sechziger Jahren reiche Ernte einfahren. Intendant Boleslaw Barlog, der seit der Einrichtung einer «Werkstatt» genannten Studio-Bühne über gleich drei Theater und damit über den größten Theaterbetrieb Deutschlands herrschte, hatte zwar nicht die Gabe, stilbildend zu wirken, aber einen Blick für literarische Stoffe, schauspielerische Talente und markante Regisseure. Selbst vom Senator einmal als «Striese» disqualifiziert, glich Barlog eher dem Theaterdirektor in Goethes «Faust». Er «wünschte sehr der Menge zu behagen» und huldigte dem Prinzip: «Wer vieles bringt, wird manchem etwas bringen.» Was ihm Vielfalt war, erschien der Kritik schnell als Beliebigkeit. In seinen Erinnerungen spricht er von einer «Phalanx von Gegnern», von einer «Meute von Widersachern», der er sich gegenübersah.[27] Barlog hatte kein Verständnis für das heraufziehende Regietheater mit seiner die Stücke skelettierenden oder umdeutenden Interpretation. Als Regisseur war er in der kleinen Form erfolgreich und scheiterte in der großen. Als er sich an den «Faust» wagte, hagelte es verärgerte Kritiken. Die «Rundlauforgien» auf der Drehbühne waren auch durch die besten Schauspieler nicht zu retten.[28] Barlog konnte sonst auf das Schauspielertheater vertrauen und verfuhr dabei nach dem Prinzip, daß Masse die Masse zwingt. Sein Ensemble war weit und breit das größte, aber auch das wohl höchstbesetzte mit Namen wie Käthe Dorsch, Grete Mosheim, Berta Drews, Curt Bois, Carl Raddatz, Ernst Deutsch, Erich Schellow und Bernhard Minetti. Er entdeckte den genialen Klaus Kammer, der dann früh und unter ungeklärten Umständen verstarb. Er bot einem Martin Held eine Plattform, den ein englischer Kritiker als den besten europäischen Schauspieler neben Laurence Olivier pries.[29]

Barlogs Berliner Staatsschauspiel wurde denn auch 1964 zum neueingerichteten «Theatertreffen» eingeladen, das bei seinem Debüt noch als «Berliner Theaterwettbewerb» im Rahmen der Berliner Festwochen stattfand.

Das Theatertreffen war alles andere als ein theatralisches «Notopfer Berlin» oder eine «Applaus-Zulage» in Ergänzung zur «Zitter-Prämie», sondern eine Institution, auf die andere Städte neidvoll schauten. Selbst als das Treffen gleich in den ersten Jahren in eine Krise geriet, weil etliche Theater nicht zum Gastspiel nach West-Berlin kamen, wurde nicht an eine Abschaffung gedacht, da die Gefahr bestand, daß sonst andere Städte die Idee aufgreifen könnten.[30] Notorisch waren die Absagen der eingeladenen Bühnen aus dem Ostteil der Stadt. Höflich, aber bestimmt lehnten das Deutsche Theater oder das Berliner Ensemble 1966 mit dem Hinweis auf Terminschwierigkeiten oder «Unangemessenheit» des Spielorts eine Teilnahme am Theatertreffen ab. Nach mehrjähriger verlorener Liebesmüh wurde 1969 auf Jahre hin der Versuch aufgegeben, auch Theater aus der DDR zu nominieren und zu einem Auftritt in West-Berlin zu bewegen.

Zu spät kam das Theatertreffen für die wohl umstrittenste Aufführung der Nachkriegszeit. Am 20. Februar 1963 hatte Rolf Hochhuths «Der Stellvertreter» Premiere in Berlin. Das Stück, welches das öffentliche Schweigen von Papst Pius XII. zu den Judenmorden des Dritten Reiches polemisch thematisierte, erblickte ausgerechnet am Glitzerboulevard des Kurfürstendamms das Licht der Theaterwelt, wo die «Freie Volksbühne» ihr Quartier hatte, ehe zwei Monate später ihr neues Theater etwas abseits des City-West-Trubels eröffnet wurde. Der Rowohlt-Verlag hatte mit sicherem Gespür das skandalträchtige Stück des damals 31-jährigen, unbekannten Hochhuth Erwin Piscator angeboten, dem Altmeister des engagierten, linken politischen Theaters der Weimarer Zeit, der seit 1962 Intendant der «Freien Volksbühne» war.

Für West-Berlin bedeutete die «Stellvertreter»-Uraufführung nicht nur überregionale Aufmerksamkeit, sondern auch eine Neubelebung des politisch-engagierten Theaters, die von Piscator bis zu seinem Tod im Jahr 1966 fortgesetzt wurde. Mit der Aufführung der «Ermittlung» von Peter Weiss erfuhr es 1965 eine markante Fortsetzung, an der sich zukünftige Entwicklungen des Theaterlebens in West-Berlin abzuzeichnen begannen. Das Stück war von Peter Weiss zunächst Boleslaw Barlog angeboten worden, der seinem «Marat/Sade» einen glänzenden Einstieg ins Bühnenleben ermöglicht hatte. Aber ein derart zeitnah-polemisches Stück zum Auschwitz-Prozeß war nicht die Sache von Barlog, der letztlich doch dem Wohlfühl-Theater verpflichtet war. So überließ er Erwin Piscator das Stück, dem er bei allen politischen und ästhetischen Differenzen 1955 mit einer Produktion von «Krieg und Frieden» ein großes Comeback nach seinem Exil in den USA ermöglicht hatte.

Bei aller Unterschiedlichkeit einte Barlog und Piscator eine gewisse Unzeitgemäßheit. Piscator entsprach zwar mit seinem politischen Theater dem neuen Geist der sechziger Jahre, war aber ästhetisch doch ein Mann von Gestern. Barlog wußte mit der zunehmenden Politisierung der Bühne wenig anzufangen und setzte später fröhlich auf dem Höhepunkt der Studentenrevolte die Farce «Ein Floh im Ohr» von Feydeau auf den Spielplan. Die Anzeichen eines heraufkommenden neuen Theaters ignorierte er. Schon 1962 hatten sich gleich mehrere junge Theater in der Stadt etabliert, darunter in einem Saal der Arbeiterwohlfahrt die «Schaubühne am Halleschen Ufer». Die Zeit war günstig, wie sich Schaubühnen-Chef Jürgen Schitthelm erinnert, weil nach dem Mauerbau «Aktivitäten von jungen Leuten ungeheuer geschätzt wurden».[31] Von Anfang an war die Schaubühne erfolgreich. Bald sollte hier mit Peter Stein und seiner Truppe Theatergeschichte geschrieben werden. Produktionen und Skandale in München, Zürich oder Bremen ließen das Wetterleuchten revolutionärer Veränderungen aufblitzen, die in West-Berlin zur vollen Wirkung kommen sollten und von vielen als ein reinigendes Gewitter verstanden wurde, das «Opas Theater» wegspülte.

Grass und Co.

Das literarische Leben, sonst wesensgemäß in Dichterklausen und Poetenrunden zu Hause, vollzog sich nach dem Mauerbau vergleichsweise auffällig. Groß war die Schar der Literaten, die sich in West-Berlin tummelten. Günter Grass war der Vorreiter, teilweise auch Kristallisationspunkt der quirlig-intensiven Gesellschaft, wie sie die deutsche Nachkriegsgeschichte weder vorher noch nachher vergleichbar verzeichnet. Schon 1960 war er nach West-Berlin gezogen, abgestoßen von der Adenauer-Bundesrepublik und angezogen von der Gebrochenheit der Stadt, dieser «nicht heilenden, in Permanenz offenen Wunde».[32] Ausgerechnet nach dem Mauerbau, der die Abwanderung gerade von Intellektuellen befürchten ließ, entfaltete West-Berlin eine magnetische Kraft auch auf weitere Schriftsteller. «Wie auf der Flucht», so Günter Herburger[33], seien junge Schriftsteller nach West-Berlin gezogen, in diese Stadt, die zwar Anteil am Wirtschaftswunder hatte, aber nicht wirklich Teil davon war. Hier gab es nicht die Versuchung, sich «in einen neuen Materialismus zu werfen», wie Friedrich Luft schrieb.[34] Es herrsche immer ein Gefühl der «Unbehaustheit, des Lebens auf dem Sprunge».

Ergänzt wurde der Zustrom durch Aufenthaltsstipendien der Ford-Foundation. Einer der Stipendiaten war der Pole Witold Gombrowicz, der in seinem Tagebuch aus den Jahren 1963/64 resümiert, daß in West-Berlin die «Crème der deutschen Literatur» versammelt sei, mit der dem ausländischen Gast die Verständigung schwer falle.[35] Es war eine im Deutschen sprachmächtige, in Fremdsprachen eher sprachlose Gesellschaft, auf die er stieß, in der auch ein Grass trotz längerem Paris-Aufenthalt nur unzulänglich Französisch sprach. Auch der aus dem schwedischen Exil nach Berlin gekommene Peter Weiss konnte in der Stadt nicht heimisch werden, sah sich hier von den äußeren Zuständen zermürbt.

Uwe Johnson, Hans Magnus Enzensberger, Günter Grass, Max Frisch, Reinhard Lettau und Günter Herburger wohnten alle in Friedenau, einem Stadtteil, der seinem Namen gemäß eher Idylle denn urbane Aufgeregtheit verbreitet. Man wohnte in großen Wohnungen oder gar Stadtvillen. Kein Hauch von Berliner Salon bestimmte die Atmosphäre, sondern eher eine fast derbe Ländlichkeit. Besucher waren überrascht, daß im Hause Grass die Wurst direkt aus dem Papier gegessen wurde und zugleich eine Atmosphäre unbändiger Kreativität herrschte. Gombrowicz versuchte mit den deutschen Kollegen die Tradition des «Romanischen Cafés» wiederzubeleben, das bis zum Ende der Weimarer Republik im Schatten der Kaiser-Wilhelm-Gedächtniskirche Treffpunkt des literarischen Berlins war. Sein Bemühen, am Kurfürstendamm im «Café Zuntz» wieder einen solchen Ort der Zusammenkunft zu schaffen, versandete. Lieber blieben die deutschen Kollegen unter sich und trafen sich in eher bodenständigen Kneipen. Die Voraussetzungen für ein der Vorkriegszeit entsprechendes literarisches Leben fehlten. Es gab keine namhaften Zeitungen, keine großen Verlage mehr in Berlin, die in ihrem Umfeld ein Biotop von Literaten, Journalisten und Feuilletonisten wachsen ließen. Nun herrschte eher eine kollegial-kritische Atmosphäre bei Wahrung größtmöglicher Individualität. Uwe Johnson blieb etwa der «hohe Norden» (Gombrowicz) und Hans Magnus Enzensberger der quecksilbrige, nicht zu verortende Gedankenspieler.

So verschieden die Literaten waren, so gaben sie sich alle dem «maroden Charme» hin, den der sich damals als Verleger etablierende Klaus Wagenbach der Stadt bescheinigt. Es war ein wenig eine Tagung der Gruppe 47 in Permanenz, was so recht dem Geschmack von Günter Grass entsprach. Der Geist einer inoffiziellen Dichtersozietät lebte auf, wie sie im Barock in Deutschland Usus war und von Grass in seinem «Treffen in Telgte» beschworen wurde. Man versuchte international zu sein und dachte sogar daran, eine dreisprachige Literaturzeitschrift herauszugeben, an der auch Nicht-Berliner wie Martin Walser oder Helmut Heißenbüttel mitwirken sollten. Aber der angefragte Suhrkamp-Verleger Siegfried Unseld bedauerte und Rudolf Augstein verdiente zwar nach eigenen Worten «sündhaftes Geld», hatte aber mit der Spiegel-Affäre andere Sorgen, als ein recht vages Projekt unsteter Literaten zu unterstützen. 1964 wurde gar der ambitionierte Versuch unternommen, mit einer Vorortzeitung, dem *Spandauer Volksblatt*, den Zeitungen des Springer-Verlags Konkurrenz zu machen. Grass engagierte sich als Zeitungsverkäufer und Johnson brachte per Fahrrad Nachschub aus der Druckerei. Das Scheitern eines David mit einer Auflage von 27 000 Exemplaren gegen den Goliath mit einer Gesamtauflage von 700 000 Exemplaren war vorhersehbar.

Motor eines aufblühenden Literaturbetriebs in West-Berlin wurde der schon 1959 an die Technische Universität berufene Walter Höllerer. Er war ein Mann von solchem Renommee in literarischen Dingen, daß Gottfried Benn noch von seinem Sterbebett aus mit ihm korrespondierte. Physiognomisch provozierte er unweigerlich ornithologische Vergleiche, und Günter Grass nannte ihn einen «schief in der Gegend stehenden Vogel».[36] Mit seinem legendären Lachen blieb er immer ein fröhlicher Student, neugierig und lernbegierig, und konnte doch den Professor nie verleugnen.

Lesung und Vorlesung hingen bei Höllerer eng zusammen. Er begann schon 1959 an der Technischen Universität im Hörsaal 3010 deutschsprachige Schriftsteller zu präsentieren, und die Veranstaltungen fanden ein derartiges Echo, daß sie 1962, nun mit internationalem Charakter, in die Kongreßhalle im Tiergarten verlegt wurden. Über 1500 Menschen saßen Höllerer zu Füßen, «wenn er die Götter – frisch- und altbacken – vereinzelt oder in Gruppen auftreten ließ» (Günter Grass). Alles, was schreibend Rang und Namen besaß, kam hier zu Wort, von Ingeborg Bachmann, Günter Eich oder Ilse Aichinger hin zu Nathalie Sarraute oder Eugene Ionesco. Mit dem Grad an Öffentlichkeit in der Kongreßhalle nicht zufrieden, erreichte Höllerer, daß das noch junge Fernsehen die Veranstaltung übertrug. Er war der erste Literaturmanager und verlor sich doch nicht völlig an den Betrieb. Er dichtete selbst, wurde mit seiner «Elephantenuhr» als poeta doctus gewürdigt, doch hinderte allzu viel gelehrtes Wollen, daß er auch ein poeta laureatus wurde.

1963 gründete Höllerer das «Literarische Colloquium Berlin» (LCB), das in seinem Namen die akademische Herkunft erkennen läßt. Das Gespräch über Dichtung und poetischer Unterricht sollten in jener Villa am Wannsee gepflegt werden, die schon der Gruppe 47 als Tagungsort gedient hatte. Die erste Schreibwerkstatt «Prosaschreiben» versammelte Lehrlinge wie Hermann Peter Piwitt, Peter Bichsel, Nicolas Born und Hubert Fichte, die später kaum weniger bekannt wurden als ihre Mentoren Peter Weiss, Günter Grass und Peter Rühmkorf. Das LCB wurde zum «Nervenzentrum der gesamten deutschsprachigen Literatur» (Peter von Matt) und ist das, was deutlich später als «Literaturhaus» viele Nachahmer fand. 25 Jahre mußten vergehen, bis in Hamburg das erste westdeutsche Literaturhaus gegründet wurde, und noch einmal fast zehn Jahre, bis in dem sich als «größte Büchermetropole in Europa» rühmenden München ein solches Institut entstand. Im subventionsfreudigen West-Berlin mag die Gründung eines allein der Literatur gewidmeten Kulturzentrums leichter gewesen sein, doch waren das geistige Klima und personelle Konstellationen mindestens so förderlich.

Ein Schriftsteller kann in Berlin leben und doch von der Stadt im

Werk keine Notiz nehmen, wie es etwa Rilke bewiesen hat, der 1899 in Berlin-Schmargendorf über den durch das Ungarnland der Türkenkriege reitenden Cornet schrieb. Die in West-Berlin lebenden Autoren nahmen jedoch, wenn auch unterschiedlich, diese Stadt in ihr Werk auf. Ingeborg Bachmann lebte fast zwei Jahre in West-Berlin als Stipendiatin der Ford Foundation und litt in und an der Stadt. Sie wohnte nahe der Martin-Luther-Klinik, die zu einer leidvollen Station ihrer Tablettenabhängigkeit wurde. Der spezifisch triste Berliner Winter wurde zur Qual, und ihr Fazit lautete: «Ich kann Berlin nicht mögen.»[37] Entsprechend düster ist der Berlin-Text «Ein Ort für Zufälle», den sie zur Verstörung der Festversammlung statt einer Dankesrede bei der Verleihung des Büchner-Preises 1964 vortrug.[38] Die Stadt war für sie vor dem Hintergrund des Dritten Reiches ein Inbegriff verbrecherischen Wahns und ein Irrenhaus voll beschädigter «Leute in Fettpapier gewickelt».

West-Berlin war für sie aber auch der Ort einer gelungenen, heiteren Zusammenarbeit mit dem Komponisten Hans Werner Henze, der ebenfalls als Ford-Stipendiat in der Stadt lebte. Die beiden italiensüchtigen Künstler schufen sich im grauen Berlin eine komödiantische Gegenwelt mit der Oper «Der junge Lord», die auf der Bühne der Deutschen Oper zu einem großen Erfolg wurde.

Die Teilung der Stadt, die für Bachmann ein «fleißiges Wort» ist, das «vieles abnimmt, das Denken nicht zuletzt», machte Uwe Johnson als einer der wenigen im Westen lebenden Schriftsteller zum Thema eines seiner erfolgreichsten Bücher. Der Roman «Zwei Ansichten» zeichnet eine Flucht aus der DDR akribisch nach und stellt damit eine Ausnahme in der westdeutschen Literatur dar. Eigenes Erleben bildete den Hintergrund, da Johnsons spätere Frau tatsächlich mittels Fluchthilfe in den Westen kam. Für Günter Grass war Berlin ein Bezugspunkt seines Denkens, und die Atmosphäre der Stadt ließ ihn nicht los. Noch Jahre später sprach er eindrücklich von diesem «kaputten Ort ..., der von Krise zu Krise auflebte».[39] Den großen Berlin-Roman schrieb er allerdings nicht. Zwar siedelte er seinen 1966 begonnenen, erst 1969 veröffentlichten Roman «örtlich betäubt» in West-Berlin an, doch registrierte Marcel Reich-Ranicki in seiner Kritik erstaunt: «Von der Atmosphäre Westberlins ist nichts zu spüren. Und nichts läßt darauf schließen, daß es sich immerhin um eine geteilte Stadt handelt.»[40]

Lokale Momente ließ Grass nur sporadisch einfließen. Auch bei ihm kamen aber die Frauen in den Kurfürstendamm-Cafés vor, die schon Ingeborg Bachmann so typisch für West-Berlin fand. «Im Kranzler halten die Frauen die Filztöpfe fest über die Augen gezogen, sie kauen und greifen zu, seit damals.»[41] Bei Grass müssen sie als Inbegriff des Establishments dienen, gegen das sich der Protest der jugendlichen Hauptfigur des Romans richtet. Ausführlichst werden die Torten- und Kaffeesorten aufgezählt, welche die Damen zu sich nehmen, wird ihre «die Fülle betonende Kleidung» beschrieben. Ausgerechnet diese eher harmlosen Frauen in Kamelhaar- und Persianermänteln werden als «kuchenfressende Pelztiere» bei Grass zur unansehnlichen Fratze des Kapitalismus. Er lenkt mit dieser Übertreibung aber den Blick auf eine Örtlichkeit und eine Lebensart, die sich als «Kudammkultur» charakterisieren läßt und die zum großstädtischen Bild West-Berlins nach dem Mauerbau genauso dazugehört wie die Autoren in ihrem Friedenauer-Idyll.

West-Berlin war für Grass aber auch der Ort, von dem aus er unermüdlich seine Idee der fortbestehenden gesamtdeutschen Kultur verfolgte und dies vor allem durch Treffen mit Schriftstellern in Ost-Berlin realisierte, wobei er es nicht wahrnahm oder ignorierte, daß er dabei auf Schritt und Tritt von der Stasi überwacht wurde. Vom Verlassen des Bahnhofs Friedrichstraße an wurde der von der Stasi als «224135» geführte Grass beobachtet bis hin zu dem Beisammensein mit West- wie Ost-Berliner Autoren, bei dem der Stasi-Observant «mehrere Schnapsflaschen und Gläser auf dem Tisch» bemerkenswert fand.[42]

Ein öffentliches und ernstgemeintes Gedankenspiel unter Literaten blieb der Vorschlag von Golo Mann, Günter Grass zum Regierenden Bürgermeister von West-Berlin zu machen.[43] Grass war dem Vorschlag gegenüber durchaus aufgeschlossen, doch bleibt es unklar, ob Willy Brandt mit ihm je diese Idee ernsthaft diskutiert hat. Grass sah wohl selbst, daß er in der verkrusteten SPD West-Berlins keine Chancen hätte, und schließlich rückte auch Golo Mann von seinem unrealistischen Vorschlag ab und meinte, daß Grass als Politiker kein sehr gutes Urteil habe und eigentlich «nicht sehr gescheit» sei.

Zwischen Glanz und Talmi

In den 50er Jahren war der Kurfürstendamm vor allem ein schwer beschädigtes, wehmütig besungenes und begrenzt ansehnliches Stück Nostalgie. Es gab Baulücken, Behelfsbauten, aber auch noch ein funktionierendes Textilgewerbe. Mit dem Mauerbau wurde die markanteste, einst lebendigste Straße des alten Westens zum Teil der neuen City-West. Wie schon Siegfried Kracauer vor dem Krieg schrieb, hatte die Straße keine Wahrzeichen vorzuzeigen, sondern war «Warenzeichen».[44] Nun wurde sie selbst zum Wahrzeichen und mehr denn je zur Meile von Konsum und Vergnügen. Was noch an verarbeitendem Gewerbe angesiedelt war, zog ab. Nur die Miederfirma «Triumph» eröffnete noch 1963 eine Dependance, hörte aber 1965 damit auf, hier Mieder, Unter- und Nachtwäsche nähen zu lassen.

Am Pulsschlag des Kurfürstendamms wurde mal freudig, mal ängstlich das Befinden West-Berlins abgelesen. Einmal wurde an spekulativ errichteten Großbauten das Aufstreben der Stadt wahrgenommen, später wieder an der dann erkannten Häßlichkeit solcher Bauten ihre Desolatheit. Der Kurfürstendamm erfuhr mit der Studentenrevolte eine Politisierung, die mit dem Attentat auf Rudi Dutschke vor dem Haus Nr. 140 ihren traurigen Höhepunkt erlebte. Er ist und bleibt primär eine Unterhaltungsmeile, die schließlich am Abend des 9. November 1989 als Feststraße der gemeinsam die Maueröffnung bejubelnden Berliner ihren Höhepunkt erlebte und eine Endloskolonne von Trabis den Duft der nahen, bis dahin verriegelten Welt nach West-Berlin brachte.

Der Kurfürstendamm wurde nach 1961 zur Großstadtstraße schlechthin – auch für Westdeutschland. Acht Minuten dauert eine von keinem Schnitt unterbrochene Autofahrt in Wim Wenders erstem großen Film «Summer in the City», in dem nicht ohne Symbolik die aus einem Münchner Gefängnis entlassene Hauptfigur ausgerechnet in der eingemauerten Stadt West-Berlin die neugewonnene Freiheit erlebt. Trotz Mauer erreichte der Glanz des Kurfürstendamms auch Ost-Berlin und wurde in seiner weitgehenden Unerreichbarkeit für DDR-Bürger zu einem mythischen Ort, auf den sich Neugier und Sehnsucht richteten. Das West-Fernsehen verbreitete die Bilder des Boulevards, und nachdem die DDR ihren Rentnern seit 1964 Westreisen erlaubte, wußten die alten Leute von dem sagenumwobenen Ort aus eigener Anschauung zu berichten. Es waren nicht nur die durch ihre unmodische Kleidung und das ungewohnte Reisegepäck mit dem obligaten Dederon-Beutel auffallenden Rentner, die mit Einkaufszettel und viel zu wenig Westgeld den Kurfürstendamm aufsuchten. Reisekader tummelten sich auf ihm wie etwa der DDR-Fernsehkommentator Karl-Eduard von Schnitzler, der ein oft, wenn auch nicht gern gesehener Gast im Einkaufsparadies West-Berlin war. Kurzfristig wurde über ihn nach dem Mauerbau ein Einreiseverbot verhängt, und einmal wurde er nach dem Besuch eines Feinkostladens von Jugendlichen mit Schlägen bedacht.[45] Hinfort war es eher seine Frau, die von den Einkaufsmöglichkeiten rund um den Kurfürstendamm magisch angezogen wurde und deren Versuchungen erlag. 1983 wurde sie beim Diebstahl von Damensöckchen in einem Kaufhaus zwischen Bahnhof Zoo und Kurfürstendamm ertappt.

Dem Glanz des West-Boulevards vermochte die DDR nichts entgegenzusetzen, und so versuchte sie ihn als falschen Schein zu entlarven. In dem 1964 nach dem Roman von Christa Wolf gedrehten DEFA-Film «Der geteilte Himmel» trifft sich das Liebespaar vor dem Scheitern ihrer Beziehung in einem Lokal auf dem Kurfürstendamm. Hell und kalt ausgeleuchtet, signalisiert die Kulisse: Hier will man nicht bleiben. So entscheidet sich die Protagonistin denn auch, nicht ihrem republikflüchtigen Freund zu folgen, sondern in der DDR auszuharren. Getreu der von Christa Wolf auch nach der Wende 1989 vorgetragenen Überzeugung, daß der schwerere Weg in der DDR der lohnendere sei, beschreitet ihre Romanfigur nicht den von Äußerlichkeiten, durch den Kurfürstendamm symbolisierten Lebenspfad des Westens.

Der Inbegriff des Kurfürstendamms, das Europa-Center, wurde ab 1963 dort errichtet, wo der Boulevard gar nicht so heißt, sondern sich am Breitscheidplatz in die Budapester- und Tauentzienstraße verzweigt. Auf dem früheren Auguste-Victoria-Platz stand noch nach 1945 die Ruine des «Romanischen Hauses» mit seinem legendären «Romanischen Café». Obwohl in einem durchaus rekonstruierbaren Zustand, wurde es gemäß der Abräumideologie der Nachkriegszeit platt gemacht, ohne daß der Zerstörung ein Aufbau gefolgt wäre. Auf dem leeren Platz schlugen Zirkusse ihre Zelte auf, traten Catcher in den Ring und machten sich allerlei Buden mit nicht immer erfreulicher Kundschaft breit. Kurz: Es wurde als «Schandfleck auf Berlins Visitenkarte» empfunden.[46] Der Erbauer des Europa-Centers, der Unternehmer Karl Heinz Pepper, war seiner Darstellung nach von dem abstoßenden Anblick derart verstört, daß er sich entschloß, hier ein modernes, hoch aufragendes Büro- und Geschäftshaus zu errichten.

Nun war Pepper kein wohltätiger Stadtbildpfleger, sondern ein erfolgreicher Geschäftsmann, der klar erkannte, daß Raum und Zeit günstig waren. Schon vor dem Mauerbau war an eine Bebauung des Geländes gedacht worden, doch waren die privaten Geldmittel und das öffentliche Interesse für eine Realisierung zu gering. Nach dem Mauerbau aber sollte

Aufbruch demonstriert werden, und nichts schien dafür passender als ein alles überragendes Gebäude, das die Modernität seiner Zeit, ein unübersehbares Stück Amerika in West-Berlin repräsentierte. Pepper war der richtige Mann, weil er ein enormes Geschick bei der Finanzierung besaß. Der Mann mit lebhaften Augen, schlaksigem Gang und kräftiger Nase hatte den richtigen Riecher für erfolgversprechende Projekte. Er war zunächst mit dem Handel von Elektrogeräten zu Vermögen gekommen, hatte sein Geschäft in Richtung Immobilien erweitert, Villen in feinster Lage erworben, sich an einem einträglichen, aber das Stadtbild beschädigenden Hochhaus am «Roseneck» beteiligt und schließlich mit einem Einkaufscenter und einem Geschäftshochhaus sein Talent bei der Geldbeschaffung für Großprojekte bewiesen.

Pepper war nach dem Mauerbau nicht aus West-Berlin abgewandert, sondern aus Liebe zur Stadt wie zu seinem Geldbeutel geblieben. «Clever», so eine immer wieder auf ihn angewandte Vokabel, erkannte er nicht nur, daß neben der Kaiser-Wilhelm-Gedächtniskirche ein formidabler Bauplatz von 20 000 Quadratmetern Fläche lag, den er zum äußerst günstigen Preis von acht Millionen Mark erwarb. Er wußte auch das Berlinhilfegesetz und dessen Paragraph 16 mit seinen Abschreibungsmöglichkeiten exzessiv zu nutzen. 15 Millionen Mark leitete er in seine Kassen, aufgebracht von westdeutschen Kommanditisten, die sich den Großteil ihrer Investitionen wieder vom Finanzamt zurückholten. Der nach der Bibel benannte «Matthäus-Effekt» kam voll zum Tragen, daß dem, der hat, gegeben wird. Von Oetker bis Reemtsma beteiligte sich der bundesdeutsche Geldadel mit Beträgen bis zu einer halben Million am Europa-Center. Entgeistert bemerkte Bundeskanzler Ludwig Erhard: «Die Leute verdienen sich an Berlin kaputt.»[47] Das Wort vom «Las Vegas an der Spree» machte die Runde, wobei es der Staat selbst war, der mit seinen Steuervergünstigungen für Geldanlagen in Berlin das Steuer-Glücksspiel betrieb. Pepper hatte obendrein äußerst dreist mit der Geldanlage für sein ehrgeiziges Projekt geworben und nachgewiesen, daß man, eine hohe Steuerschuld vorausgesetzt, praktisch ohne Eigenkapital investieren könne und dies krisensicher in der eigentlich gefährdeten Stadt. Verluste, so seine Werbung, seien auch «in dem politisch heißen Klima Westberlins selbst bei Eintritt irgendwelcher Katastrophen» nicht zu befürchten, weil der Steuervorteil dann schon längst genutzt wäre.

Es half nichts, daß die steuerlichen Berlin-Vergünstigungen später eingeschränkt wurden. Pepper hatte die Büchse der Pandora geöffnet, aus der jene spekulativen Bauten hervorquollen, die den Investoren Geld und der Stadt in jeder Hinsicht ein abträgliches Ansehen einbrachten. Gebäude, die vor allem vom Gewinnstreben ihrer Finanziers und einer brutalen Architektur künden, verunzierten zunehmend das Stadtbild, vor allem am Kurfürstendamm. Beim Bau des Europa-Centers wurde an solche bösen Folgen nicht gedacht, sondern das Loblied auf das erste dieser Projekte gesungen, das die «Wirtschaftskraft Westberlins, das Vertrauen in die Zukunft der Stadt und die Leistung freier Unternehmer besonders gegenüber dem kommunistischen System demonstrativ unter Beweis» stelle.[48]

Da Pepper auch einen Marshallplan-Kredit von 23 Millionen Mark bekam und das Projekt mit Hypotheken bis zum äußersten belastete, kam er mit geringem Eigenkapital aus. Alles schien bestens gegründet zu sein, als am 28. November 1963 der Grundstein für das Europa-Center gelegt wurde, wobei auch Bundesschatzminister Werner Dollinger anwesend war, der noch wenige Tage zuvor im Kabinett stirnrunzelnd bemerkte, wieviel Steuern dem Staat durch ein solches Projekt entgingen. Noch ahnte niemand, daß sich hier jener Sumpf privat-öffentlicher Bauwirtschaft auszubreiten begann, der Stadtregierungen verschlingen und West-Berlin einen denkbar schlechten Ruf einbringen sollte.

Alles war hingerissen von der Modernität des Baus und genoß den «Hauch von Manhattan».[49] Nichts konnte amerikanisch genug sein, und zur Eröffnung überbrachte der Oberbefehlshaber der US-Streitkräfte in Europa auch Grüße von Lucius D. Clay. Höchstens an dem deutsch-englischen Namen «Europa-Center» wurde Anstoß genommen und die Besorgnis geäußert, demnächst werde die «Deutschlandhalle» in «Germany Hall» umbenannt. 88 Meter ragte das damals höchste Gebäude Berlins empor, bot 26 000 Quadratmeter Nutzfläche. 40 000 Kubikmeter Beton waren verbaut worden und die Geschäfte hatten eine Schaufensterlänge von fast zwei Kilometern. Eine Eisbahn im Neubau erinnerte bewußt an das Lincoln Center in New York, wurde aber relativ bald geschlossen, weil klimatisch zu ungünstig und zu attraktiv für die Stricher- und Drogenszene vom nahen Bahnhof Zoo. Der glasglänzende Hochbau mit seinen 22 Stockwerken und dem davor gelagerten Flachbau für Geschäfte erinnerte an moderne amerikanische Wolkenkratzer und ließ die Debatte aufkommen, ob hier die Bauhaus-Architektur über den Umweg Amerika nach Deutschland zurückkehrt oder ganz neu im «International Style» der USA gebaut werde. Auf dem Dach kreiste ein Mercedes-Stern von zehn

16 Das Europa-Center wurde mit Wolkenkratzerarchitektur und Mercedes-Stern auf dem Dach Symbol des modernen West-Berlin. Zusammen mit der vor dem Abriß bewahrten Ruine der alten und dem Neubau der Kaiser-Wilhelm-Gedächtniskirche entstand in der Stadt ohne natürliches Zentrum ein neuer Mittelpunkt.

Metern Durchmesser zweimal in der Minute um sich selbst und ließ West-Berlin symbolisch an der Wirtschaftskraft Westdeutschlands teilhaben.

Das Europa-Center war ein Signal dafür, daß der neue Glanz der Stadt oft ein geliehener war. Die meisten wollten gar nicht zwischen dem Angeschminkten und einer soliden Vitalität unterscheiden. Zu schön und aufregend war es, wenn der Hotel- und Gastronomiekönig Blatzheim zehn Restaurants im Europa-Center eröffnete und sich mit seiner Stieftochter Romy Schneider beim Geknalle der Sektkorken und im Licht der Scheinwerfer werbewirksam in Szene setzte. Selbst Romy Schneider, die solches Treiben wie auch den Stiefvater nicht sonderlich leiden konnte, war versöhnt, da sie bei dieser Gelegenheit ihren ersten Ehemann, den König des Boulevard-Theaters Harry Meyen kennenlernte, mit dem sie dann für zwei Jahre nach Grunewald zog und wenig glücklich wurde. Der verführerisch schöne Schein regierte, verdeckte die Sorgen und Probleme, welche die Stadt nach wie vor quälten. Aber dafür war die Politik zuständig, die mehr denn je damit beschäftigt war, Wege zu finden, wie die Schwierigkeiten gelöst oder zumindest abgeschwächt werden können, die sich aus dem Mauerbau ergaben.

Bühne großer Politik

Als «Heilige Familie» wurde der Kreis jener Männer rund um Willy Brandt bezeichnet, die nach 1961 wesentlich die Politik West-Berlins bestimmten. Das führende Triumvirat des Zirkels wäre in dieser Terminologie treffend als «Heilige drei Könige» zu bezeichnen. Neben Brandt gehörten dazu sein Pressesprecher Egon Bahr und der Leiter der Senatskanzlei Heinrich Albertz, wobei ihre Gaben unterschiedlich verteilt waren. Für Brandt in seiner souveränen, unangefochtenen Position gab es gewissermaßen Gold und Weihrauch, während Bahr und Albertz für die Myrrhe, die bitteren Wahrheiten zuständig waren. Da der Regierende Bürgermeister zunehmend ein abwesender Bürgermeister war, der in Bonn sowohl die Belange West-Berlins als auch die der eigenen Karriere vertrat, kam seinen beiden Vertrauten, vor allem Heinrich Albertz, die Rolle der Statthalter zu, die verkündeten, was der deus abscondidus meinte und dachte, wobei der zurückkehrende Gott dann oft, wenn die Botschaft der neuen, realistischen Ostpolitik allzu viel Turbulenz auslöste, wieder beschwichtigte und zurücknahm.

Die drei Männer einte ein Patriotismus fern jedes Nationalismus und der Wunsch, ihr Vaterland wieder vereinigt zu sehen. Einig waren sie sich auch letztlich in der Erkenntnis, daß dieses Ziel nicht mit der herkömmlichen Politik Adenauers und deren dezidierter Ablehnung der DDR erreicht werden könne, sondern eine gewisse Zusammenarbeit mit der Regierung in Ost-Berlin notwendig sei, wenn das Leben der Menschen in der DDR und in West-Berlin erleichtert werden solle. Willy Brandt neigte dazu, diese Erkenntnis als ein Damaskus-Erlebnis darzustellen, wobei einmal der Mauerbau, ein andermal der herbe Antwortbrief Kennedys vom 18. August 1961 als Schlüsselerlebnisse galten.[50] Brandt hat den Sinneswandel mit dem anschaulichen Bild erfaßt, daß, während der Eiserne Vorhang mitten durch die Stadt unüberwindlich niederging, sich ein anderer Vorhang öffnete. Er gab den Blick frei auf die Bühne der Deutschlandpolitik – und sie erwies sich als leer. Der neue Akt in dem Drama der deutschen Teilung hatte für ihn alle bisherigen Ansätze für eine Überwindung der kommunistischen Herrschaft in der sowjetischen Zone als Kulissenzauber enttarnt.

Die Hinwendung zu einer neuen Politik und erst recht deren Gestaltung kam auch für Brandt und seine Mitstreiter nicht aus heiterem Himmel. Sie «robbten» sich an die veränderte Vorgehensweise heran, wie Brandt-Biograph Merseburger schreibt[51] – und dies durch schwieriges Gelände. Die Kuba-Krise im Oktober 1962 mit Chruschtschows Raketenstationierung auf der Karibikinsel im Vorhof der USA ließ den Kalten Krieg bis an die Grenze des Atomkriegs eskalieren. Auch konventionelle militärische Auseinandersetzungen waren nicht auszuschließen, wobei West-Berlin als möglicher sowjetischer Angriffspunkt galt. Truppenkonzentrationen der Roten Armee rund um die Stadt wurden mit Sorge registriert und ließen Brandt wie Bahr in den konfrontativen Strategien des Kalten Krieges denken. Anfang Oktober 1962 hatte Brandt in einer Vorlesung an der Harvard Universität bei der Erörterung einer eventuellen Sperrung der Zugangswege nach West-Berlin einen Aufruf zum Aufstand in der DDR erwogen. Egon Bahr berichtet von Überlegungen, im Krisenfall über alle Sender zum Aufstand aufzurufen.[52] Was wie ein Rückfall in die Zeiten der früher verfolgten Destabilisierungspolitik wirkte, lag doch auf der Linie der neuen Politik von Kennedy, der grundsätzliche Bereitschaft zu Gesprächen mit dem Osten mit konsequenter Unnachgiebigkeit im Krisenfall verband. Brandt gelang es, sich zum Verbündeten der Mächtigen zu machen, so daß er während der Kuba-Krise von Washington ebenso wie die Regierungschefs in London oder Paris unterrichtet wurde. Geschickt verstand es Brandt, seine politischen Vorstellungen mit denen Kennedys zu verbinden und dessen Vision von der «New Frontier» auf das als Frontstadt bezeichnete, wenn nicht gar geschmähte West-Berlin zu übertragen. Die Front sollte in die im Englischen gemeinte Grenze verwandelt werden, wo zwischen den Nachbarn Gespräche statt Kampf möglich sein müßten.

Der Gedanke, vom streng konfrontativen Kurs gegenüber dem Osten abzurücken, lag spätestens mit dem die bisherige Politik desavouierenden Mauerbau in der Luft. Die Mauer vor Augen, mit Berichten über die an ihr Getöteten konfrontiert und von Bekannten und Verwandten in der anderen Stadthälfte rücksichtslos getrennt, war für die Menschen in West-Berlin der Wunsch nach Beendigung dieser schwer erträglichen Situation unabweisbar. Er mündete in der Formel: «Die Mauer muß weg.» Die Stimmung war auch ein Jahr nach dem 13. August 1961 brisant. «Am liebsten möchten wir doch alle Kommunisten aus unserer Stadt jagen», meinte das Boulevardblatt *BZ*.[53] Proklamationen von 90 Städten der USA von Honolulu bis Miami, die mit starken Worten ihre Solidarität bekundeten, wurden fast klammheimlich Willy Brandt im Rathaus Schöneberg überreicht, um «vulkanische Eruptionen» in der Stadt zu vermeiden.[54]

Für Willy Brandt war es mühsam, in dieser Stadt die auch von ihm nur schmerzhaft gewonnene Erkenntnis durchzusetzen, daß nunmehr auf unbestimmte Zeit das Motto galt «Mit der Mauer leben.» Mühselig und unermüdlich versuchte er eine neue Politik einzuleiten, die Erleichterungen für die Menschen in der Stadt bringen sollte, auch wenn dies durch Verhandlungen mit den verhaßten Bauherren der Mauer erkauft werden mußte. Als er am 22. September 1961 im Abgeordnetenhaus erstmals von der Notwendigkeit sprach, die Mauer durchlässig zu machen, solange sie nicht beseitigt sei, so tat er dies eher leise. Die vorangegangenen Worte, daß Stacheldraht und Mauer verschwinden müssten, hatte er dagegen mit aller Vehemenz vorgetragen.

Selbst in der Bundespolitik fand der Gedanke eines politischen Neuansatzes gegenüber dem Osten nur ein reserviertes Echo. Intellektuelle erhoben zwar ihre Stimme, veröffentlichten unter Federführung von Martin Walser ein Buch mit der eher rhetorisch gemeinten Frage «Brauchen wir eine neue Regierung?» und produzierten neben Plädoyers für einen Politikwechsel in Bonn auch Autoreneitelkeit, so daß Rhetorikprofessor Walter Jens verärgert feststellte, daß ihm die Selbstreklame von Günter Grass «auf die Nerven» gehe.[55] Hans Werner Richter, der Spiritus rector der Gruppe 47, schrieb nach dem Mauerbau: «Es bleibt die Notwendigkeit der Frage einer aktiven Ostpolitik – trotz allem, was geschehen ist.»[56] Die Niederlage von Willy Brandt bei der Bundestagswahl 1961 zeigte aber, daß solches Denken noch nicht mehrheitsfähig war.

Für einen Politiker genügt es nicht, Erkenntnisse zu haben und sie mit klugen Köpfen zu teilen, er muß sie auch durchsetzen – und daran wurde im Rathaus Schöneberg von Bahr, Brandt und Albertz gearbeitet. Dabei fiel Albertz die Rolle zu, Pläne zu entwickeln, wie Erleichterungen für die Menschen in der Stadt erreicht werden könnten, während Bahr den großen Bogen von der Stadtpolitik hin zur Bundes- ja Weltpolitik schlug.

Brandt hatte die Aufgabe, dies ins Machbare zu transferieren und bei den Wählern Überzeugungsarbeit zu leisten, wobei ihm sein Charisma und die Gabe zu beeindruckender, wenn auch manchmal verklausulierter Rede zugute kam. Unermüdlich zog er durch Betriebe und Verwaltungen, um klar zu machen, was im Schatten der Mauer möglich und unmöglich sei. Bei diesem Richtungswechsel durfte er nur begrenzte Unterstützung durch die eigene Partei erwarten, der Albertz eine «intellektuell magere Preisklasse» nachsagte.[57]

Als Brandt mit dem Vorschlag an die Öffentlichkeit trat, doch den Vier-Mächte-Status der Stadt aufzugeben, um damit einen sowjetischen Einfluß auf West-Berlin auszuschließen, erntete er nicht nur in der Stadt massive Kritik, sondern auch aus Bonn und von den Alliierten. Allzu unverblümt war sein Rütteln an juristischen Grundpfeilern und seine Absage an «Kaffeesatz-Untersuchungen in Paragraphen».[58] Nur ein massiver Rückzieher rettete Brandt aus den Schwierigkeiten und förderte die Taktik, in Zukunft Bahr und Albertz mit innovativen Vorschlägen an die Öffentlichkeit treten zu lassen und selbst als Schlichter und Besänftiger aufzutreten, wenn diese Ideen auf oft heftige Ablehnung stießen. Vor allem Heinrich Albertz war für seine Rolle ideal besetzt. Von einem tiefen protestantischen Ethos erfüllt, war es ihm Selbstverständlichkeit und Bedürfnis, das von ihm als wahr Erkannte ungeschönt zu vertreten, salopp gesprochen, den Menschen reinen Wein einzuschenken.

Was Heinrich Albertz im September 1962 in einem *Spiegel*-Interview äußerte, wollte in West-Berlin kaum jemandem munden. SPD wie Koalitionspartner CDU waren empört, daß Albertz meinte, im Falle eines wechselseitigen Passierscheinabkommens zwischen West-Berlin und der DDR «müssen Mitbürger von drüben auch wieder zurückgehen».[59] Es half nichts, daß er sehr wohl die Gültigkeit des Asylrechts betonte und ihm nichts ferner lag, als Flüchtlinge an die DDR auszuliefern: Die Erörterung einer Lösung für einen nahezu unlösbaren Konflikt provozierte heftigste Proteste, die nur durch behutsame Distanzierungen Willy Brandts gemildert werden konnten.

Auf sehr unterschiedliche Weise stärkten die beiden wichtigsten Staatsmänner jener Tage, Kennedy und Chruschtschow, der Regierung im Schöneberger Rathaus den Rücken und machten den Weg frei für ihre Politik von Verhandlungen und Gesprächen mit der östlichen Seite. In dem einen Fall war es ein gescheitertes Gespräch zwischen dem Kreml-Chef und Brandt, im anderen ein Besuch des US-Präsidenten in Berlin.

Schon im März 1959 wäre es beinahe zu einer Unterredung von Willy Brandt mit Nikita Chruschtschow gekommen. Bruno Kreisky, damals österreichischer Außenminister, hatte eine solche Begegnung eingefädelt. Die Amerikaner meldeten größte Sicherheitsbedenken an, und Brandt sagte nach langem Zögern ziemlich undiplomatisch ab, was seinen Freund Kreisky verbitterte und zu einigen Hinweisen auf die Brandt immer wieder vorgeworfene Entscheidungsschwäche veranlaßte.

Anfang 1963 schien sich wieder die Möglichkeit einer Begegnung Chruschtschow–Brandt aufzutun. Kurz bevor Chruschtschow zum 6. Parteitag der SED nach Ost-Berlin aufbrach, äußerte Brandt öffentlich den Gedanken, daß es nicht schaden könne, wenn der Kremlchef auch die Nöte und Sorgen auf der anderen, westlichen Seite der Mauer kennenlernen würde. Dies war keine offizielle Einladung, und Brandt vermied es, den Anschein möglicher Verhandlungen zu erwecken, um nicht als Vertreter einer gesonderten politischen Einheit zu erscheinen, der unabhängig von Bonn Außenpolitik betreibt. Chruschtschow nahm den Ball auf und offerierte ein Treffen in der sowjetischen Botschaft in Ost-Berlin. Brandt holte sich die Zustimmung der Alliierten, und Adenauer beschied etwas sibyllinisch, er würde Brandt nicht tadeln, wenn er Chruschtschow träfe.

Als Brandt seinen Entschluß, nach Ost-Berlin zu gehen, im Senat bekanntgab, legte sich sein Koalitionspartner Bürgermeister Franz Amrehn von der CDU quer. Obwohl Brandt gegenüber der sowjetischen Seite klargemacht hatte, daß es sich auf keinen Fall um Verhandlungen zwischen Regierungen handle und keine Berührung mit Organen oder Personen der DDR-Regierung stattfinden dürfe, sah Amrehn nun doch die Gefahr, daß die Position West-Berlins in Richtung auf eine «freie Stadt» geschwächt und eine «abschüssige Bahn» betreten würde. Brandt wollte die große Koalition in West-Berlin nicht platzen lassen und beugte sich dem Veto Amrehns, obwohl ihm eine Meinungsumfrage kurz zuvor gezeigt hatte, daß die Bereitschaft der Menschen in West-Berlin zu Ost-Verhandlungen von 61 auf 90 Prozent gestiegen war.[60] In nahezu letzter Minute sagte Brandt seinen Besuch in Ost-Berlin ab. Chruschtschow, der gerade dabei war, sich umzuziehen, als er von der allen diplomatischen Usancen Hohn sprechenden unvermittelten Absage erfuhr, soll von der Nachricht derart überrascht gewesen sein, daß er vor Verblüffung die erst halb hochgezogene Hose fast wieder sinken ließ.

Was Amrehn zu seinem plötzlichen «Nein» veranlaßte, wurde nie ganz klar, doch werden dahinter taktische Winkelzüge seiner Parteifreunde in Bonn vermutet. Letztlich prallten zwei Auffassungen aufeinander: Hier die alte Politik Adenauers mit ihrer strikten Nichtanerkennung der DDR, dort die neue Politik Brandts mit dem Versuch, unterhalb der Anerkennungsschwelle so weit wie möglich mit dem Osten in Gespräche einzutreten. Eine klare, für die CDU wohl überraschende Antwort auf die Frage, welche Politik sie befürworteten, gaben die Berliner Wähler einen Monat später am 17. Februar 1963 bei den ersten Abgeordnetenhauswahlen nach dem Mauerbau. Die SPD errang einen spektakulären Wahlsieg, während die CDU eine schwere Niederlage hinnehmen mußte. Willy Brandts energisches Auftreten nach dem 13. August, aber auch seine Ansätze für eine Entspannungspolitik trugen reichlich Früchte. Trotz absoluter Mehrheit wurde die FDP mit ins Boot genommen, nicht zuletzt, weil damit weiter ein Band zur geldgebenden Bundesregierung geknüpft wurde, in der die FDP mit Adenauer koalierte.

Der Weg für eine Politik der kleinen Schritte war nun frei, und ehe das Projekt eines Passierscheinabkommens mit Ost-Berlin in Angriff genommen wurde, erhielt Brandt noch die größtmögliche Unterstützung und Anerkennung durch den Besuch von John F. Kennedy 1963. Der amerikanische Präsident wollte mit einer Europareise die Rolle der USA auf dem alten Kontinent stabilisieren, nachdem de Gaulle eine anti-atlantische Politik forcierte und Adenauer eine entschiedene Annäherung an den französischen Präsidenten betrieb, ohne freilich dessen Politik voll zuzustimmen. Obwohl die USA auch in West-Berlin ihren Ansehensverlust nach dem Mauerfall und vor allem nach dem Tod von Peter Fechter wiedergutzumachen hatten, stand keineswegs von Anfang an fest, daß auch hier Station gemacht werde. Es gab Bedenken in der US-Regierung, und auch in Bonn wurde die Reise an die Spree abgelehnt. Adenauer mußte befürchten, daß sein spektakulärer Besuch in Frankreich und de Gaulles triumphale Deutschlandreise im Sommer 1962 übertrumpft werden könnten, wobei das Defizit von de Gaulles Tour d'Allemagne evident würde. De Gaulle hatte wie auch später auf eine Visite an der Spree verzichtet, was Brandt bedauernd, aber deutlich gegenüber Adenauer monierte.[61] Außerdem konnte es dem Bundeskanzler wenig genehm sein, Ruhm und Ansehen in Berlin mit seinem Konkurrenten Willy Brandt teilen zu müssen. Auch buhlten andere Städte um den Besucher Kennedy, allen voran München, das kräftig daran arbeitete, zur heimlichen Hauptstadt aufzusteigen, und mit Lederhose, Bier und Alpen so recht dem amerikanischen Deutschlandbild entsprach.

Washington entschied sich für Berlin, wählte den hohen Symbolwert der in den USA bestens angesehenen Stadt, die als Inbegriff des Kampfes um Freiheit galt. Kaum war die Entscheidung gefallen, gab es ein Gezerre um den Ablauf des Besuchs, die Route einer Stadtrundfahrt und um protokollarische Einzelheiten. Erbittert kämpften Adenauer und Brandt darum, wer in Berlin Kennedy als erster die Hand schütteln dürfe, wobei nicht nur persönliche Animositäten und Eitelkeiten eine Rolle spielten, sondern auch komplizierte statusrechtliche Fragen. Obwohl gerade die Alliierten darauf bestanden, daß für West-Berlin die Vier-Mächte-Verantwortung gelte und die Halbstadt nicht Teil der Bundesrepublik sei, durfte Adenauer doch als erster den hohen Gast begrüßen und damit die De-facto-Zugehörigkeit West-Berlins zur Bundesrepublik dokumentieren, während Brandt die Begrüßungsworte sprach. Da das Flugzeug des Präsidenten wegen seiner langen Lande- und Abflugstrecke nicht in Tempelhof im amerikanischen Sektor landen konnte, war Tegel im französischen Sektor der Zielflughafen. Dies weckte den Darstellungswillen der Franzosen, die darauf beharrten, daß auch ihre Hymne bei der Begrüßung gespielt werde. Der darin enthaltene Aufruf zu den Waffen «aux armes citoyens» hätte angesichts von de Gaulles Loslösung von der NATO eine aparte Note in das musikalische Spektakel gebracht. Um die Begrüßung nicht zu einem mittleren Symphoniekonzert mit gleich vier Hymnen werden zu lassen, wurde bloß «Hail to the Chief» intoniert. Dafür durfte der französische Stadtkommandant, der mit seinem goldbesetzten Képi ohnedies eine auffällige Erscheinung war, mit Kennedy die militärische Ehrenformation abschreiten, die noch auf dem Flughafen sichtbar machte, daß West-Berlin nicht zur Bundesrepublik gehörte. Außer Einheiten der Alliierten stand eine Staffel der Berliner Schutzpolizei, die mit Tschako und ohne Gewehr neben den Soldaten der Westmächte etwas fremd und pittoresk wirkte.

Heftig wurde im Vorfeld des Besuchs um die Wegstrecke gerungen, die Kennedy im offenen Wagen zurücklegen sollte, und ebenso massiv darum, wer mit ihm im Auto Platz nehmen dürfe und in welcher Sitzordnung. Der Berliner Senat hätte am liebsten Adenauer gar nicht mitfahren lassen, doch bestand das Auswärtige Amt in Bonn auf der Teilnahme des Kanzlers. Die Frage, wie die drei Männer im Auto zu positionieren seien, wurde zum Eiertanz, der pragmatisch entschieden wurde. Kennedy konnte mit Rücksicht auf sein Rückenleiden nur rechts stehen. Brandt empfahl sich für den Platz daneben, weil er, anders als Adenauer, mit dem

17 Der für West-Berlin enorm wichtige Besuch von Präsident John F. Kennedy war voller protokollarischer Besonderheiten. Kennedy landete in Tegel, so daß der hier zuständige französischen Stadtkommandant General Eduard Toulouse mit ihm die Ehrenkompanie abschritt. West-Berliner Polizisten paradierten aus statusrechtlichen Gründen ohne Gewehr.

Präsidenten englisch sprechen und ihm erklärend zur Seite stehen konnte. Damit hatte der Regierende Bürgermeister den zentralen Mittelplatz und für Adenauer blieb nur der auf der linken Seite, den er etwas griesgrämig einnahm. Zu eindeutig wirkte der Bundeskanzler neben den vergleichsweise jungen Politikern aus Berlin und Washington greisenhaft und als Mann von Gestern.

Die Fahrt durch West-Berlin wurde zu einem Triumph sondergleichen. Schon auf den bisherigen Stationen von Kennedys Deutschlandreise und auch zuvor beim Besuch von de Gaulle hatten die Deutschen gezeigt, daß sie ausländischen Staatsmännern jenen Jubel entgegenbrachten, der ihnen für ihre eigenen Politiker nach dem Dritten Reich und seiner Führer-Adoration gründlich vergangen war. Die Begeisterung in Berlin aber übertraf alles Bisherige. Mehr als eine Million Menschen jubelten dem Präsidenten zu. Wer nicht selbst dabei war, sah das Ereignis im Fernsehen, das die ganze Fahrt übertrug. Ernst Reuters Wort «Schaut auf diese Stadt» erfüllte sich in ungeahnter Weise.

Es war ein gewaltiges, perfekt inszeniertes Schauspiel, für das Berlin eine außerordentlich passende Bühne abgab.

Höhepunkt des Besuchs war die legendäre Rede vor dem Rathaus Schöneberg und dies, obwohl und weil Kennedy hier vom minutiös geplanten Ablauf des Ereignisses eigenmächtig und spontan abwich. In einer «Trance zwischen der Mauer und der Menge vor dem Rathaus»[62], so ein Historiker, verwarf er die in Washington mit Außenministerium und Beratern sorgfältig ausgeklügelte Rede und formulierte hemdsärmelig bei strahlendem Wetter über weite Strecken frei. Er schlug eine Brücke über zweitausend Jahre vom alten Rom in die Gegenwart und bemühte wie ein Gymnasiallehrer mit dem «civis Romanus sum» ein lateinisches Zitat. Das alles war schnell vergessen, als Kennedy die römische Bekundung einer freien Bürgerschaft ins aktuelle Deutsch übertrug und das elektrisierende Bekenntnis ablegte: «Ich bin ein Berliner!» Der Satz war schon 1954 vom Ex-Präsidenten Herbert Hoover in West-Berlin gesprochen worden, damals mit Bezug auf das antike Athen und auf Englisch und weitgehend unbeachtet.[63] Diesmal traf er voll ins Herz der Menschen in West-Berlin, die nicht nur in ihrem Lokalpatriotismus angesprochen wurden. Kennedy erhob sie und ihre Stadt zum Symbol der Freiheit schlechthin. In seiner Rede, mit der genialen rhetorischen Wendung «Ich bin ein Berliner» und der Verquickung von Stadt und Freiheit nahm er den Geist auf, den einst Ernst Reuter beschworen hatte. Zur Apotheose geriet die Szene, als der Jubel verstummte, Kennedy sich öffentlich ins Goldene Buch der Stadt eintrug und über ihm der dumpfe Klang der Freiheitsglocke zu vernehmen war.

Eine unerwartete Pointe hielt die denkwürdige Veranstaltung noch bereit. Plötzlich riefen die Menschen «Konny – Konny», bejubelten den eigentlich seit seinem Versagen rund um den 13. August ungeliebten Konrad Adenauer. Lächelnd durfte sich der Bundeskanzler von den Berlinern gefeiert und mit ihnen versöhnt sehen. Für Willy Brandt dagegen wurde ausgerechnet die große Stunde vor dem Schöneberger Rathaus zu einem angestrengten, von einer leichten Tragik überschatteten Moment. Seine Rede mußte er unterbrechen, als die Menge wieder in «Kennedy»-Rufe ausbrach. Was Kennedy sagte, war nicht das, was sich Brandt erhofft hatte. Kennedy beschwor die alten Werte, legte noch einmal ein deutliches Freiheits-Bekenntnis in der Tradition der Blockade-Zeit ab, sprach aber nicht von der neuen Politik der Entspannung, auf der Brandt aufbauen wollte.[64] So wirkte der Regierende Bürgermeister in diesem großen Moment seiner

Amtszeit angespannt. Ob es die Mühe des Tages oder die Enttäuschung waren, die ihn so ernst erscheinen ließen, bleibt offen, weil Brandt wie so oft auch in diesem Fall keinen Blick in sein Inneres gewährte.

Erleichterung brachte Kennedys Auftritt in der Freien Universität. Hier sprach der Präsident endlich die zukunftsweisenden Worte, auf die Brandt und seine Mitstreiter so dringend gewartet hatten. An der Universität, wo Gedanken, nicht Gefühle zählen, betonte er, daß man aus den Grabenkämpfen des Kalten Krieges herauskommen und global denken müsse. Offen benannte er, daß die Wiedervereinigung Deutschlands in naher Zukunft nicht zu erreichen sei und eine Politik der Zusammenarbeit der Großmächte anstehe. Die «Heilige Familie» durfte sich in ihren Plänen bestätigt sehen. Egon Bahr wußte nun seinen Vorstoß abgesegnet, den er vierzehn Tage später in der Evangelischen Akademie Tutzing vornahm, indem er die Formel vom «Wandel durch Annäherung» prägte. Der Protest, den dieser Vorstoß auslöste, war bereits in der Freien Universität zu ahnen, als Konrad Adenauer anders als Brandt die Hände nicht zum Applaus für Kennedy rührte.[65]

Wenige Monate nach dem triumphalen Abschied aus Berlin wurde Kennedy in Dallas erschossen. Seine Mahnung zu einer neuen Politik wurde damit zum Vermächtnis, das in Berlin fast gleichzeitig erfüllt werden sollte. Über seine Geheimkontakte zu einem Botschaftssekretär der Moskauer Vertretung in Ost-Berlin informiert, wuchs in Egon Bahr die Vermutung, daß der Moment nicht zu fern sei, in dem Ost-Berlin zu Gesprächen über ein Passierscheinabkommen bereit sei. Auch wenn alle Signale der Gesprächsbereitschaft von Pankow ignoriert wurden, bereitete sich die «Heilige Familie» im November 1963 doch auf den Eventualfall sorgfältig vor. Auf der Havelinsel Schwanenwerder wurden im Planspiel mögliche Gespräche durchgeprobt. Dabei erwies sich der hinzugezogene Senatsrat Horst Korber als besonders scharfsinniger und konsequenter Diskutant, so daß Albertz und Bahr in ihm bald den geeigneten Unterhändler für mögliche Gespräche mit der DDR erkannten. Korber besaß auch den Vorteil, als Senatsrat hierarchisch weit genug unten zu rangieren, um nicht als Regierungsvertreter zu gelten und damit einer «Dreistaatentheorie» Vorschub zu leisten.

Am 7. Dezember war endlich in den Zeitungen zu lesen, daß es wahrscheinlich zur Ausgabe von Passierscheinen für West-Berliner zum bevorstehenden Weihnachtsfest kommen werde. Zwei Tage zuvor war ein Brief des Stellvertretenden DDR-Ministerpräsidenten Alexander

Abusch mit dem Angebot von Passierscheinverhandlungen bei Willy Brandt eingegangen. Wohl auf einen Wink von Chruschtschow, der Zeichen der Entspannung setzen wollte, eröffnete Ost-Berlin die Möglichkeiten für Gespräche.

Mühselig und voller Fußangeln waren die Verhandlungen, bei denen man sich nicht einmal einigen konnte, wie die beiden Stadthälften zu nennen seien. Die DDR lehnte die Bezeichnung «Ostberlin» ab. Korber fragte daraufhin sein Gegenüber, wie denn die Hauptstadt der DDR heiße. Darauf wieder wußte der DDR-Unterhändler keine akzeptable Antwort, denn den SED-Terminus «Hauptstadt der DDR» wollte wiederum Korber nicht akzeptieren. Schließlich verständigte man sich darauf, «daß eine Einigung über gemeinsame Orts-, Behörden und Amtsbezeichnungen nicht erzielt werden konnte».[66]

Vor allem Heinrich Albertz war hinter dem nun einsetzenden Verhandlungspoker auf westlicher Seite die treibende Kraft. Endlich konnte er, ganz Pastor und Seelsorger, etwas für die Menschen in der ganzen Stadt tun und im Fall der Ost-Berliner das Bibelwort verwirklichen: «Ich bin gefangen gewesen, und ihr habt mich besucht.» In einer Rundfunkansprache am 13. August 1963 hatte er von den «Gefangenen in Mitteldeutschland» gesprochen und die DDR als den «schmutzigsten Satelliten Moskaus» bezeichnet, gleichzeitig aber auch unmißverständlich betont, daß «nur mit großen Opfern und nur Schritt für Schritt» und durch direkte Kontakte mit der anderen Seite der Staus quo überwunden werden könne.[67] Der «Stoß in die Wirklichkeit» müsse wahr- und die gemauerte Spaltung als Realität angenommen werden.

Diese Ansprache, die wie Bahrs Rede über den «Wandel durch Annäherung» als Fundament der Politik Brandts gelten kann, brachte Albertz reichlich Protest ein, weil darin die Adenauer-Politik für das Scheitern der bisherigen Vereinigungspolitik mitverantwortlich gemacht wurde. Der ostelbische Patriot Albertz verhehlte nicht seine Abneigung gegen die Adenauer-Bundesrepublik, in der er nichts als einen katholischen Rheinbund sah. Die Empörung über diese Kritik ging so weit, daß die CDU-Opposition im Abgeordnetenhaus seinen Rücktritt verlangte. Damit scheiterte sie, doch wurde Albertz intern von seiner SPD, die auf eine derart radikale neue Politik nur unzulänglich eingestimmt war, heftigst gerügt, und die Zustimmungswerte zu dem unorthodoxen Innensenator sanken rapide.[68] Mit einer Passierscheinregelung bekam nun auch der Politiker Albertz die Chance, praktisch zu beweisen, daß seine Politik den Menschen nützte.

18 Nach zwei Jahren durften West-Berliner zu Weihnachten 1963 wieder Ost-Berlin besuchen. Der Ansturm auf die Passierscheinstellen war überwältigend und bewies die Zusammengehörigkeit der Stadt.

Das Bild von Tausenden von Menschen, die geduldig bei eisiger Kälte Schlange standen, um in muffigen Turnhallen den Passierschein zu beantragen, war für Brandt und seine Vertrauten ein tief emotionales Erlebnis. «Ich habe mich meiner Tränen nicht geschämt», erinnerte sich Heinrich Albertz, für den die ersten durch die geöffneten Schlagbäume an der Oberbaumbrücke gehenden West-Berliner ein Bild der Menschlichkeit von alttestamentlicher Kraft bedeuteten.[69] Möglich war dies geworden, weil sich beide Seiten darauf geeinigt hatten, daß nicht staatliche Organe, sondern Postbeamte der DDR in West-Berlin die Anträge entgegennahmen und die Passierscheine aushändigten. Daß viele dieser Männer in blauen Uniformen die Post nur vom Kontakt mit dem Briefträger kannten und eigentlich dem Ministerium für Staatssicherheit unterstanden, wurde absichtsvoll übersehen.

Der Ansturm auf die Passierschein-Stellen überraschte alle Beteiligten, und die Begrüßungsszenen der zwei Jahre lang voneinander getrennten Menschen waren von berührender Eindrücklichkeit. 1,2 Millionen Besucher sollen es letztlich gewesen sein, die sich zwischen dem 19. Dezember 1963 und dem 5. Januar 1964 auf den Weg nach Ost-Berlin machten.[70] Es ist verständlich, daß bei solchem Erfolg Heinrich Albertz alle protestantische Zurückhaltung fahren ließ, in seinem Amtszimmer die Sektkorken knallten und die «große Sause» angesagt war.[71]

Rückblickend erwies sich das Jahr 1963 als eine Zeit der Höhepunkte. Beginnend mit dem haushohen Wahlsieg von Willy Brandt setzten sich die ungewöhnlichen Ereignisse mit dem historischen Besuch Kennedys fort und fanden mit dem Passierscheinabkommen den Abschluß, der den Durchbruch einer neuen Politik für West-Berlin, aber auch andeutungsweise schon für die gesamte Deutschlandpolitik bedeutete. Die Einweihung der neuen Philharmonie und die Grundsteinlegung für das Europa-Center rundeten das Bild einer keineswegs verdorrenden, sondern sich behauptenden, ja aufwärtsstrebenden Stadt ab, verdeckten aber auch unterschwellige, vor allem wirtschaftliche Krisensymptome.

So viel Höhe ließ sich auf die Dauer nicht bewahren, und schon der Versuch, auch für Ostern 1964 ein Passierscheinabkommen zu vereinbaren, scheiterte vor allem am Widerstand aus Bonn. Dort war inzwischen Ludwig Erhard Bundeskanzler, der, bei der Weihnachtsregelung noch neu im Amt, von Brandt etwas überrumpelt worden war, nun aber wieder in die rigide Politik seines Vorgängers verfiel. Erhard war nicht nur ein glückloser Politiker, er war auch in der Deutschlandpolitik unsensibel und in den Kategorien wirtschaftlichen Denkens gefangen. Willy Brandt fragte er einmal, «wieviel es wohl kosten würde, den Russen die Zone abzukaufen».[72]

Im November 1964 hieß es, von «Willy Brandt» Abschied zu nehmen, dem auf den Namen des Regierenden Bürgermeisters getauften Seeadler, den Robert Kennedy zwei Jahre zuvor bei seinem Besuch in Berlin als Gastgeschenk überbracht hatte. Er konnte in der Popularität nie mit dem Flußpferd «Knautschke» gleichziehen, schon allein deshalb, weil «Knautschke», 1943 in der Stadt geboren, ein echter Berliner war, der Krieg, Blockade und Mauerbau mit den Bewohnern der Stadt geteilt hatte. So wurde das Ableben von «Willy Brandt» registriert, aber nicht symbolisch als Omen genommen, daß der Namensgeber Abschied nehmen könnte, obwohl alle Zeichen darauf hindeuteten. Immer seltener hielt sich Willy Brandt in West-Berlin auf, dafür umso häufiger in Bonn, wo er seit dem Februar 1964 als Vorsitzender der SPD agierte. Heinrich Albertz wurde zum immer wichtigeren Stellvertreter, womit sich der Theologe den Spitznamen «Standortpfarrer» erwarb.

Ausgerechnet eine Niederlage Willy Brandts ließ aber vermuten, daß er der Stadt doch erhalten bleiben könnte. Bei der Bundestagswahl vom 19. September 1965 konnte die SPD mit ihrem Spitzenmann Brandt zwar ihren Stimmenanteil deutlich erhöhen, hatte aber gegen den auf einer Woge wirtschaftlicher Prosperität schwimmenden Ludwig Erhard keine Chance. Für Brandt gab es diesmal nicht wie nach dem Mauerbau einen Berlin-Bonus. Es wird im Gegenteil vermutet, daß sich nun für die bundesdeutschen Wähler West-Berlin mit Unruhe und Gefahr verband und Brandt mit seiner Annäherung an den Osten irgendwie verdächtig war. Da half es auch nicht, daß die SPD im Wahlkampf von West-Berlin aus auf ungewöhnliche Art unterstützt wurde. Seit dem Juli 1965 war bei der Abfassung von Texten und der Erfindung von Wahlslogans das «Wahlkontor deutscher Schriftsteller» behilflich. Ausgerechnet in der Stadt, in der die Bürger von der Bundestagswahl ausgeschlossen waren, wurde neben der Kaiser-Wilhelm-Gedächtniskirche ein Büro eingerichtet, in dem 17 damals noch weitgehend unbekannte Mitarbeiter bei zehn Mark Stundenlohn für die SPD arbeiteten, die sich aber bald als Schriftsteller oder anderweitig einen Namen machen sollten wie F. C. Delius, Hubert Fichte, Peter Härtling, Peter Schneider oder Gudrun Ensslin. Einiger Esprit floß aus der Berliner Schreibstube in die Sprache der SPD-Politiker, aber selbst auf einen brav-bürgerlichen Slogan wie «Der Frau treu bleiben – die Partei wechseln» reagierte die Partei mit Skepsis und Herbert Wehner mit Verachtung für seine Verfasser.

Enttäuscht und verbittert erklärte Willy Brandt noch in der Wahlnacht, daß er nicht noch einmal als Kanzlerkandidat antreten werde. Parteifreunde fürchteten, daß sich ihr Spitzenmann ganz aus der Politik zurückziehen könnte, doch Brandt kehrte nach Berlin zurück, wo die Erwartung bestand, daß er hinfort seine politische Leidenschaft «allein dieser Stadt» widmen werde.[73] Zunächst verfiel Brandt aber in eine über das bei ihm gewohnte Maß hinausgehende Herbstdepression, und die Berliner konnten ihm zunehmend ansehen, daß er seine Probleme mit Alkohol hinwegzuspülen versuchte. Im Frühjahr 1966 zeigte sich Brandt wieder vitaler und mischte vor allem in der Bundespolitik kräftig mit. Eine Studentendemonstration im Februar gegen den Vietnamkrieg, die mit einem Sitzstreik den Verkehr in der City lahmlegte und bei der das Amerikahaus nahe dem Bahnhof Zoo mit Eiern beworfen wurde, sorgte zwar für Aufregung, irritierte aber Brandt und seine Rathausmannschaft nicht grundsätzlich, geschweige denn, daß darin ein Vorbote kommender Ereignisse gesehen wurde. Die Einweihung des Springer-Verlagshauses am 6. Oktober 1966 sah einen strahlenden Willy Brandt, der sich neben dem Verleger als metropolitaner Gastgeber präsentieren und 560 Gäste der bundesdeutschen Prominenz begrüßen konnte. Franz Josef Strauß, Herbert von Karajan, Max Schmeling und der Chef des Hohenzollern-Hauses Prinz Louis Ferdinand gaben sich und Springer die Ehre. Auch Rudolf Augstein tauchte auf mit dem Konkurrenzblatt *Tagesspiegel* unter dem Arm, und Günter Grass, der ein Jahr später die Mitarbeit in Springer-Zeitungen demonstrativ aufkündigte, war zu Gast und ließ sich nicht anmerken, daß er zwei Jahre zuvor mit dem *Spandauer Volksblatt* den Springer-Blättern in West-Berlin Paroli bieten wollte. Zur Festgemeinde gehörte auch eine Abordnung der 4000 Berliner Taxifahrer, denen Springer zur Feier des Tages eine goldene Armbanduhr spendierte[74], was in Hamburg gewiß als ein für den Verleger typisch neureiches Verhalten moniert worden wäre. In West-Berlin konnte und wollte man es sich nicht leisten, auf derartige Stilfragen zu achten. Hauptsache, ein Großunternehmer ließ sich in dieser von der Wirtschaft sonst gemiedenen Stadt nieder.

Vier Wochen später begann in Bonn Ludwig Erhards Kanzlerdämmerung, und SPD und Unionsparteien fingen an, ein Regierungsbündnis zu schmieden. Gerne sank Brandt nicht in die Arme einer Großen Koalition, sondern mußte von seinen Parteifreunden kräftig gezogen und gedrängt werden. Heftig waren die Warnungen, die ihn im Blick auf die «Elefantenhochzeit» erreichten. Seherisch prophezeite Günter Grass, daß sich bei der «großen Kumpanei» die Jugend vom Staat und seiner Verfassung abkehren werde.[75] Nach einer für ihn typischen Phase des Schwankens und Zögerns entschied sich Willy Brandt Ende November, als Außenminister in das Kiesinger-Kabinett von Christ- und Sozialdemokraten einzutreten. Berlin, das ihn und das er so entscheidend geprägt hatte, wurde nun zu einer Station seiner politischen Laufbahn. Seine Zeit in der geteilten Stadt konnte jetzt mit den Worten von Egon Bahr als jene «unentbehrlichen Jahre, die Brandt zum potentiellen Staatsmann reifen ließen», wahrgenommen werden.[76] Am 1. Dezember trat Brandt nach fast zehn Jahren Amtszeit als Regierender Bürgermeister zurück. Sein Nachfolger wurde Heinrich Albertz, der das schwere Amt in einer sich bald als schwierig erweisenden Zeit ausübte und sich dabei von seinen einstigen Mitstreitern plötzlich alleingelassen sah. Brandt zog rasch in die Dienstvilla des Außenministers am Bonner Venusberg, und Bahr brach so abrupt die Zelte in Berlin ab, daß er sogar vergaß, den Code für seinen Tresor im Rathaus Schöneberg zurückzulassen. Als der Safe doch geöffnet werden konnte, fand sich in ihm nur die Dienstanweisung für den Umgang mit Geheimunterlagen und eine Colabüchse. Geheime Memoranden und Wortprotokolle aber lagen angestaubt im offenen Regal.

Kapitel 7

Hauptstadt der Revolte

Epochenwechsel

Am Antlitz der Protagonisten ließ sich Ende 1966 ablesen, daß sich mit der Jahreswende in West-Berlin ein radikaler Wechsel zutrug. Es galt Abschied zu nehmen von Willy Brandt, der jahrelang das Gesicht der Stadt gewesen war. Auch wenn ihm Gesundheit und Lebenswandel manchmal seine Härte raubten, so war es doch von einem Willen zur Entschiedenheit geprägt. Das Kinn wurde markig nach vorne geschoben und signalisierte klare Entschlossenheit, auch wenn Brandt damit oft genug eigene Unsicherheit und Unentschiedenheit kaschierte. Seine zum Stakkato neigende Redeweise unterstrich akustisch den optischen Eindruck. Etwas Hämmerndes lag in der Stimme, die manches Wort wie ein Geschoß explodieren ließ.

Ein ganz anderes Gesicht zeigte der Nachfolger Heinrich Albertz. Seine Züge hatten etwas Weiches, fast Knolliges. Sein Kinn verlor sich unter dem Mund in Richtung Hals und auch in seinen jüngeren Jahren war der Physiognomie schon das eingeprägt, was in späteren Jahren der *stern* wenig schmeichelhaft als «zerknautscht» bezeichnete. Die Stimme war von grundsätzlich ruhiger Tonlage, in der doch eine Bestimmtheit mitschwang, die beeindrucken konnte, der aber Emphase fremd war. Das wenig energische Aussehen verdeckte oft genug ein ganz anderes, sehr entschiedenes, ja unversöhnliches Wesen. Er war ein Mann, der zu Mitmenschen wenig umgänglich sein konnte, die Geringschätzung oft bis zur Verachtung trieb und der doch von klaren Grundsätzen geleitet wurde, die er zum Wohl der Mitmenschen umzusetzen gedachte.

Von den «mehreren Leben» des Heinrich Albertz spricht sein Biograph Jacques Schuster, die schwer auf einen Nenner zu bringen seien. Es bedarf wohl der Stetigkeit des Glaubens und ein gewisses Maß an Vergessen und Selbstbewußtsein, um so wie Albertz die eigenen Widersprüche zu bewältigen. Für den Außenstehenden bleibt ein Bündel von Gegensätzlichem. Konstanten sind Pflichtbewußtsein, Patriotismus und humanitäre Einsatzbereitschaft, aber ebenso eine Neigung, die eigene Meinung absolut zu setzen, unliebsame Mitmenschen zu verachten und eine seltsam mit Demut gemischte Selbstgerechtigkeit. Seine ihm viel Bewunderung, aber auch gehörige Feindschaft eintragende Haltung im fortgeschrittenen Alter, diese Mischung von Versöhnlichkeit und Unnachgiebigkeit, bestimmte nicht sein ganzes Leben. Der Mann, der mit seiner Auflehnung gegen politische Autoritäten die Sympathien der unruhigen Jugend in den achtziger Jahren gewann, konnte selbst eine beherrschende Autorität sein, voller Unwillen für jene, die ihm nicht folgten oder ihn nicht verstanden.

Albertz war beim etwas überstürzten Abschied von Willy Brandt ein geradezu selbstverständlicher, von Brandt gezielt aufgebauter Kandidat für das Amt des Regierenden Bürgermeisters, nachdem der allseits als Nachfolger gesehene Joachim Lipschitz 1961 früh an Krebs gestorben war. Albertz hatte sich als Stellvertreter des Regierenden Bürgermeisters bewährt und mit der Passierscheinregelung anerkannte Verdienste für die Menschen in der Stadt erworben, was mit sensationell positiven Umfragewerten honoriert wurde.[1] Seine Konkurrenten hatten sich selbst ins Aus manövriert, allen voran Bausenator Rolf Schwedler mit seiner piratenhaften Okkupation eines Funkstreifenwagens. Albertz, als Innensenator zuständig, hatte die peinliche Angelegenheit in einem «Gespräch unter Männern» erledigt und mit dem Verzicht auf Disziplinarmaßnahmen so viel Großzügigkeit bewiesen, daß ihm niemand nachsagen konnte, er wolle einen Mitbewerber um das höchste Amt demütigen. Der Jugendsenator Kurt Neubauer war als «Klettermaxe»[2] in Mißkredit geraten, weil er allzu ehrgeizig an seiner Karriere arbeitete, was die Presse, vermutlich von Neubauers eigenen Parteigenossen informiert, weidlich ausbreitete.

Der gefährlichste Gegner von Heinrich Albertz war er selbst, weil er weder Neigung noch Fähigkeit hatte, sich eine ausreichende Machtbasis zu sichern. Im Gegenteil: Der Sohn eines preußischen Hofpredigers konnte seine Verachtung für die sozial und mental schlichteren Genossen in der SPD nie verbergen, während diese umgekehrt an ihm den «Stallgeruch» vermißten, den er sich auch nicht durch eine ihm fremde Kumpanei anzueignen versuchte. Die in seinem christlichen Glauben begründete Wahrheitsliebe ließ ihn nach dem Mauerbau unangenehme Umstände benennen, verleitete ihn aber auch zu abträglichen Äußerungen über Mitmenschen, die eigentlich seine Mitstreiter sein sollten. Als er von der

SPD-Fraktion gefragt wurde, ob er Mitglied einer Gewerkschaft sei, verwies er auf seine Frau, die für ihn die Beiträge für alle möglichen Organisationen überweise.[3] Die Abgeordneten bezeichnete er schon mal als «Dorftrottel», den SPD-Landesvorstand als «Räubersynode»[4] und den Fraktionsvorstand als lästige «Pachulken».[5] Sein sarkastischer Witz machte vor nichts und niemandem Halt, wenn er der SPD-Parteizentrale nachsagte, daß dort der Kaffee das Beste sei,[6] oder er für den in seinen Augen engstirnigen und unbeweglichen Landesvorsitzenden Kurt Mattick den Spitznamen «Dog-Mattick»[7] erfand.

Nicht nur zu den eher schlichten Genossen war er überheblich, ja herrisch. Auch gegenüber dem ihm an Selbstbewußtsein in nichts nachstehenden Wirtschaftssenator Karl Schiller agierte er mit fast herablassender Arroganz. Durch einen Referenten ließ er Schillers Präsenz bei Senatssitzungen anmahnen, wofür sich dieser mit der Bemerkung über Albertz rächte, daß es Menschen gebe, «die den bittersüßen Geschmack der Ketzerei ihrer eigenen Worte genießen».[8]

Jahre nach dem Ende seiner Amtszeit im Rathaus Schöneberg meinte Albertz: «Es ist nicht leicht, in der Politik gütig zu sein.»[9] Ihm selbst fiel es im Amt außerordentlich schwer, und noch schwieriger war nach seinem eigenen Bekunden die Demut. Schon als Stellvertreter Brandts hatte er sein Amt autokratisch ausgeübt und er zeigte auch als Regierender Bürgermeister keine Neigung zu Bescheidenheit, Nachgiebigkeit oder Nachsicht, was zum Teil an seinem Verständnis des christlichen Glaubens lag. Das vierte bis zehnte Gebot hielt er nicht für eine tragfähige Basis im «Dschungel der Realitäten und Interessen»[10], sondern vor allem das erste der Zehn Gebote. Der Glaube an den allmächtigen, autoritären Gott gab ihm Halt, weil er sich allein ihm verantwortlich fühlte. Aber neben der Größe seines Gottes erschienen ihm die Menschen oft klein, und so etwas wie das Treiben einer Partei war ihm «Mummenschanz».[11] Die Demut vor seinem Gott und der Hochmut gegenüber seinen Mitmenschen gehörten gleichermaßen zu Heinrich Albertz.

Ein derart eigenwilliger Mann übernahm das führende Amt in West-Berlin ausgerechnet in einer problematischen Phase der Stadt. Schwierigkeiten, die unter Brandt noch gebändigt oder kaschiert worden waren, traten nun offen zutage und verlangten nach Lösungen. Die SPD war ihren Zuchtmeister los und verfiel heftiger denn je in ihr altes Übel der Flügelkämpfe, mit den diversen Freundeskreisen samt ihren Kabalen und personellen Intrigen. Die Wirtschaft, die zunächst nach dem Mauerbau – nicht zuletzt durch die Politik von Wirtschaftssenator Karl Schiller – eine erstaunliche Stabilität bewiesen hatte, zeigte nun die schon 1961 prophezeiten Schwächen.[12] Vor allem die traditionelle und beschäftigungsintensive Elektro- und Textilindustrie wanderte ab. Selbst das urtypische Schultheiss-Bier verlagerte die Produktion nach Westdeutschland. Im kulturellen Leben zeigten sich Ermüdungserscheinungen, und der als Kultursenator agierende SPD-Spitzenmann Adolf Arndt, der frischen Wind in den lahmenden Kulturbetrieb bringen wollte, gab auf und bilanzierte: «Dieses Amt ist unerfüllbar.»[13] Schließlich sorgten die Studenten für Unruhe, die ihre Proteste nicht mehr auf die Universitäten beschränkten, sondern ihre Empörung im neuen Herzen der Stadt, in der City-West, lautstark und teilweise bereits gewaltsam artikulierten.

Als wären dies nicht genug Probleme, machte sich auch noch die SPD daran, dem ungeliebten Heinrich Albertz das Leben nach Möglichkeit zu erschweren. Mit Leidenschaft kämpften die verschiedenen Zirkel für ihre Interessen, mal gegen- mal miteinander, wobei auch von Harry Ristock als Protagonist der Linken zum Mittel der Manipulation bei Parteiwahlen gegriffen wurde. Es ist menschlich verständlich, daß ein Mann mit einem altpreußischen Anstandsbegriff wie Albertz sich von all dem abgestoßen fühlte und keine Neigung zeigte, sich in Hinterzimmer-Kungelzirkeln und Skatrunden gemein zu machen. Politisch war solche Distanz aber ruinös, weil Albertz damit versäumte, sich eine Hausmacht aufzubauen und die Gegner in Schach zu halten. Worauf er sich allein stützen konnte, war das allgemeine Wählervotum, und Albertz wollte sich immer als Mandatar der Bürger verstehen, nicht aber als Marionette des Parteienklüngels.

Drei Monate nach seinem Amtsantritt fanden Wahlen in West-Berlin statt, die Albertz als seinen Erfolg wertete, die aber seine Gegner als Munition gegen ihn nutzten. Albertz hatte für seine SPD eine Mehrheit errungen, doch sank der Stimmenanteil auf 57 Prozent gegenüber 62 bei der Wahl von 1963. Es hatte nichts geholfen, daß auf den Plakaten Brandt ebenso groß wie Albertz abgebildet war, als gälte es, ein Politiker-Doppel zu wählen, obwohl Brandt schon längst in Bonn zu Hause war. Vermutlich hatte ein sehr populärer Wahlkampf von Albertz, bei dem er sich gezielt und von der wohlwollenden Springer-Presse begleitet unter die Bürger mischte, dazu beigetragen, daß das Wahlergebnis nicht schlechter ausfiel. Wahlanalysen zeigten, daß für das Abschneiden der SPD die Personalfrage nicht entscheidend war, sondern unklare politische Aussagen der Partei und eine gewisse Enttäuschung bei der Wählerschaft, die sich deutlichere Antworten auf die drängenden Probleme der Stadt gewünscht hatte. In der SPD freilich gab man Albertz die Schuld an dem Wahlergebnis, das ein erstes Vorzeichen des kommenden Niedergangs der Partei bedeutete, der 1986 damit endete, daß sie nur noch 32 Prozent der Stimmen erreichte.

Albertz sah sich durch die Wahlen vom wahren Souverän, dem Bürger, autorisiert und ging daran, nun erst recht ohne Rücksicht einen Senat mit seinen Vertrauten zu bilden. Da nach der Verfassung von West-Berlin die Senatoren einzeln durch das Abgeordnetenhaus gewählt werden, mußte Albertz seine Kandidaten erst der Fraktion präsentieren und erlitt dabei eine gnadenlose Abfuhr. Auf einer Landesfunktionärskonferenz geriet es zum Debakel, daß er auf innerparteiliche Machtverhältnisse keine Rücksicht nahm und deutlich bestrebt war, mächtigen Männern möglichst wenig Macht einzuräumen. In dem als Tagungsort gewählten Vergnügungsetablissement «Prälat Schöneberg» erntete Albertz schallendes Gelächter, als er seine eigenmächtige Senatsbildung als demokratisch bezeichnete und auf die Verhöhnung durch das Auditorium mit dem ahnungslosen Satz reagierte: «Was gibt es da zu lachen?» Auf dem Landesparteitag im Mai 1967 wurde die schwache innerparteiliche Machtbasis von Albertz, der «Senatskreis», von den sich sonst befehdenden, gegen Albertz aber vereinigten Rechten und Linken aus dem Vorstand hinausgewählt. Ohne Hausmacht hoffte Albertz, durch einen politischen Erfolg Boden gutzumachen, während seine Gegner darauf lauerten, ihn bei einem Fehler zu ertappen.

Durch Unvermögen, Dünkel, falsche politische Einschätzungen, aber auch durch die Natur der Probleme wollte es Albertz nicht gelingen, rasche Lösungen für Fragen zu finden, die nur mittelfristig und durch geduldige Überzeugungsarbeit zu erreichen waren. Er setzte nach wie vor auf seine Ostpolitik einer Öffnung hin zum ungeliebten Nachbarn DDR. Als aber wieder ein Brief von Alexander Abusch für ein neues Passierscheinabkommen eintraf, antwortete Albertz darauf nicht, weil er meinte, auf die kritischen Stimmen in der Partei Rücksicht nehmen zu müssen, denen die Annäherungspolitik an die DDR zu weit ging. Die Visionen, daß West-Berlin eine Brücke zum Osten sein könnte und hier die langersehnte «Aufgabe» für die Stadt läge, die auch zum wirtschaftlichen Aufschwung beitragen könnte, blieben vage und letztlich so unrealistisch wie alle in diese Richtung ventilierten Pläne. Der geographischen Nähe zur DDR und östlichen Staaten stand die Sonderrolle West-Berlins gegenüber, das eben nicht Teil der Bundesrepublik war und damit völkerrechtlich bei allen Brücken-Plänen ein äußerst schwaches Konstrukt war, das auf östlicher Seite kein Widerlager fand.

Die Hoffnung, daß durch Willy Brandt mehr Unterstützung als bisher aus Bonn kommen könnte, wurde herbe enttäuscht. Der ehemalige Regierende Bürgermeister dachte nicht daran, den Protektor für West-Berlin zu spielen. Ostpolitik war nun seine Sache als Außenminister, und für West-Berliner Extratouren war darin kein Platz. Fast verzweifelt schrieb Albertz an den «lieben Willy Brandt» und bat dringend um ein schon seit Monaten von ihm gewünschtes Gespräch mit Brandt und Wehner, um die Probleme der Stadt zu besprechen.[14] Offen artikulierte er die Befürchtung, daß die Erosionserscheinungen der Halbstadt weitergehen könnten, wenn nicht «Funktionen, die das Ganze betreffen», in sie verlegt werden. Brandt reagierte freundlich, aber inhaltsleer, und das erbetene Gespräch kam nicht zustande.

Albertz fühlte sich von Willy Brandt im Stich gelassen, und es überrascht, wie sehr Brandt, der der Stadt Ansehen und politischen Aufstieg zu verdanken hatte, zu ihr auf Distanz ging, seinen Blick primär in weltpolitische Weiten richtete und darüber West-Berlin ziemlich aus dem Auge verlor. Allerdings trug auch Albertz zur Distanzierung bei, wenn er vollmundig verkündete, daß die Ära Brandt nun vorbei sei, oder vor aller Augen verärgert ein Abendessen der SPD-Fraktion verließ, auf dem Brandt Ratschläge für die Senatsbildung erteilte. Beim Einzug in die von Brandt geräumte Dienstvilla konnte Albertz sich nicht verkneifen, diese als «zu nordisch» zu bezeichnen und damit den Skandinavienfreund Brandt zu verärgern. Mit seiner tiefen Abneigung gegen den «Rheinbund», als den er die Bundesrepublik konsequent abqualifizierte, trug er dazu bei, daß die Stadt an Weltläufigkeit verlor. West-Berlin befand sich, aus dem Fokus der großen Politik geraten, in dem, was Fachleute eine «Phase der Binnenorientierung» nennen, woraus schnell ein Kochen im eigenen Saft wurde. Markante Politiker aus dem Bundesgebiet wie Karl Schiller hatte Albertz noch als Stellvertreter Brandts vergrätzt, womit auch dessen weitreichenden und konkreten Plänen für die Wirtschaft West-Berlins die treibende Kraft fehlte. Auf Frischblutzufuhr aus Westdeutschland meinte Albertz verzichten zu können, wenn er unter Freunden verkündete: «Nie wieder westdeutsche Paradiesvögel.»[15]

Große Erfolge wollten Albertz nicht gelingen und seine Machtbasis konnte er nicht vergrößern, da er, der später als großer Kommunikator zwischen den Generationen Renommee gewann, auch mit den jüngeren SPD-Abgeordneten nicht ins Gespräch kam. Bei der größten Herausforderung, die auf Albertz zukam, der Auseinandersetzung mit der rebellierenden Studentenschaft, durfte er sich allerdings mit der Mehrheitsmeinung in Partei und Bevölkerung in Übereinstimmung finden, auch wenn diese letztlich zu seiner persönlichen Katastrophe führte.

Aufstand der Jugend

Zu den vielen Widersprüchlichkeiten der Geschichte West-Berlins gehört es, daß die von einer Vergreisung bedrohte Stadt ausgerechnet mit den jungen Leuten Probleme hatte, die von auswärts kommend ihren Wohnsitz in der Stadt nahmen. Eine Grundschwierigkeit bestand darin, daß diese zwar viel von den Werktätigen sprachen, aber nicht selbst zu dieser volkswirtschaftlich wichtigen Schicht gehörten. Es waren überwiegend Studenten, die zum nicht geringen Teil weniger vom Universitätsstandort West-Berlin angelockt wurden, sondern von der Möglichkeit, sich an diesem Ort der Wehrpflicht zu entziehen. Dazu kam eine erhebliche Zahl von Studenten aus der DDR, die nach dem Mauerbau in der Stadt geblieben waren, weil sie hier ein überzeugendes Gesellschaftsmodell vorzufinden meinten.

Die Zahl der Studenten stieg rasch über das nach dem Mauerbau ersehnte Maß hinaus, so daß vor allem die Freie Universität mit dem Ansturm kaum Schritt halten konnte und sich mit Zulassungsbeschränkungen und strengen Studienordnungen behalf. Der Ärger darüber mischte sich bei den Studenten mit einem Pochen auf Eigenständigkeit gegenüber den als autoritär empfundenen Lehr- und Leitungsstrukturen. Die Freie Universität, die im Vergleich zu westdeutschen Universitäten seit ihrer Gründung den Studenten große Mitwirkungsrechte einräumte, schränkte diese ein, was zu Protesten und Unruhe führte. So lange sich dies auf den abgelegenen Campus in Dahlem beschränkte und die citynahe Technische Universität nur begrenzt von den Querelen erfaßt war, wurde es allerdings noch als inneruniversitäres, die Stadt im Ganzen nicht betreffendes Problem gesehen, das die Mehrheit der Bevölkerung weder berührte noch interessierte.

Als magisches Datum der Veränderung gilt gewöhnlich der 2. Juni 1967, an dem der Student Benno Ohnesorg bei den Unruhen rund um den

Besuch des Schahs von Persien von einem Polizisten erschossen wurde. Meist wird dieses Ereignis von Beteiligten wie Beobachtern als Urknall dargestellt, der ein neues politisches Universum entstehen ließ, in dem die Welten der revoltierenden Studenten und der etablierten Gesellschaft nicht nur in West-Berlin aufeinanderprallten und von ideologischen Gravitationskräften gleichermaßen angezogen wie abgestoßen wurden. Der Beginn des den Hort der Universität verlassenden Studentenprotests ist jedoch auf den 18. Dezember 1964 zu datieren, als der kongolesische Ministerpräsident Moise Tschombé West-Berlin besuchte.

Der afrikanische Politiker aus der ehemaligen belgischen Kolonie war eine sinistre Figur der Dekolonisierung und verantwortlich für die Ermordung seines Amtsvorgängers Lumumba. Etwa 800 zum Teil auch farbige Demonstranten eines breiten Protestbündnisses genügten, um das Gesetz des Handelns an sich zu reißen, indem sie der Polizei massiven und geschickten Widerstand entgegensetzten. Mit dabei und Motor einer neuen, sich nicht mehr auf einen geordneten Demonstrationszug beschränkenden Protestmethode war der damals 24-jährige Student der Soziologie Rudi Dutschke. Er pries das Ereignis als «Beginn unserer Kulturrevolution»[16], auch wenn die «taktischen Möglichkeiten» des Wochenmarktes vor dem Rathaus Schöneberg nicht für eine «Partisanentätigkeit» genutzt wurden. Aber der «sinnliche Charakter» des Ereignisses fand doch noch einen Höhepunkt, als das Auto von Tschombé mit einem «Tomaten-Terror-Bombardement» überschüttet wurde. «War das eine Freude», entrang es sich dem sonst theorietrockenen Rudi Dutschke.

Am 2. Juni 1967 waren die Ereignisse ähnlich und doch letztlich grundverschieden. Wieder kam mit dem Schah von Persien ein Staatsbesuch in die Stadt, doch waren diesmal alle Seiten auf ihre Art darauf vorbereitet. Senat und Polizei signalisierten schon im voraus, daß sie diesmal keine Störungen dulden würden. Plakate gegen den Schah und sein Regime in Persien wurden von der Polizei wegen «Hetzpropaganda» entfernt.[17] Der Schah vertraute dennoch den deutschen Sicherheitskräften nicht und ließ unter nicht ganz geklärten Umständen einen Trupp seiner Geheimpolizei SAVAK einfliegen, der als «Jubelperser» Begeisterung für den Herrscher mimte und gleich danach mit den Latten der Transparente auf protestierende Zuschauer einprügelte. Die Stadtregierung war über den Besuch des Schahs wenig beglückt, doch sah Heinrich Albertz keine andere Möglichkeit, als den von den Amerikanern inthronisierten Herrscher zu empfangen, auch wenn er ihn als diktatorischen Parvenü verachtete und ihn als «unsympathisch und steif, in einer stelzernen Würde ohne eine erkennbare menschliche Regung» beschreibt.[18] Außerdem gab es da ein klares Wort in Bonn, daß der Schah nach West-Berlin fahre, gesprochen vom Staatssekretär im Auswärtigen Amt Klaus Schütz, der bald Nachfolger von Albertz werden sollte.

Der Regierende Bürgermeister, der Innensenator und die Polizei waren diesmal auf studentische Proteste vorbereitet. Es sollte nicht noch einmal wie beim Tschombé-Besuch eine etwas hilflose Polizei geben und einen Regierenden Bürgermeister, der eine Delegation der Protestierer empfängt, wie Brandt es getan hatte. Seit Monaten sah sich Heinrich Albertz mit den widerspenstigen Studenten konfrontiert und zeigte in dieser Zeit ihnen gegenüber totales Unverständnis, ja geradezu Verachtung. 1967 waren dies noch keineswegs wie in den Folgejahren allein durch ihr Aussehen die Traditionalisten verschreckende junge Menschen. In ihrer Kleidung und ihrem Haarschnitt zeigten sie noch ihre Herkunft aus geordneten bürgerlichen Verhältnissen. Aber auch diese «white collar»-Protestierer erregten das Mißfallen des preußischen Ordnungsfreundes Albertz, der kein Verständnis dafür hatte, daß Studenten das Privileg ihres Standes zu etwas anderem als dem Studium nutzten. Ein Mann, der eine Polizeidienstpflicht als Ersatz für die in West-Berlin nicht bestehende Wehrpflicht befürwortete, hatte kein Einsehen mit jungen Männern, die in West-Berlin dem Militärdienst entflohen. Auflehnung gegen den Staat und Mißachtung der Autoritäten waren ihm ein Greuel, und derselbe Mann, der später Terroristen als «Kinder» ansprach und meinte, auch sie seien «unsere Söhne und Töchter», konnte 1967 in ihnen höchstens ungezogene Kinder sehen, die mit strenger Hand von ihrem störerischen Treiben abgehalten werden müßten.

Gespräche schienen ihm dabei ein unangemessenes Mittel zu sein, nachdem er in einer Besprechung mit dem Vorsitzenden des Allgemeinen Studentenausschusses (ASTA) der Freien Universität erleben mußte, daß dieser wenig gewillt war, geduldig die Meinung des Regierenden Bürgermeisters anzuhören, sondern ihn respektlos mit einem Forderungskatalog konfrontierte, den Albertz einfach «in den Geschäftsgang» gab, wie er unter heiterer Zustimmung vor dem Abgeordnetenhaus berichtete. Die Polizei schien Albertz dagegen ein geeignetes Instrument zu sein, mit den aufmüpfigen Studenten fertig zu werden. Er pflegte zur Polizei der Halbstadt ein ausgesprochen nahes Verhältnis, das schwer zu dem Mann passen will, der in seinen Erinnerungen immer wieder beklagt, daß durch das Dritte Reich belastetes Personal in der Bundesrepublik wieder zu Amt und Würden gekommen war. Gerade die West-Berliner Polizei war aber nicht zuletzt durch die Einstellungspolitik von Erich Duensing, der erst Chef der Schutzpolizei und dann Polizeipräsident war, von ehemaligen Nationalsozialisten und Wehrmachtsoffizieren durchsetzt. Sie paßten gut in eine Polizei, die mehr war als eine kommunale Ordnungsmacht. Sie besaß in der Bereitschaftspolizei eine fast militärische Einheit, die in ihrer Ausrüstung mit halbschweren Waffen, ihrer Disziplin und ihrer Ausbildung Respekt, fast Neid von Berufsmilitärs erweckte. Albertz war es, der als Innensenator die Polizei in West-Berlin nach Heeresprinzip organisierte. Rund 15000 Polizisten gab es zur Zeit der Studentenunruhen, und ihre Feuerkraft übertraf die einer Infanterie-Division im Zweiten Weltkrieg.

Die Liebe zum Militärischen, die Kameraderie mit dem ihm aus gemeinsamer Militärzeit bei General Helmut von Grolmann vertrauten Polizeipräsidenten Erich Duensing scheint schwer erklärlich bei einem Mann, der in seiner Militärzeit ein Schreibstubengefreiter war mit einer schon durch die Statur prädestinierten und von ihm selbst in den Erinnerungen angedeuteten Schwejkschen Soldatenexistenz.[19] Albertz fand im Militär und der Polizei jene Ordnung, die in seinen Augen von den Studenten sträflich ignoriert, ja sogar in Frage gestellt wurde. Zur Entspannung beobachtete er gerne «seine» Polizisten auf dem Exerzierplatz, weil es dort «recht schmissig zuging».[20] Hier herrschte ein diskussionsloses Befehlsprinzip, das dem Mann so recht entsprach, zu dessen bevorzugter Lektüre neben der Bibel und Eisenbahnfahrplänen auch Jochen Kleppers «Der Vater» gehörte mit seiner verständnisvollen Beschreibung des Soldatenkönigs Friedrich Wilhelm I. Ein wenig mag er sich in dessen Nachfolge gesehen haben bis hin zu Anflügen von monarchischem Gehabe. Noch vor seiner Amtseinführung als Regierender Bürgermeister verlangte er für sich eine Ehrenformation der Schutzpolizei. Grüßte der diensthabende Polizist nicht ordnungsgemäß oder vergaß gar den Gruß, wurde er von Albertz strengstens belehrt.[21]

Ausgesprochen militärisch war denn auch die Planung der Polizei rund um den Schah-Besuch, und dies wurde von den Verantwortlichen als ganz selbstverständlich empfunden. Noch waren sie von den Erfahrungen des Krieges geprägt, hatten kein mentales oder verbales Purgatorium durchlebt. Besuchte Albertz einen Trupp der Polizei, so waren dies für ihn die «Männer an der Front».[22] Bei den Auseinandersetzungen in der SPD

19 Als Mann von altpreußischer Prägung schätzte Heinrich Albertz die Polizei und ihren militärischen Habitus (hier bei einem Ständchen zum Wechsel vom Innensenator zum Regierenden Bürgermeister). Hierarchie und Disziplin wurden von Albertz mehr geschätzt als mühselige demokratische Prozesse.

bediente man sich eines Vokabulars, in dem «Felddienstübungen», «Umfassungsschlachten» und «Grabenkämpfe» wie selbstverständlich vorkamen. Polizeipräsident Duensing erklärte am 2. Juni «Kampfauftrag erfüllt» und leitete den Einsatz von seinem «Gefechtsstand».

Generalstabsmäßig hatte sich die Polizei auf den Einsatz beim Schah-Besuch vorbereitet und sie war gewillt, jene fast sprichwörtliche Härte zu zeigen, die ihr von jeher geradezu anerzogen war. Die Militanz der West-Berliner Polizei war ein Spezifikum dieser Truppe, die konsequent zur massiven Bekämpfung von Angreifern aus dem Osten ausgebildet wurde. Am 2. Juni 1967 war sie noch mehr bereit, mit dem Gummiknüppel und direkter Gewalt durchzugreifen, nachdem sie sich bei zurückliegenden Demonstrationen auf Anweisung hatte zurückhalten müssen. Die Bismarckstraße vor der Deutschen Oper wurde zum Schauplatz mit aller Gewalt und Rücksichtslosigkeit vorgetragener Attacken auf die Demonstranten.

20 Die militärisch geführte und zum Angriff ausgebildete Polizei verwandelte die Demonstration gegen den Schah-Besuch am 2. Juni 1967 in eine Straßenschlacht. Die Erschießung des Studenten Benno Ohnesorg durch einen Polizisten war das Fanal für die Studentenunruhen.

Polizeipräsident Erich Duensing persönlich gab das Kommando «Knüppel frei!»[23] Nachdem der Schah und die Honoratioren zur Vorstellung von Mozarts «Zauberflöte» in die Oper entschwunden waren, ging die Polizei gemäß der Taktik vor, die Duensing zwar nicht entwickelt[24], aber mit klassisch gewordenen Worten beschrieben hat: «Nehmen wir die Demonstranten als Leberwurst, dann müssen wir in die Mitte hineinstechen, damit sie an den Enden auseinanderplatzt.» Opfer waren die zwischen einem Bauzaun und Absperrgittern eingepferchten jungen Menschen. Wo sie dem Frontalangriff der Polizei zu entkommen trachteten, jagten ihnen «Greifer» nach, überwiegend Polizisten in Zivil, die sich möglichst unauffällig unter die Demonstranten gemischt hatten und zur Tarnung auch mit Kolleginnen Liebespaare mimten.[25] Photos zeigen die Ordnungshüter mit angriffslustigen Gesichtern, den Schlagstock gezückt und von unübersehbarer Aggression erfüllt. Bei den Attacken wurde kein Unterschied zwischen Protestierern, Passanten oder Beobachtern gemacht. Noch Jahre später zeigte sich ein US-Geheimdienstoffizier, der in Zivil zur Ausforschung der Protestszene dabei war, tief beeindruckt von der am eigenen Leib erfahrenen Wirkung des gefürchteten «legendary ‹Schlagstock›»[26], den die Alliierten der West-Berliner Polizei erst 1955 genehmigt hatten.[27]

Gesteigert wurde die Wut der Beamten, als aus Lautsprecherwagen der Polizei mehrfach gemeldet wurde, einer der ihren sei von einem Demonstranten erstochen worden. Damit sollte offensichtlich die Gewaltbereitschaft der Sicherheitskräfte gesteigert, nicht aber die Wahrheit verkündet werden. Denn das Gegenteil war der Fall: Während in der Oper mit sonorer Baßstimme in edlem E-Dur davon gesungen wurde, daß man in diesen heil'gen Hallen die Rache nicht kenne, forderte vor dem Haus Rücksichtslosigkeit ihre Opfer. Kriminalobermeister Karl-Heinz Kurras, einer der Greifer in Zivil, erschoß den wehrlosen Studenten Benno Ohnesorg aus nächster Nähe. Mehr als vierzig Jahre später stellte sich heraus, daß Kurras, der für die Studenten zum Inbegriff eines präfaschistischen Unterdrückungsstaates wurde, ein überaus aktiver Spitzel des Ministeriums für Staatssicherheit (MfS) und Mitglied der SED war.

In der Folge wurde von offizieller Seite vertuscht, gelogen und nicht bereut. Erst war von einem Genickbruch Ohnesorgs die Rede, dann von einem Querschläger und schließlich wurde der Tod durch die Polizistenkugel eingeräumt, die Einschußstelle bei der Obduktion aber herausoperiert und vernichtet. Von Notwehr war die Rede. In drei Verfahren konnte der Schütze Kurras seine Notwehr-Version aufrechterhalten, unterstützt von einer wohlwollenden Justiz, anteilnehmenden Kollegen und im ersten Verfahren auch begleitet von Heinrich Albertz. Kein Wort davon, daß Kurras sich schon einmal wegen schwerer Körperverletzung schuldig gemacht hatte und unerlaubt Waffen und Munition hortete.

Der Regierende Bürgermeister glaubte nicht nur am Abend des Geschehens an die ordnungsgemäße Arbeit der Polizei, als er müde von dem Schah-Besuch gleich nach Hause fuhr und sich kein eigenes Bild der Ereignisse machte. Als ihn am nächsten Morgen die stellvertretenden SPD-Fraktionsvorsitzenden Gerd Löffler und Dietrich Stobbe als Augenzeugen über die Mißgriffe der Polizei unterrichten wollten, trafen sie auf einen abweisenden und unbelehrbaren Politiker, der allein seiner Polizei glaubte und nichts von der späteren Reue erkennen ließ. Mit Vehemenz stellte sich Albertz auch in der Folge vor seine prügelnden Polizisten, und wenn seine erste Erklärung auch von seinem Pressesprecher aufgesetzt war, so hatte Albertz sie doch unterschrieben und sich mit ihrem Ton identifiziert, der selbst einen konservativen Kommentator an einen «preußischen Stadtkommandanten» erinnerte.[28] Der Todesschütze durfte sich bestätigt und gedeckt sehen, so daß er noch vierzig Jahre nach der Tat höchstens darin einen Fehler sah, nicht geschossen zu haben, «daß die Fetzen flogen».[29]

Wo Besonnenheit angesagt gewesen wäre, regierten Erregung und Unvernunft, so daß auch der Theologe Heinrich Albertz den Dekalog und vor allem das neben dem 1. von ihm geliebte 8. Gebot[30] aus dem Sinn verlor und falsches Zeugnis ablegte, wenn er behauptete, sich durch «eigenen Augenschein» davon überzeugt zu haben, «daß sich die Polizei bis an die Grenze des Zumutbaren zurückgehalten» habe.[31] Die Senatssitzung nach dem Tod von Benno Ohnesorg war allein vom Gedanken der Härte bestimmt, wobei sich Senatoren und Regierender Bürgermeister in Vorschlägen zur Unterdrückung der Studentenproteste überboten. Jugendsenator Neubauer plädierte dafür, die Rädelsführer aus Berlin abzuschieben. Justizsenator Hoppe riet zur Einrichtung von Schnellgerichten und zur psychiatrischen Untersuchung aller Studenten, die sich an strafbaren Handlungen beteiligten. Das Recht auf Versammlungsfreiheit nach Artikel acht des Grundgesetzes wurde negiert und ein generelles Demonstrationsverbot beschlossen. Als sich schließlich doch die Erkenntnis durchsetzte, daß dies rechtlich nicht möglich sei, wurde der Ausweg gewählt, keine Demonstrationen mehr zu genehmigen. Härte schien den politisch Verantwortlichen das Gebot der Stunde zu sein, und sie durften sich darin mit der großen Mehrheit der Bevölkerung im Einklang und vom Großteil der Presse unterstützt wissen.

Der Tod von Benno Ohnesorg zog einen Polizei-, einen Politik-, einen Justiz- und einen Presseskandal nach sich. Nie in der Geschichte ihrer Revolte durften sich die Studenten in ihrer Empörung derartig gerechtfertigt und als Opfer von Willkür und Feindschaft sehen. Das berühmte Photo der «Kommune I», auf dem die Kommunarden von hinten gegen die Wand gelehnt mit erhobenen Armen und gespreizten Beinen abgebildet sind, entstand nach dem 2. Juni 1967 und soll die Abgebildeten als Objekte einer Razzia darstellen. Ihre Hilflosigkeit, nicht ihre mehr behauptete denn gelebte Promiskuität wollten die Kommunarden durch die Blöße ausdrücken.[32] Die umstrittene Gemeinschaft fühlte sich verfolgt und wehrlos, weil einer von ihnen, der Kommunarde Fritz Teufel, seit dem 2. Juni wegen eines angeblichen Steinwurfes wochenlang in Untersuchungshaft saß, während der Todesschütze Kurras frei herumlief.

Die Vorgänge rund um den Tod von Benno Ohnesorg bestätigten die aufbegehrenden Jugendlichen in ihren Überzeugungen. Der Staat zeigte sich ihnen von seiner willkürlichsten und repressivsten Seite, demonstrierte eine in den Augen der Studenten sonst nur camouflierte gewaltbereite, parteiische Autorität. Die Polizei war in ihrer rücksichtslosen Verfolgung der generell als links, wenn nicht kommunistisch eingeschätzten Studenten nicht nur Ordnungsmacht, sondern auch Gesinnungspolizei. Als es im November 1956 massive, schwer einzudämmende Demonstrationen gegen die Niederwerfung des Ungarn-Aufstands gegeben hatte, nahm die mit den Protestierenden sympathisierende Polizei auch bei klaren Straftatbeständen nach eigenem Bekunden «Abstand von Festnahmen».[33] Vor der Deutschen Oper aber wurden selbst harmlose Demonstranten verfolgt, verprügelt und in Gewahrsam genommen.

Die mit dem Dritten Reich verstrickten Verantwortlichen der Polizeiaktionen bestätigten den Vorwurf der Studenten, daß der Staatsapparat von ehemaligen Nazis und Wehrmachtsangehörigen durchsetzt sei. Polizeipräsident Duensing war Generalstabsoffizier sowie Ritterkreuzträger der Hitler-Wehrmacht, und der Befehlshaber der Schutzpolizei, Hans-Ulrich Heinrich, war Mitglied der NSDAP und im Zweiten Weltkrieg bei der «Bandenbekämpfung» in der Sowjetunion und in Italien eingesetzt gewesen, wofür er von SS-Chef Heinrich Himmler mit dem Eisernen Kreuz ausgezeichnet worden war. Dies war schon 1962 vom SED-Propagandachef Albert Norden öffentlich gemacht und 1965 in gewiß propagandistischer Absicht in einem «Braunbuch» der DDR veröffentlicht worden.[34] Noch als Innensenator hatte Albertz die NS-Vergangenheit ranghoher Polizeibeamter heruntergespielt und nicht daran gedacht, irgendeine Konsequenz aus den abträglichen Fakten zu ziehen.[35] Auch in den unteren Rängen waren als Folge einer in West-Berlin besonders großzügig geübten Praxis bei der Wiedereinstellung ehemaliger NS-Polizisten in großer Zahl Beamte zu finden, die sich in der NSDAP, der SA oder SS engagiert betätigt hatten.

Nahrung fand auch der Protest gegen die Alliierten, vor allem gegen die USA. Als Aggressoren und Unterdrücker in der Dritten Welt angeklagt, beschirmten die «Schutzmächte» in West-Berlin bei den Schah-Unruhen die aggressive Staats- und Polizeigewalt und hatten dafür gesorgt, daß die «Jubelperser» vor dem Rathaus Schöneberg in Aktion treten konnten und nicht auf dem abgelegenen Flughafen Tempelhof, wie es Polizeipräsident Duensing dem US-Stadtkommandanten vorgeschlagen hatte. Die letzte Verantwortung für den Einsatz der Polizisten trugen die Alliierten, und weder die Amerikaner noch die Briten, in deren Sektoren sich die Unruhen zutrugen, sahen einen Grund, der von ihr autorisierten Gewalt irgendwie in den schlag- und schießbereiten Arm zu fallen. Der Schutz der Alliierten galt allein dem Schah, einem jener unter dem Schirm der USA regierenden Potentaten, die von den Studenten befehdet wurden.

Bestätigt sahen sich die Studenten auch in ihren Vorwürfen gegen die monopolistische Springer-Presse und ihre einseitige, sich bedingungslos auf die Seite der staatlichen Autoritäten stellende Berichterstattung. Am 4. Juni sprach die *Berliner Morgenpost* von «hysterischen Rudeln akademischer Halbstarker», «notorischen Radaumachern» oder «geschulten kommunistischen Straßenkämpfern». Die Schuldfrage war für diese Zeitung so klar wie für die anderen Springer-Blätter, in denen nur noch Meinung, nicht aber Recherche und Objektivität galten, wenn es hieß: «Die Polizei trägt keine Schuld an den Zusammenstößen … Benno Ohnesorg ist nicht Märtyrer der FU-Chinesen, sondern ihr Opfer.»[36]

In die Trauer über den Tod mischte sich ein auf tiefer Betroffenheit ruhender und über das Private und Individuelle hinausgehender Totenkult. Spontan versammelten sich noch am 3. Juni über 4000 Studenten auf dem Gelände der Freien Universität, die in einer Resolution den Rücktritt von Albertz und Duensing, eine «Entfaschisierung» der Polizei und Schritte zur Enteignung des Springer-Verlags forderten.[37] Überraschend, unvorbereitet und uninformiert erschien auch Günter Grass auf der Versammlung und erwähnte mit keinem Wort den Tod von Benno Ohnesorg. «Er wußte überhaupt nicht, wovon er sprach», meint Augenzeuge Ulrich Enzensberger,[38] und der Schriftsteller Peter Schneider erinnert sich, daß «der Autodidakt Grass mit den verachteten Akademikern eigentlich nichts zu schaffen haben wollte».[39] Der von Grass gestellte Antrag, eine Resolution für das «tödlich bedrohte Israel» zu verabschieden, wurde von den verständnislosen Studenten abgelehnt.[40]

Kontrastreiche Parallelaktionen gab es am 8. Juni. Im Abgeordnetenhaus wurde über die Vorgänge am 2. Juni debattiert, wobei Albertz etwas versöhnlichere Töne hören ließ, aber doch von der «extremistischen Minderheit» der Studenten sprach, die die demokratische Grundordnung auflösen wolle. Nach wie vor nahm er die Polizei in Schutz und überließ die distanzierenden Worte zum Einsatz vor der Deutschen Oper dem Innensenator Wolfgang Büsch, der bald von seinem Amt zurücktreten mußte. Zur gleichen Zeit versammelten sich tausende Studenten zu einer Gedenkfeier für Benno Ohnesorg und zogen anschließend in einem kilome-

21 Der Trauerkondukt für Benno Ohnesorg führte von der Freien Universität in Dahlem durch die DDR nach Hannover. Die unkontrollierte Benutzung der Transitstrecke galt dem Theologen Helmut Gollwitzer als «Zeichen der Verheißung», blieb aber ein einmaliges Ereignis.

terlangen Trauerzug zum Autobahnkleeblatt Zehlendorf dicht am Grenz-Kontrollpunkt zur DDR. An diesem Ort, an dem junge Menschen im Juni 1953 in hilfloser Wut gegen die Niederschlagung des Volksaufstandes in der DDR demonstriert hatten, und an dem Vizepräsident Johnson nach dem Mauerbau eine US-Kampfeinheit begrüßt hatte, war nun ein mit schwarzen Tüchern umhülltes Podest aufgebaut. Auf ihm sprach Helmut Gollwitzer, Professor für Theologie an der Freien Universität. Er reihte den Tod von Benno Ohnesorg neben den junger Vietnamesen, Amerikaner, Israelis und Araber ein, die im selben Monat gestorben seien. Keine Erwähnung fand der Mann, der vier Wochen vor Benno Ohnesorg an der Berliner Mauer erschossen worden war. Gollwitzer, tief vom Glauben an das Gute im Sozialismus überzeugt, würdigte die «freundliche Geste» der DDR-Regierung, die den Kondukt ohne Kontrolle und Autobahngebühr über die Transitstrecke fahren ließ, was in den Augen des Theologen ein «Zeichen der Verheißung» bedeutete.

Wenige hundert Meter entfernt entpuppte sich das Entgegenkommen der DDR als propagandistischer Schachzug. Am Kontrollpunkt Drewitz erwarteten über 1000 FDJ-Mitglieder und Betriebsdelegierte den Trauerkonvoi mit Transparenten wie «Wir verneigen uns vor dem Opfer des Neonazismus» oder «Wir gedenken aller Opfer des Westberliner Polizeiterrors».[41] In Magdeburg wiederholte sich die Szene, und am Grenzübergang Drewitz erhellten FDJ-Mitglieder mit Fackeln die nächtliche Szenerie, während am Grenzübergang Helmstedt wütende LKW-Fahrer den Konvoi mit Steinen bewarfen, weil die Transitautobahn seinetwegen von der DDR stundenlang gesperrt gewesen war. Heinrich Albertz zitierte in der Abgeordnetenhaussitzung eine Meldung, nach der nicht nur FDJ-Mitglieder, sondern auch Einheiten der Nationalen Volksarmee Spalier gestanden hätten. Wieder beging er den Fehler, ohne Augenschein, ohne genaue Kenntnis der Lage zu sprechen, und wieder gebrach es ihm nicht am Glauben, wenn er eine Botschaft hörte, die seinen Überzeugungen entsprach. Ein Zusammenspiel der Studenten mit den von ihm trotz aller Verhandlungsbemühungen mit der DDR zutiefst abgelehnten Kommunisten fügte sich in sein Weltbild, in dem die Ungebührlichkeit der Protestierenden zumindest teilweise durch kommunistischen Einfluß zu erklären war.

Unrühmliches Ende

Die Mahnung zur Versöhnung, die nach den Worten Gollwitzers vom Tod Benno Ohnesorgs ausgehen sollte, verhallte ungehört. Alle Beteiligten blieben weitgehend bei ihrer konfrontativen Haltung. Nur bei Heinrich Albertz brach sich langsam die Einsicht Bahn, rund um den 2. Juni Fehler begangen zu haben. Bei Fahrten durch Berlin konnte er auf Autos lesen «Albertz – Mörder». Eine «beginnende Erkenntnis»[42] dämmerte in ihm, daß er zu wenig Verständnis für die Studenten gezeigt habe, am Tod von Ohnesorg mit schuld sei, und in sehr protestantischer Weise löste dies bei ihm ein tiefes Bedürfnis nach Buße, nach Umkehr und nach Bekenntnis aus. Bald nach dem Tod von Benno Ohnesorg sorgte Albertz, der öffentlich lange kein Wort des Bedauerns für den erschossenen Studenten gefunden hatte, für eine finanzielle Zuwendung der Stadt an dessen Witwe. Der 2. Juni wurde ihm zunehmend zum «Tag des Zornes Gottes» und in späteren Jahren der «schreckliche Erinnerungstag». Bischof Kurt Scharf wurde ihm zum Partner in der Bedrängnis. Brüderlich-seelsorgerliche Gespräche halfen Albertz, mit seinem

Versagen fertig zu werden. An seinem Amt hielt er freilich fest, mochte ihn auch der Publizist Sebastian Haffner mit Hermann Göring nach der Reichspogromnacht vergleichen.[43]

Mit der Bedrängnis von allen Seiten scheint das Beharrungsvermögen von Albertz gewachsen zu sein; je mehr andere seinen Rücktritt forderten, desto weniger war er dazu bereit. Am öffentlichsten und heftigsten waren es die Studenten, die Albertz nicht mehr im Amt sehen wollten.

Verbündete fanden sie ausgerechnet auf dem rechten Flügel der SPD, der nun die Stunde gekommen sah, den von Anbeginn ungemochten Brandt-Nachfolger zu stürzen. Die Meute der Albertz-Gegner machte sich daran, den bereits angeschlagenen Politiker zur Strecke zu bringen. Doch da es aus Bonn keine Unterstützung für die Frondeure gab, sondern eine Standpauke Helmut Schmidts, des SPD-Fraktionsvorsitzenden im Bundestag, scheiterte der Frontalangriff im ersten Anlauf. Auch die Linken in der West-Berliner SPD wollten sich nicht am Kesseltreiben der rechten Genossen beteiligen, so daß vor der politischen Sommerpause Ende Juni eine Art Waffenstillstand in Kraft trat.

Die Gegner von Albertz nutzten sie, um neue Ränke zu schmieden. Sie durften sich dabei nun sogar auf Helmut Schmidt stützen, der verlauten ließ, daß Albertz «unfähig» sei, abgelöst werden müsse und Klaus Schütz ein möglicher Nachfolger sei.[44] Albertz dagegen wollte inhaltlich punkten und arbeitete an neuen Leitlinien für eine West-Berliner Politik, mit denen er hoffte, Abgeordnete wie Bürger für sich einnehmen zu können.

Er hatte seine Partei immer als ein «Buch mit sieben Siegeln» bezeichnet und damit eingestanden, daß er sie in ihrem Innersten nicht verstand. Auf einer Sitzung des Landesvorstands am 23. September sollte er erfahren, daß die Partei für ihn auch die zum «Buch mit sieben Siegeln» gehörigen apokalyptischen Plagen bereithielt. Sein Harmagedon, der Ort der endzeitlichen Entscheidungsschlacht, war das Jagdschloß Glienicke an der Havel, durch die hier die Grenze zur DDR verlief. Ein Ort wie geschaffen für die berlinpolitischen Ausführungen von Albertz, die auf eine die Spaltung mildernde, in Teilen überwindende Politik hinauslief. Überlegungen der «Heiligen Familie» wurden nun öffentlich gemacht und konkretisiert. Albertz wollte die Gefahr bannen, daß der unnatürliche Zustand der Teilung zu einer «Gewöhnung an das Anormale»[45] werde. Er ging so weit, die einst von Ernst Reuter gegen die eigene Partei durchgesetzte generelle Übernahme der Bundesgesetze in West-Berlin zu relativieren und dafür zu plädieren, die Bonner Gesetze auf ihre Bedeutung für Berlin zu überprüfen. Er plädierte für eine Intensivierung des wirtschaftlichen und kulturellen Austausches mit der DDR, wobei er eine Anerkennung Ost-Berlins als «Hauptstadt der DDR» verlangte.

Albertz verlas ein Papier, das von einer extra dafür eingesetzten Kommission erarbeitet worden war. Er blieb aber zugleich hinter den Extremforderungen des linken Flügels zurück, der, wie ein Kommentator bemerkte, «in selbstmörderischer Naivität»[46] eine Lockerung der Bindungen zum Bund und zu den Alliierten wünschte. Auch wenn Albertz darauf verweisen konnte, daß seine Vorschläge mit Brandt und Wehner abgesprochen seien, so lieferte er mit seinen weitreichenden Überlegungen doch Munition für seine Gegner, die publizistische Rückendeckung erhielten. «So geht es nicht», urteilte die *Berliner Morgenpost* und verurteilte unterschwellig die Eigenmächtigkeit des Regierenden Bürgermeisters.[47] Zwischen den Stühlen sitzend, gab Albertz aus taktischen Gründen klein bei.

Im Grunde ging es in Glienicke aber gar nicht mehr um inhaltliche Positionen. Albertz, nunmehr ohne irgendeine Hausmacht, sollte in die Knie gezwungen werden. Er hatte gehofft, seine Gegner zu befriedigen, indem er den lange von ihm gestützten Innensenator Wolfgang Büsch opferte. Doch nun sollte ihm Kurt Neubauer als Nachfolger aufgedrückt werden, was Albertz «einfach nicht ertragen» konnte.[48] Er war nicht zum Kotau vor seinen Gegnern bereit. Der nicht sehr große, aber um so ehrgeizigere Neubauer war für ihn ein markanter Vertreter der von ihm verachteten Politikerspezies, der es nicht um Inhalte, sondern primär um Macht und Karriere geht und die diese Ziele mit Finten, Kabalen und Tücke durchsetzt. Es war unvorstellbar für Albertz, diesen Mann gar als Bürgermeister zu seinem Stellvertreter zu machen, doch geriet er in ein unlösbares Dilemma, da er keinen Kandidaten fand, der von der Fraktion akzeptiert worden wäre. Er mußte erkennen, daß ihm sein Taktieren nicht geholfen hatte und er in eine ausweglose Situation geraten war. Das Schauspiel allerdings, von den SPD-Abgeordneten in seiner Macht- und Hilflosigkeit vorgeführt zu werden, ersparte er sich zur nicht geringen Enttäuschung seiner nun triumphierenden Gegner. Ehe er sich Fraktion und Landesvorstand stellte, hatte er schon seinen Rücktritt beim Präsidenten des Abgeordnetenhauses erklärt, der ihn sofort bat, so lange im Amt zu bleiben, bis ein Nachfolger gefunden sei. Denn nun waren die Frondeure in der Verlegenheit, nicht sofort einen Ersatzmann präsentieren zu können. In einer nur einminütigen Pressekonferenz machte Albertz seinen Rücktritt öffentlich und ließ dabei keine Journalistenfragen zu, womit er wohl die

Endgültigkeit seiner Entscheidung unterstreichen wollte, aber zugleich einmal mehr seine Neigung zu unverbindlichem Eigensinn demonstrierte.

Nur 285 Tage währte die Amtszeit von Heinrich Albertz, was, abgesehen von dem etwas mehr als 100 Tage dauernden Interregnum von Hans-Jochen Vogel, die kürzeste Verweildauer eines Regierenden Bürgermeisters bedeutete. Auch nüchterne Historiker sprechen nur in Anführungszeichen von einer «Ära» Albertz.[49] Sie verbindet sich mit keiner spezifischen Politik, aber mit vielen Skandalen. Zu kurz war die Zeit seines Regierens und zu groß waren die Widerstände in den eigenen Reihen, als daß Albertz mehr als Perspektiven aufzeigen konnte. Zur Realisierung ließen ihm die Aufregung um den Tod von Benno Ohnesorg und das Kesseltreiben der SPD gegen ihn keine Gelegenheit. Es wäre zu einfach, alle Schuld bei den widerspenstigen Genossen zu suchen und nicht auch bei ihm selbst. Mit seinem Hochmut und seiner offen zur Schau gestellten Verachtung für die «Kleingeister»[50] sowie mit seiner Unfähigkeit zu unliebsamen Kompromissen schuf er sich Feinde, ohne auf der anderen Seite ausreichend Kombattanten für sich gewinnen zu können. Die SPD war nach Brandt in ihre Flügel zerfallen und hatte die so wichtige Mitte verloren, doch war Albertz nicht imstande, seinerseits ein Zentrum zu entwickeln. Dieser hochpolitische Mensch war auf merkwürdige Weise zum Politiker unbegabt und mußte sich am Ende einen «amateurhaften Umgang mit der Macht» nachsagen lassen.[51] Das Unvermögen wurde in dem Moment deutlich, da er das starke Schutzschild Willy Brandt nicht mehr besaß. Seine größten politischen Leistungen vollbrachte Albertz vor und nach seiner Zeit als Regierender Bürgermeister. Das Zustandekommen des Passierscheinabkommens erwirkte er als Innensenator, und der selbstlose Einsatz als Geisel zur Freipressung des CDU-Kontrahenten Peter Lorenz geschah als Pastor, der er im Kern seines Wesens immer war.

Neuer Mann und alte Probleme

Strahlend, ja lachend präsentierten sich am 19. Oktober 1967 die Herren in den dunklen Anzügen, die eben vom Abgeordnetenhaus als neuer Senat bestätigt worden waren. Neuer Regierender Bürgermeister war Klaus Schütz, der sich nur zögerlich für Berlin entschieden hatte, aber, nachdem er Helmut Schmidt als Konkurrent ausmanövriert hatte, nun Freude am neuen Amt fand. Der neben ihm sitzende Kurt Neubauer durfte aus voller Überzeugung Heiterkeit ausstrahlen. Er hatte erreicht, was ihm Heinrich Albertz strikt verweigert hatte. Nun war er Innensenator und als Bürgermeister Stellvertreter von Klaus Schütz. Die Herren kannten sich aus ihrer Zeit als junge Bundestagsabgeordnete in Bonn, wo sie eine gemeinsame Wohnung hatten. Noch herrschte Eintracht, doch sollte sich ihr Verhältnis im Laufe der Zeit deutlich abkühlen. Letztlich erkannte Schütz wie zuvor Albertz in Neubauer einen «Scharfmacher»[52], der zu seinem glanzlosen Abgang beitrug.

Die Stimmung konnte offensichtlich auch der *Spiegel* der Vorwoche nicht verdüstern, der auf seiner Titelseite verkündet hatte: «Berlin – Stadt in Bedrängnis».[53] Seitenlang wurde der Halbstadt die Diagnose eines Moribunden gestellt, ein düsteres Bild der Gegenwart und ein fast hoffnungsloses Zukunftsszenario entworfen. Bald darauf sollte das Magazin *U.S. News & World Report* ein ähnliches Urteil international verbreiten, von einer kranken Stadt sprechen, deren Wohlstand nur Oberfläche sei und die nun als Schatten früherer Zeiten dahinkränkle.[54] Schütz wehrte sich gegen den verbreiteten Berlin-Pessimismus, hielt das Gerede von der «subventionierten Agonie» für «baren Unsinn».[55] Es ließ sich aber nicht übersehen, daß die neue Mannschaft im Rathaus Schöneberg die alten Probleme West-Berlins geerbt hatte. Die SPD war nach wie vor zerstritten, die Wirtschaft marode, die Bevölkerung überaltert und die Studenten von radikaler Widerständigkeit.

Klaus Schütz schaffte es, mit einer Verweildauer von zehn Jahren auf dem Chefposten einen Rekord aufzustellen, und entging dabei nicht dem Schicksal fast aller langen Regierungszeiten: Sie sind zu lang und enden unrühmlich. Die Anfänge waren für Schütz weitaus günstiger als für seinen gescheiterten Vorgänger Heinrich Albertz, der nicht ohne Grimm beobachten mußte, daß sein Kontrahent Neubauer nun doch Bürgermeister geworden war und mit Schütz ein Mann die Stadt regierte, dem er in gegenseitiger Distanz verbunden war.

An Klaus Schütz verstörte viele sein technokratisches Verständnis von Politik, weshalb ihm in parteiinternen Auseinandersetzungen das Etikett «erbarmungsloser Manager» verpaßt wurde.[56] »Effizienz» und ein «Gespür für Macht» waren noch die freundlicheren Worte für den neuen Regierenden Bürgermeister. «Opportunist aus Überzeugung» waren die schärferen.[57] Letztlich war Klaus Schütz ein Pragmatiker, dem Dogmatik und Ideologie herzlich fremd waren und dessen Zielstrebigkeit dem politischen Machterwerb und Machterhalt galt, wobei er dies auch für sein persönliches Vorankommen gelten ließ. Entsprechend steil verlief die Laufbahn dieses «fröhlichen Karrieristen». Wie fast alle Regierenden Bürgermeister West-Berlins war Schütz kein genuiner Berliner. Er war 1936 mit zehn Jahren in die Stadt gekommen, die ihm nach eigenem Bekunden zum Mittelpunkt seines Lebens wurde.[58] Erst Flakhelfer, dann Soldat, wurde er gegen Kriegsende verwundet, was eine gelähmte rechte Hand zur Folge hatte. Der etwas zynische Witz, Schütz mache alles mit Links, war in jeder Hinsicht zutreffend, weil er scheinbar mühelos die Erfolgstreppe nach oben stieg. Er begann an der Humboldt-Universität sein Studium, wechselte an die neugegründete Freie Universität, studierte ein Jahr an der Harvard University in den USA und erhielt danach eine Assistentenstelle am Institut für politische Wissenschaften der Freien Universität. Als Vorsitzender der Berliner Jungsozialisten und als aufstrebendes Talent wurde er von Willy Brandt entdeckt. Die symbiotische Arbeitsgemeinschaft zwischen beiden gebar das Scherzwort: «Schütz hustet, wenn Brandt erkältet ist.»

Erst half Schütz seinem Mentor dabei, den widerspenstigen Parteiflügel unter Franz Neumann in die Knie zu zwingen, dann organisierte er ihm den Bundestagswahlkampf 1961 nach amerikanischem Vorbild. Dieser bescherte zwar nicht den Sieg über den noch immer mächtigen Adenauer, aber einen Zuwachs von fast zwei Millionen Stimmen und den Spott, Brandt sei die Rolle zwischen einem ständig den Hut ziehenden Begrüßaugust und einem forschen Kennedy-Double aufoktroyiert worden. Günter Grass verulkte Klaus Schütz in einem Dramolett in der Rolle eines umfragehörigen, beflissenen «Wahlkampfleiters».[59] 1965 konnte Schütz bei der Kampagne um das Kanzleramt nur noch assistieren, weil er vier Jahre vorher mit nur 35 Jahren zum Senator für Bundesangelegenheiten ernannt worden war. Schon seit 1955 war er zudem Mitglied des Abgeordnetenhauses und von 1958 bis 1961 Bundestagsabgeordneter in Bonn gewesen. Als Brandt 1966 Außenminister wurde, begleitete ihn Schütz und wurde Staatssekretär im Auswärtigen Amt.

Das internationale Flair dieser Tätigkeit behagte Schütz außerordentlich, und so fiel ihm die Rückkehr nach Berlin nicht ganz leicht, doch konnte er sich damit trösten, daß ein Regierender Bürgermeister von West-Berlin immer auch sein eigener Außenminister war, der mit den Großen der Welt in engem Kontakt stand. Er sah sich nun in «einer der wenigen Spitzenpositionen, die die freie Welt … zu vergeben hat».[60] Für die schwierige Aufgabe durfte er sich durch seine bisherigen Erfahrungen als gewappnet betrachten. Er hatte die «Ochsentour» in der SPD hinter sich und kannte den Parteiapparat bestens. Aus eigener Mitgliedschaft wußte er über das Abgeordnetenhaus Bescheid und hatte Erfahrung in einem örtlichen wie überregionalen Regierungsamt. Spott war ihm nicht fremd, doch äußerte er den nicht öffentlich, sondern im kleinen Kreis, wenn er etwa den Wahlsieg der Wirtschaftslokomotive Ludwig Erhard 1965 mit den Worten kommentierte: «Die Deutschen haben kein Brett, sondern ein Schnitzel vor dem Kopf.»[61] Sein gewinnendes Lächeln bedeutete oft, daß er Dinge und Personen mit Abstand und Ironie betrachtete, doch tat er dies nie in der verletzenden Art von Heinrich Albertz. Auch dessen «Bekennerwut»[62] war ihm fremd, doch verfügte er hingegen reichlich über diplomatische Verbindlichkeit.

Das Aufbruchsgefühl im Rathaus Schöneberg war deutlich besser als die Lage. Daß die DDR gegen die «zunehmende Einmischung der westdeutschen Kiesinger/Strauß-Regierung in Westberliner Angelegenheiten» protestierte und Schütz als Büttel der «Expansionspolitik des westdeutschen Imperialismus» diskreditierte, ließ sich verschmerzen.[63] Bedenklicher war, daß Willy Brandts Plädoyer vor dem Landesausschuß der SPD für Klaus Schütz nur begrenzt Wirkung gezeigt hatte. Es gab bei der Nominierung des neuen Mannes Gegenstimmen, und bald meldete sich der linke Flügel energisch zu Wort, weil er sich bei der Senatsbildung übergangen fühlte.[64] Als dringliches Problem dräute aber die nach wie vor anhaltende Studentenrevolte. Sie war nicht mehr anonym, sondern hatte nun ein Gesicht und eine Stimme: Rudi Dutschke.

Mit seinem Aussehen und seiner Redeweise stach Dutschke aus der Menge heraus, wobei weder er noch seine Frau Gretchen dem äußeren Erscheinungsbild sonderliche Aufmerksamkeit schenkten. Dutschkes Pullover und sein schlecht besohltes Schuhwerk waren ihm gleichgültig und wurden doch sein Markenzeichen. Als Demagoge, so ein zeitgenössischer Bericht, verfügte er über kaum mehr als Stimmbänder und Stirnlocke.[65] Seine langen Haare waren nicht wie bei dem auf Effekt bedachten Kommunarden Rainer Langhans ein «alle Vorstellungen von frisierter Ordnung»[66] sprengender Kopfschmuck, sondern ein aus der Fasson geratener, weil zu selten mit der Schere gebändigter Militärschnitt. Die völlig unorthodoxe Sprechweise befremdete und faszinierte zugleich. Dutschkes Artikulation war die in Rede umgesetzte Atemlosigkeit der Studentenrevolte. Er war kein Geistesheros, meinte Rudolf Augstein nach Dutschkes Tod, aber er sei ein großer Rhetoriker gewesen.[67] In der Schriftform sind Dutschkes Ausführungen verwirrend und oft wirr. Sie sind ein Geröllhaufen von Substantiven, bei denen der Leser ständig über knöcherne Abstraktionen stolpert. Von Dutschke vorgetragen, gewannen die Wortungetüme aber eine zündende Kraft. Peter Furth, sein späterer Doktorvater, spricht von einem «Volkstribun, der hemmungslos Affektlagen» der Zuhörer ausgenutzt habe, um Stimmung zu machen.[68]

Der rhetorischen Atemlosigkeit entsprach eine physische Rastlosigkeit. Von Termin zu Termin hetzend und die Revolution propagierend, konnte er selbst an wichtigen Demonstrationen nicht teilnehmen oder mußte sie frühzeitig verlassen. West-Berlin war für einen solchen Reise-Revolutionär ein denkbar ungünstiger Standort. Jeder Auftritt in Westdeutschland war mit einer Flugreise verbunden, verlangte Planung und Abstimmung. Auch sonst erwies sich West-Berlin in Teilen als ungeeignetes Umfeld für die umstürzlerischen Ideen der Studenten. Die Fabrikarbeiter, die «Massen», waren hier froh, einen Arbeitsplatz zu haben. Sie beobachteten zwar mit Sorge den Abbau der industriellen Produktion, waren aber schwer gegen das «Kapital» zu mobilisieren. Das große Thema der Studentenbewegung, die Notstandsgesetzgebung, war in West-Berlin irrelevant, weil hier im Normal- wie im Krisenfall die Alliierten das Sagen hatten. Rudi Dutschke verlor denn auch in seiner vom Eintritt in den Sozialistischen Deutschen Studentenbund (SDS) bis zum Attentat nur drei Jahre währenden Revolutionszeit zunehmend das Interesse an der Stadt. Kurz vor der lebensbedrohlichen Attacke hatte er bereits feste Pläne für den Wegzug entworfen und in deutlicher Anlehnung an Lenin eine Art politisches Testament vorbereitet.

Dutschkes revolutionäre Ziele wendeten sich immer stärker in internationale Bereiche, doch hatte die Stadtregierung keinen Grund, die von ihm geforderte örtliche Gewaltbereitschaft zu unterschätzen. Schon im Sommer 1967 war ein in mancherlei Weise ungewöhnliches Interview mit Dutschke im *Spiegel* erschienen.[69] Er bezeichnete sich darin unverblümt und keineswegs zur Freude aller Mitkombattanten als «Studentenführer», was schon deshalb verwundert, weil Dutschke aus der DDR kam, wo das Wort «Führer» derartig verpönt war, daß selbst der «Führerschein» in «Fahrerlaubnis» und der «Stadtführer» in «Stadtbilderklärer» umbenannt worden war. Ohne eine Spur von Befangenheit wegen der NS-Konnotation des Wortes wurde auch ein «Machtergreifungsplan» entwickelt.[70] Aus der Wortwahl sprach eine gewisse Ignoranz gegenüber dem sonst der Vätergeneration so heftig angekreideten Erbe des Dritten Reiches. Während die Studenten den Altvorderen vorwarfen, ihre Vergangenheit zu vertuschen und zu ignorieren, residierte der 1961 von der SPD verstoßene SDS, dem Dutschke seit Januar 1965 angehörte, am Kurfürstendamm in einem Haus mit einem monumentalen Steinadler an der Fassade. Kaum einer der Studenten, die mit Eifer die Gleichung «USA-SA-SS» aufstellten, wußte es oder interessierte sich dafür, daß hier die Referate Sabotagebekämpfung und Grenzpolizei des SS-Reichssicherheitshauptamtes residiert hatten.

Die unmittelbare Umgebung und die konkrete Realität hatten für die Theoretiker der Revolution einen relativ geringen Stellenwert. Treffend sprach Günter Grass von der «angelesenen Revolution», und immer, selbst bei Demonstrationen, hatte der lese- und schreibwütige Rudi Dutschke eine mit Schriftstücken gefüllte Aktentasche bei sich. West-Berlin war Demonstrationsfeld, zeitweise auch Schlachtfeld, aber kein wirkliches Thema der studentischen Überlegungen. «Völlig gleichgültig» seien den Studenten die «vitalen Interessen» West-Berlins gewesen, urteilte später Heinrich Albertz.[71] Was dem traditionellen West-Berlin fundamentale Identifikation bedeutete, wurde von den Studenten negiert. Als die sich unermüdlich für die Stadt einsetzende Eleanor L. Dulles Anfang 1967 zur Eröffnung des John-F.-Kennedy-Instituts der Freien Universität wieder einmal eine Spende von mehr als einer halben Million Dollar überbrachte und sich damit die US-Zuwendungen für die Universität seit ihrer Gründung der 100-Millionen-Mark-Grenze näherten, hinderte dies die Studenten nicht an ihrem massiven Protest bei den Feierlichkeiten.

Es war eine relativ kurze Phase, in der Rudi Dutschke West-Berlin als das Exerzierfeld politischer Veränderungen betrachtete. Nicht nur die Freie Universität schien ihm damals ein spezieller Fall für revolutionäre Veränderungen, sondern die Berliner Bedingungen überhaupt. In all dem, was den Politikern Sorgen bereitete, von der veralteten Industriestruktur über die Subventionsabhängigkeit der Stadt bis hin zur Überalterung der Bevölkerung, sah Dutschke ideale Voraussetzungen für eine Politisierung der Gesellschaft.[72] Als Vorbild diente dabei die kurzlebige Pariser Kommune von 1871, woraufhin die *Welt am Sonntag* meldete, es sei Dutschkes Ziel, ganz West-Berlin in Kommunen aufzulösen.[73] Im Sommer 1967 gab es eine kurze Phase, in der Dutschke konkret eine «räterepublikanische Machtergreifung» in West-Berlin propagierte mit dem Ziel einer «Freien Stadt Westberlin».[74] Ein «Freistaat-Status, unabhängig von der DDR und der BRD» schwebte ihm vor, ein «Hongkong in Mitteleuropa».[75]

Fast gleichzeitig mit der Regierungserklärung des neugewählten Regierenden Bürgermeisters Klaus Schütz konkretisierte und radikalisierte Rudi Dutschke in einem Gespräch mit Hans Magnus Enzensberger seine Pläne für West-Berlin.[76] Die «radikale Intelligenz» müßte danach die Universität auflösen, denn ganz Berlin sollte seiner Meinung nach zur Universität, zu einer lernenden Gesellschaft werden. Die Arbeiter wären zur Übernahme der Industrie zu erziehen, die Bürokratie und die Polizei müßten zerstört werden. Wirtschaftliche Probleme sah Dutschke für das so veränderte West-Berlin nicht, doch stellte er sich die Frage: «Was machen wir mit den Bürokraten?» Da er sie in der Produktion für nicht «verwertbar» betrachtete, hielt er es für unausweichlich, daß der Großteil des Verwaltungspersonals nach Westdeutschland emigrieren müsse.[77] Wer zur «Umerziehung» nicht tauge, dem sollte die Möglichkeit gegeben werden auszuwandern.

Bei seinem Amtsantritt hatte Klaus Schütz gehofft, die studentischen Unruhen und deren «unappetitliche Randerscheinungen»[78] unter Kontrolle halten zu können. Auch wenn er sich nicht «morgens, mittags und abends»[79] um studentische Fragen kümmern wollte, so war er doch intensiv um Befriedung bemüht. Bei einer Anti-Vietnam-Demonstration zwei Tage nach Ernennung des neuen Senats verfolgte die Polizei eine Deeskalationsstrategie und setzte den von ihren Betriebsfeiern als guten Unterhalter bekannten Oberkommissar Werner Textor im Lautsprecherwagen ein. Er sprach zu den «Demonstranten im 17. Semester», riet ihnen, Bademantel und Badehosen bereitzuhalten, weil bald die «Wasserspiele» beginnen würden. Der Großteil der Studenten zerstreute sich letztlich friedlich und nur ein hartnäckiger Rest, die «Humorlosen», wie Textor meinte, wurden am Ende noch Opfer der Wasserwerfer.[80]

Anfang Dezember herrschte jedoch wieder Gewalt, diesmal rund um das monumentale Kriminalgericht in Moabit, in dem nach sechs Monaten Untersuchungshaft der mit einem Freispruch endende Prozeß wegen Landfriedensbruch gegen den Kommunarden Fritz Teufel begann. Die Polizei war für den Ernstfall gerüstet, denn ein Kriminalobermeister Wernicke hatte in Zivil vier Tage zuvor bei einer Veranstaltung in der Technischen Universität Berlin aufgeschnappt, Dutschke halte die Zeit für gekommen, mit undemokratischen Mitteln zu kämpfen. Dieser hatte darauf angespielt, daß in Wien 1926 der Justizpalast von Demonstranten in Brand gesteckt worden war.[81] Das Landgericht wurde von der Polizei vorsorglich abgeriegelt. 750 Beamte, sechs Wasserwerfer und eine

22 Selbst bei räumlicher Nähe waren sich Klaus Schütz (links am Tisch) und Rudi Dutschke (am Rednerpult) fremd. Der Regierende Bürgermeister war für die Studenten unverblümt Ziel ihrer Aggression: «Alle Macht den Räten. Brecht dem Schütz die Gräten!»

Reiterabteilung standen in Bereitschaft. Dutschke selbst war es dann, der sich in vorderster Reihe handgreiflich an der Beseitigung der Sperrgitter beteiligte, was am nächsten Tag in allen Zeitungen zu sehen war und den Ruf des Gewalttäters Dutschke in weiten Kreisen begründete. Bei den Auseinandersetzungen gelang dem geübten Sportler Dutschke in Moabit die Flucht vor den auf ihn angesetzten Polizisten, doch wurde er danach in Tempelhof von der Polizei aus dem Flugzeug geholt, jedoch wieder freigelassen.

Einen Monat später begab sich Klaus Schütz in die Höhle des Löwen und sprach auf Einladung des Allgemeinen Studentenausschusses (ASTA) der Freien Universität über «12 Monate Außenpolitik in Bonn». Hier kamen sich der Regierende Bürgermeister und der Studentenführer so nahe wie sonst nie. Kurz darauf hielt eine Studentin ein Schild hinter Schütz hoch mit der Aufschrift: «Solche Idioten regieren uns. Phrasendreschen, Knüppel im Genick, das ist Berliner Schütz'-en Politik.» Es kam zu Tumulten und

Handgreiflichkeiten, doch wurde die Veranstaltung mit einer Diskussion über den Vietnamkrieg und die Anerkennung der DDR fortgesetzt. Der freigesprochene Fritz Teufel nutzte dabei eine Woche vor Heiligabend die wiedergewonnene Freiheit für den Vorschlag, «Schütz zum Weihnachtsmann zu wählen».

Auch die folgenden Feiertage bescherten nicht den jahreszeitlich angesagten Frieden, weil die Studenten nun ihre Proteste an einen selbst säkularen Westberlinern fast heiligen Ort trugen. In der Kaiser-Wilhelm-Gedächtniskirche kam es zu Auseinandersetzungen zwischen protestierenden Studenten und Gottesdienstbesuchern, bei denen der mehr um Befriedung als Agitation bemühte Rudi Dutschke von einem sich seines «Mensurarmes» rühmenden Kriegsversehrten mit dessen Krückstock massiv attakkiert wurde. Einen Abendmahlsgottesdienst zum Jahresende störten am selben Ort die Kommunarden rund um Fritz Teufel mit Sprechchören und dem Abbrennen von Feuerwerkskörpern. Dies war selbst dem immer um Verständigung bemühten Bischof Kurt Scharf zuviel und er verurteilte in einem Brief an seine Pastoren diese «planmäßige Störung».[82]

Demo und Gegendemo

Wie zwei ungebremste Expreßzüge, die auf eingleisiger Strecke aufeinander zurasen, agierten in den nächsten Wochen Stadtregierung und Studentenbewegung. Der Senat versuchte, die zunehmend zu einer allgemeinen außerparlamentarischen Opposition (APO) werdende Revolte mit allen Mitteln zu bändigen, während – von Rudi Dutschke ermuntert – der SDS und seine Sympathisanten ihr Aufbegehren vorantrieben. Die Tet-Offensive des Vietcong im fernen Vietnam heizte die Stimmung in West-Berlin an. Der zwar vergebliche, aber massive Vorstoß der vietnamesischen Kämpfer in die Städte Süd-Vietnams stachelte nicht nur zur Unterstützung, sondern zur Nachahmung an. Die Zeit schien gekommen, auch in Europa den gewalttätigen Kampf in die Metropolen zu tragen. Ein Vietnam-Kongreß sollte nicht nur die Solidarität mit Guerilla-Kämpfern in der Dritten Welt dokumentieren, sondern auch Strategien für die eigenen revolutionären Aktivitäten festlegen. Der Entschlossenheit, diesen Kongreß abzuhalten, stand die Entschiedenheit des Senats gegenüber, ihn zu verhindern und die

Studentenbewegung durch Versammlungs- und Demonstrationsverbote zu bändigen.

Aus dem Umfeld des Innensenators Neubauer hörten die Studenten, dieser wolle es auf die totale Konfrontation ankommen lassen, sei sogar bereit, Tote in Kauf zu nehmen. Der Mehrheit im Senat war allerdings klar, daß es nicht noch einmal einen 2. Juni geben dürfe. Motor des Vietnam-Kongresses war Rudi Dutschke, der nicht nur die Mitstreiter anspornte, sondern selbst unermüdlich für verbale und monetäre Unterstützung sorgte. Erheblich war die Hilfe durch den millionenschweren Verleger Giangiacomo Feltrinelli, dessen Herz vehement für die linke Revolution schlug. Außer mit Geld wollte er Dutschke mit etlichen Stangen Dynamit Freude bereiten, was dem Berliner Revolutionär doch zu heikel wurde. Der Sprengstoff, für Anschläge auf Transportschiffe nach Vietnam gedacht, wurde schnell im Kinderwagen unter dem Dutschke-Sohn Hosea Che fortgeschafft und kam wohl nie zum Einsatz.

Das auf Dynamit gebettete Dutschke-Baby war konkreter Teil der Debatte dieser Tage, wie weit auch in Europa in Anlehnung an den Kampf des Vietcongs und Che Guevaras revolutionäre Kräfte Gewalt anwenden sollten. Rudi Dutschkes Haltung in dieser Frage, seine Nähe zu terroristischen Überlegungen, aus denen später die Rote Armee Fraktion (RAF) hervorging, wurde nie mit letzter Eindeutigkeit geklärt. Forderungen von Rudi Dutschke nach einem «deutschen Cong» wiesen in Richtung offensiver Gewalt. Der Senat war darum bemüht, eine zur Gewalttätigkeit aufrufende Veranstaltung zu verhindern, konnte den Kongreß aber nicht unterbinden, weil zwar die Freie Universität keine Räume zur Verfügung stellte, die Technische Universität aber der Versammlung Obdach gab. In ihr versammelten sich zwischen dem 17. und 18. Februar 1968 rund 5000 Teilnehmer aus vielen europäischen Ländern zum «Internationalen Vietnam-Kongreß». Vor dem Hintergrund von Fahnen des Vietcong und der Aufschrift: «Die Pflicht des Revolutionärs ist es, Revolution zu machen» reihten sich Solidaritätsadressen und Aufrufe aneinander. Rudi Dutschkes sorgfältig ausgearbeitetes Grundsatzreferat berauschte durch eine gewisse prophetische Kraft und das berühmte Stakkato des Rhetors, die über die Formelhaftigkeit und inhaltliche Leere der Ausführungen hinweghalfen. Fast naiv und rührend wirkte seine Hoffnung, ein Bremer Schülerprotest gegen Fahrpreiserhöhungen sei ein Vorbote vietnamesischer Verhältnisse in Deutschland. Am Ende des Kongresses wurde festgehalten, was schon in der Einladung erklärt worden war, daß nämlich Ho Chi Minhs Aufforderung «Errichtet die Revolution in eurem eigenen Land» übernommen werden solle.[83]

Brisant wurde der Kongreß, weil er mit einer Demonstration enden sollte, die der Senat mit aller Entschiedenheit nicht genehmigen wollte. Die Blütenlese linker europäischer Intelligenz mit Namen wie Bertrand Russel, Jean-Paul Sartre, Luchino Visconti, Giorgio Strehler und Luigi Nono als Unterstützer des Kongresses wurde vom West-Berliner Senat nicht zur Kenntnis genommen. Dies muß aber nicht unbedingt als Ausdruck «erschreckender kultureller Provinzialisierung» West-Berlins gewertet werden[84], sondern war auch ein Zeichen dafür, daß es dem Senat nicht um das Umfeld, sondern um die konkreten, hochbrisanten Pläne des Kongresses ging. Es bedarf auch keiner verschwörungstheoretischen Erklärung, nach der Innensenator Neubauer darauf hoffte, daß die Studenten dennoch zur Demonstration schreiten würden und dann der Moment gekommen wäre, mit aller Härte zuzuschlagen. So wie die Demonstration geplant war, wäre sie auch ohne Senat und Berliner Polizei von höchster Brisanz gewesen. Als Ziel wurden US-Quartiere im Süden der Stadt gewählt. Hier sollten US-Soldaten zur Desertion aufgerufen und durch den Protest von außen möglicherweise gar zu einem Aufstand von innen animiert werden. Unverblümt ließ das US-Militär erkennen, es würde in einem solchen Fall schießen, womit wieder ein 2. Juni 1967 mit tödlichen Opfern drohte. Schon in den Wochen zuvor hatten sich die Studenten auf gefährliches Terrain begeben, als sie heimlich zur Desertion aufforderten und dazu sogar Pappraketen mit Flugblättern über die Kasernenmauern schossen. Dabei bewährte sich der spezifische Standort West-Berlin, der einerseits mit den hier stationierten US-Truppen ein naheliegendes Angriffsziel, andererseits die nahe Hilfe aus Ost-Berlin bot, woher die propagandistischen Flugkörper stammten. Versuche zu einer offiziellen Zusammenarbeit scheiterten bei aller räumlichen Nähe aber am ideologischen Abstand zwischen SDS und DDR-FDJ.

Vermittlungsversuche zwischen Senat und Studenten von Günter Grass, Heinrich Albertz und Bischof Kurt Scharf stießen auf ein klares «Nein» aus dem Rathaus Schöneberg, so daß die kritischste aller möglichen Situationen drohte, nämlich eine ungenehmigte Demonstration mit polizeilichem Widerstand. Den Ausweg eröffnete ausgerechnet die von den Studenten als repressives Herrschaftsinstrument diskreditierte Justiz, die mit einem Urteil des Verwaltungsgerichts bewies, daß es auch abwägende und wegweisende Richter gab. Die Demonstration wurde für

Sonntag, den 18. August genehmigt, allerdings zur Beruhigung des Senats auf einer Strecke weitab der amerikanischen Militäreinrichtungen.

So groß das Anliegen der Kundgebung in ihrer Solidarität mit den Aufstandsbewegungen in der Dritten Welt auch war, so wurde sie doch vom kleinlichen innerstädtischen Streit innerhalb der SPD eingeholt. Harry Ristock, Haupt der SPD-Linken, marschierte nicht nur mit, sondern hatte sich auch noch ein Schild umgebunden mit der Aufschrift «Ich protestiere gegen den Krieg der Amerikaner in Vietnam. Ich bin SPD-Mitglied!» Verärgerung über diesen mit Parteiausschluß für Harry Ristock geahndeten Auftritt der SPD-Linken mag mit dazu beigetragen haben, daß der Senat nicht sonderlich durchdacht und mit Zügen von Panik reagierte und sich zu einer im Ergebnis blamabel geratenden Gegendemonstration hinreißen ließ. Zunächst dachte der Senat daran, zu einer Kundgebung für «Frieden in Freiheit» am Wochenende aufzurufen. Dann beschlich die Verantwortlichen die Sorge, daß eine Woche nach der Vietnam-Demonstration der Zorn auf die ungeliebten Studenten verraucht sein könnte.[85] Also wurde schnell eine «Aktion Demokratisches Berlin» ins Leben gerufen, die schon für den Mittwoch zur Demonstration «Gegen Straßenterror und Anarchie – Für Freiheit in gesetzlicher Ordnung» aufrief. Das Unterstützerkomitee wurde überhastet zusammengestellt und war entsprechend bunt. Der Schauspieler Carl Raddatz gehörte dazu ebenso wie der Präsident des Abgeordnetenhauses Walter Sickert, der Populär-Schriftsteller Curth Flatow genauso wie der Kaufmann Falk Lobeck. Die örtliche ARD-Anstalt SFB vergaß alle journalistische Distanz und schloß sich vom Intendanten bis zu namhaften Redakteuren an, die unter ihrem Nom de guerre als Matthias Walden oder Herbert Hausen unterzeichneten und bürgerlich Sass oder Groos hießen.[86]

Spätestens als sich die Privatwirtschaft weigerte, ihren Arbeitnehmern für die Demonstration unbezahlten Urlaub zu gewähren, war klar, daß das Unternehmen im wesentlichen von den arbeitsbefreiten Mitarbeitern des öffentlichen Dienstes und Rentnern bestritten werden würde. Die Kundgebung, zu der die Teilnehmer in sechs Kolonnen auf den John-F.-Kennedy-Platz vor dem Schöneberger Rathaus zuströmten, bekam unweigerlich etwas offiziös Staatliches und erinnerte fatal an Veranstaltungen in Ost-Berlin. Blamabel wurde die Angelegenheit, als sich deutlich weniger Menschen als erwartet einfanden und die zunächst mit 160 000 bezifferte Teilnehmerzahl bald darauf von der Polizei auf 80 000 reduziert werden mußte, was noch immer eher zu hoch gegriffen war.

23 Eine Demonstration gegen Demonstranten fand am 21. Februar 1968 statt. Die «schweigende Mehrheit» sollte gegen die Studentenunruhen ein Zeichen setzen. Die überstürzt vorbereitete Veranstaltung war weniger friedlich als geplant und spaltete die Stadt mehr als sie zu einen.

Außerdem offenbarten sich die zur Kundgebung aufgerufenen Bürger als nicht sonderlich bürgerlich. Man hätte durch frühere Vorfälle gewarnt sein können, daß auch das konservative Lager aggressive Kräfte bereithielt. Der spätere Bundestagsabgeordnete Jürgen Wohlrabe von der CDU hatte eine schlagkräftige Truppe um sich geschart, die nicht lange zuvor einmal linke Demonstrationen angegriffen, dann wieder das SDS-Zentrum am Kurfürstendamm überfallen hatte oder Demonstranten am Bahnhof Zoo umzingelte und sie zwang, Fahrkarten nach «drüben» zu kaufen. Bei der Senats-Demonstration wurden Wut und Angriffslust schon in den Plakaten deutlich: «Haut den Roten auf die Pfoten» – «Volksfeind Nr. 1 Rudi Dutschke – raus mit dieser Bande» – «Bauarbeiter seid lieb und nett, jagt Dutschke und Konsorten weg». Demonstranten schrieen wütend mit verzerrtem Gesicht und schwangen die Fäuste; biedere Frauen mit Wollmützen und Persianerkragen verwandelten sich in Megären, als wollten sie das Dichter-Wort «Da werden Weiber zu Hyänen» illustrieren. Im

Lauf der Demonstration wurde Weltliteratur Wirklichkeit. Wie in Shakespeares «Julius Caesar» stürzte sich der Mob in seiner Besinnungslosigkeit auf das falsche Opfer. Wird bei Shakespeare der Dichter Cinna mit dem Caesar-Attentäter gleichen Namens verwechselt und ermordet, so wurde hier ein einfacher Angestellter des Einwohnermeldeamts Opfer des gnadenlosen Volkszorns, weil er eine sehr entfernte Ähnlichkeit mit Rudi Dutschke besaß. Mit den Rufen «Kommunistensau, hau ab!» und «Hier ist der Dutschke» wurde er von einer Menschenmeute gejagt. Der Ausruf «Ich bin ein Arbeiter wie ihr» half ihm nicht, sondern nur ein Polizist, der ihn rettend in einen Mannschaftswagen bugsierte. Selbst der konnte sich nur durch Schlagstockeinsatz der Ordnungskräfte den Weg durch die «Dutschke raus!» rufende gewaltbereite Menge bahnen. Zehn Tage zuvor hatte Klaus Schütz auf dem SPD-Landesparteitag die in der Folge zur Legende gewordenen Sätze gesprochen: «Ihr müßt diese Typen sehen. Ihr müßt ihnen genau ins Gesicht sehen. Dann wißt Ihr: Denen geht es nur darum, unsere freiheitliche Grundordnung zu zerstören.»[87] Und was war nun den vom Senat gerufenen und ihn unterstützenden Gesichtern abzulesen? Sehr wenig von der Verteidigung der Freiheit, aber viel von ungehemmtem Haß.

Unfrohe Ostern

Drohanrufe und Drohbriefe gehörten nach dem Vietnam-Kongreß mehr denn je zum Alltag von Rudi Dutschke. Noch gefährlicher, als dem Revolutionsführer ähnlich zu sehen, war es, dieser selbst zu sein. Bei einer Taxifahrt wurde das Auto von anderen Taxen umstellt. Nur die Geistesgegenwart des Fahrers, der schnell den Rückwärtsgang einlegte, rettete Dutschke. Häufige Wohnungswechsel minderten das Ungemach kaum. Schnell kam es zu aggressiven Schmierereien im Hausflur oder an der Wohnungstüre. Ehefrau Gretchen drängte darauf, die Stadt zu verlassen und in die USA zu gehen. Dutschke dachte trotz der Bedrohungen nicht daran, ein zurückgezogenes und unauffälliges Leben zu führen. Ständig war er unterwegs, gab ununterbrochen Interviews, ließ sich für Fernsehen und Illustrierte willig ablichten. Als die Zeitschrift *Capital* auf der Titelseite Dutschke mit rotem Tuch um den Hals und dem «Kapital» von Marx im Arm zeigte, ging dies vielen Genossen zu weit. Auf einer SDS-Konferenz wurde sogar sein Ausschluß beantragt, allerdings von der Mehrheit abgelehnt. Dutschke selbst kam mit seiner öffentlichen Rolle immer weniger zurecht und kündigte schließlich in einem Fernsehinterview an, daß er «aus der BRD weggehe, um im Ausland politisch zu arbeiten».[88]

In München schnitt zur selben Zeit der zwischen Arbeitslosigkeit und Gelegenheitsjob pendelnde und wie Dutschke aus der DDR stammende Josef Bachmann aus Zeitungen Photos von Rudi Dutschke aus. Er war mit seinen 23 Jahren bereits vielfach gescheitert. Nach einem Gefängnisaufenthalt war ihm «mangelnde geistige Kapazität» attestiert worden. Ruhelos und unstet brach er am 10. April 1968 nach West-Berlin auf, im Gepäck einige Zeitungsausschnitte mit Bildern von Rudi Dutschke. Am nächsten Tag, dem Gründonnerstag, traf er in der Nähe der SDS-Zentrale am oberen Kurfürstendamm auf den realen Dutschke, nannte ihn ein «dreckiges Kommunistenschwein» und schoß drei Mal auf ihn aus kurzer Entfernung. Schwer verletzt torkelte Dutschke noch einige Schritte, rief unzusammenhängende Sätze, stammelte «Mutter, Mutter» und brach um 16.27 Uhr mit den Worten «Soldaten, Soldaten» bewußtlos zusammen. Notoperationen retteten sein Leben, doch war zunächst unklar, welche Schäden ein in den Schädel eingedrungenes Projektil verursacht hatte. Bachmann wurde nach einem Schußwechsel mit der Polizei und einem Selbstmordversuch festgenommen, später zu sieben Jahren Gefängnis verurteilt, wo er sich 1970 selbstmörderisch erstickte.

Am Abend des Gründonnerstags versammelten sich etwa 2000 Studenten in jenem Auditorium Maximum der Technischen Universität, in dem zwei Monate zuvor der Vietnam-Kongreß stattgefunden hatte. Der Attentäter Bachmann, obwohl Angehöriger der vielbeschworenen Arbeiterklasse, spielte hier keine Rolle. Denn ein solcher Mensch, eine haltlose, gescheiterte Existenz, konnte nach dem Verständnis der revoltierenden Jugendlichen nur manipuliertes Werkzeug, nicht selbständig handelndes Subjekt sein. Die wirklich Schuldigen für das Attentat waren schnell gefunden. «Sie heißen Springer, und die Mörder heißen Neubauer und Schütz!», rief beifallumtost Dutschkes Revolutionsgefährte Bernd Rabehl und bewirkte, daß ein Marsch zum Springer-Hochhaus an der Kochstraße in Kreuzberg beschlossen wurde.

Das Ziel war mit mehr Eifer als Überlegung gewählt, und der bald gängige Slogan «*Bild* schoß mit» war suggestiv, aber höchstens sehr bedingt zutreffend. Bachmann erklärte einmal, er habe *Bild* gelesen, dann wieder bestritt er die Lektüre von Springer-Zeitungen. Die Zeitungsausschnitte, mit denen er sich auf das Attentat vorbereitete und die er in Berlin zur Identifizierung des Opfers bei sich hatte, stammten auf jeden Fall nicht aus *Bild*, sondern aus der rechtsradikalen *Deutschen National-Zeitung*. Die vom *stern* an den Psychoanalytiker Alexander Mitscherlich gerichtete und von diesem ausweichend beantwortete Frage, ob die Studenten nicht eigentlich gegen die NPD hätten demonstrieren müssen, war keineswegs unberechtigt.[89]

«Wir fordern die Enteignung Axel Springers», war ein Interview mit Rudi Dutschke im *Spiegel* übertitelt.[90] Die Formel war unrealistisch, verstärkte aber die auf kartellrechtlicher Ebene gleichzeitig angestrengten Bemühungen der Hamburger Konkurrenten zur Eindämmung der Marktmacht Axel Springers. Die antikapitalistischen Agitatoren in West-Berlin erwiesen sich als nützliche Intellektuelle in einem Kampf von Kapitalisten um möglichst große Anteile am Medienmarkt, wobei einiges vom Hamburger Geld in die Kassen des SDS floß.[91]

Mit einem Button von vier Zentimetern Durchmesser erreichte die Parole «Enteignet Springer» in West-Berlin bald öffentliche Wirkung. Entworfen hatte den mit den Farben Schwarz-Weiß-Rot ebenso sehr auf *Bild* wie die alte Reichsflagge anspielenden Knopf der Schriftsteller Hannes Schwenger aus der links-intellektuellen Szene. Er hatte Kontakte zu einem vom Schriftstellerkollegen Peter Schneider als «eifrigen Geheimdienstbürokraten» charakterisierten Hans Joachim Kittelmann. Dieser war offiziell Mitglied des DDR-Journalistenverbandes, doch war er als IM «Christian» ein Stasi-Agent, was seine Verbindungsleute im SDS ahnten, aber nicht sonderlich ernst nahmen. Kittelmann brachte belastendes Material über Springer-Journalisten durch die Mauer, das Schwenger publizistisch verarbeitete und verbreitete. Dem mit der Vorbereitung eines Springer-Tribunals befaßten Peter Schneider versprach Kittelmann ein Dossier über Springers Vorleben im Dritten Reich. Einer kostbaren Handschrift gleich wurde letztlich ein Konvolut von Beobachtungslisten überreicht, die Stasi-Agenten als Kundschafterergebnis vor der Villa von Axel Springer auf der Wannsee-Insel Schwanenwerder erkennbar mühselig in die Schreibmaschine getippt hatten. Da für das Springer-Tribunal Unterlagen für die «Manipulation des Bewußtseins» durch Springer, nicht aber Register seiner Damenbesuche gebraucht wurden, warf Schneider nach seinem Bekunden vor den Augen von Kittelmann die Papiere in den Mülleimer.

Kompliziert war das Geflecht von Medien und Agenten in West-

Berlin, und die Strippenzieher saßen in Hamburg wie Ost-Berlin. Um Springer Konkurrenz zu machen, plante Augstein, seinem Gegner genau dort in die Parade zu fahren, wo dieser zunehmend den Mittelpunkt seines Imperiums sah, in West-Berlin. So sehr der *Spiegel* den Niedergang West-Berlins immer wieder beschwor, so sehr maß Augstein doch dieser Stadt eine Schlüsselrolle zu und unternahm mehrere Anläufe, selbst publizistisch in West-Berlin Fuß zu fassen. Als der Kauf zweier maroder Parteiblätter von CDU und SPD scheiterte, setzte er auf Kräfte aus der West-Berliner linken Szene, die für ihn ein betont Berliner Wochenblatt entwickeln sollten.

Das Team, dem unter anderem auch Hannes Schwenger angehörte, mühte sich ausgiebig und konnte am Ende dennoch weder ein überzeugendes Konzept noch «auch nur einen bescheidenen Fundus druckfähiger Manuskripte» vorlegen, wie eine das Unternehmen nach drei Probenummern beendende Expertise feststellte.[92] Inhaltlich wurde von Augsteins Gutachter moniert, daß alles Politische auf den Klassenkampf bezogen und alles von einer «Pro-Ost-Anti-West-Stimmung» getragen werde. Da Carl Guggomos und Walter Barthel zur Leitung des Entwicklungsteams gehörten, war dies naheliegend, denn sie waren, wie sich später herausstellte, als «Gustav» und «Kurt» Informelle Mitarbeiter (IM) der Staatssicherheit. Beide gaben nicht auf und gründeten mit finanzieller Unterstützung der DDR in West-Berlin den in Kreisen der außerparlamentarischen Opposition recht geschätzten *Extra-Dienst*, der im Rahmen der Anti-Springer-Aktionen eine Sonderausgabe herausbrachte, die mit Ost-Berlin abgestimmt war.

Zusätzlich zu allen ideologischen Überlegungen und jenseits der Einflüsse der Hamburger Verleger und der DDR hatten die Studenten persönlichen Anlaß genug, sich über Springer zu empören. Seine Zeitungen waren im Ton maßlos beleidigend und diffamierend und ließen die Beachtung der Grundsätze eines seriösen Journalismus vermissen, wobei sie auch vor gezielten Falschmeldungen nicht zurückschreckten. Drei Tage nach dem Tod von Benno Ohnesorg erschien *Bild* mit der Überschrift: «Studenten drohen: Wir schießen zurück». Die Verfasser des Artikels beteuerten, daß weder die wahrheitswidrige Überschrift noch entsprechende Passagen in dem Text von ihnen stammten, und einer von ihnen kündigte wegen dieses Eingriffs in seine Arbeit bei Springer.[93]

In der *Welt*, dem seriösen Vorzeigeblatt des Hauses Springer, ließ Kommentator Matthias Walden, der auch Chefkommentator der örtlichen

ARD-Anstalt SFB war, alle kühle Distinguiertheit fahren, die ihn privat auszeichnete. Eugen Wilhelm Otto Baron von Saß, wie er eigentlich hieß, verlor die seinem Stande anstehende Contenance und zeigte zur Jahreswende 1967 unter der Überschrift «Links vom Geist», daß der Geist auch rechts kein Pardon kannte. Von «geistiger Ungewaschenheit» war die Rede, vom «immatrikulierten, mobilisierten Mob», gegen den endlich einzuschreiten sei, denn auf einen groben Klotz gehöre ein grober Keil.[94] Solche Töne wurden später damit gerechtfertigt, daß den Studenten auf deren Grobianismus nur mit gleicher Münze heimgezahlt worden sei, was aber, selbst wenn es gestimmt hätte, nur ein Eingeständnis wäre, der Springer-Verlag habe sich von seinen studentischen Gegnern das Niveau diktieren lassen.

Tatsächlich folgten die Springer-Zeitungen in ihrer Hetze gegen die Studenten vor allem kommerziellen Interessen und der Meinung des Verlegers. Der üble Ton von *Bild*, über *BZ*, *Berliner Morgenpost* hin zur *Welt* orientierte sich erfolgreich an Stimmung und Haltung der Leser. Springer selbst, der gelegentlich zu *Bild* eine gewisse Distanz zeigte, stand im Fall der Studentenrevolte zu dem verbalen Wüten seiner Blätter. Dem Mann ohne rechten Schulabschluß, der nie eine Universität besuchte hatte, war das akademische Treiben fremd und es wirkte nun für ihn sogar abstoßend. Im Februar 1968 wollte er in einem Interview das Wort «Studenten» gar nicht in den Mund nehmen, sondern sprach von «radikalen Strömungen», die ihm sein geliebtes Berlin verleideten: «Diese Stadt ist unappetitlich geworden.»[95]

Nachdem *stern* und *Spiegel* zum Jahreswechsel 1967 schweres publizistisches Geschütz gegen Springer auffuhren, das dieser als Neidkampagne abzutun versuchte, konnte es ihm eine gewisse Genugtuung bereiten, daß ein vom SDS groß angekündigtes «Springer-Tribunal» zu einem «Springer-Hearing» schrumpfte, wobei die Vorbereitungsveranstaltung dazu am 1. Februar 1968 dramatischer als das Ereignis selbst war. Die rund 1500 Studenten verlangten in einer Resolution die Enteignung Springers sowie die Besetzung der Redaktionen von *Bild* und *BZ* durch gewählte Vertreter der Studentenschaft. Für den Fall, daß dies nicht innerhalb von zwei Wochen geschähe, wurden «direkte Aktionen» gegen den Springer-Verlag angedroht.[96] Von den Veranstaltern eigentlich nicht vorgesehen, wurde am Ende ein Film über die Herstellung eines Molotowcocktails gezeigt, den das später durch seinen Hungerstreik in der Haft verstorbene RAF-Mitglied Holger Meins gedreht hatte. Er studierte an der Deutschen Film- und Fernsehakademie (DFFB), die zu den Projekten gehörte, die nach dem

Mauerbau zur Hebung der kulturell-wissenschaftlichen Potenz West-Berlins initiiert worden waren.

Gegen die Warnung der Organisatoren kam es im Anschluß an die Veranstaltung zu Steinwürfen auf sieben Filialen der *Berliner Morgenpost.* Mitverantwortlich für diesen handgreiflichen Protest war Rudi Dutschke. Auch der den Steinwurf mit Künstlerhand recht ungeschickt ausführende Komponist Hans Werner Henze beteiligte sich. Er verfolgte eine Doppelstrategie, nach der einerseits friedlich diskutiert wurde, andererseits aber «exemplarische Aktionen» der Gewalt ausgeführt wurden.[97] Die Springer-Presse reagierte auf die unmittelbare Bedrohung ihrer Einrichtungen mit einer weiteren Steigerung der verbalen Attacken auf die Studenten. Von «Kristallnacht» war die Rede und von «SA-Horden». Das «Juden raus» von einst wurde in einer Karikatur mit dem «Enteignet Springer» gleichgesetzt. Diese Geschmacklosigkeiten bestätigten die Studenten in ihrer Aggression gegen den mächtigen Verlagskonzern, doch waren sie ihrerseits mit ähnlichen Vergleichen schnell bei der Hand. Auf einem Flugblatt wurden der Juden-Hetzer Streicher und der Studenten-Hetzer Springer nebeneinandergestellt, und der *Spiegel* druckte das Pamphlet ab.[98]

Die lange emotional und argumentativ vorbereitete Attacke gegen Springer brach sich nach dem Attentat auf Rudi Dutschke ungehemmt Bahn. Nun war der Augenblick gekommen, den Rudi Dutschke ein knappes Jahr zuvor als Endpunkt der Anti-Springer-Kampagne ausgemalt hatte: «Blockierung der Produktion bzw. Verteilung der Springer-Zeitungen».[99] Ein gewalttätiges Schauspiel, das weltweit, aber natürlich ganz besonders in Westdeutschland für Staunen und Entsetzen sorgte, spielte sich an den Ostertagen ab. Der Sturm auf das Springer-Hochhaus war ein Medienereignis, vor allem in dem nunmehr in den meisten Haushalten etablierten Fernsehen. Gerade in der üblicherweise nachrichtenarmen Osterzeit, in der die vielsprachigen Feiertagswünsche des Papstes als Spitzenmeldung dienen, erschreckten diesmal Bilder von brennenden Autos, von jungen Menschen, die sich den Wasserwerfern wehrlos entgegenstellten. Die Zuschauer sahen, wie Demonstranten ein zu Karfreitag besonders beziehungsreiches Holzkreuz als Trutz- und Schutzzeichen vor sich hertrugen – und konnten in *Bild* die wahrheitswidrige Behauptung lesen, das Kreuz sei eine Schlagwaffe gewesen.

Die Polizei war am Abend des Dutschke-Attentats auf Auseinandersetzungen weniger vorbereitet als die Studenten, unter denen etliche

24 Brennende Autos vor dem Verlagshaus des befehdeten Springer-Verlags wurden zu Ostern 1968 nach dem Attentat auf Rudi Dutschke zum Fanal der Studentenbewegung. Der Verleger blieb fern, die Polizei war hilflos und der Protest erlahmte danach zunehmend.

spätestens seit dem Springer-Hearing auf einen Konflikt in der Kochstraße am Fuße des Springer-Hochhauses eingestimmt waren. So kam es, daß die städtische Ordnungsmacht nur schwach präsent war und viele Beamte wegen der Osterfeiertage wie der Regierende Bürgermeister im Urlaub waren. Wurde sonst der Polizei ihre Übermacht vorgehalten, so lautete diesmal der Vorwurf, daß sie sich zurückgehalten und damit den Gewalttaten Vorschub geleistet habe. Schnell kursierten Verschwörungstheorien, daß der auf dem Dach des Hochhauses die Ereignisse beobachtende Innensenator Kurt Neubauer und der Verfassungsschutz eine Kriminalisierung der Studentenbewegung wünschten und sogar förderten. Erwiesenermaßen war unter den Demonstranten ein gewisser Peter Urbach, der in der «Kommune I» als praxisbegabter Nicht-Akademiker recht beliebt und nützlich war. Urbach war Spitzel des Verfassungsschutzes, und in den Erinnerungen der 68er wurde er zunehmend zu einem alles in Bewegung und in Flammen setzenden Agent provocateur. Er soll Molotowcocktails mitgebracht, verteilt und die Demonstranten angewiesen haben, wie man die Lieferwagen des Springerverlags umwerfen und das auslaufende Benzin in Brand stecken könne. Jahrzehnte später suggerierten rechtfertigende Darstellungen vieler Beteiligter den Eindruck, die Gewalt in der Kochstraße sei das Ein-Mann-Unternehmen eines Verfassungsschutz-Agenten gewesen. Peter Schneider, selbst unter den Demonstranten und bekennender Steinewerfer, zeigt sich über diese exkulpierenden Berichte seiner Mitstreiter Jahrzehnte später belustigt, weil es danach mindestens zehn Peter Urbachs gegeben haben müßte.

Während auf der Straße die Schlacht um das Springer-Hochhaus tobte und sich Verlagsmitarbeiter zur Verteidigung des Gebäudes wappneten, herrschte oben in der legendären 18. Etage des Hauses Ruhe. Das Prachtdomizil mit der für viel Geld aus London herbeigeschafften Holztäfelung aus den alten Chefräumen der «Times» war verwaist und der Hausherr abwesend. Aus den USA zurückgekehrt, wollte Springer über die Osterfeiertage eigentlich nach Berlin reisen, als ihn auf dem Flughafen Hamburg die Nachricht von den Unruhen überraschte. Nach stundenlangen beratenden Telefonaten entschied sich Springer, es Konrad Adenauer gleichzutun und in der Stunde der Krise nicht nach Berlin zu fliegen. Er zog sich in die Schweizer Berge zurück und sandte von seinem Nobelquartier in Gstaad ziemlich ohnmächtige Botschaften an seinen die Stellung haltenden Hausmeier Peter Tamm.[100] Äußerst behutsam konzedierte Springer später eine gewisse Mitschuld seines Verlags an den Unruhen, blieb aber bei seiner strikten Linie gegen alles Linke und für links Gehaltene. Vierzig Jahre nach den Unruhen ergingen sich 2008 viele Beteiligte in ausführlichen Erinnerungen, Rechtfertigungen oder sogar in Selbstbezichtigungen. In vielem davon schwang die für West-Berlin so typische Lokalbezogenheit mit. Kritiker mußten darauf hinweisen, daß die Studentenbewegung nicht nur ein West-Berliner, sondern auch ein westdeutsches, ein europäisches, ja ein weltweites Ereignis war. Das Haus Springer aber, größer denn je in der Kochstraße residierend, zögerte, die eigene, problematische Vergangenheit der Jahre 1967 und 1968 aufzuarbeiten.

Fünf Tage und Nächte währten die Osterunruhen, die sich in West-Berlin nicht auf die Gegend um das Springer-Hochhaus beschränkten, sondern zusätzlich zentrale Bereiche rund um Gedächtniskirche und Kurfürstendamm erfaßten. Auch in anderen Städten wurde gegen Springer demonstriert, wobei in München zwei Menschen durch Steinwürfe getötet wurden, was in Berlin APO-Anwalt Horst Mahler als unvermeidliche Nebenerscheinung abwertete und meinte, auch der Autofahrer müsse damit rechnen, daß ein Reifen platze.[101] Aber West-Berlin besaß während der Osterunruhen 1968 eine Sonderrolle. Die Stadt, die nicht mehr Hauptstadt sein durfte, erwies sich als metropolitanes Kraftfeld, wozu neben der geballten Energie des örtlichen studentischen Widerstands beitrug, daß Axel Springer unbeirrt an die zentrale Bedeutung Berlins glaubte und hier residierte. Jetzt durfte er auch seine auftrumpfende Großzügigkeit bei der Einweihung seines Hochhauses belohnt sehen. Die mit Armbanduhren beschenkten Taxi-Fahrer sprangen in die Bresche und halfen bei der Auslieferung von *Bild*, *BZ* und *Berliner Morgenpost.* Wären auch sie von den Demonstranten behindert worden, wären bürgerkriegsähnliche Zustände unvermeidbar gewesen. Mit lodernden Autos und Benzinlachen gab es höchst eindrucksvolle Bilder, die im Schauwert die weitaus effektiveren, die Zeitungsauslieferung wirklich behindernden Aktionen in anderen Städten übertrafen. Wieder einmal offenbarte West-Berlin seine ungebrochene Fähigkeit, Bühne der Politik, auch der außerparlamentarischen, zu sein.

Selbst als die Unruhe in Westdeutschland abflaute, kam die Stadt nicht mehr zur Ruhe. Woche für Woche, berichtete der *Spiegel* Ende Mai 1968, standen sich revoltierende Jugendliche und Polizei gegenüber: «Die einen provozieren, die anderen ‹greifen durch›.»[102] Vor allem die Protestierenden gefielen sich darin, immer neue Kampfmethoden zu entwickeln. Bauwagen wurden zu Rammböcken, bei denen auch mal übersehen wurde, daß in ihnen ein Arbeiter nächtigte, der dann mit einem Nervenzusammenbruch aus dem beschädigten Gefährt stieg. Während die Polizei noch mit den markanten, aber wenig schützenden Tschakos behütet war, trugen Demonstranten immer öfter Bauarbeiterhelme, die sie nach eigenen Angaben für 9,80 Mark das Stück erworben hatten, die aber zumindest zum Teil von der Staatssicherheit der DDR solidarisch zur Verfügung gestellt wurden. Längst war es nicht mehr die Studentenbewegung der Anfänge, sondern eine bunte Menge, die von pubertierenden Jugendlichen bis zum fortgeschrittenen Semester reichte und Revolutionäre wie Spaßmacher, Friedfertige und Gewaltbereite umfaßte. Die randlose Intellektuellenbrille gehörte ebenso zum Erscheinungsbild wie haariger Wildwuchs. Die Diversifizierung der Protestbewegung bahnte sich an, die bald zur Herausbildung der gerade für West-Berlin so typischen verschiedenen alternativen Milieus führte.

Zu den Besonderheiten der Unruhen in West-Berlin gehörte auch eine auffällige Gelassenheit weiter Teile der Bevölkerung trotz der militanten Springer-Presse. Der Insulaner verlor auch jetzt die Ruhe nicht, was der westdeutsche Fernsehzuschauer nicht zu sehen bekam. Die Kolonnen friedlicher Osterurlauber, die sich am Ostermontag nach mühseliger Transitfahrt in die Stadt ergossen und das Treiben zwischen Polizei und Demonstranten ignorierten, waren der Berichterstattung nicht wert, aber doch typisch für die Stadt. Die Militanz der Protestierenden nach außen verbarg außerdem zunehmend mühsam die Auflösungserscheinungen im Inneren. Eine Figur wie Dutschke, die eine gewisse einigende Autorität aufgebracht hatte, fehlte. Eine ihre Grenzen immer schwerer findende Gewaltbereitschaft stand gegen den Versuch, mit friedlichen Mitteln Veränderungen zu erreichen. Studentische und politische Anliegen drifteten immer weiter auseinander. Ernsthaftigkeit paarte sich mit der Freude an Ulk und Tollerei, wohinter sich durchaus Aggression verbergen konnte.

Was spaßig mit Happenings begonnen hatte, endete im September 1968 in der Zote, als Karl-Heinz Pawla von der «Kommune I» im Moabiter Kriminalgericht vor dem Richtertisch abkotete, sich mit Gerichtsakten das Gesäß reinigte und diese Tat auch noch von dem Geschäftsführer der evangelischen «Aktion Sühnezeichen» und anerkannten Lyriker Volker von Törne in einer Ballade besungen wurde.[103] Etwas dezenter, aber auch innerhalb der Fäkalsphäre handelten Studenten, die wegen antisemitischer Äußerungen des Professors Hans Eckardt im feinen Dahlem vor das Gebäude des Ostasiatischen Seminars ein Toilettenbecken aufstellten und es mit der Aufschrift «Leerstuhl für Eckardt» versahen. In bestimmten Bereichen der Freien Universität wurde die vielbeschworene «Gewalt gegen Sachen» zu einer gewissen Selbstverständlichkeit, bei der Räume besetzt und beschmiert wurden und zum Gaudium der Täter Talare aus den Schränken geholt und für Späße mißbraucht wurden. Aber auch Gewalt gegen die Professoren war nicht mehr eine in Seminaren diskutierte Frage der Zulässigkeit, sondern Realität.

Am 4. November 1968 vereinigten sich noch einmal die unterschiedlichsten, längst nicht mehr nur aus Studenten bestehenden Gruppen der Protestszene zur sogenannten «Schlacht am Tegeler Weg». Äußerer Anlaß war ein im Grunde peripheres Ereignis. Rechtsanwalt Horst Mahler mußte sich in der im romanischen Stil errichteten juristischen Trutzburg des Landgerichts einem Ehrengericht der Berliner Anwaltskammer stellen, das prüfen sollte, ob ihm auf Grund seiner Teilnahme an ungenehmigten Demonstrationen die Anwaltszulassung entzogen werden solle. Erkennbar ging es dem zur Demonstration aufrufenden SDS nicht um dieses die vielbeschworenen «Massen» gewiß nicht bewegende Thema, sondern um eine gewalttätige Konfrontation mit der Staatsgewalt. Am Vorabend hatte bei einem vorbereitenden Treffen wieder ein Film von Studenten der Filmakademie Informationen für die gewaltsame Auseinandersetzung geliefert und die Stimmung aufgeheizt. Wenige Wochen später wurde fast ein Drittel der Studenten von der Hochschule relegiert.

Mit Ölzeug und Plastikhelmen formierten sich die Demonstranten am Tegeler Weg, griffen offensiv die Polizei an und wurden dabei von einer unideologischen, aber gewaltbereiten Rocker-Gang unterstützt. Die Polizei war auf die Auseinandersetzung vorbereitet, aber gegen die Militanz schlecht gerüstet. Es fehlten Schilde und Helme, um sich gegen den Steinhagel zu schützen. Entsprechend lautete die Bilanz: 130 Beamte und nur 21 Demonstranten wurden schwer verletzt. APO-Führer Christian Semler sah in der Schlacht ein erfolgreiches Beispiel dafür, daß der «imperialistische Staatsapparat ... militant bekämpft werden kann».[104] Die Worte trafen nicht mehr die Wirklichkeit. In Wahrheit war die «Schlacht am Tegeler Weg» ein letztes Aufbäumen einer APO, von der zu diesem Zeitpunkt schon ein maßgebliches SDS-Mitglied befand, es hätte sie gar nicht gegeben[105], von der sich nüchterner sagen ließ, daß sie nun «die Politik endgültig hinter sich gelassen hatte» (Sten Nadolny).[106] Wenige Monate später starb Hans-Jürgen Krahl, der nach Dutschkes Tod zum maßgeblichen Intellektuellen des SDS geworden war, bei einem Autounfall, und kurz danach löste sich der SDS auf.

In West-Berlin, das bei der Studentenrevolte die inoffizielle, nach Westdeutschland ausstrahlende Hauptstadt war, von der die Welle des jugendlichen Aufstands auf andere Städte übergriff, blieb das Erbe der Jahre 1967/68 in vielerlei Gestalt virulent. An der Freien Universität tobte der Kampf um Mitbestimmung und um die Einrichtung marxistischer Studiengänge, was die Politiker und Studenten beschäftigte, aber außerhalb des Rathauses Schöneberg und fern des Dahlemer Campus nicht sonderlich bewegte. Der ideologisierte Kern verlief sich in sogenannte K-Gruppen, die einem Kommunismus stalinistisch-maoistischer Prägung folgten und letztlich an ihrem Sektierertum zugrundegingen. Einige Mitglieder der Protestbewegung tauchten in den Untergrund ab, aus dem sie gewalttätig und erpresserisch wieder auftauchen sollten. Allgemein blieb eine latente Gewaltbereitschaft in der sich etablierenden und in vielen Formen hervortretenden alternativen Szene. In der Hausbesetzerbewegung erreichte sie in den 80er Jahren einen neuen Höhepunkt.

Kapitel 8

In ruhigerem Fahrwasser

Sicherheit durch Verträge

Ein strahlender Klaus Schütz war Anfang Oktober 1970 an einem in Lage und Aussehen unattraktiven Ort zu erleben. Im absolut unrepräsentativen ehemaligen Versammlungsraum der Arbeiterwohlfahrt am Kreuzberger Halleschen Ufer des Landwehrkanals stand der Regierende Bürgermeister inmitten eines jubelnden Publikums und feierte die Künstler des seit kurzem am Halleschen Ufer residierenden Ensembles der Schaubühne rund um den jungen Regieguru Peter Stein. Mit Bert Brechts «Die Mutter» war der um den Alt-Star Therese Giehse erweiterten Truppe auf Anhieb ein fulminanter Erfolg beschieden, in dessen Glanz sich auch Klaus Schütz sonnen durfte. In dem für ihn typischen Understatement nannte er es in seinen Erinnerungen «besonders bemerkenswert»[1], daß es unter seiner Ägide gelungen war, die bald weltberühmte Schaubühne zu etablieren.

Nicht nur der Triumph auf kulturpolitischem Gebiet ließ Schütz in den folgenden Monaten im Glanze seines Glückes blühen. Auch in den zentralen, ewig drückenden Fragen West-Berlins deutete alles darauf hin, daß die leidigen Status-Probleme, die Fragen der Zugehörigkeit zur Bundesrepublik und der ungesicherten terrestrischen Zugangswege gelöst werden und für die Stadt eine völlig neue und sorgenfreiere Zeit anbrechen würde. In Bonn regierte seit 1969 mit Willy Brandt ein Bundeskanzler, der die einst von ihm und der «Heiligen Familie» ersonnene offenere Haltung gegenüber dem Osten als «Neue Ostpolitik» realisierte. Mit Moskau und Warschau waren Verträge ausgehandelt, die vom Willen zur Entspannung und zu Gewaltverzicht diktiert waren. Als Wahrer der Interessen West-Berlins drängte Schütz darauf, daß diese Verträge nur in Kraft traten, wenn zuvor Lösungen für die West-Berliner Probleme gefunden wurden. Schon im Juni 1969 hatte er eine Reise nach Polen unternommen und sich im Anschluß für eine Anerkennung der Oder-Neiße-Grenze ausgesprochen, was nicht unbedingt den Kompetenzen eines Regierenden Bürgermeisters entsprach. Schütz verknüpfte das Entgegenkommen gegenüber Polen und die Bereitschaft zur Anerkennung der DDR konsequent mit der Forderung nach Verbesserungen für West-Berlin. Diese Haltung des do ut des setzte sich durch und führte zu einem komplizierten Geflecht von langwierigen Verhandlungen.

Im März begannen die vier Siegermächte des Zweiten Weltkriegs Gespräche, die unter anderem die nachhaltige Sicherung West-Berlins und seiner Zugangswege sowie Erleichterungen für die Bewohner der Stadt betrafen. Unabhängig davon versuchte die DDR direkte Verhandlungen mit West-Berlin aufzunehmen und lockte mit Besuchsregelungen für Ost-Berlin und die DDR. Dabei wurde versucht, Gerhard Danelius, den Vorsitzenden des West-Berliner SED-Ablegers SEW, als Intermediär ins Spiel zu bringen. Der politisch völlig marginale Danelius, der einer in West-Berlin ebenso einflußlosen wie unbeliebten Partei vorstand, erhielt von Klaus Schütz auf ein Gesprächsangebot eine klare Antwort: «Wenn die DDR-Führung mit uns sprechen will, so kennt sie unsere Anschrift.» Als sich darauf Willi Stoph als Vorsitzender des Ministerrats der DDR an Schütz wandte, fiel die Antwort freundlicher, aber nicht minder entschieden aus. Verhandlungen gerne, so Schütz, aber erst wenn die Vier-Mächte-Gespräche über Berlin ausreichend vorangekommen seien.

In der Folge kam es parallel zu den Verhandlungen der Botschafter von USA, Großbritannien, Frankreich und der Sowjetunion zu Gesprächen zwischen Egon Bahr und dem DDR-Unterhändler Michael Kohl über ein Transitabkommen sowie zwischen dem Senatsdirektor Ulrich Müller und dem DDR-Staatssekretär Günter Korth über eine Besuchsregelung. Für ihren positiven Abschluß war die Einigung über ein Vier-Mächte-Abkommen Voraussetzung. Endlich konnte am 3. September 1971 der sowjetische Botschafter Pjotr Abrassimow mit den Worten «Ende gut, alles gut!» die eben erfolgte Unterzeichnung eines Abkommens verkünden. Sein Schlußwort zu den Verhandlungen war zugleich das Signal für den Anfang der letzten, 17 Jahre währenden Epoche der Stadt. Nun sollte Schluß sein mit den leidigen Mißlichkeiten und die Verantwortung der vier Mächte nicht länger bestritten werden. Willkür und Schikane würden nicht mehr den Zugang auf den Wegen nach West-Berlin bestimmen und Normalität im Abnormalen einkehren. Vieles konnte nun besser werden, allerdings nichts wirklich gut, weil die geographische wie politische Lage der Stadt zuviel Schlechtes bescherte.

Die im Schlußwort von Abrassimow schlummernde verheißungsvolle Zukunft nahm ihren Ausgang in einem Haus mit beziehungsreicher Vergangenheit. Im Gebäude des Alliierten Kontrollrats in Schöneberg hatte 1948 mit dem Exodus von Sowjetmarschall Wassili Sokolowski die gemeinsame Verantwortung der vier Mächte für ganz Deutschland geendet. Wo jetzt die Bonner Botschafter der USA, Großbritanniens und Frankreichs mit Abrassimow ein Abkommen über Berlin aushandelten, hatten die Außenminister 1954 noch einmal den vergeblichen Versuch unternommen, die Deutschlandfrage gemeinsam zu lösen. Danach war das Haus in Bedeutungslosigkeit versunken. Nur 20 der 540 Räume nutzte die alliierte Luftsicherheitszentrale, eine der letzten gemeinsamen Einrichtungen aller vier Mächte. Hier wurden Protestnoten überreicht, aber auch Entschuldigungen und Erklärungen angenommen wie im Februar 1967, als eine sowjetische MIG 21 wohl versehentlich in Tegel gelandet und nach fünf Minuten wieder gestartet war.

Sonst kamen in das Haus nur höhere Chargen der Westalliierten, um im großen Sitzungssaal des ehemaligen Kammergerichts Bankette zu feiern. Das wilhelminische Deckengemälde mit einigen barbusigen Schönheiten war dazu etwas retuschiert worden, damit nicht die Schamgefühle der Militärs und ihrer Ehefrauen verletzt würden. Zwischen viel Vergangenheit und ungewisser Zukunft schien das Haus fern der Gegenwart im Dornröschenschlaf zu liegen. Nur der unbeirrt weiterhüpfende Sekundenzeiger der Uhr in der Eingangshalle, von US-Soldaten mit einem Seepferchen als Maskottchen ihrer Einheit geschmückt, war ein Zeichen, daß die Zeit auch hier nicht stillstand.

Erst nach 33 offiziellen und ähnlich vielen inoffiziellen Sitzungen konnten die Botschafter das Abkommen unterzeichnen. Davor hatte Abrassimow oft das zähe Ringen mit dem Sprichwort «Keine Rose ohne Dornen» kommentiert. Als besonders widerspenstig erwies sich dabei Walter Ulbricht. Immer schon eigenmächtig, war er im Alter unversöhnlich eigensinnig geworden und verstörte mit seinen wirtschafts- und deutschlandpolitischen Vorstellungen die Genossen in Moskau wie im eigenen Politbüro. Abrassimow war nach Ost-Berlin als Botschafter entsandt worden, um Ulbricht zu kontrollieren und zu bändigen. Unterstützung fand er dabei im Kronprinzen des SED-Chefs, Erich Honecker, der eine Fronde aufbaute, die seinen nunmehr ungeliebten Förderer stürzen und ihm selbst den Weg frei machen sollte. Mit dem hartnäckigen Widerstand gegen Berlin-Verhandlungen der Vier-Mächte manövrierte sich Ulbricht ins Abseits.

Er wollte die Zeichen der Zeit nicht erkennen, nach denen Moskau an Entspannung interessiert und dafür bereit war, die ewige Zeitbombe West-Berlin zu entschärfen. Noch immer hielt er Berlin wie einst Chruschtschow für ein nach Bedarf schmerzhaft zu malträtierendes Weichteil des Westens. Aber Chruschtschow war entmachtet und galt auch in Moskau als Hasardeur. Stetigkeit der Beziehungen war nun zwischen den Großmächten angesagt und Verträge sollten für Stabilität sorgen.

Der widerstrebende Ulbricht wurde von seinen eigenen Leuten entmachtet und trat am 3. Mai 1971 aus «gesundheitlichen Gründen» vom Parteivorsitz zurück, womit reichlich spät die jahrelang erhobene Forderung «Der Spitzbart muß weg» erfüllt wurde. Berlin war damit für Ulbricht wie schon zuvor für Adenauer der Anfang eines demütigenden Niedergangs, bei dem auch der mit dem Putsch von 1948 an die Macht gekommene erste Ost-Berliner Oberbürgermeister Friedrich Ebert eine Rolle spielen durfte. Er trug 1970 kräftig zur Demontage Ulbrichts bei und erhielt das in der DDR-Verfassung gar nicht vorgesehene Amt eines «Amtierenden Stellvertreters des Staatsrates der DDR», um damit den pro forma noch immer als Staatsratsvorsitzenden agierenden Ulbricht unter Kontrolle zu halten.[2]

Die Vereinbarung zwischen den Siegermächten betonte im Allgemeinen deren Rechte in und ihre Verantwortung für Berlin. Im besonderen stellte sie fest, «daß die Bindungen zwischen den Westsektoren Berlins und der Bundesrepublik Deutschland aufrechterhalten und entwickelt werden, wobei sie berücksichtigen, daß diese Sektoren so wie bisher kein (konstitutiver) Teil der Bundesrepublik Deutschland sind und auch weiterhin nicht von ihr regiert werden». Da es keine verbindliche deutsche Übersetzung des Abkommens gab, entwickelten sich rasch Differenzen der Auslegung. Sprach der Westen vom «Vier-Mächte-Abkommen», so verwendete der Osten peinlich genau den Originaltitel «Vierseitiges Abkommen», auch wenn im Dokument selbst ständig von den vier Mächten die Rede ist. Erst recht entfaltete sich eine Debatte darüber, ob «Bindungen» oder «Verbindungen» zwischen West-Berlin und der Bundesrepublik gemeint sind. Der französische und englische Text verweisen mit «liens» und «ties» deutlich auf «Bindungen», während russisch «swjasi» auch «Verbindungen» meinen kann. In den folgenden Jahren ließ sich mit den unterschiedlichen deutschen Worten trefflich streiten. In der Bundesrepublik und in West-Berlin sahen viele den Zeitpunkt gekommen, diese «Bindungen» auszubauen und institutionell zu festigen, während sich nach Vorstellungen der DDR die «Verbindungen» sehr konkret auf Verkehrsverbindungen beschränken sollten, die gemäß dem Vier-Mächte-Abkommen zwischen der Bundesrepublik und der DDR auszuhandeln waren.

Für den Alltag der Menschen in West-Berlin war das am 3. Juni 1972 wirksam werdende Transitabkommen die wichtigste Folge des Vier-Mächte-Abkommens. An die Stelle jahrelang geübter Willkür trat die institutionalisierte Schikane. Die Reisen auf dem Landweg nach Westdeutschland blieben unbequem, wurden aber zu einer Fahrt mit kalkulierbarem Risiko. Bis 1972 durfte die DDR auf den Transitwegen schalten und walten wie sie und die Sowjetunion es wollten, wobei das Schalten der Ampeln an der Grenze das gravierendste Herrschaftsinstrument über die Transitreisenden war. Wann auf «Rot» gewechselt wurde und wie lange es bis zum «Grün» dauern würde, war nicht absehbar und hing oft davon ab, wie sehr man gerade die Muskeln gegenüber der Bundesrepublik und West-Berlin spielen lassen wollte.

Als der Bundestag 1965 in der Kongreßhalle in West-Berlin tagte, gab es mit einer 20-stündigen Sperre der Zufahrtswege die wohl längste Unterbrechung. Die Bundesversammlung am 5. März 1969 in West-Berlin, auf der Gustav Heinemann zum Bundespräsidenten gewählt wurde, nahm die DDR zum Anlaß, den Transitverkehr mit dem Hinweis auf Militärmanöver sieben Stunden lang lahmzulegen. Selbst als der Moskauer Vertrag zum Gewaltverzicht zwischen der Sowjetunion und der Bundesrepublik bereits ausgehandelt war und Moskau im Blick auf die Widerstände der Opposition in Bonn eigentlich eine wohlwollende Stimmung verbreiten wollte, hörten die Behinderungen nicht auf. Als Bundespräsident Gustav Heinemann im Januar 1971 West-Berlin besuchte, kam es sechs Tage lang zu Behinderungen auf den Transitwegen.

Vergleichbares sollte durch das Vier-Mächte-Abkommen doppelt verhindert werden. Zum einen war festgelegt worden, daß Bundespräsident, Bundesregierung, Bundesversammlung, Bundesrat und Bundestag in West-Berlin keine Verfassungs- oder Amtsakte mehr vornehmen würden. Zum anderen verpflichtete sich die UdSSR zu einem behinderungsfreien Verkehr auf den Transitwegen. Für die DDR bedeutete dies einen Verlust wie auch einen Zugewinn an Souveränität. Nicht sie, sondern die Sowjetunion hatte die letzte Verantwortung für die wichtigen Verkehrswege auf dem Territorium der DDR. Im Ausgleich dafür gewann die DDR staatliche Anerkennung im Westen, auch durch die Bundesrepublik, weil sie der Partner bei den Verhandlungen über das Transitabkommen wurde.

Für die West-Berliner ergab sich mit der neuen Regelung eine merkwürdige und das kollektive Bewußtsein prägende Situation. Nach einem festen Ritual erlebten sie die zum Verlassen ihrer Insel so wichtigen Transitfahrten, verbrachten spezifische Stunden ihres Lebens auf dem Gebiet der DDR, auf dem diese wiederum nur bedingte Handlungsvollmacht besaß. Die sogenannten «Grenzorgane» hatten sich an den neu ausgebauten «Grenzübergangsstellen» (GÜSt) nach den Vorschriften des Transitabkommens zu verhalten. Hatte der Autoreisende die Grenze zur DDR überschritten, endete weitgehend der Individualismus, wurden die in West-Berlin in geographisch wie sozial deutlich getrennten Biotopen lebenden Menschen eine Schicksalsgemeinschaft. An den großen Kontrollpunkten in Marienborn oder Drewitz gab es ein letztes Aufflackern von Konkurrenz, wenn sich eine Betonpiste von der Weite einer Rollbahn auftat, auf der schnell jene Spur vor den Abfertigungshäuschen herausgefunden werden wollte, die das baldigste Weiterkommen versprach. Dann verlief die Prozedur für alle gleich, wobei oft die kürzere Spur nicht die schnellste war. Aber selbst in dem Gefühl, immer in der falschen Schlange zu stehen, waren sich alle gleich. Äußerlich gab es Unterschiede zwischen dem Berliner, der im sauber gewaschenen Ford Taunus seinem Wochenenddomizil im West-Harz zustrebte, oder den Langhaarigen, die in ihrem klapprigen VW-Bus in die wendländische Bauernhofkommune steuerten. Aber dem Fahrer des neuesten BMW-Sportmodells verschaffte die Spritzigkeit seines Modells an der GÜSt keine Vorteile gegenüber der Familie im VW-Käfer, bei der zur Schonung von Kupplung und Umwelt Mutter und Kinder das Gefährt an das Kontrollhäuschen heranschoben.

Geduld mußte jeder Reisende mitbringen. Selbst wenn zu sehr später oder sehr früher Stunde nur wenige Autos Einlaß in die DDR begehrten, mußte gewartet werden. Der Transit sollte nach dem Willen der DDR keine Vergnügungsreise, sondern mit Unannehmlichkeiten gespickt sein, als gälte es wenigstens auf diese Weise ein wenig Rache dafür zu nehmen, daß dieses West-Berlin inmitten der DDR existierte. Ablenkung in der Wartezeit gab es wenig. Die Frage eines Zöllners «Waffen, Munition, Funkgeräte?» war sattsam bekannt, und der im Auto geflüsterte Scherz «Muß man die dabei haben?» war nur für Neulinge witzig. Aber war der Mann überhaupt ein Zöllner? Seine Kollegen von den die Pässe visitierenden Grenztruppen waren schon seit 1964 Stasi-Mitarbeiter, die an den sogenannten «Kontrollpassierpunkten» (KPP) in Uniformen der Grenztruppen kontrollierten und fahndeten.[3] Das nach Dienstvorschrift «höf-

25 Mühsal und Ärgernis bedeuteten die Transit-Fahrten durch die DDR. Schikanöse Kontrollen, lange Wartezeiten und schlechte Wegstrecken vergällten die Reisen. Für die West-Berliner waren sie unvermeidlich und schmiedeten sie zu einer Schicksalsgemeinschaft zusammen.

liche» Personal[4] lieferte gelegentlich ein die Lächerlichkeit streifendes Bild, wenn Schichtwechsel angesagt war. Dann bezogen die Mannschaften in Marschordnung ihre Stellungen und konterkarierten ihr martialisches Auftreten mit Aktentaschen und Thermoskannen.

Die Grenzer der Staatssicherheit verteilten sich nach genauer Ordnung auf die verschiedenen Kontrollhäuschen. An der ersten wurden Pässe oder Personalausweise abgegeben, wobei die Insassen im Auto bleiben durften. Nicht mehr – wie vor dem Transitabkommen – mußte bei jedem Wind und Wetter in und vor Baracken angestanden werden, um Gebühren für Visum und Straßenbenutzung zu zahlen, die Reisepapiere und dann das Auto und sein Gepäck penibel kontrollieren zu lassen. Nun durfte nur im ausgesprochenen Verdachtsfall das Auto überprüft werden. Auf die Frage «Kinder?» mußten die Kleinen auf der Hinterbank in eine überprüfbare Haltung gebracht werden, während die Erwachsenen versuchten, ein dem Paßbild möglichst ähnliches Gesicht zu machen. Blieb noch die Frage nach dem angestrebten Fahrziel. «Hannover» oder «Hamburg» galten bei den Grenzern als unkorrekte Antwort. Aber auch die westlichen Übergangsstellen «Helmstedt» oder «Gudow» lösten ein belehrendes «Marienborn» oder «Zarrentin» aus. Auch Neulinge erfuhren so, daß nun für die Dauer der Transitfahrt nur die DDR existierte. Die abgegebenen Reisepapiere wurden in Plastetaschen gesteckt und von den Kontrolleuren auf ein Laufband gelegt, das im Fall des etwas hügeligen Terrains am Grenzübergang Wartha durch eine kleine Seilbahn ersetzt war, in der die Pässe in Miniaturgondeln zur eigentlichen Kontrollbaracke befördert wurden. In ihr stand ein Computer der Staatssicherheit, der die Reisenden erfaßte und problematische Fälle herausfilterte.

Wenn sich endlich aus dem letzten Kontrollhäuschen ein Arm hervorschob und das Auto heranwinkte, dann war meistens das Unangenehmste überstanden. Noch einmal Gesichtskontrolle und Freigabe für die Transitfahrt mit den Worten «Angenehme Weiterreise!» Wer sich bei der Grenzkontrolle unbotmäßig verhielt oder verdächtig war, mußte auf die erlösenden Worte oft lange warten. Einem munteren Fahrer, der aus dem offenen Verdeck eines Autos die Papiere zur Kontrolle herausreichte, wurde solche Originalität schlecht belohnt. Auf den Hinweis, daß die Papiere durch die Seitenscheibe abgegeben werden müssen, fragte er, wo denn diese Vorschrift stehe, worauf sein Auto in den gefürchteten «Raum der Sicherstellung» zur stundenlangen Kontrolle beordert wurde.

Viele Umstände gestalteten die Weiterreise selbst unter günstigen Umständen wenig angenehm. Jahrelang glich die am meisten befahrene Strecke zwischen Helmstedt und West-Berlin einer Buckelpiste, die an Mensch und Stoßdämpfer erhebliche Anforderungen stellte. Erst ab 1977 wurden die aus dem Dritten Reich stammenden und schon von der legendären US-Kampfeinheit 1961 befahrenen Betonplatten mit einer 30 Zentimeter dicken Asphaltschicht geglättet. Bis zuletzt blieb die längste und am wenigsten befahrene Strecke durch Thüringen nach Herleshausen mit bergigen Passagen und Kopfsteinpflaster die gefährlichste. Zum Ausgleich bot sich dem Transitreisenden hier ein wunderschöner Blick auf die Wartburg, die unerreichbar war, weil die vorgegebene Route auf keinen Fall verlassen werden durfte. Die anderen Strecken zeichneten sich dagegen durch markante Unattraktivität aus. Ein wenig Unterhaltung boten allein Werbeaufschriften auf Autobahnbrücken, die zu Fahrten mit den Staatsbahnen der UdSSR einluden oder behaupteten, Mieder aus dem Vogtland «formen verschönernd die Figur».

Die abwechslungsreichste Strecke war bis 1986 die Fernstraße 5 Richtung Hamburg. Statt der öden Betonpiste inmitten schwach besiedelter

Gegenden handelte es sich hier um eine Bundesstraße, die durch Ortschaften führte und den Transitreisenden ganz dicht an die Alltags-DDR heranbrachte, von der er doch durch eine unsichtbare Wand getrennt war. Er durfte nirgends anhalten, mochte auch ein Stop an der HO-Gaststätte «Zum Birnbaum» in Ribbeck dem Fontane-Freund verlockend erscheinen. In Nauen führte die Strecke an endlos erscheinenden sowjetischen Kasernen vorbei, und der Blick über die etwas krummen Mauern ließ ahnen, wie desolat die Unterkünfte der Roten Armee waren. Ortsdurchfahrten verlangten vor allem zu nächtlicher Stunde bei schwacher Beleuchtung und fehlenden Markierungen höchste Konzentration. Zahlreiche Geschwindigkeitsbeschränkungen erhöhten die alle Transitstrecken auszeichnende Gefahr, wegen zu schnellen Fahrens Opfer der hinter Bäumen, Büschen und Geländesenken lauernden Volkspolizei zu werden. Die in Westgeld zu zahlenden Strafen waren kräftig und zielten deutlich auf den devisenarmen Staatshaushalt der DDR. War doch die 100-Stundenkilometer-Geschwindigkeitsbegrenzung auf Autobahnen de facto eine «Lex Transit». Die Mehrzahl der DDR-Autofahrer mit ihren Trabants schaffte es selbst bei heftigstem Ausstoß blauer Auspuffwolken nicht, schneller als erlaubt zu fahren. Die tendenziell zügiger fahrenden West-Autos im Transit waren daher Neid- wie Haßobjekte zugleich, erst recht etwa im Falle eines die Transitkommission beschäftigenden Nobelanwalts vom Kurfürstendamm. Notorisch ignorierte dieser mit seinem «Jaguar» die 100-Stundenkilometer-Beschränkung auf der Autobahn und beglich die Strafen lächelnd aus der für diesen Fall ausreichend mit Bargeld bevorrateten Brieftasche.

Erholungspunkte waren allein die Intertankstellen, Intershops und Interrestaurants, in denen für Westgeld von Spirituosen über Würzfleisch bis Treibstoff alles billig zu haben war. Das schadete zwar dem bundesdeutschen Steueraufkommen, aus dem pauschal die Transitgebühren bezahlt wurden, half aber über die Frustrationen einer Transitreise etwas hinweg. An den Tankstellen war der West-Autofahrer der bevorzugte Teil einer Zweiklassengesellschaft. Während die DDR-Bürger mit ihren «Trabants» und «Wartburgs» an den Ostmark-Zapfsäulen Schlange standen, wurden die in Devisen zahlenden Transitreisenden reibungslos abgefertigt. Hartnäckig hielt sich zwar das Gerücht, das bei «Intertank» gezapfte Benzin sei minderwertig, doch blieb dies einer der ungeklärten Mythen der Transitreisen ähnlich der Behauptung, dem in den Interrestaurants ausgeschenkten DDR-Bier werde nicht mit teurem Hopfen, sondern mit billiger Ochsengalle die nötige Bitterkeit verliehen. Im Transit war es allerdings jenseits aller Geschmacksfragen ratsam, wie die DDR-Bürger zu trinken. Diese saßen, für West-Reisende höchst ungewohnt, bei einem Glas Milch, um nicht mit der in der DDR geltenden strikten 0,0-Promille-Vorschrift im Straßenverkehr in Konflikt zu geraten. Unstrittig waren die niedrigen Preise in den Restaurants an der Transitstrecke, die von vielen Reisenden wegen des traditionellen Geschmacks der Speisen geschätzt wurden. Unangenehm konnte allein die Resteverwertungssuppe «Soljanka» werden, auf deren Verzehr sich wohl die im Original-Ton überlieferte Äußerung eines Stasibeobachters am Rasthof «Magdeburger Börde» bezog: «Westärsche steigen auch schon wieder ein. Bestimmt das Essen nicht geschmeckt.»[5]

Zur Vergnügungsreise wurde eine Fahrt im Transit durch die DDR nie, auch als 1986 mit einer durchgehenden, durch besonders menschenleeres Gebiet führenden Autobahn Richtung Hamburg die Hindernisstrecke der F 5 der Vergangenheit angehörte. Auf nachdrückliches Verlangen der DDR wurde eine besonders lange Streckenführung gewählt, weil damit eine höhere Transitpauschale von der Bundesrepublik zu erlösen war. Konservative Kreise in der Bundesrepublik sahen in dem Projekt weniger eine Erleichterung für West-Berlin, sondern eine Bedrohung Norddeutschlands, weil mit Bundesmitteln eine «ideale Panzerrollbahn» für Truppen des Warschauer Pakts errichtet werde.

Es waren dann doch überwiegend Berlin-Reisende, die auf der neuen Autobahn fuhren. Statt fünf Stunden Anspannung gab es nun drei Stunden, in denen die öde Landschaft mit den Autofahrern um die Wette gähnte. Die sonst allgegenwärtige Volkspolizei mit ihren Radarkontrollen mußte sich an der neuen, von keinen Bäumen gesäumten Autobahn hinter extra aufgeschüttete, mit Kiefernzweigen getarnte Unterstände zurückziehen, um Schnellfahrern aufzulauern. Wie auf allen Transitstrecken war die Überwachung allgegenwärtig. Selbst die biederste Verkäuferin im Intershop in ihrer Kittelschürze war wie alles Personal auf der Transitstrecke Inoffizielle Mitarbeiterin der Staatssicherheit. Auch Offiziere des Ministeriums für Staatssicherheit bis hin zum Chef der «Hauptverwaltung Aufklärung» (HVA) Markus Wolf tummelten sich auf den Wegen nach West-Berlin, um West-IMs zu treffen wie im Fall des führenden FDP-Politikers William Borm.

Kontakte zwischen DDR-Bürgern und Transitreisenden sollten auf diese Weise behindert und vor allem die Flucht aus der DDR verhindert werden. Immer wieder prangerte die Führung in Ost-Berlin den «räuberischen Menschenhandel» kommerzieller Fluchthelfer an – und bot dann ihrerseits die bei gescheiterten Fluchtversuchen Festgenommenen gegen Geld zum Freikauf an. Mit ausgefeilter Technik, die im Einsatz einer die Autos durchleuchtenden Gammakanone gipfelte, kam die Flucht über die Transitstrecke fast völlig zum Erliegen. Nur etwas mehr als 400 Personen wurden zwischen 1979 und 1989 wegen des Verdachts der Fluchthilfe im Transit festgenommen. Eine absolute Ausnahme blieb der kurz nach Inkrafttreten des Transitabkommens eingetretene Fall, daß Transitreisende aus West-Berlin heimlich eine Person in die DDR ein- und nicht ausführten. Ein hochverschuldetes Gastwirt-Ehepaar hatte seinen Gläubiger alkoholisiert, in einen Koffer verfrachtet und auf DDR-Gebiet verbrannt. Der Fall der in der Nähe der Autobahnabfahrt Hermsdorf-Klosterlausnitz aufgefundenen Leiche wurde von den westlichen und östlichen Ermittlungsbehörden in problemloser Zusammenarbeit geklärt.

Nach der Wende verwiesen ehemalige DDR-Bürger darauf, daß die DDR nicht nur Staatssicherheit gewesen sei. Für die West-Berliner mit ihren Transiterfahrungen war die DDR aber fast nur Staatssicherheit. So produzierte Ost-Berlin Mißtrauen und Abneigung gegen das eigene Staatswesen und sorgte dafür, daß in West-Berlin jenseits aller Ideologien und auch ohne Blockade-Trauma ein tiefer Argwohn und eine ausgeprägte Antipathie gegen die umgebende DDR selbstverständlich waren. Die unangenehmen Erlebnisse im Transit trugen dazu bei, daß von der durch das Vier-Mächte-Abkommen eingeleiteten Möglichkeit, den Ostteil der Stadt zu besuchen, relativ wenig Gebrauch gemacht wurde. So förderte die DDR auf ungewollte Weise in dem von ihr ungeliebten West-Berlin ein Identitätsgefühl, das ohne lautes Hurra-Bekenntnis zum Westen von einer tiefen Abneigung gegen den Osten grundiert war. Der Gedanke an eine deutsche Wiedervereinigung schwand mit der Zeit aus dem Bewußtsein und rückte in den Bereich der Illusionen. Der Wunsch, die Transitreise mit all ihren Schikanen und Kontrollen möge einmal der Vergangenheit angehören, verging aber nie. Auch Jahre nach dem Mauerfall sind die «alten» West-Berliner vom Transit geprägt, fragen sich einen Augenblick lang ängstlich beim Überschreiten der Stadtgrenzen, ob sie auch alle «Reisedokumente» mit sich haben und atmen auf, wenn ihnen bewußt wird, daß dies der Vergangenheit angehört. Aber die Grenze und der Transit stecken noch immer in «Gliedern und Sinnen», wie der eines billigen Antikommunismus unverdächtige Schriftsteller Friedrich Christian Delius schrieb. Wie ihm geht es seinen West-Berliner Schicksalsgenossen, wenn sie die einstigen Grenzorte mit Erleichterung durchfahren. 35 Hektar umfaßte die GÜSt Marienborn und fast das Doppelte die GÜSt in Drewitz. Im Vergleich zu den 480 Quadratkilometern von West-Berlin waren dies winzige Flächen, die gar nicht zur Stadt gehörten und doch Leben und Bewußtsein der Menschen in ihr nachhaltig prägten.

Folgenreich mit teilweise unbeabsichtigten Effekten war das Transitabkommen für alle Seiten. Geradezu plötzlich stieg der Auto- und Eisenbahnverkehr zwischen Bundesgebiet und West-Berlin. Bis 1971 waren es durchschnittlich 7,5 Millionen Reisende im Jahr. Schon 1972 kletterte die Zahl auf 10,5 Millionen und erhöhte sich 1988 auf fast 27 Millionen. Immer zahlreicher wagten sich auch Bundesbürger auf den bis dahin wegen der Mühseligkeiten gescheuten Weg nach West-Berlin. Durch die verbesserte Verkehrsverbindung verstärkten sich damit die Bindungen zwischen der Halbstadt und der Bundesrepublik.

Schlagartig ging allerdings die Zahl der Passagiere im Luftverkehr zurück. 1971 war mit rund sechs Millionen Fluggästen der Höchststand erreicht und 1982 mit vier Millionen der Tiefstand. Damit wurden Subventionen für den Luftverkehr gespart, doch verringerten sich zum Leidwesen der West-Alliierten auch die Einnahmen ihrer Fluglinien PanAm, BEA und Air France. Diese Unternehmen, die mit altgedienten Flugzeugen, mit «unsäglichen Sardinenbüchsen»[6] (Heinrich Albertz) ihr Monopolgeschäft betrieben, erfreuten sich großer, aber nicht immer erfolgreicher Unterstützung der drei Mächte. Als 1964 sehr plötzlich von der DDR ein zusätzlicher Grenzübergang an der Waltersdorfer Chaussee eingerichtet wurde, damit der Flughafen Schönefeld in der DDR mit seinen preisgünstigen Ost-Fluggesellschaften für West-Berliner leichter zu erreichen war, wollten die Alliierten dies unterbinden, wogegen sich aber der Senat erfolgreich widersetzte. Hinfort gab es eine Möglichkeit, Auslandsziele direkt und preiswert anzusteuern, wenn auch bei oft rudimentärem Service. Ein Hauch von Absonderung und Bestrafung haftete diesem Flugverkehr über Schönefeld bis zuletzt an. Der Zubringerbus hielt an einem abgelegenen, katzentischartigen Parkplatz auf dem Busbahnhof unter dem Funkturm.

Weitgehend unberührt vom Transitabkommen blieb der Eisenbahnverkehr, der ein knappes Zehntel des Autoverkehrs betrug. Mit der vereinfachten Abfertigung an den Grenzkontrollstellen und der damit gegebenen relativen zeitlichen Berechenbarkeit einer Transitfahrt im Auto schwand der Vorteil der Eisenbahn, die mit zwar langen, aber fahrplangenauen Reisezeiten aufwarten konnte, obwohl auch hier Schikanen nicht ausgeschlossen waren. Im September 1969 war Klaus Schütz in Marienborn aus dem Zug von Düsseldorf nach Berlin geholt und so lange festgehalten worden, daß er seine Reise erst mit dem nächsten Zug fortsetzen konnte. Auch nach 1972 blieben diese Fahrten eine befremdliche Reise in eine andere Welt und Zeit. Auf den Waggons stand «Deutsche Reichsbahn» und der Waggonpark wirkte ebenso gestrig. Sein Geruch war von den Plastiksitzen und dem Reinigungsmittel «WOFASEPT» bestimmt, einem «Fein-Desinfektionsmittel» aus Bitterfeld, das der DDR ihren unverwechselbaren olfaktorischen Charakter verlieh.[7] Scheu waren in diesen Zügen die Unterhaltungen zwischen West- und Ostbürgern, weil auch hier Überwachung durch die Staatssicherheit anzunehmen war. So blieb viel Zeit, darüber nachzudenken, warum auch zugige Toiletten ungelüftet riechen und wieso die Zugheizung antizyklisch oft im Sommer, nicht aber im Winter Wärme abstrahlte. Zwei Tage nach Inkrafttreten des Transitabkommens, am 23. Juni 1972, setzte sich Willy Brandt als Außenminister diesem Erlebnis aus und fuhr mit der Eisenbahn von Berlin nach Bonn, wohl um sein Vertrauen in die neue Regelung zu beweisen. In seiner Begleitung befand sich ein Mann, von dem die Paßkontrolleure der Staatssicherheit nicht ahnten, daß er ihr Kollege war. Es war der Kanzlerspion Günter Guillaume, der knapp zwei Jahre später enttarnt und festgenommen wurde. Auch der Zug mit Brandt und Guillaume an Bord konnte wie alle anderen an der Kontrollstelle Griebnitzsee erst weiterfahren, nachdem ein Stasi-Grenzoffizier im Stellwerk den entscheidenden Freigabeknopf gedrückt hatte.

Auf befremdliche Weise unterlief der Freistaat Bayern die mit dem Transitabkommen angestrebte relative Freizügigkeit der Fahrten zwischen West-Berlin und dem Bundesgebiet. Während von den anderen Bundesländern die Aus- und Einreise an den Grenzen zur DDR beiläufig behandelt wurde, gab es in Bayern genaue Kontrollen. Bei der Einreise wurden manche in Bayern Ankommende behandelt, als würden sie nicht aus West-Berlin, sondern aus einem bedrohlich anarchistischen Gebiet anreisen. Lange Haare der Insassen oder ein Friedens-Anti-Atomzeichen auf dem Auto wirkten in Rudolphstein verdächtig und mündeten oft in Überprüfung. Eine besondere deutsch-deutsche Gemeinsamkeit praktizierte die bayerische Autobahnpolizei. Auf der abschüssigen Strecke zur Grenze gab es eine Geschwindigkeitsbeschränkung mit einem hinter einer Kurve uneinsehbaren Radargerät. Wer hier auf den letzten hundert Metern auf

Bundesgebiet meinte, noch einmal die freie Fahrt der freien Bürger auskosten zu können, wurde mit Bußgeld bestraft, das wenigstens etwas unter den Sätzen der hinter der Grenze wartenden Volkspolizei lag.

Das Transitabkommen verstärkte das latente Unbehagen in der Bundesrepublik gegenüber West-Berlin, kostete es doch erhebliche Steuergelder. Straßenbenutzungs- und Visagebühren wurden von Bonn pauschal beglichen. Nicht länger mußten die Reisenden persönlich für die Durchreise durch die DDR rund 15 Mark pro Fahrt bezahlen, wobei die Visagebühr von fünf Mark gegen Vorlage eines «Gebührenerstattungsscheines», der an der westlichen Kontrollstelle abgestempelt werden mußte, an den Schaltern der Bundespost rückerstattet wurde, also schon bisher, wenn auch umständlich, von der öffentlichen Hand übernommen wurde.[8] Nun zahlte die Bundesrepublik zunächst pauschal 235 Millionen Mark im Jahr an die DDR. Mit der Zeit wuchs diese Summe wegen des gestiegenen Verkehrsaufkommens auf 520 Millionen Mark.[9] Im Laufe der Jahre summierten sich diese Pauschalzahlungen auf 7,8 Milliarden Mark, zu denen noch 2,4 Milliarden Mark für den Ausbau der Verkehrswege zwischen dem Bundesgebiet und West-Berlin hinzukamen. Denn die DDR verwendete die Straßenbenutzungsgebühr keineswegs für die Reparatur der benutzten Straßen, sondern ließ diese in ihren maladen Staatshaushalt einfließen und finanzierte damit auch den erheblichen personellen und technischen Aufwand, um die Transitwege zu überwachen. Letztlich bedeutete dies, daß Bonn die Kontrolle ihrer Bürger durch die Staatssicherheit bezahlte. Die Gelder, die von der Bundesrepublik für die Erneuerung der wichtigen Autobahnen entrichtet wurden, investierte die DDR nicht unmittelbar in diese Projekte. Vielmehr wurden diese Baumaßnahmen aus den Haushalten der örtlichen Bezirke bestritten, die dafür andere Straßenbauten vernachlässigten.

Die Zahlungen für den Reiseverkehr nach Berlin waren also weniger Subventionen für West-Berlin als Unterstützungen für die finanzschwache DDR, worüber man sich in Bonn keine Illusionen machte. Mitte 1988 wurden die nicht mehr realisierten Summen für die Zeit von 1990 bis 2000 zwischen Bonn und Ost-Berlin verhandelt. Erich Honecker erklärte vor dem SED-Politbüro unverblümt, daß die Bundesrepublik die von ihr in dieser Höhe für unbegründet gehaltenen Zahlungen als Beitrag für Fortschritte in den Gesamtbeziehungen betrachtet.[10] Am Ende rechnete sich für die Bundesrepublik vor allem die Finanzierung des Autobahnausbaus. Als es zur deutschen Einigung kam, bestand in den neuen Bundesländern ein intaktes Fernstraßennetz, das zu den vernachlässigten übrigen Straßen in klarem Kontrast stand.

Sanfter Umschwung

Einen besonderen Osterspaziergang verschaffte die DDR den West-Berlinern 1972. Obwohl die Vereinbarung über die Besuchsregelung noch nicht in Kraft getreten war, gab es zum ersten Mal seit sechs Jahren die Möglichkeit, Ost-Berlin und die DDR zu besuchen. Das überraschende Hoffnungsglück wollte aber nicht so recht grünen, was zum Teil daran lag, daß die von der DDR ausgesandte Botschaft nur auf begrenzten Glauben stieß. Die unterschwelligen propagandistischen Züge der «Geste des guten Willens» waren als Absicht Ost-Berlins allzu erkennbar und verstimmten.

In Bonn standen die Ostverträge zur Abstimmung an, deren Anerkennung durch die Bundesrepublik Voraussetzung dafür war, daß Transitabkommen und Besuchsregelung wirksam werden. «Ohne diese Verträge würden die Berlinabkommen nicht in Kraft treten», hieß es in Zeitungsanzeigen der Bonner Regierung. Die DDR demonstrierte mit ihrem offensichtlich zu deutlicher Freundlichkeit angewiesenen Grenzpersonal, was die Unionsparteien verhindern würden, wenn sie bei ihrem «Nein» zu den Ostverträgen blieben.

449 597 Menschen nutzten die Möglichkeit, zu Ostern nach Ost-Berlin und in die DDR zu reisen, wofür die DDR 4,9 Millionen Mark Gebühren in Rechnung stellte, die von der Bundesregierung bezahlt wurden. Unter den Reisenden waren nicht wenige Politiker. Acht Senatsmitglieder registrierte die DDR-Staatssicherheit, des weiteren sechs Bundestagsabgeordnete und 35 Mitglieder des Abgeordnetenhauses, die sie wie alle späteren politisch relevanten Besucher als «Interessante Personen» (IP) in einer gesonderten Kartei erfaßte.[11] Die West-Berliner CDU-Politiker zeigten sich wenig beeindruckt von der neuen Besuchsregelung. Ihr Rechtsaußen Jürgen Wohlrabe ließ sich beim Osterbesuch in seiner Heimatstadt Gardelegen in Sachsen-Anhalt nicht von Nostalgiegefühlen übermannen, sondern forderte ungerührt die DDR auf, aus der «Menschlichkeit auf Probe» eine auf Dauer zu machen.[12] Sein nicht minder rechter Kollege Heinrich Lummer, Vorsitzender der CDU-Fraktion im Abgeordnetenhaus, sah im Anschluß an den

Osterausflug nach Ost-Berlin keinen Anlaß, sein ablehnendes Urteil über die Ostverträge zu ändern. Auf pikante Weise wurde Lummer schon ein Jahr später ein williges Opfer der Besuchsregelung, als seine sehr privaten Fahrten nach Ost-Berlin zu amourösen, von der Staatssicherheit eingefädelten und beobachteten Kontakten führten.

Der Probegalopp für die Besuchsregelung offenbarte bereits spätere Mängel. «Sehnse, det klappt ja gleich nicht!», war vor den eilig eingerichteten Besucherbüros von verärgerten Berlinern zu hören, die mit den komplizierten Bestimmungen nicht zurechtkamen und an den nahezu unverständlichen Devisen- und Zollvorschriften scheiterten. So kam es nicht zum erwarteten Massenansturm wie 1963, auch wenn es nach offiziellen Angaben letztlich doch eine Million Besucher waren, die sich allerdings auf Ostern und Pfingsten im Fünfzig-Tage-Abstand verteilten. Es war nicht zu übersehen, wie sich die Bindungen zwischen den beiden Stadtteilen lockerten und die verwandtschaftlichen und freundschaftlichen Beziehungen mit den Jahren schwanden.

Erschöpfung und Skepsis bestimmten nach allen Schicksalsschlägen und Widrigkeiten die Grundhaltung der West-Berliner, die nun in ihre neue Rolle hineinfinden mußten. Nicht mehr im Rampenlicht der großen Politik zu stehen, war ungewohnt und drohte bei diesem zwischen Selbstbewußtsein und Selbstgefälligkeit schwankenden Menschenschlag zu einer Identitätskrise zu führen. Klaus Schütz war in seiner Unerschütterlichkeit der richtige Mann, auch wenn er manche Gefahren für die Stadt übersah, auf dringliche Fragen nicht die richtigen Antworten fand und sich bei aller persönlichen Gelassenheit doch im Untergehölz der immer mehr zum kommunalpolitischen Klein-Klein tendierenden West-Berliner Politik verfing.

Energisch hatte Schütz zu Beginn seiner Amtszeit verkündet, daß er und sein Senat nicht nur verwalten, sondern politisch führen würden. Das erinnerte an Otto Suhr, der mit dieser Parole den farblosen Walther Schreiber als Regierenden Bürgermeister ablöste und sie dann nicht einlösen konnte. Solange es darum ging, die Position der Stadt im weltpolitischen Ränkespiel zu festigen und die vordergründigen Probleme in Angriff zu nehmen, war Schütz durchaus erfolgreich. Dank seiner guten Bonner Beziehungen konnte er bei den anstehenden Weichenstellungen für die Ostverträge die Position West-Berlins erfolgreich vertreten. An den Universitäten gelang es, die ärgsten Auswüchse abzustellen, auch wenn der Versuch scheiterte, die autonom angesetzten Lehrveranstaltungen der

«Roten Zelle Germanistik» (Rotzeg) an der Freien Universität zu unterbinden. Mit einem neuen Hochschulgesetz, mit Rolf Kreibich aus dem akademischen Mittelbau als Präsidenten blieb die Freie Universität zwar ein Konfliktfeld, auf dem der konservative Teil der Professorenschaft zum Gegenangriff antrat. Aber zunehmend waren dies Campus-Probleme, die nicht mehr in das Gesamtleben der Stadt eingriffen.

Selbst die ewig widerspenstige eigene Partei wurde von Klaus Schütz so weit kalmiert, daß der Regierende Bürgermeister wieder des ihm per Titel zugewiesenen Amtes walten konnte und nicht ein von Parteiflügeln Getriebener war. Wie bei allen Erfolgen in den ersten Jahren seiner Amtszeit lauerte aber auch hier schon die spätere Gefahr. 1971 verlor die SPD zwar bei der Abgeordnetenhauswahl deutlich an Stimmen, behauptete aber knapp die absolute Mehrheit, die Schütz dazu nutzte, nicht mehr mit der FDP zu koalieren, sondern eine SPD-Alleinregierung zu bilden. Er setzte sich damit über die Empfehlung des mit der FDP in Bonn verbundenen Willy Brandt hinweg. Schütz dachte, auf diese Weise bei der Senatsbildung die verschiedenen Parteiflügel berücksichtigen zu können, machte sich aber damit letztlich von diesen auch in seiner persönlichen Lebensplanung abhängig. Es wäre für ihn wohl besser gewesen, am Wendepunkt der Geschicke West-Berlins das Spitzenamt in der Stadt niederzulegen und wieder in die Bonner Politik zurückzukehren, wo er vermutlich als Minister unter seinem Mentor Willy Brandt effektive Arbeit geleistet und eine gute Figur gemacht hätte.

Ein Wechsel von Klaus Schütz in die Bundespolitik hätte freilich die latent schwelenden Probleme der SPD wieder voll ausbrechen lassen und, wie er selbst meinte, ein zeitweiliges Chaos in der Führung der Stadt hervorgerufen.[13] Denn der oft glatt und kühl wirkende Schütz strahlte Gelassenheit und eine animierende Zufriedenheit aus. Mit seinen wachen Augen hinter einer dominierenden Brille, die mit sieben Dioptrien auf jedem Auge eine erhebliche Sehschwäche auszugleichen hatte, signalisierte er Offenheit, die er unermüdlich im Kontakt mit der Bevölkerung sympathiesteigernd einsetzte. Für seine obligaten Besuche auf Wochenmärkten verzichtete er selbst auf hochrangige Polittermine und übertraf noch am wenig glückseligen Ende seiner Amtszeit den Oppositionskontrahenten Peter Lorenz in Umfragen nach der Beliebtheit um 30 Prozentpunkte.[14] Er selbst durfte damals über sich sagen: «Ich bin Klaus Schütz, und das ist gut so.» Damit nahm er eine Formulierung des späteren Regierenden Bürgermeisters Klaus Wowereit mit einem gewichtigen Unterschied vorweg.

Schütz unterstrich, daß er mit seiner ganzen Person der richtige Mann zur richtigen Stelle sei, während Wowereit seiner homosexuellen Orientierung etwas Positives abgewann.

Unemphatisch und ohne Charisma, war Klaus Schütz kein Mann von Visionen und weitgespannten Perspektiven. Seine Schlagworte, die er nach den Berlin-Vereinbarungen ausgab, waren eher schlicht denn prophetisch. «West-Berlin ist wieder eine normale Stadt», lautete das eine Credo und das andere: «West-Berlin wird Modell einer Großstadt». Mit dem Satz von der Normalität wollte Schütz den Bürgern Sicherheit geben und Wirtschaft und Arbeitskräfte in die Stadt locken. Zugleich aber schwächte er damit das Interesse an West-Berlin, denn nichts ist uninteressanter als die Normalität.

Besuchsbürokratie

Ein knappes Jahr, nachdem Transit- und Besucherregelung in Kraft getreten waren, räumte Schütz gegenüber dem Vorstand seiner SPD-Fraktion ein, Berlin stehe in Bonn nicht mehr im gleichen Maße wie früher im Mittelpunkt.[15] Er hatte gehofft, daß zu der von ihm nun verkündeten Normalität auch Bundeseinrichtungen in West-Berlin als Selbstverständlichkeit gehörten und dabei nach dem Prinzip verfahren werde: «Was nicht untersagt ist, ist erlaubt.» Aber der seit den frühen Tagen von Willy Brandt erhoffte «Status quo plus» wollte sich nicht einstellen. Argwöhnisch registrierten die Sowjetunion und die DDR jeden Ansatz einer ausgeweiteten Bundespräsenz in West-Berlin, versetzten dann dem nach wie vor fragilen Gebilde inmitten der DDR Nadelstiche, behinderten den Verkehr oder boykottierten Veranstaltungen in West-Berlin. Mit erheblichem Aufwand und massiven Reaktionen der östlichen Seite wurde zwar 1974 das Umweltbundesamt in West-Berlin installiert, doch bedeutete dieser Kraftakt auch das Ende derartiger Bemühungen. In Bonn regierte die Haltung, daß nicht «draufgesattelt» werden dürfe, und so mußte Schütz verkraften, daß die von ihm in der Bevölkerung geweckten Erwartungen an eine stärkere Bundesbindung enttäuscht wurden.

Wie wenig alltäglich die behauptete Normalität von West-Berlin war, machte ausgerechnet ein Herzstück der Veränderungen von 1972 deutlich. Die institutionalisierten Reisemöglichkeiten in die DDR und nach Ost-

Berlin waren mit einem umständlichen Antragsverfahren in jeder Hinsicht ungewöhnlich und blieben weit hinter den Erwartungen einer Annäherung an den üblichen Reiseverkehr zwischen zwei Ländern zurück. Die Hoffnung, einfach an die Übergangsstellen nach Ost-Berlin gehen zu können und dort ein Visum zu erhalten, wurde gleich am ersten Tag grob enttäuscht. Reisewillige, die mit Tüten und Taschen an einem der «Büros für Besuchs- und Reiseangelegenheiten» in West-Berlin aufkreuzten, mußten von den östlichen Amtmännern erfahren, daß Grenzpapiere nicht wie versprochen sofort, sondern erst nach einer Bearbeitungsfrist von sechs Tagen ausgestellt würden. Wütende Anrufe erreichten das Schöneberger Rathaus, in denen nach Klaus Schütz gefragt wurde, «der gestern noch große Sprüche gekloppt hat».[16] Volkszorn und Springer-Presse («Senat in der Bredouille»)[17] waren sich einig im Protest gegen falsche Versprechungen des Regierenden Bürgermeisters, der noch wenige Monate zuvor erklärt hatte, daß die Berechtigungsscheine sofort ausgehändigt würden.

Den Reisewilligen blieb nichts anderes übrig, als eines der fünf «Büros für Besuchs- und Reiseangelegenheiten» aufzusuchen, den Antrag zu stellen und Tage später die Berechtigungsscheine abzuholen oder per Post zugesandt zu bekommen, für die an der Grenze ein Visum ausgestellt wurde. Die Büros waren Lokalitäten von neonhell erleuchteter Nüchternheit, in denen die Antragsteller und ihre Papiere erst von Beamten des Senats und dann von vorgeblichen Bediensteten des DDR-Innenministeriums überprüft wurden. Über der Prozedur lag ein Hauch des Unangenehmen, immer begleitet von der Sorge, irgend etwas bei der Antragstellung falsch zu machen. Im Arbeiterbezirk Wedding florierte dementsprechend die Kneipe «Passierscheineck» gegenüber dem Besucherbüro, in der sich mancher nach erfolgreicher Überwindung aller bürokratischen Hürden erfrischte.

Dabei ahnten die Antragsteller nicht, was angeblich auch der Senat bis 1989 nicht wußte oder wissen wollte, daß nämlich die Amtswalter aus der DDR durchweg Mitarbeiter der Staatssicherheit waren. Die Herren, die dichtgedrängt in kleinen Bussen der Marke «Barkas» jeden Morgen durch die Mauer zu den Büros kamen, ließen sich weder ihre Herkunft noch irgendeine Regung anmerken, selbst wenn sie von abgewiesenen Antragstellern als «Ostarschlöcher» beschimpft wurden. Arzt, Zahnarzt, Physiotherapeutin, Krankenschwestern sowie KfZ-Mechaniker gehörten in Ost-Berlin zum Stab des DDR-Besuchsbüropersonals; ebenso Köche, die jeden Mittag Essen von Ost nach West brachten. Sie alle waren als Angehörige des «Zentralen Büros für Besuchs- und Reiseangelegenheiten» (ZBfBR) «legendiert», wie es im Geheimdienstjargon hieß. Ihr «Dienstobjekt» unweit der zentralen Untersuchungshaftanstalt des Ministeriums für Staatssicherheit (MfS) in Hohenschönhausen trug die Aufschrift des ZBfBR, war aber ein Gebäude des MfS. Die in den Besucherbüros tätigen MfS-Kader waren handverlesen, ideologisch für den Umgang mit dem «Gegner» geschult und materiell mit guter Bezahlung, gesicherten Ferienplätzen und Aufenthalten in Kur- und Erholungsheimen so gut versorgt, daß es im Laufe der 17 Jahre bis zum Fall der Mauer keinen Überläufer gab.

Der Kontakt zwischen den Ost- und West-Mitarbeitern in den Büros war nach Angaben des zuständigen Senatsdirigenten «steif, förmlich und reserviert»[18]. Die DDR-Mitarbeiter hielten sich in den ihnen zustehenden Dienst- und Aufenthaltsräumen auf, die selbst beim Gang zur Toilette zu zweit verlassen wurden. Nur die Dienststellenleiter grüßten einander mit Handschlag. Der Wunsch des Senats, daß sich auch die übrigen Mitarbeiter grüßen und mit Namen vorgestellt werden, wurde von der östlichen Seite abgelehnt. Den Antragstellern waren namentlich nur «Franzke» und «Wesser» bekannt, deren gestempelte Unterschriften die Berechtigungsscheine für die Reisen zierten. 1989 stellte sich heraus, daß dies vom MfS ersonnene Phantomnamen waren.

Der Senat seinerseits achtete darauf, daß die angeblichen Mitarbeiter des DDR-Innenministeriums keine hoheitlichen Aufgaben wahrnahmen und sich die Besucherbüros nicht zu einer Subform diplomatischer Vertretungen in einer von der DDR behaupteten «selbständigen politischen Einheit Westberlin» entwickelten. Beobachtungen, Erfahrungen und Probleme in den Büros wurden als «geheime Verschlußsache» in Berichten zusammengefaßt und landeten nicht nur auf den Schreibtischen diverser Senatskanzleien, sondern auch in den Büros des MfS. Informelle Mitarbeiter (IM) hielten das MfS auf dem Laufenden.

Nicht nur, weil sich die Besucherbüros zu heimlichen Residenturen des MfS entwickelten und das Verfahren umständlich und abschreckend war, blieb die Besucherregelung ein Sorgenkind, denn es war versäumt worden, Absprachen über den sogenannten «Mindestumtausch» zu treffen. Im Volksmund «Zwangsumtausch» genannt, bedeutete er für den Reisenden in die DDR oder nach Ost-Berlin, daß er einen bestimmten, im Laufe der Zeit wechselnden Betrag zum Kurs 1:1 in Ost-Mark umzutauschen hatte. In Wechselstuben in West-Berlin bekam man sechs bis sieben Ost-Mark für eine West-Mark, doch wurden diese hauptsächlich von alliiertem Personal frequentiert, das an der Sektorengrenze nicht kontrolliert wurde. Für West-Bürger war es verboten und ein massiv geahndetes Vergehen, mit Ost-Mark in die DDR einzureisen. Bis 1973 betrug der Mindestumtausch für West-Berliner 3 Mark pro Besuchstag. Kinder und Rentner waren von der Umtauschpflicht befreit. Im November 1973, ein Jahr nach Inkrafttreten der Besuchsregelung, wurde ausnahmslos für Reisen in die DDR 20 Mark und für solche nach Ost-Berlin 10 Mark verlangt. Protestierend, aber machtlos mußte dies vom Senat hingenommen werden, weil es keine verbindlichen Regelungen gab. Ein Jahr später wurden die Umtauschbeträge wieder gesenkt und Rentner davon befreit, um 1980 endgültig einheitlich auf 25 Mark erhöht zu werden. Gelassen konnte das MfS registrieren, daß der «Gegner nach wie vor seine Angriffe gegen den verbindlichen Mindestumtausch vorträgt»[19], denn die Regierung in Bonn wie der Senat waren machtlos.

Das Drehen an der Schraube «Mindestumtausch» bewirkte die wohl beabsichtigte Reduzierung des Besuchsverkehrs. Deutlich ging bei jeder Erhöhung die Zahl der Reisenden zurück, doch waren es dennoch pro Jahr durchschnittlich etwa zwei Millionen Besuche von West-Berlinern in Ost-Berlin und insgesamt betrug bis 1989 ihre Zahl 40,44 Millionen. Vor allem für Rentner, die Freunde oder Verwandte besuchten, war der Mindestumtausch belastend, weil der Wechselkurs unrealistisch hoch war und sie keine Verwendung für die eingetauschten Ostmark hatten, da sie von ihren Gastgebern, denen sie meist Kaffee, Schokolade und andere begehrte Westartikel brachten, verköstigt wurden. Daher bürgerte sich der Begriff des «Eintrittsgeldes» in die DDR ein, weil dem umgetauschten Geld kein adäquater Warenwert und keine ausreichende Einkaufsmöglichkeit entsprach. Buch- und Notenhandlungen zwischen Friedrichstraße und Alexanderplatz etablierten sich als «Geldabwurfstellen», in denen preiswert eingekauft werden konnte, wenn auch das Angebot überschaubar war und die Bedienung an Herablassung und Unfreundlichkeit mit der verbreiteten Arroganz der Westbesucher konkurrierte.

Nach der Vereinbarung mit der DDR durfte sich West-Berlin sogar rühmen, an Größe gewonnen zu haben, was aber von allen Beteiligten nicht an die große Glocke gehängt wurde. Zehn Hektar von Ost-Berlin kamen im Rahmen eines sogenannten «Gebietstauschs» an West-Berlin. Das Areal in der Nähe des ehemaligen Potsdamer Bahnhofs hatte die Bezirke Kreuzberg und Tiergarten getrennt und lag außerhalb der Mauer, gehörte aber zu Ost-Berlin. Für 31 Millionen West-Mark wurden die zehn

Hektar dem britischen Sektor zugeschlagen, wobei es sich realiter nicht um einen Gebietstausch, sondern um einen Gebietskauf handelte, weil kein Westgrundstück im Gegenzug abgetreten wurde. Der DDR war dies erkennbar peinlich und sie tat alles, um den Eindruck zu verwischen, ihr «Territorium», dieses Kernstück ihres Seins, sei irgendwie verkäuflich. West-Berlin wiederum wußte mit dem teuer erworbenen Grund nichts Rechtes anzufangen, befreite es von dem dort im Laufe der Jahre aufgehäuften Müll, planierte es ein wenig und ließ es dabei bewenden. Von der Verwendung für ein kläglich scheiterndes Experiment mit einer Magnetschwebebahn abgesehen, wurde es erst nach dem Mauerfall im Zuge der Bebauung des Potsdamer Platzes sinnvoll genutzt.

Täuschende Normalität

1972 war für Klaus Schütz die von ihm anvisierte Zukunft der Stadt als einer «normalen und aktiven Metropole» Gegenwart geworden. Der etwas biedere und an der Wirklichkeit vorbeizielende Wunsch war verständlich. Nur wenn das Gefühl der Bedrohung schwand, konnte West-Berlin seinen Bewohnern und Wirtschaftsunternehmen das Gefühl der Sicherheit geben. Dies war wichtig, sollten Zuzügler gewonnen und Betriebe zum Bleiben oder gar zur Ansiedlung überredet werden. Die Botschaft von der normalen Stadt West-Berlin kam aber bei den Adressaten nicht recht an.

Gerade die Jahre nach 1972 waren auf den Problemgebieten Wirtschaft und Bevölkerungsentwicklung äußerst schwierig. Auch verbesserte Verkehrsverbindungen und eine stabilere politische Lage konnten den Standortnachteil West-Berlins nicht beseitigen, der Produktion und Leben in der Stadt schwieriger als im Bundesgebiet machte. Transport-, Energie- und Lebenshaltungskosten waren höher und die Trennung von den wichtigen Absatzgebieten wie auch vom sozialen Umfeld Westdeutschlands belastete. Mit dem wirtschaftlichen Zusammenwachsen Westeuropas wuchs die Distanz weiter. Das Jahrzehnt von 1970 bis 1980, das nach der Papierform der endlich abgeschlossenen Verträge eigentlich eines der Konsolidierung und Prosperität hin zur vielbeschworenen Normalität hätte werden sollen, wurde zu einer Krisenzeit.

Vordergründig war davon nichts zu erkennen, wie der renommierte amerikanische Historiker Gordon A. Craig feststellte.[20] Das äußere Bild der Stadt kündete nach seiner Beobachtung von blühender Gesundheit und Lebenskraft. Der Kurfürstendamm erstrahlte, gesäumt von Cafés und Restaurants, mehr denn je im Neonschein. Die Kaufhäuser und Geschäfte offerierten Waren, die es an Eleganz mit dem Angebot in Regent Street oder Fifth Avenue aufnehmen konnten. Craig registrierte aber mit der Genauigkeit des historischen Empirikers die Probleme hinter dieser glänzenden Fassade. Die Statistiken und Wirtschaftsberichte sprachen eine eindeutige und unerfreuliche Sprache.

Die Bevölkerungsentwicklung war nach wie vor ungünstig und erreichte mit einem Verlust von 40 000 Einwohnern 1974 einen erneuten Höhepunkt. Die wenige Jahre zurückliegende kurzzeitig positive Bilanz von 1969 und 1970 beruhte wesentlich auf dem Zuzug ausländischer Arbeitskräfte. Da die Anwerbung der sogenannten Gastarbeiter aus Italien, Spanien, Portugal und Griechenland zu dieser Zeit weitgehend beendet war, kamen vor allem Menschen aus der Türkei und Jugoslawien, was zu neuen Schwierigkeiten führte. Noch träumte Günter Grass den Multikultitraum, in dem er ein Minarett am Fuße des Kreuzbergs wachsen und Türken und Kroaten zu echten Berlinern werden sah.[21] Aber schon meldeten sich Probleme, die sich durch die Zuwanderer ergaben. Die Jugoslawen in West-Berlin brachten ihre politischen Konflikte mit, was bei Sprengstoffattentaten auf den Kroaten Branko Jelic 1970 und 1971 deutlich wurde. Um die Entwicklung eines «Klein-Istanbul» zu verhindern, wurde 1972 die Notbremse einer Zuzugssperre für Türken in Kreuzberg gezogen.

Mit attraktiven Vergünstigungen wie der Erstattung von Umzugskosten, steuerfreien Zuschüssen zum Hausbau oder Familienzulagen sollten Arbeitnehmer aus dem Bundesgebiet für West-Berlin gewonnen werden. 1972 wurde die Berlin-Zulage einheitlich auf acht Prozent vom Bruttoverdienst festgelegt. Von den solchermaßen nach West-Berlin Gelockten kehrte aber nach Schätzungen des Senats ein Drittel der Stadt wieder den Rücken, wohl nicht zuletzt, weil es für manchen schwer war, die klaustrophobische Situation in Permanenz zu verkraften.[22]

Wirtschaftlich war gerade das Jahrzehnt zwischen 1970 und 1980 mehr denn je von der Normalität entfernt. Die einst für Berlin charakteristische hohe Zahl der Kleinbetriebe hatte sich seit 1950 drastisch auf die Hälfte reduziert. Nun erfaßte die Krise auch die Industrie. In ihr war der Arbeitsplatzabbau dreimal so stark wie im Bundesgebiet, und ihr Anteil an der Gesamtbeschäftigung ging von einem Drittel im Jahr 1970 auf weniger als ein Viertel im Jahr 1980 zurück. Allein 1975 verlor die Industrie 22 000 Arbeitsplätze. Ein Strukturproblem der Industrie in West-Berlin wurde evident. Die großen Unternehmen mit ihren längst nach Westdeutschland verlagerten Zentralen fertigten ihre innovativen Produkte im Bundesgebiet. Der Modernitätsrückstand der Erzeugung in West-Berlin war nicht mehr aufzuholen. Zwar wurden die Finanzmittel für die Wirtschaft der Stadt von zwei Milliarden Mark im Jahr 1970 auf 5,5 Milliarden Mark im Jahr 1980 erhöht, doch wurden mit diesem Geld Fertigungsstätten ohne Rücksicht auf qualitative Aspekte gefördert und Produktionen am Leben gehalten, die eigentlich nicht mehr wettbewerbsfähig waren. Technisch komplexe und innovative Produktionen und Dienstleistungen wurden damit nicht angezogen, wohl aber rücksichtslose Nutznießer der Förderregelungen. Maschinen wurden, kaum war in West-Berlin die schnelle steuerliche Abschreibung genutzt, nach Westdeutschland geschafft. Legendär waren die tiefgefrorenen Schweine aus dem Bundesgebiet, denen in West-Berlin die Ohren abgeschnitten oder die in zwei Hälften geteilt wurden und die dann «veredelt» mit Steuervergünstigung wieder zurücktransportiert wurden. Wenn die Zigarettenindustrie aus steuerlichen Gründen in West-Berlin Fertigungsstätten einrichtete, kam dies zwar der Stadt zugute, schuf aber nicht wirklich neue Arbeitsplätze, weil dafür Fabriken im Bundesgebiet geschlossen wurden.

Eingelullt vom Schlagwort, daß West-Berlin zur «normalen» Stadt werde, sank die Bonner Aufmerksamkeit. Ein Generationswechsel reduzierte die Zuwendung zur Halbstadt zusätzlich. Die Generation der Politiker, die mit Berlin biographisch verbunden waren und von einer Rückkehr an die Spree träumten, schwand dahin. Emotionslos und unsentimental wurde nun Berlin-Politik betrieben, was schnell in Desinteresse umschlug. Erst Mitte der 70er Jahre wurde erkannt, daß finanzielle Zuwendungen allein zuwenig sind und ein drohender Schlendrian abgewendet werden mußte, dem eine zunehmend ausgelaugte Führungsschicht in West-Berlin wenig entgegenzusetzen hatte. Eine Gesprächsrunde mit führenden Wirtschaftsleuten wurde beim Bundeskanzler eingerichtet und eine überparteiliche Berlin-Kommission beim Bundespräsidenten ins Leben gerufen.

Obwohl die vorgebliche Normalität die Halbstadt eigentlich näher an die Bundesrepublik und deren Lebensverhältnisse heranrücken sollte, entwickelte sich eine neue Animosität zwischen West-Berlinern und Bundesbürgern. Da die Hälfte des West-Berliner Haushalts aus bundesdeutschen Steuermitteln aufgebracht wurde, sahen sich die Bundesbürger in der Rolle des etwas herablassenden Finanziers, der nun, wo Mitleid mit einer gebeutelten Stadt inmitten der DDR nicht mehr angebracht war, das Gefühl nie los wurde, daß mit seinem Geld ein Heer von Müßiggang und Allotria treibenden Kostgängern unterhalten werde.

Verstärkt wurde dieses Mißbehagen durch die etwas großsprecherische neue Sinnfindung West-Berlins, die bei Klaus Schütz scheinbar in paradoxem Gegensatz zu seiner tiefen Überzeugung stand, daß in der Stadt so normal wie möglich gelebt werden könne. Aber er empfand es als Ausdruck ihrer Normalität, daß sie sich auch einer «Aufgabe» zu stellen habe. Statt schrittweise neue Projekte und Bindungen für die Stadt zu entwickeln, die ihr auch internationale Aufmerksamkeit verschaffen konnten, wurden wie schon nach dem Mauerbau große Lösungen gesucht, und es wurde eine kleine gefunden. Das Schlagwort vom «Modell einer modernen Großstadt in allen Lebensbereichen»[23] war ebenso hochtönend wie kleinmütig und letztlich nichts als anspruchsvolle Kommunalpolitik, mit der West-Berlin in seinen sozialen Einrichtungen, in seinem Schulwesen und in seinem Wohnungsbau vorbildlich werden wollte. Die Sozialdemokraten, nun allein an der Macht, wollten es ihren Parteifreunden in der Bundesrepublik gleichtun, die in den Rathäusern der Großstädte dominierten. Damit gerieten sie aber nicht nur auf die abschüssige Bahn eines kommunalpolitischen Klein-Klein, das ihnen zum Verhängnis werden sollte, sondern auch in Konkurrenz zu westdeutschen Städten, die nicht einsehen wollten, warum sich West-Berlin mit Subventionsgeldern möglicherweise an ihnen vorbei zur Musterkommune entwickeln solle.

Das Berliner Modellvorhaben schien geradezu obsolet zu werden, als sich gleichzeitig München unter dem sozialdemokratischen Bürgermeister Hans-Jochen Vogel mit Rasanz zur bundesdeutschen Vorzeigemetropole entwickelte. Ausgerechnet 1972, als in West-Berlin etwas dröhnend die modellhafte Normalität verkündet wurde, zeigte München mit den Olympischen Spielen beispielhafte Außerordentlichkeit. Schon 1964 war die bayerische Metropole vom *Spiegel* zur heimlichen Hauptstadt ausgerufen worden[24], was im Vergleich zur eigentlichen, provinziellen Hauptstadt Bonn kein großes Kunststück bedeutete. Das Loblied auf den wirtschaftlichen und gesellschaftlichen Aufstieg Münchens war aber auch ein kräftiger Nasenstüber für die Hauptstadt im Wartestand, als die sich Berlin noch immer verstand.

Hilflos mußte West-Berlin zusehen, wie München die ihm nicht zuletzt durch Abwanderungen aus Berlin zugewachsene Bedeutung und seinen Standortvorteil nutzte. Dagegen konnte die inmitten der DDR eingeklemmte Halbstadt nicht mit der Isarmetropole konkurrieren. Der von Tucholsky ausgemalte Traum des Berliners von einer Wohnung, die vorne zur Friedrichstraße hinausgeht und hinten zur Ostsee, wurde in München Wirklichkeit, wo die Alpen vor der Haustüre liegen und Italien nur wenige Autostunden entfernt ist. Im September 1972 war München als Gastgeber der Olympischen Spiele mit elegantem Stadion, fröhlicher Lebensart und weiß-blauem Himmel ganz heitere Gegenwart, während Berlin mit seinem die meiste Zeit des Jahres verödet daliegenden «Reichssportfeld» von 1936 düstere Vergangenheit repräsentierte. Es war kein Trost für die schicksalserprobten Berliner, daß auch München mit dem Attentat auf die israelischen Sportler aus seinen beschwingten Träumen gerissen wurde und im Krisenmanagement gewiß nicht professioneller als Berliner Sicherheitskräfte agierte.

Schon in der *Spiegel*-Eloge auf München war 1964 festgestellt worden, daß das darbende Berlin künstlerisch überlegen und lebendiger sei. 1972 hatte der schwedische Schriftsteller Lars Gustafsson West-Berlin als ein anderes Deutschland beschrieben, das sich mit seinem «lebhaften, scharfen Intellekt» als «geheimnisvolle Schmiede des Zukünftigen» vorteilhaft von der «dummen, geldstrotzenden Bundesrepublik» unterscheide.[25] Glänzendes Beispiel für West-Berlin als Ort des Aufbruchs und Neuen war die Etablierung zweier maßstabsetzender Theater, der Schaubühne und des Grips-Theaters, die beide von konservativen Kreisen in der Stadt zu Anfang heftig befehdet wurden. Dennoch gelang es dem Grips-Theater inhaltlich und szenisch, ein neues Vorbild für Kinder- und Jugendtheater zu werden. Die «Schaubühne» feierte 1971/72 größte Triumphe, drohte allerdings in ihren Anfängen am Kleingeist und Kleinmut von Politikern sowohl der CDU als auch der SPD zu scheitern, die tief im provinziellen Denken und den Klischees des Kalten Kriegs verwurzelt waren. Staunen und Jubel bestimmten zunächst die Reaktionen auf die Nachricht, daß Regisseur Peter Stein und mit ihm seine besten Schauspieler in Berlin eine Heimstatt finden sollten. Das Feuilleton war sich in der Begeisterung über den Neuzugang einig und in seinen Prognosen zutreffend, daß der Zustrom potenter junger Theaterleute gar nicht hoch genug eingeschätzt werden könne. Das Staatsschauspiel mit seinen drei Bühnen zeigte nach 20 Jahren der Intendanz von Boleslaw Barlog deutliche Ermüdungserscheinungen, so daß eine Belebung der Theaterszene dringend notwendig wurde. Überraschend setzte der Senat nicht darauf, den schweren Tanker des Staatsschauspiels flottzumachen, sondern unterstützte millionenschwer das neue Projekt. Sonst wenig innovativ, setzte die Stadtregierung auf das Experiment mit einer schwierigen Theatertruppe, die für sich ungemein großzügige Arbeitsbedingungen einforderte, extensive Probezeiten wünschte und nichts vom engen Produktionszwang herkömmlicher Theater wissen wollte. Ihr leitender Kopf, Peter Stein, war ein von strengem Kunstwillen Getriebener, von der Kritik Hochgelobter, aber auch ein von seinen bisherigen Wirkungsstätten Vertriebener.

Als Stein 1968 nach einer Aufführung des «Vietnam Diskurs» von Peter Weiß in den Münchner Kammerspielen eine Kollekte für den Vietcong veranstaltete, wurde dies von Oberbürgermeister Hans-Jochen Vogel verboten. Als das Publikum der folgenden Vorstellung über diese Entscheidung unterrichtet wurde, warf es freiwillig Geld auf die Bühne, worauf Intendant August Everding Peter Stein kurzerhand Hausverbot erteilte und ihn fristlos entließ. Danach arbeitete dieser in Bremen, inszenierte einen zur Legende werdenden «Torquato Tasso» mit den späteren Schaubühnen-Stars Jutta Lampe, Edith Clever und Bruno Ganz, geriet aber durch seiner Arbeitsweise in Konflikt mit Intendant Kurt Hübner, so daß er nach Zürich weiterziehen mußte. Dort hatte er zwar im Intendanten einen Förderer, aber im Establishment der Stadt einen entschiedenen Gegner. Die kollektive Arbeitsweise der Künstler rund um Peter Stein erwies sich als unvereinbar mit den traditionellen Formen eines Stadttheaters. In Frankfurt schien sich die Lösung einer gemeinsamen Theaterleitung mit Claus Peymann anzubahnen, doch scheiterte das Vorhaben eines mehrköpfigen Direktoriums am allzu vorsichtigen Kulturdezernenten.

Ausgerechnet die Westberliner Verwaltung, die besonders zwischen den von Max Weber konstatierten Polen des Dilettantismus und der Bürokratie hin und her pendelte und oft beide vereinte, machte möglich, was in Frankfurt nicht gelingen wollte. Ein rühriger junger Senatsangestellter erkannte die Chance und brachte seinen Kultursenator Werner Stein dazu, Peter Stein und sein Ensemble an der als relativ links geltenden, geachteten «Schaubühne am Halleschen Ufer» zu etablieren und den Künstlern eine Heimstatt für ihre spezifische Arbeitsweise einzurichten. Staunend wurde auch überregional das «Kollektiv als Direktor» registriert, dem neben den Besitzern der Schaubühne Jürgen Schitthelm und Klaus Weiffenbach fürs Erste auch Peter Stein, Claus Peymann und der Dramaturg Dieter Sturm angehörten. Der Zuschuß des Senats wurde auf fast zwei Millionen Mark gegenüber den bisher an die Schaubühne bezahlten 600 000 Mark deutlich erhöht und stieg bis 1977 schnell auf 6,5 Millionen Mark.

Das Projekt war durchaus umstritten und reichlich riskant im Blick auf die Erfahrung mit revolutionär gesinnten Künstlern. Im März 1969 endete eine bei Kerzenschein im Schloß Charlottenburg begonnene Verleihung des «Kunstpreises Berlin» im Tumult. Mitglieder der APO mit dem besonders lautstarken Horst Mahler schrieen «Arbeiterverräter. Papiertiger», und dies so laut, daß die Worte von Klaus Schütz im Chaos untergingen. Er übte sich in der bei der APO verachteten Liberalität und beteuerte, daß die Unbequemen im Staate nötig seien und daß der Staat vor deren «aggressiver Unbequemlichkeit» nicht ausweichen wolle. Literaturpreisträger Peter Schneider entriß dem Regierenden Bürgermeister kurzerhand die Preisurkunde, entrollte eine Vietcong-Fahne und mischte sich danach unter seine APO-Freunde. Klaus Schütz verzichtete hinfort darauf, den «Kunstpreis Berlin» zu verleihen und überließ dies der Akademie der Künste.

Mit der Etablierung der neuen Schaubühne ging der Regierende Bürgermeister ein hohes Risiko ein, weil er wußte, daß er von den Künstlern wenig Dankbarkeit, aber manchen Ärger erwarten durfte und Springer-Presse und CDU-Opposition das Experiment argwöhnisch betrachteten. Groß war daher die Erleichterung, als gleich die Einstandsinszenierung von Brechts «Die Mutter» am 8. Oktober 1970 zum triumphalen Erfolg wurde. Als nächste Premiere stand Peter Handkes «Der Ritt über den Bodensee» an. Der Titel hätte kaum passender sein können, denn zwei Monate nach dem erfolgreichen Auftakt wurde deutlich, daß sich Werner und Peter Stein auf dünnem Eis bewegten. Die CDU eröffnete im Dezember 1970 einen Frontalangriff gegen die Schaubühne und verlangte die Streichung aller Subventionen für das Theater, das sich in ihren Augen als verfassungsfeindliche marxistisch-leninistisch-maoistische Agitationstruppe herausgestellt hatte. Grundlage der Vorwürfe waren Aufzeichnungen der ausgiebigen Sitzungen und Diskussionen der auch die Handwerker einschließenden Mitarbeiterversammlungen, die von einer extra dafür eingerichteten «Protokollanz» penibel notiert worden waren und teilweise in die Hände der CDU gerieten. Diese sprach im Abgeordnetenhaus von marxistisch-leninistischen Schulungen, zu denen die Mitarbeiter gezwungen seien, und verwies auf Bemerkungen in den Protokollen, in denen die parlamentarische Demokratie als «Herrschaftsform der Bourgeoisie» und freie Wahlen als «Sicherung der ökonomischen Interessen der Bourgeoisie» bezeichnet wurden. Zur Lage West-Berlins wurden Äußerungen aus den Schaubühnen-Sitzungen zitiert, die von Erklärungen der DDR nicht zu unterscheiden waren.

Ausgerechnet aus dem tiefen Süden erhielt die Berliner CDU Unterstützung. Ausführlich und durchaus genüßlich zitierte die Parteizeitung der Schwesterpartei CSU, der *Bayernkurier*, aus den Protokollen und nutzte die Gelegenheit, das ohnedies suspekte, SPD-regierte West-Berlin an den Pranger zu stellen.[26] Die West-Berliner SPD ließ einige Worte über künstlerische Freiheit verlauten und knickte mit einem halbherzigen Kompromiß ein. Der Senat sperrte vorläufig eine Million Mark an Zuschüssen, was Proteste der Kulturszene hervorrief. Die sonst ihren Individualismus pflegenden Kritiker aller großen Zeitungen von *FAZ* bis *Spiegel* veröffentlichten in der *Zeit* einen kollektiven Protestbrief an den Regierenden Bürgermeister, in dem sie davor warnten, daß ein Scheitern der Schaubühne durch «Verdächtigungen und Bespitzelungen» und «unzureichend begründeten Entzug ihrer finanziellen Grundlage» dem «gesamten Theater in unserem Land ein lähmendes Trauma für die nächsten Jahrzehnte» bescheren würde.[27] In der Bedrängnis durchbrach auch die Schaubühne ihr sonst gepflegtes elitäres Schweigen. Peter Stein wies darauf hin, daß die inkriminierten Äußerungen in den Protokollen nicht Meinungsterror seien, sondern im Gegenteil ein Zeichen der Meinungsfreiheit, weil jeder in der Truppe seine Überzeugungen offen äußern dürfe.

Hart prallten damals in der Schaubühne die Argumente rund um die Produktion von «Ritt über den Bodensee» aufeinander und drohten das junge Ensemble zu zerreißen. Claus Peymanns individualistische Arbeitsweise stieß auf heftigen Widerstand der maoistischen Gruppe um den für diese Fraktion typischen Schauspieler Michael König. Er war einer der hitzigsten und auch schönsten Köpfe des Ensembles, der zu Hause Bachs «Wohltemperiertes Klavier» spielte, später ans ehrwürdige Wiener Burgtheater wechselte, 1970 aber strengstens die «kollektive Praxis» der Theaterarbeit einforderte. Diese sollte in einer parallel zur Peymann-Produktion erarbeiteten Inszenierung von Hans Magnus Enzensbergers Agitprop-Stück «Das Verhör von Havanna» verwirklicht werden. Aus den teilweise mit unerbittlicher Härte geführten Debatten im Vorfeld dieser Aufführungen stammten die beanstandeten Protokollpassagen, die mehr über künstlerische Differenzen als über ideologische Festlegungen verrieten. Bei der Premiere der Produktion offenbarte sich der Unterschied zwischen dem, was hinter den Kulissen geredet und dem, was auf der Bühne gezeigt wurde. Peymanns Handke-Aufführung wurde zum großen künstlerischen Erfolg, während die Kollektivinszenierung des Enzensberger-Stücks überhaupt nicht reüssieren konnte. Peymann verließ krisengeschüttelt die Schaubühne, an der sich nun Peter Stein zum klaren Primus inter pares entwickelte, unter dessen Ägide nach außen wie nach innen die ursprünglichen polit-ideologischen Ansätze dahinschwanden.

Schon Mitte Januar 1971 konnte ein Prüfungsbericht des Senats keine «kämpferische Aggressivität» in der Truppe feststellen. Zwar seien einzelne Äußerungen von Ensemblemitgliedern mit der demokratischen Grundordnung unvereinbar, doch müsse in künstlerischen Dingen die Verbotsschwelle sehr hoch angesetzt werden. So konnte der Senat die gesperrte Million freigeben, allerdings mit merklich erhobenem Zeigefinger. Denn eine Rechnungshof-Kontrolle hatte mangelhafte Abrechnungsmodalitäten aufgedeckt. Es erging die deutliche Warnung, in Zukunft den Kassenbüchern ebensoviel Aufmerksamkeit zu schenken wie den Text- und Regiebüchern.

Wenige Monate später hatte die auf zwei Abende verteilte Inszenierung von Ibsens «Peer Gynt» in der Regie von Peter Stein Premiere, und Kritiker Friedrich Luft staunte: «Wenn man den Zuschauerraum betritt, ist er weg.»[28] Alles war in dem Raum an diesen Abenden Bühne, und auf ihr wurde mit atemberaubender Wucht alles Gemäkel und Gezeter überzeugend hinweggespielt. Die Aufführung wurde als eine ästhetische Kulturrevolution begriffen, die freilich mit der von Michael König und einigen anderen Ensemblemitgliedern nach chinesischem Vorbild angedachten nichts gemein hatte. Als die Produktion ob ihrer Qualität fast zwangsläufig zum Theatertreffen eingeladen wurde, war das Glück allgemein. In Anbetracht des unaufhaltbaren Siegeszugs des Ensembles zeigten auch die Opponenten von SPD und CDU Verständnis und machten schüchterne Anläufe, von den früheren Verdammungsurteilen abzurücken. Nichts mehr zu ändern war freilich daran, daß sich West-Berlin rund um die Schaubühnen-Affäre in der von Günter Grass dargestellten Weise offenbarte, als er von einer in sich verstrickten, parteipolitisch muffig gewordenen Gesellschaft sprach, die dort, wo sie laut wird, großmäulig-provinziell und im «revolutionären Bereich» infantil ist.[29]

KAPITEL 9

Terror und Niedergang

Erbe der Revolte

Ausgerechnet ein typischer Vertreter des Mittelmaßes der politischen Klasse von West-Berlin sorgte 1975 dafür, daß die Stadt in den Fokus nicht nur der deutschen, sondern auch der internationalen Aufmerksamkeit rückte. Am 27. Februar, wenige Tage vor der Abgeordnetenhauswahl, wurde der CDU-Landesvorsitzende und Spitzenkandidat Peter Lorenz entführt und war schlagartig für Tage verschwunden. Er war durch Law-and-Order-Forderungen gegen den ihm an Popularität heillos überlegenen Klaus Schütz hervorgetreten und hatte im Streit um die Schaubühne zu den Verfassungsfeindlichkeit witternden Wortführern gehört. Im Wahlkampf für die am 2. März 1972 stattfindende Abgeordnetenhauswahl warb er mit dem Slogan «Mehr Tatkraft schafft mehr Sicherheit». Ein Flugblatt seiner CDU trug die Überschrift «Berliner leben gefährlich», was ihm hämische Bemerkungen von Helmut Schmidt eintrug, der solche Aussagen für Unfug hielt und über den dafür verantwortlichen Peter Lorenz – «den freundlichen Herren mit der Hornbrille» – spottete, daß er sich wohl nachts in seiner Wohnung ängstige.[1] Peter Lorenz, der als junger Soldat Stalingrad überlebt hatte, war aber kein Mann persönlicher Bangigkeit und hatte auch nicht widersprochen, als Anfang 1975 sein Personenschutz aufgehoben wurde, nachdem eine Sicherheitsüberprüfung zu der irrigen Einschätzung gekommen war, daß er nicht gefährdet sei.[2]

Die Gefahr des Terrorismus schien etwas mehr als zwei Monate nach der Ermordung des höchsten Richters in West-Berlin, des Präsidenten des Kammergerichts Günter von Drenkmann, gebannt. Für den Mord war die «Bewegung 2. Juni» verantwortlich. Deren Name verriet einen bemerkenswerten historischen Wissensstand, denn er bezog sich nicht nur auf die Erschießung von Benno Ohnesorg am 2. Juni 1967, sondern auch auf ein

Attentat auf Kaiser Wilhelm I. am 2. Juni 1878. Die «Bewegung 2. Juni» war im März 1972 erstmals namentlich mit einem Flugblatt in Erscheinung getreten. Sie agierte schon länger und war ein Zusammenschluß verschiedener militanter Gruppen. Die wichtigsten unter ihnen waren die «Tupamaros West-Berlin» und die «Haschrebellen», unter denen der Kommunarde Dieter Kunzelmann als spontanistischer Hauptakteur hervortrat. Dieser hatte für Theorie und Ideologie wenig übrig, aber viel für revolutionären Aktionismus und Drogen. Nach einer Ausbildung in einem Palästinenserlager gehörte Kunzelmann zu der Gruppe, die eine Bombe im Jüdischen Gemeindehaus in West-Berlin deponierte, die am 9. November 1969 während der Feiern zum Gedenken an die Reichspogromnacht detonieren sollte. Der Sprengsatz, den der schon aus der Studentenbewegung bekannte Agent des Verfassungsschutzes Peter Urbach bereitgestellt hatte, explodierte aber nicht. Auch bei einer als Feuerlöscher getarnten Bombe der «Bewegung 2. Juni» im Britischen Yachtclub in Gatow funktionierte der Zeitzünder Anfang Februar 1972 nicht. Als der Hausmeister des Clubs dem vermeintlichen Feuerlöscher mit Hammer und Meißel zu Leibe rückte, explodierte dieser und tötete ihn. In der Folge beging die «Bewegung 2. Juni» weitere Sprengstoffanschläge. Unabhängig von ihr handelte das RAF-Kommando «2. Juni», das in Hamburg einen Anschlag auf den Springer-Verlag verübte.

Zwischen RAF und den «Tupamaros West-Berlin» hatte es Kontakte, aber auch Differenzen gegeben, die sich bei einem langen Gespräch in der Wohnung von Ulrike Meinhof in Schöneberg als unüberwindbar herausstellten. Die späteren Mitglieder der «Bewegung 2. Juni» hielten die RAF nicht zu Unrecht für zu unüberlegt und lehnten eine Teilnahme an der chaotisch und gewalttätig endenden Befreiung von Andreas Baader im Mai 1970 ab. Ulrike Meinhof und weitere Kombattanten schossen dem in der Justizvollzugsanstalt in Tegel Einsitzenden den Fluchtweg frei, als dieser sich unter dem Vorwand von Buchrecherchen im «Deutschen Zentralinstitut für soziale Fragen» in Dahlem aufhalten durfte. Dabei wurden zwei Justizbeamte schwer verletzt.

Die blutige Spur des Terrorismus war in West-Berlin vielfältig und erfuhr mit dem Mord an Ulrich Schmücker einen brutalen Höhepunkt. Schmücker war Mitglied der «Bewegung 2. Juni», hatte aber gegenüber der Polizei Geständnisse abgelegt und geriet damit ins Visier seiner Mitstreiter. Nahe der Krummen Lanke, wo auch Peter Lorenz entführt wurde, fand am 5. Juni 1974 ein US-Soldat den sterbenden Schmücker, der vermutlich dem Fememord seines terroristischen Umfelds erlag. Die Täter und die Rolle des Verfassungsschutzes bei dem Verbrechen konnten aber auch in dem bis 1991 dauernden längsten Gerichtsverfahren der bundesdeutschen Geschichte nie geklärt werden.

Obwohl die «Bewegung 2. Juni» eine erhebliche Zahl an Todesopfern zu verantworten hatte, erwarb sie sich doch im Vergleich zur RAF und Baader-Meinhof-Gruppe einen weniger auffälligen Ruf, was auch daran lag, daß sie nur in West-Berlin agierte und damit aus statusrechtlichen Gründen nicht Objekt von Fahndungen durch das Bundeskriminalamt (BKA) wurde. In terroristischen Kreisen galt sie als äußerst erfolgreich, wozu weniger beitrug, daß die Gruppe bei Banküberfällen an Kunden und Bankangestellte Süßwaren verteilte und auch sonst bemüht war, nicht den Zorn der Bevölkerung zu wecken. Entscheidend war die Entführung von Peter Lorenz, die mit ihrem unblutigen Ausgang und ihrer kühl kalkulierten Planung so etwas wie terroristische Effizienz bewies.

Auf den ersten Blick verwundert die Entscheidung der Terroristen, ausgerechnet West-Berlin zum Ort einer Entführung zu wählen. Die eingemauerte Stadt bot schlechte Bedingungen für eine Flucht, aber gute Möglichkeiten für eine Zuflucht. Bei hundertsechzigtausend Häusern, vierhunderttausend zugelassenen Autos und fünfzigtausend Parzellen in sechshundert Kleingartenkolonien war es kein Problem, ein Versteck zu finden. Der damalige, in der westdeutschen Provinz beheimatete Innenminister Werner Maihofer erklärte stoisch-resignativ, in einer Agglomeration wie West-Berlin würden besondere Maßstäbe gelten. Im Trubel des Großstadtverkehrs, «so im Gewühl und in all dem Gedränge», sei ein Fahrzeug auch mit tausenden Polizisten und Hubschraubern nicht zu verfolgen.[3]

Ideal für die Entführer war, daß in diesem steinernen Meer, das so groß ist wie München, Stuttgart und Frankfurt zusammen, ein spezifisches Klima von Intimität und Anonymität herrschte. Die Stadt war überschaubar genug, daß die verschiedenen Milieus ihre Kontakte pflegen konnten, aber sie war auch groß genug, um sich gegenseitig aus dem Weg zu gehen und zu ignorieren. In keiner anderen Stadt wurde das Auffällige so selbstverständlich hingenommen wie in West-Berlin. Die Stadt besaß eine hochentwickelte Neigung zur Ignoranz, so daß in ihr gesuchte Terroristen jahrelang unauffällig leben oder wie Gudrun Ensslin sogar den inhaftierten Andreas Baader im Gefängnis besuchen konnten.

Nach dem Ende der Studentenrevolte und dem Zerfall der APO hatten sich in West-Berlin zwischen Legalität und Illegalität changierende Milieus entwickelt, die mit spezifischen Kneipen und der Zeitschrift *Agit 883* eine wechselseitig vernetzte Szene bildeten. Die radikaleren Elemente unter ihnen, die sich für Gewalt entschieden, konnten dabei auch auf Unterstützung und Sympathie in den noch immer eng verbundenen Kreisen der ehemaligen Studentenbewegung und APO rechnen. Es genügte, daß ein renommierter Anwalt bei Johannes Agnoli, Professor an der Freien Universität, auftauchte und meinte, die Wohnung werde für eine Besprechung der RAF benötigt. Umstandslos wurden die Schlüssel überreicht und die Wohnung von Agnoli diskret für die konspirative Unterredung geräumt.[4]

Geradezu dreist erscheint es, daß die Entführer für ihr «Volksgefängnis» den Keller in einem Haus fast gegenüber der Kreuzberger CDU-Geschäftsstelle und unweit einer großen Polizeikaserne gewählt hatten. Aber in der Großstadt können hundert Meter ebenso sehr trennen wie zehn Kilometer. Die damals noch nicht gentrifizierte Gegend Kreuzbergs war typischer Teil jenes Berlins, in dem sich die Häuser mit zwei, drei Hinterhäusern jeder Übersichtlichkeit entziehen. Ein Trödelladen, in dem sich die Terroristin Gabriele Rollnik pro forma als Verkäuferin betätigte, war in dieser Gegend so unauffällig und selbstverständlich, daß dahinter gut getarnt ein «Volksgefängnis» für Peter Lorenz eingerichtet werden konnte. Schwierig für die Täter war allein die Ausspionierung der Lebensgewohnheiten von Peter Lorenz, der in bester Villengegend nahe den in havelländischer Beschaulichkeit daliegenden Gewässern Krumme Lanke und Grunewaldsee wohnte. In dieser verkehrsarmen Gegend fielen die observierenden Autos der Entführer auf, ohne daß dies aber zu einer Anzeige führte.

Eigentlich hatte die «Bewegung 2. Juni» zunächst eine ganz andere, schlicht auf Lösegeld abzielende Entführung eines «Geldsacks» unter dem Codewort «Sergeant» geplant. Der Begriff war aus dem Beatle-Song «Sergeant Pepper's Lonely Heart's Club Band» abgeleitet, denn gekidnappt werden sollte Karl Heinz Pepper, der begabte Finanzjongleur und Besitzer des «Europa-Center». Die Aktion war für die Weihnachtszeit 1974 geplant, um von der sentimentalen Stimmung dieser Wochen bei den Lösegeldverhandlungen zu profitieren. Der Fahndungsaufwand nach dem Drenkmann-Mord zeigte den Terroristen aber, daß längere und gründliche Vorbereitungen für das Gelingen ihrer Tat nötig waren. So wurde das Unternehmen «Sergeant» abgeblasen und alle Energie auf die schon länger geplante Entführung von Peter Lorenz gerichtet. Ein Laden in Kreuzberg wurde angemietet und der darunter liegende Keller mit von Baustellen gestohlenem Material zum Gefängnis ausgebaut.

Vorbereitung und Ausführung der Tat zeugen von einer großen kriminellen Energie und Intelligenz. Als Tatzeit wurde die Woche unmittelbar vor der Abgeordnetenhauswahl am 2. März 1975 gewählt und als Opfer der CDU-Spitzenkandidat, womit dessen Kontrahent Klaus Schütz geradezu automatisch in die Lage geriet, sich für ihn einsetzen zu müssen, wollte er den Makel vermeiden, seinen auf einen Wahlsieg zusteuernden Gegner eigenen politischen Interessen geopfert zu haben. In der Sprache der Terroristen: «Die SPD konnte den mutmaßlichen Wahlsieger nicht über die Klinge springen lassen.»

Der Verlauf der Entführung ist vor allem durch die Berichte von zwei Tätern, Ralf Reinders und Ronald Fritzsch, überliefert. Im Ton von Strauchdieben, die sich einer gelungenen Tat freuen, erzählen die beiden salopp davon, wie gut alles aus ihrer Sicht gelaufen sei. Verwirrung stiftete zu Anfang nur eine ungewohnte Verzögerung von Peter Lorenz, der als Folge eines vorangegangenen ausgedehnten Kneipenabends mit seinem Freund Helmut Kohl erst gegen neun Uhr und nicht wie üblich um acht Uhr sein Haus verließ. Die Freude der Täter über die eigene Schlauheit verdeckt die latente Brutalität, auch wenn nur Werner Sowa, der Fahrer von Peter Lorenz, körperlichen Schaden nahm. In der Diktion der Entführer «kriegte er eins auf die Mütze»[5], worunter ein heftiger Schlag mit einem als Besenstiel getarnten Eisenrohr zu verstehen war, ausgeführt von einem als Straßenfeger verkleideten Terroristen. Lorenz selbst wehrte sich zwar heftig und überraschte die Entführer mit seiner Größe und Körperkraft, hatte aber gegen deren Gewalt keine Chance und mußte es hinnehmen, mit einer Spritze des Beruhigungsmittels «Haloperidol» außer Gefecht gesetzt zu werden. Eine Kommode, in der Lorenz beim Transport in das «Volksgefängnis» versteckt wurde, war für den stämmigen Mann fast zu eng, so daß die Entführer witzelten, sie hätten besser den bekannt kleinen Heinrich Lummer von der CDU als Opfer auswählen sollen.

24 Stunden lang gab es keine Spur von Lorenz, der in seinem Kellerverlies wortwörtlich vom Erdboden verschwunden war. Am 25. Februar tauchte gegen 10 Uhr ein Bekennerschreiben bei der Deutschen Presseagentur auf. In ihm wurde Lorenz als «Vertreter der Reaktionäre und Bonzen» für alles verantwortlich gemacht, was den Terroristen mißfiel, von «Akkordhetze» bis hin zu «Berufsverboten». Staunend las man in den

Krisenstäben, daß ein West-Berliner Lokalpolitiker auch für die aggressive Eroberungspolitik des Staates Israel verantwortlich sein soll und «blutigen Anteil am Militärputsch durch Pinochet» habe.

Kernstück des Schreibens waren die Forderungen der Entführer, für die ein Ultimatum von 72 Stunden gestellt wurde. Sechs inhaftierte Terroristen, darunter drei im Bundesgebiet einsitzende, sollten von West-Berlin in einer Boeing 707 ausgeflogen werden. Bei dem Flug der Freigelassenen sollte als «Person des öffentlichen Lebens» der ehemalige Regierende Bürgermeister Heinrich Albertz Begleiter sein, der sich dazu freiwillig zum Faustpfand der Terroristen machen mußte.

Dem Schreiben lag ein scheinbar harmloses Polaroidbild von Lorenz bei, das bei näherem Hinsehen inhumane Rücksichtslosigkeit bewies. Zu sehen war ein wehrloser und derangierter Peter Lorenz, der durch ein Pappschild, das er sich vor die Brust halten mußte, als Gefangener der «Bewegung 2. Juni» ausgewiesen ist. Seine starke Brille war ihm abgenommen worden, wodurch der Effekt der Hilflosigkeit und Entwürdigung verstärkt wurde. Man merkt Lorenz an, daß er sich nur widerstrebend dieser Demütigung ausgesetzt hat. In den Folgejahren war es bei einer Begegnung mit ihm schwer, nicht hinter dem korrekt gekleideten Politiker die gequälte Kreatur zu sehen, zu der ihn seine Entführer erniedrigt hatten. Lorenz hat sich nie konkret öffentlich über die Folgen seiner Geiselhaft geäußert, wohl aber durchklingen lassen, daß er durch sie traumatisiert sei.

Nach außen zeigte sich Lorenz unerschütterlich und bewies nach der Freilassung bei der Antwort auf die Frage eines Reporters, wie die Nahrungsaufnahme im «Volksgefängnis» erfolgt sei, trockenen Berliner Humor: «Wie üblich: durch den Mund.» Unausgesprochen blieb die ihn wohl ständig begleitende Todesfurcht. Denn Lorenz konnte in seinem Verlies nicht verfolgen, was außerhalb für seine Freilassung getan wurde. Zwar erhielt er Zeitungen, doch war aus diesen alles ausgeschnitten, was die Entführung betraf. Bei allem geschickten Kalkül der «Bewegung 2. Juni» ist nicht zu übersehen, daß sie ein brutales Erpressungsmittel einsetzte: das Leben von Peter Lorenz. Unmißverständlich war der Hinweis im Bekennerschreiben, daß bei Nichterfüllung der Forderungen die Unversehrtheit des Gefangenen bedroht sei.

Die Entführer hatten nicht bedacht, daß in West-Berlin die Verhältnisse in manchem komplizierter und anders waren als im Bundesgebiet, vor allem, wenn es um den Flugverkehr ging. Klaus Schütz mußte mit den Stadtkommandanten wegen der Bereitstellung einer Boeing 707 verhan-

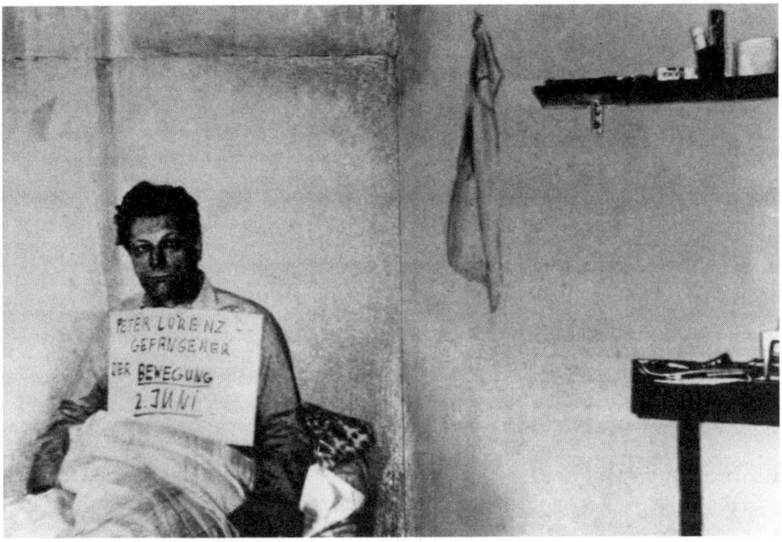

26 Die Entführung des CDU-Chefs Peter Lorenz durch eine Terrorgruppe war mit inhumaner Perfektion betrieben. Die damit verbundene Freipressung von RAF-Terroristen stürzte die Stadt und die Bundesrepublik in eine tiefe Krise.

deln, doch weigerten sich die Alliierten, dieses von den Entführern wegen seiner großen Reichweite gewählte Modell zur Verfügung zu stellen. Offensichtlich wollten sie die Verantwortung für das Schicksal der Häftlinge allein der Bundesrepublik überlassen. So blieb nur die Lösung, die Berliner Gefangenen mit einem kleineren Flugzeug nach Frankfurt zu fliegen, sie dort mit den westdeutschen Terroristen zusammenzuführen und in einer Boeing 707 abfliegen zu lassen. Statusrechtliche Probleme traten auch auf, weil es nicht nur in West-Berlin, sondern auch in Bonn einen Krisenstab gab und ein kompliziertes Verantwortungsgeflecht zwischen Bund und Ländern bestand. Verwaltungsrechtlich hatte die scheinbar federführende Bundesregierung keine verfassungsmäßige Verantwortung, wie auch Helmut Schmidt später einräumte.[6] Erst recht war die Frage, wie weit nach dem Vier-Mächte-Abkommen der Bund in West-Berliner Angelegenheiten mit- oder gar hineinregieren durfte. Der Einsatz von Beamten des Bundeskriminalamts provozierte denn auch eine Demarche der Sowjetunion, allerdings nicht prompt, sondern erst nach Wochen. Beamte des Bundesgrenzschutzes wurden offiziell nur zur «fernmeldetechnischen

Unterstützung» an den Berliner Innensenator «ausgeliehen».[7] Die DDR wertete, wie interne Berichte an das Politbüro zeigen, vor allem das Auftreten von Bundesinnenminister Maihofer als Verstoß gegen das Vier-Mächte-Abkommen, verzichtete aber auf Proteste.

In den Krisenstäben wurde heftigst darüber debattiert, ob den erpresserischen Forderungen der Terroristen nachzugeben sei. Für Klaus Schütz, der mit Peter Lorenz gut bekannt war, stand es zu keinem Zeitpunkt außer Frage, das Leben des Entführten zu retten. Er wurde darin von CDU-Chef Helmut Kohl und von Franz Josef Strauß unterstützt. Insgesamt war die Stimmung nach der Beobachtung von Klaus Schütz «eigentümlich amorph».[8] Helmut Schmidt war als Chef des Krisenstabes in Bonn mit seinem Justizminister Hans-Jochen Vogel Vertreter einer harten, unnachgiebigen Haltung. Der Nachfolger Willy Brandts als Bundeskanzler versuchte die Meinungen zu bündeln und konstatierte: «Ich stelle fest, daß CDU und CSU für ein Nachgeben sind.» Worauf Klaus Schütz dezidiert ergänzte: «Und der Senat von Berlin».[9] Schmidt blieb bei seiner ablehnenden Haltung, war aber bereit, sich einer Entscheidung für ein Nachgeben gegenüber den Erpressern öffentlich nicht entgegenzustellen.

Eine Unwägbarkeit war die Teilnahme von Heinrich Albertz an dem Unternehmen. Albertz hielt es für Rache, daß die Wahl der Entführer gerade auf ihn gefallen war, denn er war tief in die Ereignisse vom 2. Juni 1967 verwickelt und mußte wegen des Todes von Benno Ohnesorg mit fremden wie eigenen Vorwürfen leben. Für die Entführer war der ehemalige Regierende Bürgermeister, der nun als Pfarrer der Johannes-Kirchengemeinde in Schlachtensee amtierte, auch nur ein «Pfaffe», wie es in ihrer verächtlichen Diktion hieß. Aber sie wußten von Bischof Kurt Scharf, der wenige Monate zuvor Ulrike Meinhof im Gefängnis besucht hatte, daß Kirchenmänner keine Scheu davor hatten, mit Terroristen Kontakt aufzunehmen. Leicht dürfte Albertz die Entscheidung entgegen seiner späteren Darstellung nicht gefallen sein, denn in den Akten des Bundesinnenministeriums findet sich die Notiz: «Er will bislang nicht.»[10] Nachdem sich Albertz entschieden hatte, dem raffiniert ausgeheckten Plan der «Bewegung 2. Juni» Folge zu leisten, verabschiedete er sich in einer bewegenden Predigt am 2. März von seiner Gemeinde in Schlachtensee. Hier wie auch später betonte er, das gewagte Unternehmen als christliche Verpflichtung anzusehen und als Mann der Kirche mitzumachen. Albertz hegte Zutrauen zu den Entführern und Mißtrauen zu den staatlichen Stellen. In der Bitte von Polizeipräsident Klaus Hübner nach einer Unterredung mit den freigepreßten Gefangenen vermutete der ehemalige Polizeifreund Albertz nun einen «miesen Trick», und behandelte die von ihm als «Kinder» titulierten Terroristen mit seelsorgerischer Nachsicht.[11] Zweifellos war er in jedem Fall eine bessere Besetzung des schwierigen Parts als Helmut Kohl, der sich in einem Vieraugengespräch mit Klaus Schütz bereiterklärte, zur Rettung seines Freundes Lorenz die Rolle des Flugbegleiters zu übernehmen. Rückblickend meinte Helmut Schmidt zu dieser Idee: «Anständig, aber abwegig.»[12]

Im Laufe des 2. März wurden die Häftlinge in Frankfurt zusammengeführt, wobei die Franzosen mit einer kleinen Maschine dabei halfen, die Berliner Häftlinge und Heinrich Albertz zum Treffpunkt zu bringen. Auch die DDR leistete den Akten zufolge mit Informationen Amtshilfe, bat aber darum, diesen Umstand «diskret zu behandeln».[13] Am Abend hatten die Entführer eine freudige Nachricht für den von ihr gefangengehaltenen Peter Lorenz: Die CDU hatte die SPD um zwei Mandate überflügelt und war zum ersten Mal stärkste Fraktion im Abgeordnetenhaus. Gegen 23 Uhr fiel im Kanzlerbungalow in Bonn die endgültige Entscheidung, die Häftlinge wie gefordert auszufliegen.

Am Morgen des 3. März startete in Frankfurt eine Lufthansa-Boeing 707, die von der Bundesregierung für 124 240 Mark gechartert worden war, wobei das Luftfahrtunternehmen «wegen der besonderen Umstände» auf den Gewinnzuschlag verzichtete.[14] An Bord waren nur fünf der geforderten Häftlinge. Horst Mahler hatte die Freipressung verweigert, weil er individualistischen Terror ablehne und «den Kampf der revolutionären Massen» abwarten wolle.[15] Mit dem Abflug der Maschine war aus dem Fall des in einem Kreuzberger Keller festgehaltenen Peter Lorenz eine internationale Angelegenheit geworden, weil das Flugzeug letztlich in Aden, der Hauptstadt des Süd-Jemen landete, dort aber keineswegs willkommengeheißen wurde. Erst nach langen Verhandlungen wurden die Terroristen aufgenommen und Heinrich Albertz, der von den jemenitischen Behörden, ohne Diplomatenpaß oder Beglaubigung aus Bonn, zunächst auch für einen Terroristen gehalten worden war, konnte zurückreisen. In der allgemeinen Aufregung wäre Albertz fast ohne das wichtige Codewort abgeflogen, mit dem er den Entführern signalisieren sollte, daß alles in ihrem Sinn gelaufen war.

Völlig erschöpft von der Hitze in Aden und den Unannehmlichkeiten des Rückflugs mit einer amerikanischen Militärmaschine ohne Druckausgleich, konnte Albertz am Abend des 4. März endlich via Fernsehen die

Losung übermitteln: «So ein Tag, so wunderschön wie heute». Mit verbundenen Augen wurde daraufhin Peter Lorenz von seinen Entführern ausgerechnet in jenem Park ausgesetzt, in dem er bei Kriegsende von sowjetischen Soldaten festgenommen worden war. Drei Zehn-Pfennigstücke waren ihm mitgegeben worden. Mit zweien von ihnen rief Lorenz von einer der dreieinhalbtausend Telefonzellen in der Stadt seine Frau an. Die dritte Münze war für den Fall gedacht, daß der Telefonapparat eines der Geldstücke nicht annehmen sollte.

Kaum war Peter Lorenz frei, setzte eine vorbereitete Großfahndung ein, zu der die Polizei in West-Berlin Beamte aus dem Bundesgebiet anforderte. Insgesamt waren 15 000 Polizisten und 100 Kriminalisten des Bundeskriminalamts und des Verfassungsschutzes im begrenzt effektiven Einsatz. Die Polizisten aus Westdeutschland kannten die besonderen Bestimmungen West-Berlins nicht und mußten mit «Stadtrundfahrten» überhaupt erst mit der ihnen fremden Großstadt vertraut gemacht werden. Die DDR beobachtete das Aufgebot westdeutscher Beamter nicht nur aus statusrechtlichen Gründen äußerst kritisch. Sie befürchtete, daß verdeckt arbeitende DDR-Agenten in West-Berlin bei diesem Großeinsatz enttarnt werden könnten.

In der Folge war es der Fluch der guten, Peter Lorenz das Leben rettenden Tat, daß sie fortwährend Böses gebar. Schon im April 1975 machte die durch das Berliner Beispiel zur Aktion gedrängte RAF mit einer Botschaftsbesetzung in Stockholm den Anfang einer mit der Ermordung von Hanns Martin Schleyer endenden Mordserie. Dabei zeigte sie mit Extremforderungen, schlechter Planung und hoher Gewaltbereitschaft, daß sie aus der Schlauheit der «Bewegung 2. Juni» nicht gelernt hatte. Dagegen hatte Bundeskanzler Schmidt aus der Lorenz-Entführung für sich die Lehre gezogen, terroristischen Erpressungsversuchen nicht nachzugeben. Er sah sich darin bestätigt, als etliche der von der «Bewegung 2. Juni» Freigepreßten wieder als Terroristen aktiv wurden.

Die Entführer von Peter Lorenz konnten zunächst nicht gefaßt werden, weil sie das einzig mögliche Schlupfloch nahmen. Sie fuhren mit der U-Bahn zum Bahnhof Friedrichstraße in Ost-Berlin und von dort über Saßnitz nach Dänemark, was nur durch Nachlässigkeit oder stillschweigender Duldung durch DDR-Behörden möglich war. Wohl im Übermut über das Gelingen ihrer Aktion und in Geringschätzung der staatlichen Verfolgung kamen sie bald wieder in die Bundesrepublik, ja sogar teilweise nach West-Berlin und wurden sukzessive verhaftet, so daß bereits im September 1975 die meisten von ihnen im Gefängnis saßen.

In West-Berlin, das von dem sich ins Bundesgebiet und ins Ausland verlagernden Terror hinfort verschont blieb, ging das Leben relativ schnell seinen gewohnten Gang. Schon am Sonntag nach seiner Rückkehr predigte Heinrich Albertz wieder in der Johanneskirche in Schlachtensee und unter den lauschenden Gemeindemitgliedern war auch Peter Lorenz. Klaus Schütz wurde Ende April trotz Wahlniederlage und evident gewordenen Abnutzungserscheinungen als Chef einer SPD/FDP-Koalition wieder zum Regierenden Bürgermeister gewählt. Mit Peter Lorenz wurde erstmals ein Abgeordneter der CDU Präsident des Abgeordnetenhauses und entfaltete daneben, ungeachtet des Entführungstraumas, eine rege Tätigkeit nicht zuletzt im Mischbereich von Politik und Wirtschaft.

Skandale und Filz

Als die Entführer von Peter Lorenz in seiner Aktentasche einen Scheck über 10 000 Mark fanden, ausgestellt von Karsten Klingbeil, wußten sie das Fundstück schnell einzuordnen. Der Aussteller des Schecks war stadtbekannt, genoß den Ruf eines «Baulöwen» und war, kritischer betrachtet, Teil der sogenannten «West-Berliner Baumafia». Die «Klingbeil-Gruppe» war geradezu ein Synonym für das ertragreiche Immobilien-Abschreibungsgeschäft in der Halbstadt. Der Unternehmer sah sich zwar immer als verhinderter Bildhauer und zog sich später aus dem Baugewerbe in sein Atelier zurück. Aber auch im Geschäftlichen handelte er nach dem Prinzip, daß auf einen groben Klotz ein grober Keil gehört. So sparte er nicht mit kräftigen finanziellen Zuwendungen, um Politiker für seine Unternehmungen zu erweichen. Die offensichtlich als Parteispende gedachten 10 000 Mark waren für den Unternehmer kaum mehr als ein Griff in seine Portokasse. Er konnte sich weitaus großzügiger erweisen, wie im Fall eines Hotel-Projektes auf dem Flughafen Frankfurt, bei dem über eine Million Mark in den Kassen der örtlichen SPD landeten. Auffällig an dem Berliner Scheck war der Adressat. Klingbeil galt als Spender der SPD, hatte aber offensichtlich die Zeichen der Zeit erkannt, die auf einen Machtwechsel hin zur CDU verwiesen.

Das West-Berliner Geflecht von Immobilienwirtschaft und öffentlicher Hand wurde mit dem Niedergang der SPD neu geflochten und damit noch unübersichtlicher. Eine gewisse Undurchschaubarkeit gehörte zu dem Gemenge von Spenden, Gefälligkeiten und Profit. Auch den Lorenz-Entführern gelang es nicht, Licht in das Dunkel der Baumafia zu bringen, auch wenn sie ihr Opfer darüber verhörten, dieses aber als geübter Jurist die Aussage verweigerte und selbst in einer lebensgefährlichen Situation nicht zu Auskünften bereit war.

Die Bürger bekamen von den Praktiken im Baugewerbe meist erst etwas mit, wenn es zu spät war, wenn etwa die Abschreibungsobjekte am Kurfürstendamm in unübersehbarer Häßlichkeit als Dokumente der Raffgier hochgezogen waren. Im Fall des Kudamm-Karrees auf mittlerer Höhe der Renommierstraße bekam der Passant das volle Ausmaß der öffentlich geförderten Bauwut gar nicht zu sehen. Das Gebäude hatte zwanzig Stockwerke, damit dieses deutliche Überschreiten der Berliner Bauhöhe aber nicht sichtbar wurde, waren die oberen Stockwerke so weit zurückgesetzt, daß sie von der Straße aus nicht zu bemerken waren.

Die Erlaubnis zu solcher Überschreitung war der Architektin Sigrid Kressmann-Zschach erteilt worden, die als ungekrönte First Lady des Baugeschäfts Gönner und Genehmiger mit attraktiver Erscheinung, ausgeprägtem Geschäftssinn und gesellschaftlichem Glanz für sich einzunehmen wußte. Aus der DDR geflohen, war sie zeitweise mit dem als «Texas-Willy» bekannten populären Kreuzberger Bezirksbürgermeister Willy Kressmann verheiratet und kannte die entscheidenden Politiker der Stadt bestens – und durchschaute sie in ihrem Ehrgeiz, in ihrer Bereitschaft zu eindrucksvollen Großprojekten und in ihrem Zwang, die Bauwirtschaft der Stadt zum Erhalt von Arbeitsplätzen in Schwung zu halten. Daß sie im gewinnträchtigen sozialen Wohnungsbau tonangebend mitmischte, war geradezu selbstverständlich. Ihre 160 «Zeichenknechte» entwarfen aber auch architektonisch unerhebliche Großprojekte wie das Kudamm-Karree, die eigentlich überflüssig waren, was sich spätestens herausstellte, wenn die Bauwerke fertig waren und Mieter fehlten. Dann war nicht nur das Geld der steuersparenden Kommanditisten dahin, sondern die öffentliche Hand als Lückenbüßer gefordert. So drohten viele der 40 000 Quadratmeter des Kudamm-Karrees leerzustehen, bis sich der Senat mit der Fachhochschule für Verwaltung und Rechtspflege einmietete. Die indirekte Subventionierung eines solchen Unternehmens war zwar unübersehbar, aber unvermeidlich, sollte blamabler Leerstand an einer der ersten Adressen der Stadt vermieden werden.

Die Unterstützung derartiger Unternehmen war im Fall von Sigrid Kressmann-Zschach für die Förderer mit der Annehmlichkeit verbunden, am großzügigen Lebensstil der Architektin zu partizipieren, den Herren des Senats und der Bezirke mit ihrem Entgegenkommen überhaupt erst möglich gemacht haben. Am Swimmingpool der Immobilienkönigin lagern zu dürfen oder mit einer Flasche Champagner bedacht zu werden, galt als Auszeichnung, nicht als sanfte Bestechung. Von ihrer einnehmenden Attraktivität sprechen noch viele Jahre später selbst ihre Kritiker mit Staunen und Respekt. Ein Senatsdirektor durfte mit der attraktiven Dame auch ein Zimmer im Wiener «Hotel Sacher» teilen, wobei in dieser angeblich platonischen Beziehung nur über Architektur und Futurologie, nicht über Bauprojekte gesprochen worden sei.

Zum Skandal wurden diese Usancen beim sogenannten «Steglitzer Kreisel», einem Bauwerk, das ebenso merkwürdig war wie sein Name. Der erinnerte daran, daß an dieser Stelle ein nie realisierter Kreisverkehr eingerichtet werden sollte. Wie es dazu kam, daß Sigrid Kressmann-Zschach mit ihrer Firma «Avalon» das für Verkehrsbauten vorgesehene Gelände als Bauland erwerben konnte, blieb ungeklärt, und die Erklärung, daß Senat und Bezirk schlicht «geschlafen» haben, könnte zutreffen.[16] Der Bauherrin gelang es, für dieses Projekt in besonderer Weise, sich die «öffentliche Hand um die schlanke Taille» zu legen, wie eine Zeitung schrieb.[17] Auch ein Untersuchungsausschuß konnte nicht klären, wer wen wie davon überzeugt hat, am äußersten Ende der als Einkaufsmeile beliebten gutbürgerlichen Schloßstraße eine 120 Meter hohe «städtebauliche Dominante» zu errichten. Der Bezirk im Südwesten der Stadt wollte mit der City um die Gedächtniskirche in Konkurrenz treten, in dem amorphen Gebilde West-Berlin ein weiteres Subzentrum etablieren, ein urbanes «Ausrufezeichen» setzen. Sigrid Kressmann-Zschach gelang es nicht nur, 800 Kommanditisten Geld für das Projekt zu entlocken, sondern auch eine Senatsbürgschaft von 40 Millionen Mark zu erhalten.

Es war ein Zusammentreffen von privater Geschäftstüchtigkeit und provinziell grundiertem kommunalen Ehrgeiz, das geradezu absurde Formen annahm, immer getragen von dem Willen, aufstrebende Signale zu setzen. So verstieg man sich in Steglitz nicht nur zu dem das Europa-Center überragenden «Kreisel», sondern errichtete auch unweit davon ein so merkwürdiges und nicht sehr notwendiges Bauwerk wie den sogenannten «Bierpinsel», dessen Name alles über die ästhetische Qualität des auf einem Betonpfeiler auskragenden mehrstöckigen Bauwerks aussagte. Zweck des Baus war es vor allem, von einer wenig schönen Autobahnbrücke abzulenken, womit eine Unansehnlichkeit die andere verdeckte.

«Bierpinsel» wie «Kreisel» endeten später in Desolatheit und Leerstand, doch wollte solche Perspektiven zunächst niemand wahrhaben. Aber je höher der «Kreisel» emporwuchs, desto stärker begann das Unternehmen gen Himmel zu stinken. Die Baukosten kletterten empor wie die Baugerüste und statt der veranschlagten 90 Millionen Mark lagen sie bald bei 120 Millionen. 1973 wurden die Bauarbeiten gestoppt, und 1974 machte die Bauträgergesellschaft Pleite. Die Idee, die Bauruine abzureißen und die Bürgschaft abzuschreiben, wurde verworfen, auch wenn sich damit die öffentliche Hand auf Dauer viel Geld und Ärger erspart hätte. Aber das beim Richtfest von Klaus Schütz als «große Idee» gepriesene Unternehmen sollte nicht allzu offensichtlich als kommunalpolitisches Desaster erkennbar werden. So wurde der Rohbau, dessen Verkehrswert auf 66 Millionen Mark veranschlagt wurde, für 17 Millionen Mark an ein Immobilienunternehmen versteigert. Als der Bau schließlich 1980 vollendet wurde, hatten die Kommanditisten den Großteil ihrer 80-Millionen-Investition verloren, mußte der Senat eine Bürgschaft von 42 Millionen Mark abschreiben. Sigrid Kressmann-Zschach hatte zwar mit ihrem Unternehmen «Avalon» Pleite gemacht, aber doch rund 30 Millionen Mark Architektenhonorar kassiert und der Stadt mit dem «Kreisel» ein unvermietbares Objekt beschert. Vor dem Leerstand konnte es nur gerettet werden, indem es der Bezirk Steglitz für 4,6 Millionen Mark im Jahr für seine Verwaltung mietete.

Nachdem Klaus Schütz noch 1972 Kritik am «Kreisel» als «hämische, neidische und unsachliche Nörgelei» abgetan hatte, war 1974 der Skandal rund um das Bauwerk nicht mehr zu vertuschen. Zwei Senatoren mußten ihre Ämter aufgeben, darunter der legendäre Senats-Methusalem Rolf Schwedler, der nach 17 Jahren an der Spitze der Bauverwaltung über die Finanzierung des «Kreisels» stolperte. Klaus Schütz überlebte politisch das Debakel, wenn er auch nicht zuletzt durch die im «Kreisel»-Untersuchungsausschuß bekanntgewordenen Mißstände bei den Wahlen 1975 deutliche Verluste der SPD hinnehmen mußte. Er war in dieser von kommunalen Mißlichkeiten geprägten Phase der Geschichte West-Berlins nicht der geeignete Mann, um Ordnung zu stiften. Mit dem Hinweis auf die Verantwortung der Senatoren exkulpierte sich Klaus Schütz. Mit dem schmeichelhaften Lob selbst für versagende Senatoren, daß dies eigenständige Persönlichkeiten seien, lenkte er davon ab, wie wenig ihn das Alltagsgeschäft eines Stadtoberhaupts bekümmerte. Augenzeugen berichten, wie Schütz neue Akten, Briefe und Notizen auf seinem Schreibtisch schnell durchsah und sich mit leicht angewidertem Gesicht abwandte: «Wieder nichts Wichtiges.»[18] In seinen Erinnerungen nehmen denn die zehn Jahre seiner Tätigkeit als Regierender Bürgermeister nur ein knappes Drittel ein, und diese beziehen sich überwiegend auf Statusfragen und Ostpolitik.

Ein anderer Mann an der Spitze des Senats hätte möglicherweise manchen Mißstand energischer zu beseitigen versucht als der im Amt schon müde gewordene Klaus Schütz. Aber auch er wäre wie die späteren Regierenden Bürgermeister an den skandalträchtigen Umständen gescheitert, weil es nicht nur um den Einzelfall «Steglitzer Kreisel» ging. Der war ein Skandal unter vielen in der Geschichte der Bundesrepublik und bei weitem nicht der größte. Nicht mehr der einzelne Skandal wurde in den 1970er Jahren zum Problem West-Berlins, sondern die Massierung der Unzulänglichkeiten, die nicht länger als singuläre Fälle abgetan werden konnten. «Man muß Strukturen zerschlagen», sagte der spätere CDU-Landeschef Eberhard Diepgen, als er in den 1980er Jahren von Skandal zu Skandal stolperte und dabei wohl ebenso sehr Gefangener wie Akteur des Systems war. Es war ein Geflecht von Um- und Zuständen, das permanent Unregelmäßigkeiten produzierte. Nicht die Größe der Skandale machte West-Berlin auffällig. Darin wurde die Stadt bei weitem von anderen Regionen übertroffen, die ihre eigenen skandalproduzierenden Systeme kennen und in Bayern als Amigo-Wirtschaft oder in Köln als «Klüngel» sprichwörtlich sind. West-Berlin entwickelte eine eigene Form, die als «Berliner Filz» abträgliche Bekanntheit gewann und von den besonderen Verhältnissen der Halbstadt genährt wurde.

Ein Grund für die typisch West-Berliner «Filzokratie» war die lange Herrschaft einer Partei, die fast unweigerlich über Jahre zur Etablierung eines Beziehungssystems führt, wie es auch in anderen Bundesländern zu beobachten gewesen ist. In West-Berlin förderte die Inselsituation zusätzlich die Verflechtungen. Es waren immer dieselben Leute, die sich trafen, ob beim Empfang der Industrie- und Handelskammer oder eines der Stadtkommandanten. Absprachen und Zusagen erfolgten en passant. Dazu kamen die Hinterzimmer, in denen vor allem parteipolitisch gekungelt wurde und Ämter mit den damit verbundenen Wohltaten ausgehandelt wurden. Seit 1948 an der Macht, betrachtete sich die SPD als ganz selbstverständlich verfügungsberechtigt über Posten und Geld in der Stadt. Das Spezifische des «Berliner Filz» war, daß es immer um Mißbrauch und Verschwendung öffentlicher Mittel ging. Da die Wirtschaftskraft der Stadt ständig zurückging, Privatbetriebe immer weniger wurden, füllte im Gegenzug die öffentliche Hand die entstehenden Lücken, deren Mitarbeiterschaft im gleichen Maße zunahm, wie sie im produzierenden Gewerbe abnahm. Stellten 1970 die öffentlich Bediensteten noch 19 Prozent der Erwerbstätigen, so waren dies 1980 schon 26 Prozent, während der Anteil im Bundesgebiet nur 18 Prozent betrug.[19]

Die immer wieder erhobene Forderung nach einer schlankeren und effizienteren Verwaltung war so berechtigt wie unerfüllbar, wenn Arbeitslosigkeit in West-Berlin verhindert werden sollte. Hinzu kamen die sogenannten Eigenbetriebe wie Wasser-, Gas- und Stromwerke oder Stadtreinigung, die ihre viel zu vielen Beschäftigten großzügig versorgten. Schleichend vollzog sich in West-Berlin eine «Veröffentlichung» der Wirtschaft und Gesellschaft, die sozialistische, staatswirtschaftliche Züge besaß, wobei das städtische Engagement zum Großteil aus der Not geboren war. So sprang die Stadt nicht nur beim leerstehenden «Kreisel» oder am Kudamm-Karree als Mieter ein. Die Kulturverwaltung zog in das Europa-Center, als im einstigen Vorzeigeobjekt Leerstand drohte, und das Theater des Westens wurde in kommunale Trägerschaft überführt, als die privaten Betreiber Pleite machten. Unbefangen sprach die SPD, nachdem das «Modell der modernen Großstadt» fallengelassen wurde, nun von der Stadt als einem «Modell des demokratischen Sozialismus».[20] Dies wurde als Gegensatz zum autoritären Sozialismus der DDR verstanden, doch waren die latenten Ähnlichkeiten unübersehbar. In West-Berlin entwickelte sich eine Wirtschafts- und Gesellschaftsform, die dem prosperierenden Kapitalismus der Bundesrepublik nur bedingt entsprach und begrenzte Ähnlichkeit mit dem Wirtschaftssystem der DDR besaß. West-Berlin ging einen dritten Weg, der nur durch die Alimentierung aus Bonn möglich war und die spezifischen, im Laufe der Jahre kumulierenden Unzulänglichkeiten bedingte.

Statt sich auf Innovationen zu konzentrieren, moderne Technologien in die Stadt zu holen und damit auch Menschen aus Westdeutschland anzulocken, übte sich die West-Berliner Stadtregierung in den 1970er Jahren in trockener Sachlichkeit und richtete sich in den gegebenen unnatürlichen Wirtschaftsverhältnissen ein. Geradezu aufgenötigt wurde ihr dieser Immobilismus durch ein politisches System, das völlig ungeeignet war, Änderungen herbeizuführen. Nicht nur, daß der öffentliche Dienst unverhältnismäßig viele Beschäftigte zählte, er war auch überproportional im Abgeordnetenhaus vertreten. Die Hälfte der SPD-Mitglieder des Abgeordnetenhauses war 1976 im öffentlichen Dienst tätig, zuzüglich einiger Parlamentarier in der öffentlichen Wirtschaft. Auch in der CDU-Fraktion hatte ein Drittel der Abgeordneten in irgendeiner Form den Senat als Arbeitgeber. Gewerkschaften und Personalräte der Senatsbetriebe übten unverblümt ihre Macht aus. Der Berliner DGB-Chef Walter Sickert war von 1967 bis 1975 Präsident des Abgeordnetenhauses und nach der SPD-Niederlage von 1975 noch weitere sechs Jahre Vizepräsident. Die Knebelung städtischen Handelns wurde noch vorsätzlich institutionalisiert, indem in den Eigenbetrieben des Senats die paritätische Mitbestimmung vorangetrieben wurde. Was Klaus Schütz per Regierungserklärung als wesentlichen Schritt zu demokratischen Reformen verkündete, bedeutete in der Praxis, daß nicht gegen das Zusammenspiel von Personalräten und ihnen nahestehenden Politikern gehandelt werden konnte.

Die in Gewerkschaft und Partei organisierten Arbeitnehmer verteidigten ihr gesichertes Berufsleben mit aller Konsequenz. Allein die im November 1976 erfolgte Ankündigung, den überbesetzten und ineffektiven öffentlichen Dienst nicht weiter auszubauen, genügte für eine Streikdrohung und einen kilometerlangen Demonstrationszug gegen die «Rationalisierung im öffentlichen Dienst». Die Männer der Berliner Stadtreinigung (BSR) mußten zur Verteidigung ihrer Privilegien nicht einmal mit den Deckeln der Mülleimer klappern und Arbeitsverweigerung androhen. Bei ihnen genügte es, daß sie unmißverständlich mit dem Parteibuch winkten. Den schüchternen Ansatz, die teuerste Stadtreinigung der Bundesrepublik zu verschlanken, Leistungskontrollen einzuführen oder die Schmutzzulagen für Tischler, Schneider und Wächter abzuschaffen, genügte, daß die SPD-Mitglieder in der BSR mit dem Parteiaustritt drohten und schon mal vorsorglich ihre Mitgliedsbücher in einem Tresor deponierten.[21]

Weiter oben in der Hierarchie ging es nicht um Stellenerhalt, sondern Stellenerwerb, herrschte jenes Prinzip, wofür Heinrich Albertz die Worte fand: «Auf Stühle zu kommen, auf Stühlen zu sitzen und auf Stühlen zu bleiben.»[22] Dafür lieferte der sogenannte KPM-Skandal 1975 ein trauriges Beispiel. Die «Königliche Porzellanmanufaktur» (KPM) gehörte zu den Eigenbetrieben des Senats und war seit ihrer Gründung durch Friedrich den Großen ebenso ruhmreich wie defizitär. Bei einem Umsatz von zwölf Millionen Mark erwirtschaftete das Unternehmen 700 000 Mark Defizit, als 1975 eine mit reichlich SPD-Mitgliedern durchsetzte Findungskommission aus 84 Bewerbern den SPD-Abgeordneten Jürgen Grimming zum kaufmännischen Direktor berief. Was diesen für sein Amt qualifizierte, war nicht recht ersichtlich, denn bis dahin hatte er sich vor allem als persönlicher Referent des SPD-Senators Neubauer hervorgetan.

Bei der mißglückten Senatsdemonstration gegen die Studentenproteste 1968 war Grimming als Chef der Jungsozialisten mit heftigen Worten gegen die revoltierenden Altersgenossen aufgefallen. Um den gut dotierten Posten bei der KPM mit Grimming zu besetzen, wurde einem aussichtsreichen Mitbewerber eine Gehaltserhöhung versprochen, damit dieser seine Bewerbung zurückzog. Grimming machte SPD-intern die Zusage, nicht als «Nachrücker» in den Bundestag zu gehen, falls dort ein Mandat für ihn frei würde. Nach nur sechs Wochen im Amt trat aber genau dieser Fall ein, und Grimming hielt sich nicht an sein Versprechen, sondern wechselte auf den besser bezahlten Posten des verstorbenen SPD-Mandatars im Bundestag. Nun machten düpierte Parteifreunde den Fall publik, und es stellte sich heraus, daß die kurze Amtszeit von Grimming lang genug war, einem Kollegen eine kräftige Gehaltserhöhung zu genehmigen.

Anklagend und in der Position oppositioneller Unschuld sprach die CDU vom «roten Filz», dabei unfreiwillig darauf hinweisend, daß es, wie sich zeigen sollte, auch einen «schwarzen Filz» geben kann. Aber weder «Kreisel»- noch KPM-Skandal reichten für eine grundsätzliche Remedur. Klaus Schütz fand einige harte Worte, fuhr aber selbst dort, wo er handelte, eine weiche Linie. Mußte ein Senator seinen Hut nehmen, so wurde damit so lange gewartet, bis er seine Rentenansprüche erreicht hatte. Persönliche Verantwortung wies Schütz mit dem Hinweis von sich, daß Kommunalpolitisches von den Fachsenatoren und nicht an seinem Schreibtisch zu bearbeiten sei.[23]

Zwar wuchsen angesichts des Ansehensverlustes in der nach Jahrzehnten des Regierens verschlissenen SPD Groll und Sorge, doch galten die weniger dem Wohl der Stadt, sondern mehr einem möglichen Verlust von Ämtern und Einfluß. Weiter wurde das merkwürdige Nebeneinander von kleingeistiger Patronage und Vorteilsnahme auf der einen und Größenwahn auf der anderen gepflegt. Beides waren zwei Seiten der Medaille «Provinzialität». Obwohl mit dem «Kreisel» ein über 100 Meter hohes Wahrzeichen kommunaler Hybris vor aller Augen stand und ein Untersuchungsausschuß aufgezeigt hatte, wie dem Senat das Projekt über den Kopf gewachsen war, wurde dennoch 1975 mit dem schon 1971 beschlossenen Großprojekt eines Kongreßzentrums nahe dem Funkturm begonnen.

Klaus Schütz zeigte sich von dem Postengeschacher, den Kalamitäten um «Kreisel» und KPM unbeeindruckt. «Skandale? Ich warte darauf, daß mir welche berichtet werden», erklärte er öffentlich im April 1977 und wähnte wohl, daß er mit dem Bauernopfer eines Senators und eines

Senatsdirektors die Affären bereinigt hätte. Aber schon wenige Tage später brachte er sich selbst mit seinem Rücktritt als Königsopfer dar. Der Anlaß war banal. Senator Kurt Neubauer hatte 53 000 Mark Aufsichtsrats-Bezüge nicht an die Senatskasse abgeführt, nach Bekanntwerden des Versäumnisses allerdings sofort überwiesen. Wahrscheinlich war tatsächlich, wie er beteuerte, eine Unachtsamkeit seiner für das häusliche Finanzwesen zuständigen Ehefrau schuld. Der Mann, der einst erheblich zum Rücktritt von Heinrich Albertz beigetragen hatte, der das undurchsichtige Treiben des ihm unterstehenden Amtes für Verfassungsschutz gedeckt und überstanden hatte, mußte wegen einer wohl kaum absichtsvoll verursachten privaten Panne zurücktreten. Schütz nahm den Vorfall zum Anlaß, aus dem Amt des Regierenden Bürgermeisters zu scheiden. Längst amtsmüde und von heftiger parteiinterner wie öffentlicher Kritik ob seiner laxen Amtsführung gescholten, war Neubauers Verfehlung eine elegante Gelegenheit, ohne zuviel Aufsehen und Ansehensverlust den Schreibtisch im Rathaus Schöneberg zu räumen. Ein Zeichen der ihm nachgesagten Schwäche war es doch, weil nun das Urteil die Runde machte, in West-Berlin reiche die schlampige Buchführung einer Senatorengattin für eine Regierungskrise. Es war ein fast unauffälliger Abgang von Klaus Schütz, der nach den Wirren der kurzen Albertz-Ägide für Stabilität gesorgt und entscheidend dazu beigetragen hatte, erträgliche Verhältnisse für die Stadt herbeizuführen, dann aber an der von ihm selbst beschworenen Normalität gescheitert war.

Mit dem bisherigen Senator für Bundesangelegenheiten Dietrich Stobbe stand ein neuer Spitzenmann bereit, der mit 38 Jahren so jung wie keiner vor oder nach ihm als Regierender Bürgermeister war, aber mit Erfahrung in Partei und Politik geeignet erschien, die schwierige Nachfolge zu meistern. Schütz begab sich, der Regierungsbürde ledig, ans andere Ende der Welt, schuf mit einer Reise nach Neuseeland die größtmögliche Distanz zwischen sich und West-Berlin, um anschließend als Botschafter in Israel wieder in der internationalen Politik zu Hause sein zu dürfen, in der er sich letztlich am wohlsten fühlte.

Neuanfang – konventionell und alternativ

Auf offener Bühne, vor laufenden Kameras war im Januar 1981 ein verblüffender Aktschluß in dem zunehmend trauriger werdenden Schauspiel des Niedergangs der West-Berliner SPD zu beobachten. Zur Tragik fehlte es dem Drama an Größe, war die Fallhöhe für das Ende des Regierenden Bürgermeisters Dietrich Stobbe zu gering. Eine Senatsumbildung war als Befreiungsschlag gedacht, um das Weiterleben einer skandalgebeutelten Stadtregierung zu sichern. Mit 61 Sitzen der SPD und 11 der FDP verfügte die Koalition der beiden Parteien über eine gut abgesicherte absolute Mehrheit im Abgeordnetenhaus, mit der die Wahl von fünf neuen Senatoren durch die Parlamentarier nur eine Formsache zu sein schien. Aber vier Mal verkündete am 15. Januar 1981 der Parlamentspräsident, daß nicht die nötige Zahl von Stimmen für die Kandidaten Stobbes abgegeben wurden. Mit einer von Wahlgang zu Wahlgang zunehmend versteinernden Miene mußte der Regierende Bürgermeister hinnehmen, daß er von Abgeordneten seiner Koalition demontiert wurde. In einem Zustand gefaßter Verstörtheit erklärte er seinen Rücktritt und rang sich im Untergang, aus «Trotz gegen die Gemeinheiten», wie er später erklärte, das Bekenntnis ab: «Ich liebe diese Stadt.»[24]

Dabei hatte beim Amtsantritt am 2. Mai 1977 alles recht gut begonnen. Nach den bleiernen, krisengeschüttelten letzten Jahren der Ära Schütz schien mit Stobbe für seine SPD wie für die Stadt alles besser zu werden. Groß, blond und jung, war der bisherige Senator für Bundesangelegenheiten eine hoffnungsvolle Erscheinung. Sein etwas pausbäckiges Gesicht weckte Vertrauen und minderte massiv den Anflug eines Jung-Siegfried. Durch sein bisheriges Amt in Bonn war Stobbe mit den immer wieder virulenten Statusfragen der Stadt bestens vertraut und hatte zu Bundeskanzler Helmut Schmidt ein weitaus besseres Verhältnis als vor ihm Klaus Schütz. Stobbe war ein Mann des Apparats, der, von einem Jahr in der Privatwirtschaft abgesehen, seit dem Studium der Politologie an der Freien Universität Funktionen in der SPD wahrgenommen hatte und als langjähriger Geschäftsführer der Fraktion im Abgeordnetenhaus mit deren Winkelzügen und Strippenziehern vertraut war. Verheißungsvoll verzichtete die SPD-Fraktion bei der Entscheidung für ihren neuen Spitzenmann auf Flügelkämpfe und nominierte ihn mit 47 Pro- und 14 Gegenstimmen.

Nur zu gut kannte Stobbe die Problemagenda der Stadt, die ihm Klaus Schütz weitgehend unabgearbeitet auf dem Schreibtisch zurückgelassen hatte. Aus schierer Einsicht in die drängenden Aufgaben blieb ihm gar kein andere Wahl, als sich den kommunalpolitischen Aufgaben zuzuwenden und wie zuvor Schütz und danach Richard von Weizsäcker darauf zu verzichten, sich auf den Höhen der Deutschlandpolitik zu bewegen. Für die ewige Bipolarität im Handeln eines Regierenden Bürgermeisters, die seit den Tagen von Otto Suhr gerne mit der Betonung des Politischen gelöst wurde, fand Stobbe die salomonische Formel «mehr regieren und besser verwalten». Was der neue Regierungschef unter diesem Rubrum vortrug, waren latente Selbstkritik an der bisherigen Politik und mit kämpferischer Attitüde vorgetragene Bekundungen zur Besserung. «Hinwendung zur Stadtpolitik», lautete die auf alle hochtrabenden Visionen einer Modell- und Vorzeigestadt verzichtende Grundorientierung.

Den obligatorischen Dank an die Schutzmächte setzte Stobbe erst an das Ende seiner als mitreißend empfundenen Rede, die konkrete Ankündigungen mit einer mentalen Neuorientierung verband und das kleine Schuldbekenntnis enthielt, gelegentlich «Mist gebaut» zu haben. Vorrang hatten für ihn eine effektivere Verwaltung, die Ausländerproblematik und die Stadtplanung. Die positiv formulierte Ankündigung: «Wir dienen unserer Stadt» war letztlich ein Eingeständnis, daß bisher Selbstbedienung wucherte.

Kaum im Amt, zeigte der wie die verkörperte Bonhomie wirkende Regierende Bürgermeister Selbstbewußtsein, ja Härte und offensichtliche Freude an den Aufräumarbeiten. Den in Schlendrian dahinlebenden öffentlichen Dienst konfrontierte er mit der Forderung nach Einführung von Stechuhren zur Arbeitszeitkontrolle. Erbhöfe wurden abgeschafft, wobei Stobbe mit dem Verzicht auf den Aufsichtsratsvorsitz im städtischen Energieunternehmen Bewag mit gutem Beispiel voranging und an seiner Stelle den Vizepräsidenten des Bundesverbandes der Deutschen Industrie für diesen Posten gewann. «Hans im Glück» und «Aufschwung» tauchten plötzlich als längst ungewohnte Beiworte für den Regierenden Bürgermeister und seine Politik auf.

Als Bausenator entfachte der linke SPD-Flügelmann Harry Ristock geradezu ein Feuerwerk von Ideen, beförderte ein neues Nachdenken über die Stadt und eine Abkehr von alten Planungsmodellen. Nicht länger sollten Kahlschlagsanierungen ganze Quartiere auslöschen, Stadtautobahnen gewachsene Strukturen zerstören. Mit einer «Internationalen Bauausstellung» (IBA) sollten die Ideen modellhaft realisiert werden. Um ein zweites «Kreisel»-Debakel zu verhindern, wurde nicht nur auf der als «Kranmuseum» verspotteten Baustelle des ICC mit Hochdruck gearbeitet, sondern intensive Veranstaltungsakquise betrieben und mit deren Erfolgszahlen von den steigenden Baukosten abgelenkt. Bürgernähe wollte Ristock demonstrieren und praktizierte selbst demonstrativ die Kleinbürgerlichkeit. In seinen Kleingarten lud er zum «Laubenpieperfest». Prominenz aus Politik, Medien und Wirtschaft genoß die Wonnen der Gewöhnlichkeit und demonstrierte in Festlaune bei Bouletten und Bier das gesellschaftliche Niveau einer Stadt, aus der sich das Großbürgertum weitgehend verabschiedet hatte.

Für die Schaubühne wurde statt des Notquartiers am Halleschen Ufer ein angemessenes neues Domizil gefunden, indem ein klassischer 20er Jahre-Bau am oberen Kurfürstendamm aus seiner Heruntergekommenheit erlöst und großzügig umgebaut wurde. Das ehemalige Kunstgewerbemuseum wurde als Martin-Gropius-Bau vor dem Abriß zugunsten einer Autobahn gerettet. Als attraktiv vom Krieg gezeichneter üppiger Gründerzeitbau sollte das Haus dicht an der Mauer zur markanten Ausstellungshalle umgebaut werden. Mit dem bedächtigen, aber zielstrebigen neuen Kultursenator Dieter Sauberzweig hatte Stobbe einen Mann in seinen Senat berufen, der diese Planungen inhaltlich vorantrieb und der erlahmten und in Routine versunkenen Kulturpolitik neuen Schwung gab.

Ergänzt wurde eine sich nicht in Verwaltungsfragen erschöpfende, sondern neue Ideen entwickelnde Senatorenmannschaft um Peter Glotz als Wissenschaftssenator. Umtriebig, eloquent und in der Universitätslandschaft heimisch, hatte er keine Scheu, den wissenschaftlichen Niedergang in bestimmten Bereichen der Freien Universität zu benennen und mit hochkarätigen Berufungen der Malaise ein Ende zu bereiten. Gegen die zunehmende geistige Auszehrung der Stadt stemmte sich Glotz mit der Gründung des «Wissenschaftskollegs – Institute for Advanced Study», das jeweils für ein Jahr 40 hochkarätige Fellows unter großzügigen Bedingungen in einer Villa im vornehmen Grunewald versammelt. Der vor den pöbelnden Studenten von der Freien Universität nach Karlsruhe geflüchtete Germanist Peter Wapnewski wurde zum Gründungsrektor berufen und sorgte dafür, daß sich im großbürgerlichen, eichenholzgetäfelten Ambiente eine vorbildhafte Gelehrtenrepublik entwickelte, deren Mitglieder zu nichts anderem verpflichtet waren, als am gemeinsamen Mittagessen samt Gedankenaustausch teilzunehmen.

Soviel Aufbruchstimmung hatten die West-Berliner schon lange nicht erlebt, und in Verbindung mit der solide Redlichkeit verströmenden Person Stobbes wuchs das Ansehen des von ihm geführten Senats. Ein Jahr im Amt, hatte er seinen CDU-Kontrahenten Peter Lorenz weit überholt. In einer Meinungsumfrage votierten im Februar 1978 fast zwei Drittel der Befragten für Stobbe, während nur ein Drittel in Lorenz den Mann ihrer Wahl sah. Meinungsforscher sahen die SPD zeitweise wieder nahe der absoluten Mehrheit, und auch Erhebungen kurz vor der Wahl am 18. März 1979 waren günstig bei einer allerdings hohen Zahl von Unentschlossenen. Um so ernüchternder waren die Wahlergebnisse, die sich nicht unwesentlich von jenen der letzten Wahl unterschieden. Wieder wurde die CDU stärkste Partei. Die SPD konnte ihr Ergebnis knapp behaupten und koalierte erneut mit der FDP.

Schon die Wahl der neuen Regierungsmannschaft durch das Abgeordnetenhaus bescherte für Stobbe ein Donnergrollen als Vorgeschmack auf jenen Donnerschlag, der ihn knapp zwei Jahre später aus dem Amt werfen sollte. Es ging um Posten und Pöstchen, um Unmut in der SPD wie in der FDP, die sich in der Ablehnung des von Stobbe vorgeschlagenen Bundessenators Horst Korber Luft machte. Dieser wollte das Amt des Präsidenten des Landessportbundes mit dem Hinweis nicht aufgeben, daß er als erfahrener und fast legendärer Unterhändler der Passierscheinverhandlungen von 1963 für Gespräche mit der DDR besonders qualifiziert sei. Vor allem die FDP sah hier eine ganz unangebrachte Ämterakkumulation, und einige ihrer Abgeordneten wie auch wohl solche der SPD verweigerten dem Kandidaten ihre Stimme. Stobbe verzichtete denn auf Korber und galt seither als angeschlagen und schwächlich. Mit der Demontage des Spitzenmannes offenbarte aber vor allem die Koalition selbst ihre Schwäche, die sich nur mühselig zusammengefunden hatte. Die FDP liebäugelte teilweise bereits mit der CDU, und in der SPD bröckelte die mühsam hergestellte Eintracht zwischen rechtem und linkem Flügel.

Es half nichts, daß Stobbe in seiner Regierungserklärung noch einmal seine perspektivischen Qualitäten demonstrierte, auf Begonnenes verweisen konnte und schon die 750-Jahrfeier der Stadt im Jahr 1987 ins Auge faßte. Zu wenig war bisher verwirklicht. Nach wie vor stagnierte die Wirtschaft und erst jetzt, nachdem die Zahl der in West-Berlin lebenden Türken auf 210 000 angestiegen war, wurden erste Überlegungen für ein Integrationsprogramm angestellt. Selbst dort, wo mit dem ICC rechtzeitig zur Wahl ein Riesenwerk vollendet war, hagelte es Vorwürfe, Kritik und

Spott. Die Baukosten waren bereits auf eine dreiviertel Milliarde Mark gestiegen und der CDU-Scharfmacher Heinrich Lummer fand nur Worte wie «bekloppt» und hielt den Standort in Witzleben für äußerst beziehungsreich, weil diese «Halle Größenwahn» nicht ernstzunehmen sei.[25] Die CDU sah in einer für den Vorplatz des ICC ausgewählten Plastik von Jean Ipousteguy, die wenig beziehungsreich zur Stadt Alexander den Großen als Eroberer vor der Perserstadt Ecbatane zeigte, eine «Verhöhnung der Berliner». Behende wurde für das 16 Meter lange Monumentalkunstwerk der Titel «Der Mensch baut eine Stadt» gefunden, und die Helme der Alexander-Krieger wurden in die von Bauarbeitern umgedeutet. Trotzig orderte Bausenator Harry Ristock persönlich in Paris die 1,2 Millionen Mark teure Statue, die es bereits in sechs Abgüssen zwischen Chicago und Tokio gab.

Geld spielte auch bei der Eröffnung des längst alle Kalkulationen sprengenden ICC keine Rolle mehr. Die Berliner Philharmoniker sollten selbstverständlich als stadteigenes Renommierorchester spielen, doch war dies nicht rechtzeitig geplant worden, so daß sie bereits auf Senatskosten zu Karajans Osterfestspielen entsandt waren. Um eine Blamage zu vermeiden, wurden die Proben in Salzburg unterbrochen, und die Musiker machten eine ebenfalls vom Senat bezahlte Dienstreise von der Salzach an die Spree, um hier am 2. April zur ICC-Eröffnung zu spielen. Da sicherheitshalber schon mit den Wiener Philharmonikern ein Vorvertrag abgeschlossen war, gab es am Tag darauf auch noch dieses Orchester unter Karl Böhm in dem für klassische Musik wenig geeigneten Gebäude zu hören.

Immerhin war mit dem von Anfang an gut ausgebuchten ICC im Gegensatz zum «Kreisel» keine Investitionsruine errichtet worden, doch hat die festliche Eröffnung unter dem Aspekt künftiger Ereignisse und Bauskandale etwas Zwielichtiges. Unter den Ehrengästen befand sich ein gewisser Otto Schwanz, der im Zuhältermilieu zu Hause war und sich als spezifische Blüte im Berliner Sumpf erweisen sollte. Ein späterer Bausenator, der CDU-Bauexperte Klaus Franke, ließ etwas von jener Gesinnung spüren, die das politische Leben der Stadt in den kommenden Jahren bestimmen sollte. Er monierte zu Recht die hohen Folgekosten des technisch aufwendigen Gebäudes, meinte aber zugleich, das viele Geld wäre besser für die Bestechung möglicher Nutzer des Kongreß-Zentrums auszugeben.

Während in der SPD angesichts des enttäuschenden Abschneidens des auf Stobbe ausgerichteten Wahlkampfs der Glaube daran schwand, mit markantem Personal aus der Krise zu finden, folgte die CDU der Linie, die

Marion Gräfin Dönhoff in der *Zeit* formulierte. «Es müssen nur die richtigen Leute das Sagen haben.»[26] Die CDU schien die geeignete Persönlichkeit gefunden zu haben, die selbst Kontrahent Dietrich Stobbe als «Lichtgestalt» bezeichnete.[27] Im Walkampf 1978/79 trat die CDU überraschend mit Richard von Weizsäcker als Spitzenkandidat an. Schnell war die Legende gewoben, Peter Lorenz habe während eines Frankreichurlaubs die Idee für diese Personalie gehabt und selbst per Telefon bei Weizsäcker angefragt, ob er für die Berliner Aufgabe bereit sei. Der hoch angesehene Bundespolitiker und Kirchenmann habe ohne großes Zögern zugesagt: «Das ist die größte Herausforderung in meinem Leben.»[28]

Tatsächlich war es Helmut Kohl, der das mit einem Bundestagsmandat gut abgesicherte Engagement Weizsäckers in Berlin in die Wege geleitet hatte und sein Talent bewies, «auf personellen Verschiebebahnhöfen zielsicher zu rangieren» (Weizsäcker).[29] Um seinen Bundespräsidenten-Kandidaten Karl Carstens durchzusetzen, galt es, Weizsäcker als Anwärter für dieses Amt anderswohin abzuschieben. Eine Kandidatur für das auch deutschlandpolitisch wichtige Amt des Regierenden Bürgermeisters in West-Berlin war in jeder Hinsicht eine Ideallösung, weil damit der CDU in West-Berlin geholfen wurde und Weizsäcker, der seine Jugend in Berlin verbracht hatte, bestens in die Stadt paßte. Dennoch war es für ihn eine heikle Aufgabe. Noch nie hatte er ein herausgehobenes exekutives Amt bekleidet. Würde er als Regierender Bürgermeister scheitern, wäre er, mit dem Makel des Versagens behaftet, nicht mehr ein untadeliger Kandidat für das Amt des Bundespräsidenten.

Mit nur einem halben Jahr Vorlauf gelang es Weizsäcker bei den Wahlen im April 1979 denn auch nicht, der CDU die nötige Mehrheit für eine Regierungsübernahme zu verschaffen. Nicht nur, daß die FDP an ihrem Bündnis mit der SPD festhielt. Die eigene Partei war nach wie vor von mittelmäßigem Personal und Geist geprägt, der Weizsäcker eher als Fremdkörper denn als Ausdruck eines politischen Neuaufbruchs erscheinen ließ. Allerdings war der Politimport aus Westdeutschland von solch prägender Kraft, daß er für die Zukunft einen glaubwürdigen und attraktiven Wandel seiner Partei versprach, deren reaktionären Ruf und kulturelle Gestrigkeit Weizsäcker in einer Mischung von Sorge und Verwunderung registrierte.

Gefährdet sah sich die SPD auch von links, wo sich ein wachsendes alternatives Milieu höchst heterogener Szenen zu einer politischen Sammlungsbewegung formierte. Am 5. Oktober 1978 wurde nach monatelangen

Diskussionen in Bürgerinitiativen, Wählergemeinschaften und meist kleinen linken Gruppierungen in dem reichlich bodenständigen Versammlungslokal «Neue Welt» in der Hasenheide die «Alternative Liste» (AL) gegründet. Ein gutgewählter, wenn auch in seinen Implikationen kaum bedachter Ort, denn in der Hasenheide beginnt die Karriere der Titelfigur des berühmten 20er-Jahre-Romans «Käsebier erobert den Kurfürstendamm». Nun schickte sich die AL an, West-Berlin zu erobern. Zwar gelang ihr bei den Wahlen im März 1979 nicht der Einzug ins Abgeordnetenhaus, aber in vier Bezirksparlamente. Das Markenzeichen der Partei, die keine sein wollte, war ein grüner Igel, und es reichte für die Erklärung des Erfolgs nicht aus, daß ihm ein rotes Inneres nachgesagt wurde. Selbst bei Sympathisanten bestand die Furcht, hier könnten die aus der Studentenbewegung hervorgegangenen K-Gruppen und der SED-Ableger SEW den Ton angeben, so daß Otto Schily mit seinem Eintritt in die AL zwei Jahre wartete. Mehrheitlich war diese aber ein Sammelbecken von jungen Menschen, die sich an den bestehenden Lebensformen rieben und sich in Bürgerbewegungen, Frauengruppen, Anti-AKW-Intitiativen sammelten oder sonstwie als Schwärmer oder Sektierer eigene Wege gingen. Ratlos und besorgt fragte ein SPD-Politiker: «Warum kommen wir an diese Leute nicht heran?» Hilflos standen die etablierten Parteien einem Milieu gegenüber, das sich nicht damit begnügte, per Stimmzettel seine Interessen zu vertreten, sondern auch zu handfesten Aktionen bereit war.

Alternativ und lebendig

Im entlegensten Teil West-Berlins nahm im November 1979 seinen Anfang, was ein zentrales politisches Problem der Stadt wurde und woran noch zehn Jahre später der letzte Senat West-Berlins zerbrach. Jugendliche besetzten einige Wohnungen in einem leerstehenden Haus in der Kreuzberger Cuvrystraße, wo sich mit einem «Besetzerrat» für die bald wachsende Hausbesetzerbewegung eine aktive Interessensvertretung etablierte. Schon im Februar 1979 hatte es unweit davon erste Besetzungen gegeben, die aber kaum Aufmerksamkeit fanden. Ungenutzte Altbauten in dieser Gegend galten bis dahin in jeder Hinsicht als abgeschrieben. Die Besitzer hatten sie im Blick auf zukünftige Kahlschlagsanierungen erworben und ließen sie bis zum gewinnträchtigen

27 Hausbesetzungen entwickelten sich Anfang 1983 zu einem Flächenbrand. Durch sie scheiterte Hans-Jochen Vogel als Regierender Bürgermeister. Richard von Weizsäcker geriet durch Räumungen besetzter Häuser in eine schwere Krise.

Beginn von Abriß, Wiederaufbau oder Modernisierung verrotten. Meist gehörten die Häuser großen, teilweise senatseigenen Wohnbaugesellschaften. Das Areal der ersten Hausbesetzungen lag im östlichsten, nach dem alten Postzustellbezirk SO 36 genannten Teil Kreuzbergs. Eng von der Mauer umschlossen war gerade die Cuvrystraße ein toter Arm am Körper der Stadt, der nur mit der nahen nach Ost-Berlin führenden Oberbaumbrücke als morbide Filmkulisse für Spionagefilme nützlich war. In dem Streifen «Smileys Leute» entringt sich Alec Guiness als britischem Agent die Frage, wie hier Menschen überhaupt leben können.

Was sich Schritt für Schritt zur Hausbesetzerszene entwickelte, war auf dem Höhepunkt 1982 ein Konglomerat von knapp 4000 überwiegend jungen Leuten, von denen 70 Prozent nach Angaben der Innenverwaltung erst Ende der 1970er Jahre nach West-Berlin gezogen waren. Aus höchst unterschiedlichen Motiven, von Wohnungsnot über den Wunsch nach selbstbestimmtem Leben hin zur Anarchie und Systemverweigerung, besetzten sie Haus um Haus. Politisch waren sie numerisch unbedeutend und als Wähler sogar weitgehend irrelevant, weil sie oft gar nicht polizeilich gemeldet waren und nicht zur Wahl gingen. Aber sie waren die Speerspitze, der sichtbarste und die Staatsgewalt am nachdrücklichsten herausfordernde Teil einer vor allem von jungen Menschen bestimmten Kultur, die zunehmend und markant die Stadt prägen sollte.

Während die Regierung noch darüber sinnierte, wie auf die von Demographen prophezeite Auszehrung der Stadt, wie mit dem prognostizierten Rückgang der Bevölkerung von 1,9 Millionen Einwohnern auf 1,7 Millionen umzugehen sei, war West-Berlin zu einem Mekka jugendlicher Zuwanderer aus Westdeutschland geworden. Am Anfang autobiographisch grundierter Romane über diese Zeit stehen dementsprechend Schilderungen von Fahrten nach Berlin. Jochen Schimmang beschreibt in «Der schöne Vogel Phönix» die Transitreise in einem ungeheizten Zug der Reichsbahn. Nicht ohne Symbolik erreicht der unterkühlte Reisende West-Berlin, wo er auftaut und ihn zum ersten Mal das ihn nach der Einfahrt nach West-Berlin nie mehr verlassende spezifische Gefühl von Unruhe beschleicht. West-Berlin, eine Stadt, die «erfahren» werden muß und die dem Neuankömmling in verwirrender Vielfalt entgegentritt.[30] Sven Regener, als Motor der Band «Element of Crime» selbst Teil der West-Berliner Szene, läßt die Hauptfigur seiner Romantrilogie Frank Lehmann aus Bremen kommend über die Transitautobahn im ängstlich eingehaltenen 100-Kilometer-Tempo nach Berlin gelangen, immer in Sorge, die Abfahrt in die erträumte Stadt zu versäumen. Ein mit West-Berlin vertrauter Punk gibt beim Eintreffen die Auskunft, die als Schlüsselsatz für den Zuzug so vieler junger Menschen gelten kann: «Das ist das Gute hier: Hier kann man nichts falsch machen. Hier ist alles scheißegal!»[31]

Mit Hausbesetzungen und daraus resultierenden Straßenschlachten, mit Bildern von Punks und Szenekrawallen konfrontiert, reagierten die Menschen in der Bundesrepublik irritiert auf die Entwicklung in West-Berlin, sahen in der Stadt einen wirren Unruheherd, in dem die Unruhestifter auch noch mit den von ihnen «Staatsknete» genannten Steuergeldern ausgehalten wurden. Übersehen wurde bei solcher Kritik, daß die sich in West-Berlin als Alternativkultur etablierenden Jugendlichen nicht nur wie die RAF-Terroristen symbolisch Söhne und Töchter der bundesdeutschen Gesellschaft waren, sondern tatsächlich Kinder von Eltern in der Bundesrepublik, die der provinziellen Enge entflohen. Die Pop-Sängerin Annette Humpe schrieb ihren erfolgreichen Song «Berlin» («Ich fühl mich gut, ich steh auf Berlin!») 1980 nach der Rückkehr von einem Besuch bei ihren Eltern in Herdecke, wo sie sich von der westfälischen Kleinbürgerlichkeit eingeengt fühlte und daher die Rückkehr nach West-Berlin als Befreiung erlebte. Aus kleinen Orten stammte oft, wer in West-Berlin groß herauskam, so wie der aus Offenbach-Bier kommende Rio Reiser von «Ton, Steine, Scherben» oder die aus Usingen/Taunus gebürtige Chansonsängerin Ulla Meinecke. Westdeutschland exportierte schleichend seine Probleme mit Minderheiten und Randgruppen nach West-Berlin, das in seinen Mauern Konflikte geballt auszustehen hatte, die sich die Bundesrepublik in dieser Schärfe ersparte.

Heinrich Albertz, der einst mit einer Politik der harten Hand den ersten Jugendprotest ausgelöst hatte, verstand sich mit zunehmendem Alter immer mehr als Anwalt der Jungen und Unangepaßten und monierte 1981, West-Berlin reagiere unangemessen auf den Zustrom der jungen Menschen. Die Stadt, die viele schon als zu liberal empfanden, war ihm nicht liberal genug und er forderte «mehr Mut zur Sonderstellung», die sich nicht nur auf Briefmarken und Personalausweisen bemerkbar machen dürfe. Klar benannte Albertz, West-Berlin sei nicht DDR, aber auch letztlich nicht Bundesrepublik, und bestand ausdrücklich auf dieser Sonderrolle, die sich für ihn in größerer Liberalität ausdrücken sollte.[32] Aus der Perspektive des Pastors im bürgerlichen Stadtteil Schlachtensee schienen die alternativen Jugendlichen an den Rand gedrängt zu sein, doch war es eher so, daß diese nach eigenem Selbstverständnis bewußt randständigen Gruppen in die Mitte drängten und sich anschickten, unangepaßt aber doch aktiv in der Politik mitzumischen. Dietrich Stobbe hatte zu Beginn seiner Amtszeit erklärt, die Identität der West-Berliner bestünde darin, «daß wir hier sein wollen».[33] Zunehmend wollten nun junge Menschen in der Stadt sein. Die Insel, die immer auf ihrer Sinnsuche war, hatte unerwartet und unvorbereitet eine Aufgabe. Die neuen alternativen Kulturen zu integrieren, sie nicht nur als Unruheelemente, sondern auch als Belebung zu sehen, war eine Herausforderung, die erst langsam erkannt und viel zu wenig als Bereicherung gewürdigt wurde.

Während das etablierte West-Berlin noch darüber klagte, daß es der Stadt seit der Neugründung der Schaubühne an kultureller Innovation fehle, etablierte sich jenseits des bildungsbürgerlichen Horizonts reges künstlerisches Treiben. Off-Bühnen schossen wie Pilze aus dem Boden. Die einen politisch orientiert, die anderen von wildem Spieldrang getrieben – und meist mit Spielorten in den sich überreich anbietenden Quartieren, aus denen sich die Wirtschaft zurückgezogen hatte. Fabrikhallen, aufgelassene Geschäfte oder stillgelegte Kinos wurden zu Darbietungsorten, welche die traditionelle Kritik wegen manchmal mühseliger Anreise, qualvoller Sitzgelegenheit und oft geringer künstlerischer Ausbeute kaum aufsuchte. Die Kurzlebigkeit der meisten dieser Unternehmungen spornte ebenfalls nicht zur Berichterstattung an, wodurch das auf die althergebrachten Bühnen ausgerichtete Feuilleton nur beschränkt dem Publikum der großen Zeitungen etwas von der Vitalität abseits der Traditionsbezirke Charlottenburg, Schöneberg oder Tiergarten vermittelte.

Leichter hatte es die bildende Kunst, die vehement nach vorne drängte und vor allem in leeren Fabriketagen Atelierräume im Überfluß vorfand. Die Aggressivität von Straßenkämpfen und wild gestylten Punks in Kreuzberg schuf das Klima für eine Kunst, die das Ungebärdige und Aufrührerische mit großer Heftigkeit und viel Ölfarbe auf die Leinwand brachte und deren Vertreter vom Moritzplatz in Kreuzberg ihren Siegeszug antraten. Bald war für sie das Markenzeichen der «Neuen Wilden» gefunden und die Malerei als «Neue Heftigkeit» klassifiziert. Der einprägsame Begriff half bei der Etablierung auf dem Kunstmarkt, für die 1980 mit einer Ausstellung im vornehmen Zehlendorf der Startschuß gegeben wurde. Rainer Fetting und Helmut Middendorf wurden fast schlagartig zu hochgehandelten Maler-Stars und schnell war für den Performance-Künstler und Maler Salomé die Zeit vorbei, da er im Kreuzberger Szenelokal S. O. 36 kellnerte.

Das S. O. 36 war ein völlig heruntergekommenes ehemaliges Kino, gelegen zwischen Moritz- und Heinrichplatz, den Polen der Kreuzberger Szene. Der 1978 nach West-Berlin zugezogene Vielfach-Künstler Martin Kippenberger hatte teilweise mit eigener Hände Arbeit die düstere, schlauchartige Lokalität aufgemöbelt und wollte in ihm Punk, New Wave und Kunst vereinen. Hier sprang er selbst auf die Bühne, schmierte sich mit Rasierschaum ein, warf mit Salzstreuern oder pinselte mit Rainer Fetting ein Bild an die Wand, das nach wenigen Tagen wieder verschwunden war. Es wurde in dieser Örtlichkeit «getanzt, gepinkelt, auch gegen Bilder, natürlich Musik gemacht … gekämpft, getrunken, geschlagen und gemalt».[34]

In einer einmaligen Fotocollage von 1300 Bildern hielt Kippenberger das brodelnde Leben der alternativen Kunstszene fest. In einem Kreuzberger Altbau beklebte er den Boden des Ateliers der Modekünstlerin Claudia Skoda auf zwölf Metern Länge und vier Metern Breite mit seinen Schnappschüssen, versiegelte sie mit Fußbodenlack und schuf damit die Grundlage für Parties und Modenschauen. Von Nachmietern mit Sperrholzplatten überdeckt, wurde das in nur wenigen Tagen entstandene Kunstwerk Jahrzehnte später kurz vor dem Abriß des Hauses wieder entdeckt, gerettet und restauriert und zeigt ein in hunderterlei Facetten glitzerndes Kaleidoskop von West-Berlin mit seinen Kreuzberger Hinterhöfen, Charlottenburger Parks, Billardsalons, Klohäuschen, Wohnsiedlungen und Stadtautobahnen, aber auch das Treiben der Künstler in ihren Ateliers.

Kreuzberg war nicht nur der Ort einer sich etablierenden Kunstszene, sondern auch einer Anarcho-Punk-Szene, die das, was Kippenberger und Co. im S.O.36 trieben, als «Konsumscheiße» und «Schickeria-Kunst» beschimpfte[35] und sich über die in ihren Augen zu hohen Eintrittspreise und Hausverbote gegen einzelne Punks beschwerte. Der Überfall durch ein «Kommando gegen Konsumterror», bei dem auch die Abendkasse mit mehreren Tausend Mark geraubt wurde, machte dem Ansatz von Kippenberger, im S.O. 36 Künste und Kulturen zu vereinen, ein brutales Ende.

Nicht nur das aktuelle Treiben übte eine bis in die USA reichende Faszination aus. Schon 1973 hatte der Sänger und Songschreiber Lou Reed sein Album «Berlin» veröffentlicht, dessen Düsternis von dem durch Filme und Bücher vermittelten wilden Berlin der Zwischenkriegszeit bestimmt war. So sehr schien die in «Berlin» erzählte Geschichte einer zerstörerischen, sadomasochistischen und von Drogentrips durchsetzten Liebesbeziehung auch zur aktuellen Stadt zu passen, daß sich die Legende entwickelte, Lou Reed habe tatsächlich einige Zeit in Berlin gelebt. Vielleicht lag dem Irrtum auch eine Verwechslung mit David Bowie zugrunde, der ebenfalls von dem Bild fasziniert war, das ihm Schwarzweißfilme der 1920er Jahre und vor allem das Musical «Cabaret» vermittelt hatten. Er folgte den Spuren von Christopher Isherwood, dessen Erinnerungen an seinen Berlin-Aufenthalt von 1929 bis 1933 als Vorlage für «Cabaret» gedient hatten. Bowie ließ sich 1976 für fast drei von ihm als seine kreativsten bezeichneten Jahre in Schöneberg nieder auf der Suche nach Anregungen und sexueller Orientierung. Er lebte mit der schönen, im Showgeschäft erfolgreichen Transsexuellen Romy Haag zusammen und verkehrte in der Kneipe «Anderes Ufer», einem beliebten Treffpunkt bekannter und weniger bekannter Schwulen und Lesben. Mit David Bowie in der Hauptrolle sollte in dem in Berlin gedrehten Film «Just a gigolo» die Zwischenkriegszeit beschworen werden, wofür Marlene Dietrich zu ihrem letzten Dreh überredet werden konnte. Allerdings kam sie dafür nicht in ihre Heimatstadt zurück. Die in Paris gedrehten Aufnahmen wurden in den Film hineingeschnitten.

Besonders wichtig waren die Hansa-Studios, in denen Bowie und der in unmittelbarer Nachbarschaft zu ihm lebende «Godfather of Punk» Iggy Pop produzierten. Die Hansa-Studios lagen direkt an der Mauer nahe dem Potsdamer Platz und waren wie ein stehengebliebener Zahn in einer sonst devastierten Gegend ein Relikt aus der Gründerzeit. Voll holzgetäfelt, hatten sie eine derartig exzellente Akustik, daß hier Schlagerstars wie Mirielle Mathieu, Marianne Rosenberg, Manuela oder Christian Anders laufend produzierten, aber ebenso Vertreter einer härteren musikalischen Richtung wie Depeche Mode, U2 und eben David Bowie. Hier entstanden zwei Teile seiner Berlin-Trilogie mit dem einem der Alben den Titel gebenden Song «Heroes» über zwei Liebende an der Mauer, über die Gewehrsalven peitschen und die sich dennoch ungerührt küssen, weil sie die Helden sind.

Auch wenn die ungebärdige Jugendkultur die spießigen Milieus in West-Berlin verwirrte und abstieß, zeigte der Senat doch guten Willen, sie zu fördern. Für Berliner Bands wurde vom Kultursenator unter dem Titel «Berliner Rock News» ein Wettbewerb ausgeschrieben. Das Instrument der Musikförderung zeigte trotz seines bürokratischen Ursprungs bemerkenswerte Erfolge und verhalf mit dem Preisgeld einigen später sehr erfolgreichen Gruppen wie den «Ärzten» zum Karrierestart.

Die Jugendszene in West-Berlin hatte eine düstere Kehrseite, die in dem Buch und dem Film «Christiane F. – Wir Kinder vom Bahnhof Zoo» zu sehen war. Dargestellt wurde die reale Geschichte einer drogenabhängigen 14-Jährigen, die sich als Kinderprostituierte durchschlägt. 1978 verschreckte der Dokumentarbericht über sie die Leser des *stern*, die mit Strichermilieu, sozialer Verwahrlosung und Rauschgiftkonsum rund um den Bahnhof Zoo konfrontiert wurden, der vom unwichtigen Stadtbahnhof zur Zentralstation West-Berlins geworden war und sich zur Schmuddelseite der rund um die nahe Kaiser-Wilhelm-Gedächtniskirche strahlenden City entwickelt hatte. In dem Film spielte der Titel «Heroes» von David Bowie, der das West-Berlin jener Tage die «Hauptstadt des Heroins» nannte, eine zentrale Rolle. Christiane F., die mit vollem Namen Felscherinow hieß und nach der Vermarktung ihrer Geschichte zu erheblichem, in ihren Händen aber dahinschmelzendem Vermögen kam, konnte sich Zeit ihres Lebens nicht von Drogen und sozialer Labilität befreien.

Die Bilder, die «Christiane F.» von West-Berlin transportierte, waren höchst ambivalent. Junge Menschen wollten nicht das Schicksal des Mädchens erleiden, wohl aber die Lebensweise einer Großstadt erfahren, in der alles möglich schien. Westdeutsche Reisende und Touristen beäugten den Bahnhof Zoo neugierig, verstört und zugleich fasziniert von der Strahlkraft des Ekels. Rauschgift, sexuelle Freizügigkeit und libertinäre Lebensweise schienen eine Neuauflage jener Zeit zu bedeuten, die als die goldenen Jahre Berlins, als deren «Roaring Twenties» eine neue und identitätsstiftende Bedeutung erlangten.

Stadterkundungen mit alten Plänen waren das akademische Gegenstück zu dem Versuch der Subkulturen, an das Lebensgefühl der vermeintlich glänzenden Tage der Stadt anzuknüpfen. West-Berlin, immer unsicher, was es eigentlich sei, fand einen Halt an dem, was es einmal war. Da sich die wenigen turbulenten Jahre vor 1933 weitgehend im damals «neuen» Westen abspielten, war der Lokalbezug besonders leicht herzustellen. Bedauernd wurde registriert, was untergegangen war, freudig begrüßt, was erhalten war, und intensiv überlegt, was aus den alten Zeiten für Stadtplanung und Architektur nach den Schäden einer zur Routine gewordenen Moderne gelernt werden könne. Auf höchstem Niveau und keineswegs zufällig fand 1977 in West-Berlin eine Europaratsausstellung mit dem Titel «Tendenzen der zwanziger Jahre» statt. Reichlich aus eigenen Beständen schöpfend, konnte hier zusammen mit unzähligen Leihgaben an gleich mehreren Orten ein vielfältiges und beeindruckendes Panorama entfaltet und die Stadt zumindest in der Vergangenheit in den von ihr so sehr angestrebten internationalen Zusammenhang gestellt werden.

Der Blick zurück verstellte allerdings auch den Blick nach vorn und ließ übersehen, wie sich in der Stadt radikale Neuerungen anbahnten. Nur Wissenschaftssenator Peter Glotz tauchte als Offizieller im Januar 1978 beim «Tunix-Kongreß» in der Technischen Universität auf, der sich als eine folgenreiche Veranstaltung nicht nur für die Stadt herausstellen sollte und sich rückblickend als die Geburtsstunde der Alternativbewegung erwies. Noch war der Ausgangspunkt die linksradikale Gesinnung von Teilnehmern und Organisatoren. Noch herrschte die Demonstrationsroutine von Eier- und Steinewerfen. Eine Deutschlandfahne, die mit dem damaligen Wahlkampfslogan der SPD «Modell Deutschland» beschriftet war, wurde durch den Schmutz gezogen und dann verbrannt. Aber beim Kongreß selbst herrschte eine den Titel «Tunix» ironisch verkehrende Aufbruchstimmung. Nicht länger wollte man sich in einer Konfrontation mit dem Staat aufreiben, sondern «Inseln des richtigen Lebens im falschen

System» (Michael Sontheimer) errichten.[36] Von Schwulen-Initiativen bis zu Öko-Bauernhöfen wurden alle möglichen Projekte diskutiert. Hier wurde der Grundstein dafür gelegt, daß sich im Herbst die «Alternative Liste» gründete, und hier agierten Frauen und Männer, die später zu renommierten Anwälten, Publizisten oder Kulturmanagern in der Stadt wurden. Nicht zuletzt wurde auf dem «Tunix-Kongreß» die Gründung einer alternativen Tageszeitung erörtert, die wenige Monate später mit der *taz* realisiert wurde und der einstigen Zeitungshauptstadt nach Jahrzehnten wieder eine überregionale Tageszeitung bescherte.

Obwohl um 1980 in vielen Bereichen Aufbruch und Vitalität die Stadt erfüllten, war doch das Bild nach außen eher negativ. Von der Jugendkultur wurden vor allem ihre gewalttätigen Aspekte mit ihren eskalierenden Straßenschlachten gesehen, und die politische Führung unter Stobbe, die durchaus neue Anstöße gab, wirkte doch schwach und krisengeschüttelt, so daß die Stadt eine zwiespältige Aura von Anziehung und Abstoßung um sich verbreitete.

Einsturz und Absturz

Seiner Zeit um wenige Wochen voraus war der Musiker Blixa Bargeld, als er am 1. April 1980 eine Band gründete und ihr den Namen «Einstürzende Neubauten» gab. Was als Anspielung auf den geräuschorientierten Klang der Musikergruppe gedacht war, erwies sich am 21. Mai als hellseherische Vorwegnahme eines realen Ereignisses, als das schwungvoll über das Gebäude hinausragende Dach der Kongreßhalle im Tiergarten teilweise einstürzte. Teilnehmer einer Pressekonferenz des Ringes Deutscher Makler, die das Haus gerade verließen, wurden verletzt, einer davon so schwer, daß er wenige Tage später starb. Auch ohne den Todesfall hätte das Unglück die Stadt geschockt, weil hier nicht einfach ein Bauteil abstürzte, sondern sich ein mit fundamentaler Symbolik besetzter Bau plötzlich als brüchig erwies und damit auch seine Metaphorik Schaden genommen hatte. Schließlich war die Kongreßhalle als Zeichen der freien Rede und des amerikanischen Engagements errichtet worden. Mit ihrem kaputten Dach schien mit einem Schlag die Anfälligkeit des von den USA über West-Berlin gespannten Schirms offenbar zu werden. Tatsächlich verabschiedete sich seit einigen Jahren die Berlin-Lobby

28 Die Kongreßhalle, als Symbol der freien Rede im Kalten Krieg mit amerikanischer Hilfe errichtet, stürzte im Mai 1980 teilweise ein. Obwohl bautechnische Fehler die Ursache waren, wurde das Ereignis vielfach als Zeichen der Brüchigkeit der Beziehungen zwischen West-Berlin und den USA gesehen.

in Washington aus dem politischen Geschehen. Noch lebte Eleanor L. Dulles, auf deren Anregung die Kongreßhalle errichtet worden war, doch gehörte die damals 86-jährige Dame einer in der US-Politik nicht mehr tonangebenden Generation an.

Bauexperten sahen das Unglück relativ nüchtern und wunderten sich höchstens, daß es nicht früher dazu gekommen war. Die Dachkonstruktion galt bei Fachleuten als statisch auf Dauer unhaltbar, da die Möglichkeiten des damals modischen Spannbetons überschätzt worden waren. Verschreckt reagierte das offizielle West-Berlin auf das bauliche Desaster. Nach der Eröffnung des ICC war die Kongreßhalle eigentlich überflüssig geworden, und ein Abriß des maroden Gebäudes in ungünstiger Lage wäre sachlich naheliegend, aber im Blick auf die Vergangenheit wie auch auf die nach wie vor wichtigen Beziehungen zu den USA pietätlos gewesen. Die Entscheidung über das plötzlich von Kühnheit zu Kläglichkeit gewandelte Gebäude wurde daher vorerst aufgeschoben, da der Senat ohnedies mit Alt- und Neubauten in der Stadt genug Probleme zu bewältigen hatte.

Eine Woche nach der Hiobsbotschaft vom Einsturz der Kongreßhalle erreichte Stobbe eine weitere Unglücksmeldung, die seinen Absturz einleiten sollte, aber von ihm offensichtlich in ihrer Tragweite unterschätzt wurde. Der Regierende Bürgermeister wurde am 1. Juni 1980 von besorgten Mitgliedern des Landesbürgschafts-Ausschusses darüber informiert, daß das Unternehmen «Bautechnik AG» des Architekten Dietrich Garski in Schieflage geraten sei. Schon bisher stand Garski bei der senatseigenen «Berliner Bank» mit Millionen in der Kreide. Nun sollte der Kredit um weitere 28,5 Millionen Mark auf über 100 Millionen Mark erhöht werden, für die der Senat zu 90 Prozent bürgen sollte. Mit der Entscheidung, das schlecht gewordene Geld des bisherigen Kredits durch den Nachschub von gutem Geld zu retten, begann das Verhängnis und schloß sich ein fataler Kreislauf. Die «Berliner Bank» gewährte Kredit, weil sie meinte, damit höheren Interessen der Stadt zu dienen, während der Senat sich mit seiner Bürgschaft auf das Votum der Bank verließ. Letztlich stand hinter allem der Wunsch, ein Unternehmen, das offiziell als wohlbeleumundet galt und 200 Arbeitsplätze in der Stadt unterhielt, zu retten und einen mit einer Pleite verbundenen Ansehensverlust zu vermeiden. Außerdem versprach Garski der Stadt den heißersehnten internationalen Anschluß, da der seit der Ölkrise von 1973 besonders umworbene Nahe Osten Schauplatz seiner jüngsten Bauvorhaben war.

Bis dahin hatte sich Garski vor allem in West-Berlin als bestens in der Stadt vernetzter Unternehmer betätigt. Im Dutzend erstellte er ohne große Rücksicht auf die Umgebung weitgehend standardisierte schulische Mittelstufenzentren. Architektonischer Ehrgeiz war ihm auch fremd, als er einen Neubau für das nach der Billiggaststätte benannte «Aschinger-Haus» nahe dem Bahnhof Zoo errichtete und schließlich nach etlichen Winkelzügen weit unter dem Gestehungspreis erwarb. Garski durfte sich des fördernden Wohlwollens entscheidender Organe und Personen sicher sein. Er war mit seiner Ehefrau, die als bestangezogene Frau West-Berlins galt, ein gerngesehener Gast auf den gesellschaftlichen Ereignissen und bedachte die Parteien mit finanziellen Zuwendungen. Der FDP war er außerdem durch Parteimitgliedschaft verbunden, und der für seine finanziell lohnende Multifunktonalität bekannte CDU-Vorsitzende Peter Lorenz war mit einem Beratervertrag bedacht.

Nur dieses Geflecht von Beziehungen auf dem engen innerstädtischen Raum erklärt, wie Garski mit Krediten und Bürgschaften bedient wurde, obwohl es über Jahre deutliche Anzeichen dafür gab, daß es bei seinen Geschäften nicht mit rechten Dingen zuging. Seit 1978 ermittelte die Staatsanwaltschaft in mehreren Verfahren gegen den Bauunternehmer. Wegen des Verdachts der Steuerhinterziehung wurden seine Geschäftsräume durchsucht und es wurden ihm «vorsätzliche falsche Angaben» vorgeworfen. Hinweise häuften sich, daß er Schmiergelder kassierte und öffentliche Gelder privat abzweigte. Äußerungen von Garski wurden laut, in absehbarer Zeit werde er sein Geld ins Ausland gebracht haben. Schon hatte er im schweizerischen Montagnola ein Baugründstück neben seinen Liegenschaften am Kurfürstendamm, in Grunewald und in Frankfurt.

Obwohl ins Visier der Staatsanwaltschaft geraten, beantragte Garski im Sommer 1978 einen Kredit für seine Nahost-Projekte gemäß dem «Gesetz über die Übernahme von Landesbürgschaften», das zur Förderung der Wirtschaft in Berlin auch für Auslandsgeschäfte die Absicherung durch die öffentliche Hand vorsah. Als im August 1980 der Kredit von 63 Millionen Mark auf 86,7 Millionen Mark aufgestockt und die Bürgschaft entsprechend erhöht wurde, stellte Bausenator Ristock fest, daß «eine Transparenz des skizzierten Berlin-Effektes» nicht erkennbar sei und auch «beweisfähige Unterlagen» fehlten. Auch Hinweise eines Garski-Betriebsrates an Ristock über die Schieflage von Garskis «Bautechnik AG» bewirkten nichts als eine Prozeßandrohung des Unternehmers gegen seinen Betriebsrat. Ristock befürwortete die Absicherung der «Bautechnik»-Aktivitäten wegen eines «mehr unterschwelligen Berlin-Effekts».[37]

Im November 1980 war das Debakel nicht mehr abzuwenden. Garski überwarf sich mit seinem belgischen Geschäftspartner, verlor die Kontrolle über den Bau zweier Kasernen in Saudi-Arabien, von wo drei für das Projekt verantwortliche Offiziere nach West-Berlin kamen und den Senat davon in Kenntnis setzten, daß die Zahlungen an Garski eingestellt wurden. Mitte Dezember war die Pleite nicht mehr abzuwenden, und Staatsanwälte und Kriminalbeamte durchforschten Geschäfts- und Privaträume des Unternehmers «wegen des Verdachts strafbarer Handlungen im Zusammenhang mit der Vergabe einer öffentlichen Bürgschaft». Der Beschuldigte ließ Gläubiger und Bürgen auf seinen Schulden sitzen und machte sich mit seiner Frau und vier falschen Pässen auf die Flucht. In Kanada und in der Karibik lebte er einmal unter dem Namen «Dietrich», dann als «Herr Gardeiner» und kehrte sogar zeitweise inkognito in die Bundesrepublik zurück.

Mitten in der Vorweihnachtszeit 1980 mußte Dietrich Stobbe die wenig schöne Bescherung offenbaren, die Garski ihm und der Stadt bereitet hatte. In einer hellsichtigen, die Krise West-Berlins analysierenden und in einen größeren Zusammenhang stellenden Analyse versuchte er, das Desaster zu erklären, aber auch zu relativieren, wenn er meinte, daß Baupleiten mit erheblichen öffentlichen Verlusten «vielerorts» vorkämen.[38] Noch Jahrzehnte später gibt es selbst in der wissenschaftlichen Literatur die Ansicht, der «Fall Garski» sei nur durch die vorhergehenden Ereignisse wie «Kreisel»-Debakel und KPM-Posten-Geschacher zum «Skandal» geworden.[39] Vor dem Hintergrund von späteren, Steuermilliarden verschlingenden Bankenkrisen mag der Garski-Skandal klein erscheinen, doch war er zu seiner Zeit der bis dahin größte Bürgschaftsverlust der öffentlichen Hand.

Widerwillig und kaum aus Einsicht in eigenes Fehlverhalten traten der Finanzsenator Klaus Riebschläger (SPD) und der Wirtschaftssenator Wolfgang Lüder (FDP) von ihren Ämtern zurück, wobei Riebschläger auf den Skandal einen weiteren setzte. Er wurde Vorsitzender seiner Fraktion im Abgeordnetenhaus und damit Kontrolleur über mögliche eigene politische Verfehlungen, die ein rasch eingesetzter parlamentarischer Untersuchungsausschuß aufklären sollte. Außerdem trat er wieder in den Vorstand der senatseigenen Wohnungsbaukreditanstalt ein. Diese Verquickung von Amt und Mandat teilte er mit der Opposition. Der stellvertretende CDU-Fraktionsvorsitzende Klaus Landowsky war Vorstandsmitglied der öffentlich-rechtlichen «Berliner Pfandbrief-Bank». Verständnislos und empört reagierte man darauf in Westdeutschland, doch sah in West-Berlin keiner der Verantwortlichen irgendeine Notwendigkeit, den Mißstand zu beseitigen, daß sich die zu Kontrollierenden selbst kontrollierten. Erst nach der Wende konnte 1992 erreicht werden, daß nicht im Abgeordnetenhaus ein Mandat wahrnehmen kann, wer in einem Unternehmen tätig ist, das mindestens zur Hälfte im Besitz des Senats ist. Selbst dieses Gesetz wurde zunächst mißachtet und die Verquickung von Amt und Mandat als Gewohnheitsrecht betrachtet, das erst durch ein Urteil des Bundesverfassungsgerichts beseitigt wurde.

Der Versuch von Dietrich Stobbe, durch eine nicht sehr überzeugende Senatsumbildung das eigene Regiment zu retten, scheiterte im Abgeordnetenhaus mit der Ablehnung von vier der von ihm vorgeschlagenen Senatoren am 15. Januar 1981. Mit seinem sofortigen Rücktritt wahrte Stobbe seine Würde, zog sich aus der Politik West-Berlins zurück, scheiterte jedoch mit seinem Wunsch, als Botschafter in Israel Nachfolger seines Vorgängers Klaus Schütz zu werden. Nach einigen Zwischenstationen wechselte er erfolgreich in die Privatwirtschaft. Sein Sturz durch die mangelnde Unterstützung von Abgeordneten – auch der eigenen Fraktion – beraubte die Stadt eines fähigen Politikers, der perspektivisch dachte und qualifizierte Leute um sich zu scharen verstand, die mit ihm nach dem Urteil eines Beobachters moderne, zeitgemäße Politik verkörperten und dazu den Willen mitbrachten, «dem Zeitgeist auf der Spur zu bleiben» (Hermann Rudolph).[40] Zu spät erkannte die machtgewohnte SPD, daß sie mit Stobbe und seiner Mannschaft von ihr teilweise ungeliebte, aber die Zukunft verkörpernde Politiker aus dem Amt trieb. Stobbe fehlte für seinen Erfolg Charisma und Fortune und ihm standen verkrustete Strukturen im Wege. Selbst der bescheidene Versuch, mit Stechuhren das Laissez Faire im öffentlichen Dienst zu bändigen, scheiterte. Den seit Reuters Tagen tobenden Flügelkampf in seiner Partei vermochte er so wenig wie seine Vorgänger zu stoppen. Ohne Rücksicht auf den Ansehensverlust bei den Wählern wurde rücksichtslos nach dem Prinzip verfahren «Kippst du mich, kipp ich dich», so daß der FDP-Politiker Volker Hucklenbroich beim Koalitionspartner SPD eine «Lust am Untergang» feststellte.[41] Stobbe vermochte auch nicht die vielfältigen Interessens- und Ämterverflechtungen zu durchbrechen, die parteiübergreifend funktionierten und dazu führten, daß etwa die Bürgschaften für Garski auch mit Unterstützung der CDU gewährt wurden.

Plötzlich führungslos, konnte sich die SPD nach Stobbes Abgang nur dadurch retten, daß sie nun doch einen Kandidaten für das Amt des Regierenden Bürgermeisters von außen in die Stadt holte, nachdem sie sich noch vier Jahre zuvor für Stobbe und gegen den Bonner Politiker Hans-Jürgen Wischnewski entschieden hatte. Mit Hans-Jochen Vogel als neuem Stadtoberhaupt wurde am 23. Januar 1981 ein Mann gekürt, der sich ausgerechnet in der Konkurrenzstadt München den Ruf eines brillanten Kommunalpolitikers erworben hatte. Seine Senatsmannschaft, der nur noch zwei genuin Berliner Politiker angehörten, wurde anstandslos gewählt, hatte aber kaum Möglichkeit, sich zu entfalten. Zwar konnte Vogel in der Hausbesetzerfrage mit der «Berliner Linie» ein Konzept entwickeln, durch das weitere Besetzungen verhindert und die bestehenden kanalisiert werden sollten. Aber es gelang ihm nicht, dieses Konzept umzusetzen. Im Gegenteil: In der kurzen Zeit seiner Regentschaft erhöhte sich die Zahl der besetzten Häuser von 29 auf 167, und in der alternativen *taz* war zu lesen, daß es zwischen Januar und Mai 1981 einfacher war, ein Haus zu besetzen als im Supermarkt eine Flasche Sekt zu klauen.[42] Das Szenemagazin *zitty* veröffentlichte ein Poster, auf dem in der Mitte ein Toilettenriegel mit der Aufschrift «Besetzt» zu sehen war und fein säuberlich alle okkupierten Häuser abgebildet waren.

Straßenunruhen rund um das Besetzermilieu trübten das Bild der Stadt und standen im Gegensatz zu der peniblen Amtsführung von Hans-Jochen Vogel. Bald zeigte sich, daß der Politikerimport als fremd empfunden wurde. Keiner der bisherigen Regierenden Bürgermeister war ein geborener Berliner, aber alle gehörten ganz selbstverständlich zu der Stadt. Die über Jahrhunderte entwickelte Fähigkeit Berlins, Zugezogene anzunehmen und zu amalgamieren, versagte vor der allzu süddeutschen Ausstrahlung Vogels, die auch durch sein fast preußisches Amtsverständnis nicht aufgehoben wurde. Vogel und seiner Senatsmannschaft wollte es nicht gelingen, das richtige Gefühl für die Stadt zu entwickeln, wofür der aus der Europapolitik kommende Senator für Wirtschaft und Verkehr Guido Brunner (FDP) beispielhaft war, der mit besserwisserischen Fragen zur Senatsreserve und dem Vorschlag eines generellen 30-km-Tempolimits befremdete.

Aber nicht Vogels strenges Klarsichthüllenregiment im Schöneberger Rathaus raubte seinem Senat die Möglichkeit der Entwicklung, sondern die Opposition. Die CDU erkannte, daß auch der Wechsel von Stobbe zu Vogel nicht wirklich die Stimmung in der Stadt veränderte und die Unzufriedenheit über die langjährige SPD-Herrschaft mit ihren Verfilzungen und Skandalen eher zu- denn abgenommen hatte. Während die SPD daran interessiert war, Neuwahlen so weit wie möglich hinauszuschieben, um Abstand zum Garski-Skandal zu gewinnen, wollte die CDU die Schwäche des politischen Kontrahenten ausnutzen. Mit der in West-Berlin gegebenen Möglichkeit eines Volksbegehrens für Neuwahlen stand ihr dafür ein wirksames Instrument zur Verfügung, das sie erfolgreich anwendete. Noch während der Vereidigung Vogels trugen sich Tausende Berliner in die Listen des Volksentscheids ein, wie CDU-Oppositionsführer Eberhard Diepgen mit Genugtuung feststellte.[43] Nachdem in nur wenigen Tagen rund 250 000 Unterschriften für das Volksbegehren gesammelt worden waren, versuchte Vogel auch im Unausweichlichen noch das Gesetz des Handelns zu bestimmen und sorgte für Neuwahlen am 10. Mai 1981. Die CDU verfehlte nur knapp die absolute Mehrheit, während die FDP gerade noch den Einzug ins Abgeordnetenhaus schaffte. Erstmals zog auch die Alternative Liste (AL) in dieses ein. Die SPD aber mußte den Weg in die Opposition antreten. Nach über 30 Jahren Regierungsverantwortung war sie nicht mehr imstande, neue Perspektiven für die Stadt zu entwickeln, sondern betrieb allzu offensichtlich nur noch den eigenen Machterhalt. Die CDU konnte mit starken Worten von Heinrich Lummer über das «Filztheater» davon ablenken, daß auch sie in das kritisierte Treiben verwoben war. Aber sie hatte mit ihrem Spitzenmann Richard von Weizsäcker eine über alle Unzulänglichkeiten hinwegtragende, ebenso kluge wie taktisch versierte Persönlichkeit. Da sich die in Bonn, wenn auch zunehmend unwillig, noch mit der SPD koalierende FDP einem Bündnis mit der CDU in West-Berlin widersetzte, bildete Weizsäcker eine Minderheitenregierung, die er durch überlegtes Taktieren mit einigen FDP-Abgeordneten stabilisierte. Fast hundert Jahre nach dem Drei-Kaiser-Jahr von 1881 mündeten auf diese Weise die Turbulenzen des Drei-Bürgermeister-Jahres 1981 in die Hoffnung auf eine neue Ära unter glanzvoller Regentschaft.

Kapitel 10

Neue Gesichter – alte Probleme

Anbruch goldener Zeiten

Angespannt, überarbeitet, ein wenig resigniert, mit blassem Gesicht und schmalen, harten Lippen zeigte sich der sonst so souveräne Richard von Weizsäcker am 12. September 1981 nur drei Monate nach seiner Wahl von einer ungewohnten Seite. Sogar die Sorge, daß er das eben erst erworbene Amt des Regierenden Bürgermeisters verlieren könnte, trieb ihn um, wie sein damaliger Redenschreiber Friedbert Pflüger berichtet.[1] Der Besuch des US-Außenministers Alexander Haig war für den nächsten Tag angesagt und es herrschte höchste Alarmstufe für die Sicherheitskräfte. Die alternative Szene hatte Gewaltaktionen angekündigt. Unruhen mit bürgerkriegsähnlichen Zuständen, die im Dezember 1980 mit zum Niedergang des Stobbe-Senats beigetragen hatten, waren nicht auszuschließen, und Weizsäcker mußte ein überschnelles Ende seiner Amtszeit befürchten. Zwar versammelten sich tags darauf 50 000 Demonstranten, doch kam es nicht zu den befürchteten Krawallen.

Aber schon zehn Tage später war der Weizsäcker-Senat erneut und folgenreicher herausgefordert. Schon seit Wochen hatte er angekündigt, die von Hans-Jochen Vogel konzipierte «Berliner Linie der Vernunft» in die Tat umzusetzen. Danach sollten neubesetzte Häuser sofort und bereits besetzte Häuser dann geräumt werden, wenn der Eigentümer Strafantrag stellte und einen zügigen Beginn von Sanierungsmaßnahmen zusicherte. Kaum im Amt, kündigte der neue Bausenator Ulrich Rastemborski die Räumung einiger Häuser an, für die baureife Planungen vorlagen. Für einige besetzte Häuser wurden Nutzungsverträge angeboten, was von Besetzern schnell als «zynisches Scheinangebot» abgetan wurde. Der am politischen Protest und an Konfrontation interessierte Teil der Hausbesetzerszene, der die vertragsbereiten Hausbesetzer als «Vertragsschweine» beschimpfte, setzte mit einem «TUWAT-Spektakel» auf Aktion. Flugblätter dazu wurden wegen «Beleidigung des Berliner Senats» beschlagnahmt. Im Blick auf mögliche Gewalttätigkeiten wurde sogar die Einberufung der «Freiwilligen Polizeireserve» gefordert. Das Boulevardblatt *BZ* fragte: «Wie lange will Berlin sich dies noch bieten lassen?»[2] Das «TUWAT-Spektakel» erreichte nicht den erwarteten Zuspruch, doch war das Bemühen der Hausbesetzer um Solidarität einer liberalen Öffentlichkeit erfolgreich. Vor allem Gewerkschafter, Professoren, Künstler, aber auch Oppositionspolitiker übernahmen Patenschaften für besetzte Häuser.

Als Innensenator Heinrich Lummer den Besetzern in den von Rastemborski benannten Häusern ein Ultimatum stellte, kam es zur Demonstration von etlichen tausend Menschen, doch blieben der Senator wie der Regierende Bürgermeister hart. Am 22. September wurden unter Einsatz von 2000 Polizisten die Häuser geräumt, wobei es zu dramatischen Szenen kam. Heinrich Lummer besichtigte persönlich eines der geräumten Häuser und stellte sich vor der düsteren Kulisse den Journalisten. Ob er es aus Gedanken- oder Instinktlosigkeit tat, blieb ungeklärt. Der Eindruck war in jedem Fall fatal, weil der kaum 1,60 Meter große Senator unweigerlich nach einer in seinen Augen gewonnenen Schlacht mit etwas triumphalistischer Pose einem Napoleon glich. Sein Austerlitz wandelte sich jedoch schlagartig in ein Waterloo, als fast gleichzeitig in der Nähe ein Demonstrant zu Tode kam. Der 18-jährige Klaus-Jürgen Rattay geriet durch einen unglücklichen Zufall unter die Räder eines Busses, doch erhielt sein Tod im Kontrast zur Siegerpose des Innensenators märtyrerhafte Züge. Rattay war ein sehr typischer Vertreter jenes Teils der heterogenen Hausbesetzerszene, der später unter dem Begriff der «Autonomen» subsumiert wurde, weil er sich keiner politischen Richtung verpflichtet fühlte, von einer diffusen Gegnerschaft zu allem Etablierten getrieben war. Unter den zur Vermummung getragenen wollenen «Haßmasken» verbargen sich meist sehr junge, noch knabenhafte Gesichter. Klaus-Jürgen Rattay war einer von ihnen, der im provinziellen Kleve nicht eine vom Vater gewünschte Berufsausbildung machen wollte, sondern in Berlin vor allem das Abenteuer und weniger die politische Auseinandersetzung suchte.

Der Unfallort wurde für einige Tage zu einer Pilgerstätte, an der Blumen niedergelegt wurden, und mit einer Demonstration von über 20 000 Teilnehmern machte sich die Empörung über das massive Handeln der Polizei Luft. In dieser kritischen Situation erwies sich, wie überlegt Weizsäcker seine Senatorenmannschaft zusammengestellt hatte, indem er auch den bodenständigen Heinrich Lummer berief, der mit seiner oft ruppig vertretenen Law-and-Order-Position ein rechtsorientiertes Publikum zu gewinnen verstand. Aus einfachen Verhältnissen stammend, hatte er sich nach oben durchgekämpft, hatte an der Freien Universität studiert und sich am Institut für politische Wissenschaft als Assistent einen guten akademischen Ruf erworben. Während der Studentenunruhen vertrat er unerschrocken und angefeindet konservative Positionen und zeigte mit zur Trotzigkeit neigender Miene Gefallen an der Rolle des Buhmanns. Von völlig anderer physischer wie mentaler Statur als Weizsäcker, konvenierte er dem neuen Regierenden Bürgermeister nur begrenzt. Als Lummer gar mit dem Gedanken einer vierten Partei rechts von der CDU spielte, wurde er von Weizsäcker in die Schranken gewiesen, der solches für «blühenden Unsinn» hielt.[3] Die Meinungsverschiedenheiten zwischen dem Regierenden Bürgermeister und seinem Stellvertreter waren erheblich, doch konnte sich Weizsäcker auf ihn verlassen und er war ihm nützlich. Wo es Weizsäcker bei der Bemerkung beließ, daß die elektronischen Medien der Stadt nicht auf seiner Seite stünden, da saß Heinrich Lummer mit der Stoppuhr vor dem Fernseher und rechnete dem SFB minutengenau vor, wie ungleich dieser SPD und CDU berichterstattend wahrnehme. Als «Heinrich fürs Grobe» war Lummer ein idealer Exekutor für die harten Seiten der Politik des Weizsäcker-Senats, der gerade in der Hausbesetzerfrage für die praktische Umsetzung der Räumungsbeschlüsse sorgte, während Weizsäcker die damit zusammenhängenden Konflikte auf der intellektuellen Ebene austrug.

Weizsäcker, nicht nur Politiker, sondern auch Mann der evangelischen Kirche, beschäftigte es besonders, daß es neben den Intellektuellen, Künstlern und Publizisten viele christlich motivierte Menschen gab, welche die Hausbesetzer unterstützten. Der besonders auffällig agierende Theologe Helmuth Gollwitzer konnte Weizsäcker weniger irritieren, weil ihm dessen Evangelium und Sozialismus verbindende Theologie fremd war. Wenn Gollwitzer das biblische Wort «Nimm dein Bett und wandle» sehr konkret umsetzte und eine Matratze schulternd in ein besetztes Haus einzog, so durfte dies als photogene Arabeske abgetan werden. Verstörend für Weizsäcker war, daß sich der von ihm «hochgeachtete und stets freundschaftlich verehrte»[4] West-Berliner evangelische Bischof Martin

Kruse mit mahnenden Worten an den Senat wandte. Dieser müsse deutlicher machen, daß er wirklich zu Gesprächen mit den Betroffenen bereit sei, um ihnen den nötigen Raum für andere Formen der Lebensgestaltung einzuräumen.[5] Kruse ging dabei so weit, die Politiker einer das «christlich» in ihrem Namen führenden Partei darauf hinzuweisen, daß die alternativen Lebenskonzepte eines Teils der Hausbesetzerbewegung dem biblischen Zeugnis näher stehen könnten als «das normale egoistische Lebenskonzept der Wohlstandsgesellschaft». Der Bischof geißelte aber auch die sprachliche und gedankliche Verrohung der Hausbesetzer, wie sie etwa in der Formel «Legal? Illegal? Scheißegal!» zu erleben war. Dem setzte Kruse entgegen, daß das Recht aller geachtet werden müsse. Damit baute er eine Brücke zu Weizsäcker, der nach dem Grundsatz «Besonnenheit und Konsequenz» verfuhr und dabei besonders die Rechtlichkeit seines Vorgehens betonte.

Mit fast schneidender Schärfe wies der Jurist Weizsäcker die Kritik des ehemaligen Justizministers Hans-Jochen Vogel zurück, daß der Senat zu sehr auf das Recht poche. Schließlich habe der Verzicht auf die rechtlichen Mittel dazu geführt, daß sich unter Vogel die Hausbesetzungen wie ein Flächenbrand verbreitet hatten. Der Regierende Bürgermeister konnte sich dabei von gleich zwei Juraprofessoren in seinem Senat unterstützt sehen, und selten dürften im Schöneberger Rathaus Fragen von Recht und Moral mit mehr intellektueller Energie behandelt worden sein, was Weizsäcker nicht daran hinderte, mit praktischer Konsequenz zu handeln. Er sah die hinter dem Konflikt verborgenen komplizierten gesellschaftlichen Prozesse, betonte aber auch, daß das Recht nicht deshalb außer Kraft gesetzt werden könnte. Zur Entspannung trug ein von Weizsäcker einberufener Runder Tisch bei, an dem Kirchenleute ebenso saßen wie Vertreter der Handelskammer, des Mieterbundes und der Gewerkschaften.

Außerdem bewährte sich Weizsäckers geschickte Zusammensetzung des Senats. Zwar mutete er seiner Partei wie der Stadt mit dem Import von sechs auswärtigen Senatoren einiges zu, doch hatte er neben dem schneidigen Innensenator Lummer auch mit dem Bausenator Ulrich Rastemborski einen Mann in seiner Mannschaft, der mit der Stadt bestens vertraut war und die konkrete Arbeit erledigte, während Weizsäcker präsidial über der alltäglichen Mühsal regierte. Bausenator Rastemborski zerbrach allerdings an dem Zwiespalt zwischen der Politik der harten Hand bei Räumungen und dem gleichzeitigen Versuch, die Hausbesetzerszene zu beruhigen und die von Wohnungsnot Getriebenen und nach neuen Lebensformen Suchenden von anarchischen Chaoten zu trennen. Eines Tages war der stämmige Mann einfach verschwunden, der sich in unermüdlichen Gesprächen mit Besetzern den wohlwollenden, auch auf seine Rastlosigkeit anspielenden Spitznamen «Rasti» erworben hatte. Rastemborski, der sich bei der Untersuchung der Garski-Affäre hervorgetan hatte, war vom ehemaligen Bausenator Harry Ristock vor dem Amt und der verknöcherten Bauverwaltung gewarnt worden. Dennoch war er mit den Worten «Das Haus ist regierbar!» an die Aufgabe gegangen, von der er bald merkte, daß er sie beim besten Willen nicht bewältigen konnte. Das hochgesteckte Wahlversprechen von 50 000 neuen Wohnungen erwies sich als unerfüllbar, die Gespräche mit den Hausbesetzern fraßen Zeit und Energie und das vermittelnde Bemühen wurde oft genug durch die Intransigenz des räumungsfreudigen Senators Lummer und seiner Polizei zunichte gemacht. «Der Dicke ist dünnhäutig geworden», hieß es nach zwei Amtsjahren, als Konzentrationsschwierigkeiten, ein gesteigerter Alkohol- und Nikotinkonsum bei dem überarbeiteten Mann unübersehbar geworden waren. Am 19. August 1983 verschwand er am frühen Morgen aus seinem Amt ohne Fahrer, Dienstwagen und Sicherheitsschutz. Alles, was er zurückließ, war ein Brief an seinen persönlichen Referenten, in dem von Überanstrengung und Erholungsbedürfnis die Rede war. Die Ehefrau war rat- und kenntnislos und Rastemborskis Chef und geradezu väterlicher Freund Richard von Weizsäcker mußte gestehen: «Ich weiß viel weniger, als ich wissen möchte.»[6]

Ohne Absenderangaben meldete sich der Verschwundene in größeren Abständen brieflich bei seiner Frau, bewegte sich anonym im Bundesgebiet, während in West-Berlin das Gerücht kursierte, er habe sich in ein Kloster zurückgezogen. Nach vier Wochen teilte der Gesuchte seiner Frau mit, daß er sich in einem Krankenhaus befinde, nach erfolgter Genesung zurückkehren wolle und seinen Rücktritt einreiche. Der Schritt war kaum noch nötig, weil es offensichtlich war, daß der Mann mit der Aufgabe, so wie er sie wahrnahm, überfordert war. Endlich hatten seine Gegner in der eigenen Partei Gelegenheit, den als Freund der Hausbesetzer geltenden Rastemborski gegen einen Politiker einzuwechseln, der mit den Hausbesitzern auf gutem Fuß stand. Bausenator wurde Klaus Franke. Der ehemalige Marineleutnant hatte auf seinem Schreibtisch eine Messingplakette mit den Worten «Captain's word is law» und war der Bau- und Immobilienwirtschaft nicht uneigennützig verbunden.

Wie alle Regierenden Bürgermeister stand auch Richard von Weizsäcker vor der Doppelaufgabe, eine Großstadt verwalten und die

Politik des internationalen Gebildes «West-Berlin» gestalten zu müssen. Neigung wie Talent prädestinierten ihn dazu, das Gewicht seiner Persönlichkeit primär auf die Waagschale der deutschland- und weltpolitischen Aspekte des Amtes zu legen. Antrittsbesuche bei Ronald Reagan, Giscard d'Estaing und Margaret Thatcher entsprachen ganz dem Mann, der sich im Wartestand für das höchste Amt der Bundesrepublik sehen durfte. Sich auch mit Auseinandersetzungen um die Umbenennung einer zweihundert Meter langen Straße beschäftigen zu müssen, nahm Weizsäcker eher staunend zur Kenntnis und überließ derartige Probleme gerne seinen Senatoren.

Das Ansehen, das sich Weizsäcker auf der großen politischen Bühne erwarb, strahlte auch auf die Bevölkerung aus, die nach dem Niedergang der SPD-Herrschaft verunsichert war. Übereinstimmend konnten die West-Berlin-Korrespondenten in den bundesdeutschen Zeitungen vermelden, daß sich die Stimmung in der Stadt deutlich gebessert und sich ein kleines «Wunder an der Spree» vollzogen habe, das um so erstaunlicher war, weil die objektiven Tatbestände sich nicht im gleichen Maße veränderten. Trotz einer Neuorientierung der Wohnungspolitik verbesserte sich die Situation nur wenig, standen jeden Samstagabend wieder die Schlangen bei den Zeitungsverkäufern am Bahnhof Zoo, um an die ersten Exemplare der Sonntagszeitungen mit den Wohnungsanzeigen zu kommen. Nach wie vor gab es zu wenige preiswerte Wohnungen, und die in West-Berlin im Gegensatz zum Bundesgebiet beibehaltene Mietpreisbindung führte weiter zu einer Vernachlässigung des Altbaubestandes und zur Ausbreitung eines «grauen» Wohnungsmarktes, in dem für eine aus wenigen Apfelsinenkisten bestehende «Einrichtung» beträchtliche Abstandszahlungen zu entrichten waren.

Auch die ewig schwärende Wunde der stagnierenden Wirtschaft und des Verlusts von Arbeitsplätzen wurde in der kurzen Ära Weizsäcker nicht geschlossen. «Wir kamen nicht heraus aus der jahrelangen Rezession», lautete das abschließende Resümee des Regierenden Bürgermeisters.[7] Im wahrsten Sinne des Wortes mit dem Problem alleingelassen war Weizsäcker, als er vor zweitausend Mitarbeitern der vom Konkurs bedrohten AEG Rede und Antwort stehen mußte, jedoch kein Vorstandsmitglied des Unternehmens zu der Betriebsversammlung erschien. Bald gab es auch Anzeichen dafür, daß mancher früher von der CDU angeprangerte Mißstand unter anderen Vorzeichen fortlebte. Wieder kam es zu Protektionismus bei der Postenvergabe, gab es bei Politikern auffällige materielle

Zugewinne,[8] und an den Hochschulen wollte sich die versprochene Beruhigung nicht einstellen.

Erneut stellte sich die schon bei Klaus Schütz erhobene Kritik ein, daß der Regierende Bürgermeister gerne räumlich wie gedanklich in ferne Weiten schweife, sich aber wenig um die konkrete Politikarbeit kümmere und es seinen Senatoren überlasse, sich in den Niederungen der alltäglichen Mühsal zu tummeln. Aber gerade diese Fähigkeit Weizsäckers, Teil des politischen Geschäfts zu sein und doch Abstand zu dessen Mißlichkeiten wahren zu können, bewährte sich in Berlin.

Bei seinen Reisen in andere Länder, bei den Begegnungen mit illustren Staatsmännern bewies er eine Grandeur, die alle mit West-Berlin sonst schnell verbundene Provinzialität vermissen ließ, und die Menschen in der Stadt wußten den Ansehensgewinn zu schätzen. Auch tat es gut, daß sich hier ein Politiker deutschlandpolitisch aktiv betätigte, gesamtdeutsches Bewußtsein bewies und die Stadt aus ihrer Isolation löste, wozu auch seine Doppelrolle als Kirchenmann und Politiker beitrug. Besuchte Weizsäcker einen Gottesdienst in der katholischen Hedwigs-Kathedrale gegenüber der Humboldt-Universität, so durfte er sich von «Gefühlen und Hoffnungen der herzlich laut grüßenden und rufenden Ost-Berliner» fast erdrückt fühlen.[9] In Wittenberg konnte Weizsäcker auf Grund einer kirchlichen Einladung nach Beratschlagung des SED-Politbüros vor über zehntausend Menschen sprechen. Zum Luther-Jahr traf er in Eisenach den Präsidenten der DDR-Volkskammer Horst Sindermann. Den Höhepunkt des von West-Berlin aus wirkenden gesamtdeutschen Politikers Richard von Weizsäcker aber bildete die Begegnung mit Erich Honecker im Schloß Niederschönhausen im Ost-Berliner Stadtteil Pankow am 15. September 1983. Die Reise war der Darstellung Weizsäckers zufolge mit dem inzwischen in Bonn regierenden Helmut Kohl abgesprochen und auch von den Alliierten in West-Berlin gutgeheißen worden, doch berichtet Nachfolger Eberhard Diepgen von «erheblichen Schwierigkeiten» mit den Alliierten, besonders mit den statusbewußten Franzosen.[10]

So notwendig das Treffen mit Honecker war, um einen Schritt aus der Isolation der Halbstadt zu versuchen und das nachdrückliche Bemühen um Verbesserungen im Reise- und Besucherverkehr zu erreichen, so unergiebig war es sachlich wie menschlich. Weizsäcker war ausdrücklich nicht mit dem Ziel von «konkreten Verhandlungsergebnissen» nach Ost-Berlin gefahren, und kein «Erfolgszwang» sollte die Gespräche belasten. Realiter gab es denn als Ergebnis nur die Absichtserklärung Honeckers,

29 Statusrechtliche Bedenken negierend, traf sich Richard von Weizsäcker mit Erich Honecker in Ost-Berlin. Nachträglich rätselte Weizsäcker, was Honecker zum Staatsmann qualifizierte, und er fand das Gespräch «alles andere als kurzweilig».

den Mindestumtausch für Jugendliche unter 14 Jahren zu senken. Auch Weizsäcker sprach danach nur von «bescheidenen Erfolgen», konnte immerhin sein Gesprächsziel des «gegenseitigen Kennenlernens» grundsätzlich erreichen.[11] Er gewann in Pankow ein klares Bild von Erich Honecker, das ihn auch als Bundespräsident begleitete und das er mit der ihm eigenen Gabe, Kritik mit Samthandschuhen auszuteilen, in die Worte faßte: «Welche persönlichen Eigenschaften ihn qualifiziert hatten, an die Spitze eines Systems vorzudringen, konnte ich nicht erraten.» Auf die freundlichen Worte, daß Honecker «unpolemisch und nicht unliebenswürdig» gewirkt habe, setzte er das Verdikt, daß der Staatsratsvorsitzende der DDR «alles andere als kurzweilig» gewesen sei.[12]

Themen der Unterredung, die von Weizsäcker dezidiert nicht als konkrete Verhandlung geführt wurde, waren unter anderem Mindestumtausch, Reiseerleichterungen und die Feier zum 750-jährigen Bestehen Berlins. Nicht besprochen wurde ein heikles Problem zwischen West-Berlin und der DDR, das ebenso brisant wie pikant war und dessen Lösung Weizsäcker dem in West-Ost-Beziehungen erfahrenen Chef der Senatskanzlei Hansjürgen Schierbaum anvertraute. Seit Jahren befand sich, wie erst Jahre später öffentlich bekannt wurde, Innensenator Heinrich Lummer in den Fängen des DDR-Ministeriums für Staatssicherheit. Erst ein Jahr nach seinem Amtsantritt als Innensenator, als der er auch für den Verfassungsschutz zuständig war, offenbarte er Richard von Weizsäcker, seit 1971 teilweise sehr enge Beziehungen zu Stasi-Mitarbeitern zu haben.

Die Stasi hatte bereits Anfang der 1970er Jahre herausgefunden, was in West-Berlin ein öffentliches Geheimnis war: Heinrich Lummer hatte mit gutem Grund von seinem einstigen Berufswunsch, Mönch zu werden, Abstand genommen, weil er eine Schwäche für das weibliche Geschlecht besaß und selbst bei halboffiziellen Anlässen gelegentlich durch gewagte Frauenbegleitung auffiel. 1974 war daher gemäß der Stasi-Richtlinie 2/68 bei Lummer eine «Werbung auf der Grundlage kompromittierender Umstände» in die Wege geleitet worden. Eine «Susanne Rau» suchte und fand in Ost-Berlin den Kontakt zu Lummer, und es kam plangemäß zu einem intimen Verhältnis, das auch photographisch festgehalten wurde. «Susanne Rau» war in Wirklichkeit die Agentin Frauke Borchardt, die Lummer in eine konspirative Wohnung zu locken verstand, wo er die 1981 von Markus Wolf, dem Chef der MfS-Auslandsaufklärung, auf ihn angesetzten MfS-Obersten Lange und Wagenbreth kennenlernte. Nach einem ausgiebigen politischen Gespräch meinten die Agenten, die als «Lindner» und «Wagner» auftraten, in Lummer einen Informanten gewonnen zu haben und registrierten ihn mit der Vorgangs-Nr. XV 5724/81 unter dem Decknamen «Wilhelm» als IM.

Als Lummer in der Folge weitere Treffs verweigerte, wurde er von den MfS-Agenten unter Druck gesetzt, da er als Innensenator zu einer hochrangigen Quelle geworden war, die Zugang zu West-Berliner wie bundesdeutschen Geheimdienstunterlagen hatte. Aber erst als der Chef des Landesamtes für Verfassungsschutz aus Geheimdienstkreisen von den Stasikontakten seines Vorgesetzten erfuhr, räumte Lummer diese ein und ließ sich dazu bewegen, sich Richard von Weizsäcker zu offenbaren. Jedem Beamten wäre ein vergleichbares Verschweigen seiner MfS-Kontakte zum Verhängnis geworden. Lummer aber wurde im Amt behalten, blieb als Bürgermeister sogar der Stellvertreter Weizsäckers, weil er im innerparteilichen Kräftespiel als Repräsentant des rechten Flügels unersetzlich schien. Hansjürgen Schierbaum erhielt den Auftrag, über den Sowjetdiplomaten

Valentin Dmitrijewitsch Kosobrodow den MfS-Druck auf Lummer zu beseitigen, was aber mißlang. Weiter erhielt der Innensenator Botschaften der Agenten aus Ost-Berlin, wie einen großen Blumenstraß zum 50. Geburtstag, verbunden mit Wünschen für «Gesundheit und Mut für unsere weitere Partnerschaft».

Um Lummer nicht zu beschädigen, verzichtete der Verfassungsschutz darauf, dessen dubioses Agieren zu verfolgen, und auch Richard von Weizsäcker zeigte kein Interesse, das rechtlich fragwürdige Verhalten des für ihn so wichtigen Politikers zu ahnden. Auf die DDR wurde kein weiterer Druck ausgeübt, weil zu befürchten war, daß sonst der Fall mitsamt kompromittierender Details westdeutschen Journalisten zugespielt würde. Als Lummer im April 1986 wegen einer anderen Affäre zurücktreten mußte, meldete sich «mit besten Grüßen» noch einmal «Lindner» und setzte den angeschlagenen Politiker in einer Mischung aus Freundlichkeit und Drohung massiv unter Druck. Als Lummer darauf nicht reagierte, gab das MfS seine Bemühungen auf. Der Fall wurde erst 1989 öffentlich, als ein neuer Chef des Landesamtes für Verfassungsschutz die von seinem Vorgänger gehorteten Unterlagen zur «Affäre Lummer» nicht länger geheimhielt. Ein vom Abgeordnetenhaus eingesetzter Untersuchungsausschuß kam im Oktober 1990 zu dem Schluß, daß Lummer eine konspirative Tätigkeit nicht nachgewiesen werden könne.[13]

An Weizsäcker blieb von derlei Mißlichkeiten nichts haften. Selbst wenn ein Senator wie Wilhelm Kewenig forsch mit dem Vorschlag vorstieß, in West-Berlin Privatfernsehen einzuführen, gab dies dem Regierenden Bürgermeister nur Gelegenheit, Stärke zu demonstrieren, indem er Kewenig in die Schranken wies. Als Bundespräsidentenkandidat im Wartestand konnte Weizsäcker mit all jenen Qualitäten beeindrucken, die ihn später auch im höchsten Amt der Bundesrepublik auszeichneten. Er war wie einst Reuter und Brandt ein großer Mann zur rechten Zeit an der rechten Stelle. Es heißt allerdings der Stadt Unrecht tun, ihn als «überqualifiziert» zu bezeichnen, wie es der Publizist Wolf Jobst Siedler tat, der zu den maßgeblichen Beratern Weizsäckers und seiner Senatoren gehörte und die Neulinge oft erst richtig mit der Stadt vertraut machte.[14] Es war der Triumph dessen, was selbst Strukturalisten unter den Historikern anerkennen müssen, nämlich der Sieg des Charismas. Dies verschaffte der Amtszeit Weizsäckers die Aura eines Goldenen Zeitalters, dessen Glanz manche sich erst später bemerkbar machende Probleme überstrahlte.

Ernten ohne zu säen

Gerade zwei Monate im Amt, durfte sich der Senat Richard von Weizsäckers mit einem doppelt glanzvollen Ereignis schmücken. Das einstige Kunstgewerbemuseum wurde, nach seinem Architekten Martin Gropius benannt, am 15. August 1981 nach aufwendiger Renovierung als Ort für repräsentative und großzügige Ausstellungen eröffnet. Gezeigt wurde zum Auftakt eine große Preußen-Schau, die schon im Vorfeld heftig diskutiert worden war. Das von 1881 stammende Gebäude erstrahlte im Gold- und Marmorglanz der Gründerzeit, zeigte aber auch mit bloßem Mauerwerk seine Wunden aus dem Weltkrieg und war durch seine Lage ein aussagekräftiges Symbol der Stadt. Derart dicht lag der Haupteingang an der Mauer, daß er nicht benutzt werden konnte und ein neuer Zugang geschaffen werden mußte; wenige Schritte entfernt befand sich das Ruinengelände des Prinz-Albrecht-Palais, ehemals Sitz der Gestapo-Zentrale.

Die mit großem Aufwand inszenierte Preußen-Ausstellung schien bestens zu dem neuen Regierenden Bürgermeister mit dem Adelsprädikat im Namen zu passen, der in einem elitären preußischen Regiment als Soldat gedient hatte. Wilhelm Kewenig, bis vor kurzem Jura-Professor in Kiel, nun nicht nur Wissenschafts-, sondern auch Kultursenator, gab bei der Eröffnung ganz selbstverständlich und mit sichtlichem Wohlgefallen den Hausherren, hatte keine Scheu, sich mit fremden Federn zu schmücken. Denn es war der durch sein unrühmliches Ende in Mißkredit geratene Stobbe-Senat, dem der Gropius-Bau wie die Ausstellung zu verdanken waren.

Es war keineswegs eine Stobbe unterstellte Naivität, als er 1977 den Vorschlag einer Preußen-Ausstellung gemacht und damit sofort eine heftige Diskussion ausgelöst hatte. Der Plan war Teil dessen, was in der Regierungserklärung von 1977 spröde angekündigt worden war, nämlich «die in der Vielfalt und Lebendigkeit gerade der kulturellen Aktivitäten liegende Chance zu nutzen». Warum also nicht in Berlin mit den Preußen das machen, was Baden-Württemberg in Stuttgart mit einer Staufer-Ausstellung erfolgreich vorgemacht hatte? Indem der Schaubühnen-Bühnenbildner Karl-Ernst Herrmann mit der Gestaltung beauftragt wurde, zeigte die Stadt das in ihr beheimatete kreative Potential und sorgte für eine beeindruckende, damals noch ungewohnte inszenatorische Kraft, die allen musealen Muff solcher Ereignisse vermissen ließ.

Mit der Preußen-Ausstellung wurde nicht nur die sich anbahnende Diskussion belebt, wie mit dem Erbe des 1947 ausgelöschten Staates umzugehen sei, sondern auch auf Entwicklungen in der DDR und Ost-Berlin reagiert, wo man daran ging, das preußische Erbe nach Jahren ideologischer Verdammnis für sich zu reklamieren und mit der Wiederaufstellung des Reiterstandbilds Friedrichs des Großen unter den Linden ein Jahr vor der West-Berliner Preußen-Ausstellung ein unübersehbares Zeichen für die neue «Aneignung des kulturellen Erbes» gesetzt wurde.

Fast gleichzeitig mit dem Gropius-Bau wurde auch das neue Quartier der Schaubühne am Kurfürstendamm durch den Kultursenator in Anwesenheit des Regierenden Bürgermeisters und in Abwesenheit des künstlerischen Leiters Peter Stein in bescheidener Form eröffnet. Auch hier handelte es sich um ein geerbtes Glanzstück. Jahrelang hatten sich Kultur-, Finanz- und Bausenatoren der SPD mit dem immer dringlicheren Wunsch der Vorzeigebühne nach einer neuen Spielstätte herumgeschlagen. Die Unzulänglichkeit des ehemaligen Arbeiterwohlfahrtssaales in Kreuzberg war unübersehbar geworden. Immer öfter wich die Schaubühne auf andere Spielorte aus und konfrontierte etwa eine nicht einmal tausendköpfige Zuschauerschar im eiskalten Olympiastadion mit seinem Hölderlin-Projekt «Winterreise».

Mit dem Erfolg wuchsen der Etat und das die Grenze zur Hoffärtigkeit streifende Selbstbewußtsein des Theaters, das mit einer massiven Drohgebärde für Aufregung sorgte. Sollte ihm nicht endlich eine neue Spielstätte zur Verfügung gestellt werden, würde man in eine andere Stadt, vielleicht sogar ins Ausland ziehen. Mit dem Umbau des Kinobaus von Erich Mendelsohn am oberen Kurfürstendamm wurde sowohl den Wünschen der Theaterleute entsprochen als auch der Forderung, ein schon zum Abriß bestimmtes bemerkenswertes Bauwerk zu retten. Die veranschlagten 40 Millionen Mark wurden wie erwartet weit überschritten, und am Ende waren Baukosten von rund 70 Millionen Mark aufgelaufen. Vom alten Gebäude blieb nur die Fassade, was zunächst Entsetzen auslöste, später aber mit Genugtuung registriert wurde, weil der entkernte Innenraum mit einer bisher nicht dagewesenen, genau den ausgefeilten Wünschen der Theaterleute entsprechenden Technik gefüllt wurde. 76 Hubpodien und zwei Rolltore machen das ganze Haus zur Bühne, erlauben es, drei Vorstellungen gleichzeitig zu geben und die Räume nach acht verschiedenen

Grundrissen zu gestalten. Willig saß das Publikum nun etwa bei der «Orestie» in der Regie von Peter Stein über acht Stunden auf Kissen und niedrigen Stufen, von den künstlerischen wie technischen Möglichkeiten gleichermaßen beeindruckt.

Der Neuanfänge nicht genug, löste im September 1981 auch noch Götz Friedrich als Intendant der Deutschen Oper den etwas glücklosen Siegfried Palm ab und eröffnete eine lange währende Ära. Wenige Wochen später nahm das von Peter Glotz initiierte Wissenschaftskolleg seinen Betrieb mit illustren Fellows auf, die hier ein Jahr lang zu luxuriösen Bedingungen arbeiten konnten. Die Villa des Wissenschaftskollegs in Grunewald war wie andere intellektuelle Zirkel der Stadt nicht davor gefeit, eine Insel in der Insel zu werden. Vorträge der Fellows mit geladenen Gästen schufen immerhin eine begrenzte Öffentlichkeit, wobei die karge Bewirtung mit Wein und Brezeln nicht von den geistvollen Ausführungen ablenkte.

Durch das Wissenschaftskolleg erhielt West-Berlin mit Nicolaus Sombart wieder einen authentischen Salon. Der Sohn des Soziologen Werner Sombart kam als Fellow in die Stadt und lernte hier von intensiven Bordellbesuchen bis zu intellektuellen Auseinandersetzungen die Vielfalt Berlins schätzen, so daß er seinen Beamtenjob in Brüssel aufgab, in einer ausgedehnten Altbauwohnung residierte und zum sonntäglichen Salon lud. Die Auserwählten durften es nicht beim Small-Talk belassen, sondern hatten sich an den vom Sombart entschieden geleiteten Diskussionen zu beteiligen, ehe bei sehr trockenem Kuchen und Tee der gesellige Teil der die Intelligenz der Stadt versammelnden Veranstaltung angesagt war.

West-Berlin zeigte sich zu Beginn der kurzen Ära Weizsäcker als eine in perikleischem Glanz strahlende kulturgesättigte Metropole. Allerdings erntete der neue Senat dort, wo er nicht gesät hatte. Vor allem der ideenreiche, aber zugleich nüchterne SPD-Kultursenator Peter Sauberzweig hatte mit zahlreichen Initiativen das Feld bereitet. Obwohl Weizsäcker die kulturellen Leistungen als prägend bezeichnete, blieb seine Regentschaft eigene bemerkenswerte kulturelle Impulse schuldig und war mit einer Entscheidung um das Staatsschauspiel verbunden, die erst West-Berlin und dann das, was von ihm weiterlebte, beschädigte.

Mit der Spielzeit 1980/81 hatte Boy Gobert die Intendanz des Schiller-, Schloßparktheater und die Schillertheater-Werkstatt umfassenden Staatsschauspiels übernommen. Im Januar 1981 feierte er mit der fulminanten Peter-Zadek-Produktion «Jeder stirbt für sich allein» nach einem

Fallada-Roman im frisch renovierten Schillertheater einen beeindruckenden Einstand. Das größte deutsche Sprechtheater, das in den Schatten der Schaubühne geraten war, schien wieder eine seiner Größe entsprechende Rolle zu spielen. Aber in der Folge konnte das die technischen und finanziellen Mittel des Hauses bis zum Äußersten beanspruchende Niveau der Eröffnungspremiere nicht gehalten werden. Schnell geriet Gobert ins Feuer der Kritik. Zu gefällig und zu wenig anspruchsvoll – so lauteten die Vorwürfe. Der Intendant sah sich in einem fatalen Zwiespalt: Reüssierte er als Salieri in «Amadeus» vor ausverkauftem Haus, wurde ihm Oberflächlichkeit vorgehalten. Brachte er anspruchsvolle Produktionen wie die von Hans Neuenfels inszenierte «Penthesilea», war das Feuilleton zufrieden, aber das Publikumsinteresse begrenzt. Es kostete Gobert gelegentlich einige Mühe, seine Schauspieler zum Auftritt zu motivieren, wenn sie etwa bei Genets «Balkon» vor nur zweihundert Menschen spielen mußten und das unglücklich hell bespannte Gestühl unübersehbar zeigte, wie viele Plätze unbesetzt waren.

Prinzipiell keineswegs erfolglos durfte sich Gobert eine Verlängerung seines 1985 auslaufenden Vertrags erwarten. Der Hamburger Senatorensohn mit den feinen Umgangsformen schien bestens zu einer die Bürgerlichkeit akzentuierenden Stadtregierung zu passen, und Gobert meinte, sich des Wohlwollens von Richard von Weizsäcker erfreuen zu können. Um so größer waren Überraschung und Enttäuschung, als ihm mitgeteilt wurde, daß seine Amtszeit nicht verlängert werde, und die unangenehme Nachricht bloß vom Kultursenator übermittelt wurde, dieweil Weizsäcker sich auf einer Auslandsreise befand. Grenzenlos war das Erstaunen nicht nur bei Gobert, als bekannt wurde, daß Heribert Sasse zum Nachfolger auserkoren war. Der Theatermann mit dem markanten Wiener Tonfall war ein von seiner Profession Besessener, der aber bislang nur das kleine Renaissance-Theater geleitet hatte. Geschickt hatte er die daniederliegende Bühne stabilisiert, ohne damit aber in die Spitzenriege der Theaterleiter vorzustoßen, aus der der Chef eines solchen Mammutunternehmens wie dem Staatsschauspiel zu rekrutieren gewesen wäre.

Alle Befürchtungen, daß hier ein Mann von gutem Willen, aber unzureichender Qualifikation ein ihn überforderndes Amt übernimmt, wurden schon bestätigt, als Sasse sein Konzept präsentierte, das wie eine Kompilation von Schauspielführern wirkte, die durch große Worte vom Berliner Staatsschauspiel als Nationaltheater mit Bedeutsamkeit aufgeladen wurde. Bernhard Minetti, Ensemblemitglied des Schiller-Theaters, urteilte über Sasse: «Untermittelmäßig, plebejisch.»[15] Ähnlich dachten die Protagonisten der ersten Liga des Theaterbetriebs und zeigten keine Neigung, Sasse in ihren Kreisen mitspielen zu lassen oder bei ihm als Regisseur mitzuwirken. Am Ende war das Staatsschauspiel mit seinem Gefälligkeitstheater ohne erkennbares intellektuelles oder ästhetisches Profil weit unter den Stand gesunken, den es nach Größe und Rang hätte einnehmen müssen. Die Stadt hatte Schaden genommen, und dieser sollte durch das Engagement einer vierköpfigen Leitungsriege behoben werden, was aber nicht funktionierte. Statt den 1983 durch eine Fehlentscheidung eingeleiteten Niedergang noch einmal aufzuhalten, wurde 1993 entschieden, das Staatstheater abzuschaffen. Was blieb, war ein leerstehendes Schiller-Theater als Menetekel für den Niedergang, ja die partielle Auslöschung des einstigen West-Berlin.

Das Debakel war besonders fatal, weil es hätte abgewendet werden können, wäre 1983 entweder Goberts Vertrag verlängert oder Claus Peymann von Bochum nach Berlin geholt worden. Aber Gobert, aus Hamburg gekommen und mit Helmut Schmidt befreundet, galt als SPD-Mann und paßte damit nicht in die nunmehr von der CDU bestimmte Landschaft in West-Berlin. Peymann wiederum galt als störrischer Unruhegeist, der mit seiner Spendensammlung für Gudrun Ensslin für Skandal gesorgt hatte. So ließ man den Theatermann nach Wien ans Burgtheater ziehen. Später meinte Richard von Weizsäcker, er hätte die Intendantenfrage zur Chefsache machen und Peymann berufen sollen, unter dessen Leitung das Berliner Staatsschauspiel gewiß Aufsehen erregt hätte und nicht zu jenem torkelnden Riesen geworden wäre, der 1993 mit kaltem Senatsbeschluß gemeuchelt werden konnte.

Der Senat unter Richard von Weizsäcker stand nicht nur unter seiner Leitung, sondern war auch seine Schöpfung, der er gerne nachsagen ließ, es sei die beste der damaligen Landesregierungen gewesen. Mit gleich zwei Universitätsprofessoren war für hohes Diskussionsniveau in dem Gremium gesorgt, und auch sonst wies die Zusammensetzung des Senats gegenüber den Vorgängerregierungen Eigenheiten auf. Der Protestant Weizsäcker hatte ungewöhnlich viele Katholiken berufen, darunter die engagierte Konvertitin Hanna-Renate Laurien, deren Schwester als evangelische Pastorin in Spandau amtierte. Mit Norbert Blüm war ein Mann Senator für Bundesangelegenheiten, der zwar in Bonn gut vernetzt war, aber mit den komplizierten Statusfragen West-Berlins überhaupt nicht vertraut war. Mit dem aus dem Innerdeutschen Ministerium kommenden Hansjürgen Schierbaum war zum Ausgleich ein Mann von hoher Kompetenz in deutschlandpolitischen Fragen zum Chef der Senatskanzlei ernannt worden. Ausgesprochen problematisch war die Besetzung des für West-Berlin so wichtigen Postens des Kultursenators mit Wilhelm Kewenig, der auch dem Wissenschaftsressort vorstand. Kewenig schätzte zwar die repräsentative Seite dieses Amts, besaß aber personell und sachlich nur geringe Kenntnisse auf kulturellem Gebiet, so daß sein Name in einschlägigen Kreisen bald mit deutlicher Betonung auf der zweiten Silbe als «Ke-wénig» ausgesprochen wurde. Bei der Nicht-Verlängerung des Gobert-Vertrags agierte er recht beiläufig und gab das Amt 1983 an Volker Hassemer ab. Dieser war ein anerkannter Umweltpolitiker, der innovativ Stadtplanung und Umweltschutz in seinem Ressort vereinigt hatte, aber erst langsam zu dem quirligen und zunehmend kundigen Kultursenator wurde, als der er sich einen guten Ruf erwarb.

«Weltvergessen» saß Richard von Weizsäcker nach eigenen Worten in der Philharmonie, wenn die Berliner Philharmoniker unter Herbert von Karajan musizierten.[16] Aber ausgerechnet der Regierende Bürgermeister, dem es gelang, Carlos Kleiber und Sergiu Celibidache trotz größtem Widerstand dieser Maestri in die Philharmonie zu locken, mußte erleben, wie ihm Karajan gleich einem griechischen Göttervater zürnte. Schuld an dem Zerwürfnis war die Besetzung der Stelle einer Soloklarinettistin in dem Vorzeigeorchester. Karajan bestand auf der technisch und musikalisch brillanten Sabine Meyer, während das Orchester der Ansicht war, daß der Ton die Musik des Ensembles ausmacht und der von Sabine Meyer nicht zum Klangbild der Philharmoniker paßte.

In den Konflikt zwischen Chefdirigent und Orchester sah sich Richard von Weizsäcker hineingezogen, da der Senat beide finanzierte. Der Regierende Bürgermeister mußte als «Arbeitgeber» bei Herbert von Karajan in dessen Suite im Hotel Kempinski vorsprechen, wohl wissend, daß der Maestro in ihm keinen übergeordneten Entscheider sah, sondern höchstens einen Vollstrecker seines Willens. Die Situation war heikel, weil Weizsäcker die künstlerische Größe Karajans als begeisterter Musikfreund würdigte, zugleich aber die ihm vom Amt gebotenen Rechtspositionen vertreten mußte. Im Fall Sabine Meyer zeigte sich Karajan unversöhnlich, weil er ihm Anlaß gab, seinen bereits länger schwelenden Unmut auszuleben, nachdem schon Klaus Schütz Jahre zuvor bemerkt hatte: «Er sah offensichtlich die Philharmoniker nicht mehr so gern wie in den Jahren zuvor.»[17] Die hartnäckige Unversöhnlichkeit Karajans gründete auf seiner sich mit zunehmendem Alter steigernden Selbsteinschätzung als unvergleichliches und vor allem unersetzliches Genie, mit der er das offensichtliche Nachlassen seiner Kräfte überspielte. Bei einem Konzert entglitt ihm der Dirigentenstab, und beim Versuch, ihn noch zu erhaschen, stürzte er von seinem Podest und konnte nicht mehr aus eigener Kraft aufstehen. Er hatte einen kleinen Schlaganfall erlitten, doch überwand er die gesundheitliche Beeinträchtigung schnell, um zu verhindern, daß sich der jüngere Daniel Barenboim für die Chefposition qualifizieren konnte. Der neuberufene Intendant der Philharmoniker Peter Girth unterstützte Karajan und wurde zunehmend zum hartnäckigen Vollstrecker seiner Politik. Der Kulturmanager strich bei den Philharmonikern zu besonderen Anlässen selbst das Cello, hatte es aber konsequent darauf angelegt, die Erste Geige zu spielen.

Unerbittlich, eine juristische Uneindeutigkeit der Verwaltungsordnung des Orchesters nutzend, beharrte Girth darauf, daß der Intendant die Orchestermitglieder berufe, und stellte Sabine Meyer am 16. Januar 1983 einen Vertrag aus. Nun setzte sich das Orchester zur Wehr, widerstand Karajans finanziellem Erpressungsversuch, einen lukrativen Medienvertrag nicht zu verlängern, und weigerte sich seinerseits, mit Karajan in Salzburg zu musizieren. Die von Weizsäcker ein Jahr zuvor gepriesene Harmonie von «selbstbewußter Künstlerrepublik» und «königlichem Dirigenten»[18] war dahin, da Karajan nicht an eine konstitutionelle Monarchie dachte, sondern sein autokratisches Gehabe steigerte. Weizsäcker blieb es erspart, den Konflikt zwischen Dirigent und Orchester, die er gleichermaßen schätzte, lösen zu müssen, da er aus den West-Berliner Konflikttiefen in die Höhen bundespräsidialer Überparteilichkeit gewählt wurde.

So war es an seinem Nachfolger Eberhard Diepgen, für geordnete Verhältnisse in der Philharmonie zu sorgen. Er war nicht als Besucher der philharmonischen Konzerte bekannt und konnte daher unbefangen gemäß seiner Art nach Aktenlage entscheiden, wofür ihm Karajan eine Steilvorlage lieferte. Der bat Diepgen um eine Klarstellung seiner Rechte und Pflichten als künstlerischer Leiter. Die Antwort fand der Regierende Bürgermeister in einem hinter der Glastür eines Aktenschranks beim Kultursenator seit 1954 eingeschreinten und dahingilbenden Vertrag, der von außen für jedermann sichtbar, doch nur den Auserwählten einsehbar war. Darin wurde Karajans Recht festgeschrieben, selbst das Ende seiner Amtszeit zu bestimmen. Honorare wurden zugestanden, die bei

Vertragsabschluß fürstlich waren, später nie erhöht und für Karajan, der anderswo seine Millionen verdiente, unmaßgeblich waren. Die Zahl der Konzerte war festgelegt, wobei Karajan diese stillschweigend reduzierte, ohne dafür geahndet zu werden.

Aktuell entscheidend war, daß laut Vertrag ein Intendant im «Benehmen» mit Karajan zu berufen war, nicht aber im «Einvernehmen». Juristisch bedeutete dies: Karajan mußte Berufung und Abberufung des Intendanten hinnehmen. Diepgen besuchte Karajan in dessen Salzburger Haus, wobei sich das recht entspannte Gespräch über lange Strecken um Karajans Yacht drehte und die Vertragslage relativ knapp bei eindeutigen Standpunkten dargelegt wurde. Diepgen konnte auf die Rechte des Senats bei Berufung und Abberufung eines Intendanten verweisen. Konkret wurde dies im Fall Girth exekutiert. «Karajan und das Orchester konnte man nicht entlassen. Wohl aber mich», kommentierte dieser seinen Hinauswurf und dürfte die Rolle als Sündenbock richtig eingestuft haben, da mit seiner Abberufung der Konflikt zwischen Karajan und dem Orchester keineswegs zu Ende war. Karajan wollte nicht erkennen, daß seine persönliche Götterdämmerung angebrochen war und er gleich Wotan Herr wie Knecht der von ihm eingegangenen Verträge war. Er konnte den Zeitpunkt seines Abgangs selbst bestimmen, aber nicht autokratisch über das Orchester verfügen. Dies verweigerte sich nun seinen Medienplänen und außerplanmäßigen Konzerten, worauf der Dirigent mit einer verstärkten Zusammenarbeit mit den Wiener Philharmonikern reagierte. Schließlich kam es doch Ende September 1984 zu einer umjubelten Aufführung von Bachs h-Moll-Messe, die mit ihrem «et in terra pax» als Versöhnung zwischen Dirigent und Orchester gedeutet wurde. Aber der Friede wollte sich nicht mehr richtig einstellen. Erst der Rücktritt Karajans als künstlerischer Leiter der Philharmoniker im März 1989 beendete die von Disharmonie überschattete, einst so glanzvolle Ehe des Jahrhundertdirigenten und des Ausnahmeorchesters, die ein ganz und gar West-Berliner Unikat war. Mit dem Ende der Halbstadt fanden auch die Philharmoniker einen Neuanfang. Einen Monat nach dem Mauerfall wählten sie Claudio Abbado zum Nachfolger Karajans.

Von «Richie» zu «Ebi»

Filz, Wirtschaftskrise, Unruhe an den Universitäten, Stagnation im Wohnungsbau, Selbstbedienung bei der Postenvergabe – seltsam bekannt aus den Zeiten des SPD-Regiments klang, was der *Spiegel* zwei Jahre nach dem Amtsantritt von Richard von Weizsäcker meldete. Das vernichtende Urteil: «Die Union wird mit den Kernproblemen der vielfältig geplagten Stadt so wenig fertig wie die Sozialdemokratie zuvor.»[19] Der Regierende Bürgermeister nahm solche Kritik an der Politik seines Senats nach den Worten seines Sprechers «mit Heiterkeit und Gelassenheit» auf. Die Mühsal und die Unzulänglichkeiten alltäglicher Stadtpolitik mußten ihn nicht kümmern, wo sich doch die Urteile über ihn selbst von allen Unzulänglichkeiten in West-Berlin abhoben und von Noblesse sowie einer mit Durchsetzungsvermögen gepaarten Liberalität sprachen.

Von den Banalitäten der kommunalen Nöte hielt sich Weizsäcker möglichst fern. Senatssitzungen waren unvermeidlich und auch für ihn vorwiegend mit innerstädtischen Problemen ausgefüllt, doch hatte er sichtlich Wohlgefallen an den relativ seltenen Grundsatzdebatten, etwa mit seinem Justizsenator Rupert Scholz über die Frage des Verhältnisses von Recht und Gnade. Schwer vorstellbar, daß wie unter seinem Nachfolger Eberhard Diepgen mit akribischer Akten- und Vorlagenkenntnis ausführlichst über den Einsatz von Streugranulat bei Glatteis oder die Anerkennung von Führerscheinen diskutiert wurde. In seinem ureigensten Gebiet, der Außen- und Deutschlandpolitik, ging Weizsäcker auf Distanz zu den Parteipaladinen in der Sorge, jene, die ihm in der parlamentarischen Arbeit den Rücken freihielten, könnten ihm nun in diesen fallen.

Diepgen, obwohl Fraktionsvorsitzender der CDU, wurde von Weizsäcker in die Entscheidung für das statusrechtlich bedenkliche Treffen mit Honecker in Ost-Berlin nicht eingeweiht, auch wenn Weizsäcker sonst Diepgens «erfahrene, kluge und bedingungslos verläßliche» Mithilfe pries.[20] Auf einer Rheinfahrt während einer Klausurtagung der CDU-Fraktion erreichte Diepgen die Nachricht von Weizsäckers Alleingang nach Ost-Berlin, die ihn nachhaltig verärgerte. In der Fraktion waren die Meinungen geteilt, was darauf hindeutet, welche Diskussionen und Schwierigkeiten entstanden wären, hätte Weizsäcker seine Parteifreunde vorher über sein Vorhaben unterrichtet.

Die unorthodoxe, angesichts der juristischen Lage durchaus gewagte Politik Weizsäckers gegenüber Ost-Berlin war Teil des vorrangigen Bestrebens, «die Stimmung in der Stadt aus ihrem Tief zu befreien».[21] Wenn auch in der Sache folgenlos, wurde doch ein deutliches Zeichen für Aufbruch und Bewegung gesetzt. Weizsäcker blieb es hier wie auch in der Stadtpolitik erspart, doch noch Stagnation, Rückschritt, auffällige Mißerfolge oder gar das Offenbarwerden von dem auch unter seiner Ägide fortlebenden, sogar zunehmenden Sumpf und Filz zu erleben und verantworten zu müssen. Neben seiner Gabe, zwischen sich und unerfreulichen Alltäglichkeiten des politischen Geschäfts Distanz aufzubauen, kam ihm Fortune zu Hilfe. Im Herbst 1983 wurde er als Kandidat für das Amt des Bundespräsidenten vorgeschlagen. Gewichtige Stimmen forderten zwar, daß Weizsäcker zum Wohle des von ihm belebten West-Berlins in der Stadt bleiben solle, was ihm die Entscheidung schwerer machte, sie aber aus naheliegenden Gründen nicht ändern konnte. Nach dem vergeblichen Anlauf von 1974 konnte er sich die Chance nicht entgehen lassen, endlich das höchste Staatsamt der Bundesrepublik zu erringen. Auch bot der Weggang nach Bonn Gelegenheit, sich von dem ungeliebten Amt eines Landesvorsitzenden der CDU in Berlin zu trennen, das er nur widerwillig akzeptiert und ohne Enthusiasmus wahrgenommen hatte. «Größtes Mißtrauen» gegenüber Parteien und klassischer Parteiarbeit bescheinigt ihm Eberhard Diepgen, der sich als stellvertretender Landesparteivorsitzender umso leidenschaftlicher um die Belange der örtlichen CDU kümmerte.[22]

In der Stadt wurde der Weggang Weizsäckers mit einer Mischung aus Bedauern und Stolz aufgenommen. Es tat gut, jemanden aus West-Berlin in einem Bonner Spitzenamt zu wissen, und es tröstete, daß mit dem Amtssitz im Schloß Bellevue die Verbundenheit mit der Stadt gewahrt blieb. Mit der Renovierung des Schlosses zeigte Weizsäcker, wie wichtig ihm diese Residenz war, auch wenn er in ihr wegen des Vier-Mächte-Abkommens eigentlich nicht amtieren durfte. Als «Richie» war Richard von Weizsäcker längst eine populäre Figur, mit der die spezifische Tradition begründet wurde, Regierende Bürgermeister mit einer Mischung aus Kose- und Spitznamen zu versehen, die mit «Ebi» (Eberhard) Diepgen sowie «Mompi» (Momper) fortgesetzt wurde und mit «Wowi» (Wowereit) das Ende West-Berlins überlebte. Zehn Jahre nach dem Wechsel nach Bonn demonstrierte Weizsäcker offensiv seine Verbundenheit mit der Stadt. Nur vier Monate nach dem Beschluß der Bundesregierung, nach Berlin umzuziehen, ging Weizsäcker demonstrativ voran und verlegte im

Januar 1994 seinen Amtssitz nach Berlin. Wie sehr der ehemalige Regierende Bürgermeister Teil der Stadt geworden war, zeigte eine Umfrage der vor allem im Westteil der Stadt gelesenen *Berliner Morgenpost* im Jahr 2003. Richard von Weizsäcker wurde zum beliebtesten Berliner gekürt. Auf Platz zwei landete sein Nachfolger Eberhard Diepgen, bei dessen Amtsantritt 1984 es keineswegs danach aussah, daß er zu solcher Wertschätzung aufsteigen könnte.

Wäre es 1983/84 bei der Neubestimmung eines Stadtoberhaupts nach Volkes Stimme gegangen, wäre kaum Eberhard Diepgen auf den Schild gehoben worden, sondern die Schulsenatorin Hanna-Renate Laurien. Umfragen ergaben nahezu 70 Prozent Zustimmung für sie, aber nur schlappe 30 für Diepgen. Die bewährten Strippenzieher und Machtorganisatoren in der CDU, die wie selbstverständlich Eberhard Diepgen als neuen Regierenden Bürgermeister sahen, gerieten mit ihrer Planung in Verwirrung, als Hanna-Renate Laurien Anspruch auf das Spitzenamt anmeldete. Mit ihrer physischen und rhetorischen Vehemenz hatte sie sich den Spitznamen «Hanna Granata» erworben und wurde mit einer Mischung aus Stringenz und Liberalität populär. Zu ihrer Unterstützung bildete sich eine breite Bewegung, die von bürgerlichen Traditionalisten bis zur Alternativen Liste reichte, die in Anspielung auf die Abrüstungsdebatte forderte «Hanna Granata wird stationiert». Axel Springer schrieb an Diepgen, er möge auf seine Kandidatur verzichten, und seine marktbeherrschenden Zeitungen favorisierten die energische Senatorin, die wie Diepgen zum rechten Parteiflügel gehörte. Hartnäckig hielt sich das Gerücht, daß Helmut Kohl Hanna-Renate Laurien unterstützte, was vom Bundeskanzler dementiert wurde, doch selbst Diepgen hält es für möglich, daß Kohl «klammheimlich» die Gegenkandidatin favorisierte.[23]

Hanna-Renate Laurien war vertraut mit dem politischen Geschäft und verstand es, Personen ihres Vertrauens in einflußreiche Positionen zu hieven, aber sie beherrschte den CDU-Parteiapparat nicht in gleicher Weise wie ihr Kontrahent. Diepgen und seine Seilschaft wollten sich nach beharrlichem Aufstieg den Gipfelsieg nicht nehmen lassen. Während das «*Bild*-Leser-Parlament» für Laurien Stimmung machte und Diepgen riet, erst etwas Lebenserfahrung zu sammeln, gingen dieser und seine als «Betonriege» berüchtigte Umgebung daran, dort die Mehrheit zu organisieren, wo die Macht lag, nämlich in der Partei, in der er geschätzt, aber auch mißtrauisch beäugt wurde. Zwar wurde Diepgen für seine effiziente Fraktionsarbeit geschätzt, doch umgab ihn auch der Hauch von Strippen-

30 Kontrahenten im Kampf um die Nachfolge von Richard von Weizsäcker: Hanna-Renate Laurien und Eberhard Diepgen. Die energische Schulsenatorin war populär und hatte die Bevölkerung mehrheitlich hinter sich. Der CDU-Fraktionschef konnte sich auf die Partei stützen und obsiegte.

zieherei. Laurien wiederum, die sich selbst eine «Intelligenzbestie»[24] nannte, stieß mit ihrer zur Besserwisserei neigenden Art und einem Schuß Unberechenbarkeit nicht wenige ab, die direkt mit ihr zu tun hatten. So neigten selbst liberale Senatskollegen zu dem berechenbar erscheinenden, auf Funktionieren des Apparats eingestimmten Eberhard Diepgen. Vor allem wollten sich jene Kreise in der CDU nicht gestört sehen, die in der Partei ein Instrument zur Wahrung ihrer persönlichen und geschäftlichen Vorteile sahen.

Zur Wahl des Kandidaten für das Amt des Regierenden Bürgermeisters durch den CDU-Landesausschuß im Schöneberger Rathaus mußte Hanna-Renate Laurien durch ein Spalier junger Leute. Sie hielten der Frau, die das Haus gerne als Stadtoberhaupt verlassen hätte, Transparente entgegen, auf denen der Name ihres Kontrahenten prangte. Vor allem überschütteten sie die Frau im schwarzen Kostüm und dem Nerzmantel über dem Arm mit heftigen Buhrufen. Diepgen und die Seinen hatten die

Junge Union auf ihrer Seite, die rüde gegen die Schulsenatorin vorging. Die Wahl verlief denn mit 37 zu 62 Stimmen für Diepgen so erfolgreich wie erhofft und vorbereitet. Hanna-Renate Laurien nahm die Niederlage vornehm hin, und es kam in der Folge nicht zu befürchteten innerparteilichen Kämpfen zwischen ihren Anhängern und jenen des Siegers.

Eher akzeptiert denn begrüßt wurde denn schließlich die Wahl Eberhard Diepgens am 9. Februar 1984 zum Regierenden Bürgermeister von der Bevölkerung. Unisono lautete das Urteil, daß der Neue «blaß» sei, was dieser als ärgerliche Herabsetzung wertete. Mit Hilfe seines Senatssprechers Winfried Fest, einem Bruder des Hitler-Biographen Joachim Fest, unternahm er den Versuch, das ungeliebte Adjektiv positiv zu interpretieren. Der hochgebildete Fest vermied den Hinweis auf des «Gedankens Blässe». Statt dessen enthielt Diepgens Rede auf dem traditionellen Spargelessen des Berliner Journalistenverbandes eine Eloge auf die Blässe des Spargels, die zu dessen Merkmalen gehöre und dem Kenner die Qualität dieses Edelgemüses signalisiere.

Auch wenn Diepgen im Laufe der Jahre Statur gewann, so fehlten ihm doch immer Züge einer charismatischen Persönlichkeit, blieb er ein Neutrum, das der Berliner Volksmund treffend «das Diepgen» nannte. Noch bei seinem unrühmlichen Abgang 2001 haftete an ihm das Etikett, ein «Beamter», nicht aber ein Politiker zu sein.[25] Treffend beschreibt Walter Momper seinen Amtsvorgänger als Akteur «in einem permanenten Staatsschauspiel», das den Leuten nur selten das Gefühl gab, ihn wirklich authentisch zu erleben.[26] Wahrscheinlich war Diepgen dann am nächsten bei sich selbst, wenn er, der aus einfachen Verhältnissen im Arbeiterbezirk Wedding stammte, Kontakt zu Alltagsmenschen hielt, wobei er auch hier nie vergaß, seine nicht ganz natürliche Würde beizubehalten. Öffentliche Auftritte litten meist unter gesuchter Bedeutsamkeit und seine Reden verströmten schnell eine mit Bildungsgut aufgeheizte heiße Luft.

Eberhard Diepgen war vor seiner Wahl zum Regierenden Bürgermeister nur ein Mal in die Schlagzeilen geraten, als er am 30. Januar 1963 mit 22 Jahren zum Vorsitzenden des Allgemeinen Studentenausschusses (ASTA) der Freien Universität gewählt wurde und wegen seiner Mitgliedschaft in der schlagenden Burschenschaft Saravia einen Sturm der Entrüstung heraufbeschwor. Zwar war seit 1958 durch eine Entscheidung des Bundesverwaltungsgerichts Burschenschaftlern die Immatrikulation gestattet, und mit Grußworten von Kanzler Adenauer und Oppositionsführer Ollenhauer zum Burschenschaftstag 1963 waren die schlagenden

Studenten wieder in der Mitte der Gesellschaft angekommen. Aber an der Freien Universität war der liberale Geist ihrer Anfänge noch wach. Studentische Gründungsmitglieder verfaßten nach der Wahl von Diepgen eine Erklärung gegen das Wiederaufleben der Geisteshaltung, durch welche die Demokratie in Deutschland zerstört worden war. Bei einer mit hoher Wahlbeteiligung erfolgten Urabstimmung sprachen sich zwei Drittel der Studenten gegen Diepgen aus, der nach nur 16 Tagen das erste Spitzenamt seiner Laufbahn aufgeben mußte.

Diepgen spielte später seine Mitgliedschaft in der inzwischen zur Altherrenverbindung gewandelten Burschenschaft herunter. Als Gründe für seinen Eintritt nannte er unter anderem die Studienhilfe, die dem mittellosen Aufsteiger zweifellos hilfreich war, und den «Freundeskreis».[27] Die wohl von diesem erhoffte Förderung blieb aber aus. Diepgen und Kommilitonen von der juristischen Fakultät schufen sich zwecks wechselseitiger Förderung ihrer Karrieren ein eigenes über Jahrzehnte funktionierendes Netzwerk. Wichtigste Mitstreiter waren Klaus Rüdiger Landowsky, Dankward Buwitt und Peter Kittelmann. Jürgen Wohlrabe und Klaus Finkelnburg dürfen in etwas weiterem Sinn dazugezählt werden, und sie alle tauchen später in wechselnden, immer herausgehobenen Funktionen auf. Auch Landowsky und Buwitt gehörten zu einer schlagenden Verbindung (Sängerschaft Borussia) und waren 1964 nebst einem kräftig Bier trinkenden Diepgen in einem Dokumentarfilm über eine Mensur zu sehen. Das filmisch festgehaltene Treiben war ein klarer Verstoß gegen alliiertes Recht, das alle Hieb- und Stichwaffen, deren Länge über die eines Küchenmessers hinausging, verbot und ihren Besitz und Handhabung sogar mit der Todesstrafe bedrohte.[28]

Außerordentlich aufstiegsorientiert traf sich die nach ihrem Organisator Kittelmann «K-Gruppe» genannte Seilschaft zu sogenannten «Kungelrunden», in denen zielstrebig die Parteiarbeit und das eigene Fortkommen organisiert wurden. Von «Technokraten der Macht»[29] sprach die zum politischen Urgestein der CDU gehörende Abgeordnete Ursula Besser, bei der Diepgen als Assistent arbeitete und deren Ratschlag, sich als Rechtsanwalt eine unabhängige Existenz aufzubauen, er nur peripher folgte und sich statt dessen ganz und gar der Politik verschrieb. Hier sahen er und seine Freunde die Möglichkeit, zu Ansehen, Wohlstand und Macht zu kommen. Ein Mann wie Peter Lorenz, der durch seine Entführung übermäßig bekannt geworden und im Laufe seiner Politiklaufbahn zu erheblichen Einkünften gekommen war, konnte neben anderen als Vorbild dienen.

«Ich bin von Kopf bis Fuß auf Rathaus eingestellt, denn das ist meine Welt und sonst gar nichts», sang Eberhard Diepgen in einer von Hans Rosenthal moderierten Fernsehsendung zum Ende der Amtszeit von Bundespräsident Karl Carstens im Mai 1984.[30] Horst Pillau, der in West-Berlin tief verwurzelte Texter dieser Parodie auf den Marlene-Dietrich-Song, hat dem erst wenige Monate als Regierender Bürgermeister amtierenden Diepgen eine ungemein treffende Aussage in den zum Playback geformten Mund gelegt. Denn schon als Student soll er das Berufsziel «Regierender Bürgermeister» angestrebt haben und näherte sich dem Amt seit seinem Eintritt ins Abgeordnetenhaus 1971 zielstrebig. Diepgen versuchte das naheliegende Urteil, ein «Technokrat der Macht» zu sein[31], später zu relativieren, indem er erklärte, ihm sei es nicht um Macht gegangen, sondern um «Gestaltungschancen».[32] Damit liefert er eine Tautologie, weil Macht immer die Möglichkeit bedeutet, Verhältnisse nach den eigenen Vorstellungen zu gestalten. Der Vorwurf an die Männer der K-Gruppe aber lautete, daß sie Macht nicht zuletzt zur Förderung eigener Interessen und zum Machterhalt selbst benutzten. Zweifellos wollte Diepgen politische Vorstellungen verwirklichen, wie sie ihn von früh auf begleiteten. Als Grundschüler hatte er die Blockade erlebt, 1956 den Aufstand in Ungarn und seine Niederschlagung mit klopfendem Herzen verfolgt sowie 1961 mit angesehen, wie die Mauer errichtet wurde, in deren Nähe er lebte. Den dadurch geweckten Willen, diese Verhältnisse zu ändern, sind ihm so wenig abzusprechen wie sein grundlegendes Bekenntnis zur Freiheit. Damit stand Diepgen ganz in der Tradition eines Ernst Reuter oder Willy Brandt, auch wenn er sich von diesen in der Nachdrücklichkeit des Erwerbs, Erhalt und Durchsetzung der Macht deutlich unterschied.

Gleich in seiner Regierungserklärung am 23. Februar 1984 setzte Diepgen klare Akzente in der Berlin- und Deutschlandpolitik und nannte die Stadt «Dreh- und Angelpunkt für die Bemühungen um Überwindung der Teilung». Den Zuhörern im Abgeordnetenhaus, besonders jenen der Alternativen Liste, die mit Schlafmützen auf den Köpfen und Kissen auf den Pulten ihr Desinteresse signalisierten, fielen solche, sich von Weizsäcker in ihrer Deutlichkeit unterscheidende Worte nicht auf. Dagegen registrierte Ost-Berlin Diepgens Äußerungen genau und beschwerte sich bei dem von Weizsäcker übernommenen Leiter der Senatskanzlei Schierbaum. Laut DDR-Protokoll wies Schierbaum diese Beschwerden keineswegs zurück, sondern verwies auf die Unerfahrenheit seines neuen Chefs, der sich ein Jahr später von ihm trennte.

31 Mit demonstrativem Tiefschlaf begleiteten die Abgeordneten der Alternativen Liste (AL) die Regierungserklärung von Eberhard Diepgen am 23. Februar 1984. Aufgeweckt, sorgten sie sonst für frischen Wind in der West-Berliner Politik.

Personelle Kontinuität war ein Teil der anfänglichen Politik Diepgens als Regierender Bürgermeister, mit der er seine relative Unbekanntheit und sein fehlendes Profil durch ein Anknüpfen an seinen Vorgänger und dessen Renommee zu kompensieren suchte. Zur öffentlichen wie persönlichen Aufwertung trug sein Antrittsbesuch in Washington bei. Nie sollte Diepgen den Hauch des Lokalen, ja des Provinziellen loswerden und nie war er eine Figur, die auch in der Bundespolitik hätte reüssieren können. Aber der Umgang mit den Staatsoberhäuptern der Schutzmächte veränderte ihn nach Beobachtung seiner Umgebung, machte ihn selbstsicherer. Mit einem kleinen, von seinem Protokollchef erdachten Trick erreichte Diepgen, daß ihn die ausländischen Staatsmänner bei ihren Besuchen in West-Berlin als den deutschen Gastgeber zuerst begrüßten und erst dann die weiter vorne stehenden alliierten Protokolloffiziere. Diepgen stellte sich selbstbewußt in die Mitte des roten Teppichs, und ganz selbstverständlich gingen damit die Gäste zielstrebig auf ihn zu.

Die Photos von Diepgen mit Ronald Reagan waren bei der Profilierung besonders hilfreich, denn er befand sich seit Februar 1984 nicht nur im Amt, sondern auch gleich im Wahlkampf. Die konkurrierende SPD schien dabei relativ gut aufgestellt zu sein, weil sie schon länger Harry Ristock als Spitzenkandidat benannt hatte. Er war als bekannter Linker kein Idealkandidat, hatte sich für das Amt mehr oder weniger selbst empfohlen und erreichte sein Ziel, weil die SPD keine bessere Alternative wußte. Ristock machte einen bürgernahen Wahlkampf mit vielen örtlichen Terminen, aber auf der großen Bühne der Politik zeigte er kein Profil, da er es im Abgeordnetenhaus meist bei dem bekannten Lächeln auf dem runden Gesicht beließ, aber keine bemerkenswerten Äußerungen von sich gab. In der SPD verstärkte sich das Unbehagen an einem Spitzenmann, der nicht anecken und keine Angriffsflächen bieten wollte.

Am 28. Februar 1984 platzte dann doch eine Bombe, die den SPD-Wahlkampf durcheinanderbrachte. Ristock war nämlich nach wie vor Geschäftsführer der Metalu Metallbau GmbH, obwohl er den Genossen zugesagt hatte, diese Tätigkeit einzustellen. Nicht genug, daß der SPD-Spitzenkandidat Unternehmer war, stand sein Betrieb vor der Pleite. Ristock trat derart abrupt als Spitzenkandidat zurück, daß mancherlei Gerüchte und Verschwörungstheorien kursierten bis hin zur Vermutung, die in Bayern ansässige Firma hätte auf Betreiben der CSU Insolvenz angemeldet, um den Kandidaten Ristock in Berlin zu desavouieren.

Bei der Suche nach einem Nachfolger standen sich in der SPD der eine hausgemachte Lösung favorisierende linke und der eine Auswärtslösung befürwortende rechte Flügel gegenüber. Für die einen kandidierte in einer Kampfabstimmung Alexander Longolius, für die anderen der ehemalige Verteidigungsminister Hans Apel, der die Wahl für sich entscheiden konnte. Mit gutem Willen machte er sich an die Aufgabe, verleugnete aber nie, daß er diese in erster Linie als «Parteisoldat», nicht aber aus eigenem Wollen erledige. Mit den Berliner Verhältnissen nicht vertraut, eckte er überall an. Seine Bemerkung, daß er die «deutsche Frage» und eine nationale Wiedervereinigung für erledigt halte, entsprach zwar zunehmend der herrschenden Meinung in der SPD, sorgte aber in West-Berlin für Irritation, wo noch immer, wie von Diepgen vertreten, die Vorstellung dominierte, daß nur eine deutsche Wiedervereinigung das Problem «Berlin» lösen könne. Als Apel aber proamerikanische Bemerkungen machte, zog er sich den Zorn eigener Genossen zu. Als SED-Vertreter in Ost-Berlin bei Gesprächen mit einer SPD-Delegation die Äußerungen Apels monierten, soll Longolius laut

DDR-Protokoll der Kritik zugestimmt und erklärt haben: «Wir werden Hans Apel noch manches beibringen müssen.»[33]

Während die SPD einen unentschlossenen Wahlkampf führte, bei dem sich Hans Apel öfter von den eigenen Genossen alleingelassen fühlte, betrieb die CDU mit Diepgen an der Spitze eine zunehmend greifende Wohlfühlkampagne. Diepgen hatte sein Amt zu einem Zeitpunkt angetreten, als die Bevölkerungszahl West-Berlins einen Tiefpunkt erreicht hatte und die Prognosen düster waren. Die CDU ließ nun im Laufe des Jahres bis zur Wahl ein «Stakkato guter Nachrichten»[34] auf die Stadt niedergehen, die von gesunkenen Arbeitslosenzahlen, Wirtschaftsansiedlungen und Aufschwung überhaupt kündeten. Aus den USA hatte Diepgen das «America is back again» mitgebracht und zu «Berlin ist wieder da» transformiert. Solcher überall in der Stadt plakatierter Optimismus kam den Umfragen zufolge bei den Wählern gut an.

Ärger bereitete der CDU jedoch der Sender Freies Berlin (SFB), die örtliche ARD-Anstalt, der berichtete, wie bei einer CDU-Veranstaltung das Publikum deutlich abgeströmt sei, als Helmut Kohl das Wort ergriff. «Skandalös einseitig» nannte dies die CDU und sprach von einer «unerträglichen Form der Manipulation»[35] durch den SFB, der ihr, darin unterstützt von der Springer-Presse, von jeher ein Dorn im Auge war und den sie als «Rotfunk» und «Elendswelle» für ihre langjährige Oppositionsrolle mitverantwortlich machte. Schon Richard von Weizsäcker hatte die Haltung des SFB als einseitig und gegen ihn gerichtet empfunden, und so hatten noch unter seiner Ägide Diepgen und Landowsky im Abgeordnetenhaus dafür gesorgt, daß das SFB-Gesetz geändert wurde und im Rundfunkrat hinfort eine konservative Mehrheit bestand. Bei der Wahl eines neuen, CDU-gewogenen Intendanten meinte man, sehr geschickt vorzugehen. Der journalistische Haudegen Lothar Loewe, früher Korrespondent in Ost-Berlin, London und Washington schien mit seiner deutlich rechten Gesinnung, seinem bildschirmbekannten Gesicht und seiner robusten Art der geeignete Mann, um den zwischen Aufmüpfigkeit und Biedersinn oszillierenden Sender zur Räson und in Schwung zu bringen. Auch wenn Loewe bei seinem Amtsantritt beteuerte, niemandes Erfüllungsgehilfe zu sein, sprach sein praktisches Handeln doch dagegen. Schon lange von der CDU angefeindete Journalisten kamen nicht mehr ans Mikrophon oder vor die Kamera. Unauffällige Mitarbeiter wurden plötzlich befördert, wofür nur treue Parteiarbeit als Erklärung dienen konnte.

Erst ein Vierteljahr im Amt, gab es schon den ersten massiven Redakteursprotest gegen Loewe, der weniger seine Parteilichkeit aufs Korn nahm, sondern vor allem seinen autokratischen, willkürlichen Führungsstil. Loewe hatte bis dahin nicht mehr als kleine Auslandsbüros der ARD geleitet und stand nun einem Betrieb mit 1400 Mitarbeitern vor, der ihm in weiten Teilen fremd war. Die meisten Redakteure hielt er für faule, möglicherweise überflüssige Schreibtischtäter, da ihm alles, was nicht aktueller Journalismus war, suspekt blieb. Von Mitarbeitern, die seit Jahren erfolgreich für Filme, Fernsehspiele oder Hintergrundberichte zuständig waren, verlangte er Arbeitsproben, worunter er Manuskripte verstand. Einem Redakteur wollte er Moderationsverbot erteilen, weil er lisple, doch stellte sich beim Abhören der Bänder heraus, daß dieser korrekt artikulierte, aber Loewes Autoradio schlecht eingestellt war. Sendungen tat er einfach als «gequirlte Kacke» ab und teilte dem Fernsehspielredakteur en passant mit, daß er den Alt-Mimen Heinz Drache als neuen Tatort-Kommissar zu reaktivieren gedenke.

Anfänglich wurden die Proteste der Belegschaft gegen die Intendantenwillkür noch als Aufgeregtheit der aus ihrer bisherigen Ruhe aufgescheuchten Mitarbeiter interpretiert und heruntergespielt. Die Zwischenfälle und damit die Beschwerden rissen aber nicht ab, und spätestens bei einer mißglückten Reform der regionalen Nachrichtensendung «Abendschau» wurde das Unvermögen des neuen Intendanten deutlich. Die «Abendschau» war so etwas wie ein elektronischer Mitbewohner in fast allen West-Berliner Haushalten und von solcher Spießigkeit, daß ihr der Ruf anhing, es gelänge ihr, über den Bildschirm den Geruch von Sauerkraut und Eisbein ins Wohnzimmer zu bringen. Zur Reform des Fossils, das bei aller Biederkeit notorisch mit dem Vorwurf einer gegen die CDU gerichteten Parteilichkeit zu leben hatte, wurde ein alerter Journalist aus Bremen geholt, der vor Dienstantritt noch schnell in die CDU eintrat und damit die Karrierevoraussetzungen unter Lothar Loewe offenbarte. Seine Reform machte die «Abendschau» zu einer seichten Munterkeitsschau, was die Zuschauer zutiefst verwirrte und zu Protesten veranlaßte. Eine Reform der Reform wurde notwendig und das Chaos im SFB offenkundig. Die CDU, die sich nach wie vor von der ARD-Anstalt schlecht behandelt fühlte, stand zunächst vor den Trümmern ihrer Politik, doch gelang es ihr, die Affären um den Sender bis zur Wahl einigermaßen klein zu halten, so daß sie erst ein Jahr später Lothar Loewe vorzeitig von seinem Posten entbinden mußte.

Weitaus schwieriger war es, eine andere Affäre unter den roten

Teppich zu kehren, der wahlwerbend für Eberhard Diepgen ausgerollt wurde. Im Juli 1984 wurde ruchbar, daß der Charlottenburger Baustadtrat Wolfgang Antes in Abwesenheit des Finanzstadtrats den Deal vorbereitet hatte, die 2008 dem Bezirk gehörenden Wohnungen zum Preis von 4000 Mark pro Stück an Otto Putsch aus Wuppertal zu verkaufen, einem insolventen, verschuldeten Gebrauchtwagenhändler, der als Strohmann für eine Offenbacher Immobilienfirma auftrat. Ehe das Geschäft zustandekam, legten der Finanzstadtrat und der Rechtsamtsleiter des Bezirks Einspruch ein, weil hier ein Rechtsverstoß vorlag. Abgesehen von dem vorgesehenen Schleuderpreis war der Verkauf von kommunalen Wohnungen an Private untersagt. Obwohl der Regierende Bürgermeister als der Disziplinar-Vorgesetzte des Charlottenburger Baustadtrats vom Rechtsamt unterrichtet wurde, daß Antes seine Amtspflichten verletzt und sich durch intensives verdecktes Verhandeln verdächtig gemacht habe, unternahm Diepgen nichts.

Wolfgang Antes war durch eine im Bombenkrieg als Kind erlittene Verletzung schwer gehbehindert. Seine Energie wurde allseits bewundert, auch wenn sie kriminell grundiert war. Schon als Jugendlicher war er durch Schwindelgeschäfte im Immobilienbereich mit dem Strafgesetz in Konflikt geraten. Später bereicherte er sich an einem betagten, von ihm gepflegten CDU-Mitglied und ließ sich von diesem testamentarisch bedenken, was ihm selbst von Parteifreunden den Vorwurf der Erbschleicherei eintrug. Machterwerb und Machterhalt im CDU Kreisverband Charlottenburg betrieb Antes mit rechtlich grenzwertigen Methoden. Er erweckte Karteileichen durch Nachzahlung der ausstehenden Mitgliedsbeiträge zu neuem Leben und verschaffte sich mit den «toten Seelen» Mehrheiten. Er gebot über die Besetzung von sechs sicheren Listenplätzen für die Abgeordnetenhauswahl und plazierte hier prominente CDU-Politiker aus dem Diepgen-Umkreis. Im Rathaus Charlottenburg sorgte er für Turbulenzen vor allem im Konflikt mit dem Bezirksbürgermeister Lindemann, mit dem er zerstritten, aber zuvor so gut befreundet war, daß er als Pate für dessen Tochter agierte. Den Rechtsamtsleiter, der ihm bei zweifelhaften Geschäften immer in die Quere kam, verfolgte er mit anhaltendem Ingrimm und beschied im Zweifel: «Dann wird eben nicht nach Recht, sondern politisch entschieden.»

Wie sich erst später herausstellte, hatte mancher so manchen Grund, Antes bei seinem rechtswidrigen Versuch des Wohnungsverkaufs möglichst ungeschoren und ohne Aufsehen davonkommen zu lassen. Vorstellbar, daß alles für eine der üblichen Querelen in Charlottenburg gehalten wurde, das längst den Spitznamen «Chaotenburg» erhalten hatte. Wahrscheinlicher ist, daß der Bezirksbürgermeister wenig Interesse an einem Aufsehen hatte, weil er selbst in die Angelegenheit verstrickt war, da er an mindestens einem Gespräch mit Putsch teilgenommen hatte. Er wußte, daß der Kaufinteressent eine Million Mark an Spenden für die CDU in Aussicht gestellt hatte, und er wußte, wer den Kontakt zwischen Antes und Putsch herbeigeführt hatte: Innensenator Heinrich Lummer. Auch Dankward Buwitt, CDU-Fraktionsvorsitzender und Kreisvorsitzender in Neukölln, hatte mit Putsch Kontakt. Ein Disziplinarverfahren hätte möglicherweise manches von den bis in den Senat führenden Spuren öffentlich gemacht. Dennoch beteuerte Diepgen später, daß er auf keinen Fall im Blick auf den Wahlkampf die Charlottenburger Affäre gegen einen CDU-Mann habe «totmachen» wollen, doch war es auffällig, wie pfleglich mit Wolfgang Antes umgegangen wurde. So mußten Innensenator Wilhelm Kewenig und Klaus-Rüdiger Landowsky, damals stellvertretender CDU-Fraktionsvorsitzender, darauf hinwirken, ihn mit einem «Verweis» davonkommen zu lassen. Dem keineswegs reuigen Sünder, der in der Folge sein Amt als Baustadtrat verlor, wurde von der Schulsenatorin Hanna-Renate Laurien der Posten eines Schulrates angeboten, was aber an heftigen Protesten von Opposition und Lehrern scheiterte.

Die wahlkämpfende CDU war scheinbar glimpflich aus der «Affäre Antes» herausgekommen, doch schlummerte im politischen Untergrund eine brisante Zeitbombe. Auf dem Schreibtisch von Eberhard Diepgen war eine anonyme eidesstattliche Erklärung gelandet, in der versichert wurde, daß Antes 50 000 Mark Bestechungsgeld für die Konzession eines Cafés im Schatten der Gedächtniskirche kassiert habe. Das Gerücht kursierte bereits seit Monaten im Rathaus Charlottenburg und hatte nun auch das Rathaus Schöneberg erreicht. «Wenn das zutrifft, schmeiß ich den Kerl raus», soll Diepgen erklärt haben[36], gab aber, statt die Angelegenheit überprüfen zu lassen, das belastende Schriftstück an Antes zur Erledigung weiter, machte ihn zum Richter in eigener Sache. Vordergründig und vorerst aus der Welt waren die skandalösen Vorgänge in Charlottenburg, doch glomm die Lunte weiter, und der Sprengsatz, der mit ihr verbunden war, sollte in wenigen Monaten explodieren.

Im Wahlkampf machten es die Gegner der CDU relativ leicht. Hans Apel verströmte Redlichkeit, stellte ein taugliches Schattenkabinett vor, konnte aber, nur halbherzig von der eigenen Partei unterstützt, nicht an Popularität gewinnen. Seine Aussage, auf keinen Fall mit der Alternativen

Liste zu koalieren, sollte der Beruhigung konservativer SPD-Klientel dienen, doch bestand bei nicht wenigen Wählern die Sorge, daß es am Ende doch zu einem Bündnis mit der Partei kommen könnte, die immer wieder ihrer Rolle als Bürgerschreck gerecht wurde. Mit dem Vorschlag, Berlin zur Smog-Bekämpfung in eine autofreie Stadt zu verwandeln, mit ihrer Skepsis zum Berlin-Status trieben die Alternativen der Union die Wähler förmlich zu.

Das Ergebnis der Wahl am 10. März 1985 brachte der CDU eine deutliche Mehrheit. Die SPD verlor noch stärker als erwartet, und schon am 11. März verabschiedete sich Hans Apel in das ihm vertraute Hamburg. Unerwartet stark schnitt die FDP ab, die im Wahlkampf massiv von der örtlichen Bauwirtschaft unterstützt worden war. Die AL überholte zwar die FDP und war nun drittstärkste Kraft im Abgeordnetenhaus, blieb aber hinter den Erwartungen zurück. Sehr hohen Wahlergebnissen in Kreuzberg und innerstädtischen Wahlkreisen standen schlechte in vielen anderen Bezirken gegenüber. Die Zersplitterung der Stadt, die Segregation des alternativen Milieus wurde bei der Wahl deutlich. Eberhard Diepgen bescherte sie eine satte Mehrheit und die Genugtuung, nun nicht mehr nur Erbe von Richard von Weizsäcker zu sein, sondern aus eigener Kraft das errungen zu haben, was ihm so erstrebenswert war, nämlich Amt und Macht.

Kapitel 11

Schwanz und Gloria

Der Sumpf wird offenbar

Schlafmützen trugen die Abgeordneten der Alternativen Liste nicht mehr bei der zweiten Regierungserklärung Eberhard Diepgens am 25. April 1986, auch wenn sie diese ähnlich langweilig und unoriginell fanden wie die erste. Sehr allgemein benannte Diepgen die angestrebten Verbesserungen zum Ausbau der Wirtschaft, zur Entlastung des Wohnungsmarktes, für den Ausbau der überregionalen Verkehrsanbindung. Als große Verheißung wurden die für 1987 anstehenden Feiern zum 750-jährigen Bestehen Berlins angekündigt, die einerseits der Selbstdarstellung West-Berlins, andererseits aber auch Schritten zu mehr Gemeinsamkeit zwischen den Stadthälften dienen sollten.

Diepgen trieb in der Folge viele Projekte voran, von einem Stromverbund mit der Bundesrepublik angefangen über den Ausbau einer Erdgasverbindung mit großem Speicher bis hin zu einem weiteren Grenzübergang im Südosten der Stadt, der den in Dreilinden entlasten sollte. Hochgeschwindigkeitszüge sollten nach seinen Planungen West-Berlin ansteuern. Es waren langfristige Projekte, die Diepgen anstieß, die von ihm aber nicht mehr vollendet oder durch den Fall der Mauer obsolet wurden.

In seinen Erinnerungen nannte Diepgen die Legislaturperiode nach 1985 «besonders gestalterisch»[1] und versäumte nicht, verwirklichte und gewälzte Pläne aufzuzählen bis hin zu Änderungen im Flächennutzungsplan oder den Ausbau von Dachböden. Wofür er nur einen Satz übrig hatte, war ein Skandal, von dem Diepgen selbst sagt, er habe die Stadt «erschüttert»[2], was das Gesamtausmaß des Ereignisses nur unzulänglich erfaßt. Denn mit ihm zeigte sich der berüchtigte Berliner Sumpf in einem Ausmaß, das selbst frühere Affären um den Steglitzer Kreisel oder Dietrich Garski als bloße Feuchtgebiete erscheinen läßt. Nichts hat den Ruf West-Berlins nachhaltiger beschädigt als der Skandal von 1985, der jene

Vorurteile im Übermaß bestätigte, die in der Mauerstadt nichts als ein Subventionsgrab zugunsten der Bauwirtschaft und in den Politikern die eigennützigen Förderer des Systems sahen.

Die Aufdeckung des Skandals begann mit einer Schußwunde. Am 2. Oktober 1985 wurde auf den Immobilienmakler Günter Schmidt ein Pistolenattentat verübt, das er schwerverletzt überlebte. Die Ermittlungen führten in ein Milieu, in dem Männer wie «Arschbacken-Ede», «Hasch-Eddy» oder «Klunker-Kutte» den Ton angaben. Als Auftraggeber der aus diesem Umkreis stammenden Täter wurde schnell der mit Schmidt verfeindete ehemalige Geschäftspartner Christoph Schmidt-Salzmann ausfindig gemacht. Beide waren Kern einer berüchtigten «Sanierungsmafia», die mit brutalen Methoden Häuser entmietete oder durch Brandstiftung abbruchreif machte. Bei Schmidt-Salzmann fanden die Fahnder reichlich belastendes Material, von dem ein Brief besonders folgenreich war. In ihm wurde der Adressat aufgefordert, endlich für die Baugenehmigungen zu sorgen, für die Schmidt-Salzmann bereits 200 000 Mark Schmiergeld aufgewendet habe. Wenn er nicht bald den versprochenen Erbbauvertrag bekomme, werde er «sehr ungemütlich». Gerichtet war das Schreiben an den «Lieben Wolfgang», der schnell als der ehemalige Baustadtrat Wolfgang Antes identifiziert war. Nach seiner Festnahme wurden bei ihm umfangreiche Unterlagen über weitere Bestechungsfälle gefunden. Die mühsam im Wahlkampf unterdrückte Sumpfblase platzte.

Durchsuchungen bei dem ehemaligen Baustadtrat förderten Belege über eine große Zahl von Bestechungsfällen zutage. Wie hoch die Gesamtsumme der Gelder war, die Antes für Baugenehmigungen, Konzessionen oder andere Gefälligkeiten kassierte, wurde nie genau festgestellt. Er legte später ein Geständnis ab, 300 000 Mark Bestechungsgelder angenommen zu haben. Die Bestochenen nannten allerdings weit höhere Summen. Als die kriminellen Machenschaften des prominenten CDU-Mitglieds bekannt wurden, versicherte Diepgen am 15. Januar 1986 vor dem Abgeordnetenhaus: «Es wird mit aller Strenge ohne Rücksicht auf Namen von Betroffenen jeder konkrete Verdacht von politischer oder persönlicher Selbstbedienung untersucht.» Erst jetzt, da sich die Verfehlungen in den eigenen Reihen nicht mehr verheimlichen ließen, sollte also geschehen, was schon im Herbst bei dem Hinweis auf Korruption im Rathaus Charlottenburg hätte geschehen müssen.

Vier Tage nach Diepgens Erklärung wurde der Bauunternehmer Kurt Franke wegen des Verdachts umfangreicher Bestechung in Untersuchungshaft genommen. Franke zählte zu den großen, aber öffentlich weniger wahrgenommenen Baulöwen. Vor allem im Bezirk Tiergarten errichtete er Bau um Bau, so daß über diesen Teil Berlins als «Frankegarten» gespottet wurde. Es war der Bezirk, zu dessen CDU-Verband Eberhard Diepgen gehörte und in dem 34 Jahre lang Peter Kittelmann strippenziehend den örtlichen CDU-Verband leitete. Kurt Franke galt als kleinlicher, fast geiziger Mann. Wenn er Geld ausgab, war er penibel. In dem bei ihm beschlagnahmten Material fand sich ein kleines Notizbuch mit Einträgen wie «12/82 25 Diep» oder «2/83 10 Ribi». Besonders oft fand sich auch das Kürzel «Kitt». Leicht waren die Klarnamen zu entschlüsseln. Es handelte sich neben anderen um die Politiker Diepgen, Riebschläger und Kittelmann. Die Zahlen vor ihrem Namen bedeuteten Zahlungen an diese Herren, die sich etwa bei Peter Kittelmann auf 130000 Mark und bei Eberhard Diepgen auf 75000 Mark summierten.

Noch einmal versuchte Diepgen die nun für ihn unangenehm werdende Angelegenheit zu unterdrücken. Er rief die Chefredakteure der großen Zeitungen und der elektronischen Medien zu sich und bat um Diskretion – nicht seinetwegen, sondern wegen Kurt Franke. Dieser sei Mitglied der jüdischen Gemeinde und Frau Franke sei in dieser wohltätig engagiert. Der Fall sei daher so zurückhaltend wie möglich zu behandeln, wolle man nicht wie in Frankfurt rund um die Figur Ignaz Bubis antisemitische Reaktionen hervorrufen. Der Versuch, das Judentum von Franke zu instrumentalisieren, war schon ein Zeichen der Ausweglosigkeit. Der Vorsitzende der Jüdischen Gemeinde Heinz Galinski wollte dabei nicht assistieren und erklärte vehement: «Wir haben damit gar nichts zu tun.»[3]

Mit einer für Diepgen typischen Taktik präsentierte er das Eingeständnis der Spendenannahme von Franke. Er trat mit schmutzigen Händen vor die Presse und gab doch den Saubermann. Zuerst teilte er mit, er habe den Bezirksbürgermeister Hans-Martin Quell vom Dienst suspendiert. Erst danach sprach er davon, daß er aus Gründen der «politischen Hygiene» dem Parlamentspräsidenten die Entgegennahme von 75000 Mark von Kurt Franke mitgeteilt habe. Diese seien «ordnungsgemäß» abgeführt worden.

Die Ermittlungen ergaben, daß die Gelder keineswegs im Sinne des Parteienspendengesetzes weitergeleitet wurden, sondern an von Diepgen und Freunden beherrschte Vereine und Fonds gelangten, von denen selbst langjährige Funktionäre der CDU nichts wußten. Das von Franke an

Dankward Buwitt gegebene Geld verschwand schlicht in einer Stahlkassette des Tiergartener CDU-Schatzmeisters, der über Ein- und Ausgang der darin gehorteten Gelder kein Buch führte. Ganz offensichtlich hatte die «Betonriege» ein System der «schwarzen Kassen» aufgebaut, in dem wie selbstverständlich mit undeklarierten Spendengeldern hantiert wurde.

Selbst CDU-Mitglieder fanden den Verdacht unabweisbar, daß im großen Stil Gelder entgegen dem Parteiengesetz von Parteivertretern vereinnahmt wurden und diese ohne Spendenbescheinigung gegeben wurden, damit die damit verbundene Bestechung nicht öffentlich werde. Doch trotz der Evidenz von Filz, Sumpf und Korruption zeigten Diepgen und seine Seilschaft keinerlei Schuldbewußtsein oder Reue. Antes wurde als «schwarzes Schaf» isoliert und über den Rest der Affäre so weit wie möglich der Mantel des Schweigens gebreitet. Nie dachte Diepgen an seinen eigenen Rücktritt als Regierender Bürgermeister oder CDU-Landesvorsitzender, sondern er ließ zurücktreten. «Mühsam», so seine Erinnerungen, mußte er den FDP-Senator Horst Vetter zum Amtsverzicht bewegen.[4] Mit zwei weiteren Rücktritten wurde zwar einerseits der Eindruck des «Aufräumens» erweckt, zugleich aber Distanz zum Parteispendenskandal geschaffen. Bausenator Klaus Franke mußte sein Amt aufgeben, weil allzu eigennützige Geschäfte als früherer Geschäftsführer einer städtischen Wohnbaugesellschaft nicht mehr zu verheimlichen waren. Das Urgestein Heinrich Lummer mußte wegen einer weit zurückliegenden Zusammenarbeit mit der NPD seinen Senatorenposten aufgeben. Der Abschied aus dem Senat wurde ihm mit einem Bundestagsmandat versüßt. Allen drei zurückgetretenen Senatoren wurde von ihren Parteien «selbstlose und konstruktive Haltung» und «honoriges» Verhalten attestiert, was die Rücktritte etwas rätselhaft erscheinen ließ.[5]

Selbst offene Vorteilsnahme im Umkreis von Diepgen wurde als Läßlichkeit behandelt. Als bekannt wurde, Dankward Buwitt sei in seinem Privathaus von einem Immobilienhai eine Heizung im Wert von 30 000 Mark eingebaut worden, erklärte Buwitt, die Heizung habe nie recht funktioniert. Das hinderte ihn nicht, unverfroren davon ablenken zu wollen, daß die Heizung wohl aus Subventionsmitteln für ein Bauvorhaben des Immobilienunternehmers bezahlt worden war. Für Diepgen waren derlei Fälle ein Zeichen, daß West-Berlin kein «Kloster von Heiligen», aber deswegen noch lange kein Sumpf sei.[6] Auf ihre Art machte die Alternative Liste auf den Vorgang aufmerksam: Sie kippte Buwitt Braunkohlenbriketts vor die Türe, damit er es endlich warm habe.

Nichts deutet darauf hin, daß die in den Korruptions- und Spendenskandal Verwickelten wahrnahmen, wie sehr sie jenseits aller Rechtsfragen gegen politische Moral verstoßen hatten. Als der von Diepgen demonstrativ suspendierte Bezirksbürgermeister Hans-Martin Quell trotz einer Franke-Zahlung von 60 000 Mark wieder sein Amt antrat, wurde er von Peter Kittelmann mit einem Blumenstrauß bedacht. Klaus-Rüdiger Landowsky bagatellisierte die Vorgänge in seiner CDU mit der Bemerkung, Fälle wie Antes gäbe es in jeder Partei. Eberhard Diepgen vertauschte Täter- und Opferrolle. Er sprach nicht davon, daß er es zu verantworten habe, daß seine Partei ins Gerede gekommen sei, sondern daß er dies zu «erdulden» habe.[7] «Zum Kotzen» fand Diepgen vor dem Abgeordnetenhaus nicht sein eigenes Verhalten oder das seiner Parteifreunde. «Unerträglich» sei es für ihn als Regierendem Bürgermeister, vor Gericht um seine persönliche Integrität kämpfen zu müssen. Klaus-Rüdiger Landowsky sekundierte voller Entrüstung mit dem Hinweis auf eine in seiner Politikerlaufbahn noch nie erlebte «Schmutz- und Schundkampagne».

Material für die Empörungskulisse, hinter welcher der eigentliche Skandal verschwinden sollte, war die Meldung über Kontakte Diepgens zu dem im Bordellmilieu heimischen Otto Schwanz, der Antes bei seinen Bestechungsaktivitäten dienlich gewesen war. Urheber dieser Nachricht war der Betreiber des Etablissements «Salambo» am Kurfürstendamm, und die Staatsanwaltschaft sah Kontakte zwischen Diepgen und Schwanz «durchaus im Rahmen des Möglichen».[8] Diepgen bestritt eidesstattlich jeden Kontakt und sah sich nach 1989 in seiner Vermutung bestätigt, daß das Ost-Berliner Ministerium für Staatssicherheit eine Rufmordkampagne betrieben habe. 1986 entsandte er seinen Anwalt ins Gefängnis Tegel, um von Schwanz das Nichtbestehen von Kontakten schriftlich bestätigt zu bekommen. Der Versuch, die Aussage eines Bordellbetreibers durch die eines anderen zu konterkarieren, mag seinen Grund nicht nur im Bemühen Diepgens gehabt haben, nicht mit dem Rotlichtmilieu in Verbindung gebracht zu werden. Ein nachgewiesener Kontakt zu Otto Schwanz hätte ihn in den Fall Antes hineingezogen und den Gerüchten Nahrung gegeben, daß es im CDU-Landesvorstand Pesönlichkeiten gab, für die Antes neben seinen eigenen Einkünften Parteispenden eingetrieben haben soll. Auch nach der Verurteilung von Antes blieb bei den Ermittlern der Verdacht, daß er als «bribe broker» (Korruptionsmakler) im Auftrag von Parteifreunden kassiert habe.

Mit dem Geständnis, 300 000 Mark Bestechungsgeld angenommen

zu haben, verhinderte Wolfgang Antes, daß über die darüber hinaus gehenden Summen verhandelt und nicht ernsthaft nachgefragt wurde, wie er es zu einem 1,5 Millionen Mark teuren Anwesen im Fichtelgebirge gebracht habe. Ein parlamentarischer Untersuchungsausschuß ermittelte 32 Monate lang in der Korruptionsaffäre, erbrachte viele einander widersprechende Aussagen und einen 242 Seiten starken Schlußbericht, der uneindeutig blieb, aber interessante Angaben enthielt. Danach hatten die in den Antes-Skandal verwickelten Bauunternehmer von 1981 bis 1986 rund 476 000 Mark an die CDU gespendet, während sich die SPD mit 86 400 und die FDP mit 58 000 Mark bescheiden mußte.

In der Franke-Affäre hatte die Staatsanwaltschaft zunächst zügig und penibel und ohne Ansehen von Amt und Person ermittelt. Dann aber wurden personelle Veränderungen vorgenommen, andere Ermittler eingesetzt, und mit ihnen änderten sich die Methoden, die nun von diskreter und rücksichtsvoller Investigation geprägt waren. Verantwortlich für die Neuordnung der Staatsanwaltschaft war der CDU-Justizsenator Rupert Scholz. Eng wie die Verhältnisse in West-Berlin waren, kannten sich der Senator und Kurt Franke von einem Fußballspiel von Hertha BSC, und der Senator war auch Gast bei einer Einladung für Politprominenz, an deren Ende Franke geldträchtige Umschläge an einige Politiker überreichte.

Korruption und Spendenaffären gehören unweigerlich zum politischen Geschäft, und jede Landschaft hat ihre eigenen Formen der Beziehungen und Begünstigungen. In München sind es die «Amigos», in Köln der «Klüngel» und in Baden-Württemberg ist es die «Spätzle-Connection». Es gab in der Geschichte der Bundesrepublik Bestechungsfälle mit weitaus höheren Summen wie beim millionenschweren Fall des Müllunternehmers Hellmuth Trienekens in Köln. Es gab auch weitaus prominentere Politiker wie Helmut Kohl, der mit einer anonymen Millionenspende voller Renitenz das Parteienfinanzierungsgesetz mißachtete. Was war das Besondere am West-Berliner Sumpf? Vereinfacht gesprochen: Das Übel war chronisch, flächendeckend und parteiunabhängig.

Als Richard von Weizsäcker die durch Affären gebeutelte SPD-Herrschaft ablöste, prangerte er in seiner Regierungserklärung den Mißstand an: «Der öffentliche Dienst und der vorpolitische Raum sind unter den Einfluß einer Beutepolitik durch politische Parteien gelangt.» Dies war primär auf die von «Kreisel»- und Garski-Skandal gebeutelte SPD gemünzt. Die hatte über Jahre ein Beziehungsgeflecht entwickelt, bei dem ein breites Spektrum von Vorteilsnahmen im Raum der öffentlichen Hand genutzt wurde. Zum spezifischen «roten Sumpf» gehörte der «rote Filz» von Parteigenossen und Gewerkschaftsbossen. Skeptisch äußerte sich Heinrich Albertz, der es Richard von Weizsäcker nicht mehr als anderen zutraute, den Sumpf trockenzulegen: «Er muß wissen, wie sehr seine eigenen Freunde bis tief in die 50er Jahre zurück am Postengeschäft beteiligt waren, wie sehr sie mit der Subventionsmentalität der Berliner Wirtschaft versippt sind.»[9] Weizsäcker wollte dies alles aber wohl nicht wissen, und ein knappes Jahr nach der für Sauberkeit plädierenden Regierungserklärung notierte Baulöwe Franke in sein Büchlein eine 25 000 Mark-Zahlung an Weizsäckers Fraktionsvorsitzenden Diepgen.

Zwei Gründe waren es vor allem, die den West-Berliner Sumpf unter der CDU-Regierung noch mehr förderten als zuvor: Gesellschaft und Bauwirtschaft. Die Immobilienbranche hatte in der Inselstadt spezifische Qualität, weil sie Voraussetzungen vorfand, die es nur hier gab: Berliner Baugrund und Berliner Subventionen. Der soziale Wohnungsbau wurde auf landeseigene Weise gefördert. Die Baukosten wurden so weit heruntersubventioniert, daß statt der bis zu 30 Mark betragenden Kostenmiete pro Quadratmeter nur 4,70 Sozialmiete zu zahlen waren. Das erlaubte den Unternehmern überteuerte Kalkulationen, in die echte und angebliche Kosten einflossen. So konnte im Extremfall schon eine Heizung für Dankward Buwitt einkalkuliert werden. Da sowohl Bauland wie Subventionen begrenzte Ressourcen waren, kam den Beziehungen zu den diversen Bau- und Planungsbehörden wie zu der Wohnungsbaukreditanstalt größte Bedeutung bei. Die Großen in der Immobilienbranche beherrschten das Beziehungsgeschäft derartig perfekt, daß der Großteil der Bauvorhaben von ihnen ausgeführt wurde. Das Meiste des gut funktionierenden Geschäfts auf Gegenseitigkeit blieb verborgen, reichte aber bis Frankfurt, wo auch ein Ignaz Bubis den Hinweis aus Berlin bekam, bei welchem Beamten ein günstiges Bauprojekt anzuschieben wäre. Eine von Diepgen berufene Allparteienkommission kam denn auch zur «dringenden Empfehlung» für eine Strukturreform im Bauwesen und zum Abbau von Ämterpatronage.

Förderlich für den mit dem Sumpf verbundenen Filz war West-Berlin zudem als Stadt der kurzen Wege und nahen Beziehungen. Mitgliedschaften beim Tennisclub Rot-Weiß oder bei den «Freunden der Nationalgalerie» erlaubten Begegnungen, auf denen informell und beiläufig entscheidende Absprachen getroffen werden konnten. Wolfgang Antes, ein Meister des einträglichen Netzwerkens, gab sich nach seiner Verurteilung erstaunt, daß «ganz Berlin» in Kurt Frankes Notizbüchlein auftauchte. Nicht entscheiden konnte sich Antes, ob dies alles besonders schlimm oder die Normalität sei.[10] Die Wahrheit war, daß es sowohl schlimm als auch West-Berliner Normalität war.

Jubiläum – zweifach

Exakt 750 Sänger intonierten am 30. April 1987 im ICC ein Lied zum 750-jährigen Bestehen Berlins, von dem sein Verfasser nachträglich meinte, das Beste an der Aufführung sei gewesen, daß man kein einziges Wort habe verstehen können.[11] Der Gesang mit der Schlußzeile «Berlin, dann freue dich!» ging in dem Getöse von zehn Orchestern unter. Komponiert hatte den Hymnus der in Berlin lebende Jolyon Brettingham Smith, der an die Anthems seiner britischen Heimat anknüpfte. An dieser staatstragenden Musikform hatte sich 200 Jahre zuvor ein anderer Komponist orientiert, dessen Werk ebenfalls im ICC erklang und im Vorfeld einer von vielen Konfliktpunkten rund um diese Veranstaltung war. Joseph Haydns zum «Deutschlandlied» mutierte Kaiserhymne sowie Reden von Bundespräsident von Weizsäcker und Bundeskanzler Helmut Kohl waren vor wie nach der Feier Gegenstand des Unbehagens und des Protests in Ost-Berlin, wo darin zu viel Bindung West-Berlins an die Bundesrepublik gesehen wurde. Ärger gab es auch um den in den Reden geäußerten Hinweis auf die unnatürliche, mit der Mauer manifestierte Spaltung der Stadt und den Wunsch nach Einheit und Freiheit für alle Bürger Berlins. SPD-Oppositionsführer Walter Momper kommentierte die Ost-Berliner Empörung trocken: «Man wird die Mauer doch noch Mauer nennen dürfen.»[12]

Der Auftakt zu den West-Berliner Jubiläumsveranstaltungen zum 750-jährigen Bestehen der Stadt war der Abschluß einer langen, mühseligen und merkwürdigen Vorgeschichte. Es gab nämlich gar keinen eigentlichen «Geburtstag» Berlins. Historiker hatten aus unterschiedlichen Schriftstücken eine Gründung «um 1230» konstruiert. Den Gedanken, dies als Anlaß für ein Stadtfest zum 700-jährigen Bestehen zu nehmen, mußten die Berliner Stadtväter wieder fallen lassen, weil dies inmitten der Wirtschaftskrise 1930 völlig inopportun gewesen wäre. Die Nationalsozialisten griffen die Idee wieder auf und nahmen ein Schriftstück von 1237 als

32 Lautstark und unverständlich trugen 750 Sänger einen Festhymnus zur Eröffnung der 750-Jahrfeier im ICC vor. Deutschlandlied und Kanzlerrede erregten den Unmut Ost-Berlins. Beide Stadthälften feierten getrennt und sehr unterschiedlich.

Geburtsurkunde, in dem die Stadt Cölln erstmals erwähnt wurde, die mit Berlin eine Doppelstadt bildete, aber erst 1709 offiziell mit ihr vereinigt wurde. Die Feiern von 1937 wurden ein von den NS-Machthabern wie von der Bevölkerung gleichermaßen froh empfundenes Fest, das in einem Umzug mit über 4000 Mitwirkenden gipfelte, der ein germanisches Berlin feierte und ein lebendiges Stück «Volksgemeinschaft» demonstrierte.

Der braune Schatten hinderte West- wie Ost-Berlin nicht daran, an das Ereignis von 1937 anzuknüpfen und sich mit einer jeweils eigenen 750-Jahr-Feier möglichst glanzvoll darzustellen. Da rund 720 Jahre der zurückliegenden Geschichte gemeinsame Geschichte waren, lag der Gedanke einer zumindest punktuellen Zusammenarbeit nahe. Ost-Berlin wollte davon nichts wissen, da es der DDR um Abgrenzung und Eigenständigkeit ging. West-Berlin «existiert für uns nicht», erklärte der Ost-Berliner Bürgermeister Erhard Krack.[13] Entsprechend wurde auf Stadtplänen und Prospekten ein Stadtgrundriß abgebildet, auf dem es ein Berlin jenseits der

Mauer nicht zu geben schien. West-Berlin dagegen war um Gemeinsamkeit als Vorgeschmack einer möglichen Einheit bemüht, handelte sich aber damit fast demütigende Absagen ein, auch wenn es so attraktive Angebote wie ein Konzert der Berliner Philharmoniker in Ost-Berlin oder einen gemeinsamen Start der Tour de France in Berlin zu offerieren hatte. Schon 1979 erklärte der Ost-Berliner SED-Chef Konrad Naumann zu derartigen Offerten, der Senat möge sich «der Geschichte jenes Territoriums zuwenden, für das er sich 1948 durch seine Abspaltung freiwillig entschieden hat».[14]

Letztlich ging es zwischen den Stadthälften rund um die Jubiläumsfeiern nur noch um die Frage, wer wen einlädt und wer an wessen Feierlichkeiten teilnimmt. Die komplizierte wechselseitige Einladungspolitik wurde von den West-Alliierten und von der Sowjetunion skeptisch betrachtet. Die Idee, daß Diepgen nach Ost-Berlin fahren und umgekehrt Honecker einladen könnte, wurde in West-Berlin von den großen Zeitungen wie auch innerhalb der CDU tendenziell kritisch gesehen. Bei Honecker war das Interesse unübersehbar, in West-Berlin als Chef der DDR aufzutreten und damit ein Vorspiel für einen späteren Besuch in Bonn zu geben. Diepgen wiederum war an einem offiziellen Besuch in Ost-Berlin interessiert, um Einheit zu demonstrieren, und er spielte in dem «Einladungspoker» auf Zeit.[15] Die von der DDR fast aufgedrängte Einladung für den Regierenden Bürgermeister und den Oppositionsführer zum Staatsakt im Oktober wurde monatelang nicht beantwortet, weil erst abgewartet und sondiert wurde, wie weit eine Gegeneinladung an Honecker möglich sei.

Zur Besänftigung erklärte Diepgen dem sowjetischen Botschafter in der DDR Wjatscheslaw Kotschemassow, die Eröffnungsveranstaltung werde «vorwiegend konzertanten Charakter» haben.[16] In den Gesprächen zwischen West- und Ost-Berlin mußte dann aber doch darauf hingewiesen werden, daß auf eine Rede des Bundeskanzlers und das Abspielen des Deutschlandliedes im ICC nicht verzichtet werden könne. Honecker würde eine «gleichberechtigte Behandlung» im Verhältnis zum Bundespräsidenten erfahren, doch könne eine «Gleichberechtigung beider Persönlichkeiten im institutionellen Sinne als Präsidenten von zwei deutschen Staaten in einer dritten territorialen Einheit» aus Statusgründen nicht realisiert werden.[17] DDR-Hymne und Honecker-Ansprache im ICC kamen also nicht in Frage. Als Ausweg aus dem statusrechtlichen Labyrinth verfiel der Senat auf die Idee, im Anschluß an die ICC-Veranstaltung im Schloß Charlottenburg ein Bankett abzuhalten, bei dem sowohl Richard von Weizsäcker als auch Erich Honecker sprechen sollten.

Ehe noch dieser Plan Ost-Berlin offenbart und geklärt wurde, wieviel Sicherheitskräfte in West-Berlin zum Schutz des «Mauerbauers» Honecker aufgeboten werden müßten, torpedierte Springers *Berliner Morgenpost* am 12. April 1987 alle Pläne mit einer Veröffentlichung, die das Unternehmen «Honecker-Besuch in West-Berlin» zum Sinken brachte. Ein fast zehn Monate alter Brief Diepgens wurde veröffentlicht, in dem dieser die bundesdeutschen Ministerpräsidenten darum bat, sich nicht am DDR-Staatsakt zu beteiligen, sofern nicht auch er teilnehme. 24 Stunden später sagte die DDR die Teilnahme Honeckers an der West-Berliner Eröffnungsfeier ab. Als die DDR nach der Feier im ICC ihre Angriffe steigerte und Diepgen «verleumderische Ausfälle gegen die DDR» vorwarf, erklärte der Regierende Bürgermeister die Einladung zum Festakt in Ost-Berlin für «erledigt».[18] Das Ministerium für Staatssicherheit erarbeitete daraufhin einen Plan, Diepgens Teilnahme an staatlichen Veranstaltungen zur 750 Jahr-Feier in Ost-Berlin zu verhindern. Diepgen besuchte jedoch etwa auf Einladung der evangelischen Kirche die Ost-Berliner Marienkirche, wo er auf sein östliches Pendant, den Oberbürgermeister Erhard Krack, zuging, ihm die Hand schüttelte, was der mit einem kurzen «Guten Tag» quittierte und darauf möglichst schnell die Kirche verließ. Am offiziellen Staatsakt der DDR am 23. Oktober 1987 nahmen von West-Berliner Seite nur zwei Vertreter der Alternativen Liste teil sowie aus Westdeutschland die drei SPD-Ministerpräsidenten Lafontaine, von Dohnany und Wedemeier, was Diepgen als ausgesprochen unsolidarischen Akt empfand.

Mit einem gravierenden Standortnachteil hatte West-Berlin in der Konkurrenz der Jubelfeierlichkeiten zu kämpfen. Das historische Berlin liegt im Ostteil der Stadt. Hier befindet sich der Boulevard Unter den Linden mit der klassizistischen Neuen Wache, dem barocken Zeughaus und der Staatsoper im Rokoko-Stil. Mit dem wiederaufgestellten Denkmal Friedrichs des Großen betonte die DDR ihren historischen Anspruch und setzte diese repräsentative Geste mit der Renovierung von Schinkels Schauspielhaus am Gendarmenmarkt fort. West-Berlin half sogar dabei, den historischen Glanz zu erhöhen und übergab die Schiller-Statue für den Gendarmenmarkt sowie Fassadenelemente des Ephraim-Palais und erhielt im Gegenzug das Archiv der Königlichen Porzellan Manufaktur (KPM).

Gegen den historischen Prunk des Ostens versuchte West-Berlin, seine Modernität auszuspielen. Die Vielfalt des urbanen Lebens und die Aufgeschlossenheit für Neues sollte zum Markenzeichen werden mit Slogans wie «Stadt der Zukunft» oder «Stadt des Dialogs». Das Image eines «Rothenburg ob der Mauer» sollte durch ein internationales Flair abgelöst werden, wie es in dem zu dieser Zeit erscheinenden Song von Leonard Cohen «First we take Manhattan then we take Berlin» mitschwang. Allerdings erlebte dieses Konzept eine schwere Beschädigung, noch ehe das Jubeljahr offiziell eröffnet war. Kultursenator Volker Hassemer hatte die Idee, den Kurfürstendamm als «Skulpturenboulevard» mit moderner Kunst zu schmücken und ihn für fast zwei Millionen Mark zu einem «Ereignisraum der Kunst» zu gestalten. Dies sollte unter anderem mit einem Projekt des Künstlerpaares Ed und Nancy Kienholz geschehen, bei dem Eisenspieße, die von schwarz-rot-gold bemalten Kränen baumeln, aufgeblasene Riesenpräservative zum Platzen bringen sollten, um mit «diesem Kampf der Kondome die sinnlosen, teuren Gesten der großen Politik zu satirisieren».[19] Dieses Kunstwerk wurde nie realisiert, doch sorgten auch einfacher ausgeführte Plastiken noch während ihres Aufbaus im März 1987 für Entrüstung. Besonders empörte eine Skulptur von Wolf Vostell, bei der Cadillacs in Beton eingegossen waren. Eine Metallplastik von Olaf Metzel erinnerte mit verbeulten übergroßen Absperrgittern genau gegenüber dem «Café Kranzler» an Zusammenstöße von Demonstranten und Polizei an diesem Ort. Eine Flut von Beschimpfungen ergoß sich über die Kunstwerke und ihre Schöpfer, und es wurde offenbar, daß unter der glänzend-flippigen Oberfläche von West-Berlin Engstirnigkeit und Mief lauerten. Eberhard Diepgen gab sich als Vertreter dieser dumpf gestimmten vox populi zu erkennen, als er in der Fernsehsendung «Wetten, daß…» von Moderator Frank Elstner auf die Cadillac-Plastik angesprochen wurde. Widerwillig antwortete Diepgen, dies sei «nicht besonders bemerkenswert», im übrigen werde es ähnliche Spektakel künftig nicht mehr geben.[20]

Der öffentlich desavouierte Kultursenator und der zum obersten Jubiläumsplaner berufene Chef der Berliner Festspiele Ulrich Eckhardt blieben dem Konzept treu, ein umfassendes Bild der Stadt zu präsentieren, das sie als ebenso spannend wie spannungsreich auswies. Durch einen warmen Geldregen schossen die verschiedensten Projekte aus dem Boden, und in der alternativen Szene kursierte der Spruch, daß nur der nicht an die längst akzeptierte «Staatsknete» komme, der nicht imstande sei, einen Projektantrag zu stellen. So konnte etwa auch das «Frauenprojekt Pelzladen» die «Geschichte der Prostitution am Bülowbogen unter den Lebens- und Arbeitsbedingungen seit der Industrialisierung» verwirklichen. Als die große Jubiläumsausstellung «Berlin, Berlin» von

Linksintellektuellen als affirmativ gescholten und ihr eine Herrschaftsperspektive nachgesagt wurde, gab es sechs Millionen Mark, damit die Kritiker ihre Gegenausstellung «Mythos Berlin» realisieren konnten. Die groß angekündigten «Erlebnisräume und Erinnerungsbilder» auf dem Gelände des ehemaligen Anhalter Bahnhofs versprachen mit Titeln wie «Hinterzimmer der deutschen Seele» oder «Haßstube der Großstadt» mehr, als sie hielten. Einen Höhepunkt des intellektuell unterfütterten Panoptikums bildete eine Kunstaktion des Cadillac-Skulpteurs Wolf Vostell. Eine völlig verrostete, längst nicht mehr fahrtaugliche Dampflokomotive wurde von Kränen hochgehoben und auf den Rücken gelegt. Mit dieser Aktion «La Tortuga» (Schildkröte) sollte die stehengebliebene Zeit symbolisiert werden, was im Kontrast zu der sich sonst so aufbruchsbereit gebenden Geburtstags-Stadt stand.

Ihren schwersten Rückschlag erlebte die Idee, die Alternativszene als integrierten Bestandteil West-Berlins darzustellen, schon 24 Stunden nach der Eröffnungsfeier im ICC. In unerwartet heftiger Weise bewahrheitete sich die offizielle Beschreibung West-Berlins als «junger, unruhiger, rebellischer Stadt, einer Stadt des politischen und sozialen Aufbegehrens».[21] Im Anschluß an eine von SEW und Alternativer Liste veranstalteten Demonstration am 1. Mai kam es in Kreuzberg zu Zusammenstößen mit der Polizei, die zunehmend eskalierten, bis in die Nacht hinein andauerten und mit brennenden Bauwagen, geplünderten Geschäften und massiver Gewaltanwendung auf allen Seiten bürgerkriegsähnliche Zustände zeigten. Ratlos stand die Stadtregierung vor den buchstäblichen Trümmern ihrer auf Integration abgestimmten Politik. Die Polizei mußte ihre Hilflosigkeit und ihr Versagen eingestehen, die dazu geführt hatten, daß nicht einmal für den Einsatz der Feuerwehr gegen die überall auflodernden Brände gesorgt werden konnte.

Eine schlüssige Erklärung für den Gewaltausbruch hatte niemand zu bieten, so wie es auch unklar war, welche Gruppen an den Ausschreitungen beteiligt waren. Die als Deutung dienende negative Sozialromantik einer pauperisierten Bevölkerung, die mit Geschäftsplünderungen Mundraub beging, wurde durch die Tatsache konterkariert, daß primär Alkoholika als Beutegut geschätzt waren. Ein abgebrannter Supermarkt war kein flammender Protest, sondern, wie sich erst später herausstellte, das Werk eines notorischen Pyromanen. Da auch kleine Läden geplündert wurden, fiel das Argument des antikapitalistischen Aufstands in sich zusammen. In der politischen Auseinandersetzung folgten Schuldzuweisungen an die

Polizei, an eine verfehlte Sozialpolitik des Senats. Diepgen und sein Innensenator Kewenig flüchteten sich in die Formulierung, daß «Anti-Berliner» am Werk gewesen seien.

Die ausgrenzende und einen Teil der Bevölkerung diskriminierende Redewendung war die hilflose Reaktion auf die zunehmende Zuwanderung junger Menschen, die mit dem klassischen West-Berlin nichts mehr gemeinsam hatten. Die Mythen der Halbstadt, Blockade und Mauerbau, waren diesen Neu-Berlinern wie alles Vergangene fremd, egal oder ein Fall der historischen Entsorgung. Hans-Christian Ströbele von der Alternativen Liste schlug etwa vor, das besonders geschichtsträchtige Gelände rund um den Reichstag für Fußball und Volleyball einzurichten, alternative Kulturprojekte hier anzusiedeln und eine Versammlungsstätte für Sinti und Roma zu bauen.[22] Ströbele, aus Marl nach West-Berlin gekommen, war einer der vielen, die, der Enge der westdeutschen Provinz entflohen, die Freiheiten der Großstadt nutzen wollten und in ihr doch wieder ein Leben in abgegrenzten Quartieren, ihrem «Kiez» führten. West-Berlin existierte somit zunehmend in einer Spannung von Metropole und Kleinteiligkeit, oder, wie der schwedische Schriftsteller Per Olov Enquist urteilte: «Die Provinz dem Zentrum aufgepfropft.»[23]

So weltoffen sich West-Berlin gerade im Jubiläumsjahr gab, war Eberhard Diepgen doch bemüht, diesen Zustrom meist junger Menschen zu zügeln, den er vor allem von Männern getragen sah, die der westdeutschen Wehrpflicht entgehen wollten. Selbst bei Margaret Thatcher wurde Diepgen mit diesem Problem vorstellig, doch half dies so wenig wie der Vorschlag an die Ministerpräsidenten, den nach West-Berlin abgewanderten Wehrpflichtigen ihre Einberufungsbefehle an den letzten Wohnsitz im Bundesgebiet zuzustellen.

Auch beim wichtigsten politischen Ereignis der Jubiläumsfeiern 1987, dem Besuch von US-Präsident Ronald Reagan am 12. Juni 1987, spielte der Zusammenprall völlig verschiedener Kulturen in der Stadt eine Rolle. Der wegen seiner Nachrüstungspolitik in der Bundesrepublik auf breiter Front angefeindete Präsident löste auch in West-Berlin heftige Proteste aus. Innensenator Kewenig hielt diese im wahrsten Sinne des Wortes in Grenzen, indem er Kreuzberg kurzerhand abriegelte und Demonstranten von Reagans Auftritt am Brandenburger Tor abdrängte. So sprach der US-Präsident seine berühmte Aufforderung «Mr. Gorbachev, tear down this wall!» vor störungsfreiem Publikum.

Wenige Tage vor der Reagan-Rede hatte es am Brandenburger Tor

33 Prominentester Gratulant zum 750-jährigen Bestehen Berlins war US-Präsident Ronald Reagan. Nach seiner Rede am Brandenburger Tor wurde fast familiär deutsch-amerikanisch gefeiert: Monika Diepgen, Nancy Reagan, Richard Burt, Eberhard Diepgen, Hannelore Kohl, Ronald Reagan, Helmut Kohl (von links).

Proteste Jugendlicher gegeben, allerdings jenseits der Mauer, ausgelöst durch ein Ereignis diesseits des gerade hier besonders massiv trennenden Bauwerks. Während der Pfingsttage fand vor dem Reichstag ein «Concert for Berlin» mit David Bowie und Bands wie den «Eurythmics» oder «Genesis» statt, das auf westlicher Seite über 200 000 Besucher anlockte. Schnell sprach sich in Ost-Berlin herum, daß durch günstige Wetterlage die Musik als nicht durch DDR-Grenzorgane zu beschlagnahmende Konterbande über die Mauer in den Osten wehte. Als sich am zweiten Tag Tausende junge Menschen dem Brandenburger Tor näherten, griff die Volkspolizei scharf durch. Am dritten Tag des Konzerts war die Windrichtung ungünstig und das Brandenburger Tor weiträumiger abgesperrt, so daß die frustrierten Jugendlichen in ihrem Widerstandsgeist angestachelt wurden und zum ersten Mal auf östlicher Seite den Ruf artikulierten «Die Mauer muß weg».

Kontrastreicher als am 4. Juli 1987 hätten die Jubiläumsfeiern in beiden Stadthälften nicht ausfallen können. In West-Berlin wurde die Ausstellung «Topographie des Terrors» eröffnet. Auf dem Gelände des ehemaligen Prinz-Albrecht-Palais wurden Kellerruinen des Gebäudes als Ausstellungsgelände eröffnet, in dem sich das Reichssicherheitshauptamt und das Hauptquartier der Gestapo befunden hatten. In Ost-Berlin aber bewegte sich ein mit fünf Millionen Mark finanzierter zehn Kilometer langer Festzug ausgehend vom Palast der Republik mit einer genau festgelegten Marschgeschwindigkeit von 2,2 Kilometern in der Stunde über die Karl-Marx-Allee Richtung Strausberger Platz. 700 000 Menschen säumten die Straßen, durch die 41 000 Mitwirkende zogen. FKK-Anhängerinnen auf einigen der Fahrzeuge unterstrichen die Offenheit des Ereignisses, das bei strahlendem Wetter von Honecker, den Parteihonoratioren und prominenten Gästen freudig akklamiert wurde.

Die perfekte Organisation der Feierlichkeiten, die gute Stimmung der Bevölkerung und das sich im Zentrum glänzend als «Stadt des Friedens» präsentierende Ost-Berlin beeindruckten auch westliche Beobachter. Kritisch kontrastierte etwa der *Spiegel* dazu die weit weniger straffe, vor lauter Vielfalt oft ins Chaotische tendierende Planung der Jubiläumsfeiern in West-Berlin.[24] Ignoriert wurde dabei der demokratische, plurale Ansatz, der nach dem Motto verfuhr, daß, wer vieles bringt, auch jedem etwas bringt. Ein halbes Kilo wog der Veranstaltungskatalog und blieb damit noch 250 Gramm unter dem Ost-Berlins. Mit «Sternstunden» rund um die Siegessäule am Großen Stern wurden vielbesuchte zentrale Veranstaltungen geboten, die Geschichte und Show sinnvoll verbanden. Für sechs Millionen Mark leistete sich West-Berlin, Austragungsort des Starts der Tour de France und der ersten Etappe zu sein. Ein gigantisches japanisches Feuerwerk auf dem Flughafen Tempelhof mit einer Million Zuschauern hatte zwar mit der Stadtgeschichte nichts, aber mit dem Wesen der Berliner viel zu tun, weil es ihnen wieder einmal das Gefühl verlieh, die Größten zu sein, wenn auch mit massiver Bonner Hilfe. Über eine Milliarde Mark waren es letztlich, die für das 750-Jahr-Spektakel ausgegeben wurden.

Auch Ost-Berlins Glanz war ein geliehener, denn die Stärke der Metropole wurde auf Kosten des übrigen Landes erkauft. Was es in «Berlin – Hauptstadt der DDR» gab, fehlte anderswo. 20 000 Bauarbeiter wurden aus den Bezirken abgezogen, um rechtzeitig das historisierende Nikolai-Viertel und andere prestigeträchtige Bauvorhaben zu realisieren. Für eine Million Valuta-Mark wurde Papier in der Bundesrepublik gekauft und eine enorme

Anstrengung unternommen, das Warenangebot in Ost-Berlin zu steigern, wobei trotz aller Bemühungen die Nachfrage nicht befriedigt werden konnte. Auch der Gastspielreigen mit Namen wie José Carreras, Udo Jürgens, Shirley Bassey oder Bob Dylan mußte mit dem in der DDR notorisch knappen West-Geld finanziert werden. Wie wenig selbstverständlich es war, Brot und Spiele in Ost-Berlin zu organisieren, zeigte die Selbstverpflichtung eines Backkombinats, zum Jubiläum den «Frischegrad der Schrippen zu erhöhen».[25] Am Ende beliefen sich allein die Organisationskosten auf 200 Millionen Mark, worin nicht die Ausgaben des Ministeriums für Staatssicherheit (MfS) eingerechnet waren, das den Festumzug intensivst absicherte. Auf jedem der 920 Wagen befand sich ein Mitarbeiter des MfS, um zu verhindern, daß Oppositionelle in historischem Kostüm Flugblätter in die Menge warfen. Zum Ende des Jubiläumsjahres wurden auch noch die Grenztruppen der DDR auf spezifische Weise aktiv: Sie erhöhten die Mauer am Brandenburger Tor um einen halben Meter und legten am 19. Dezember 1987 jene Platten auf die Mauerkrone, auf der zwei Jahre später zur Öffnung der Mauer gefeiert und getanzt werden sollte.

Am 28. Oktober, dem Jahrestag der ersten urkundlichen Erwähnung von Cölln, beendete West-Berlin das Jubiläumsjahr mit zwei wichtigen Bauprojekten, nachdem am 8. Mai zum Auftakt der Feierlichkeiten die nach dem Teileinsturz wieder aufgebaute Kongreßhalle eingeweiht worden war. Mit der Eröffnung des Kammermusiksaals am 26. Oktober wurde die Vollendung und Komplettierung von Scharouns Philharmonie gefeiert, aber auch die Unvollkommenheit des von ihm konzipierten Kulturforums deutlich. Nach wie vor war das Gelände weitgehend unbebaut und ein Ideenwettbewerb für seine Gestaltung verlief folgenlos. Der gekürte Entwurf von Hans Hollein war in seiner postmodernistischen Beliebigkeit umstritten und wurde von der West-Berliner Architektenlobby heftig als Sündenfall gegenüber der Scharounschen Konzeption befehdet. Allerdings hatte auch der Kammermusiksaal nur noch bedingt mit Scharoun zu tun. Er war nach einer kleinen Skizze des Meisters von dessen Nachlaßhüter Edgar Wisniewski entworfen worden. Mit 1200 Plätzen war er kein intimer Raum für kleine Besetzung, sondern ein ausgewachsener Konzertsaal mit ausgesprochen epigonalen Zügen im Vergleich zum großen Saal der Philharmonie. Zur Eröffnung des Kammermusiksaals spielten selbstverständlich die Berliner Philharmoniker unter der Leitung von Herbert von Karajan. Nicht selbstverständlich und eine Bosheit des mit seinem Orchester hadernden Maestro war Anne-Sophie Mutter als

Solistin in Vivaldis «Vier Jahreszeiten». Sie hatte sich im Streit zwischen Karajan und dem Orchester massiv auf die Seite ihres Mentors geschlagen und war seither eigentlich persona non grata bei den Philharmonikern. Schon am Vorabend der Eröffnung gab es ein Konzert für alle am Bau Beteiligten, zu dem Karajan zur allgemeinen Überraschung in einem Outfit erschien, das seine Nähe zur werktätigen Klasse aufzeigen sollte. Der Dirigent trug Freizeitanzug und Joggingschuhe.

Ein zukünftiges Bauwerk stand am 26. Oktober 1987 gleich im Mittelpunkt von zwei Feierlichkeiten. Schräg gegenüber dem Reichstag wurde eine «Stiftungstafel» für ein «Deutsches Historisches Museum» (DHM) enthüllt, und am Abend wurde die Gründung des Museums mit einem Festakt feierlich vollzogen. Das «Geschenk» des Bundeskanzlers an West-Berlin, für das er 250 Millionen Mark aus dem Bundeshaushalt bereitstellte, stieß in der Stadt und darüber hinaus auf sehr begrenzte Gegenliebe. Andere Museen fürchteten Konkurrenz und meinten, daß es für ein nationales Geschichtsmuseum keine Ausstellungsstücke gäbe. Manche Historiker und die links-liberale Presse beschworen die Gefahr eines von Kohl dekretierten konservativen Geschichtsbildes. Die SPD wünschte sich andere Inhalte, und die Alternative Liste in Berlin wollte überhaupt kein Museum. Statt dessen sollten hochkarätige «Denkwerkstätten» eingerichtet werden, was selbst in den eigenen Kreisen als Arbeitsbeschaffungsmaßnahme für die vielen West-Berliner Intellektuellen angesehen wurde, die «rumsitzen, politisch, individuell und berufskarrieremäßig frustriert sind».[26]

Der Museums-Spender Helmut Kohl hatte vage einen Standort für sein Geschenk festgelegt, wobei in der heftigen Diskussion um das Projekt übersehen wurde, daß die Entscheidung für einen Bauplatz schräg gegenüber dem Reichstag eigentlich einen Abschied von Hauptstadtplänen für West-Berlin bedeutete, weil dieses Areal damit für zukünftige Regierungsbauten nicht mehr nutzbar gewesen wäre. Der Entwurf des Architekten Aldo Rossi, schnell als «Bonbonschachtel» verspottet, wurde aber nie realisiert, so daß hier letztlich doch noch das Bundeskanzleramt seinen Platz fand. Da am 28. Oktober 1987 weder ein genauer Bauplatz noch ein Baubeginn feststand, wurde kein Grundstein gelegt, sondern nur die Stiftungstafel enthüllt. Hans-Christian Ströbele, inzwischen Bundestagsabgeordneter der Grünen, spielte außerparlamentarische Opposition und begleitete in Sponti-Manier den Festakt mit Geräuschen aus einem Lachsack. Dazu wurde ein Transparent entrollt mit der Aufschrift «Das ist die

Berliner Gruft, Gruft, Gruft». Angenehmere Töne wurden beim feierlichen Gründungsakt wenige Stunden später im Reichstag angestimmt. Die musikalische Umrahmung wurde von dem noch unbekannten jungen Berliner Dirigenten Christian Thielemann geleitet, der bald darauf eine Welt-Karriere startete. Ein Erstdruck des «Deutschlandliedes» von Hoffmann von Fallersleben war das Gründungsgeschenk von Helmut Kohl, was dem sein Geschäft mit Hartnäckigkeit und Intelligenz betreibenden Gründungsdirektor Christoph Stölzl Gelegenheit gab, geschichtskundig darauf hinzuweisen, daß Melodie und Geschick des Liedes auf die Vieldeutigkeit der deutschen Geschichte verweisen und diese in einen europäischen Kontext stellen.

Das Jubiläumsjahr in West-Berlin endete in einer gewissen Erschöpfung und einigem Überdruß. Die zunehmende Unsicherheit der Stadt in der Frage ihrer politischen Orientierung, ihrer Zukunft in einem sich verändernden weltpolitischen Gefüge behinderte eine grundsätzliche Freude und beförderte eine oft ins Mäkelige abdriftende kritische Diskussion. Dies umso mehr, weil nach dem Fest auch vor dem Fest bedeutete: West-Berlin hatte für 1988 den Zuschlag als «Kulturhauptstadt Europas» erhalten. Der rasende Stillstand, den das Jubiläumsjahr offenbarte, verselbständigte sich und begann zum Markenzeichen West-Berlins zu werden.

Schwierige Freunde

Im Sommer 1988 wurde an der seit Jahrzehnten unveränderten «Alliierten Kommandantur» in Dahlem ein neues Schild angebracht. Die fast sensationelle Neuerung an seinem Seiteneingang sprach von einer «Alliierten Beschwerdestelle». Nicht mehr als einen «Kummerkasten» konnte Renate Künast von der Alternativen Liste in der Einrichtung sehen, und selbst Eberhard Diepgen mußte einräumen, daß es sich letztlich nur um einen Petitionsausschuß handelte, in dem bestenfalls Gnade vor dem nach wie vor geltenden alliierten Besatzungsrecht erging.[27] Die Beschwerdestelle war eingerichtet worden, weil der jahrzehntelang selbstverständlich akzeptierte Herrschaftsanspruch der Alliierten in West-Berlin nicht mehr fraglos hingenommen wurde. In einer Umfrage bemängelten 61 Prozent der Befragten die Einschränkung der West-Berliner Gerichtsbarkeit durch Besatzungsrecht.

Allerdings erklärten 87 Prozent, daß sie sich durch die alliierten Truppen in West-Berlin nicht gestört fühlten.

Die militärische Präsenz von Amerikanern, Briten und Franzosen hatte sich über die Jahre zu einer Selbstverständlichkeit entwickelt, und die Soldaten der Alliierten sowie deren Institutionen wurden eher als pittoreske Eigenart der Stadt denn als Ärgernis empfunden. Das deutsch-amerikanische wie das deutsch-französische Volksfest waren gut besuchte Veranstaltungen, genauso wie das Militärmusikspektakel des britischen «Tatoo» immer für eine volle Deutschlandhalle sorgte. Exklusiver war die Teilhabe am alliierten Leben in den Offiziersclubs, deren Besuch für West-Berliner eine spezielle Einladung voraussetzte. Besonders begehrt war das «Palais du Lac» der Franzosen mit seiner traumhaften Lage am Tegeler See und einer original französischen Küche, die sich gastronomisch vom Mittelmaß der Stadt deutlich abhob. Im britischen Offiziersclub ging es etwas plüschig-verstaubt zu, doch lag bei mäßigem Essen und Live-Musik ein Hauch Empire über dem Etablissement. Die US-Offiziere trafen sich noch immer im Harnack-Haus, wo einst Ernst Reuter und Lucius D. Clay die Luftbrücke vereinbart hatten. Im Foyer überraschte eine merkwürdige Düsternis, erhellt von einem großdimensionierten Getränkeautomaten und einer Lampe am Empfangstresen, hinter dem ein Soldat lässig den Einlaß kontrollierte und in seiner Einsamkeit die Edward-Hopper-Szenerie komplettierte.

Eleganter ging es in den Villen der Stadtkommandanten zu, bei denen statusrechtlich die eigentliche Regierungsgewalt der Stadt lag, weshalb der Regierende Bürgermeister monatlich in der Residenz des jeweils den Vorsitz führenden Stadtkommandanten zum Gespräch erscheinen mußte. Entgegen ihrem anspruchsvollen Titel und ihrer Machtfülle handelte es sich bei den obersten Militärs in West-Berlin um nicht sonderlich herausragende Offiziere, die allerdings in einer Opulenz residierten, daß Eberhard Diepgen den Vergleich mit den britischen Vizekönigen in Indien zog, nur daß es in West-Berlin nicht so heiß sei.[28] Auch die höheren Offiziere und das diplomatische Personal erlebten, so die Erinnerungen eines Mitglieds der US-Mission, eine endlose Kette von üppigen Cocktailparties, eine Flotte von Botschaftswagen, mit denen in die teuersten Restaurants gefahren wurde, und überall reservierte Tennisplätze, Turnhallen und Bäder. Selbst einfache Soldaten hatten materielle Vorteile, denn jeder uniformierte Militär in West-Berlin, auch sowjetische, durfte gratis die öffentlichen Verkehrsmittel benutzen. Bezahlt wurde dies alles ohne Kontrolle durch das aus bundesdeutschen Steuergeldern finanzierte Landesamt für Besatzungskosten.

Ein Ärgernis waren von jeher die alliierten Verbindungsoffiziere mit ihren Büros im Rathaus Schöneberg. Schon Ernst Reuter hatte darüber geklagt, daß ihm die alliierten Kontrolleure im Rücken säßen[29], und hinter vorgehaltener Hand führten seine Nachfolger dieselbe Klage. Durfte sich ein Regierender Bürgermeister in den Gesprächen mit den Stadtkommandanten auf hierarchisch gleicher Ebene betrachten, so mußte er hinnehmen, daß als Verbindungsoffiziere Beamte des mittleren diplomatischen Dienstes alle Rechtsakte von Senat und Abgeordnetenhaus überprüften. Umgekehrt war es nicht möglich, das Handeln der Alliierten einer Rechtskontrolle zu unterwerfen. Juristisch waren die West-Berliner gegenüber ihren Schutzmächten wehrlos.

Dies wurde besonders evident, als die Amerikaner auf dem Düppeler Feld gegen den vehementen Protest von Naturschützern und Anrainern Wohnanlagen für ihre Offiziere und die Briten in der Nähe von Wohngebieten einen Schießplatz errichteten. Ungerührt erklärte Margaret Thatcher gegenüber dem Beschwerde führenden Eberhard Diepgen, daß die Soldaten doch irgendwo üben müßten. Die Klagen gegen die US-Wohnbauten wurden von keinem amerikanischen Gericht angenommen, bis es zu der Merkwürdigkeit kam, daß aus anderen Gründen in West-Berlin ein original amerikanisches Gericht eingerichtet wurde.

Am 30. August 1978 war ein Flugzeug der polnischen Fluglinie LOT von zwei DDR-Bürgern zur Landung in Tempelhof gezwungen worden. Da der Flughafen dem US-Militär unterstand und Amerika sich besonders im Kampf gegen Luftpiraterie engagierte, wurde ein amerikanischer Richter nach West-Berlin entsandt, der hier erstmals in der Stadt einen nicht-militärischen Gerichtshof nach amerikanischem Recht (United States Court for Berlin) einzurichten und dafür zwölf Berliner Geschworene zu berufen hatte. Das Urteil von Richter Herbert J. Stern fiel sehr milde aus. Darüber hinaus nahm er die Klage der Bürgerinitiative gegen den US-Wohnungsbau auf dem Düppeler Feld an. Washington reagierte konsterniert und abrupt. Richter Stern wurde seines Amtes enthoben und die Klage abgewiesen. Verbittert und tief betroffen stellte Herbert J. Stern fest, daß West-Berlin Besatzungsgebiet sei, in dem sein Staat Bürgern elementare Rechte vorenthalte.[30]

In dem Bemühen, mehr Rechtssicherheit für West-Berliner gegenüber den Alliierten und eine Aktualisierung und Bereinigung des Besatzungsrechts zu erreichen, waren sich alle Fraktionen im Abgeordnetenhaus einig. Während CDU und FDP eine strikte Beachtung des Vier-Mächte-Status befürworteten, war die Alternative Liste (AL) grundsätzlich nicht mehr bereit, das Besatzungsstatut in seiner geltenden Form zu akzeptieren. Die Alliierten sollten den äußeren Status der Stadt garantieren, aber nicht mehr in ihre inneren Angelegenheiten eingreifen.[31] Die AL verwies vor allem auf das Unverständnis der jüngeren Generation und bewies die eigene Unkenntnis und das kurze Gedächtnis, indem sie in einem Antrag im Abgeordnetenhaus fälschlich davon sprach, daß der von 1945 stammende Status der Stadt durch das Vier-Mächte-Abkommen von 1971 festgelegt worden sei.[32] Die alliierten Truppen sollten nach der Vorstellung der AL aus West-Berlin abgezogen werden, da die Stadt militärisch nicht zu verteidigen sei, das Militär nur Schäden verursache, die US-Truppen bei Übungen im Grunewald als Waldfrevler agierten und biwakierende Soldaten das Damwild an der Nahrungsaufnahme an den gewohnten Futterplätzen hinderten.

Ausgerechnet Eberhard Diepgen, der die Truppenparade der Alliierten auf der Straße des 17. Juni betrieben hatte, war ein vehementer Kämpfer gegen Einschränkungen durch die Schutzmächte. Mühselig erkämpfte er, daß ein Rettungshubschrauber für West-Berlin zum Einsatz kam, der von einem US-Piloten gesteuert werden mußte. Ein Polizei-Helikopter wurde dagegen verwehrt. Auf taube Ohren stieß Diepgen bei den Amerikanern mit seiner Forderung nach Landerechten für die Lufthansa in West-Berlin, nachdem selbst die Überführung einer Museumsmaschine der Fluglinie nach Tegel nur mit überklebtem Markenzeichen und einem amerikanischen Piloten am Steuer erfolgen durfte. Die Forderung, daß «Deutsche» mit «deutschen Fluggesellschaften» in die «Hauptstadt der deutschen Nation» fliegen können sollten, war erfolglos, brachte aber dem völlig unimperialen Diepgen in Washington den Spitznamen «the Kaiser» ein.[33] Immerhin konnte eine behutsame Bereinigung des Besatzungsrechts erreicht werden. Die radikaleren Pläne der SPD/AL-Regierung, die im Frühjahr 1989 an die Macht kam, hatten schon deshalb keine Chance auf Verwirklichung, weil am 3. Oktober 1990 mit der deutschen Einigung das Besatzungsrecht seine Gültigkeit verlor. Die nie angewandte Todesstrafe war von der Kommandantur bereits am 14. März 1989 aufgehoben worden.

Kapitel 12

Die Insel wird Festland

Aufbruch vor dem Umbruch

Das Jahr 1989 begann für West-Berlin mit einer lokalpolitischen Überraschung und endete mit einer weltpolitischen Sensation. Am 29. Januar verloren CDU und FDP völlig unerwartet die Abgeordnetenhauswahl und wurden von einem SPD/AL-Senat abgelöst. Am 9. November trat ein, was noch am selben Tag niemand für möglich gehalten hatte: Die Mauer öffnete sich und nach West-Berlin ergoß sich ein Menschenstrom aus der anderen Stadthälfte.

Siegesgewiß war die CDU Ende 1988 in den Wahlkampf gestartet, getragen von guten Umfragewerten für die Partei und exzellenten für ihren Spitzenmann Eberhard Diepgen. Sie glaubte, daß das von ihr entworfene Bild einer gesunden, erfolgreichen Stadt der Wirklichkeit und dem Empfinden der Bürger entsprach und sah in jeder abweichenden Darstellung unberechtigte Miesmacherei. Scharf griff Klaus Rüdiger Landowsky im Abgeordnetenhaus SFB und Zeitungen an, weil sie nach seiner Meinung die «kulturelle und gesellschaftliche Realität der Stadt» nicht wiedergäben und den «Geist der Stadt» nicht transportierten.[1] Der Verein Berliner Zeitungsverleger protestierte gegen derartige Pressionsversuche, die den Willen verrieten, eine fast absolute Meinungshoheit in der Stadt zu erreichen. Denn die marktbeherrschende Springer-Presse stand fest auf der Seite von CDU und FDP, und der auflagenschwache *Tagesspiegel* war eine moderate liberal-kritische Gegenstimme. Hauptärgernis für Landowsky war vor allem der SFB, in dessen Rundfunkrat er zwar dominierend agierte, es aber nicht verhindern konnte, daß vor allem in der populären Hörfunkwelle «SFB 2» Versäumnisse des Diepgen-Senats kritisch beleuchtet wurden.

Das Vorhaben, den SFB von innen auf den von der CDU beschworenen «Geist der Stadt» einzuschwören, war mit dem vorzeitigen und unrühmlichen Ausscheiden Lothar Loewes als Intendant gescheitert. So blieb noch der Angriff von außen, der mit der Gründung des *Radios 100,3* glückte. Motor war der Filmemacher Ulrich Schamoni, der seinen Traum eines eigenen Radiosenders mit Hilfe von Geldgebern aus der Baubranche realisierte. Allein auf einem Turnier des «Lawn-Tennis-Turnier-Clubs-Rot-Weiß» konnten fünf Millionen Mark Stammkapital eingesammelt werden. Obwohl finanziell von FDP-nahen Geldgebern getragen, sah doch die CDU in *Radio 100,3* «ihren» Sender, und Klaus Rüdiger Landowsky, der eigentlich als Rundfunkratsmitglied die Interessen des SFB vertreten sollte, freute sich, daß die «Elendswellen» des SFB endlich Konkurrenz bekämen.[2] Zum Auftakt des Senders am 10. April 1987 drückte Monika Diepgen den Startknopf, und ihr Mann Eberhard kam dazu mit einer stattlichen Riege seiner Senatoren ins Studio. Schamoni war ein Mann mit Gespür für die Stadt und ihre Menschen und einem stark entwickelten Sinn für das Populäre. Hemmungslos wurde ein in politischen Dingen kritikfreies Programm gefahren, das sich zum «Optimismus- und Jubel-Berlin» bekannte.[3]

Schon im September 1985 war die Welle RIAS 2 unter der Ägide des CDU-Intendanten Peter Schiwy zu *rias 2* umgewandelt worden, die nach dem damals völlig neuen Prinzip des «Formatradios» konzipiert war. In einen nach einer bestimmten Musikfarbe ausgebreiteten Musikteppich wurden kurze Wortbeiträge eingearbeitet. Damit wurde eine Entpolitisierung der ohnedies recht staatstragenden, aus Steuermitteln bezahlten Welle erreicht. Im SFB wurde die Novität der Konkurrenz als «Dudelfunk» abgewertet, dem man weiter sein wort- und kritikreiches SFB 2 entgegenstellte. Auch auf Schamonis *radio 100,3* wurde mit Beharrungsvermögen und einem Schuß Arroganz reagiert. Die Behäbigkeit des öffentlich-rechtlichen Rundfunkbetriebs mischte sich mit einem aus dem 68er-Geist gespeisten Redakteursbewußtsein, dem Popularität schnell als Populismus verdächtig war. Der Preis dafür war ein dramatischer Verlust von Hörern an den ungewohnten Neuling. Als am 22. August 1988 «Rias-TV» auf Sendung ging, hatte auch die altbewährte und altbackene «Abendschau» des SFB erstmals Konkurrenz mit einem frischen Programm und jungen, attraktiven Moderatoren.

CDU und FDP meinten erreicht zu haben, daß fast flächendeckend der «Geist der Stadt» waltete, doch übersahen sie, daß es der Herren eigener Geist war, den sie für die Wirklichkeit hielten. Die Stimmung in weiten Teilen der Bevölkerung deckte sich keineswegs mit dem Wohlfühl-Bild, das der Diepgen-Senat verbreitete. Das permanente Aufhübschen der Stadt mit

Fest- und Glanzveranstaltungen führte bei immer mehr West-Berlinern zu Überdruß und Ablehnung. Der Eindruck verbreitete sich, es solle von den wahren Problemen der Stadt wie Wohnungsnot und Ausländerzuzug abgelenkt und Gelder großzügig für den Eventbetrieb ausgegeben werden, die etwa im sozialen Bereich fehlten. Vier Millionen Mark verschlang allein das Theater-Projekt «The Forest» von Heiner Müller und Robert Wilson, das vor allem Ratlosigkeit bei Publikum wie Kritik erzeugte. Selbst Eberhard Diepgen mußte nachträglich einräumen, daß das ununterbrochen und immer greller rotierende Veranstaltungskarussel der Jahre 1987 und 1988 des gar nicht immer Guten zuviel war.

Als «Fest unter Freunden» firmierte etwas unzutreffend die Wahlkampf-Großveranstaltung der CDU am 15. Januar 1989 in der überfüllten Deutschlandhalle. Denn die Hauptredner Helmut Kohl und Eberhard Diepgen waren sich nur begrenzt freundschaftlich zugetan. Diepgen trug es dem Bundeskanzler nach, daß dieser ohne Rücksicht auf die Wahlen in West-Berlin den Bürgern zum Jahresbeginn Belastungen durch die Gesundheitsreform und Steuererhöhungen zumutete und sich weigerte, diese die Wähler verstimmenden Maßnahmen auf die Zeit nach der Wahl Ende Januar zu verschieben. Kohl lehnte dies ab, weil damit die bittere Pille zu nah an die im Juni stattfindenden Landtagswahlen in Rheinland-Pfalz und im Saarland herangerückt wäre. Diese Bundesländer aber hatten nicht nur Sitz, sondern anders als West-Berlin auch Stimme im Bundesrat. Auf sie galt es für den Machtpolitiker Kohl Rücksicht zu nehmen, der damit die Einflußlosigkeit Berlins schmerzhaft vorführte. Wie im Bundesgebiet, wo die CDU zuletzt eine Wahlniederlage nach der anderen erleben mußte, war auch in West-Berlin ihr Ansehen und das ihres Vorsitzenden tief gesunken.

In einem allgemein lustlos geführten Wahlkampf griff die SPD das durch die Aufhebung der Mietpreisbindung virulente Thema der Wohnungsnot auf und legte den Finger in die offene Wunde der CDU, indem sie an deren Skandale rund um Bestechung und Parteispenden erinnerte. Auf einer Großkundgebung mit Willy Brandt und Walter Momper wurde unter Hinweis auf die gleich nebenan im ICC tagenden «Republikaner» (REP) vor einem Wiedererstarken des Rechtsradikalismus gewarnt. Solche gutgemeinten Hinweise aus prominentem Mund, krawallartige Demonstrationen von Gegnern der REPs wie auch ein juristischer Streit um einen ausländerfeindlichen TV-Wahlspot verhalf der Partei, das Ghetto unbemerkter Randständigkeit zu verlassen und ohne große Werbung Wähler für sich zu gewinnen.

Am Wahlabend des 29. Januar 1989 waren die REPs große Gewinner, die sieben Prozent der Stimmen und 11 Sitze im Abgeordnetenhaus errangen. Schnell aber zeigte sich, daß es sich um eine substanzlose Ressentimentpartei handelte, die von der Unzufriedenheit über die Politik von CDU und FDP profitierte. Bald machten die REPs nur noch mit heftigen internen Auseinandersetzungen von sich reden, bei denen der Vorsitzende seine Fertigkeiten als ehemaliger Polizist handgreiflich anwandte, indem er eine ihm unliebsame Mitarbeiterin in den schmerzhaften Polizeigriff nahm. Die FPD kam auf knappe vier Prozent und war damit wohl als Folge ihrer allzu großen Nähe zur Baulobby aus dem Parlament gewählt worden.

Die von 69 auf 55 Mandate geschrumpfte CDU lag gleichauf mit der SPD, die wie die AL hinzugewonnen hatte. Verhandlungen für eine große Koalition zerschlugen sich bald wegen unüberbrückbarer Meinungsverschiedenheiten. Auch waren die beiden Protagonisten Diepgen und Momper ausgesprochen gegensätzlich. Diepgen war ein geschmeidiger Taktierer und ein in der Wolle gefärbter Konservativer; Momper dagegen war ein bulliger Kämpfer mit klarem linken sozialdemokratischen Profil.

Noch wenige Tage vor der Wahl hatte Momper gegenüber *Bild* einer Koalition mit der AL eine Absage erteilt und gemeint, ein solches Bündnis würde nicht länger als eine Woche halten.[4] Als gravierende Differenzpunkte galten für ihn die Präsenz der Alliierten in der Stadt, die Rechtseinheit mit dem Bund und die Gewaltfreiheit in politischen Angelegenheiten. Nach der Wahl steuerte Momper dann aber doch offensiv auf eine Koalition mit der AL zu, nachdem deren Vertreter die Differenzen für nicht unüberwindbar erklärt hatten.[5] Seine vor der Wahl erteilten Absagen an die AL waren von ihm vergessen, aber von den Wählern nicht verziehen. In West-Berlin kursierte der Spottvers: «Lügen habe kurze Beine. Kürzer sind dem Momper seine.» Nach langwierigen Verhandlungen wurden die Differenzen zwischen SPD und AL mit komplizierten Formelkompromissen mehr übertüncht denn gelöst, was zu permanenten Spannungen in der Koalition führte. Je näher eine SPD/AL-Regierung in West-Berlin rückte, desto heftiger wurde dieses Bündnis auch auf Bundesebene befehdet. CDU-Generalsekretär Heiner Geißler schaltete sich ein und beschwor ein düsteres Szenario eines linken Regiments mit Rätesystem und unbezahlbaren Sozialleistungen. Auch im Bundestag meldeten sich die Kritiker zu Wort wie Otto Graf Lambsdorff, der sich als FPD-Vorsitzender dagegen wehrte, «jeden rot-grünen

34 Trotz vorheriger Absage an die Alternative Liste (AL) schloß Walter Momper mit ihr ein Regierungsbündnis. Nach langen Verhandlungen wurde ein Koalitionsvertrag unterzeichnet. Die anfängliche Munterkeit schwand bald und das Bündnis zerbrach. (links Hans Christian Ströbele, Astrid Geese (AL) mit Tochter und Walter Momper (SPD) am Tisch)

Unfug» auf dem Rücken der Steuerzahler zu finanzieren. Eberhard Diepgen zog sogar die Alliierten in die Auseinandersetzungen hinein und erklärte, in den Gesprächen mit den Schutzmächten würden «besorgte Fragen» bezüglich einer rot-grünen Koalition gestellt. Unisono betonten im Gegenzug die Stadtkommandanten aller drei Mächte, sie gedächten nicht, sich in innerdeutsche Angelegenheiten einzumischen. «Quatsch», meinte der US-Sprecher zu der Behauptung, die Alliierten hätten Bedenken geäußert.

Mühselig waren die Verhandlungen zwischen SPD und AL bis zuletzt. Der Versuch, das tendenziell Unvereinbare doch zu vereinen, drohte immer wieder zu scheitern, und der bewährte SPD-Linke Harry Ristock wurde als dezidierter Befürworter der Verbindung von der Sorge geplagt, Momper könnte doch noch in Richtung auf eine große Koalition «umfallen».[6] Nach einer letzten zwölfstündigen Verhandlungsrunde verkündeten

SPD und AL am 10. März 1989 weit nach Mitternacht ihre Einigung. Harry Ristock meinte, damit sei «die bisher linkeste sozialdemokratische Politik» möglich geworden.[7] Eine Woche später wurde der neue Senat gewählt, in dem erstmals in einer deutschen Regierung die Frauen die Mehrheit hatten. Dies brachte nicht nur «Hexenfrühstücke», bei denen sich die Senatorinnen in vertrauter Atmosphäre abstimmten, sondern auch Nachrichten über Tränenausbrüche in Senatssitzungen, was von der Opposition genüßlich zur Kenntnis genommen und verbreitet wurde. Demonstrative Frauensolidarität konnte die Brüche in der Koalition nicht verdecken. Einen Monat nach seiner Wahl zum Regierenden Bürgermeister besuchte Momper die USA, wurde von Präsident George Bush im Weißen Haus empfangen und teilte anschließend mit, daß der Präsident einem Berlin-Besuch nicht abgeneigt sei. Prompt erklärte Hans-Christian Ströbele von der AL, Bush sei «kein willkommener Gast» in Berlin.[8] Dies wiederum nahm Helmut Kohl zum Anlaß, erstmals einen Regierenden Bürgermeister nicht zum Essen mit dem US-Präsidenten bei dessen Besuch in der Bundesrepublik einzuladen. Vor dem Bundestag begründete Kohl diesen Affront damit, daß Momper einem Senat vorstehe, dessen Mitglieder den US-Präsidenten «in grober Weise» beleidigt hätten, was nicht zutraf, weil Ströbele dem Senat gar nicht angehörte. In einem Brief an den Bundeskanzler bat Momper nach dem für Berlin schädlichen «unglücklichen Schlagabtausch» um einen Schlußstrich. In der Folge normalisierte sich das Verhältnis zwischen Kohl und Momper, doch blieb eine tiefsitzende Animosität zwischen beiden bestehen

Der neue SPD/AL-Senat hatte eine Stadt zu regieren, die eine schleichende Veränderung von außen erlebte. Das Meer, in dem die Insel West-Berlin lag, war zunehmend nicht mehr so rot wie über Jahrzehnte hinweg. In Polen veränderten sich durch Solidarność die Verhältnisse radikal und bescherten neue Freiheiten. Tausende Polen strömten nach West-Berlin, um auf einem ungeordneten Markt ein buntes Warenangebot zu offerieren. Auf dem je nach Witterung sandigen oder schlammigen Gelände am Potsdamer Platz wurden auf Decken bescheidene Schätze ausgebreitet: Wurst, Fleisch, Butter, Hausrat – und die West-Berliner ließen sich von den allen hygienischen Grundsätzen widersprechenden Verhältnissen nicht abschrecken, sondern kamen, staunten und kauften. Die Flut, die über West-Berlin hereinbrach, war nicht einzudämmen und mußte von der Stadt allein bewältigt werden. Westdeutschland nämlich schirmte sich ab und verlangte von jedem einreisewilligen Polen den Nachweis von

Krankenversicherungsschutz und 50 Mark pro Tag. In West-Berlin aber konnten sich nach einer Anordnung der alliierten Kommandantur Besucher aus Ostblock-Staaten 30 Tage ohne Visum aufhalten. Wegsperren half nicht. Wurde ein vom Polenmarkt genutztes Gelände eingezäunt, zog der Markt weiter zu einer der in Mauernähe zahlreichen Brachen und landete letztlich an der feinen Adresse des Kulturforums, wo er sich zwischen Neuer Nationalgalerie und Philharmonie breitmachte, um schließlich wieder das Gelände zugewiesen zu bekommen, wo er sich ursprünglich angesiedelt hatte.

Nicht nur wegen des Polen-Markts wurde West-Berlin zunehmend ein Kaufhaus des Ostens. Wer immer aus dem Bereich der Sowjetunion und des noch bestehenden Warschauer Pakts reisen konnte und über Devisen verfügte, steuerte West-Berlin mit seinen großzügigen Einreisebestimmungen an. Die eingemauerte wurde eine offene Stadt, in der vor allem die afrikanischen Studenten der Moskauer Lumumba-Universität am auffälligsten waren. Sie verwandelten die Gepäckaufbewahrung am Bahnhof Zoo in eine Karawanserei, in der all das in West-Berlin gekaufte elektronische Gerät gestapelt, um- und eingeladen wurde, mit dem sich in Moskau ein erhebliches Zubrot verdienen ließ. Die nahe Kantstraße verwandelte sich in eine Meile von Import-Export-Geschäften, in denen alle möglichen Sprachen, aber kaum Deutsch gesprochen wurde. Selbst die nach dem Vier-Mächte-Status in West-Berlin patrouillierenden sowjetischen Militärfahrzeuge hielten hier an, damit sich das ihnen entsteigende Militär mit Unterhaltungselektronik versorgen konnte. «Der Osten hatte Berlin überflutet. Blauschwarz auch im Sommer.» (Einar Schleef)[9]

West-Berlin wurde auf einmal Vorposten eines sich radikal wandelnden Ostens. Noch konnten die Veränderungen ignoriert und marginalisiert werden, und so betrieb der SPD/AL-Senat zunächst Stadtpolitik nach seiner Art. Die neue Kultursenatorin Anke Martiny verabschiedete sich radikal von der Event-Politik ihres Vorgängers Volker Hassemer, die sie als «fürchterlich äußerlich» empfand, was diesen zu der Bemerkung veranlaßte, von nun an gebe es «Knäckebrot und Magerquark».[10] In klassischer sozialdemokratischer Manier zielte Martiny auf Stadtteil- und Basiskultur und war sich mit dem Koalitionspartner einig, Kultur sozialpolitisch als Mittel zu «Selbstbestimmung und Aktivität gegen kritiklosen Konsum und Passivität» zu verstehen.[11]

Verkehrspolitisch machte sich der neue Senat mit ökologisch vernünftigen, aber tief in das Lebensgefühl der Stadt eingreifenden Maßnahmen unbeliebt. Auf der AVUS, der schnurgeraden Autobahn durch den Grunewald Richtung Grenzübergang Dreilinden, wurde ein Tempolimit von 100 Kilometern in der Stunde verfügt. Damit war den Autofahrern die einzige Möglichkeit in der Stadt genommen, dem Temporausch unbegrenzt zu frönen. Den Verlust von «selbstbestimmter Lebensfreude» beklagten Oppositionspolitiker und nannten das Tempolimit «Folterwerkzeug aus der Horrorkiste».[12] Der von Momper angekündigte konsequente Umweltschutz wurde ihm selbst zum Ärgernis, weil damit wesentliche Bauvorhaben verhindert oder verzögert wurden. An der einen Stelle wurde der Verlust von Wildkräutern befürchtet, an der anderen ein nach 1945 auf Trümmergrundstücken sprießendes Wäldchen zur unbedingt erhaltenswerten Sekundärvegetation deklariert. Als ein Nadelöhr im Straßennetz endlich geschlossen werden konnte, weil der DDR hinderliches Reichsbahngelände abgehandelt worden war, stellten sich die Naturschützer quer und wiesen darauf hin, daß eine der abzureißenden Eisenbahnbrücken von Amphibien mancherlei Art benutzt werde und daher auf keinen Fall beseitigt werden dürfe. Die «Lurchebrücke» blieb vorerst erhalten, und während die Frösche über sie wanderten, standen unter ihr die Autos im Stau.

Für einen Skandal, der das zentrale politische Selbstverständnis West-Berlins berührte, sorgte am 25. Mai 1989 Hilde Schramm im Abgeordnetenhaus. Sie amtierte für die AL als Vizepräsidentin und war eine zeitlebens vielfältig engagierte Frau. In jungen Jahren setzte sie sich für die vorzeitige Entlassung ihres als Kriegsverbrecher verurteilten Vaters Albert Speer ein. Später engagierte sie sich unter anderem besonders für NS-Opfer. Ihr Gewissen erlaubte es ihr 1989 nicht, die sogenannten «Mahnworte» zu sprechen, mit denen seit 1955 die Sitzungen des Abgeordnetenhauses eröffnet wurden und die den «unbeugsamen Willen» bekundeten, daß Deutschland mit Berlin als Hauptstadt wiedervereinigt werde. Hilde Schramm sah in diesen Worten ein Relikt des Kalten Krieges, das den Realitäten der täglichen Politik widerspreche. Sie formulierte damit, was der 1991 als IM «Ludwig» enttarnte deutschlandpolitische Sprecher ihrer Partei, Dirk Schneider, schon 1981 als «realitätsferne Wiedervereinigungsrhetorik» abgetan und seither mit zunehmender Vehemenz bekämpft hatte. Schramms Weigerung sorgte für Empörung bei der CDU und für Verlegenheit bei der SPD. Denn längst war auch in ihren Reihen das Reden von Wiedervereinigung verpönt und wurde als «Träumerei», «Lebenslüge» oder «Geschwätz» bezeichnet. Jürgen Wohlrabe sprach dann als Präsident des Abgeordnetenhauses die Mahnworte anstelle von Hilde Schramm, die ein knappes Jahr später ihr Amt als Vizepräsidentin wegen mangelnder Kompetenz in Geschäftsordnungsfragen aufgeben mußte.

Zur Nagelprobe der Berlin- und Deutschlandpolitik des SPD/AL-Senats sollte eigentlich die Begegnung von Walter Momper mit Erich Honecker am 19. Juni 1989 werden. Das mit viel Bedeutung erfüllte und von kontroversen Kommentaren begleitete Treffen verlief relativ ergebnislos und für Walter Momper enttäuschend, schrumpfte allerdings mit der rasanten Veränderung in der DDR zu einem peripheren, folgenlosen Ereignis von – nachträglich betrachtet – fast rein archivarischer Bedeutung. Das Gespräch Honecker-Momper hatte einen langen Vorlauf, weil es über die Jahre ständige Kontakte zwischen der West-Berliner SPD und der SED gab, bei denen die SPD den Protokollen der SED zufolge großes Entgegenkommen zeigte. Harry Ristock ging danach als maßgeblicher Verhandlungsführer so weit, den Mauerbau anzuerkennen und als «Chance» der West-Berliner zu werten, «in Frieden zu leben».[13] Ristock offerierte eine Abschaffung der Sondersubvention für West-Berlin, verbunden mit einer stärkeren Einbindung der West-Berliner in die DDR-Wirtschaft. Es waren radikale Ideen, die nie auf den Prüfstand der Realität gerieten. Die SED reagierte auf die weitreichenden SPD-Vorschläge sehr zurückhaltend, unter anderem deshalb, weil Ristock bei allen Zugeständnissen die politische Bindung an die Bundesrepublik betonte.

In Ost-Berlin war man fest von einem Wahlsieg Diepgens im Januar 1989 überzeugt, reagierte auf den überraschenden Wechsel zu Walter Momper aber prompt. Sofort nach seiner Wahl zum Regierenden Bürgermeister wartete im Rathaus Schöneberg ein Bote Honeckers, der Glückwünsche zu überbringen hatte. In einem ausführlichen Papier, das kein offizielles sein sollte, ausdrücklich nicht an Eberhard Diepgen weitergegeben werden durfte und als «non paper» deklariert wurde, hatte die SED zuvor gegenüber der SPD ihre mit der Sowjetunion abgestimmten Vorstellungen einer Politik gegenüber West-Berlin dargelegt. Schon hier deutete sich an, daß die DDR zu Zugeständnissen wenig bereit war und die Tendenz verfolgte, West-Berlin als selbständige politische Einheit zu behandeln.

Über das Gespräch Momper – Honecker sind zwei sehr unterschiedliche Darstellungen bekannt. Harry Ristock berichtete, der «sonst sehr kühle Walter Momper» habe sich sehr beeindruckt von dem Gespräch und seinen Ergebnissen gezeigt und die Herzlichkeit und Offenheit während des Zusammentreffens gelobt.[14] Ein ganz anderes Bild zeichnete Momper selbst, allerdings zwei Jahre später. Danach begegnete ihm ein starrsinniger alter Mann, der im Verlauf des Dialogs zunehmend einen fast völligen Realitätsverlust offenbarte. Honecker habe «gönnerhafte Art und plumpe Anbiederungen» gezeigt und auf Vorschläge Mompers ablehnend reagiert. Die Idee einer gemeinsamen Bewerbung West- und Ost-Berlins um die Olympischen Spiele wies Honecker mit dem Hinweis auf Bemühungen Leipzigs als Austragungsort zurück.[15]

In einer Regierungserklärung wenige Tage nach dem Treffen im Schloß Niederschönhausen sprach Momper von einem «großen berlinpolitischen Erfolg», womit unter anderem die Erleichterungen für West-Berliner bei Fahrten nach Ost-Berlin gemeint waren. Auch Reisen ins Umland wurden möglich, doch verweigerte Honecker eine Ausdehnung auf den touristisch interessanten Spreewald. Fortan durften West-Berliner an zwei Grenzübergangsstellen mit Hunden in die DDR einreisen, auch wenn Experten des Ministeriums für Staatssicherheit dagegen Bedenken erhoben hatten. Sie befürchteten eine schwer zu kontrollierende Invasion angesichts von fast 100 000 in West-Berlin registrierten Hunden, deren Kot zu 20 Prozent hoch infektiös sei. Nachhaltig getrübt wurden die Freuden über die Reiseerleichterungen, weil die DDR konsequent Reduzierungen bei dem für ihre Deviseneinnahmen so wichtigen Mindestumtausch verweigerte und Fahrten in die DDR für West-Berliner teuer blieben.

Jahre später räumte Momper ein, daß mit der DDR eigentlich nur zu verhandeln und etwas zu erreichen gewesen sei, wenn die begehrten Valuta-Mark in Aussicht standen. So kam es zu einer Vereinbarung über die Entsorgung von Sondermüll aus West-Berlin in der DDR. Dieser wurde auf einer Deponie in Vorketzin in Brandenburg gelagert, die allen Umweltrichtlinien Hohn sprach. Dennoch schloß die AL-Umweltsenatorin Michaela Schreyer diesen Vertrag und ignorierte die heftigen Einwände von Umweltgruppen in der DDR. Damit entsprach sie der auch von Momper verfolgten Linie, die oppositionellen Bestrebungen dort nicht zur Kenntnis zu nehmen. Auf eine Einladung der «Umwelt-Bibliothek» in Ost-Berlin reagierte Momper nicht, was diese verbittert zur Kenntnis nahm.

«Sie setzen auf die bestehende Macht. Wir setzen auf die Macht der Freiheit», entgegnete Eberhard Diepgen seinem Nachfolger nach dessen Gespräch mit Honecker.[16] Es waren pathetische Worte in der von Reuter begründeten Tradition von West-Berlin als Insel und Leuchtfeuer der Freiheit. Diepgens Rede war nicht ganz ehrlich. Denn mehr als Worte hatte er zur Wiedervereinigung nicht beizutragen. Die CDU pflegte wenige

Kontakte zu Oppositionsgruppen, und mit Honecker hatte auch Diepgen verhandelt. Dennoch traf er einen kritischen Punkt der Politik von Walter Momper. Dieser handelte strikt nach dem von Egon Bahr vorgegebenen Denkmuster, daß die Stabilisierung der Regime in Osteuropa Voraussetzung für Reformen sei. Momper fürchtete gerade für West-Berlin gravierende Probleme, wenn es durch Oppositionsgruppen und Basisbewegungen zu Unruhen in der DDR und damit möglicherweise gar zu einem Eingreifen der Sowjetunion käme.

Eine gewisse Starrheit prägte die Haltung Mompers, denn seine Auffassung war zwar so etwas wie die offizielle Linie der SPD, aber keineswegs mehr opinio communis in der Partei. Zwei Tage vor seinem Besuch bei Honecker hatte der dem linken Flügel zuzurechnende Erhard Eppler im Bundestag zur Erinnerung an den Aufstand vom 17. Juni eine von allen Seiten mit Anerkennung bedachte Rede gehalten, in der er von «realitätsblinder Selbstgefälligkeit» der DDR-Führung sprach und ihr für den Fall fortgesetzter Unbeweglichkeit ein Einbrechen auf dem tauenden Eis des Kalten Krieges prognostizierte. Eppler stützte seine hellsichtige Ansicht nicht zuletzt auf Kontakte mit oppositionellen Basisgruppen, die von der West-Berliner SPD vermieden wurden. Mit Besorgnis erklärte Harry Ristock gegenüber seinen SED-Gesprächspartnern, Epplers Rede hätte auch von einem CDU-Vertreter stammen können und deute hoffentlich nicht auf einen Kurswechsel der Bundes-SPD hin. Für die West-Berliner SPD könne er versichern, daß dies nicht in Frage komme.[17]

Momper setzte seine Hoffnungen auf die Parteibasis und den Mittelbau der SED. Auch schenkte er dem in der DDR verbreiteten Gerücht Glauben, der 1986 überraschend aus dem Dienst geschiedene Spionage-Chef Markus Wolf halte sich für eine Reformpolitik bereit.[18] Hinzu kam die Überzeugung, daß die Bevölkerung der DDR grundsätzlich diesen Staat gutheiße, was so lange bloße Annahme bleiben mußte, wie die DDR nicht demokratisch legitimiert war. Bei der Kommunalwahl in der DDR am 7. Mai 1989 wurde es offenkundig, daß sich die plebiszitäre Zustimmung nur durch Wahlfälschung vortäuschen ließ. Dennoch hielt sich im Westen das Bild der «Nischengesellschaft», in der ein Großteil der DDR-Bürger zufrieden existiere. Die Ausreisewilligen, deren Zahl ständig stieg, schien dann noch immer eine Quantité négligeable zu sein. Denn, so etwa die Meinung von Egon Bahr, selbst bei zwei Millionen Ausreisenden würden vierzehn Millionen bleiben: «Und die werden sich ihren Staat nicht wegnehmen lassen.»[19]

Im Sommer 1989 machten aber vor allem jene von sich reden, die der DDR den Rücken kehrten. Nach dem im Mai 1989 begonnen Abbau der Grenzanlagen an der ungarisch-österreichischen Grenze riß der Strom derer, die unter allen Umständen die DDR verlassen wollten, nicht ab, sondern schwoll vielmehr ständig an. West-Berlin wurde davon besonders erfaßt, weil viele der Ausreisenden die Stadt vertrauter fanden als etwa einen Ort in Schleswig-Holstein oder Nordrhein-Westfalen. Für sie Quartiere zu schaffen, wurde zunehmend schwieriger. Die AL, von allen deutschlandpolitischen Rücksichten unberührt, wollte das Problem dadurch lösen, daß ankommende DDR-Bürger wie außereuropäische Asylsuchende eingestuft werden. Walter Momper hielt dagegen aus Überzeugung an der geltenden Regelung fest, nach der ein Bürger der DDR jederzeit die Staatsbürgerschaft der Bundesrepublik und damit das Recht auf Aufenthalt beanspruchen konnte. Als Stadtpolitiker hatte er zusammen mit seiner Sozialsenatorin die Versorgung der Übersiedler zu regeln. Als Berlin-Politiker bewegte er sich auf einem schmalen Grat. Auf der einen Seite war West-Berlin wieder ein Zufluchtsort der Freiheit, ein Magnet für alle, die der Unbill des Lebens im verordneten Sozialismus entkommen wollten. Auf der anderen Seite war er bemüht, die Menschen zum Verbleib in der DDR zu ermuntern. Nicht nur, weil West-Berlin mit dem Ansturm kaum fertig wurde, sondern weil der Staat DDR in seiner Stabilität nicht erschüttert werden durfte. Die DDR aber war für Momper unverrückbar die SED, so daß er selbst die Gründung einer Schwesterpartei «SDP» in der DDR als ineffektives Störelement betrachtete: «Denn die SED hat die Macht in der DDR und wird sie in absehbarer Zeit behalten.»[20]

Am 18. Oktober 1989 wurde zwar Erich Honecker entmachtet, doch trat mit Egon Krenz ein Nachfolger an, der als altgedienter Funktionär gar nicht daran dachte, den in der Verfassung der DDR deklarierten Führungsanspruch der SED aufzugeben. Trotz solcher Starrheit glaubte Walter Momper an die Reformfähigkeit der DDR und die Reformbedürftigkeit der Bundesrepublik. In ihr bemängelte er das Mißverhältnis von privatem Reichtum und öffentlicher Armut und hielt eine Umverteilung von oben nach unten für dringend geboten. Wie so viele Linke sah Momper in der DDR ein in Grau- und Starrheit heruntergekommenes System, in dem aber doch die bislang mißbrauchte Chance des Sozialismus schlummerte. Daher hatte er große Sympathien für jene Bestrebungen, die eine eigenständige, bessere DDR erstrebten, so wie es Christa Wolf am 8. November im DDR-Fernsehen vertrat. Wieder sprach sie wie schon 1963 in ihrer Erzählung «Der geteilte Himmel» vom schwierigeren, aber lohnenderen Weg in der DDR, der endlich zu einem demokratischen Sozialismus führen sollte. Es war der immer wieder beschworene, auch diesmal ein Traum bleibende «dritte Weg» zwischen Kapitalismus und Sozialismus, den damals Walter Momper vertrat, wie ihm sein Intimfeind Helmut Kohl noch nachträglich vorhielt.[21]

Mompers Blick, der ihm ein Fortbestehen der DDR und eine dies wünschende Bevölkerung suggerierte, mag auch von der spezifischen Situation vor der Haustür bestimmt gewesen sein. Ost-Berlin war kein Ort des Widerstands wie Leipzig oder Dresden. Hier befanden sich die Zentralen von Partei und Regierung sowie viele partei- und staatsnahe Einrichtungen. Entsprechend hoch war der Anteil von Parteimitgliedern und Menschen, deren berufliche Existenz unmittelbar mit dem Bestehen des bisherigen Staates zusammenhing. Dies sollte sich bei der ersten und zugleich letzten freien Volkskammerwahl im März 1990 zeigen, als die in PDS umbenannte SED in Ost-Berlin 30 Prozent der Stimmen errang, während es in der gesamten DDR nur 16 Prozent waren.

Politische Grundsätze bestimmten anfänglich Walter Mompers Haltung rund um den Mauerfall. Was ihm fehlte, war jene politische Intuition, wie sie in der eigenen Partei deren großer alter Mann Willy Brandt besaß. Der hatte schon im September 1989 seine Skepsis gegenüber einer Wiedervereinigung hintangestellt und gemeint, es werde «nicht ewig zu trennen sein, was denn doch zusammengehört».[22] Brandt und Momper unterschieden auch Erfahrung und Lebensalter. Willy Brandt hatte die Teilung Deutschlands leidvoll erfahren, hatte noch das ganze Deutschland gekannt und hilflos als Politiker den Bau der trennenden Mauer hinnehmen müssen, während Momper, dem ein ungeteiltes Deutschland unbekannt war, als 16-jähriger Schüler in Bremen den Bau der Berliner Mauer nicht unmittelbar erlebte.

In der ewigen Doppelrolle der Regierenden Bürgermeister von Staatsmann und Stadtoberhaupt war Walter Momper in der weltgeschichtlichen Phase von West-Berlin primär als Kommunalpolitiker gefordert. Am 29. Oktober 1989 berichtete Günter Schabowski, der hinter Krenz eigentlich mächtige Mann im SED-Politbüro, bei einem Mittagessen im Palast-Hotel Walter Momper von Vorbereitungen für eine großzügige Reiseregelung. Momper war sofort klar, daß West-Berlin davon primär berührt wäre. Mit 300 000 bis 500 000 Besuchern aus der DDR war zu rechnen. 100 000 war die bisher höchste Besucherschar, die West-

Berlin bei Kirchentagen mühsam bewältigte. Eine Projektgruppe «Vorbereitung auf einen verstärkten Besucher- und Reiseverkehr aus Ost-Berlin und aus der DDR» wurde vom Senat eingesetzt. Allerdings: Niemand wußte Tag noch Stunde. Die Öffnung der Mauer traf West-Berlin also nicht unvorbereitet, aber doch völlig überraschend.

Ende mit Freuden

Als Günter Schabowski, Sprecher des SED-ZK, am 9. November 1989 stotternd und unpräzise die Reisefreiheit für DDR-Bürger auf einer Pressekonferenz verkündete, befand sich Walter Momper im Springer-Hochhaus. Seine Aufmerksamkeit galt nur begrenzt der Verleihung des «Goldenen Lenkrads», denn schon zu Mittag hatte er erfahren, daß in der ZK-Sitzung in Ost-Berlin eine neue Reiseregelung beschlossen werden sollte. Die städtische Verkehrsgesellschaft BVG wurde in Alarmbereitschaft versetzt. Gegen 19 Uhr erhielt Momper die etwas uneindeutige dpa-Eilmeldung über Schabowskis Erklärung zur neuen Reiseregelung. Im Büro des Chefredakteurs der *Berliner Morgenpost* konnte sich Momper eine Videoaufzeichnung der Pressekonferenz ansehen, auf der Schabowski verkündete, jedermann könne jederzeit einen Reiseantrag stellen, und auf Nachfrage hinzufügte, daß die Regelung «ab sofort» gelte. Momper konnte gar nicht genug über den Glauben des SED-Funktionärs staunen, die Menschen würden sich am nächsten Morgen brav um Reisegenehmigungen anstellen. «Ja, das ist sie nun, die Reisefreiheit. Es geht los», meinte der Chefredakteur zu Momper. Der war der gleichen Meinung und ließ noch einmal, ehe er sich den nun drängend gewordenen Amtsgeschäften zuwandte, den nur aus dem Springer-Hochhaus möglichen Blick auf sich wirken. Zu seinen Füßen lag die hell erleuchtete Mauer und eine in Dunkelheit dahindämmernde Stadt, die noch ganz ruhig schien und doch in wenigen Stunden für immer nicht mehr die sein sollte, die sie eben noch war.

Mit Polizeieskorte und Blaulicht ging die Fahrt zum SFB, der die Bedeutung der Stunde erkannte und Momper in die in West wie Ost vielgesehene «Abendschau» einlud. Der oft in Provinzialität versinkenden Nachrichtensendung war die Brisanz der Stunde bewußt. Als erster westlicher Sender strahlte sie Schabowskis eine halbe Stunde zurückliegende

Erklärung aus. Im Anschluß benannte Momper das Ereignis bereits in seiner fundamentalen Einmaligkeit und sagte «für alle Berlinerinnen und Berliner», daß dies der Tag sei, «den wir uns seit 28 Jahren ersehnt haben».[23] Eine, wie sich herausstellen sollte, ganz unangebrachte Bangigkeit erfüllte Mompers Worte. Nachdrücklich bat er die Menschen in West-Berlin darum, die Menschen aus der DDR «mit offenen Armen» zu empfangen. Er hatte wohl vor Augen, wie immer mehr West-Berliner in den letzten Wochen mißmutig auf den Zustrom von DDR-Bürgern reagiert hatten. 37 000 Zuzügler in einem Jahr und zuletzt 500 an einem Tag begannen das soziale Gefüge in der Stadt zu belasten. Mit dem Hinweis, daß Berlin nun wieder die Metropole schlechthin in der Mitte Europas sei, versuchte Momper die Bevölkerung über möglicherweise anstehende Unannehmlichkeiten hinwegzutrösten. Der Moderator der «Abendschau»-Sendung, ein altgedienter Sportreporter, war geübt, Ergebnisse auf den Punkt zu bringen. Sein Fazit lautete: «Das ist ein großer Tag für Deutschland. Das ist ein großer Tag für Berlin.»

Nach Blockade und Mauerbau wurde zum dritten Mal nach 1945 in Berlin Weltgeschichte geschrieben. Die Größe des historischen Moments war aber zu diesem Zeitpunkt noch nicht ganz absehbar, denn für die nächsten Stunden mußte West-Berlin mit einem blinden Fleck der Wahrnehmung leben. Der Blick auf die sich überstürzenden Ereignisse in Ost-Berlin war durch die Mauer verstellt. Langsam mehrten sich die Berichte über Menschen, die die Grenze passiert hatten und über Ansammlungen von Ausreisewilligen an den Kontrollstellen. Gegen 22 Uhr konnte der Polizeipräsident auf einer außerordentlichen Senatssitzung melden, daß sich etwa 1500 Menschen am Grenzübergang Bornholmer Straße drängten. Momper eilte vom Rathaus Schöneberg zu einer Sondersendung des SFB, in der er laufend von seinen Sicherheitsbeamten mit Nachrichten von der Grenze versorgt wurde. Noch wollte er aber nicht öffentlich verkünden, was auf einem der Zettel stand: «Bornholmer Straße nach Erkenntnissen des Lagedienstes zur Zeit ohne Grenzposten. Ausreise von DDR-Bürgern geht bereits in die Tausende.» Erst als ein in die Sendung zugeschalteter Reporter berichtete, die ersten Ost-Berliner seien ohne Kontrolle in den Westen gekommen, war der entscheidende Moment für den Regierenden Bürgermeister gekommen: «Um es allen Berlinern klar zu sagen: Überall sind die Übergänge offen. Es wird nicht mehr kontrolliert, man kann ungehindert durch die Mauer.» Sprach es, erhob sich und verließ mit den Worten «Mein Platz ist jetzt woanders» vor laufender Kamera die Sendung.[24]

35 Am 9. November 1989 erlebte West-Berlin die «Nacht der Nächte» und eine überraschende Erfüllung seiner Existenz. Schlagartig war es Tor zum Westen, geradezu überrannt von Bürgern aus Ost-Berlin. Nach vierzig Jahren Teilung bedeutete die beginnende Vereinigung das Ende West-Berlins.

Es war die Zeit, als sich an immer mehr Grenzübergangsstellen Szenen voller Dramatik und Rührung abspielten. Weinend vor Freude kamen Menschen aus dem Osten und wurden im Westen jubelnd begrüßt. Es wurde eine Nacht der Glückstränen und der Umarmungen von Berlinern, die einander unbekannt waren und doch in diesem Augenblick das Gefühl hatten zusammenzugehören. Sektkorken knallten und noch und noch wurde mit dem Ruf «Wahnsinn» das Unfaßbare ausgedrückt. Die ersten, schüchternen Fragen der Ost-Berliner, wo denn der Kurfürstendamm sei, erübrigten sich bald, weil der Strom von Trabis und Menschen ganz selbstverständlich in Richtung City West ging. Passanten und Autos verknäulten sich an den Grenzkontrollpunkten. Walter Momper versuchte das Chaos zu bändigen und rief per Megaphon dazu auf, doch bei aller Freude die Wege freizumachen und eine ungehinderte Passage der Grenze zu ermöglichen. Nachträglich nannte er dies die «sinnloseste Ansprache» des Abends, weil jene, die ihn verstanden, nur jedes Wort zum Anlaß für lautes Zuprosten nahmen, die anderen sich aber überhaupt nicht darum kümmerten. Auch als Momper später von einem Lautsprecherwagen der Polizei mit ordnenden Aufrufen das Chaos zu bändigen suchte, agierte er mehr als Verkehrspolizist denn als Regierender Bürgermeister.

So blieb der Mauerfall ein Ereignis frei von Politikerreden und damit eine Sache der eigentlichen Akteure, der Menschen aus Ost- und West-Berlin. Ihr Handeln ganz allein prägte die Bilder, die um die Welt gingen, und ihre Freude, ihr ungläubiges Staunen, aber auch ihr beherzter Zugriff auf die radikal veränderte Situation waren bestimmend. West-Berlin erlebte auf eine nie vorgestellte Weise den ersehnten Augenblick der Vereinigung, für den es einmal bestimmt war und der vor lauter Unvorstellbarkeit fast in Vergessenheit geraten war. «Wenn es West-Berlin nicht gäbe», hatte der immer wieder über die Stadt nachdenkende und Aufgaben für sie fordernde Publizist Peter Bender 1987 Überlegungen zu Vergangenheit und Zukunft des Stadttorsos überschrieben. Unter den vielen klugen Möglichkeiten hatte Bender bedacht, daß West-Berlin zwar die deutsche Frage offenhalte und als verstörendes Element sogar ein verbindendes Element zwischen Bundesrepublik und DDR sei. Die viel weiterreichende Rolle West-Berlins in den Abendstunden des 9. November lag aber jenseits seiner Überlegungen. Wenn es diese Insel nicht gegeben hätte, wäre die deutsche Einigung anders, zumindest langsamer verlaufen. Nur hier konnte sich die plötzlich gewonnene, fast im Handstreich genommene Reisefreiheit schlagartig realisieren, denn nur hier lag für die DDR-Bürger das andere Deutschland vor der Haustür, genügte eine S-Bahnfahrt, oft der Fußweg, um die Grenze zu überschreiten. Hunderttausende waren es mit einem Schlag, die nach West-Berlin strebten, während an den Grenzkontrollpunkten zur Bundesrepublik nur wenige Trabifahrer auftauchten. Skeptisch und ungläubig reagierten die Leipziger auf die Nachricht vom Mauerfall. In ihrer Stadt war mit den Montagsdemonstrationen jene Freiheit erkämpft worden, die nun in Berlin, die zukünftige Entwicklung vorwegnehmend, in Anspruch genommen wurde. Es dauerte, bis in der ganzen DDR die Tragweite erkannt wurde, und noch am 10. November meinte ein junger Leipziger, der sich noch nicht von der Rolle der ewig benachteiligten Nicht-Berliner befreien konnte: «Für die Berliner ist das wunderbar, aber was bringt das für uns?»[25]

In Berlin geschah am 9. November, was in den nächsten Monaten den Gang der Dinge bestimmen sollte. Keine DDR-Regierung konnte mehr das Grundrecht der Bewegungsfreiheit zurücknehmen. Unumkehrbar war das Erlebnis der mit der D-Mark verbundenen Freiheit des Konsums, die später gerne von jenen in der Bundesrepublik geschmäht wurde, denen sie selbstverständlich war. Die Menschen, die in der City-West staunend die Einkaufsmöglichkeiten erlebten und an der Beschränktheit ihrer knappen Devisen-Bestände litten, wollten von nun an die Teilhabe, verlangten die Einführung der D-Mark, weil sie sonst mit Abwanderung in die Bundesrepublik drohten und damit jenen Druck erzeugten, der den Einigungsprozeß so enorm beschleunigte. Seine Wurzel hatte er am 9. November, als sich die Menschenmengen, die nichts mehr mit den marxistisch-leninistisch beschworenen Massen gemein hatten, nach West-Berlin ergossen.

Als Leuchtfeuer der Freiheit war West-Berlin oft beschworen worden. 1989, als dies fast nur noch pathetisch und rhetorisch klang, erlebte die Stadt genau in diesem Sinn ihre krönende, aber auch finale Sternstunde. Denn in dieser Nacht vom 9. zum 10. November fing die Stadt an, eins zu werden. West-Berlin, das letztlich zum Untergehen verurteilt schien, schickte sich an, in einem Gesamt-Berlin aufzugehen. Die zwei Mythen, die der Halbstadt ihre Identität gegeben hatten, verloren ihre Bedeutung. Blockade und Mauerbau waren mit einem Schlag Geschichte. Die Chance, einen neuen, gesamtdeutschen Mythos zu schaffen, der die besondere Rolle West-Berlins bewahrt hätte, wurde in der Folge vertan. Der 9. November wurde nicht Nationalfeiertag, mochten die Fernsehbilder dieses Abends von zeitloser Dramatik sein und auch noch Jahre danach zu Tränen rühren. Der historische Kontext des Datums ist gewiß vielfältig, doch wirkte der Hinweis auf die mit ihm verbundene Reichspogromnacht von 1938 vorgeschoben. Er leugnet, daß in der deutschen Geschichte tiefstes Unglück und höchstes Glück nicht auseinanderzudividieren sind. Die Entscheidung, den Beitrittstag der DDR zur Bundesrepublik zum Nationalfeiertag zu erklären, war eine Entscheidung gegen den 9. November als Tag des Volkes, allerdings primär der Menschen in der DDR und in West-Berlin. Die westdeutsche Bevölkerung war bloß «Zuschauer des Geschehens».[26] Der 3. Oktober war ein Tag der Politiker und des Westens der erweiterten Bundesrepublik, bei dem sich Helmut Kohl samt Frau in den Mittelpunkt rückte. Der Regierende Bürgermeister West-Berlins wurde, obwohl Bundesratsvorsitzender, ebenso zur Seite gedrängt wie Lothar de Maizière, letzter Ministerpräsident der DDR. Mit der Absage an den 9. November wurde die Chance vertan, die Rolle West-Berlins, die an diesem Tag ihre Vollendung fand, festzuschreiben und der Stadt in ihrer ganzen Besonderheit einen dauernden Platz im nationalen Gedenken zu sichern.

West-Berlin wurde in der Folge auch bei Subventionen und in der Hauptstadtfrage geringschätzig behandelt. Neben tief verwurzelten, seit Jahrzehnten gehegten Aversionen mag dabei auch das Schockerlebnis eine Rolle gespielt haben, das Helmut Kohl am Tag nach dem Mauerfall in Berlin erwartete. Am 9. November war er zum Staatsbesuch in Polen und mußte, von den Nachrichten aus Berlin überrascht, erst den etwas indignierten Gastgebern den Abbruch des Besuchs vermitteln. Ein Direktflug mit der Bundeswehrmaschine nach West-Berlin war nicht möglich, so daß er den Umweg über Schweden und Hamburg nehmen mußte, um von dort mit einer amerikanischen Militärmaschine in die Stadt zu gelangen. An dem Debakel, das ihn dort erwartete, trug seine eigene Partei erhebliche Schuld. Die CDU und Diepgen hatten ihm eine Veranstaltung an der Gedächtniskirche organisiert, doch machte ihnen Parteifreund Jürgen Wohlrabe als Präsident des Abgeordnetenhauses Konkurrenz. Er veranstaltete vor dem Rathaus Schöneberg die als offiziell geltende Kundgebung der Stadt. Ihr ging eine Sondersitzung des Parlaments voraus, über die Diepgen nachträglich das Urteil «Blamage und Skandal» fällte und Walter Momper beschämt gestand, sie sei dem Ereignis in «keiner Weise angemessen» gewesen.[27]

Die Sitzung des Abgeordnetenhauses geriet zum Desaster, bei dem alle Beteiligten eine schlechte Figur machten. Vor den Augen und Ohren der Ehrengäste aus Bonn lieferte die West-Berliner Politik ein klägliches Schauspiel. Eberhard Diepgen trat pathetisch in die Fußstapfen von Ronald Reagan und forderte Egon Krenz auf, das Brandenburger Tor zu öffnen. Der von der CDU vorgeschlagene Resolutions-Text, der auf einem Brief von Willy Brandt aus dem Jahr 1972 beruhte, stieß auf den Widerstand der AL, weil in ihm von der deutschen Einheit die Rede war. Die AL in West-Berlin wie die «Grünen» in Bonn waren strikte Anhänger der Zweistaatentheorie und witterten in einer möglichen deutschen Einheit Großmachtbestrebungen, die den Frieden in Europa gefährden könnten. Eine Wiedervereinigung galt als «reaktionäres Projekt», und auf den Fall der Mauer war man «gedanklich überhaupt nicht vorbereitet», wie der AL-Politiker Wolfgang Wieland nachträglich selbstkritisch anmerkte.[28]

SPD und AL einigten sich schließlich auf einen Resolutionstext von eiertänzerischer Vagheit und sprachlicher Unübersichtlichkeit, der vor allem vom Unvermögen kündete, auf einen weltpolitischen Vorgang angemessen zu reagieren. Walter Momper merkte, daß mit der AL eigentlich kein Regieren möglich war, wollte aber auch keine große Koalition eingehen und mußte sich mit dem schwierigen Regierungspartner noch ein Jahr über die Runden quälen. Die Sitzung des Abgeordnetenhauses wurde vor das Rathaus Schöneberg übertragen, wo sich bereits eine erhebliche Menschenmenge eingefunden hatte, die pfeifend und johlend die Debatte im Sitzungssaal begleitete. Es blieb unklar, wer sich auf dem Platz einfand, auf dem einst John F. Kennedy sein «Ich bin ein Berliner» gesprochen hatte. Für Helmut Kohl war es schlicht «Pöbel», für Eberhard Diepgen «die politische Linke» und Walter Momper sah sich enttäuscht und überrascht. Er hatte West-Berliner mit Deutschland- und Berlin-Fahnen erwartet. Statt dessen waren überwiegend junge Leute in Jeans und Lederjacken gekommen, überwiegend Anhänger von SPD und AL, da sich die CDU-Sympathisanten zur Kundgebung an der Gedächtniskirche begeben hatten.

Als Kohl, Wohlrabe, Genscher, Brandt und Momper auf den Balkon des Rathauses Schöneberg traten, wurde das Unglück perfekt. Walter Momper sprach vom «Volk der DDR», worauf hinter ihm Helmut Kohl grollte: «Volk der DDR – unglaublich, unglaublich.» Unbefangen hatte Ernst Reuter 1948 in der Geburtsstunde West-Berlins vom «Volk von Berlin» gesprochen. Nun, wo sich die Geschichte der Halbstadt in Riesenschritten ihrem Ende näherte, machte das Reden vom «Volk der DDR» die inzwischen verfestigte Teilung überdeutlich. Darin schwang ein Bekenntnis zur Zweistaatlichkeit mit, das Momper um den Hinweis verstärkte, dies sei kein Moment der Wiedervereinigung, sondern des Wiedersehens. Als er auch noch die demokratische Kultur der Bürger der DDR lobte und meinte, daß sich davon «bei uns mancher eine Scheibe abschneiden könne», zischte Kohl vernehmlich: «Lenin spricht. Lenin spricht.» Die Rede von Helmut Kohl löste ein Pfeifkonzert aus, das selbst Momper als «ungerecht und unflätig» empfand.[29] Der Kanzler sprach schließlich durchaus abgewogen und vorsichtig, doch gingen seine Worte fast im Geheul und Gepfeife der Menge unter. Kohl meinte sogar, «Antifa»-Gesänge zu hören, gegen die er sich durchsetzen mußte.[30] Des Desasters nicht genug, verfiel Jürgen Wohlrabe zum Schluß auf die Idee, lautstark das Deutschlandlied anzustimmen, in das die neben ihm stehenden Politiker unweigerlich einstimmen mußten. Der dissonante Gesang entsprach in seiner Kakophonie so recht dem Wirrwarr der Veranstaltung, die Kohl sofort verließ, um zu der CDU-Kundgebung an der

Gedächtniskirche zu eilen. Für den Regierenden Bürgermeister und den Senat hatte er keine Zeit, was Momper nur als «Instinktlosigkeit» qualifizieren konnte.

Die Öffnung der Mauer überforderte in ihrer Plötzlichkeit und den mit ihr verbundenen Unwägbarkeiten die Politiker. Niemand wußte in diesen bewegten Tagen, wie es weitergehen sollte, doch waren nachher alle klüger und sparten nicht mit Vorwürfen, wer damals welche Fehler gemacht hatte. Noch Jahre danach war Helmut Kohl über die Schmach verärgert, die er vor dem Rathaus Schöneberg erfahren hatte, und dieses Erlebnis dürfte mit dazu beigetragen haben, daß er im Einigungsprozeß und darüber hinaus Berlin stiefmütterlich behandelte. Walter Momper begann unter dem Druck und Eindruck der sich rasch anbahnenden Vereinigung abweichend von der Mehrheitsmeinung seiner Partei von der Zweistaatentheorie und der Idee einer gewandelten DDR Abstand zu nehmen.

Als die ersten in Volksfeststimmung verbrachten Tage nach dem Mauerfall vorüber waren, folgte für die West-Berliner einige Mühsal und Enttäuschung: Die Stadt war heillos überfüllt; zentrale Bereiche waren von den Menschen aus der DDR restlos blockiert; S- und U-Bahnen quollen über von Passagieren; Bahnhöfe mußten wegen des Andrangs gesperrt werden; selbst alliierte Militärbusse wurden eingesetzt. Am ersten Wochenende nach dem 9. November kamen zwei Millionen Menschen in die Stadt, für die Buslinien aus dem Umland eingerichtet wurden. Doppeldeckerbusse, Wahrzeichen West-Berlins, verkehrten auf einmal in der DDR. Vor Sparkassen und Banken stauten sich die Menschen, die ihr Begrüßungsgeld abholen wollten. Walter Momper machte den Vorschlag, doch die Staatsbank der DDR zur Auszahlung einzuschalten. In Bonn wurde dies mit dem Hinweis abgelehnt, Gastgeschenke sollten beim Gastgeber abgeholt werden. Auf Verständnis konnte West-Berlin mit seinen akuten Nöten in dem vom Ansturm aus der DDR relativ unberührten Westdeutschland nicht rechnen.

Der kurze Traum der West-Berliner, sie könnten wie am 9. November problemlos den anderen Teil der Stadt betreten, endete abrupt. Konnte die DDR ihre Bürger nicht mehr an der Ausreise hindern, dann doch die West-Berliner an der Einreise. Im ewig heiklen Transitverkehr verschlechterte sich die Lage, weil nun Kolonnen von Trabis und Wartburgs in die Bundesrepublik fuhren und sich die Grenzübergänge als Nadelöhr erwiesen. Vor allem die Bayern gingen gewohnt pingelig zu Werk und unterzogen die DDR-Bürger einer unwürdigen und zeitaufwendigen Kontrolle, so daß sich die Autos am Grenzübergang Rudolphstein bis zu 60 Kilometer in die DDR zurückstauten. Die ewige Hoffnung der West-Berliner auf eine schnelle Fahrt in die Bundesrepublik erfüllte sich vorerst nicht.

Es waren vorübergehende Schwierigkeiten, denn laufend änderten sich die Verhältnisse. «Wie ein Sturmwind» gingen die nächsten Monate über West-Berlin hinweg, das mit dem Untergang der DDR seinem eigenen, plötzlich ganz nahen Ende entgegeneilte.[31] Ein letztes Mal konnte der Regierende Bürgermeister von West-Berlin freudvoll und leidvoll sein multifunktionales Amt ausüben, lokaler, nationaler und internationaler Politiker auf einmal sein. Besuche in Paris, London und Washington sahen Walter Momper als Außenpolitiker, der in unruhigen Zeiten den Status der Stadt absichern wollte. Mit Hans Modrow, dem SED-Übergangsministerpräsidenten der DDR, führte er deutschlandpolitische Gespräche, bei denen es ihm vor allem darum ging, einen Zusammenbruch der DDR und damit ein Chaos in und um Berlin zu verhindern. Anders als in den Gesprächen mit Honecker war Momper nun nicht der Bittsteller, der um Erleichterungen für die West-Berliner im Reiseverkehr in die DDR nachsuchte. Jetzt war er es, der Modrow bei einer Stabilisierung der DDR Hilfe anbot, denn eine deutsch-deutsche Vereinigung schien noch in weiter Ferne zu liegen. Eberhard Diepgen peilte sie etwa für 1995 an. Aber eine Konföderation der beiden Staaten schien möglich. Unklar blieb, wie diese für West-Berlin aussehen würde. Sollte es weiterhin eine Grenze zwischen den beiden Stadthälften geben? Der Ost-Berliner Bürgermeister Erhard Krack schlug dem für die Zusammenarbeit von West und Ost eingerichteten Regionalausschuß vor, die Mauer durch einen Zaun zu ersetzen. Das Rathaus Schöneberg wollte mit solchen Plänen nichts zu tun haben und verwies darauf, daß die Mauer von der DDR gebaut worden sei und es daher auch ganz allein ihre Sache sei, mit welchen Maßnahmen sie die Abgrenzung ihres Währungs- und Wirtschaftsgebiets organisiere. Die wiedergewonnene Freizügigkeit müsse in jedem Fall in vollem Umfang erhalten bleiben.

Wie aber könnte jenseits der Frage, ob Mauer, Zaun oder Flatterbänder die Trennlinie zwischen den beiden Stadthälften markierten, das unmittelbare Nebeneinander zweier Systeme in einer Konföderation aussehen? Sollte auf der einen Straßenseite das 0,0-Promillegebot der DDR gelten, auf der anderen aber 0,8 Promille im Verkehr erlaubt sein? Durfte hüben abgetrieben werden, drüben aber nicht? Wie sollte ein fester Wechselkurs zwischen West- und Ostmark durchgesetzt werden? Wie könnte vor allem das unmittelbare Nebeneinander zweier unterschiedlicher Gesellschaftsmodelle aussehen, wenn der in der DDR wie von den Bürgerrechtsbewegungen favorisierte «dritte Weg» zwischen Kapitalismus und Sozialismus beschritten werden würde? «Demokratischer Sozialismus am einen Ende der Friedrichstraße und Sozialdemokratie am anderen?» Das war, wie der Historiker Timothy Garton Ash festhielt, eine Unmöglichkeit, und West-Berlin war gewiß nicht gewillt, diesen «dritten Weg» zu gehen.[32]

Kaum tauchten solche Probleme auf, waren sie schon überholt, weil die DDR unübersehbar an ihr Ende kam. Die West-Berliner konnten es merken, wenn sie in den anderen Teil der Stadt fuhren und gleich am Bahnhof Friedrichstraße von Schwarzhändlern bedrängt wurden, die Ost-Mark zu weit günstigeren Kursen als in den offiziellen Wechselstuben anboten. Das Problem war nicht, wie Hans Modrow beklagte, daß auf diese Weise West-Berliner und Bundesbürger die DDR leerkauften. Es war die DDR selbst, in der der Ausverkauf betrieben wurde. Mit Aktenkoffern voller Ost-Mark tauchten Herren aus der DDR im Westen auf, um Millionenbeträge in D-Mark «umzurubeln». West-Berlin erlebte den Drang zur D-Mark vor allem durch den nicht abreißenden Strom von Übersiedlern, während die in der DDR verbleibenden Menschen drohten: «Kommt die D-Mark zu uns, bleiben wir hier. Kommt sie nicht, gehen wir zu ihr.»

Mit der Volkskammerwahl am 18. März 1990 wurde die Voraussetzung für die politische wie die monetäre Vereinigung mit der Bundesrepublik geschaffen. Es gab nun unter dem Ministerpräsidenten Lothar de Maizière eine handlungsfähige, die Vereinigung befürwortende Regierung, die sich auf ein Wählervotum berufen durfte. Der sensationelle Wahlsieg von CDU und ihr nahestehenden Parteien machte den Weg frei für den von Kohl favorisierten Beitritt der DDR zur Bundesrepublik. Mit den bescheidenen Ergebnissen der aus der Bürgerrechtsbewegung hervorgegangenen Gruppierungen endeten alle Pläne für den von ihnen mit zunehmender Beharrlichkeit geforderten Fortbestand der DDR.

Bei den Kommunalwahlen am 6. Mai 1990 zeigte sich in Ost-Berlin weitgehend das gleiche Ergebnis wie bei der Volkskammerwahl. Auffällig war das konstant gute Abschneiden der PDS, die mit 30 Prozent der Stimmen relativ dicht auf die SPD mit 34 Prozent folgte. Für das Zusammenwachsen der Stadt ließ dies wenig Gutes erwarten, weil sich damit in Ost-Berlin eine völlig andere politische Landschaft als in West-Berlin offenbarte. Mit einem demokratisch gewählten Magistrat hatte der Senat nun ein Gegenüber und Walter Momper in dem Oberbürgermeister Tino Schwierzina ein demokratisches Pendant, mit dem eine effektive Zusammenarbeit möglich war. Am 12. Juni traten die beiden Gremien zum ersten Mal im Wappensaal des Roten Rathauses in Ost-Berlin zu einer gemeinsamen Sitzung zusammen. In den Glasfenstern des Raumes im traditionellen Rathaus Berlins befanden sich immer noch auch die Wappen der West-Berliner Bezirke. Der Anspruch, von hier aus ganz Berlin zu regieren, freilich als Bestandteil der DDR, war nie aufgegeben worden.

Gemeinsame Sitzungen von Magistrat und Senat wurden bald zur Selbstverständlichkeit, und es regierte für einige Monate in der Stadt das merkwürdige Organ eines «Magi-Senats». Ihm präsidierten zwei Bürgermeister und an jeder Seite saßen je 13 Ressortleiter aus Ost und West. Auf der ersten Sitzung am 12. Juni wurde über den Abriß der Mauer beraten, der für die ganze Stadt wichtig, für West-Berlin jedoch von fundamentaler Bedeutung war. Das bedrückende Bauwerk stand zwar auf dem Territorium von Ost-Berlin, hatte aber die klaustrophobische Existenz und Gefühlslage von West-Berlin bestimmt, die Schritt für Schritt abnahm. Gleich nach dem 9. November 1989 waren zur Bewältigung des Besucherstroms erste Lücken in die Mauer geschlagen worden. Eine eindrucksvolle Szene ereignete sich am Potsdamer Platz. Drei Tage nach dem Mauerfall näherte sich Bundespräsident Richard von Weizsäcker allein über eine im herbstlichen Nebel liegende Brache der Mauer. Er bewegte sich auf geschichtsträchtigem Boden. Hier stand als Torso des ehemaligen Hotels Esplanade der sogenannte «Kaisersaal», ein wie durch Wunderhand erhalten gebliebener gründerzeitlicher Speisesaal, der wie seine öd daliegende Umgebung Filmemachern gerne als Kulisse diente. Hier lag auch das Ruinengrundstück des im Krieg zerbombten berüchtigten «Volksgerichtshofs» von Roland Freisler. Weizsäckers Weg führte hinüber zu dem riesigen, historisch kontaminierten, ausgedehnten Niemandsland. Aus dem allein von Kaninchen bevölkerten Flachland erhob sich ein kleiner Hügel, unter dem sich der Eingang zu Hitlers Führerbunker befunden haben soll. Ohne Papiere, ohne Anmeldung durchschritt das Staatsoberhaupt der Bundesrepublik die eben erst geschaffene Maueröffnung hin in ein sonst nur hochoffiziell zu besuchendes Land. Ein Grenzoffizier erkannte ihn und bewies die Fähigkeit, auch einer alternativen Obrigkeit Untertan zu sein. Die Hacken zusammenschlagend, erstattete er Meldung: «Herr Bundespräsident, herzlich willkommen. Keine besonderen Vorkommnisse.»[33]

36 Für die Öffnung des Brandenburger Tors wurden in der Nacht zuvor Mauerdurchbrüche geschaffen. Am 22. Dezember 1989 konnte zum ersten Mal seit dem 13. August 1961 das historische Bauwerk durchschritten werden.

Sechs Wochen später, kurz vor Weihnachten 1989, kam es zu einer heiß erwarteten weiteren Lücke in der Mauer. Lange hatte die DDR die Öffnung eines Übergangs am Brandenburger Tor hinausgeschoben, weil die symbolische Bedeutung dieses Schritts offen zutage lag: Damit war die deutsche Frage einem geflügelten Wort zufolge nicht mehr offen und ein Ende der DDR absehbar. Helmut Kohl und Hans Modrow durchschritten am 22. Dezember als erste das Brandenburger Tor, aber es war ein Abend, an dem noch einmal nicht die Politiker das Wichtige waren, sondern die vielen Menschen, die trotz des schlechten Wetters unmittelbar erleben wollten, wie es ist, unter der Quadriga hindurchzugehen. Auch die nicht zu Sentimentalität neigenden Berliner konnten ihre Bewegtheit nicht verbergen, und wer sich nicht zu seinen Tränen bekennen wollte, der durfte die Feuchtigkeit im Gesicht dem unablässig herniedergehenden Regen zuschreiben.

Im Sommer 1990 wurde der Mauer im großen Stil zu Leibe gerückt. Mit einem schweren Abrißbagger fuhren am 13. Juni 1990 Bausenator(West) und Baustadtrat(Ost) gegen die Betonwand und stürzten die ersten von insgesamt 45 000 abzutragenden Segmenten als Auftakt für den endgültigen Abriß. Grenztruppen besorgten den Rest, unterstützt von Abbruchfirmen aus der ganzen Stadt und Pionieren der britischen Garnison in West-Berlin. Zuständig für die Abrißarbeiten war die «Koordinierungsstelle Mauerabriß» beim Magistrat in Ost-Berlin. Das mag Rainer Eppelmann als Verteidigungsminister der Regierung de Maizière dazu verleitet haben, von der Stadt Berlin die Kosten für die Beseitigung der Mauer einzufordern. Auf diesen geschichtsvergessenen Vorschlag, der das makabre Bauwerk zur kommunalen Einrichtung herabstufen wollte, reagierte Walter Momper freundschaftlich, aber entschieden ablehnend: «Lieber Rainer, du spinnst.»[34]

Während sich West-Berlin der anderen, bislang fremden Stadthälfte immer mehr annäherte, gab es im Verhältnis zur vertrauten, auf einmal ferneren Bundesrepublik Probleme. Das immer schon spezifische Bewußtsein und Erleben in der Halbstadt wurde nun durch die Nähe zur DDR und Ost-Berlin und durch das Erleben des Einigungsprozesses bestimmt. Dadurch geriet Walter Momper mit der Bundes-SPD in Konflikt, deren Diskussionen aus seiner Nahsicht der Ereignisse meilenweit von der DDR-Realität entfernt waren. So beharrte Oskar Lafontaine als SPD-Kandidat für die erste gesamtdeutsche Bundestagswahl auf seinem unversöhnlichen «Nein» zu einer raschen Vereinigung, die ihm das europäische Gleichgewicht zu stören schien und seiner Meinung nach die Bundesrepublik über Gebühr materiell beanspruchen würde. Der Politiker, der so gerne «Das Lied vom Teilen» anstimmte, wollte Besitzstandwahrung für die Bundesbürger. Momper, der unmittelbar erlebte, daß ein Nebeneinander zweier deutscher Staaten und Stadthälften keine Zukunft besaß, wurde von seinen eigenen Leuten als «Wiedervereiniger» abqualifiziert. Er hielt aber mit der ihm eigenen Hartnäckigkeit an dem auch für ihn neuen, aber für richtig erkannten Kurs fest, da ihm die Haltung der SPD nicht mehr den realen Bedürfnissen der Menschen in der DDR zu entsprechen schien.

Bei Helmut Kohl stieß er dennoch nur begrenzt auf Gegenliebe. Zwar hatte sich das Verhältnis zwischen beiden nach dem Eklat vor dem Schöneberger Rathaus etwas entspannt, doch als es um das so lange entbehrte Bundestags-Wahlrecht für West-Berliner ging, stellte sich Bonn stur, verwies auf alliierte Vorbehalte und ging Walter Momper zufolge sogar so weit, der Sowjetunion ein gar nicht bestehendes Mitspracherecht einräumen zu wollen. Kohl wollte weitere SPD-Stimmen im Bundesrat verhindern und betrieb dafür, so Momper, ein «höchst erniedrigendes Verwirrspiel» mit den West-Berlinern, obwohl selbst der US-Außenminister keine Bedenken gegen das so lange entbehrte Direktwahlrecht hatte. [35] Die schnelle Wiedervereinigung erledigte das Problem, und bei der ersten gesamtdeutschen Wahl am 2. Dezember 1990 waren die West-Berliner zum ersten Mal vollberechtigte Stimmbürger.

Heikel wurde es für West-Berlin, als in Bonn sowohl Finanzminister Theo Waigel von der CSU wie die finanzpolitische Sprecherin der SPD, Ingrid Matthäus-Maier, den Bundeszuschuß, der die Hälfte des West-Berliner Haushalts ausmachte, in Frage stellten, weil dieser mit dem Wegfall der Teilung der Stadt nicht mehr nötig sei. Auch die Berlin-Hilfe wurde problematisiert, aus der unter anderem die Berlin-Zulage, die sogenannte «Zitterprämie», der West-Berliner Arbeitnehmer bestritten wurde. Am 28. Februar 1990 gab Helmut Kohl, so die Darstellung von Walter Momper, das «eindeutige Versprechen», daß niemand daran denke, die Berlinförderung zu beseitigen.[36] Anfang 1991 beschloß das Kabinett gleichwohl, ohne Berlin vorher noch einmal anzuhören, die Wirtschaftsförderung sukzessive bis 1994 abzubauen. Für Walter Momper war dies ein klarer Wortbruch, und wenige Jahre später sollte sich herausstellen, daß dem Bundeskanzler das einem Regierenden Bürgermeister von Berlin gegebene Wort weniger galt als dem CDU-Vorsitzenden das Schweigeversprechen gegenüber einem Parteispender.

Durchsetzen konnte sich der Regierende Bürgermeister gegen ortsfremde Bonner Planungen für das sogenannte «Fest der Einheit», mit dem am Abend des 3. Oktober der Beitritt der DDR zur Bundesrepublik gefeiert werden sollte. Am Rhein war überlegt worden, das Fest am Brandenburger Tor stattfinden zu lassen und hier um Mitternacht eine überdimensionale schwarz-rot-goldene «Fahne der Freiheit» zu hissen. Pragmatisch konnte Berlin dagegenhalten, der Platz vor dem Brandenburger Tor sei viel zu klein für die zu erwartenden Menschenmengen. Nur widerwillig nahm der Bonner Innenminister von seinem Plan und alternativen Überlegungen Abschied, die alle darauf hinausliefen, daß die «Fahne der Freiheit» im Ostteil der Stadt aufgezogen werden sollte. Nach langem Hin und Her einigte man sich doch auf eine West-Berliner Örtlichkeit, auf den Platz vor dem Reichstag, der einer halben Million Menschen Platz und den Rednern einen eindrucksvollen Hintergrund bot.

Damit ergab sich am Ende der deutschen Teilung jenes Bild, das am Anfang der Spaltung Berlins stand. Es war Szenario und Kulisse der Rede Ernst Reuters vom 9. September 1948 gewesen, als er die Völker der Welt beschwor, ein freies Berlin zu bewahren. Am 3. Oktober 1990 war es genau 37 Jahre her, daß der erste Regierende Bürgermeister beigesetzt wurde, der so wesentlich dazu beigetragen hatte, daß es West-Berlin gab und der nie aufgehört hatte, an die Wiedervereinigung der Stadt zu glauben. Zur Danksagung an seinem Grab kamen nicht nur Walter Momper und Reuters Sohn Edzard, sondern auch einige Volkskammerabgeordnete, womit sich das Wort von Theodor Heuss beim Begräbnis am 3. Oktober 1953 erfüllte, daß sich am Tag der Wiedervereinigung Deutschlands und Berlins Menschen aus Sachsen, Thüringen, Brandenburg, Anhalt und Mecklenburg an diesem Grab einfinden würden. Das vereinigte Berlin war Jahre später zu angemessenem Gedenken nicht imstande. Mit dem Hinweis, die Ehrenbürgerwürde werde nicht posthum verliehen, wurde vom SPD/PDS-Senat Ernst Reuter diese Ehrung verweigert, obwohl sie Marlene Dietrich ebenso nach dem Tod zugesprochen wurde wie dem ersten sowjetischen Stadtkommandanten Nikolai Bersarin, der nach der Einigung sogar schon von der Liste der Ehrenbürger gestrichen worden war, aber von dem Senat, der Reuter ablehnte, wieder in sie aufgenommen wurde.

Zuletzt konnte West-Berlin seinen Besonderheiten noch eine weitere hinzufügen, indem es trotz deutscher Einigung noch zwei weitere Monate bestand. Bis zur ersten gemeinsamen Kommunalwahl, die parallel zur ersten gesamtdeutschen Bundestagswahl stattfinden sollte, bestanden durch eine Ausnahmeregelung im Einigungsvertrag in Berlin weiter zwei Regierungen und Parlamente. In den noch verbleibenden acht Wochen bot West-Berlin politisch kein sonderlich würdiges Bild. Die Koalition von SPD und AL war im Grunde längst zerfallen, prolongierte das Miteinander aber lustlos und zunehmend feindlich. Die AL hatte sich als weitaus demokratischer und regierungswilliger gezeigt, als Skeptiker und Kritiker prophezeit hatten, aber sie war Produkt spezieller West-Berliner Verhältnisse und im Kern eine spezifische Kiez-, Klientel- und Milieu-Partei. Mit dem Fall der Mauer brach die Ordnung weg, die sie hervorgebracht und genährt hatte. Die gleichzeitige Herausforderung von Mauerfall und Regierungsbeteiligung überforderte die Partei, die sich «alternativ» nannte und doch Teil der West-Berliner Besonderheit war. Als sie nach 1989 in ihrer Verunsicherung Nähe zu den «Grünen» in der Bundesrepublik und zu den Bürgerrechtsbewegungen in der DDR suchte, blieb sie diesen und diese ihr fremd.

Unbeirrt von allen Veränderungen rundum, unberührt von der Angst vor Arbeitsplatzverlust im Osten, lieferte die AL zusammen mit der Gewerkschaft ÖTV noch ein Beispiel für unverdrossene Interessenspolitik im öffentlichen Dienst. Mit einem Streik wollte das Personal der Kindertagesstätten extrem weitreichende Forderungen durchsetzen in der Annahme, daß die SPD darüber nicht die Koalition mit der AL scheitern lassen würde. Als ein neuer Grenzübergang in Neukölln eröffnet wurde, führte dies zu einem Zusammenprall zweier Welten. Aus der DDR näherten sich freudige Menschen und trafen auf einen Walter Momper, der von einer mit Trommeln und Rasseln laut tönenden Menschenschar begleitet wurde. Was die mit den westlichen Usancen politischen Protests nicht vertrauten Ost-Bürger für fröhliche Begleitmusik hielten, war Demo-Lärm der streikenden Erzieherinnen.

Ein typisch West-Berliner Ereignis, die Räumung besetzter Häuser durch die Polizei, führte zum Bruch der Koalition. Schauplatz war allerdings am 14. November 1990 Ost-Berlin, wo sich in der Mainzer Straße im Bezirk Friedrichshain seit Wochen Hausbesetzer breitgemacht hatten. Anders als in West-Berlin wurde nicht sofort geräumt, da der DDR-Innenminister Peter-Michael Diestel, dem bis zum 3. Oktober auch die Ost-Berliner Polizei unterstand, einen Polizeieinsatz verweigerte. Als nun der «Magi-Senat» gegen die Hausbesetzer vorging, kam es zu schlachtartigen Szenen, bei denen Stahlkugeln und Brandsätze gegen die Polizei geworfen wurden, die über 2000 Beamte aufbot. Die Besetzer erwiesen sich als hochmilitant und verteidigten sich mit brutaler Gewalt. Nach der Räumung kam es zu den fast rituellen Schuldzuweisungen. Die SPD sah alle Verantwortung bei den Hausbesetzern, während die AL bei ihnen berechtigte Interessen und einen legitimen Fall von Gegengewalt ortete. Das Bild von notleidenden und unbehausten Ost-Bürgern, die sich ein Quartier verschafft hatten, wollte nicht verfangen, denn drei Viertel der Hausbesetzer kamen aus dem Westen. Bezirkspolitiker in Ost-Berlin zeigten sich verstört über diesen «Randale-Export von West nach Ost».[37]

Die AL sah hier eine Gelegenheit, sich zu profilieren. Ihre Senatorinnen wurden aus dem Senat zurückgezogen, was sie wider Willen und unter Tränen taten. Die Rechnung der AL und vor allem von Hans Christian Ströbele ging nicht auf. Bei den Wahlen am 2. Dezember 1990 erlebte die Partei eine fast demütigende Niederlage. Die SPD konnte vom Ansehensverlust der AL nicht profitieren. Momper, der bei der Häuserräumung in Moskau war, sah sich ungewollt als glückloser Vertreter einer Law-and-Order-Politik in Mißkredit gebracht. Auch seine nach dem Mauerfall wie aus dem Nichts erwachsene Bekanntheit half nicht. Er war der «Mann mit dem roten Schal», der ständig im Fernsehbild war, doch war er deswegen weder wirklich populär noch Zugpferd für seine Partei. Er erreichte nur noch 30 Prozent der Stimmen und wurde von der CDU mit 40 Prozent eindeutig überholt. Es kam zu einer Großen Koalition, die der eigentlich schon abgeschriebene Eberhard Diepgen führte. Ihm gelang, was erst zwei bundesdeutschen Ministerpräsidenten vor ihm gelungen war: aus dem Amt gewählt zu werden und doch wieder in dieses zurückzukehren.

Am 11. Januar 1991 wurde mit der Übernahme der bisher nur in West-Berlin geltenden Berliner Verfassung der letzte Schritt zur staatsrechtlichen Einheit Deutschlands vollzogen. Damit hörte auch West-Berlin auf zu existieren, und die feierliche konstituierende Sitzung des ersten Gesamtberliner Parlaments nach vierzig Jahren in der Nikolai-Kirche in Ostberlin war ein stillschweigendes Requiem für die Halbstadt, die aber nicht wirklich aus dem politischen Leben zu scheiden gedachte, sondern mit personellem Urgestein präsent war. Alterspräsident dieser ersten Sitzung war der aus den Bauskandalen der 80er Jahre bekannte Klaus Franke. Erste gewählte Präsidentin des Abgeordnetenhauses wurde Hanna-Renate Laurien, die sich einst erfolglos gegen Eberhard Diepgen um das Amt des Regierenden Bürgermeisters bemüht hatte.

Der Schmuck, den sie für den Plenarsaal des Stadtparlaments mitbrachte, war stoffgewordene Stadtgeschichte Es war die Fahne des letzten gesamtstädtischen Magistrats aus dem Neuen Stadthaus mit einem ungewöhnlichen Wappentier. Auf Wunsch oder Anordnung der Alliierten, vielleicht auch nur in vorauseilendem Gehorsam, streckt dieser Bär keine rote Zunge heraus und zeigt in einer «entmilitarisierten» Form auch keine Krallen. Ein unbekannter Stadtverordneter hatte 1948 die Fahne beim Auszug in den Westen mitgenommen, wo sie vierzig Jahre lang im Rathaus Schöneberg an der Stirnseite des Sitzungssaals hing. So erinnerte das rot-weiß-rote Tuch mit dem Bären an die Ganzheit wie an die Trennung der

Stadt. Namentlich aber wurde dort weitergemacht, wo West-Berlin aufgehört hatte. Die traditionellen Bezeichnungen «Magistrat», «Stadtverordnetenversammlung» und «Oberbürgermeister», die in Ost-Berlin weitergegolten hatten, verschwanden. Von nun an gab es nur noch «Senat», «Abgeordnetenhaus» und «Regierenden Bürgermeister». Berlin war nicht länger nur Stadt, sondern nunmehr Stadtstaat, in dem West-Berlin nicht bloß in den Amtsbezeichnungen weiterlebte.

Epilog

«People of the world – look at Berlin!» Barack Obama wiederholte als Präsidentschaftskandidat am 24. Juli 2008 nur wenige hundert Meter vom Reichstag entfernt die legendären Worte von Ernst Reuter und richtete damit die Schweinwerfer der Weltöffentlichkeit auf die Anfänge West-Berlins und seinen Kampf um die Freiheit. Ein Ereignis und ein Mann wurden durch den zukünftigen US-Präsidenten aus ihrer Schattenexistenz geholt. Die Büsten von Ernst Reuter, einst in manchem Bezirksrathaus feierlich aufgestellt – nunmehr unbeachtet abgestellt unter Treppenaufgängen oder neben Toiletteneingängen.

Nahezu vergessen ist heute der Anfang West-Berlins – und dies liegt unter anderem an dessen Ende. Fast stillschweigend verabschiedete sich West-Berlin nach dem Mauerfall aus der Geschichte. Schlagartig war die halbe Stadt kein Thema mehr, nachdem es plötzlich um die ganze ging. Der Aufbau Ost hatte Vorrang vor dem Ausbau West. Viel wurde über die Bewahrung der Ost-Identität diskutiert, die Abwicklung von Einrichtungen aus der DDR-Zeit beklagt. Teilweise rasche Änderungen im West-Berliner Gefüge wurden dagegen fast übersehen. Wer sie beklagte, handelte sich den Ruf des Ewiggestrigen ein. Als sich die Gewichte immer stärker nach Ost-Berlin verlagerten, erst das Schiller-Theater geschlossen, dann die Deutsche Oper vernachlässigt und schließlich Nofretete nach Berlin-Mitte transferiert wurde, fiel auf, was die Schriftstellerin Katja Lange-Müller auf die deftige Formel brachte: «Den West-Berlinern wurde die Stadt unterm Arsch weggezogen.»[1]

Das Ende ereilte West-Berlin in einer unglücklichen Phase der Desorientiertheit und Schwäche. Mit der rot-grünen Koalition scheiterte auch das von der SPD angepeilte Zukunftsmodell, das auf mehr Kooperation mit der DDR angelegt war und von der Vorstellung geleitet wurde, West-Berlin könnte wirtschaftlich stärker mit seinem natürlichen Umfeld rundum kooperieren. Die DDR gab sich stark genug, solche Perspektiven zu ignorieren und war schon längst zu schwach, um in eine aussichtsreiche Kooperation eintreten zu können. Nicht die langfristigen Möglichkeiten zählten, sondern nur das schnelle Geld, das sich aus West-Berlin etwa mit seinen Müll-Nöten herauspressen ließ.

Aber auch das auf eine stärkere Bindung an Westdeutschland zielende Halbinsel-Konzept hatte kaum Aussicht auf Erfolg, weil sich Bonn immer weniger geneigt zeigte, West-Berliner Wünschen nachzukommen. Mit einem neuen Plenarsaal des Bundeshauses in Bonn wurde überdeutlich, daß sich die Bundesrepublik als Weststaat etabliert hatte und die Insel West-Berlin ein im Grunde störender Annex war, der immer wieder daran erinnerte, daß es keine lupenreine deutsche Zweistaatlichkeit geben konnte, solange das merkwürdige Dritte gegeben war. Die Solidaritätsbekundungen mit der Halbstadt wurden im gleichen Maße wie die bundesdeutschen Finanztöpfe leerer. Subventionen für West-Berlin wurden als Einsparmöglichkeiten erkannt. Zwanzig Jahre nach dem Mauerfall meinte ein langjähriger Referent im Finanzministerium: «Niemand hat je gern für Berlin gezahlt.» Es sei ein «Schweinegeld» für die Stadt ausgegeben worden, von der die Haushälter am Rhein dachten, es wäre billiger, sie in der Lüneburger Heide neu aufzubauen und den «ganzen alten Krempel» der DDR zu geben.[2] Der diese Ansicht kolportierte und teilte war Thilo Sarrazin, von 2002 bis 2009 Finanzsenator im vereinigten Berlin.

Das für West-Berlin von Anbeginn bestehende Problem, nicht aus eigener Kraft lebensfähig zu sein, begleitete es bis zu seinem Ende. Der Standortnachteil konnte durch das Vier-Mächte-Abkommen gemildert, aber nicht grundsätzlich beseitigt werden. Regierende Bürgermeister konnten bei westdeutschen Konzernvorständen antichambrieren, aber doch die nach Blockade und Mauerbau abgewanderten Unternehmen nicht mehr zurückholen. Die zum Ausgleich für diese Defizite nach West-Berlin geflossenen Subventionen förderten geradezu naturgesetzlich deren Mißbrauch nicht nur, wenn auch vor allem, in der Bauwirtschaft. Auch im kulturellen Bereich wurde aus dem Vollen geschöpft und damit eine Heerschar von Kulturschaffenden alimentiert. Bei Ausstellungsgroßprojekten wurde konzeptionell großzügig gedacht, doch gehörte der Rotstift nicht zu den bevorzugten Arbeitsinstrumenten der Planer. Immer war auf glanzvolle Außenwirkung zu achten, sollte nicht die makabre Attraktion der Mauer das primäre Angebot für Touristen sein.

Hinter der glanzvollen Fassade begann West-Berlin in seinen letzten Jahren merkliche Ermüdungserscheinungen im kulturellen Bereich zu zeigen. Die legendäre Schaubühne wollte nach dem Abgang von Peter Stein nicht mehr recht Tritt fassen. Die staatlichen Bühnen mit dem Schiller-Theater, größter Schauspielbetrieb der Bundesrepublik, verloren an Profil und Strahlkraft. In der Deutschen Oper zeigte die Ära von Götz Friedrich erste Anzeichen der Stagnation. Ein Menetekel schien es zu sein, als den Berliner Philharmonikern das Dach auf den Kopf fiel. Deckenteile des legendären Scharoun-Baus stürzten ins Parkett. Der Schaden ließ sich beheben und wirkte doch wie ein Zeichen, daß so manches brüchig geworden war in dem merkwürdigen Gebilde West-Berlin. Auch die Antwort auf die Sinnfrage der Stadt verlor für viele an Schlüssigkeit. Wer noch gesamtdeutsch dachte, wußte, daß West-Berlin sozusagen der Fuß in der Tür zur deutschen Einheit war. Aber eine neue Generation wuchs nach, die nur noch in den Grenzen der Bundesrepublik dachte und mit dem in West-Berlin manifestierten Freiheitswillen nicht mehr viel anfangen konnte.

Die «schleichende Gefahr der Auszehrung» (Egon Bahr)[3] machte sich bemerkbar und die Zeichen des Leerlaufs und einer lauernden Sinnlosigkeit lassen die Frage auftauchen, wie es mit West-Berlin weitergegangen wäre, wenn es nicht durch den Mauerfall aus seiner problematischen Existenz erlöst worden wäre. Wer sich nicht in die gehobene Stammtischdebatte in Form einer spekulativen Geschichtsbetrachtung verlieren will, wird sich hier zurückhalten. Fruchtbarer und realistischer ist ein Blick auf das, was aus West-Berlin seit 1990 geworden ist. Es zeigt sich eine Mischung von oft beharrlichem Bewahren und als Verlust empfundener Veränderung. Alarmistische Betrachtungen übersehen, daß viel von dem, was West-Berlin nach 1990 verloren hat, im Grunde eine Normalisierung bedeutet. Museen wandern von den Ausweichstandorten in Dahlem oder Charlottenburg wieder an die angestammten Plätze auf der Museumsinsel. Regierender Bürgermeister und Abgeordnetenhaus müssen nicht mehr im Rathaus Schöneberg als Untermieter residieren. Der Bahnhof Zoo ist wieder, was er eigentlich immer war: eine Station der Stadtbahn und nicht Fernbahnhof. Territorial und personell gesehen, ist der Westteil der Stadt keineswegs belanglos geworden. Der neue Hauptbahnhof, das Kanzleramt und der zur Touristenattraktion gewordene Reichstag liegen auf dem Gebiet des ehemaligen West-Berlins. Die gesamtberliner Stadtregierung wird auch nach zwanzig Jahren noch immer vorwiegend von westlichen Politikern bestimmt. Selbst die Partei «Die Linke», die immer als Stimme des Ostens auftritt, stellt als Bürgermeister und Wirtschaftssenator einen Politiker mit genuiner Herkunft aus West-Berlin.

Problematisch und aufschlußreich ist das Fehlen einer stringenten Planung dafür, was eigentlich mit dem seiner alten Funktionen beraubten Westteil der Stadt geschehen kann. Die Sinnfrage, die ewig über West-Berlin schwebte, drängt sich in veränderter Form wieder auf – und wird schnell als querulatorisches Nörgeln abgetan. Zufällig und eher lieblos wird mit dem umgegangen, was einst West-Berlin war. Von einem aus dem DDR-Kulturapparat stammenden, zeitweise als Berliner Kultursenator amtierenden Politiker muß sich die Stadt sagen lassen, daß es enttäuschend sei, wie mit dem West-Berliner Erbe umgegangen und wie die Stadt die eigene Traditionslosigkeit immer weiter fortführt.[4] Eine Ex-Bundestagsvizepräsidentin diagnostiziert im Blick auf die Ignoranz gegenüber dem einstigen West-Berlin eine «eigenartige Krankheit in dieser Stadt», deren Ursache sie in einer «katastrophalen Schwächung des Selbstbewußtseins und der fehlenden Ahnung, was sich zu verteidigen lohnt» ausmacht.[5]

Das vereinigte Berlin pflegt ein ambivalentes, spannungsreiches Verhältnis zum Erbe West-Berlins. Ignoranz und Nostalgie prallen aufeinander. Schon hat ein Drittel der Bevölkerung die Teilung der Stadt nicht mehr erlebt, noch aber ist für den Westteil so viel Erinnerung lebendig, daß 100 000 Menschen zum 60. Jahrestag der Luftbrücke zum Flughafen Tempelhof strömen. Noch scheint West-Berlin nur ein Thema Alteingesessener zu sein, die den plüschigen Cafés am Kurfürstendamm nachtrauern, aber schon melden sich Nachgeborene, die wissen wollen, wie eine zur Bundesrepublik gehörige Stadt inmitten der DDR existierte. «Wie konnten die Westberliner in dieser Exklave bloß leben?», fragt ein Jugendlicher in einem Internetforum.[6] «Haben sich die Westberliner nicht einsam gefühlt, so isoliert von der restlichen BRD und nur umgeben von der grauen sozialistischen DDR?» Vor allem aber: «Wie ist man über das Staatsgebiet der DDR nach Westberlin gekommen? Durch Tunnel?»

Schon ist den Jungen unvorstellbar, was den Älteren noch Erlebtes ist. Aber Geschichte vergeht nicht mit denen, die Teil von ihr waren, schon gar nicht im Fall von West-Berlin, diesem sonderbaren Gebilde, über das sich viel Gutes und einiges Schlechtes sagen läßt. West-Berlin war eine unmögliche Stadt, in der das Bestehende spätestens mit dem Mauerbau das Vorstellbare übertroffen hat. Der urbane Torso gemahnte immer nicht nur an die ganze Stadt, sondern auch an das ganze Deutschland, das in dem Moment Wirklichkeit zu werden begann, wo mit der Öffnung der Mauer West-Berlins schon fast vergessener Traum in Erfüllung ging, nicht bloß Schaufenster und Leuchtturm, sondern Tor zur Freiheit zu sein.

Danksagung

Seit mehr als 30 Jahren begleite ich beobachtend, beschreibend und kommentierend die Geschehnisse in Berlin für Fernsehen, Hörfunk und Zeitungen. Dabei habe ich unzählige Menschen kennengelernt, die mich – mal absichtsvoll, mal beiläufig – an ihrer Sicht auf und ihrem Wissen über die Stadt teilhaben ließen. Für die Arbeit an diesem Buch habe ich darüber hinaus gezielt Gespräche mit kundigen Berlinerinnen und Berlinern geführt und vieles, auch viel Unterschiedliches erfahren. Ihnen allen sei gedankt und stellvertretend für sie seien die ehemaligen Regierenden Bürgermeister Klaus Schütz, Dietrich Stobbe, Richard von Weizsäcker, Eberhard Diepgen und Walter Momper genannt.

Zeitgeschichte bedeutet immer auch Zeitzeugenschaft. Diese ist unweigerlich persönlich geprägt. Bewußt oder unbewußt ist der Zeitgenosse parteilich und neigt dazu, Subjektives für das Objektive zu halten. So ist auch die Sicht auf die Geschichte West-Berlins so vielfältig wie ihre Betrachter, was unweigerlich bedeutet, daß das in diesem Buch entworfene Bild der Stadt nur ein spezifisches sein kann, selbst wenn es sich darum bemüht, wenig Zorn und Eifer walten zu lassen. Versachlicht und korrigiert wird der Schatz von Erzählung und Erfahrung Beteiligter durch das Fundament aller Historiographie, die schriftlichen Quellen und Materialien «Quid non est in actis non est in mundo» kann bei jüngerer Geschichte, die voll von mündlichen Hinweisen, auch Gerüchten ist, nicht absolut gelten, hat aber grundlegende Bedeutung. Bibliotheken und Archive lieferten für diese Arbeit denn unendlich viel Material. Neben den anerkannten und bekannten Großinstitutionen, denen ich zu danken habe, waren für mich besonders ergiebig Bibliothek und Pressearchiv des rbb, in dem sich wohlgeordnet gedruckte Schätze vor allem des früheren SFB finden, die mir hilfreich zur Verfügung gestellt wurden.

Für die Anregung zu diesem Buch und die ständige Begleitung habe ich meinem Agenten Thomas Karlauf zu danken. Ein nachdrückliches

Gedenken gilt den Lehrern an der Universität Wien, die mich einst in die historische Wissenschaft eingeführt und mit ihren Methoden vertraut gemacht haben. Daß dieses Buch trotz gravierender gesundheitlicher Beeinträchtigung zustande kam, ist ohne die Hilfe der Mitarbeiter der Charité an den (zufälligerweise West-Berliner) Standorten Virchow- und Benjamin-Franklin-Klinikum undenkbar. Stellvertretend sei hier Priv.-Doz. Dr. Philipp le Coutre gedankt.

Mein persönlichster Dank gilt Martina, die mir in all den zur jahrelangen Arbeit an einem solchen Buch gehörenden Höhen und Tiefen zur Seite stand und darüber hinaus die Entstehung des Manuskripts korrigierend und anregend beförderte.

Anhang

Anmerkungen

Vorwort – Ein drittes Deutschland

1 Klaus Schütz: Gastrede zum 60. Gründungstag des RIAS Berlin, 5. Februar 2006: www.riasberlin.de/rcom-award/rcod-award-cero6speech.html.
2 Diepgen: Zwischen den Mächten, S. 56.
3 Adorno: Gesammelte Schriften, Bd. 6, S. 363.
4 Bender: Zweimal Deutschland, S. 66.

Kapitel 1 – Geburt einer Halbstadt

1 Friedensburg: Es ging um Deutschlands Einheit, S. 144 f.
2 *Tagesspiegel*, 27. 9. 2005 – Jubiläumsbeilage.
3 Brandt/Löwenthal: Reuter, S. 451.
4 Ebd., S. 94.
5 Friedensburg: Es ging um Deutschlands Einheit, S. 275 ff.
6 Koop: Tagebuch, S. 94.
7 Zit. nach Barclay: Reuter, S. 251.
8 Akademische Blätter 6, 1976.
9 Zit. nach Barclay: Reuter, S. 255.
10 Tusa: Airlift, S. 294.
11 Pieck: Aufzeichnungen, S. 327.
12 Koop: Tagebuch, S. 278.
13 *Neue Zeitung*, 2. 12. 1948.
14 *Neue Zeitung*, 2. 12. 1948.
15 *Berliner Zeitung*, 1. 12. 1948.
16 Koop: Tagebuch, S. 272 f.
17 Ebd., S. 270.
18 Ebd., S. 272.
19 Gerhard Keiderling: Die Wahl vom 5. 12. 1948 aus der Sicht der SED; http://www.berlin.spd.de/servlet/PB/menu/1015034_ePRJ-SPDBERLIN-print/index.html?project=SPD-Berlin.
20 Ebd.
21 Manfred Rexin: Die Teilung der Stadt. Eine Text- und Ton-Dokumentation.

http://www.berlin.spd.de/servlet/PB/menu/1015033_ePRJ-SPDBERLIN-print/index.html?project=SPD-Berlin.

22 Adenauer: Briefe 1945–1947, S. 209.
23 Koop: Tagebuch, S. 288.
24 Leonhard: Meine Geschichte der DDR, S. 83.
25 Koop: Tagebuch, S. 292.
26 Keiderling: Die Spaltung Berlins, S. 41.
27 Zit. nach Ribbe: Geschichte Berlins, Bd. 2, S. 1060.
28 Zit. nach Barclay: Reuter, S. 206.
29 Brandt: Erinnerungen, S. 23.
30 Gaddis: Der Kalte Krieg, S. 343.
31 Smith: Clay, S. 496.
32 Rexin: Rias-Reminiszenzen, S. 115.
33 Smith: Clay, S. 11.
34 Zit. nach ebd., S. 10.
35 Brandt: Erinnerungen, S. 22.
36 Smith: Clay, S. 501.
37 Keiderling: Rosinenbomber, S. 267.
38 Bailey et al.: Die unsichtbare Front, S. 95.
39 Hecht: Brecht-Chronik, S. 864.
40 Brandt: Mein Weg nach Berlin, S. 257.
41 Sweringen: Kabarettist.
42 Dorothea Führe: Französische Besatzungspolitik in Berlin, http://www.weissensee-verlag.de/php/cat-kapitel.php3?Buch=3-934479-53-7&Nummer=8.
43 Ebd.
44 Koop: Kampf, S. 119.
45 Kubicki/Lönnendonker: Freie Universität, S. 47.

Kapitel 2 – Nach der Blockade

1 *Tagesspiegel*, 12.5.1949.
2 *Tagesspiegel*, 13.5.1949.
3 Koop: Tagebuch, S. 236.
4 Keiderling: Berlin, S. 199.
5 Brandt: Mein Weg nach Berlin, S. 269; Friedensburg: Berlin, S. 84.
6 Ebd., S. 84.
7 Smith: Clay, S. 544.
8 Oschilewski/Scholz: Berlin kommt wieder.
9 Wolff: Reise nach Berlin, S. 314.
10 Keiderling, Gerhard: Enttäuschung über Berlin-Müdigkeit, die kritische Zeit nach dem Ende der Blockade 1949/50, Berlinische Monatsschrift Heft 10/2000, S. 38; Hofmeister: Berlin West, S. 96; IHK zu Berlin: Berlin und seine Wirtschaft. Ein Weg aus der Geschichte in die Zukunft – Lehren und Erkenntnisse, Berlin 1987, S. 218.

11 Ribbe/Schäche: Die Siemensstadt, S. 245 ff.
12 Hofmeister: Berlin (West), S. 96.
13 Koop: Kampf, S. 93 ff.
14 *Tagesspiegel*, 12.5.1949.
15 Vgl. z. B. Barclay: Reuter, S. 291; Prowe: Weltstadt, S. 22.
16 Prowe: Weltstadt, S. 24.
17 Barclay: Reuter, S. 291.
18 Daten zur Entwicklung der Berliner Wirtschaft (West) 1950–1963, S. 1.
19 Fichtner: Umwandlung des Reliefs.
20 Deutscher: Reportagen, S. 114.
21 *Hannoversche Neueste Nachrichten*, 18.6.1949; *Kieler Nachrichten*, 23.6.1949.
22 *Telegraf*, 25.6.1949.
23 Brandt/Löwenthal: Reuter, S. 533.
24 Zit. nach Prowe: Weltstadt, S. 23.
25 Reuter: Reden, Bd. 4, S. 830, Anm. 47.
26 Willy Brandt: Bericht an den Bundesvorstand der SPD. Archiv der sozialen Demokratie der Friedrich-Ebert-Stiftung, Bonn-Bad Godesberg, Bestand Schumacher, Nr. 127 a, Bericht Nr. 231 vom 9. April 1949.
27 Vgl. Barclay: Reuter, S. 290/404.
28 Brandt/Löwenthal: Reuter, S. 552.
29 Ebd.
30 Michael Krekel – Geschäftsführer der Stiftung Bundeskanzler-Adenauer-Haus in Rhöndorf, in: *Tagesspiegel*, 10.1.2001; Köhler: Adenauer und Berlin, S. 173.
31 Mensing (Bearb.): Adenauer im Dritten Reich, S. 215.
32 Brandt/Löwenthal: Reuter, S. 555.
33 Ebd., S. 541.
34 Zit. nach Brandt/Löwenthal: Reuter, S. 541 f.
35 Äußerung von Herbert Blankenhorn, in: Rupieper: Der besetzte Verbündete, S. 162.
36 Archiv der sozialen Demokratie der Friedrich-Ebert-Stiftung, Bonn-Bad Godesberg, Bestand Schumacher, Nr. 127 b, W. B. Bericht Nr. 332 vom 24. August 1949.
37 Köhler: Adenauer, S. 567 f.; Rupieper: Der besetzte Verbündete, S. 162.
38 Brandt/Löwenthal: Reuter, S. 630.
39 Ebd., S. 540.
40 Zit. nach Koop, Volker, Kampf, S. 292.
41 Brandt: Mein Weg nach Berlin, S. 263.
42 Zit. nach Keiderling, Gerhard: In Archiven gefunden.
43 Prowe: Weltstadt, S. 41.
44 Zit. nach Barclay: Reuter, S. 289.
45 Geppert: Freiheitsglocke, S. 243.
46 Reuter: Reden, Bd. 3, S. 338.
47 Ebd., S. 419.
48 Brandt/Löwenthal: Reuter, S. 561.

49 Ebd., S. 562.
50 Barclay: Reuter, S. 312.
51 Ebd., S. 319.
52 Prowe: Weltstadt, S. 43.
53 Zit. nach Koop: Kampf, S. 90 f.
54 Brandt/Löwenthal: Reuter, S. 612.
55 Barclay: Reuter, S. 312.
56 Vgl. Escher: Walther Schreiber, S. 445.
57 Barclay: Reuter, S. 319.
58 *Time Magazine*, 18.9. 1950.
59 Brandt/Löwenthal: Reuter, S. 563.
60 Keiderling: Von «IA» bis «B», S. 164 ff.
61 Dazu und zum Folgenden: Saunders: Wer die Zeche zahlt, S. 78 ff.
62 *Tagesspiegel*, 24. 6. 1950.
63 Saunders: Wer die Zeche zahlt, S. 84 f.
64 *Boston Globe*, 24. 6. 1950.
65 *FAZ*, 4. 3. 2000.
66 Erster Deutscher Schriftstellerkongreß, S. 299.
67 Ebd., S. 300.
68 Hans Mayer: Stephan Hermlin referierte sachlich, bisweilen mokant, in: *FAZ*, 1. 10. 1997, S. 45.
69 Ebd.
70 Michael Naumann: Feuerkopf des Kalten Krieges. Zum Tod von Melvin J. Lasky, dem genialischen Herausgeber des «Monat», in: *Die Zeit* 23/2004.
71 Interview M. Lasky, in: *Die Welt*, 15. 1. 1985; Erster Deutscher Schriftstellerkongreß, S. 49.
72 Saunders: Wer die Zeche zahlt, S. 39.
73 *Der Monat* 1950, S. 464.
74 *Der Monat* 1950, S. 356.
75 Zit. nach Kohse: Gleiche Stelle, S. 103.
76 Völker: Fritz Kortner, S. 234 f.
77 Barlog: Lebenslänglich, S. 180.
78 Völker: Fritz Kortner, S. 236 ff.
79 *Tagesspiegel*, 13. 12. 1950.
80 Barlog: Lebenslänglich, S. 80.
81 *Tagesspiegel*, 27. 1. 1952.
82 Barlog: Lebenslänglich, S. 307.
83 Ebd., S. 95.
84 Ebd., S. 102.
85 Müller: Theater der Restauration, S. 204; W. Felsenstein, in: *Tägliche Rundschau*, 9. 9. 1951.
86 *Neues Deutschland*, 19. 10. 1951.
87 *Berliner Anzeiger*, 25. 10. 1951.
88 *Neues Deutschland*, 26. 10. 1951.

89 Barlog: Lebenslänglich, S. 96.
90 Siedler: Wir waren noch einmal davongekommen, S. 266.
91 Schivelbusch: Vor dem Vorhang, S. 161.
92 Friedrich Luft, in: *Neue Zeitung*, 11. 12. 1948.
93 *Berliner Zeitung*, 23. 10. 1948.
94 Friedrich Luft, in: *Neue Zeitung*, 11. 12. 1948.
95 Ders., in: *Neue Zeitung*, 20. 7. 1950.
96 Hecht: Brecht-Chronik, S. 940.
97 Siedler: Wir waren noch einmal davongekommen, S. 174.
98 Friedensburg: Berlin, S. 81.
99 Lemke: Der «Sängerkrieg» in Berlin, S. 271.
100 Meyer zu Heringdorf: Charlottenburger Opernhaus.
101 Hofmeister: Berlin (West), S. 42 f.
102 Ebd., S. 43.
103 *Welt am Sonntag*, 19. 8. 1990.
104 *Tagesspiegel*, 17. 12. 1982.
105 Brandt/Löwenthal: Reuter, S. 604.
106 *Bayerischer Rundfunk*, 25. 2. 1953.
107 Reuter: Reden, Bd. 4, S. 686. Vgl. Barclay: Reuter, S. 335.
108 Malenkov vor dem ZK der KPdSU am 2. Juli 1953. Vgl. Laufer: Volksaufstand.

Kapitel 3 – Stadt zwischen zwei Welten

1 Ulbricht: Aufbau des Sozialismus, S. 174.
2 *Neues Deutschland*, 21. 6. 1958.
3 Mittenzwei: Leben des Bertolt Brecht, Bd. 2, S. 497 und 499 f.
4 Stöver: Befreiung des Ostens?, S. 94.
5 Semjonow: Von Stalin bis Gorbatschow, S. 296.
6 Sweringen: Kabarettist, S. 95.
7 Brant/Bölling: Der Aufstand, S. 110. Vgl. auch: Rexin: West-Berlin am 16. und 17. Juni, S. 985–994.
8 Bahr: Tag der gesamtdeutschen Geschichte, S. 3.
9 Stöver: Befreiung des Ostens?, S. 94.
10 Klaus Bölling: Roy Cohns einziges Opfer im RIAS, in: Rexin: Radio-Reminiszenzen, S. 98 f.
11 Borkowski: Für jeden kommt der Tag, S. 315.
12 Wekwerth: Erinnern ist Leben.
13 Rexin: Radio-Reminiszenzen, S. 459 f.
14 Rexin: Diesseits des Potsdamer Platzes, S. 30 und S. 74 ff.
15 Köhler: Adenauer und Berlin, S. 180.
16 Schwarz: Adenauer, S. 84.
17 Zit. nach Laufer: Volksaufstand gegen die Siegermacht?, S. 32.
18 Zit. nach Prowe: Weltstadt, S. 126.
19 Brandt: Mein Weg nach Berlin, S. 306 f.

20 Rexin: Diesseits des Potsdamer Platzes, S. 20 f.
21 Sven Regener, in: *Tagesspiegel*, 24. 8. 2008.
22 Escher: Walther Schreiber, S. 463.
23 Keiderling: Berlin 1945–1968, S. 338.
24 Prowe: Weltstadt, S. 170.
25 Lange: Suhr, S. 208 f.
26 Ebd., S. 213.
27 Ebd., S. 216.
28 Koch: Brandt, S. 167 f.
29 Zit. nach Hermann Rudolph, in: *Tagesspiegel*, 10. 12. 2006.
30 Hanauske: «Bauen, bauen, bauen …», S. 350.
31 Ebd., S. 347, 351.
32 Weddinger Bezirksbaustadtrat Walter Nauklitz 1956, zit. nach: ebd., S. 474.
33 *Berliner Morgenpost*, 7. 7. 1957 – Sonderbeilage.
34 Zehn Jahre Berliner Aufbau, o. S.
35 Hofmeister: Berlin (West), S. 213.
36 Vgl. etwa *Neues Deutschland*, 9. 7. 1957 und 16. 8. 1956.
37 *Tagesspiegel*, 2. 9. 1956.
38 Vgl. Passe: Stadtentwicklung und Wohnungsbau, S. 37 ff.
39 Hanauske: «Bauen, bauen, bauen ...», S. 49.
40 Ebd.
41 Variationen mit Orchester, Bd. 1, S. 272.
42 Osborne: Karajan, S. 206.
43 Lebrecht: Der Mythos, S. 137.
44 Stresemann: «Ein seltsamer Mann …», S. 91 f.
45 Lebrecht: Der Mythos, S. 121 und Osborne: Karajan, S. 192.
46 Lebrecht: Der Mythos, S. 134.

Kapitel 4 – Unwetter ziehen herauf

1 Lehmann: In Acht und Bann, S. 236 f.
2 Koch: Brandt, S. 176.
3 Ebd., S. 178.
4 Merseburger: Brandt, S. 307 f.
5 Schwarz: Springer, S. 229.
6 Koch: Brandt, S. 186.
7 Ebd., S. 190.
8 Brandt: Andenken.
9 Ebd.
10 Koch: Brandt, S. 186; Merseburger: Brandt, S. 348.
11 Merseburger: Brandt, S. 347.
12 Harrison: Driving the Soviets, S. 178 f.
13 Ebd.
14 Ebd., S. 124.

15 Brandt: Erinnerungen, S. 33.
16 Merseburger: Brandt, S. 363.
17 Brandt: Erinnerungen, S. 34.
18 Prowe: Weltstadt, S. 273.
19 Arendt: Denktagebuch.
20 Brandt: Erinnerungen, S. 34.
21 Ebd.
22 Merseburger: Brandt, S. 363.
23 *Neue Zeitung*, 6. 5. 1947.
24 *Berliner Zeitung*, 24. April 2004.
25 Weiner: CIA, S. 253.
26 Schmidt: Kalter Krieg, S. 276 f.
27 Koch: Brandt, S. 167.
28 Buschfort: Die Ostbüros, S. 73.
29 U. a. im Film «Spione sind wir nicht gewesen – das Ostbüro der SPD» von Erika Fehse, WDR 10. 12. 97.
30 Brandt: Links und frei.
31 Merseburger: Brandt, S. 288.
32 Ebd., S. 289.
33 Ebd., S. 290 f.
34 Körner: Politische Broschüren, S. 122.
35 Ebd., S. 100.
36 Brandt: Erinnerungen, S. 35.
37 Ebd.
38 Shell: Bedrohung, S. 20.
39 Steininger: Mauerbau.
40 Brandt: Erinnerungen, S. 35.
41 Merseburger: Brandt, S. 370.
42 Brandt: Erinnerungen, S. 36.
43 Schwarz: Springer, S. 296 f.
44 Ebd., S. 225
45 Adenauer: Erinnerungen 1953–1955, S. 480 f.
46 Merseburger: Brandt, S. 288.
47 Schwarz: Springer, S. 293.
48 Ditfurth: Meinhof, S. 122 ff.
49 Chaussy: Die drei Leben, S. 35.
50 Schwarz: Adenauer, Bd. 2, S. 561.
51 Vgl. Uhl: Chruščev und die sowjetischen Nachrichtendienste.
52 Europa-Archiv 16. Jg (1961), Folge 17, S. D 498.
53 Müller: Die DDR und der Bau der Berliner Mauer, S. 13.
54 *Spiegel* 44/1967.
55 Shell: Bedrohung, S. 27.
56 *Tagesspiegel*, 13. 8. 1961.
57 *ZEIT* 29/2009.

58 Shell: Bedrohung, S. 113.
59 Smith: Lucius D. Clay, S. 664 f.
60 Uhl: Die militärischen Planungen, S. 81 ff.
61 *Welt*, 1. 7. 1983 und div. Tageszeitungen.

Kapitel 5 – Eine Stadt wird eingemauert

1 Albertz: Stukenbrock, S. 256.
2 *Tagesspiegel*, 15. 8. 1961.
3 Bender: «Vom Westen verraten?», S. 52.
4 Brandt: Erinnerungen, S. 10 f.
5 Cate: Riss, S. 452.
6 Uhl/Wagner: Möglichkeiten, S. 681 ff.
7 Zit. nach Merseburger: Brandt, S. 393 f.
8 Brandt: Erinnerungen, S. 62.
9 *Spiegel* 33/1961.
10 *Spiegel* 44/1966.
11 Bahr: Zu meiner Zeit, S. 131.
12 *Spiegel* 34/1966.
13 Merseburger: Brandt, S. 401.
14 Prittie: Willy Brandt, S. 256.
15 Schütz: Logenplatz, S. 91.
16 *Spiegel* 44/1966.
17 Prowe: Der Brief Kennedys, S. 373 ff.; Daum: Kennedy in Berlin, S. 31.
18 Smith: Defense of Berlin, S. 286 f.
19 Smith: Clay, S. 645.
20 Lochner: Ein Berliner, S. 128.
21 Smith: Clay, S. 643 f.
22 Schütz: Logenplatz, S. 91.
23 Petschull: Mauer, S. 171 ff.
24 Lochner: Ein Berliner, S. 131.
25 *Telegraf*, 23. 8. 1961.
26 Schwarz: Adenauer, Bd. 2, S. 665.
27 Köhler: Adenauer, Bd. 2, S. 553.
28 Schwarz: Adenauer, Bd. 2, S. 665.
29 Schwarz: Adenauer, Bd. 2, S. 661.
30 Merseburger: Brandt, S. 409.
31 Bundesarchiv: Kabinettsprotokolle 1961, 156. Kabinettssitzung am 16. August 1961 – http://www.bundesarchiv.de/cocoon/barch/0000/k/k1961k/kap1_2/kap2_25/para3_1.html.
32 Schwarz: Adenauer, Bd. 2, S. 663 ff.
33 Zit. nach ebd., S. 664 f.
34 Merseburger: Brandt, S. 665.
35 Schwarz: Adenauer, Bd. 2, S. 665.

36 Ebd., S. 667.
37 Smith: Clay, S. 644.
38 *FOCUS* 32/2001.
39 Schwarz: Adenauer, Bd. 2, S. 694.
40 Brief Kennedys an Clay 8. 10. 1961, US Department of State, Foreign Relations, 1961–1963, Volume XIV, Berlin Crisis, 1961–1962; http://www.state.gov/r/pa/ho/frus/kennedyjf/xiv/15865.htm.
41 *Spiegel* 26/1966.
42 Smith: Clay, S. 664.
43 Ebd., S. 658 f.
44 *Spiegel* 42/2001, S. 58.
45 Telegramm Clay 674 5. Oktober 1961. (Department of State, Central Files, 762.00/10–561); Stellungnahme Dean Rusk: Department of State, Central Files, 762.00/10–561. Secret; nach: US Department of State, Foreign Relations, 1961–1963, Volume XIV, Berlin Crisis, 1961–1962, Washington 1993.
46 *Zeit* 44/1961, S. 4.
47 *Spiegel* 43/2001.
48 Smith: Clay, S. 662 ff.
49 Hofmeister: Berlin (West), S. 46.
50 *Berliner Zeitung* (Ost-Berlin), 23. 8. 1961.
51 Schuster: Albertz, S. 75.
52 *BZ*, 28. 8. 1961; Shell: Bedrohung, S. 167.
53 Hofmeister: Berlin (West), S. 230.
54 Moser: Denkmal freiheitlichen Geistes, S. 18.
55 *FAZ*, 26. 9. 1961, S. 1.
56 Die Kabinettsprotokolle der Bundesregierung 1961, S. 257.
57 Schütz: Logenplatz, S. 91.
58 *Berliner Zeitung*, 26. 1. 1962.
59 *Spiegel* 42/1961, S. 36.
60 *Der Kurier*, 21. 10. 1961.
61 Shell: Bedrohung, S. 410.
62 Ebd., S. 223 ff.
63 *BILD*, 18. 8. 1962; *Time Magazine*, 31. 8. 1961.
64 *Time Magazine*, 31. 8. 1961.
65 Zit. nach Bender: «Vom Westen verraten?», S. 50.
66 Schnurre: Berlin, S. 13.
67 Richter (Hg.): Die Mauer, S. 65.
68 *Die Welt*, 22. 9. 1961.
69 Claus Henning Bachmann, in: *Volksbühnenspiegel*, Berlin, Dezember 1961.
70 Schulte: Brennpunkt Berlin.
71 Zit. nach Shell: Bedrohung, S. 281 f.
72 *Tagesspiegel*, 8. 12. 1963.
73 Shell: Bedrohung, S. 178 f.
74 Weizsäcker: Vier Zeiten, S. 274.

75 *Neues Deutschland*, 10.9.1961.
76 Peter Edel: Das Abgründige des Herrn Luft, in: *Die Weltbühne* 1961, Heft 36, S. 1125.
77 *BZ*, 28. 8.1961.
78 Heinrich Albertz: Die doppelte Wirklichkeit Berlins, in: Unteilbares Deutsch*land* 5/1962, S. 1.
79 *Die Welt*, 12.9.1961; 6.3.1962; 5.9.1962.
80 Merseburger: Brandt, S. 435.

Kapitel 6 – Nach dem Schock

1 Shell: Bedrohung, S. 393.
2 *Spiegel* 42/1961.
3 *Spiegel* 42/1967.
4 *Tagesspiegel*, 29.10.1961.
5 Vgl. Altmann: Aktive Arbeitsmarktpolitik, S. 100.
6 *Tagesspiegel*, 30.8.1960.
7 Dichter und Richter, S. 265.
8 *Tagesspiegel*, 5.4.1962.
9 Zit. nach Shell: Bedrohung, S. 429.
10 Vgl. ebd., S. 430.
11 «Bericht über den Ausbau Berlins als Stätte der Wissenschaft und Kunst» – Drucksache des Abgeordnetenhauses von Berlin, 3. Wahlperiode Nr. 1335 vom 1. Juni 1962.
12 Schuster: Heinrich Albertz, S. 54.
13 Zit. nach Shell: Bedrohung, S. 429, 431.
14 Rede zur Eröffnung der «Berliner Festwochen» 1962, Pressedienst des Landes Berlin, 24.9.1962.
15 Gombrowicz: Tagebuch, S. 859.
16 Dietrich Goldschmidt: Gegen eine Politik der Scheinstärke, in: *Alternative* 29 (Oktober 1961) S. 98.
17 *Spiegel* 23/1977.
18 *Tagesspiegel*, 21.12.1960.
19 Wagner: Wagner-Theater, S. 357.
20 Carr: Wagner-Clan, S. 391.
21 *Zeit* 42/1969.
22 Variationen mit Orchester. Bd. 1, S. 234.
23 *Spiegel* 19/1984.
24 Hans Scharoun in der Rede zur Eröffnung der Philharmonie, in: Variationen mit Orchester. Bd. 1, S. 272.
25 Zit. nach ebd., S. 273.
26 Christine Lemke-Matwey: Niemandsland und Blumenkammer, in: *Zeit*-Geschichte 1/2008, S. 69 ff.
27 Barlog: Lebenslänglich, S. 305.

28 Preuß: Theater, S. 645.
29 Kennan Tynan: Deutschlands Bühnen sind die besten, in: *Spiegel* 45/1964.
30 *Spiegel* 18/1966.
31 Kohse: Gleiche Stelle, S. 232.
32 Grass: Werksausgabe, Bd. 9, S. 834.
33 Roehler/Nitsche: Das Wahlkontor, S. 40.
34 *Atlantis* 4/1961, S. 185.
35 Gombrowicz: Tagebuch, S. 841 ff.
36 Grass: Walter Höllerer nachgerufen, S. 140.
37 Opel: Bachmann in Ägypten, S. 38.
38 Bachmann: Ein Ort für Zufälle, S. 278 ff.
39 Neuhaus/Hermes (Hg.): Danziger Trilogie, S. 141.
40 *Zeit* 35/1969.
41 Bachmann: Ein Ort für Zufälle, S. 288.
42 Schädlich: Immer wieder Dezember, S. 74 f.
43 Lahme: Golo Mann, S. 329.
44 Kracauer: Straßen in Berlin.
45 *Die Welt*, 1. 7. 1983.
46 *Spiegel* 39/1963.
47 *Spiegel* 16/1964.
48 Zit. nach *Spiegel* 38/1963.
49 *Die Welt*, 21. 1. 1965.
50 Prowe: Anfänge, S. 249 ff.
51 Merseburger: Brandt, S. 437.
52 Bahr: Zu meiner Zeit, S. 151.
53 *BZ*, 19. 6. 1962.
54 Daum: Kennedy, S. 45, S. 216.
55 Dichter und Richter, S. 291.
56 Richter (Hg.): Mauer, S. 184.
57 Schuster: Albertz, S. 69.
58 Shell: Bedrohung, S. 289.
59 *Spiegel*, 5. 9. 1962.
60 *Spiegel* 3/1964.
61 Willy Brandt an Konrad Adenauer, 22. 8. 1962, in: Brandt: Berliner Ausgabe, Bd. 3, S. 379.
62 Prowe: «Ich bin ein Berliner», S. 164 ff.
63 Daum: Kennedy in Berlin, S. 46.
64 Prowe: «Ich bin ein Berliner», S. 143 ff.
65 Willy Brandt und die FU, S. 3.
66 *Zeit* 52/1966; «Berliner Protokoll über die Ausgabe von Passierscheinen an Westberliner für Verwandtenbesuche vom 17. Dezember 1963», in: Münch (Hg.): Dokumente, S. 395.
67 Heinrich Albertz: Gedanken zur zweiten Wiederkehr des Jahrestages des 13. August 1961, in: *Berliner Stimme*, 17. 8. 1963.

68 Shell: Bedrohung, S. 184.
69 Albertz: Stukenbrock, S. 101.
70 Erklärung von Willy Brandt, Pressedienst des Landes Berlin 9.1.1964.
71 Schuster: Albertz, S. 111.
72 Brandt: Erinnerungen, S. 79.
73 *Tagesspiegel*, 21.9.1965.
74 Schwarz: Springer, S. 305.
75 Zit. nach Merseburger: Brandt, S. 491.
76 *Tagesspiegel*, 27.9.2005 – Jubiläumsbeilage.

Kapitel 7 – Hauptstadt der Revolte

1 *Spiegel* 3/1964.
2 *Tagesspiegel*, 20.9.1967.
3 Albertz: Dagegen gelebt, S. 38.
4 *Spiegel* 15/1968.
5 Schuster: Albertz.
6 Ebd., S. 125.
7 Ebd., S. 124.
8 *Spiegel* 8/1964.
9 Heinrich Albertz: Maßstab für politisches Handeln, in: *Radius* 4/1972.
10 Ebd.
11 Schuster: Albertz, S. 52.
12 Willy Bukow: Zur Wirtschaftslage von West-Berlin, in: *Die öffentliche Wirtschaft*, Jg. 16, 1967, S. 103.
13 *Zeit* 3/1966.
14 Schuster: Albertz, S. 175 ff.
15 *Spiegel* 8/1964.
16 Bergmann/Dutschke/Lefèvre/Rabehl: Rebellion der Studenten, S. 63.
17 Steinborn: Polizei, S. 182.
18 Albertz: Stukenbrock, S. 245.
19 Ebd., S. 105.
20 Willy Brandt: Laudatio auf Heinrich Albertz aus Anlaß des Gustav-Heinemann-Preises am 2.11.1980, in: Radius-Almanach 1981/82, Stuttgart 1981, S. 15.
21 Schuster: Albertz, S. 150.
22 Ebd., S. 150.
23 *Spiegel* 30/1967.
24 Soukup: Wie starb, S. 27 f.
25 *Zeit* 26/1967.
26 Steven Volk: With the Police Intelligence Section, Provost Marshal Office, Berlin Brigade, http://www.berlin-brigade.de/honor/honor3.html, zuletzt eingesehen: 29.7.2008.
27 Vgl. Steinborn: Polizei, S. 110 ff.
28 Herbert Kremp: Der Berliner Schuß, in: *Rheinische Post* 5. 6.1967.

29 *stern online*, 1.12.2007 und *taz*, 20.11.2007.
30 Albertz: Dagegen gelebt, S. 42.
31 Fichter/Lönnendonker: Hochschule im Umbruch, Bd. 4, S. 177.
32 Vgl. Enzensberger: Die Jahre der Kommune I, S. 160.
33 Steinborn: Polizei, S. 143.
34 Braunbuch – Kriegs- und Naziverbrecher.
35 Soukup: Wie starb, S. 27.
36 *Berliner Morgenpost*, 4.6.1967.
37 Fichter/Lönnendonker: Hochschule im Umbruch, Bd. 4, S. 180.
38 Enzensberger: Die Jahre der Kommune I, S. 156.
39 Schneider: Rebellion und Wahn, S. 164.
40 Fichter/Lönnendonker: Hochschule im Umbruch, Bd. 5, S. 12.
41 Ebd., S. 20.
42 Albertz: Stukenbrock, S. 253.
43 *stern*, 25.6.1967.
44 *Berliner Extradienst* Nr. 7, 10.7.1967.
45 Vgl. Schuster: Albertz, S. 239.
46 Heß: «Ära» Albertz, S. 146.
47 *Berliner Morgenpost*, 26.9.1967.
48 Albertz: Dagegen gelebt, S. 46.
49 Heß: «Ära» Albertz.
50 Heinrich Albertz im Gespräch mit Günter Gaus, in: Gaus: Was bleibt, sind Fragen.
51 *Berliner Morgenpost*, 27.9.1967.
52 Soukup: Wie starb, S. 262.
53 *Spiegel* 42/1967.
54 *U.S. News & World Report*, 50/ 1967.
55 *Spiegel* 44/1967.
56 *ZEIT* 11/1966.
57 Jürgen Engert, in: *Christ und Welt*, 25.3.1955; *Der Monat*, Januar 1970.
58 Schütz: Logenplatz, S. 38.
59 Grass: POUM, in: Werkausgabe, Bd. 8, S. 383 ff.
60 Klaus Schütz im Interview mit RIAS, 29.9.1967, zit. nach: Rotenberg: Klaus Schütz, S. 543.
61 *Zeit* 40/1967.
62 Vgl. Schuster: Albertz, S. 317.
63 Erklärung des DDR-Außenministeriums vom 5. Oktober 1967, in: Berlin in Geschichte und Gegenwart. Jahrbuch des Landesarchivs Berlin, Berlin 1989.
64 Protokoll der Sitzung des Landesausschusses, nach Rotenberg: Klaus Schütz, S. 555.
65 Hermann: Revolte, S. 18.
66 *Spiegel* 21/1968.
67 *Spiegel* 53/1979.
68 *FAZ*, 5.8.2008.

69 *Spiegel* 29/1967.
70 Dutschke: Tagebücher, S. 52.
71 Albertz: Stukenbrock, S. 253.
72 *Spiegel* 26/1967.
73 *Welt am Sonntag*, 17. Juni 1967.
74 Rudi Dutschke: Zum Verhältnis von Organisation und Emanzipationsbewegung, in: *Das Oberbaumblatt* 5/1967, abgedruckt in: Kraushaar: Frankfurter Schule und Studentenbewegung, Bd. 2, S. 255 ff.
75 Ebd., Bd. 3, S. 51.
76 *Kursbuch* 14/1968, S. 146 ff.
77 Ebd., S. 166.
78 *Spiegel* 44/1967.
79 *Spiegel* 44/1967.
80 *Spiegel* 45/1967.
81 Chaussy: Die drei Leben, S. 196 f.
82 Fichter/Lönnendonker: Hochschule im Umbruch, Bd. 5, S. 62.
83 Schlußerkärung des Vietnam-Kongesses, in: Der Kampf, S. 17.
84 Fichter/Lönnendonker: Hauptstadt der Revolte. http://web.fu-berlin.de/APO-archiv/Online/BlnHauptRev.htm.
85 *Berliner Extradienst*, 21. 2. 1968.
86 Flugblatt – Archiv des Autors.
87 Fichter/Lönnendonker: Hochschule im Umbruch, Bd. 5, S. 72.
88 Dutschke: Ein barbarisches, schönes Leben, S. 195.
89 *stern* 18/1968.
90 *Spiegel* 29/1967.
91 Enzensberger: Die Jahre der Kommune I, S. 214.
92 Merseburger: Augstein, S. 331.
93 *BILD*, 5. 6. 1967; Fichter/Lönnendoncker: Hochschule im Umbruch, Bd. 5, S. 14.
94 *Die Welt*, 31. 12. 1967.
95 Axel Springer in der Sendung «dialog» im ZDF am 8. 2. 1968.
96 Kraushaar: RAF und der linke Terrorismus, S. 1087.
97 Schneider: Rebellion und Wahn, S. 246.
98 *Spiegel* 19/1968.
99 Rudi Dutschke: Zum Verhältnis von Organisation und Emanzipationsbewegung. Zum Besuch Herbert Marcuses, in: *Oberbaumblatt* Nr. 5, Berlin 12. 7. 1967 – nach Enzensberger: Die Jahre der Kommune I, S. 186.
100 Schwarz: Springer, S. 464 f.
101 *Spiegel* 20/1968.
102 *Spiegel* 21/1968.
103 Volker von Törne: Lied vom Terroristen Karl Heinz Pawla, http://www.kultur-netz.de/musik/pawla.htm.
104 *Spiegel* 46/1986.
105 Tilman Fichter, in: *Spiegel* 46/1968.
106 Nadolny: Selim oder die Gabe der Rede, S. 276.

Kapitel 8 – In ruhigerem Fahrwasser

1 Schütz: Logenplatz, S. 145.
2 Frank: Walter Ulbricht, S. 422, 438.
3 Behrendt: «Guten Tag ...», S. 183 ff.; Staatssicherheit und die Wende – http://www.passkontrolle-ddr.de/.
4 Ebd.
5 «Autobahn Ost». Ein Film über die deutsch-deutsche Transitstrecke, NDR, Erstsendung 15. 11. 2004.
6 Albertz: Stukenbrock, S. 169.
7 Dieter E. Zimmer: Ein chemisches Rätsel – Nachruf auf einen verlorenen Duft, in: *Zeit* 43/1990.
8 Delius/Lapp: Transit, S. 176.
9 Ebd., S. 169 ff.
10 Korte: Deutschlandpolitik, S. 428.
11 Kunze: Grenzerfahrungen, S. 440.
12 *Zeit* 14/1972.
13 *Bild am Sonntag*, zit. nach Rotenberg: Klaus Schütz, S. 567.
14 Ebd., S. 564.
15 Ebd., S. 561.
16 *Spiegel* 25/1972.
17 *Die Welt*, 5. 6. 1972.
18 Kunze: Grenzerfahrungen, S. 438.
19 Ebd., S. 389.
20 Craig: Über die Deutschen, S. 310 ff.
21 *Süddeutsche Zeitung*, 30. 1. 1971.
22 Craig: Über die Deutschen, S. 311.
23 Regierungserklärung Klaus Schütz, 29. April 1971.
24 *Spiegel* 39/1964.
25 Vgl. Craig: Über die Deutschen, S. 312.
26 *Bayernkurier*, 6. 2. 1971.
27 *Zeit* 1/1971.
28 Luft: Stimme der Kritik, S. 143.
29 *Süddeutsche Zeitung*, 30. 1. 1971.

Kapitel 9 – Terror und Niedergang

1 Zit. nach Dahlke: «Nur eingeschränkte Krisenbereitschaft», S. 650.
2 Ebd., S. 647.
3 Werner Maihofer, in: *Kontraste* (ARD) 27. 2. 1975, zit. nach Dahlke: «Nur eingeschränkte Krisenbereitschaft», S. 651.
4 Ditfurth: Meinhof, S. 288.
5 Reinders/Fritzsch: Die Bewegung 2. Juni, S. 67.
6 Dahlke: «Nur eingeschränkte Krisenbereitschaft», S. 674 ff.

7 Ebd., S. 650.
8 Schütz: Logenplatz, S. 150.
9 Ebd., S. 151.
10 Dahlke: «Nur eingeschränkte Krisenbereitschaft», S. 660.
11 Hübner: Einsatz, S. 282.
12 Dahlke: «Nur eingeschränkte Krisenbereitschaft», S. 656.
13 Ebd., S. 660.
14 Ebd.
15 Reinders/Fritzsch: Die Bewegung 2. Juni, S. 86.
16 *Zeit* 5/1974.
17 *Zeit* 51/1973.
18 *Zeit* 11/1976.
19 *Zeit* 47/1976.
20 *Zeit* 47/1976.
21 *Spiegel* 51/1971.
22 *Spiegel* 10/1976.
23 Schütz: Logenplatz, S. 147.
24 *Tagesspiegel*, 25. 3. 2008.
25 *Spiegel* 10/1979.
26 *Zeit* 5/1981.
27 Weizsäcker: Vier Zeiten, S. 252.
28 *Spiegel* 38/1978.
29 Weizsäcker: Vier Zeiten, S. 249.
30 Schimmang: Vogel Phönix, S. 61.
31 Regener: Der kleine Bruder, S. 18.
32 Albertz: Stukenbrock, S. 115, 208.
33 *Spiegel* 23/1977.
34 Kippenberger: Kippenberger.
35 Zit. nach Schneider: Als die Welt noch unterging, S. 185.
36 Michael Sontheimer: Auf zum Strand von Tunix!; *Spiegel online*, 25. 1. 2008.
37 *Zeit* 13/1981 und *Spiegel* 51/1980.
38 *Zeit* 4/1981.
39 Thomas: Die informelle Koalition, S. 22.
40 *Zeit* 4/1981.
41 *Spiegel* 4/1981.
42 *taz*, 11. 12. 1981.
43 46. Sitzung des Berliner Abgeordnetenhauses 23. Januar 1981, Protokolle des Berliner Abgeordnetenhauses, S. 2219 f.

Kapitel 10 – Neue Gesichter und alte Probleme

1 Pflüger: Weizsäcker, S. 62.
2 *BZ*, 9. 8. 1981.
3 Weizsäcker: Vier Zeiten, S. 253.

4 Ebd., S. 284.
5 *Berliner Sonntagsblatt* 18.10.1981.
6 Diverse Tageszeitungen ab dem 20.8.1983.
7 Weizsäcker: Vier Zeiten, S. 285.
8 Vgl. *Spiegel* 25/1983.
9 Weizsäcker: Vier Zeiten, S. 270.
10 Appel: Die Regierenden, S. 327.
11 Zit. nach Alisch: «Die Insel ...», S. 304.
12 Weizsäcker: Vier Zeiten, S. 277.
13 Abgeordnetenhaus-Protokolle 11/14, S. 608 und Abschlußbericht Abgeordnetenhaus-Drucksache 11/1251.
14 *Tagesspiegel*, 27.9.2005.
15 *Zeit* 27/1993.
16 Weizsäcker: Vier Zeiten, S. 296.
17 Schütz: Logenplatz, S. 145.
18 Philharmonische Blätter 1981/82, Heft 8, S. 7.
19 *Spiegel* 25/1983.
20 Weizsäcker: Vier Zeiten, S. 265.
21 Ebd., S. 302.
22 Diepgen: Zwischen den Mächten, S. 11.
23 Ebd., S. 13.
24 *Zeit* 34/1988.
25 *Spiegel online*, 16.6.2001.
26 *Berliner Morgenpost*, 18.9.2003.
27 *FAS*, 26.3.2000.
28 Filmausschnitte zu sehen in *panorama* (NDR) vom 7. Juni 2001.
29 Sontheimer: Antes & Co, S. 144.
30 «Käpt'n Good Bye» – ARD 1.6.1984.
31 Ursula Besser, in: Sontheimer: Antes & Co., S. 144.
32 Diepgen: Zwischen den Mächten, S. 12.
33 Zit. nach Alisch: «Die Insel ....», S. 351.
34 *Spiegel* 8/1985.
35 Ebd.
36 *Spiegel* 23/1986.

Kapitel 11 – Schwanz und Gloria

1 Diepgen: Zwischen den Mächten, S. 99.
2 Ebd., S. 26.
3 *Zeit* 6/1986.
4 Diepgen: Zwischen den Mächten, S. 26.
5 Abgeordnetenhaussitzung 7./8. April 1986.
6 Abgeordnetenhaussitzung 17. April 1986.
7 Sontheimer: Antes & Co., S. 130 f.

8 *Spiegel* 16/1986.
9 Albertz: Stukenbrock, S. 141.
10 *Spiegel* 52/1986.
11 Hildebrandt: Berliner Enzyklopädie, S. 67.
12 *Zeit* 21/1987.
13 *Spiegel* 2/1987.
14 Ebd.
15 Diepgen: Zwischen den Mächten, S. 85.
16 Zit. nach Alisch: «Die Insel …», S. 315.
17 Zit. nach ebd.
18 Reichhardt: Chronik 1987, S. 284 f.
19 *Zeit* 18/1987.
20 ZDF «Wetten, daß …?», 5. 4. 1987.
21 Berlin, Berlin, S. 54.
22 Stölzl: Deutsches Historisches Museum, S. 267.
23 Enquist: Anderes Leben, S. 283.
24 *Spiegel* 2/1987.
25 Ebd.
26 Stölzl: Deutsches Historisches Museum, S. 269.
27 Künast: Abgeordnetenhaus von Berlin 10. Wahlperiode, 12. Sitzung 24. Oktober 1985; Diepgen: Zwischen den Mächten, S. 69.
28 Ebd., S. 35.
29 Barclay: Reuter, S. 306.
30 Stern: Richter für Berlin.
31 Besatzungsrecht, S. 10 ff.
32 Abgeordnetenhaus von Berlin, 10. Wahlperiode, Drucksache 10/252, 11. 10. 1985.
33 *Spiegel* 19/1988.

Kapitel 12 – Die Insel wird Festland

1 Abgeordnetenhaus Berlin – 10. Wahlperiode, 59. Sitzung, 24. 9. 1987.
2 Rose: Berlin, S. 160.
3 Ebd., S. 157.
4 *BILD*, 25. 1. 1989.
5 *BILD*, 31. 1. 1989.
6 Zit. nach Alisch: «Die Insel …», S. 359.
7 Zit. nach ebd., S. 360.
8 *taz*, 21. 4. 1989.
9 Schleef: Tagebuch, S. 360.
10 *Spiegel* 14/1989.
11 Berliner Koalitionsvereinbarung zwischen SPD und AL vom 13. März 1989, SPD Berlin, Berlin 1989, S. 12.
12 Landesarchiv Berlin, Chronik, 18. Mai 1989.

13 Zit. nach Alisch: «Die Insel …», S. 355.
14 Zit. nach ebd., S. 369 f.
15 Momper: Grenzfall, S. 37 ff.
16 Landesarchiv Berlin. Chronik 22. Juni 1989.
17 Zit. nach Alisch: «Die Insel …», S. 370.
18 Momper: Grenzfall, S. 73.
19 *Spiegel* 21/2004.
20 *Welt*, 30. 8. 1989.
21 Kohl: Erinnerungen, S. 951.
22 *BILD*, 21. 9. 1989.
23 *Berliner Abendschau*, SFB 9. 11. 1989.
24 Ebd.
25 *FAZ*, 11. 11. 1989.
26 Münkler: Die Deutschen und ihre Mythen, S. 479.
27 Diepgen: Zwischen den Mächten, S. 119; Momper: Grenzfall, S. 162.
28 *Stachelige Argumente* 4/2003.
29 Momper: Grenzfall, S. 168.
30 Kohl: Erinnerungen, S. 970.
31 Momper: Grenzfall, S. 432.
32 Garton Ash: Im Namen Europas, S. 306.
33 *SZ*, 13. 11. 1989.
34 Momper: Grenzfall, S. 377.
35 Ebd., S. 319.
36 Ebd., S. 321.
37 *Spiegel* 47/1990.

Epilog

1 *Tagesspiegel*, 4. 11. 2007.
2 *Tagesspiegel*, 23. 4. 2009.
3 Bahr: Zu meiner Zeit, S. 141.
4 Thomas Flierl, in: *Berliner Zeitung*, 6. 5. 2009.
5 Antje Vollmer, in: *Zeit* 7/2006.
6 http://www.uni-protokolle.de/foren/viewt/134538,0.html.

Literaturverzeichnis

100 Jahre Theater des Westens, 1896–1996, Berlin 1996.
Adenauer, Konrad: Erinnerungen. 1953–1955, Stuttgart 1966.
Adenauer, Konrad: Briefe 1945–1947, Berlin 1983.
Adorno, Theodor W.: Gesammelte Schriften. Hg. v. Rolf Tiedemann, Bd. 6, Frankfurt/M. 2003.
Albertz, Heinrich: Dagegen gelebt – Von den Schwierigkeiten, ein politischer Christ zu sein, Reinbek bei Hamburg 1977.
Albertz, Heinrich: Blumen für Stukenbrock. Biographisches, Stuttgart 1981.
Alexander, Keith Duane: From Red to Green in the Island City: The Alternative Liste West Berlin and the Evolution of the West German Left, 1945–1990, College Park 2003.
Alisch, Steffen: «Die Insel sollte sich das Meer nicht zum Feind machen!» Die Berlin-Politik der SED zwischen Bau und Fall der Mauer, Stamsried 2004.
Altmann, Georg: Aktive Arbeitsmarktpolitik. Entstehung und Wirkung eines Reformkonzepts in der Bundesrepublik Deutschland, Stuttgart 2004.
Appel, Reinhard: Die Regierenden von Berlin seit 1945. Die Nachkriegsgeschichte der Stadt im Spiegel ihrer Bürgermeister, Berlin 1996.
Arendt, Hannah: Denktagebuch, Bd. 1: 1950–1973, München 2002.
Bachmann, Ingeborg: Ein Ort für Zufälle. Mit Zeichn. von Günter Grass, Berlin 1965.
Bahr, Egon: Zu meiner Zeit, Berlin 1999.
Bahr, Egon: Tag der gesamtdeutschen Geschichte, in: Foitzik, Jan u. a. (Hg.): Das Jahr 1953. Ereignisse und Auswirkungen, Potsdam 2004.
Bailey, George; Kondraschow, Sergej A.; Murphy, David E.: Die unsichtbare Front. Der Krieg der Geheimdienste im geteilten Berlin, Berlin 1997.
Barclay, David E.: Schaut auf diese Stadt. Der unbekannte Ernst Reuter, Berlin 2000.
Barlog, Boleslaw: Theater lebenslänglich, Frankfurt/M. 1990.
Bästlein, Klaus: Vom NS-Täter zum Opfer des Stalinismus: Dr. Walter Linse. Ein deutscher Jurist im 20. Jahrhundert, Berlin 2008.
Behrendt, Hans-Dieter: «Guten Tag, Passkontrolle der DDR». Über die Tätigkeit der Kontroll- und Sicherheitsorgane an der deutsch-deutschen Grenze zwischen 1945 und 1990, Schkeuditz 2008.
Bender, Peter: Wenn es West-Berlin nicht gäbe, Berlin 1987.

Bender, Peter: «Vom Westen verraten?», in: Berlinische Monatsschrift 6/2001.
Bender, Peter: Zweimal Deutschland. Eine ungeteilte Nachkriegsgeschichte 1945–1990, München 2009.
Bergmann, Uwe: Rebellion der Studenten oder Die Neue Opposition, Reinbek bei Hamburg 1968.
Berlin, ach Berlin. Hg. v. Hans Werner Richter, Berlin 1981.
Berlin, Berlin. Die Ausstellung zur Geschichte der Stadt. Hg. v. Gottfried Korff, Berlin 1987.
Berlin in Geschichte und Gegenwart: Jahrbuch des Landesarchivs Berlin, Berlin 1982–2008.
Berlin – Quellen und Dokumente 1945–1951. Hg. im Auftr. d. Senats von Berlin, Berlin 1964.
Berlin-Report. Eine Wirtschaftsregion im Aufschwung. Hg. v. Hubertus Moser, Wiesbaden 1992.
Berlin und seine Wirtschaft. Ein Weg aus der Geschichte in die Zukunft – Lehren und Erkenntnisse. Hg. v. der Industrie- und Handelskammer zu Berlin, Berlin/New York 1987.
Berliner Kinderläden. Antiautoritäre Erziehung und sozialistischer Kampf, Köln/Berlin 1970.
Berliner Schicksal 1945–1952. Amtliche Berichte und Dokumente, zusammengestellt im Auftrag des Senats von Berlin vom Büro für Gesamtberliner Fragen, Berlin 1952.
Besatzungsrecht in Berlin (West). Hg. v. der Fraktion Alternative Liste im Abgeordnetenhaus von Berlin, West-Berlin 1986.
Biografie eines Theaters. Ein halbes Jahrhundert Schlosspark-Theater Berlin, Berlin 1972.
Borkowski, Dieter: Für jeden kommt der Tag: Stationen einer Jugend in der DDR, Frankfurt/M. 1981.
Bosetzky, Horst: West-Berlin: Erinnerungen eines Inselkindes, Berlin 2006.
Brandt, Lars: Andenken, München 2006.
Brandt, Willy; Löwenthal, Richard: Ernst Reuter – Ein Leben für die Freiheit, München 1957.
Brandt, Willy: Mein Weg nach Berlin, aufgez. von Leo Lania, München 1960.
Brandt, Willy: Links und frei. Mein Weg 1930–1950, Hamburg 1982.
Brandt, Willy: Erinnerungen, Frankfurt/M. 1989.
Brandt, Willy: Berlin bleibt frei. Politik in und für Berlin, 1947–1966. Bearb. v. Siegfried Heimann, Bonn 2004.
Brant, Stefan; Bölling, Klaus: Der Aufstand, Stuttgart 1954.
Braunbuch. Kriegs- und Naziverbrecher in der Bundesrepublik. Hg. v. Nationalrat der Nationalen Front des Demokratischen Deutschland, Berlin 1965.
Buschfort, Wolfgang: Die Ostbüros der Parteien in den 50er Jahren, Berlin 2006.
Cailloux, Bernd: Der gelernte Berliner, Frankfurt/M. 1991.
Cailloux, Bernd: Der gelernte Berliner. Sieben neue Lektionen, Frankfurt/M. 2008.

Carr, Jonathan: Der Wagner-Clan, Hamburg 2008.
Cate, Curtis: Riss durch Berlin: Der 13. August 1961, Hamburg 1980.
Chaussy, Ulrich: Die drei Leben des Rudi Dutschke. Eine Biographie, Darmstadt 1983.
Craig; Gordon A.: Über die Deutschen. Ein historisches Porträt, München 1982.
Dahlke, Matthias: «Nur eingeschränkte Krisenbereitschaft» – Die staatliche Reaktion auf die Entführung des CDU-Politikers Peter Lorenz 1975, in: Vierteljahrshefte für Zeitgeschichte 4/2007, S. 641–678.
Damerow, Peter; Furth, Peter; Greiff, Odo von; Jordan, Maria; Schulz, Eberhard: Der nicht erklärte Notstand. Kursbuch 12, 4/1968, Frankfurt/M. 1968.
Daten zur Entwicklung der Berliner Wirtschaft (West) 1950–1963. Hg. v. Senator für Wirtschaft, Berlin 1964.
Daum, Andreas W.; Liebau, Veronika: Die Freiheitsglocke in Berlin, Berlin 2000.
Daum, Andreas W.: Kennedy in Berlin, Paderborn 2003.
Delius, Friedrich Christian; Lapp, Peter Joachim: Transit Westberlin. Erlebnisse im Zwischenraum, Berlin 1999.
Deutscher, Isaac: Reportagen aus Nachkriegsdeutschland, Hamburg 1980.
Dichter und Richter. Die Gruppe 47 und die deutsche Nachkriegsliteratur. Ausstellung der Akademie der Künste, 28. Oktober bis 7. Dezember 1988. Bearb. v. Jürgen Schütte, Berlin 1988.
Diepgen, Eberhard: Zwischen den Mächten. Von der besetzten Stadt zur Hauptstadt, Berlin 2004.
Ditfurth, Jutta: Ulrike Meinhof. Die Biografie, München 2004.
Dutschke, Gretchen: Rudi Dutschke: Wir hatten ein barbarisches, schönes Leben. Eine Biographie, Köln 1996.
Dutschke, Rudi: Jeder hat sein Leben ganz zu leben. Die Tagebücher 1963–1979. Hg. v. Gretchen Dutschke, Köln 2003.
Eckelt, Werner: Requiem auf West-Berlin – Bilder aus einer vergangenen Zeit. Hg. v. Manfred Heckmann und Julius H. Schoeps, Berlin 2000.
Enquist, Per Olov: Ein anderes Leben, München 2009.
Enzensberger, Ulrich: Die Jahre der Kommune I, Köln 2004.
Erster Deutscher Schriftstellerkongreß 4.–8. Oktober 1947. Hg. v. Ursula Reinhold, Dieter Schlenstedt und Horst Tanneberger, Berlin 1997.
Escher, Felix: Walther Schreiber, in: Ribbe, Wolfgang (Hg.): Stadtoberhäupter. Biographien Berliner Bürgermeister im 19. und 20. Jahrhundert, Berlin 1992, S. 443–463.
Fichter, Tilman; Lönnendonker, Siegward (Hg.): Freie Universität Berlin: 1948–1973. Hochschule im Umbruch. Teil 4: Die Krise: 1964–1967, Berlin 1975.
Fichtner, Volkmar: Die anthropogen bedingte Umwandlung des Reliefs durch Trümmeraufschüttungen in Berlin (West) seit 1945, Berlin 1977.
Frank, Mario: Walter Ulbricht. Eine deutsche Biographie, Berlin 2001.
Friedensburg, Ferdinand: Berlin – Schicksal und Aufgabe, Berlin 1953.
Friedensburg, Ferdinand: Es ging um Deutschlands Einheit. Rückschau eines Berliners auf die Jahre nach 1945, Berlin 1956.

Führe, Dorothea: Die französische Besatzungspolitik in Berlin von 1945 bis 1949 – Déprussianisation und Décentralisation, Berlin 2001.

Gaddis, John Lewis: Der Kalte Krieg – Eine neue Geschichte, München 2007.

Garton Ash, Timothy: Im Namen Europas: Deutschland und der geteilte Kontinent, München 1993.

Gaus, Günter: Was bleibt, sind Fragen. Die klassischen Interviews. Hg. v. Hans-Dieter Schütt, Berlin 2000.

Geppert, Dominik: Die Freiheitsglocke, in: Deutsche Erinnerungsorte. Hg. v. Etienne François und Hagen Schulze, Bd. 2, München 2001, S. 238–252.

Gombrowicz, Witold: Tagebuch 1953–1969, Frankfurt/M. 2004.

Grass, Günter: Werkausgabe: in 10 Bänden. Hg. v. Volker Neuhaus, Darmstadt 1987.

Grass, Günter: Walter Höllerer nachgerufen, in: Sprache im technischen Zeitalter, 166/2003, S. 140–141.

Hanauske, Dieter: «Bauen, bauen, bauen ...!» Die Wohnungspolitik in Berlin (West) 1945–1961, Berlin 1995.

Harrison, Hope M.: Driving the Soviets up the Wall, Princeton 2003.

Hausbesetzer: wofür sie kämpfen, wie sie leben und wie sie leben wollen. Hg. v. Stefan Aust und Sabine Rosenbladt, Hamburg 1981.

Hecht, Werner: Brecht-Chronik 1898–1956, Frankfurt/M. 1997.

Heinrich, Eberhard; Ullrich, Klaus: Befehdet seit dem ersten Tag. Über drei Jahrzehnte Attentate gegen die DDR, Berlin 1981.

Heß, Hans-Jürgen: Die «Ära» Albertz. Ein Abschnitt aus dem Machtverfall der Berliner SPD, in: Berlin in Geschichte und Gegenwart: Jahrbuch des Landesarchivs Berlin, Berlin 1984, S. 119–162.

Heyder, Günther: Um das Institut für Automation Berlin, Bonn 1965.

Hildebrandt, Dieter: Berliner Enzyklopädie. Von Alexanderplatz bis Zusammenwachsen, München/Wien 1987.

Hochgeschwender, Michael: Freiheit in der Offensive? Der Kongress für Kulturelle Freiheit und die Deutschen, München 1998.

Hofmeister, Burkhard: Berlin (West). Eine geographische Strukturanalyse der zwölf westlichen Bezirke, Darmstadt 1990.

Hübner, Klaus: Einsatz. Erinnerungen des Berliner Polizeipräsidenten 1969–1987, Berlin 1997.

Iden, Peter: Die Schaubühne am Halleschen Ufer 1970–1979, München 1979.

Die Kabinettsprotokolle der Bundesregierung 1961. Hg. für das Bundesarchiv von Hartmut Weber, Bd. 14, München 2004.

Der Kampf des vietnamesischen Volkes und die Globalstrategie des Imperialismus, Vietnam-Kongress 1968. Hg. v. Wolfgang Dreßen, Sibylle Plogstedt, Gerhart Rott, Berlin 1968.

Keiderling, Gerhard: Die Spaltung Berlins. Hg. v. Zentralinstitut für Geschichte der Akademie der Wissenschaften der DDR, Berlin 1985.

Keiderling, Gerhard; Stulz, Percy: Berlin 1945–1968. Zur Geschichte der Hauptstadt der DDR und der selbständigen politischen Einheit Westberlin, Berlin (Ost) 1970.

Keiderling, Gerhard: «Rosinenbomber» über Berlin, Berlin 1998.
Keiderling, Gerhard: In Archiven gefunden, in: Berlinische Monatsschrift 3/2001.
Keiderling, Gerhard: Von «IA» bis «B». Das Berliner Autokennzeichen im Wandel der Zeiten, in: Berlinische Monatsschrift 7/2001, S. 161–166.
Kippenberger, Susanne: Kippenberger: Der Künstler und seine Familien, Berlin 2007.
Klemperer, Victor: So sitze ich denn zwischen allen Stühlen. Tagebücher 1945–1959, 2. Bde., Berlin 1999.
Knabe, Hubertus: Die unterwanderte Republik. Stasi im Westen, Berlin 1999.
Koberg, Roland: Claus Peymann – Aller Tage Abenteuer, Berlin 1999.
Koch, Peter: Willy Brandt. Eine politische Biographie, Berlin 1988.
Kohl, Helmut: Erinnerungen 1982–1990, München 2005.
Köhler, Henning: Adenauer. Eine politische Biographie, Frankfurt/M. 1997.
Köhler, Henning: Adenauer und Berlin, in: Berlin in Geschichte und Gegenwart: Jahrbuch des Landesarchivs Berlin, Berlin 2002, S. 173–185.
Kohse, Petra: Gleiche Stelle, gleiche Welle – Friedrich Luft und seine Zeit, Berlin 1998.
Koop, Volker: Kein Kampf um Berlin? Deutsche Politik zur Zeit der Berlin-Blockade 1948/1949, Bonn 1998.
Koop, Volker: Tagebuch der Berliner Blockade. Von Schwarzmarkt und Rollkommandos, Bergbau und Bienenzucht, Bonn 1998.
Körner, Klaus: Politische Broschüren im Kalten Krieg 1947–1963, in: Vorsteher, Dieter (Hg.): Deutschland im Kalten Krieg 1945–1963, Berlin 1992, S. 85–99.
Korte, Karl-Rudolf: Deutschlandpolitik in Helmut Kohls Kanzlerschaft. Regierungsstil und Entscheidungen 1982–1989, Stuttgart 1998.
Kracauer, Siegfried: Straßen in Berlin und anderswo, Frankfurt/M. 1964.
Kraushaar, Wolfgang (Hg.): Frankfurter Schule und Studentenbewegung. Von der Flaschenpost zum Molotowcocktail. Bd. 2: Dokumente, Frankfurt/M. 1998.
Kraushaar, Wolfgang (Hg.): Die RAF und der linke Terrorismus, Hamburg 2006.
Kubicki, Karol; Lönnendonker, Siegward (Hg.): Die Freie Universität Berlin 1948–2007: Von der Gründung bis zum Exzellenzwettbewerb, Göttingen 2008.
Kunze, Gerhard: Grenzerfahrungen. Kontakte und Verhandlungen zwischen dem Land Berlin und der DDR 1949–1989, Berlin 1999.
Lahme, Tilmann: Golo Mann. Biographie, Frankfurt/M. 2009.
Lang, Barbara: Mythos Kreuzberg. Ethnographie eines Stadtteils 1961–1995, Frankfurt/M. 1998.
Lang, Klaus: Herbert von Karajan. Der philharmonische Alleinherrscher, Zürich 1992.
Lange, Gunter: Otto Suhr: Im Schatten von Ernst Reuter und Willy Brandt, Bonn 1994.
Laufer, Jochen: Volksaufstand gegen die Siegermacht?, in: Aus Politik und Zeitgeschichte, B23/2003, S. 26–32.
Lebrecht, Norman: Der Mythos vom Maestro, Zürich 1992.
Lehmann, Hans Georg: In Acht und Bann. Politische Emigration, NS-Ausbürgerung und Wiedergutmachung am Beispiel Willy Brandts, München 1976.

Lehmann, Veronika: RIAS Berlin – ein amerikanisch kontrollierter Sender zwischen journalistischer und propagandistischer Aufgabenstellung, Berlin 1988.

Lemke, Michael: Der «Sängerkrieg» in Berlin, in: Ders. (Hg.): Schaufenster der Systemkonkurrenz – Die Region Berlin-Brandenburg im Kalten Krieg, Köln 2006, S. 269–295.

Liebmann, Irina: Wäre es schön? Es wäre schön! Mein Vater Rudolf Herrnstadt, Berlin 2008.

Leonhard, Wolfgang: Meine Geschichte der DDR, Berlin 2007.

Lochner, Robert H.: Ein Berliner unter dem Sternenbanner, Berlin 2003.

Luft, Friedrich: Stimme der Kritik, Bd. 1: 1945–1965, Frankfurt/M. 1982.

Mampel, Siegfried: Der Untergrundkampf des Ministeriums für Staatssicherheit gegen den Untersuchungsausschuß Freiheitlicher Juristen in West-Berlin, 4. Aufl., Berlin 1999.

Mampel, Siegfried: Entführungsfall Dr. Walter Linse. Menschenraub und Justizmord als Mittel des Staatsterrors, Berlin 2006.

Materna, Ingo; Ribbe, Wolfgang; Adamy, Kurt (Hg.): Brandenburgische Geschichte, Berlin 1995.

Medienstadt Berlin. Hg. v. Günter Bentele und Otfried Jarren, Berlin 1988.

Mensing, Hans Peter (Bearb.): Adenauer im Dritten Reich, Berlin 1991.

Merseburger, Peter: Willy Brandt: 1913–1992. Visionär und Realist, Stuttgart/München 2002.

Merseburger, Peter: Rudolf Augstein. Biographie, München 2007.

Meyer zu Heringdorf, Detlef: Das Charlottenburger Opernhaus von 1912 bis 1961. Von der privat-gesellschaftlich geführten Bürgeroper bis zur subventionierten Berliner «Städtischen Oper», Berlin 1988.

Meyer-Gosau, Frauke: Einmal muss das Fest ja kommen. Eine Reise zu Ingeborg Bachmann, München 2008.

Mittenzwei, Werner: Das Leben des Bertolt Brecht oder der Umgang mit den Welträtseln. Bd. 2, Frankfurt/M. 1987.

Momper, Walter: Grenzfall. Berlin im Brennpunkt deutscher Geschichte, München 1991.

Moser, Fritz: Ein Denkmal freiheitlichen Geistes, Berlin 1964.

Muck, Peter: Einhundert Jahre Berliner Philharmonisches Orchester, 3 Bde., Tutzing 1982.

Mülder, Benedict Maria: «Die Leute verdienen sich an Berlin kaputt» – Berliner Sumpf- und Skandalchronik, in: Hafner, Georg M. (Hg.): Die Skandale der Republik, Hamburg 1990.

Müller, Henning: Theater der Restauration. Westberliner Bühnen, Kultur und Politik im Kalten Krieg, Berlin 1981.

Müller, Werner: Die DDR und der Bau der Berliner Mauer im August 1961, in: Aus Politik und Zeitgeschichte, B 33–34/86, 1986, S. 12 f.

Münch, Ingo von (Hg.): Dokumente des geteilten Deutschland. Quellentexte zur Rechtslage des Deutschen Reiches, der Bundesrepublik Deutschland und der Deutschen Demokratischen Republik, Stuttgart 1976.

Münkler, Herfried: Die Deutschen und ihre Mythen, Berlin 2009.
Nadolny, Sten: Selim oder die Gabe der Rede, München 1990.
Neuhaus, Volker; Hermes, Daniela (Hg.): Die «Danziger Trilogie» von Günter Grass. Texte, Daten, Bilder, Frankfurt/M. 1991.
Das Notaufnahmelager Marienfelde im Visier der Stasi, 4 Bde. Berlin 2002f.
Opel, Adolf; Westermann, Kurt-Michael: Ingeborg Bachmann in Ägypten. «Landschaft, für die Augen gemacht sind», Wien 1996.
Osborne, Richard: Herbert von Karajan. Leben und Musik, München 2008.
Oschilewski, Walther G.; Scholz, Oscar: Berlin kommt wieder. Ein Buch vom wirtschaftlichen und kulturellen Aufbau der Hauptstadt Deutschlands, Berlin-Grunewald 1950.
Passe, Ulrike: Stadtentwicklung und Wohnungsbau in Ost-Berlin seit 1945, in: Wohnkultur und Plattenbau: Beispiele aus Berlin und Budapest. Hg. v. Kerstin Dörhöfer, Berlin 1994, S. 33–53.
Petschull, Jürgen: Die Mauer – August 1961. Zwölf Tage zwischen Krieg und Frieden, Hamburg 1981.
Pflüger, Friedbert: Richard von Weizsäcker: Ein Portrait aus der Nähe, Stuttgart 1990.
Pieck, Wilhelm: Aufzeichnungen zur Deutschlandpolitik 1945–1953. Hg. v. Rolf Badstübner und Wilfried Loth, Berlin 1994.
Preuß, Joachim Werner: Theater im ost-/westpolitischen Umfeld – Nahtstelle Berlin 1945–1961, München 2004.
Prittie, Terence: Willy Brandt. Biographie, Frankfurt/M. 1973.
Prowe, Diethelm: Weltstadt in Krisen. Berlin 1949–1958, Berlin 1973.
Prowe, Diethelm: Die Anfänge der Brandtschen Ostpolitik in Berlin 1961–1963. Eine Untersuchung zur Endphase des Kalten Krieges, in: Aspekte Deutscher Außenpolitik im 20. Jahrhundert. Hg. v. Wolfgang Benz und Hermann Graml, Stuttgart 1976, S. 249–286.
Prowe, Diethelm: Der Brief Kennedys an Brandt vom 18. August 1961: eine zentrale Quelle zur Berliner Mauer und der Entstehung der Brandtschen Ostpolitik, in: Vierteljahrshefte für Zeitgeschichte 33/1985, S. 373–383.
Prowe, Diethelm: «Ich bin ein Berliner»: Kennedy, die Mauer und die «verteidigte Insel» West-Berlin im ausgehenden Kalten Krieg im Spiegel amerikanischer Akten, in: Berlin in Geschichte und Gegenwart: Jahrbuch des Landesarchivs Berlin, Berlin 1989, S. 143–167.
Regener, Sven: Der kleine Bruder, Frankfurt/M. 2008.
Reichhardt, Hans J.: Chronik des Jahres 1987, in: Berlin in Geschichte und Gegenwart: Jahrbuch des Landesarchivs Berlin, Berlin 1988, S. 203–368.
Rein, Gerhard u.a. (Hg.): Und niemandem untertan – Heinrich Albertz zum 70. Geburtstag, Reinbek bei Hamburg 1985.
Reinders, Ralf; Fritzsch, Roland: Die Bewegung 2. Juni. Gespräche über Haschrebellen, Lorenzentführung, Knast, Berlin/Amsterdam 1995.
Die Reise nach Berlin. Ausstellung im Hamburger Bahnhof, 1. Mai–1. November 1987. Im Auftrag des Senats von Berlin zur 750-Jahr-Feier Berlins 1987, Berlin 1987.

Reuter, Ernst: Schriften – Reden. Hg. v. Hans. E. Hirschfeld und Hans J. Reichhardt, Berlin 1972 ff.

Rexin, Manfred: Diesseits des Potsdamer Platzes. West-Berlin am 16. und 17. Juni 1953 (Schriftenreihe des Franz-Neumann-Archivs, H. 4), Berlin 1983.

Rexin, Manfred (Hg.): Radio-Reminiszenzen, Berlin 2002.

Ribbe, Wolfgang; Schäche, Wolfgang: Die Siemensstadt. Geschichte und Architektur eines Industriestandortes, Berlin 1985.

Ribbe, Wolfgang (Hg.): Geschichte Berlins, 2 Bde, München 1987.

Ribbe, Wolfgang (Hg.): Stadtoberhäupter. Biographien Berliner Bürgermeister im 19. und 20. Jahrhundert, Berlin 1992.

Richter, Hans Werner (Hg.): Die Mauer oder Der 13. August, Reinbek bei Hamburg, 1961.

Riess, Curt: Berlin 1945–1953, Berlin o. J. (1953).

Ristock, Harry: Neben dem roten Teppich. Begegnungen, Erfahrungen und Visionen eines Politikers, Berlin 1991.

Roehler, Klaus; Nitsche, Rainer: Das Wahlkontor deutscher Schriftsteller in Berlin 1965. Versuch einer Parteinahme, Berlin 1990.

Rose, Mathew D.: Berlin – Hauptstadt von Filz und Korruption, München 1997.

Rotenberg, Dirk: Klaus Schütz, in: Stadtoberhäupter. Biographien Berliner Bürgermeister im 19. und 20. Jahrhundert. Hg. v. Wolfgang Ribbe, Berlin 1992, S. 542–569.

Rupieper, Hermann-Josef: Der besetzte Verbündete. Die amerikanische Deutschlandpolitik 1949–1955, Opladen 1990.

Rüther, Tobias: Helden – David Bowie und Berlin, Berlin 2008.

Saunders, Frances Stonor: Wer die Zeche zahlt … Der CIA und die Kultur im Kalten Krieg, München 2001.

Schädlich, Susanne: Immer wieder Dezember. Der Westen, die Stasi, der Onkel und ich, München 2009.

Scheffler, Karl: Berlin – Ein Stadtschicksal, Nachdruck der Erstausgabe von 1910, Berlin 1989.

Schilling, Kerstin: Insel der Glücklichen. Generation West-Berlin, Berlin 2004.

Schimmang, Jochen: Der schöne Vogel Phönix: Erinnerungen eines Dreißigjährigen, Frankfurt/M. 1979.

Schindler, Heinz: Berlin und seine Kommanditisten, Berlin 1978.

Schivelbusch, Wolfgang: Vor dem Vorhang. Das geistige Berlin 1945–1948, München 1995.

Schleef, Einar: Tagebuch 1981–1998. Frankfurt am Main – Westberlin. Hg. v. Winfried Menninghaus, Frankfurt/M. 2009.

Schmidt, Wolfgang: Kalter Krieg, Koexistenz und kleine Schritte. Willy Brandt und die Deutschlandpolitik 1948–1963, Wiesbaden 2001.

Schneider, Frank Apunkt: Als die Welt noch unterging. Von Punk zu NDW, Mainz 2007.

Schneider, Peter: Rebellion und Wahn. Mein ‹68, Köln 2008.

Schnurre, Wolfdietrich: Berlin – eine Stadt wird geteilt. Eine Bilddokumentation, Olten/Freiburg i. Br. 1962.

Schulte, Wilhelm: Brennpunkt Berlin. Die kommende Freistadt! Ein Fiasko – oder das Vorbild einer sozialen Zukunft?, Konstanz o. J. (1961).
Schuster, Jacques: Heinrich Albertz – Der Mann, der mehrere Leben lebte, Berlin 1997.
Schütz, Klaus: Logenplatz und Schleudersitz. Erinnerungen, Berlin 1992.
Schwarz, Hans-Peter: Adenauer. Der Staatsmann: 1952–1967, Stuttgart 1991.
Schwarz, Hans-Peter: Axel Springer. Die Biografie, Berlin 2008.
Semjonow, Wladimir S.: Von Stalin bis Gorbatschow – Ein halbes Jahrhundert in diplomatischer Mission. 1939–1991, Berlin 2004.
Shell, Kurt L.: Bedrohung und Bewährung – Führung und Bevölkerung in der Berlin-Krise, Köln 1965.
Siedler, Wolf Jobst: Phoenix im Sand. Glanz und Elend der Hauptstadt, Berlin 1998.
Siedler, Wolf Jobst: Wir waren noch einmal davongekommen. Erinnerungen, München 2004.
Smith, Jean Edward: The Defense of Berlin, Baltimore 1963.
Smith, Jean Edward: Lucius D. Clay: An American Life, New York 1990.
Soell, Hartmut: Helmut Schmidt – Macht und Verantwortung, München 2008.
Sombart, Nicolaus: Journal intime 1982/83 – Rückkehr nach Berlin, Berlin 2005.
Sontheimer, Michael; Vorfelder, Jochen: Antes & Co. Geschichten aus dem Berliner Sumpf, Berlin 1986.
Soukup, Uwe: Wie starb Benno Ohnesorg? Der 2. Juni 1967, Berlin 2007.
Steinborn, Norbert; Krüger, Hilmar: Die Berliner Polizei 1945–1992, Berlin 1993.
Steininger, Rolf: Der Mauerbau: Die Westmächte und Adenauer in der Berlinkrise 1958–1963, München 2001.
Stern, Herbert J.: Ein Richter für Berlin, Bergisch-Gladbach 1988.
Stern, Klaus: Die Entführung des Politikers Peter Lorenz durch die «Bewegung 2. Juni», Kassel 1998.
Stölzl, Christoph (Hg.): Deutsches Historisches Museum, Ideen – Kontroversen – Perspektiven, Frankfurt/M./Berlin 1988.
Stresemann, Wolfgang: «Ein seltsamer Mann ...» Erinnerungen an Herbert von Karajan, Berlin 1991.
Stöver, Bernd: Befreiung des Ostens? Die CIA, der Westen und die Aufstände zwischen 1953 und 1956, in: Foitzik, Jan u. a. (Hg.): Das Jahr 1953. Ereignisse und Auswirkungen, Potsdam 2004, S. 91–110.
Stürickow, Regina: Der Kurfürstendamm, Berlin 1995.
Sweringen, Bryan T. van: Kabarettist an der Front des kalten Krieges, Günter Neumann und das politische Kabarett in der Programmgestaltung des RIAS 1948–1968, Passau 1995.
Taylor, Frederick: Die Mauer. 13. August 1961 bis 9. November 1989, München 2009.
Teller, Hans: Der kalte Krieg gegen die DDR. Von seinen Anfängen bis 1961, Berlin 1979.
Thijs, Krijn: Drei Geschichten, eine Stadt: die Berliner Stadtjubiläen von 1937 und 1987, Köln 2008.

Thomas, Nick: Protest Movements in 1960s West Germany. A Social History of Dissent and Democracy, Oxford 2003.
Thomas, Sven: Die informelle Koalition. Richard von Weizsäcker und die Berliner CDU-Regierung (1981–1983), Wiesbaden 2005.
Timmermann, Heiner (Hg.): Die DDR in Europa – zwischen Isolation und Öffnung, Berlin 2005.
Tusa, Ann u. John: The Berlin Airlift, Kent 1998.
Uhl, Matthias: Die militärischen Planungen Moskaus und Ost-Berlins für den Mauerbau, in: 1961 – Mauerbau und Außenpolitik. Hg. v. Heiner Timmermann, Münster 2002, S. 81–102.
Uhl, Matthias: Chruščev und die sowjetischen Nachrichtendienste in der zweiten Berlinkrise 1958–1964, in: Schaufenster der Systemkonkurrenz: Die Region Berlin-Brandenburg im Kalten Krieg. Hg. v. Michael Lemke, Köln 2006, S. 29–45.
Uhl, Matthias; Wagner, Armin: «Die Möglichkeiten, aber auch die Grenzen nachrichtendienstlicher Aufklärung». Bundesnachrichtendienst und Mauerbau, Juli-September 1961, in: Vierteljahrshefte für Zeitgeschichte, 4/2007, S. 681–725.
Ulbricht, Walter: Geschichte der deutschen Arbeiterbewegung. Bd. 13. Der Aufbau des Sozialismus, Berlin 1969.
Variationen mit Orchester. 125 Jahre Berliner Philharmoniker, Berlin 2007.
Völker, Klaus: Fritz Kortner. Schauspieler und Regisseur, Berlin 1987.
Wagner, Nike: Wagner-Theater. Frankfurt/M. 2001.
Wahlich, Ulrike: Die Franzosen in Berlin, Berlin 1996.
Weiner, Tim: CIA – Die ganze Geschichte, Frankfurt/M. 2008.
Weizsäcker, Richard von: Vier Zeiten. Erinnerungen, Berlin 1997.
Wekwerth, Manfred: Erinnern ist Leben. Eine dramatische Autobiographie, Leipzig 2000.
Wettig, Gerhard: Chruschtschows Berlin-Krise 1958–1963. Drohpolitik und Mauerbau, München 2006.
Wetzlaugk, Udo: Die Alliierten in Berlin, Berlin 1988.
Wilkens, Andreas: Der unstete Nachbar. Frankreich, die deutsche Ostpolitik und die Berliner Vier-Mächte-Verhandlungen 1969–1974, München 1990.
Willy Brandt und die FU. Worte und Fotos. Hg. v. der Presse- und Informationsstelle der Freien Universität Berlin, Berlin 1996.
Wolff, Ilse: Die Reise nach Berlin. Erinnerungen an die Wegstrecke nach 1945, in: Die Reise nach Berlin. Ausstellung im Hamburger Bahnhof, 1. Mai–1. November 1987. Im Auftrag des Senats von Berlin zur 750-Jahr-Feier Berlins 1987, Berlin 1987.
Wunschik, Tobias: Die Bewegung 2. Juni, in: Kraushaar, Wolfgang (Hg.): Die RAF und der linke Terrorismus, Hamburg 2006, S. 531–561.
Zehn Jahre Berliner Aufbau. Hg. v. Senator f. Bau- und Wohnungswesen, Berlin-Charlottenburg 1960.

Abbildungsnachweis

S. 12, 17, 41, 101, S. 113, 212	akg-images
S. 39	ullstein bild
S. 66, 77, 121	akg-images/Gert Schütz
S. 129	ullstein-bild/Schirner
S. 163	ullstein bild/Jacoby
S. 172	Interfoto/ Friedrich
S. 168, 256, 309	ullstein bild/dpa
S. 175, 245	ullstein bild/Berlin-Bild
S. 197	ullstein bild/Harry Croner
S. 220	AP
S. 224	Landesarchiv Berlin/Bert Sass
S. 239	Landesarchiv Berlin/Karl-Heinz Schubert
S. 240	Paul-Georg Hermann
S. 261	ullstein bild
S. 268	ullstein bild/Rosskamp
S. 279	Eberhard Klöppel
S. 329, 337	ullstein bild/Sticha
S. 352	ullstein bild/Lehnartz
S. 366	ullstein bild/Glaser
S. 370, 391	ullstein bild/Peters
S. 385	Landesarchiv Berlin/Edmund Kasperski
S. 403	ullstein bild/Otto Stark
S. 414	ullstein bild/Sauerbier
S. 423	ullstein bild/Sauerbier

Personenregister